직업상담사 2급 합격을 위한 현명한 선택!

시대에듀 직업상담사

2025 직업상담사 절/대/합/격
연속 최다 합격자! 대한민국 직업상담사 합격 필수 코스

핵심 완벽 분석
김대환 교수

정답을 찾는 노하우
장진욱 교수

이해력을 높이며 과목별 정답을 찾는 **노하우**와
출제 포인트를 짚어주는 강의!
왜 **최고**인지 지금 확인하세요!

www.sdedu.co.kr

합격의 공식 시대에듀

25년간 60만 부 판매

1999년 출간 이후 25년간 60만 부 판매(직업상담사 도서 전체)
수험생 여러분과 가장 먼저 가장 오랜 시간 함께한 "직업상담사"는
역시 "시대에듀"입니다

시대에듀 직업상담사 분야
역대 **베스트셀러 명예의 전당**

시험안내 Information | 합격의 공식 Formula of pass | 시대에듀 www.sdedu.co.kr

시대에듀 국가전문자격 네이버카페(https://cafe.naver.com/sdwssd)에서 시험과 관련된 모든 정보를 아낌없이 제공합니다. 지금 접속하세요!

정보획득

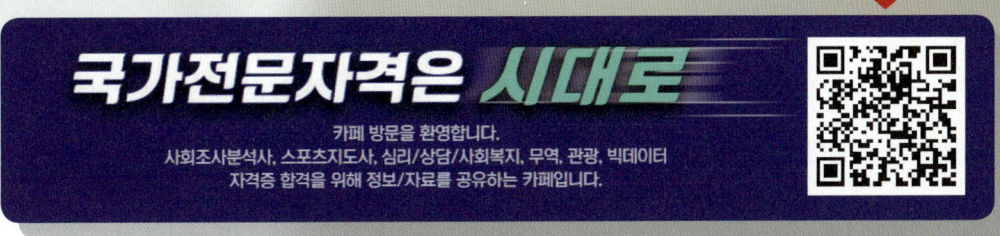

01 혜택 — 최신 기출문제 제공

독자님들의 합격을 위해 도서가 출간된 후에 치러진 시험의 기출문제를 항시 제공합니다. 지금 접속해 최신의 기출문제를 확인하세요.

02 혜택 — 추록 및 피드백

도서가 출간된 후 바뀌는 정책, 시험에서 중요하게 다뤄질 내용 등 항상 최신의 정보로 학습할 수 있도록 지속적인 피드백을 약속드립니다. 합격하는 그날까지!

03 혜택 — 직업상담사의 모든 Q&A

학습하다가 모르는 게 있나요? 묻고 싶어 답답한 내용이 있나요? 언제나 카페에 접속해 글을 남겨주세요.
25년 연속 직업상담사 1등 시대에듀 직업상담연구소가 속 시원하게 답변해드립니다!

머리말

직업상담사 2급 시험을 준비하시는 분들 중 대다수가 가장 궁금해하시는 부분은 바로 "어떻게 공부해야 할까요?"라는 것입니다. 이 질문에 대해 저희는 항상 "가장 먼저 기출문제를 보십시오"라고 대답합니다. 본격적인 공부에 앞서 기출문제로 시험의 전체적인 흐름을 파악하는 과정은 직업상담사 2급 이론의 뼈대를 익히는 과정입니다. 이렇게 구조를 파악하게 되면 방대한 분량의 직업상담사 2급을 어떻게 공부해야 할지에 대한 맥락이 잡히고, 이는 빠른 합격으로 이어지게 됩니다.

또한 기출문제는 한 번 나오고 끝나는 것이 아니라, 반복해서 출제되고 있습니다. 그러므로 기출문제를 공부하실 때는 단순히 문제만 풀어본다고 생각하지 마시고, 정답 외의 다른 지문이 왜 틀렸는지에 대해서도 꼼꼼히 체크하셔야 합니다.

시대에듀의 직업상담사 2급 도서는 2007년 처음 출간된 이후 매년 독자 여러분들의 큰 사랑을 받으며 판매량 1위를 고수하고 있습니다. 그 사랑에 부응하기 위해 문제마다 꼼꼼한 해설과 기출표시는 물론, 최신내용에 맞게 문제를 수정해 학습에 도움이 되기 위해 노력하였습니다.

직업상담사 2급은 단기간에 공부해서 합격할 수 있는 시험이 아닙니다. 기출문제는 열심히 공부하시는 여러분께 수많은 팁을 제공해드릴 것입니다. 독자 여러분의 노력이 빛을 발할 수 있는 도서를 만들기 위해 더욱 정진하겠습니다.

집필진 일동

자격시험안내(2급)

🟧 **응시자격** : 제한 없음

🟧 **실시기관 및 원서접수** : 한국산업인력공단(www.q-net.or.kr)

🟧 **시험일정(2025년 기준)**

구 분	필기시험접수	필기시험	합격(예정)자 발표	실기시험접수	실기시험	최종 합격자 발표
제1회	1.13~1.16	2.7~3.4	3.12	3.24~3.27	4.19~5.9	• 1차 : 6.5 • 2차 : 6.13
제2회	4.14~4.17	5.10~5.30	6.11	6.23~6.26	7.19~8.6	• 1차 : 9.5 • 2차 : 9.12
제3회	7.21~7.24	8.9~9.1	9.10	9.22~9.25	11.1~11.21	• 1차 : 12.5 • 2차 : 12.24

※ 정확한 시험일정은 시행처인 한국산업인력공단의 확정공고를 필히 확인하시기 바랍니다.

🟧 **시험방법 및 과목**

구 분	1차	2차
시험형식	객관식 4지 택일형	필답형(서술형)+사례형
출제범위	• 직업심리 • 노동시장 • 직업상담 및 취업지원 • 고용노동관계법규(Ⅰ) • 직업정보	• 직업심리 • 직업정보 • 직업상담 및 취업지원 • 노동시장 ※ 4과목 출제(고용노동관계법규(Ⅰ) 제외)
문항 수	• 총 5과목 100문제 • 1~5과목 각각 20문제씩 출제	• 약 18문제 내외 • 1~2과목에서 약 70% 출제
필기도구	CBT 시험으로 필기도구는 필요 없어요.	검정색 필기구만 사용가능 • 답안 정정 시 수정테이프는 사용가능해요! • 지워지는 볼펜류는 사용할 수 없어요!
시험 시간	150분(2차 시험은 시간이 부족해서 답안을 작성하지 못하는 경우는 거의 없어요!)	
참 고	4과목 노동시장에서 계산문제가 등장하기도 하는데요, 시험장에 계산기를 지참해 가시면 수월하게 문제를 풀 수 있어요. 다만 부정행위 방지를 위해 계산기는 리셋된 상태거나, 메모리 칩이 없는 상태여야 합니다.	

🟧 **합격점수**

❶ **1차 시험(필기)**
   한 과목당 100점 만점(한 문제당 5점)으로 매 과목 40점 이상, 전 과목 평균 60점 이상을 맞아야 합격입니다.

❷ **2차 시험(실무)**
   • 100점 만점으로 하여 60점 이상을 획득해야 합격입니다.
   • 2차 시험은 서술형으로 작성하는 것이기 때문에 부분점수를 얻을 수도 있어 모르는 문제라고 포기하는 것보다는 아는 범위에서 적는 것이 중요합니다.

이 책의 구성과 특징

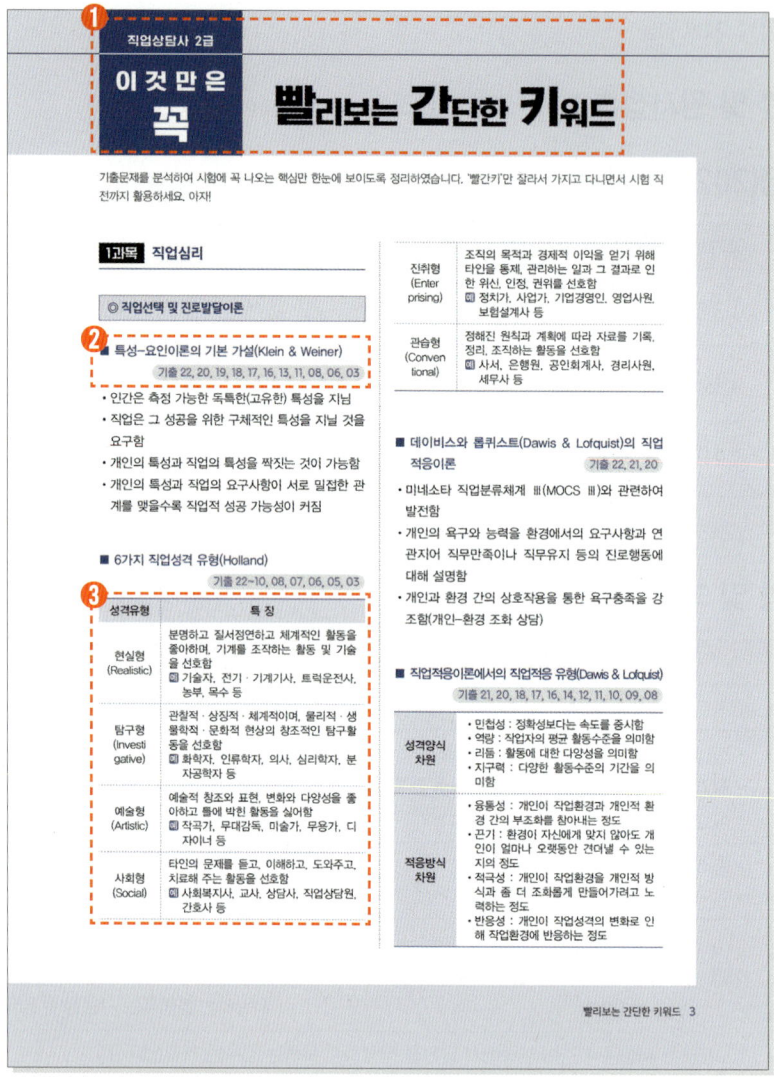

❶ 가장 빠른 효과적인 학습, 빨간키!
빨리보는 간단한 키워드는 효과적인 학습을 위해 탄생했습니다. 시험에서 중요하게 묻는 내용, 핵심요약 등 직업상담사의 모든 것이 담겨있으니, 학습의 시작과 끝은 항상 빨간키와 함께하시길 바랍니다.

❷ 가장 효율적인 학습, 출제를 잡아라!
'시험에 출제되니까 책에 있겠지….' 이런 막연한 생각으로 학습을 하고 계십니까? 시험은 시간싸움! 남들보다 더 효율적인 학습! 짧은 시간에 중요하고, 시험에 꼭 출제되는 내용만 쏙쏙 학습할 수 있도록 출제 회차를 수록했습니다.

❸ 가장 쉬운 학습, 정리된 이론!
모든 책의 내용은 같습니다. 단, 수험생에게 얼마나 정확한 내용을 전달하는가, 얼마나 빠르게 습득시키는가만 다를 뿐입니다. 25년 연속 1위 시대에듀의 직업상담연구소의 노하우로 쉽고 빠르게 학습할 수 있도록 만들었습니다.

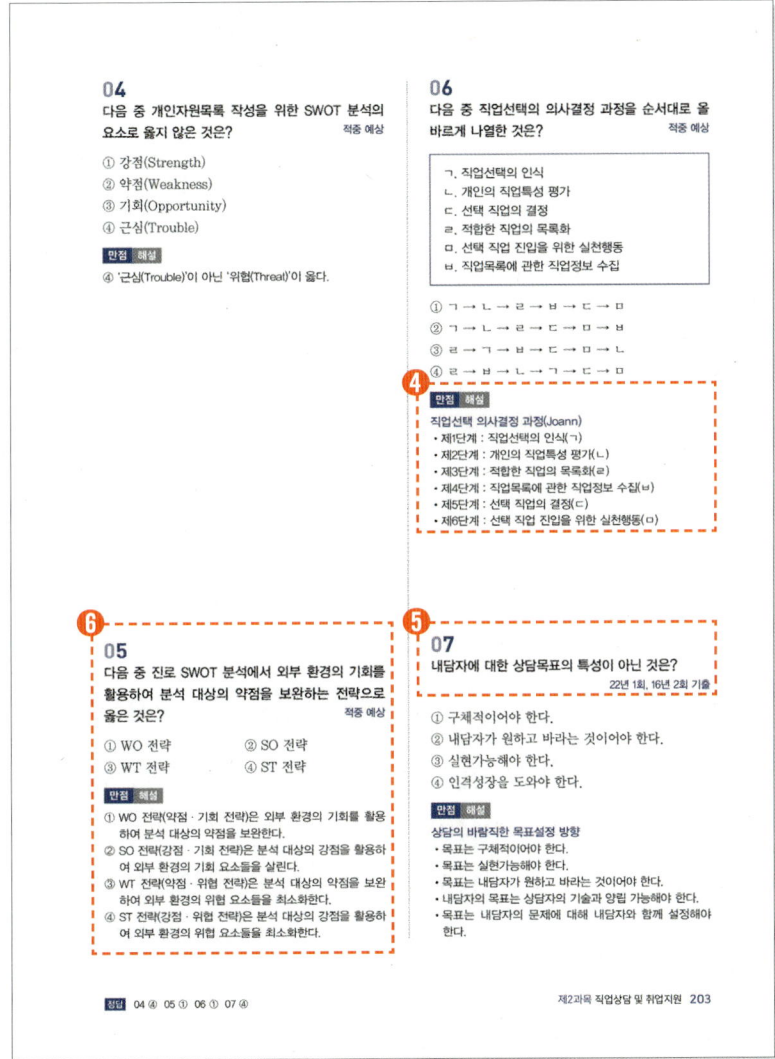

❹ 가장 정확한 해설, 만점해설!
문제의 보기와 지문이 왜 맞는 것인지, 왜 틀린 것인지, 왜 이것이 정답인지 알고 계십니까? 직업상담사 시험은 반복 출제와 변형 출제가 많습니다. 그렇기 때문에 만점해설은 보기와 지문을 하나하나 뜯어 속 시원히 설명합니다.

❺ CBT 문제은행의 핵심, 반복 출제!
시험이 CBT로 바뀌면서 문제은행 방식으로 바뀐 것을 알고 계십니까? 바뀐 시험에 맞는 공부법으로, 출제 방식에 맞는 공부법으로 학습하는 것이 가장 빠른 합격의 길입니다.

❻ 처음 보는 이론도 빈틈없이, '적중 예상' 문제와 해설!
2025년 출제기준 변경에 따라 새롭게 포함된 영역의 문제를 '적중 예상' 문제로 담았습니다. 기존의 중요 내용과 변경된 출제기준의 내용을 적절히 조합하여 학습하는 것이 중요합니다. 예상 문제와 그에 따른 상세한 해설을 통해 2025년도 시험을 빈틈없이 대비할 수 있습니다.

이 책의 목차

빨·간·키

빨리보는 간단한 키워드

최신기출복원문제

2024년 기출복원문제해설　　003

제1과목　직업심리

CHAPTER 01　직업선택 및 진로발달이론　029
CHAPTER 02　직업상담 진단　070
CHAPTER 03　직업과 스트레스　105
CHAPTER 04　직업상담 초기면담　115

제2과목　직업상담 및 취업지원

CHAPTER 01　직업상담의 개념　145
CHAPTER 02　직업상담의 이론 및 접근방법　163
CHAPTER 03　직업상담의 실제　202
CHAPTER 04　프로그램 운영 및 행정　219

제3과목　직업정보

CHAPTER 01　직업 및 산업분류의 활용　231
CHAPTER 02　직업정보 수집　256
CHAPTER 03　직업정보 제공　318

제4과목　노동시장

CHAPTER 01　노동시장의 이해　333
CHAPTER 02　임금의 제개념　379
CHAPTER 03　실업의 제개념　402

제5과목　고용노동관계법규(Ⅰ)

CHAPTER 01　노동법과 노동기본권　427
CHAPTER 02　근로기준법　434
CHAPTER 03　최저임금법　457
CHAPTER 04　직업안정법　463
CHAPTER 05　고용보험법　477
CHAPTER 06　국민 평생 직업능력 개발법
　　　　　　(구 근로자직업능력 개발법)　491
CHAPTER 07　남녀고용평등과 일·가정 양립
　　　　　　지원에 관한 법률　505
CHAPTER 08　구직자 취업촉진 및 생활안정지
　　　　　　원에 관한 법률　523
CHAPTER 09　채용절차의 공정화에 관한 법률　532
CHAPTER 10　개인정보 보호법　535

빨리보는 간단한 키워드

〈시험 전에 보는 기출키워드 분석〉
시험공부 시 교과서나 노트필기, 참고서 등에 흩어져 있는 정보를 하나로 압축해 공부하는 것이 효과적이므로, 열 권의 참고서가 부럽지 않은 나만의 핵심키워드 노트를 만드는 것은 합격으로 가는 지름길입니다. 빨·간·키만은 꼭 점검하고 시험에 응하세요!

끝까지 책임진다! 시대에듀!

QR코드를 통해 도서 출간 이후 발견된 오류나 개정법령, 변경된 시험 정보, 최신기출문제, 도서 업데이트 자료 등이 있는지 확인해 보세요! **시대에듀 합격 스마트 앱**을 통해서도 알려 드리고 있으니 구글 플레이나 앱 스토어에서 다운받아 사용하세요. 또한, 파본 도서인 경우에는 구입하신 곳에서 교환해 드립니다.

직업상담사 2급

이것만은 꼭 빨리보는 간단한 키워드

기출문제를 분석하여 시험에 꼭 나오는 핵심만 한눈에 보이도록 정리하였습니다. '빨간키'만 잘라서 가지고 다니면서 시험 직전까지 활용하세요. 아자!

1과목 직업심리

◎ 직업선택 및 진로발달이론

■ 특성-요인이론의 기본 가설(Klein & Weiner)
기출 22, 20, 19, 18, 17, 16, 13, 11, 08, 06, 03

- 인간은 측정 가능한 독특한(고유한) 특성을 지님
- 직업은 그 성공을 위한 구체적인 특성을 지닐 것을 요구함
- 개인의 특성과 직업의 특성을 짝짓는 것이 가능함
- 개인의 특성과 직업의 요구사항이 서로 밀접한 관계를 맺을수록 직업적 성공 가능성이 커짐

■ 6가지 직업성격 유형(Holland)
기출 22~10, 08, 07, 06, 05, 03

성격유형	특 징
현실형 (Realistic)	분명하고 질서정연하고 체계적인 활동을 좋아하며, 기계를 조작하는 활동 및 기술을 선호함 예 기술자, 전기 · 기계기사, 트럭운전사, 농부, 목수 등
탐구형 (Investi gative)	관찰적 · 상징적 · 체계적이며, 물리적 · 생물학적 · 문화적 현상의 창조적인 탐구활동을 선호함 예 화학자, 인류학자, 의사, 심리학자, 분자공학자 등
예술형 (Artistic)	예술적 창조와 표현, 변화와 다양성을 좋아하고 틀에 박힌 활동을 싫어함 예 작곡가, 무대감독, 미술가, 무용가, 디자이너 등
사회형 (Social)	타인의 문제를 듣고, 이해하고, 도와주고, 치료해 주는 활동을 선호함 예 사회복지사, 교사, 상담사, 직업상담원, 간호사 등
진취형 (Enter prising)	조직의 목적과 경제적 이익을 얻기 위해 타인을 통제, 관리하는 일과 그 결과로 인한 위신, 인정, 권위를 선호함 예 정치가, 사업가, 기업경영인, 영업사원, 보험설계사 등
관습형 (Conven tional)	정해진 원칙과 계획에 따라 자료를 기록, 정리, 조직하는 활동을 선호함 예 사서, 은행원, 공인회계사, 경리사원, 세무사 등

■ 데이비스와 롭퀴스트(Dawis & Lofquist)의 직업적응이론
기출 22, 21, 20

- 미네소타 직업분류체계 Ⅲ(MOCS Ⅲ)와 관련하여 발전함
- 개인의 욕구와 능력을 환경에서의 요구사항과 연관지어 직무만족이나 직무유지 등의 진로행동에 대해 설명함
- 개인과 환경 간의 상호작용을 통한 욕구충족을 강조함(개인-환경 조화 상담)

■ 직업적응이론에서의 직업적응 유형(Dawis & Lofquist)
기출 21, 20, 18, 17, 16, 14, 12, 11, 10, 09, 08

성격양식 차원	• 민첩성 : 정확성보다는 속도를 중시함 • 역량 : 작업자의 평균 활동수준을 의미함 • 리듬 : 활동에 대한 다양성을 의미함 • 지구력 : 다양한 활동수준의 기간을 의미함
적응방식 차원	• 융통성 : 개인이 작업환경과 개인적 환경 간의 부조화를 참아내는 정도 • 끈기 : 환경이 자신에게 맞지 않아도 개인이 얼마나 오랫동안 견뎌낼 수 있는지의 정도 • 적극성 : 개인이 작업환경을 개인적 방식과 좀 더 조화롭게 만들어가려고 노력하는 정도 • 반응성 : 개인이 작업성격의 변화로 인해 작업환경에 반응하는 정도

■ 로(Roe)의 욕구이론
기출 18, 16, 15, 10, 08, 05, 04, 03

- 직업선택에서 개인의 욕구와 초기 아동기 경험을 중시함
- 매슬로우(Maslow)의 욕구위계이론을 토대로 직업과 기본욕구 만족의 관련성을 설명함
- 개인 욕구의 차이가 어린 시절의 부모-자녀 관계(혹은 양육방식)에서 기인한다고 주장함
- 개인이 가정의 사회경제적 배경 및 일반사회의 문화배경에 의해 영향을 받는다고 가정함
- 부모-자녀 관계유형을 '수용형', '정서집중형', '회피형'으로 분류함

■ 욕구이론의 8×6 분류체계(Roe)
기출 22, 18, 17, 14

직업군 (8가지)	서비스직, 비즈니스직, 단체직, 기술직, 옥외활동직, 과학직, 예능직, 일반문화직
직업수준 (6가지)	고급 전문관리, 중급 전문관리, 준전문관리, 숙련, 반숙련, 비숙련

■ 긴즈버그(Ginzberg)의 진로발달단계
기출 20, 19, 17, 16, 15, 14, 13, 11, 04

- 환상기(6~11세 또는 11세 이전)
- 잠정기(11~17세) : 흥미단계, 능력단계, 가치단계, 전환단계
- 현실기(17세 이후~성인 초기 또는 청·장년기) : 탐색단계, 구체화 단계, 특수화(정교화) 단계

■ 수퍼(Super)의 진로발달이론
기출 22, 21, 20, 18, 15, 13, 12, 11, 06

- 긴즈버그(Ginzberg)의 이론을 비판·보완한 이론임
- '성장기-탐색기-확립기-유지기-쇠퇴기'의 순환과 재순환 과정을 강조함
- 진로성숙은 생애단계 내에서 성공적으로 수행된 발달과업을 통해 획득된다고 주장함
- '전 생애', '생애역할', '자아개념'을 강조함

■ 수퍼(Super)의 진로아치문 모델
기출 14, 11, 08

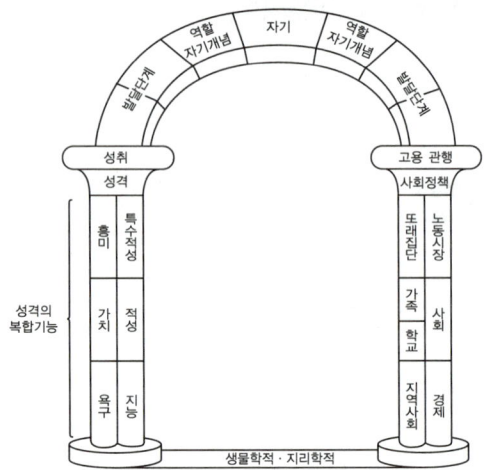

- 왼쪽 기둥 : 욕구나 지능, 가치, 흥미 등으로 이루어진 개인의 성격적 측면
- 오른쪽 기둥 : 경제자원, 사회제도, 노동시장 등으로 이루어진 사회정책적 측면

■ 고트프레드슨(Gottfredson)의 직업포부 발달단계
기출 22, 19, 18, 15, 13, 12, 10, 09, 08

힘과 크기 지향성 (3~5세)	사고과정이 구체화되며, 어른이 된다는 것의 의미를 알게 됨
성역할 지향성 (6~8세)	자아개념이 성의 발달에 의해서 영향을 받게 됨
사회적 가치 지향성 (9~13세)	사회계층과 사회질서에 대한 개념이 발달하기 시작하면서 '상황 속 자아'를 인식하게 됨
내적, 고유한 자아 지향성 (14세 이후)	자아성찰과 사회계층의 맥락에서 직업적 포부가 더욱 발달하게 됨

■ 타이드만과 오하라(Tiedeman & O'Hara)의 진로발달이론
기출 22, 21, 14, 13, 12

- 진로발달단계를 개인이 자아정체감을 지속적으로 구별해 내고 발달과제를 처리하는 과정으로 설명함
- 진로발달을 분화와 통합의 과정에 의해 직업정체감을 형성해 가는 과정으로 봄

- 직업정체감 형성과정(의사결정 과정)을 예상기(탐색-구체화-선택-명료화)와 실천기(순응-개혁-통합)로 구분함
- 에릭슨(Erikson)의 심리사회적 발달단계를 토대로 함

■ 레빈슨(Levinson)의 인생주기 모형
기출 21, 13, 12, 11, 06, 05

- 초기 성인변화단계(17~22세)
- 초기 성인세계단계(22~28세)
- 30세 변화단계(28~33세)
- 정착단계(33~40세)
- 중년변화단계(40~45세)
- 중기 성인단계(45~50세)
- 50세 변화단계(50~55세)
- 중년기 마감단계(55~60세)
- 말기 성인변화단계(60~65세)
- 말기 성인단계(65세 이상)

■ 크롬볼츠(Krumboltz)의 사회학습이론에서 진로결정의 영향요인
기출 21, 20, 19, 18, 14, 12, 11, 10

- 유전적 요인과 특별한 능력
- 환경조건과 사건
- 학습경험
- 과제접근기술

■ 인지적 정보처리이론(CIP)의 정보처리 과정(진로문제 해결의 절차)
기출 21, 18, 13, 11

- 의사소통(Communication)
- 분석(Analysis)
- 통합 또는 종합(Synthesis)
- 가치부여 또는 평가(Valuing)
- 집행 또는 실행(Execution)

■ 사회인지적 진로이론(SCCT)의 진로발달 결정요인
기출 22, 20, 17

- 자기효능감 또는 자아효능감
- 결과기대 또는 성과기대
- 개인적 목표

■ 가치중심적 진로접근 모형의 주요 명제
기출 20, 19, 15, 14, 12, 11, 08

- 개인이 우선권을 부여하는 가치들은 얼마 되지 않음
- 가치는 환경 속에서 가치를 담은 정보를 획득함으로써 학습됨
- 생애만족은 중요한 모든 가치들을 만족시키는 생애역할들에 의존함
- 생애역할에서의 성공은 학습된 기술, 인지적·정의적·신체적 적성 등 다양한 요인들에 의해 결정됨

■ 알더퍼(Alderfer) ERG이론의 욕구 범주
기출 19, 10, 04

- 존재욕구(Existence)
- (인간)관계욕구(Relatedness)
- 성장욕구(Growth)

■ 허즈버그(Herzberg) 2요인이론(동기-위생이론)
기출 19, 14, 13, 06

동기요인 (직무)	직무만족과 관련된 보다 직접적인 요인 예 직무 그 자체, 직무상의 성취, 직무성취에 대한 인정, 승진, 책임, 성장 및 발달 등
위생요인 (환경)	일과 관련된 환경요인 예 조직(회사)의 정책과 관리, 감독, 봉급, 개인 상호 간의 관계, 지위 및 안전, 근무환경 등

■ 브룸(Vroom)의 기대이론
기출 21, 16, 13, 12, 10, 08, 04

- 개인의 작업동기를 노력과 성과, 그리고 그에 대한 보상적 결과에 대한 믿음으로 설명함
- 주요 변수로 기대감, 유의성(유인가), 도구성(수단성)을 강조함
- 직무에서 열심히 일함으로써 긍정적 유의성이 높은 성과들을 얻을 확률이 높다고 지각할 때 작업동기가 높아짐

◎ 직업상담 진단

■ 심리검사의 사용목적에 따른 분류
기출 17, 16, 14, 12, 11, 09, 03

규준참조검사 (상대평가)	개인의 점수를 유사한 다른 사람들의 점수와 비교해서 상대적으로 어떤 수준인지를 알아보는 검사 예 각종 심리검사, 선발검사 등
준거참조검사 (절대평가)	검사 점수를 다른 사람들과 비교하는 것이 아니라, 어떤 기준점수와 비교해서 이용하려는 검사 예 각종 국가자격시험 등

■ 직업상담에 사용되는 주요 질적 측정도구
기출 20, 18, 17, 16, 14, 13, 12

- 자기효능감 척도(자기효능감 측정)
- (직업)카드분류
- 직업가계도(제노그램)
- 역할놀이(역할극)

■ 집단 내 규준의 종류
기출 22, 21, 19, 18, 16, 12, 11, 10, 09, 07, 05

백분위 점수	원점수의 분포에서 100개의 동일한 구간으로 점수들을 분포하여 변환점수를 부여한 것
표준점수	원점수를 주어진 집단의 평균을 중심으로 표준편차 단위를 사용하여 분포상 어느 위치에 해당하는가를 나타낸 것
표준등급	원점수를 비율에 따라 1~9까지의 구간으로 구분하여 각각의 구간에 일정한 점수나 등급을 부여한 것

■ 신뢰도 추정방법
기출 20, 19, 16, 15, 14, 13, 07, 06

검사-재검사 신뢰도	동일한 검사를 동일한 수검자에게 일정 시간 간격을 두고 두 번 실시하여 얻은 두 검사 점수의 상관계수를 비교함
동형검사 신뢰도	동일한 수검자에게 첫 번째 시행한 검사와 동등한 유형의 검사를 실시하여 두 검사 점수 간의 상관계수를 비교함
반분신뢰도	한 검사를 어떤 집단에 실시하고 그 검사의 문항을 동형이 되도록 두 개의 검사로 나눈 다음 두 검사 점수 간의 상관계수를 비교함

■ 심리검사의 신뢰도에 영향을 주는 요인
기출 22, 20, 18, 15, 14, 12, 08

- 개인차
- 문항 수
- 문항반응 수
- 검사유형
- 신뢰도 추정방법

■ 타당도의 평가
매해 기출

내용타당도	검사의 문항들이 그 검사가 측정하고자 하는 내용영역을 얼마나 잘 반영하고 있는지를 평가함
안면타당도	검사를 받는 사람들(일반인)에게 그 검사가 타당한 것처럼 보이는가를 평가함
준거타당도	어떤 심리검사가 특정 준거와 어느 정도 연관성이 있는지를 평가함
구성타당도	검사가 해당 이론적 개념의 구성인자들을 제대로 측정하고 있는 정도를 평가함

■ 준거타당도의 분류
기출 22, 17, 15, 13

동시타당도 (공인타당도)	새로 제작한 검사의 타당도를 위해 기존에 타당도를 보장받고 있는 검사와의 유사성 혹은 연관성을 측정함
예언타당도 (예측타당도)	어떠한 행위가 일어날 것이라고 예측한 것과 실제 대상자 또는 집단이 나타낸 행위 간의 관계를 측정함

■ 구성타당도의 분석(검증) 방법
기출 21, 18, 17, 16, 14, 13, 11, 10, 09, 05

수렴타당도 (집중타당도)	검사 결과가 이론적으로 해당 속성과 관련 있는 변수들과 어느 정도 높은 상관관계를 가지고 있는지를 측정함
변별타당도 (판별타당도)	검사 결과가 이론적으로 해당 속성과 관련 없는 변수들과 어느 정도 낮은 상관관계를 가지고 있는지를 측정함
요인분석	검사를 구성하는 문항들의 상관관계를 분석하여 상관이 높은 문항들을 묶어주는 통계적 방법

■ 문항 난이도
기출 19, 18, 16, 10

전체 응답자 중 특정 문항을 맞힌 사람들의 비율

$$P = \frac{R}{N} \times 100$$

(단, 'R'은 어떤 문항에 정답을 한 수, 'N'은 총 사례 수)

■ 심리검사 결과 해석 시 주요 유의사항
기출 22, 20, 16, 12, 09, 06, 04

- 가능한 한 이해하기 쉬운 언어를 사용함
- 해석에 대한 내담자의 반응을 고려함
- 중립적이고 무비판적인 자세를 견지함
- 상담자의 주관적 판단을 배제함
- 검사점수를 그대로 전하기보다 진점수의 범위를 말해 줌
- 내담자와 함께 해석함

■ 한국판 웩슬러 성인용 지능검사(K-WAIS)의 구성
기출 19, 18, 17, 15, 13, 12, 11, 10, 09, 08, 07, 05

언어성 검사	동작성 검사
• 기본지식 • 숫자 외우기 • 어휘문제 • 산수문제 • 이해문제 • 공통성 문제	• 빠진 곳 찾기 • 차례 맞추기 • 토막짜기 • 모양 맞추기 • 바꿔쓰기

■ 성격 5요인(Big-5) 검사의 성격차원
기출 21, 20, 16, 15, 12, 11, 09, 07, 06, 05, 04

- 외향성
- 호감성(친화성)
- 성실성
- 정서적 불안정성
- 경험에 대한 개방성

■ 직업선호도검사(VPI) L형의 하위검사
기출 16, 15, 14, 13, 12, 10, 09, 06

- (직업)흥미검사
- 성격검사
- 생활사검사

■ 진로성숙도검사(CMI)의 태도척도와 능력척도
기출 21, 19, 17, 16, 15, 14, 13, 11, 08, 07, 06

태도척도	능력척도
• 결정성 • 참여도(관여도) • 독립성 • 지향성(성향) • 타협성	• 자기평가 • 직업정보 • 목표선정 • 계 획 • 문제해결

◎ 직업과 스트레스

■ 셀리에(Selye)의 일반적응증후군(GAS)
기출 22, 21, 20, 19, 17~09, 07, 04

경고(경계)단계 → 저항단계 → 소진(탈진)단계

■ 여크스-도슨(Yerkes-Dodson)의 역U자형 가설
기출 21, 18, 13, 12, 09, 08, 06, 03

직무 스트레스가 너무 높거나 반대로 너무 낮은 경우 직무수행능력이 떨어짐

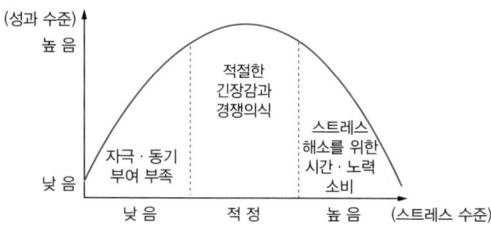

■ 직무 관련 스트레스   기출 22, 19, 17, 14, 10, 08

- 직무 및 조직 관련 스트레스원 : 과제특성, 역할갈등, 역할모호성, 역할과다 또는 역할과소, 산업의 조직문화와 풍토 등
- 직무 관련 스트레스의 조절변인 : A/B 성격유형, 통제 위치(통제 소재), 사회적 지원(사회적 지지) 등

■ A형 성격유형 및 B형 성격유형의 주요 특징
기출 21, 17, 16, 15, 12, 11, 10, 09, 06, 04

A형 성격유형	• 시간의 절박감과 경쟁적 성취욕이 강함 • 일의 과정을 즐기지 못함 • 스트레스 상황에서 과제를 더 빨리 포기함
B형 성격유형	• 차분하고 평온함 • 시간에 대한 걱정이 덜함 • 일처리에 있어서 여유 있게 대처함

■ 스트레스의 예방 및 대처를 위한 포괄적인 노력
기출 22, 20, 19, 18, 14, 09, 08, 06

- 가치관의 전환
- 과정중심적 사고방식
- 스트레스에 정면으로 도전하는 마음가짐
- 균형 있는 생활
- 규칙적인 취미 · 오락 활동
- 운동을 통한 스트레스 해소

◎ 직업상담 초기면담

■ 초기면담의 유형   기출 19, 18, 16, 13, 11, 06

- 내담자 대 상담자의 솔선수범 면담 : 내담자에 의해 시작된 면담, 상담자에 의해 시작된 면담
- 정보지향적 면담 : 탐색해 보기, 폐쇄형 질문, 개방형 질문
- 관계지향적 면담 : 재진술, 감정의 반향

■ 초기면담의 주요 요소
기출 19, 17, 16, 15, 13, 12, 11, 09, 08, 06, 05

- 신뢰관계 형성
- 감정이입
- 언어적 · 비언어적 행동
- 상담자 노출하기
- 즉시성
- 유 머
- 직 면
- 계 약
- 리허설

■ 생애진로사정(LCA)의 의의 및 특징
　　　　기출 20, 16, 15, 13, 12, 11, 10, 09, 07, 04
- 상담자가 내담자와 처음 만났을 때 이용할 수 있는 구조화된 면접기법
- 아들러(Adler)의 개인심리학(개인차 심리학)에 기초
- 작업자, 학습자, 개인의 역할 등 생애역할에 대한 정보 탐색
- 비판단적·비위협적 대화 분위기로써 내담자와 긍정적인 관계 형성
- 인쇄물, 소책자, 지필도구 등 표준화된 진로사정 도구는 가급적 삼감

■ 생애진로사정(LCA)의 구조
　　　　기출 22, 21, 19, 18, 17, 16, 13, 12, 11, 09, 07, 06, 04
- 진로사정
- 전형적인 하루
- 강점과 장애
- 요 약

■ 내담자의 정보 및 행동에 대한 이해와 해석 기법
　　　　기출 22, 20, 18, 17, 15, 13, 12, 07
- 가정 사용하기
- 의미 있는 질문 및 지시 사용하기
- 전이된 오류 정정하기
- 분류 및 재구성하기
- 저항감 재인식하기 및 다루기
- 근거 없는 믿음(신념) 확인하기
- 왜곡된 사고 확인하기
- 반성의 장 마련하기
- 변명에 초점 맞추기

■ 상호역할관계 사정의 방법　기출 20, 19, 18, 17, 16
- 질문을 통해 사정하기
- 동그라미로 역할관계 그리기
- 생애-계획연습으로 전환시키기

■ 자기보고식 가치사정법　기출 21, 16, 15, 11, 07
- 체크목록 가치에 순위 매기기
- 과거의 선택 회상하기
- 절정경험 조사하기
- 자유시간과 금전의 사용
- 백일몽 말하기
- 존경하는 사람 기술하기

■ 수퍼(Super)의 흥미사정방법(기법)
　　　　기출 21, 19, 18, 14
- 표현된 흥미(Expressed Interest)
- 조작된 흥미(Manifest Interest)
- 조사된 흥미(Inventoried Interest)

■ 코틀(Cottle)의 원형검사　기출 20, 18, 17, 14, 12, 09
- 원의 크기와 배치의 의미
  - 원의 크기 : 시간차원에 대한 상대적 친밀감
  - 원의 배치 : 시간차원의 연결 구조
- 원의 상대적 배치에 따른 시간관계성
  - 어떤 것도 접해 있지 않은 원 : 시간차원의 고립
  - 중복되지 않고 경계선에 접해 있는 원 : 시간차원의 연결
  - 부분적으로 중첩된 원 : 시간차원의 연합
  - 완전히 중첩된 원 : 시간차원의 통합

■ 인지적 명확성을 위한 직업상담 과정
　　　　기출 19, 18, 14, 10, 07

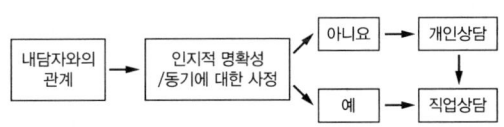

■ 상담의 구조화를 위해 다루어야 할 요소

기출 20, 17, 13, 08, 06

- 상담의 목표
- 상담의 성격(성질)
- 상담자 및 내담자의 역할과 책임
- 상담 절차 및 수단
- 상담 시간과 장소
- 상담비 등

■ 윤리강령의 주요 내용

기출 22, 21, 20, 16, 13, 12, 11, 10, 09, 07, 05, 04

- 사회관계 : 자기가 실제로 갖추고 있는 자격 및 경험의 수준을 벗어나는 인상을 타인에게 주어서는 안 됨
- 전문적 태도 : 개인 문제 및 능력의 한계인 경우 다른 전문직 동료 및 관련 기관에게 의뢰해야 함
- 내담자의 복지 : 소속 기관 및 비전문인과의 갈등의 경우 내담자의 복지를 우선적으로 고려해야 함

■ 비밀보장의 한계   기출 21, 19, 18, 16, 14

- 내담자가 자신이나 타인의 생명 혹은 사회의 안전을 위협하는 경우
- 내담자가 감염성이 있는 치명적인 질병이 있다는 확실한 정보를 가졌을 경우
- 미성년인 내담자가 학대를 당하고 있는 경우
- 내담자가 아동학대를 하는 경우
- 법적으로 정보의 공개가 요구되는 경우

2과목 직업상담 및 취업지원

◎ 직업상담의 개념

■ 직업상담의 일반적인 목적 혹은 목표(Gysbers)

기출 22, 18, 15, 05

- 예언과 발달 : 능력과 적성발달에 대한 관심
- 처치와 자극 : 진로발달이나 직업문제에 대한 처치
- 결함과 유능(능력) : 결함보다 유능성에 초점을 맞추는 것

■ 진로 및 직업상담의 기본 원리

기출 21, 19, 16, 15, 14, 13, 12, 11, 10, 08, 06

- 진학과 직업선택, 직업적응에 초점을 맞추어 전개
- 상담자와 내담자 간의 라포(Rapport) 형성
- 인간의 성격 특성과 재능에 대한 이해
- 내담자의 전 생애적 발달과정 반영
- 개인의 의사결정에 대한 상담(지도) 과정 포함
- 진로발달이론에 근거
- 변화하는 직업세계에 대한 이해
- 각종 심리검사 결과를 기초로 합리적인 판단을 이끌어낼 수 있도록 조력
- 내담자에 대한 차별적 진단 및 차별적 지원
- 상담윤리강령에 따라 전개

■ 직업상담사의 주요 역할

기출 20, 19, 18, 15, 13, 12, 11, 09, 08, 07, 04

- 직업정보의 수집 및 분석
- 구인·구직 정보제공
- 직업관련 심리검사의 실시 및 해석
- 내담자의 능력, 흥미 및 적성의 평가
- 직업적응, 경력개발 등 직업관련 상담
- 직업지도 프로그램 운영

■ 직업상담의 5단계
기출 16, 12, 08

관계형성(구조화) → 진단 및 측정 → 목표설정 → 개입(중재) → 평가

■ 상담의 진행과정에 따른 일반적인 고려사항
기출 22, 20, 19, 18, 15, 14, 13, 10

초기 단계	상담관계 형성, 심리적 문제파악(내담자의 문제 평가), 상담목표 및 전략 수립, 상담의 구조화 등
중기 단계	내담자의 문제해결을 위한 구체적인 시도, 내담자의 저항 해결, 내담자의 변화를 통한 상담과정 평가 등
종결 단계	합의한 목표달성, 상담종결 문제 다루기, 이별감정 다루기 등

■ 윌리암슨(Williamson)의 직업선택 문제유형 분류
기출 22, 21, 20, 19, 17, 16, 14, 13, 12, 11, 10, 07, 06, 04

- 직업 무선택(미선택)
- 직업선택의 확신부족(불확실한 선택)
- 흥미와 적성의 불일치(모순 또는 차이)
- 현명하지 못한 직업선택(어리석은 선택)

■ 보딘(Bordin)의 직업선택 문제유형 분류
기출 21, 20, 19, 18, 15, 12, 10~06

- 의존성
- 정보의 부족
- 자아갈등(내적 갈등)
- 직업(진로)선택에 대한 불안
- 확신의 부족(결여) 또는 문제없음

■ 크라이티스(Crites)의 직업선택 문제유형 분류
기출 22~16, 13, 12, 11, 10, 09, 07, 04

- 적응성(적응 문제) : 적응형, 부적응형
- 결정성(우유부단 문제) : 다재다능형, 우유부단형
- 현실성(비현실성 문제) : 비현실형, 강압형, 불충족형

■ 상담면접의 주요 기법
기출 22, 21, 20, 18~14, 12, 11, 10, 09, 07, 06, 04, 03

- 공감 : 내담자가 전달하려는 내용에서 한 걸음 더 나아가 그 내면적 감정에 대해 반영함
- 요약과 재진술 : 내담자 이야기의 표면적 의미를 다른 말로 바꾸어서 말함
- 반영 : 내담자의 말과 행동에서 표현된 기본적인 감정, 생각, 태도 등을 다른 참신한 말로 부연함
- 수용 : 내담자의 이야기에 주의를 집중하고 있고, 내담자를 인격적으로 존중하고 있음을 보여줌
- 경청 : 내담자의 말과 행동에 선택적으로 주목함
- 명료화 : 어떤 문제의 밑바닥에 깔린 혼란스러운 감정과 갈등을 가려내어 분명히 함
- 직면 : 내담자가 모르고 있거나 인정하기를 거부하는 생각과 느낌에 대해 주목하도록 함

◎ 직업상담의 이론 및 접근방법

■ 정신분석적 상담의 의의 및 특징
기출 18, 17, 15, 14, 11

- 인간을 생물학적 충동과 본능을 만족시키려는 욕망에 의해 동기화된 존재로 가정함
- 심리성적 결정론에 기초하며, 인생 초기의 발달 과정을 중시함
- 내담자의 심리적 장애의 근원을 과거 경험에서 찾고자 함
- 내담자의 무의식적 자료와 방어를 탐색하는 작업을 함
- 자유연상, 해석, 전이의 분석, 꿈의 분석, 훈습 등의 기법을 사용함

■ 정신분석적 상담에서 다루는 주요 방어기제
기출 18, 13, 12, 11, 10

- 합리화 : 여우와 신 포도
- 반동형성 : 미운 놈에게 떡 하나 더 준다.
- 전위(전치) : 종로에서 뺨 맞고 한강에서 눈 흘긴다.
- 대치 : 꿩 대신 닭
- 보상 : 작은 고추가 맵다.

■ 개인주의 상담(개인심리학적 상담)의 의의 및 특징
기출 21, 20, 17, 16, 13, 11, 10, 09, 05

- 인간의 성장가능성과 잠재력을 중시함
- 인간을 전체적 존재로 보며, 범인류적 유대감을 중시함
- 사회적 관계를 강조하며, 행동수정보다는 동기수정에 관심을 둠
- 열등감의 극복과 우월성의 추구를 강조함
- 상담은 내담자의 잘못된 가치와 목표를 수정하는 데 초점을 둠

■ 실존주의 상담의 의의 및 특징
기출 21, 20, 16, 12, 10

- 인간의 궁극적 관심사로 자유와 책임, 삶의 의미성, 죽음과 비존재, 진실성 등을 제시함
- 인간은 자유로운 존재인 동시에 자기 자신을 스스로 만들어 가는 존재임을 가정함
- 내담자로 하여금 자신의 현재 상태에 대해 인식하고 피해자적 역할로부터 벗어날 수 있도록 조력함

■ 내담자중심 상담(인간중심 상담)의 의의 및 특징
기출 22, 21, 20, 18, 17, 16, 14, 11, 07, 05

- 인본주의적 접근방법으로서 '비지시적 상담'으로도 불림
- 동일한 상담원리를 정상적인 상태에 있는 사람이나 정신적으로 부적응 상태에 있는 사람 모두에게 적용함
- 현상학적 장, 가치조건, 실현화 경향성 등을 강조함
- 적극적 경청, 감정의 반영, 명료화, 공감적 이해 등의 기법을 사용함

■ 내담자중심 상담에서 강조하는 상담자의 기본 태도
기출 19, 16, 15, 09, 08, 06, 05

- 일치성과 진실성(진솔성)
- 공감적 이해와 경청
- 무조건적인 긍정적 수용(관심) 또는 존중

■ 형태주의 상담의 의의 및 특징
기출 21, 19, 18, 17, 15, 12, 10, 07, 03

- '게슈탈트(Gestalt) 상담'으로도 불림
- '여기-지금(지금-여기)'에 대한 자각과 개인의 책임을 강조함
- 인간을 현재의 사고, 감정, 느낌, 행동의 전체성과 통합을 추구하는 존재로 가정함
- 꿈 작업, 빈 의자 기법, 과장하기, 역할연기, 감정에 머무르기, 반대로 하기 등의 기법을 사용함

■ 교류분석적 상담(의사교류분석 상담)의 의의 및 특징
기출 22, 21, 18, 17, 16, 15, 10, 09, 07, 05

- 인간을 자율적인 존재, 자유로운 존재, 선택할 수 있는 존재, 책임질 수 있는 존재로 가정함
- 상담 과정에서 내담자의 성격 자아상태 분석을 실시함
- 내담자로 하여금 '자각', '자발성', '친밀성'의 능력을 회복하도록 조력함
- 구조분석, (의사)교류분석, 라켓 및 게임 분석, (생활)각본분석 등을 실시함

■ 행동주의 상담의 의의 및 특징

기출 21, 16, 15, 09, 07

- 인간행동을 '자극-반응'으로 설명함
- 내담자의 비정상적·부적응적 행동을 학습에 의해 획득·유지된 것으로 봄
- 상담자의 능동적이고 지시적인 역할을 강조함
- 내담자의 부적절한 행동을 밝혀서 제거하고, 보다 적절한 새로운 행동을 학습하도록 함

■ 인지·정서·행동적 상담(REBT)의 의의 및 특징

기출 22, 19, 14, 13, 10, 07, 03

- 내담자의 비합리적 신념에 대한 논박을 통해 사고와 감정의 변화를 도모하고자 함
- 문제에 초점을 둔 시간제한적 접근으로, 교육적 접근을 강조함
- 행동에 대한 과거의 영향보다는 현재에 초점을 둠

■ 인지·정서·행동적 상담(REBT)의 ABCDE (ABCDEF) 모델(모형) 기출 21, 15, 13, 10, 09, 03

- A(Activating Event) : 선행사건
- B(Belief System) : 비합리적 신념체계
- C(Consequence) : 결과
- D(Dispute) : 논박
- E(Effect) : 효과
- F(Feeling) : 감정

■ 인지치료의 의의 및 특징

기출 22, 21, 17, 13, 12, 06, 04

- 내담자의 역기능적·자동적인 사고 및 스키마, 신념 등을 수정하여 정서·행동의 변화를 도모함
- 치료 과정은 보통 단기적·한시적이고 구조화되어 있으며, 내담자에 대한 보다 적극적이고 교육적인 치료를 수행함
- 임의적 추론, 선택적 추상화, 과잉일반화, 개인화, 이분법적 사고 등 인지적 오류를 유형화함

■ 특성-요인 직업상담의 의의 및 특징

기출 21, 18, 16, 14, 10, 09, 08, 05

- 상담자 중심의 상담방법으로서, 과학적·합리적인 문제해결 방법을 따름
- '직업과 사람을 연결시키기'라는 심리학적 관점을 토대로 함
- 문제의 객관적 이해에 중점을 두며, 표준화 검사의 실시와 결과의 해석을 강조함
- 내담자 특성의 객관적인 분석, 직업세계의 분석, 과학적 조언을 통한 매칭을 강조함

■ 특성-요인 직업상담의 과정(Williamson)

기출 22, 21, 20, 19, 18, 17, 15, 12, 11, 10, 09, 04, 03

분석 → 종합 → 진단 → 예후(처방) → 상담(치료) → 추수지도(사후지도)

■ 정신역동적 직업상담의 상담기법(Bordin)

기출 21, 19, 17, 16, 13, 12, 11, 09, 04

- 명료화
- 비 교
- 소망-방어체계에 대한 해석

■ 발달적 직업상담의 6단계(Super)

기출 20, 19, 17, 16, 15, 13, 12, 10, 09, 05

- 제1단계 : 문제 탐색 및 자아(자기)개념 묘사
- 제2단계 : 심층적 탐색
- 제3단계 : 자아수용 및 자아통찰
- 제4단계 : 현실검증
- 제5단계 : 태도와 감정의 탐색과 처리
- 제6단계 : 의사결정

■ 행동주의 상담기법의 분류
  기출 22, 20, 18, 16, 15, 14, 13, 12, 10, 09, 08, 05, 03

불안감소기법	학습촉진기법
• 체계적 둔감법 • 금지조건형성(내적 금지) • 반조건형성(역조건형성) • 홍수법 • 혐오치료 • 주장훈련(주장적 훈련) • 자기표현훈련 등	• 강 화 • 변별학습 • 사회적 모델링과 대리학습 • 행동조성(조형) • 토큰경제(상표제도) 등

■ 포괄적 직업상담의 의의 및 특징
  기출 21, 19, 18, 17, 14, 08, 05

- 특성-요인이론, 정신분석이론, 행동주의이론, 인간중심이론 등 다양한 상담이론을 절충·통합함
- 검사의 역할을 중시하며 검사를 효율적으로 사용함
- '진단 → 명료화 또는 해석 → 문제해결'의 과정으로 전개함
- 초기 단계에는 발달적 접근법과 내담자중심 접근법을, 중간 단계에는 정신역동적 접근법을, 마지막 단계에는 특성-요인적 접근법과 행동주의적 접근법으로 접근함

◎ 직업상담의 실제

■ 몰입 모델(Flow Model)에서 진로문제 유형
  적중 예상

- 통합·분화 발달 집단 : 일상의 몰입 경험과 삶의 의미가 모두 높은 집단
- 통합 미발달, 분화 발달 집단 : 일상의 몰입 경험은 높지만 삶의 의미가 낮은 집단
- 통합 발달, 분화 미발달 집단 : 일상의 몰입 경험은 낮지만 삶의 의미가 높은 집단
- 통합·분화 미발달 집단 : 일상의 몰입 경험과 삶의 의미가 모두 낮은 집단

■ 강점 분류체계(Peterson & Seligman)
  적중 예상

- 지혜 및 지식 : 창의성, 호기심, 개방성, 학구열, 지혜 등
- 용기 : 용감성, 끈기, 활력, 진실성 등
- 자애 : 사랑, 친절, 사회지능 등
- 절제 : 용서, 겸손, 신중성, 자기조절 등
- 정의 : 시민의식, 리더십, 공정성 등
- 초월성 : 감상력, 낙관성, 감사, 영성, 유머감각 등

■ SWOT 분석의 요소
  적중 예상

- 강점(Strength)
- 약점(Weakness)
- 기회(Opportunity)
- 위협(Threat)

■ 상담목표 설정 시 고려사항
  기출 22, 21, 18, 17, 16, 14, 13, 11

- 목표는 구체적이어야 한다.
- 목표는 실현가능해야 한다.
- 목표는 내담자가 원하고 바라는 것이어야 한다.
- 내담자의 목표는 상담자의 기술과 양립 가능해야 한다.
- 목표는 내담자의 문제에 대해 내담자와 함께 설정해야 한다.

■ 선택할 직업에 대한 평가과정으로서 요스트(Yost)가 제시한 방법
  기출 21, 18, 14

- 원하는 성과연습
- 찬반연습
- 대차대조표연습
- 확률추정연습
- 미래를 내다보는 연습

■ 진로의사결정의 과정(Gelatt) 기출 16, 12, 09

목적(목표)의식 → 정보수집 → 대안열거 → 대안의 결과 예측 → 대안의 실현 가능성 예측 → 가치평가 → 의사결정 → 평가 및 재투입

■ 직업선택의 결정모형
기출 20, 16, 13, 12, 10, 09, 06, 05

기술적 직업결정 모형	사람들의 일반적인 직업결정 방식을 나타내고자 시도한 이론모형 예 타이드만과 오하라(Tiedeman & O'Hara), 힐튼(Hilton), 브룸(Vroom), 슈(Hsu), 플레처(Fletcher) 등
처방적 직업결정 모형	사람들로 하여금 직업을 결정하는 데 있어서 실수를 감소시키고 보다 나은 직업선택을 할 수 있도록 도우려는 의도에서 시도된 이론모형 예 카츠(Katz), 겔라트(Gelatt), 칼도와 쥐토우스키(Kaldor & Zytowski) 등

■ 6개의 생각하는 모자(Six Thinking Hats)
기출 21, 20, 18, 17, 16, 14, 13, 12, 11, 10, 09, 04

- 백색(하양) : 본인과 직업들에 대한 사실들만을 고려함
- 적색(빨강) : 직관에 의존하고, 직감에 따라 행동함
- 흑색(검정) : 모든 일이 잘 안 될 것이라고 생각함
- 황색(노랑) : 모든 일이 잘 될 것이라고 생각함
- 녹색(초록) : 새로운 대안들을 찾으려 노력하고, 문제들을 다른 각도에서 바라봄
- 청색(파랑) : 합리적으로 생각함(사회자로서의 역할 반영)

■ GROW 코칭 모델의 단계 적중 예상

- 목표(Goal)
- 현실(Realty)
- 대안(Option)
- 실행의지(Will)

■ 진로동기 모델의 요소 적중 예상

- 진로탄력성(Career Resilience)
- 진로통찰력(Career Insight)
- 진로정체감(Career Identity)

■ 구직능력과 구직의욕에 따른 내담자 유형 분류 판단 적중 예상

고능력 · 고의욕	빠른 취업 지원형 ☞ 직업정보 제공, 취업알선 등
고능력 · 저의욕	의욕 향상 지원형 ☞ 집단상담 프로그램 등 의욕 증진 서비스 제공
저능력 · 고의욕	능력 향상 지원형 ☞ 직업훈련, 취업특강 등 구직기술 향상 서비스 제공
저능력 · 저의욕	심층 지원형 ☞ 심층상담 등 밀착 서비스 제공

■ 구직역량의 구성요소 적중 예상

구직 지식군	자기 이해, 구직 희망 분야 이해, 전공 지식, 외국어 능력, 구직 일반 상식 등
구직 기술군	구직 의사결정 능력, 구직 정보탐색 능력, 인적 네트워크 활용 능력, 구직 서류 작성 능력, 구직 의사소통 능력 등
구직 태도군	긍정적 가치관, 도전 정신, 글로벌 마인드, 직업윤리 등
직무 적응군	직무 및 조직 몰입, 현장 직무수행 능력, 대인관계 능력, 문제해결 능력, 자원 활용 능력, 자기 관리 및 개발 능력 등

■ 취업효능감의 구성요소 적중 예상

- 개인적 수행성취(성취경험)
- 간접경험(대리경험)
- 사회적 설득(언어적 설득)
- 생리적 상태와 반응(정서적 안정)

■ 면접 지원에서 지원자 적합성의 3요소(3C)   적중 예상
- 인성(Character)
- 직무 적합성(Competency)
- 조직 적합성(Commitment)

■ 여성의 직업복귀 동기에 영향을 미치는 주요 요인   적중 예상
- 성역할과 직업적 고정관념
- 낮은 자기효능감
- 일과 가정에서의 다중 역할
- 수학 및 과학기술 영역에 대한 비교적 낮은 흥미와 회피

■ 진로준비 행동의 주요 요소   적중 예상
- 정보수집
- 도구 획득
- 실행력

■ 의사결정의 유형(Harren)   기출 22, 19
- 합리적 유형 : 신중하면서 논리적으로 의사결정을 수행함
- 직관적 유형 : 현재의 감정에 주의를 기울이면서 정서적 자각을 사용함
- 의존적 유형 : 의사결정에 대한 개인적 책임을 부정하고 그 책임을 외부로 돌림

■ 진로자본의 3가지 핵심역량   적중 예상
- 진로성숙역량(Knowing-Why)
- 전문지식역량(Knowing-How)
- 인적관계역량(Knowing-Who)

■ 여성의 진로장벽(O'Leary)   적중 예상

내적 장벽 (내적 요인)	• 실패에 대한 두려움 • 낮은 자존감 • 역할갈등 • 성공에 대한 두려움 • 직업적 승진에서 지각된 결과들 • 결과기대와 관련된 유인가
외적 장벽 (외적 요인)	• 사회적 성역할에 대한 고정관념 • 관리적 여성에 대한 태도 • 여성의 능력에 대한 태도 • 남성 관리 모형의 유행

■ 인적자원 개발의 특성   적중 예상
- 의도적 · 계획적 · 조직적 학습
- 제한된 특정 기간
- 현재 또는 미래 직무와의 관련성
- 직무성과의 향상 가능성 증대
- 개인과 조직의 가능성 증대

◎ 프로그램 운영 및 행정

■ 집단상담의 주요 장점
    기출 22, 13, 12, 11, 10, 07, 05
- 시간과 경제적인 측면에서 효율적임
- 내담자들이 개인상담보다 더 쉽게 받아들이는 경향이 있음
- 개인적 탐색을 도와 개인의 성장과 발달을 촉진시킴
- 구체적인 실천의 경험 및 현실검증의 기회를 가짐
- 타인과 상호교류를 할 수 있는 능력이 개발됨
- 개인상담이 줄 수 없는 풍부한 학습 경험을 제공함

■ Butcher(부처)의 집단직업상담을 위한 3단계 모델
    기출 20, 19, 16, 15, 13, 12, 11, 10, 05
탐색 → 전환 → 행동

■ **효과적인 집단상담을 위한 주요 고려사항**

기출 17, 13, 12, 10, 07, 05

- 집단발달 과정 촉진을 위해 의도적으로 게임을 활용함
- 매 회기가 끝난 후 경험보고서를 쓰도록 함
- 집단상담자가 반드시 1인일 필요는 없음
- 장소는 가능하면 신체활동이 자유로운 크기가 좋음
- 직업성숙도가 낮고 많은 도움을 빠른 시간 내에 필요로 하는 사람들에게 효과적임
- 성별차를 고려해야 함
- 상담과정에서 이루어진 토의내용에 대해 비밀을 유지하도록 함

■ **사이버 직업상담의 기법**

기출 21, 15, 14, 12

- 주요 진로논점 파악하기
- 핵심 진로논점 분석하기
- 진로논점 유형 정하기
- 답변내용 구상하기
- 직업정보 가공하기
- 답변 작성하기

■ **관계의 집중도에 따른 협업의 수준**

적중 예상

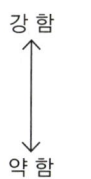

통합(Consolidation)
융합(Convergence)
협업(Collaboration)
조정(Coordination)
협력(Cooperation)
의사소통(Communication)

강 함 ↕ 약 함

■ **공식적 네트워크와 비공식적 네트워크의 특성**

적중 예상

공식적 네트워크	비공식적 네트워크
인위적 조직	자연발생적 조직
수직적 관계	수평적 관계
능률(이윤) 추구	인간적 감정 추구
전체적 질서 강조	부분적 질서 강조
공적 목적 추구	사적 목적 추구
조직의 권위적 의사결정 중시	개인적 요구 및 동기 중시
기업, 공공기관 등	동아리, 사적모임 등

■ **직업상담 행정의 기술(Katz)**

적중 예상

- 사무처리기술
- 인화적 기술
- 구상적 기술

■ **직업상담의 행정관리**

적중 예상

- 인력 관리 : 조직 구성원 간 협동적인 업무수행, 유기적인 관계 구축을 지원함
- 실적 관리 : 직업상담의 실적 결과물들을 체계적으로 보관·관리·평가함
- 사무 관리 : 직업상담 과정에서 생산되는 정보를 효율적으로 관리함
- 시설 관리 : 내담자가 편안함을 느낄 수 있는 상담실 환경을 조성함
- 전산망 관리 : 내담자에 대한 정보보호를 위한 시스템을 구축함

- **행사 조직의 유형 분류** 〈적중 예상〉
- 단순운영 조직 : 소수의 인원으로 운영되는 조직
- 네트워크 조직 : 외부 위탁이나 전략적 제휴 등 외부 전문가에게 맡기는 조직
- 기능조직 : 기능의 세분화에 따라 각 부서가 서로 다른 업무를 수행하는 조직
- 프로그램 중심 조직 : 프로그램이 독립된 장소에서 산발적으로 개최되는 경우 적합한 조직
- 프로젝트팀 조직 : 대규모 행사에 대응하기 위해 임시적으로 구성하는 조직

- **온라인 홍보의 주요 특징** 〈적중 예상〉
- 실시간 쌍방향 커뮤니케이션이 가능함
- 시간과 공간의 제약을 받지 않음
- 홍보 내용을 실시간으로 변경할 수 있음
- 홍보 효과를 실시간으로 측정할 수 있음

3과목 직업정보

◎ 직업 및 산업분류의 활용

- **한국표준직업분류(제8차)의 직업 성립 요건**
  〈기출 21, 18, 17, 16, 13, 12〉
- 계속성
- 경제성
- 윤리성
- 사회성

- **한국표준직업분류(제8차)의 직업으로 보지 않는 활동** 〈기출 20, 19, 16, 15, 10, 09, 06〉
- 이자, 주식배당, 임대료 등과 같은 자산 수입이 있는 경우
- 사회보장이나 민간보험에 의한 수입이 있는 경우
- 배당금이나 주식투자에 의한 시세차익이 있는 경우
- 예·적금 인출, 보험금 수취, 차용 또는 토지나 금융자산을 매각하여 수입이 있는 경우
- 자기 집의 가사 활동에 전념하는 경우
- 교육기관에 재학하며 학습에만 전념하는 경우
- 무급 봉사적인 일에 종사하는 경우
- 사회복지시설 수용자의 시설 내 경제활동
- 법률에 의한 강제노동을 하는 경우
- 도박, 강도, 절도, 사기, 매춘, 밀수와 같은 불법적인 활동

- **한국표준직업분류(제8차)의 대분류별 직능수준**
  〈기출 22~17, 15, 13, 12, 11, 10, 09, 07, 05, 03〉

대분류	대분류 항목	직능수준
1	관리자	제4직능수준 혹은 제3직능수준 필요
2	전문가 및 관련 종사자	제4직능수준 혹은 제3직능수준 필요
3	사무 종사자	제2직능수준 필요
4	서비스 종사자	제2직능수준 필요
5	판매 종사자	제2직능수준 필요
6	농림어업 숙련 종사자	제2직능수준 필요
7	기능원 및 관련 기능 종사자	제2직능수준 필요
8	장치·기계 조작 및 조립 종사자	제2직능수준 필요
9	단순 노무 종사자	제1직능수준 필요
A	군 인	제2직능수준 이상 필요

■ 한국표준직업분류(제8차)의 직업분류 원칙
기출 22, 21, 20, 19, 18, 16, 15, 14, 13, 11~06

일반원칙	• 포괄성의 원칙 • 배타성의 원칙
순서배열 원칙	• 한국표준산업분류(KSIC) • 특수-일반분류 • 고용자 수와 직능수준, 직능유형 고려
포괄적인 업무의 분류적용 원칙	• 주된 직무 우선 원칙 • 최상급 직능수준 우선 원칙 • 생산업무 우선 원칙
다수 직업 종사자의 분류적용 원칙	• 취업시간 우선의 원칙 • 수입 우선의 원칙 • 조사 시 최근의 직업 원칙

■ 한국표준산업분류(제11차)의 주요 정의
기출 22, 21, 20, 19, 16, 13, 12

• 산업 : 유사한 성질을 갖는 산업활동에 주로 종사하는 생산단위의 집합
• 산업활동 : 각 생산단위가 자원을 투입하여 재화나 서비스를 생산 또는 제공하는 일련의 활동

■ 한국표준산업분류(제11차)의 분류 기준
기출 20, 18, 15, 14, 12, 11, 10, 09, 06

• 산출물의 특성
• 투입물의 특성
• 생산활동의 일반적인 결합형태

■ 한국표준산업분류(제11차)의 통계단위
기출 21~13, 11, 10, 09

구 분	하나 이상 장소	단일 장소
하나 이상 산업활동	기업집단 단위	지역 단위
	기업체 단위	
단일 산업활동	활동유형 단위	사업체 단위

■ 한국표준산업분류(제11차)의 주요 산업분류 적용 원칙
기출 22~12, 10, 09, 08, 07, 04

• 생산단위는 산출물, 투입물, 생산공정 등을 함께 고려하여 분류함
• 복합적인 활동단위는 대·중·소·세·세세분류 단계 항목으로 순차적으로 결정함
• 산업활동이 결합되어 있는 경우 그 활동단위의 주된 활동에 따라서 분류함
• 수수료 또는 계약에 의한 활동단위는 자기계정과 자기책임 하의 생산단위와 같은 항목에 분류함
• 공식적/비공식적 생산물, 합법적/불법적 생산물을 달리 분류하지 않음

◎ 직업정보 수집

■ 직업정보의 기능(Brayfield)　기출 18, 15, 11, 07

• 정보적 기능
• 재조정 기능
• 동기화 기능

■ 경제활동인구조사(통계청)
기출 22, 16, 14, 12, 09, 07, 05

• 15세 이상 인구 수 = 경제활동 인구 수 + 비경제활동 인구 수
• 경제활동 인구 수 = 취업자 수 + 실업자 수
• 경제활동참가율(%) = $\frac{경제활동 인구 수}{15세 이상 인구 수} \times 100$
• 실업률(%) = $\frac{실업자 수}{경제활동 인구 수} \times 100$
• 고용률(%) = $\frac{취업자 수}{15세 이상 인구 수} \times 100$

■ **질문지법(설문지법)의 질문 문항 순서 결정**
기출 22, 21, 19, 18, 17, 14, 13

- 민감한 질문, 개방형 질문은 후반부에 배치
- 계속적인 기억이 필요한 질문들을 전반부에 배치
- 질문 문항들을 논리적 순서에 따라 자연스럽게 배치
- 응답의 신뢰도를 묻는 질문 문항들은 분리하여 배치
- 특별한 질문은 일반질문 뒤에 배치

■ **『2020 한국직업사전』의 구성** 기출 17, 12, 10

- 직업코드
- 본직업명
- 직무개요
- 수행직무
- 부가 직업정보

■ **『2020 한국직업사전』의 부가 직업정보**
기출 22, 19~04

정규교육	해당 직업의 직무를 수행하는 데 필요한 일반적인 정규교육수준(해당 직업 종사자의 평균 학력을 나타내는 것이 아님)
숙련기간	정규교육과정을 이수한 후 해당 직업의 직무를 평균적인 수준으로 스스로 수행하기 위하여 필요한 각종 교육, 훈련, 숙련기간(향상훈련은 포함되지 않음)
직무기능	해당 직업 종사자가 직무를 수행하는 과정에서 자료(Data), 사람(People), 사물(Thing)과 맺는 관련 특성
작업강도	아주 가벼운 작업, 가벼운 작업, 보통 작업, 힘든 작업, 아주 힘든 작업
육체활동	균형감각, 웅크림, 손 사용, 언어력, 청각, 시각
작업장소	실내, 실외, 실내·외
작업환경	저온, 고온, 다습, 소음·진동, 위험내재, 대기환경미흡
유사명칭	본 직업명을 명칭만 다르게 부르는 것(직업 수 집계에서 제외)

관련직업	본 직업명과 기본적인 직무에 있어서 공통점이 있으나 직무의 범위, 대상 등에 따라 나누어지는 직업(직업 수 집계에 포함)
자격·면허	국가자격 및 면허(민간자격 제외)
한국표준산업분류 코드	한국표준산업분류(KSIC)의 소분류(3-Digits) 산업 기준
한국표준직업분류 코드	한국고용직업분류(KECO) 세분류 코드(4-Digits)에 해당하는 한국표준직업분류(KSCO)의 세분류 코드
조사연도	해당 직업의 직무조사가 실시된 연도

■ **『2021~2023 한국직업전망 : 일자리 전망 통합본』의 특징** 기출 17, 13, 11, 10, 09

- 『2021 한국직업전망』부터 직종을 나누어서 매년 발간
- 향후 10년간의 일자리 전망 포함
- 한국고용직업분류(KECO)의 세분류 직업에 기초
- 승진을 통해 진입하게 되는 관리직은 제외
- 정량적 전망과 정성적 전망을 종합적으로 분석

■ **국가직무능력표준(NCS)의 능력단위**
기출 22, 17, 14

■ **국민내일배움카드의 지원제외 대상(일부)**
기출 22, 21, 20

- 현직 공무원 및 사립학교교직원
- 현직 군인
- 만 75세 이상인 사람

- 외국인근로자(단, 고용보험 피보험자는 지원대상에 포함)
- 중앙행정기관 또는 지방자치단체로부터 훈련비를 지원받는 훈련(또는 사업)에 참여하는 사람
- 생계급여 수급자(단, 조건부수급자는 지원대상에 포함)
- 초·중등교육법에 따른 학교의 재학생(단, 고등학교 3학년에 재학 중인 사람은 지원대상에 포함) 등

■ 기술·기능 분야 국가기술자격 등급별 검정기준
기출 22~08, 06, 05, 04, 03

- 기술사 : 고도의 전문지식
- 기능장 : 최상급 숙련기능
- 기사 : 공학적 기술이론
- 산업기사 : 기술기초이론+숙련기능
- 기능사 : 숙련기능

■ 국가기술자격 주요 서비스 분야의 응시자격
기출 21, 16~08, 06, 04

[직업상담사, 사회조사분석사, 전자상거래관리사]

1급	• 2급 자격 취득 후 실무경력 2년 이상 • 실무경력 3년 이상
2급	제한 없음

[소비자전문상담사]

1급	• 2급 자격 취득 후 실무경력 2년 이상 • 실무경력 3년 이상 • 외국에서 동일한 종목에 해당하는 자격 취득
2급	제한 없음

[컨벤션기획사]

1급	• 2급 자격 취득 후 동일 또는 유사 직무분야에서 실무경력 3년 이상 • 동일 또는 유사 직무분야에서 실무경력 4년 이상 • 외국에서 동일한 종목에 해당하는 자격 취득
2급	제한 없음

■ 실기시험만 시행할 수 있는 국가기술자격 종목
기출 21, 20, 19, 16, 15, 12, 11, 10

사무	한글속기 1·2·3급
건축	• 거푸집기능사 • 건축도장기능사 • 건축목공기능사 • 도배기능사 • 미장기능사 • 방수기능사 • 비계기능사 • 온수온돌기능사 • 유리시공기능사 • 조적기능사 • 철근기능사 • 타일기능사
토목	• 도화기능사 • 석공기능사 • 지도제작기능사 • 항공사진기능사
판금·제관·새시	금속재창호기능사

■ 고용24(워크넷) 채용정보 상세검색 시 선택할 수 있는 기업형태
기출 22, 21, 20, 19, 18, 15, 14, 13, 11

- 대기업
- 강소기업
- 중견기업
- 일학습병행기업
- 청년친화강소기업
- 공무원/공기업/공공기관
- 코스피/코스닥
- 외국계기업
- 벤처기업
- 가족친화인증기업

■ 고용24(워크넷) 제공 직업선호도검사의 하위검사
기출 22, 18, 16, 15, 14, 13, 12, 10, 09

- L(Long)형 : 흥미검사, 성격검사, 생활사검사
- S(Short)형 : 흥미검사

■ '고용24(워크넷) 직업·진로' 학과정보의 학과 계열
기출 22, 21, 20, 19, 18, 16, 13, 12, 11, 10, 09

- 인문계열
- 교육계열
- 공학계열
- 예체능계열
- 사회계열
- 자연계열
- 의약계열

■ Q-Net에서 제공하는 자격정보   기출 22, 12, 11

국가자격	국가기술자격제도, 국가자격종목별 상세정보, 비상대비자원관리종목, 자격종목변천일람표
민간자격	민간자격 등록제도, 민간자격 국가공인제도, 사업주 자격제도
외국자격	국가별 자격제도 운영현황(일본, 독일, 영국, 호주, 미국, 프랑스)

■ 취업, 훈련 및 자격 관련 주요 사이트의 운영주체
기출 18, 16, 12

- 직업훈련포털⁺(HRD-Net) : 한국고용정보원
- 월드잡플러스(WORLDJOB⁺) : 한국산업인력공단
- 커리어넷(CareerNet) : 한국직업능력연구원
- 민간자격정보서비스(PQI) : 한국직업능력연구원
- 일모아(ILMOA) : 한국고용정보원
- 외국인고용관리시스템(EPS) : 한국고용정보원
- 공공데이터포털(DATA) : 한국지능정보사회진흥원

*참고 : 'HRD-Net', 'EPS'는 한국고용정보원이 운영하는 '고용24'에 통합됨

◎ 직업정보 제공

■ 민간직업정보의 주요 특징   매해 기출

- 한시적으로 신속하게 생산되어 운영됨
- 상대적으로 단기간에 조사되어 집중적으로 제공됨
- 특정한 목적에 맞게 해당 분야 및 직종이 제한적으로 선택됨
- 정보생산자의 임의적 기준 또는 시사적인 관심이나 흥미를 유도할 수 있도록 해당 직업을 분류함
- 정보 자체의 효과가 큰 반면, 부가적인 파급효과는 적음
- 다른 직업정보와의 비교가 적고 활용성이 낮음
- 보통 유료로 제공됨

■ 공공직업정보의 주요 특징   매해 기출

- 비영리기관에서 공익적 목적으로 생산·제공됨
- 특정한 시기에 국한되지 않고 지속적으로 조사·분석하여 제공됨
- 전체 산업 및 업종에 걸친 직종을 대상으로 함
- 국내 또는 국제적으로 인정되는 객관적인 기준에 근거함
- 보편적인 항목으로 이루어진 기초적인 직업정보체계로 구성됨
- 관련 직업정보 간의 비교·활용이 용이함
- 광범위한 이용가능성에 따라 직접적·객관적인 평가가 가능함
- 무료로 제공됨

■ 직업정보의 주요 유형별 특징
기출 22, 21, 19, 18, 17, 15, 14, 11, 10, 09

유형(종류)	비용	학습자 참여도	접근성
인쇄물	저	수동	용이
시청각자료	고	수동	제한적
면접	저	적극	제한적
관찰	고	수동	제한적
직업경험	고	적극	제한적
직업체험	고	적극	제한적

■ 직업정보(고용정보)의 처리과정
기출 22, 21, 20, 19, 17, 16, 13, 11, 10, 09, 03

수집 → 분석 → 가공 → 체계화 → 제공 → 축적 → 평가

■ 직업정보 분석 시 주요 유의사항

기출 21~16, 13, 12, 11, 10, 09, 06, 04

- 정보의 분석 목적을 명확히 하며, 변화의 동향에 유의함
- 동일한 정보라 할지라도 다각적이고 종합적인 분석을 시도하여 해석을 풍부히 함
- 전문가나 전문적인 시각에서 분석함
- 원자료의 생산일, 자료표집방법, 대상, 자료의 양 등을 검토함
- 목적에 맞도록 분석하며, 객관성·정확성을 갖춘 최신자료를 선정함
- 숫자로 표현할 수 없는 정보라도 이를 삭제 혹은 배제하지 않음
- 직업정보원과 제공원을 제시함

■ 직업정보 가공 시 주요 유의사항

기출 22, 21, 20, 18, 17, 14, 13, 12, 11, 09~05

- 이용자의 수준에 부합하는 언어로 가공함
- 정보의 생명력을 측정하여 활용방법을 선정함
- 가장 최신의 자료를 활용하되 표준화된 정보를 활용함
- 직업에 대한 장단점을 편견 없이 제공함
- 객관성을 잃은 정보나 문자, 어투는 삼감
- 효율적인 정보제공을 위해 시각적 효과를 부가함
- 정보제공 방법에 적절한 형태로 제공함

■ 직업정보의 일반적인 평가 기준(Hoppock)

기출 21, 18, 16, 13

- 언제 만들어진 것인가?
- 어느 곳을 대상으로 한 것인가?
- 누가 만든 것인가?
- 어떤 목적으로 만든 것인가?
- 자료를 어떤 방식으로 수집하고 제시했는가?

4과목 노동시장

◎ 노동시장의 이해

■ 노동수요의 특징 기출 20, 18, 15, 13, 10, 08, 04, 03

- 유량(Flow)의 개념 : 노동수요는 일정 기간 동안 기업에서 고용하고자 하는 노동의 양을 의미함
- 파생수요(유발수요) : 노동수요는 소비자들의 상품에 대한 수요에 의해 파생 혹은 유발됨
- 결합수요 : 노동수요는 상품의 생산과 관련된 다른 생산요소의 발달정도 및 이용가능성의 여부 등과 연관됨

■ 노동수요의 결정요인 기출 18, 14, 12, 10, 04, 03

- 노동의 가격(임금)
- 상품(서비스)에 대한 소비자의 수요
- 다른 생산요소의 가격변화
- 노동생산성의 변화
- 생산기술의 진보

■ 노동수요곡선의 변화

기출 22, 19, 17, 16, 14, 13, 12, 11, 10, 08, 07

- 노동수요의 변화 : 노동수요의 결정요인 중 임금을 제외한 요인의 변화[→ 노동수요곡선 자체의 이동(Shift)]
- 노동수요량의 변화 : 노동수요의 결정요인 중 임금의 변화(→ 노동수요곡선상의 수요점 이동)

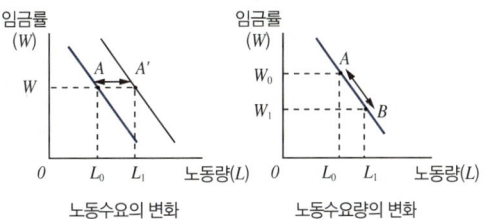

노동수요의 변화 / 노동수요량의 변화

■ 기업의 이윤극대화 노동수요 산출을 위한 주요 공식
기출 21, 20, 18, 17, 15, 14, 11, 10, 09, 08, 07, 04, 03

- 노동의 평균생산량(AP_L) = $\dfrac{총생산량(TP)}{노동투입량(L)}$
- 노동의 한계생산량(MP_L) = $\dfrac{총생산량의 증가분(\varDelta TP)}{노동투입량의 증가분(\varDelta L)}$
- 노동의 한계생산물가치$(VMP_L = P \cdot MP_L)$ = 임금률(W)
- 노동의 한계수입생산물(MRP_L) = 노동의 한계생산량$(MP_L) \cdot$ 한계수입(MR)

■ 준고정비용과 기업의 선택 기출 20, 17, 11, 06, 05

- 준고정비용은 '근로자에 대한 투자'와 '부가급여'로 구분됨
- 준고정비용 증가 시 고용 수준 ↓, 초과근로시간 ↑

■ 한계기술대체율 기출 17, 11, 08

등량곡선에서 두 투입요소(노동과 자본) 가운데 하나의 투입요소가 한 단위 증가함에 따라 대체되는 다른 투입요소 간의 비율(→ 대체의 원리)

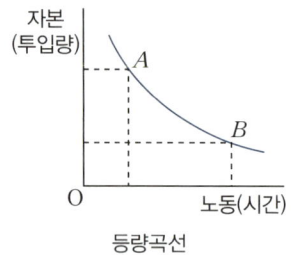
등량곡선

■ 노동수요의 임금탄력성
기출 22, 21, 20, 18, 17, 16, 15, 13, 10, 09, 08, 07, 05

- 임금률 1%의 변화에 의해 유발되는 노동수요량의 변화율을 말함

노동수요의 (임금)탄력성 = $\dfrac{노동수요량의 변화율(\%)}{임금의 변화율(\%)}$

- 일반적으로 임금이 상승하면 노동에 대한 수요가 감소하므로 노동수요의 임금탄력성은 부(-)의 값을 갖게 됨
- 노동수요의 임금탄력성의 절댓값이 클수록 임금변화에 대한 고용변화의 정도가 큼

  - 노동수요의 임금탄력성 > 1 ☞ 탄력적
  - 노동수요의 임금탄력성 = 1 ☞ 단위 탄력적
  - 노동수요의 임금탄력성 < 1 ☞ 비탄력적

- 탄력성의 값이 무한대이면 '완전 탄력적', 노동수요곡선은 수평이 됨
- 탄력성의 값이 0이면 '완전 비탄력적', 노동수요곡선은 수직이 됨

■ 노동수요의 임금탄력성 결정요인(힉스-마샬의 법칙)
기출 21~15, 13, 12, 11, 10, 08, 07, 05, 04, 03

- 생산물 수요의 탄력성 : 생산물의 수요가 탄력적일수록 노동수요는 더 탄력적이 됨
- 총생산비에 대한 노동비용의 비중 : 총생산비에서 차지하는 노동비용의 비중이 클수록 노동수요는 더 탄력적이 됨
- 노동의 대체가능성 : 노동과 다른 생산요소 간의 대체가 용이할수록 노동수요는 더 탄력적이 됨
- 노동 이외의 생산요소의 공급탄력성 : 노동 이외의 생산요소의 공급탄력성이 클수록 노동수요는 더 탄력적이 됨

■ 노동공급의 결정요인 기출 12, 10

- 인구 또는 생산가능인구의 크기(인구 수)
- 경제활동참가율
- 노동시간(노동공급시간)
- 노동력의 질(노동인구의 교육정도)
- 일에 대한 노력의 강도
- 임금지불방식
- 동기부여와 사기

■ 기혼여성의 경제활동참가율을 높이는 요인

기출 17, 13, 10, 08, 07, 06

- 법적·제도적 장치의 확충(육아 및 유아교육시설의 증설)
- 시장임금의 상승
- 남편(배우자) 소득의 감소
- 자녀수의 감소(출산율 저하)
- 가계생산기술의 향상(노동절약적 가계생산기술의 향상)
- 고용시장의 유연화(시간제근무 또는 단시간근무 기회의 확대)
- 여성의 높은 교육수준

■ 여가-소득 간의 무차별곡선 기출 21, 16, 15, 08, 05

개인이 노동시장에서의 노동공급을 포기하는 경우
☞ 여가-소득 간의 무차별곡선이 수직에 가까운 경우

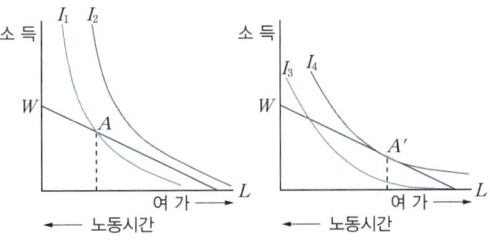

여가-소득 간의 무차별곡선

■ 노동공급의 대체효과와 소득효과   매해 기출

- 대체효과 : 임금 상승 시 여가시간은 감소하지만 노동시간은 증가하는 효과
- 소득효과 : 임금 상승 시 여가시간은 증가하지만 노동시간은 감소하는 효과

■ 후방굴절 노동공급곡선   매해 기출

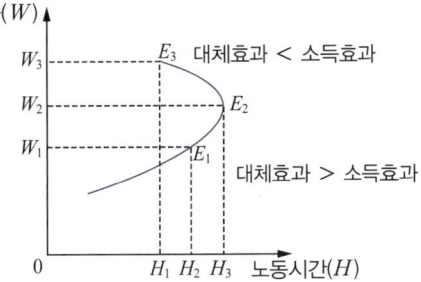

■ 노동공급의 임금탄력성

기출 21, 19, 13, 12, 11, 09, 06

- 임금률 1%의 변화에 의해 유발되는 노동공급량의 변화율을 말함

$$\text{노동공급의 (임금)탄력성} = \frac{\text{노동공급량의 변화율(\%)}}{\text{임금의 변화율(\%)}}$$

- 노동공급의 증가율이 임금상승률보다 높은 경우 노동공급은 '탄력적'이 됨
- 노동공급의 증가율이 임금상승률보다 낮은 경우 노동공급은 '비탄력적'이 됨
- 탄력성의 값이 무한대이면 '완전 탄력적', 노동공급곡선은 수평이 됨
- 탄력성의 값이 0이면 '완전 비탄력적', 노동공급곡선은 수직이 됨

■ 노동공급의 임금탄력성 결정요인

기출 19, 16, 14, 07

- 인구 수
- 노동조합의 결성과 교섭력의 정도
- 여성취업기회의 창출 가능성 여부
- 파트타임 근무제도의 보급 정도
- 노동이동의 용이성 정도
- 고용제도의 개선 정도
- 산업구조의 변화 등

■ 인력운영의 유연성 확보를 위한 기업의 인적자원 관리정책 기출 18, 16, 14, 12, 10, 06

외부적 · 수량적 유연성	신규채용 축소, 명예퇴직 · 희망퇴직, 유연한 정리해고절차 등 근로자 수의 조정, 계약근로 · 재택근로 · 파트타임 등 고용형태의 다양화
내부적 · 수량적 유연성	변형근로시간제, 탄력적 근무시간제, 변형근무일제, 교대근무제 등에 의한 직무공유, 휴직 또는 재고용 보장의 일시해고 등
작업의 외부화	하청, 외주, 인재파견회사 혹은 용역업체로부터 파견근로자의 사용 및 자영업자의 사용 등
기능적 유연성	근로자에 대한 기업의 지속적인 사내직업훈련 또는 위탁교육 등의 교육훈련 실시
임금 유연성	임금구조를 개인 혹은 집단(팀)의 능력 및 성과와 연계하여 결정하는 임금체계 및 임금형태로의 전환

■ 경쟁노동시장 경제모형의 기본 가정 기출 20, 18, 17, 12, 10, 08, 05

- 노동자 개인이나 개별고용주는 시장임금에 아무런 영향력을 행사할 수 없음
- 노동시장의 진입과 퇴출이 자유로움
- 노사의 단체가 없으며, 정부의 임금규제도 없음
- 노동자와 고용주는 완전정보를 가짐
- 직무의 성격은 모두 동일하며, 임금의 차이만 존재함
- 모든 노동자는 동질적임
- 모든 직무의 공석은 외부노동시장을 통해서 채워짐

■ 이중노동시장의 특징 기출 22, 17, 16, 10, 09, 07, 05

1차 노동시장	• 고임금 • 고용의 안정성 • 승진 및 승급 기회의 평등(공평성) • 양호한 근로조건 • 합리적인 노무관리 등
2차 노동시장	• 저임금 • 고용의 불안정성(높은 노동이동) • 승진 및 승급 기회의 결여 • 열악한 근로조건 • 자의적인 관리감독 등

■ 내부노동시장의 형성요인 기출 22, 20, 19, 18, 16, 15, 14, 12, 10, 09, 08, 06, 03

- 숙련의 특수성(기능의 특수성)
- 현장훈련
- 기업 내의 관습(위계적 직무서열)
- 장기근속과 기업의 규모(장기근속 가능성)

◎ 임금의 제개념

■ 임금결정에 관한 주요 이론 기출 21, 19, 18, 17, 16, 13, 12, 10, 03

임금생존비설	임금이 생존비 이상으로 상승하는 경우 노동공급의 증가로 인해 임금이 생존비 이하로 하락하는 반면, 임금이 생존비 이하로 하락하는 경우 노동공급의 감소로 인해 임금이 다시 생존비 수준으로 상승함
임금기금설	어느 한 시점에 근로자의 임금으로 지불될 수 있는 부의 총액 또는 기금은 정해져 있음
노동가치설 (노동력재생산비설)	임금 상승이 노동절약적 기계도입에 따른 기술적 실업의 발생으로 산업예비군을 증가시켜 다시 임금을 생존비 수준으로 저하시킴

■ 임금관리의 구성 기출 21, 17

- 임금수준의 적정성
- 임금체계의 공정성
- 임금형태의 합리성

■ 평균임금과 통상임금
기출 21, 15, 13, 12, 11, 10, 09, 07, 06, 05

평균임금	• 이를 산정하여야 할 사유가 발생한 날 이전 3개월 동안에 그 근로자에게 지급된 임금의 총액을 그 기간의 총일수로 나눈 금액 • 퇴직급여, 휴업수당, 연차유급휴가수당(취업규칙에 따름), 재해보상 및 산업재해보상보험급여, 제재로서의 감급, 구직급여 등의 산정기초
통상임금	• 근로자에게 정기적·일률적으로 소정근로 또는 총근로에 대하여 지급하기로 정한 시간급금액·일급금액·주급금액·월급금액 또는 도급금액 • 해고예고수당, 연장·야간·휴일근로수당, 연차유급휴가수당(취업규칙에 따름), 출산전후휴가급여 등의 산정기초

■ 의중임금(보상요구임금, 유보임금)
기출 22, 18, 15, 13, 11, 10, 09, 07

노동을 시장에 공급하기 위해 노동자가 요구하는 최소한의 주관적 요구임금 수준

$$의중임금충족률(\%) = \frac{제시임금}{의중임금} \times 100$$

■ 임금체계의 주요 특징
기출 22~07, 05, 04, 03

임금체계	급여결정기준	주요 장점	주요 단점
연공급	근속연수, 학력, 연령, 성별 등	정기승급에 따른 생활안정, 귀속의식	무사안일주의, 적당주의
직능급	근로자 개인의 직무수행 능력	능력에 따른 동일한 기회 보장	직능구분·직능평가·능력개발이 전제됨
직무급	근로자 개인이 수행하는 직무	개별별 임금차 불만의 해소	직무평가 불신에 따른 노조의 저항

■ 성과급 제도의 장단점
기출 18, 14, 12, 11, 10, 09, 08, 05, 03

장점	• 근로자의 동기를 유발함 • 근로의 능률을 자극할 수 있음
단점	• 직원 간 화합에 불리함 • 작업량에만 치중하여 제품 품질이 조악해짐

■ 연봉제의 장단점
기출 22, 19, 15, 11, 10, 05

장점	• 동기부여 및 조직의 활성화를 유도함 • 개인의 생산성 향상, 전문성 촉진에 유리함 • 과감한 인재기용에 유리함 • 임금관리의 효율성을 증대시킴
단점	• 평가결과의 객관성과 공정성에 대한 시비가 제기됨 • 연봉액이 삭감될 경우, 사기가 저하될 수 있음 • 종업원 상호 간의 불필요한 경쟁심이나 위화감이 조성됨

■ 생산성 임금제에서 임금결정 방식
기출 21, 17, 16, 12, 11, 09, 06

명목생산성 증가율을 산정할 때 실질생산성 증가율에 가격 증가율(→ 물가상승률)을 반영함

$$명목생산성\ 증가율 = 실질생산성\ 증가율 + 가격\ 증가율(물가상승률)$$

■ 노동수요 특성별 임금격차의 요인
기출 22, 18, 15, 13, 11, 09, 07, 03

경쟁적 요인	• 인적자본량 • 근로자의 생산성 격차(보이지 않는 질적 차이) • 보상적 임금격차 • 기업의 효율성 임금정책(효율임금 정책) • 시장의 단기적 불균형(산업발달의 불균형)
비경쟁적 요인 (경쟁 외적 요인)	• 시장지배력 및 독점지대의 배당 • 노동조합의 효과 • 비효율적 연공급제도

■ 임금이 하방경직인 이유   기출 21, 20, 18, 12, 06

- 화폐환상
- 장기 근로(노동)계약
- 강력한 노동조합의 존재
- 노동자의 역선택 발생 가능성
- 최저임금제의 실시
- 대기업의 효율성 임금정책에 따른 고임금 지급

■ 보상적 임금격차의 발생 원인
    기출 22, 19, 18, 16, 15, 14, 11~06

- 고용의 안정성 여부(금전적 위험)
- 작업의 쾌적함 정도(비금전적 차이)
- 교육훈련 비용의 여부(교육훈련의 차이)
- 책임의 정도
- 성공 또는 실패의 가능성

■ 고임금이 고생산성을 가져오는 원인
    기출 21, 18, 17, 14, 13, 12, 11, 10, 08, 06

- 노동자의 기업에 대한 충성심과 귀속감 증대
- 직장상실비용 증대에 따른 작업 중 태만 방지
- 신규노동자의 채용 및 훈련비용 감소
- 대규모 사업장에서 통제상실의 사전 방지
- 양질의 노동자 고용

■ 최저임금제도의 목적(기대효과)
    기출 22~17, 14, 13, 11, 09, 08, 04, 03

- 소득분배의 개선(산업 간, 직업 간 임금격차 해소)
- 노동력의 질적 향상
- 기업의 근대화 및 산업구조의 고도화 촉진
- 공정경쟁의 확보
- 산업평화의 유지
- 경기 활성화에 기여(유효수요의 창출)
- 복지국가의 실현

◎ 실업의 제개념

■ 필립스 곡선(Phillips Curve)
    기출 20, 19, 16, 15, 14, 11, 09, 07, 03

인플레이션율과 실업률 간에 역의 상관관계(상충관계)를 설명함

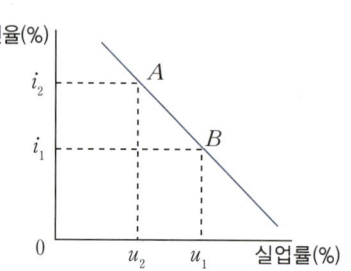

■ 실업의 유형 및 주요 대책   매해 기출

• 마찰적 실업(탐색적 실업)

원인	직업정보의 부족, 불완전한 노동시장 정보
대책	구인·구직에 대한 전국적인 전산망 연결, 구인·구직 정보제공시스템의 효율성 제고, 직업안내 및 직업상담 등 직업알선기관의 활성화 등

• 구조적 실업

원인	경제구조 자체의 변화, 지역 간(산업 간) 노동력 수급의 불균형
대책	산업구조 변화예측에 따른 인력수급정책, 노동자의 전직과 관련된 재훈련, 지역 간 이동을 촉진시키는 지역이주금 보조 등

• 경기적 실업(수요부족실업)

원인	경기후퇴(불경기)에 따른 총수요 감소
대책	재정금융정책을 통한 총수요 증대정책(유효수요의 확대), 세율 인하 등의 경기활성화 정책, 공공사업 등의 고용창출사업 확대 등

■ 실망노동자효과와 부가노동자효과

기출 22, 21, 19, 18, 15, 14, 12, 11, 10, 08, 07, 06, 05

실망노동자 효과	경기침체로 취업의 기회를 얻지 못한 사람들이 구직활동을 단념하여 비경제활동인구로 전락 → 실업자 수는 과소평가
부가노동자 효과	가구주의 실직으로 주부나 학생 등 2차적 노동력이 구직활동을 함으로써 경제활동인구로 전환 → 실업자 수는 과대평가

■ 실업의 사회적 대책으로서 인력정책과 소득정책

기출 21, 18, 17, 16, 14, 13, 09, 05

인력정책	• 인적자원 양성으로 노동공급 부족문제를 극복하고 우수한 노동력을 확보함 • 주로 구조적 실업문제를 해결하기 위한 정책으로, 인플레이션을 유발하지 않음
소득정책	• 정부가 인위적으로 개입하여 물가 및 임금의 과도한 상승을 억제함 • 소득분배의 불평등, 성장산업의 위축, 행정적 관리비용의 증가 등 부작용을 초래함

■ 노동시장정책의 분류

기출 19, 18, 17, 14, 13, 09, 08, 05

- 적극적 노동시장정책 : 취업알선, 직업훈련, 청년대책, 고용보조금, 장애인 대책 등
- 소극적 노동시장정책 : 실업보조금(실업급여 등), 조기퇴직 보조금 등

5과목 고용노동관계법규(Ⅰ)

◎ 노동법과 노동기본권

■ 노동기본권

기출 21, 20, 19, 18, 17, 15, 10, 04

근로의 권리 (근로권)	모든 국민은 근로의 권리를 가진다(헌법 제32조 제1항).
근로3권 (노동3권)	근로자는 근로조건의 향상을 위하여 자주적인 단결권·단체교섭권 및 단체행동권을 가진다(헌법 제33조 제1항).

■ 근로의 권리의 내용

기출 22, 21, 20, 18~16, 13, 12, 10, 09, 07, 06, 04, 03

본원적 내용	근로기회청구권, 생활비지급청구권
보충적 내용	국가의 고용증진의 의무, 적정임금의 보장, 근로조건 기준의 법정주의, 여성근로자의 보호 및 차별대우의 금지, 연소근로자의 특별보호, 국가유공자 등의 근로기회 우선보장

■ 근로의 권리의 기능

기출 19, 16, 11, 08

- 근로의 상품화를 허용함으로써 자본주의경제의 이념적 기초를 제공함
- 근로기회의 제공을 통하여 생활무능력자에 대한 국가적 보호 의무를 감소시킴

■ 근로3권의 제한

기출 22, 19, 18, 16, 15, 13, 11, 09, 07

- 국가안전보장·질서유지·공공복리를 위하여 필요한 경우 법률로써 제한함
- 공무원인 근로자는 법률이 정하는 자에 한하여 근로3권을 가짐
- 법률이 정하는 주요 방위산업체에 종사하는 근로자의 단체행동권은 법률이 정하는 바에 의하여 이를 제한하거나 인정하지 아니할 수 있음

◎ 근로기준법

■ 근로자와 단시간근로자의 정의(법 제2조)
기출 22, 20, 17, 16, 15, 14, 10, 06

근로자	직업의 종류와 관계없이 임금을 목적으로 사업이나 사업장에 근로를 제공하는 사람
단시간근로자	1주 동안의 소정근로시간이 그 사업장에서 같은 종류의 업무에 종사하는 통상근로자의 1주 동안의 소정근로시간에 비하여 짧은 근로자

■ 기본원리
기출 22, 18, 16, 07

- 최저 근로조건의 보장(법 제3조)
- 근로조건의 노사대등 결정(법 제4조)
- 근로조건의 준수(법 제5조)
- 균등한 처우(법 제6조)
- 강제근로의 금지(법 제7조)
- 폭행의 금지(법 제8조)
- 중간착취의 배제(법 제9조)
- 공민권 행사의 보장(법 제10조)

■ 근로조건의 명시사항(법 제17조)
기출 15, 12, 10, 09, 07, 03

- 임금(구성항목 · 계산방법 · 지급방법)
- 소정근로시간
- 휴일(주휴일)
- 연차 유급휴가
- 취업의 장소와 종사하여야 할 업무에 관한 사항
- 취업규칙에서 정한 사항
- 기숙사 규칙에서 정한 사항

■ 금지 · 제한
기출 21, 20, 18, 12, 11

- 위약 예정의 금지(법 제20조)
- 전차금 상계의 금지(법 제21조)
- 강제 저금의 금지(법 제22조)
- 해고 등의 제한(법 제23조)

■ 해고(법 제24조 내지 제27조)
기출 21, 19, 17, 15, 14, 10, 09, 08, 07, 05

- 긴박한 경영상의 필요가 있어야 함
- 해고를 하려는 날의 50일 전까지 노동조합 또는 근로자대표에 통보하고 성실하게 협의하여야 함
- 해고 30일 전에 예고를 하며, 해고사유와 해고시기를 서면으로 통지하여야 함

■ 이행강제금(법 제33조)
기출 22, 21, 18, 13, 11

- 사용자가 노동위원회의 구제명령을 서면으로 통지받은 날부터 30일 이내에 이행하지 아니하는 경우 3천만원 이하의 이행강제금을 부과함
- 매년 2회의 범위에서 구제명령이 이행될 때까지 반복하여 부과 · 징수할 수 있음(단, 2년 초과 금지)
- 구제명령을 이행하기 전에 이미 부과된 이행강제금은 징수하여야 함

■ 임금 지급의 원칙(법 제43조)
기출 17, 14, 12, 10, 07, 04

- 통화불 · 직접불 · 전액불 원칙
- 매월 1회 이상 정기불 원칙

■ 여성과 소년(법 제64조 내지 제68조)
기출 22, 18, 14, 09, 05, 04

- 원칙적으로 15세 미만인 사람은 근로자로 사용하지 못함
- 13세 이상 15세 미만인 자가 취직인허증을 받은 경우 사용 가능함(단, 예술공연 참가의 경우 13세 미만도 사용 가능함)
- 친권자나 후견인은 미성년자의 근로계약을 대리할 수 없음
- 미성년자는 독자적으로 임금을 청구할 수 있음

■ 취업규칙(법 제93조 및 제94조)
  기출 21, 20, 17, 15, 14, 12, 11, 10, 09, 08, 06, 03
- 상시 10명 이상의 근로자를 사용하는 사용자가 작성하여 고용노동부장관에게 신고함
- 업무의 시작과 종료 시각, 휴게시간, 휴일, 휴가, 임금의 결정·계산·지급 방법, 임금의 산정기간·지급시기 및 승급에 관한 사항 등이 포함됨
- 취업규칙의 작성 또는 변경 시 노동조합이나 근로자 과반수의 의견을 들어야 함(단, 근로자에게 불리하게 변경하는 경우 동의를 받아야 함)

◎ 최저임금법

■ 적용 범위(법 제3조)   적중 예상
- 근로자를 사용하는 모든 사업 또는 사업장에 적용함
- 동거하는 친족만을 사용하는 사업(장)과 가사 사용인, 선원과 선원을 사용하는 선박의 소유자는 적용하지 아니함

■ 최저임금의 효력(법 제6조 및 제7조)   적중 예상
- 적용 대상 근로자에게 최저임금액 이상의 임금을 지급함
- 정신 또는 신체의 장애가 업무 수행에 직접적으로 현저한 지장을 주는 것이 명백한 사람으로서 고용노동부장관의 인가를 받은 사람은 적용 제외할 수 있음

■ 최저임금에 산입하지 아니하는 임금(시행규칙 제2조)   적중 예상
- 연장근로 또는 휴일근로에 대한 임금
- 연장·야간 또는 휴일 근로에 대한 가산임금
- 연차 유급휴가의 미사용수당
- 유급으로 처리되는 휴일에 대한 임금(단, 주휴일은 제외) 등

■ 최저임금의 결정 및 고시(법 제8조 및 제10조)   기출 19, 17
- 고용노동부장관은 최저임금위원회의 심의·의결을 거쳐 매년 8월 5일까지 최저임금을 결정하여야 함
- 고용노동부장관은 최저임금을 결정한 때에는 지체없이 고시하며, 고시된 최저임금은 다음 연도 1월 1일부터 효력이 발생함

■ 최저임금위원회(법 제14조 내지 제17조) 적중 예상
- 근로자위원 9명, 사용자위원 9명, 공익위원 9명으로 구성함
- 위원장과 부위원장은 각 1명을 두며, 공익위원 중에서 위원회가 선출함
- 위원의 임기는 3년으로 하되, 연임할 수 있음
- 회의는 고용노동부장관이 소집을 요구하는 경우, 재적위원 3분의 1 이상이 소집을 요구하는 경우, 위원장이 필요하다고 인정하는 경우 위원장이 소집함

■ 최저임금 현황   기출 22, 21, 19, 18, 17

연 도	2023년	2024년	2025년
시 급	9,620원	9,860원	10,030원
인상률	5.0%	2.5%	1.7%

◎ 직업안정법

■ 용어의 정의(법 제2조의2) 기출 20, 19, 17, 14, 13, 11
- 직업소개 : 구인자와 구직자 간에 고용계약이 성립되도록 알선하는 것
- 직업지도 : 직업적성검사, 직업정보의 제공, 직업상담, 실습, 권유 또는 조언, 그 밖에 직업에 관한 지도
- 근로자공급사업 : 공급계약에 따라 근로자를 타인에게 사용하게 하는 사업(단, 근로자파견사업은 제외)

■ 고용서비스 우수기관 인증(법 제4조의5)
　　　　　　　　　　　　　기출 19, 17, 14, 11, 10
• 인증권자 : 고용노동부장관(한국고용정보원 등에 위탁)
• 유효기간 : 인증일부터 3년
• 재인증 신청 : 유효기간 만료 60일 전까지
• 인증 취소 : 거짓이나 그 밖의 부정한 방법으로 인증을 받은 경우, 1년 이상 계속 사업 실적이 없는 경우, 인증기준을 충족하지 못하게 된 경우, 폐업한 경우 등

■ 직업안정기관의 장이 구인신청의 수리를 거부할 수 있는 경우(법 제8조)　기출 19, 18, 12, 10, 03
• 구인신청의 내용이 법령을 위반한 경우
• 통상적인 근로조건에 비하여 현저하게 부적당하다고 인정되는 경우
• 구인조건을 밝히기를 거부하는 경우
• 명단이 공개 중인 체불사업주인 경우

■ 직업소개의 원칙 및 준수사항(법 제11조, 시행령 제7조 및 제8조)　기출 18, 16, 12, 06, 05
• 구직자에게는 그 능력에 알맞은 직업을 소개하도록 노력하여야 함
• 구인자에게는 구인조건에 적합한 구직자를 소개하도록 노력하여야 함
• 구직자가 통근할 수 있는 지역에서 직업을 소개하도록 노력하여야 함
• 구인자 또는 구직자 어느 한쪽의 이익에 치우치지 아니하도록 함
• 구직자에게 업무의 내용, 임금, 근로시간 등 근로조건을 상세히 설명함
• 구인자는 그 채용여부를 직업안정기관의 장에게 통보하여야 함

■ 직업안정기관의 장 외의 자가 행하는 직업안정사업의 규제방식
　　　　　　　　기출 22, 20, 18~14, 12, 11, 10, 09, 04, 03
• 국내 무료직업소개사업 : 특별자치도지사·시장·군수 및 구청장에게 신고
• 국외 무료직업소개사업 : 고용노동부장관에게 신고
• 국내 유료직업소개사업 : 특별자치도지사·시장·군수 및 구청장에게 등록
• 국외 유료직업소개사업 : 고용노동부장관에게 등록
• 직업정보제공사업 : 고용노동부장관에게 신고
• 국외 취업자 모집 : 고용노동부장관에게 신고
• 근로자공급사업 : 고용노동부장관의 허가

■ 겸업 금지 사업(법 제26조 및 시행령 제29조)
　　　　　　　　　　기출 22, 21, 20, 19, 13, 10, 06, 04
• 결혼중개업
• 숙박업
• 다류(茶類)를 조리·판매하는 영업(단, 다류를 배달·판매하면서 소요 시간에 따라 대가를 받는 형태로 운영하는 경우로 한정)
• 단란주점영업
• 유흥주점영업

■ 근로자공급사업의 허가를 받을 수 있는 자의 범위(법 제33조)　기출 21, 20, 18, 15

국내 근로자 공급사업	「노동조합 및 노동관계조정법」에 따른 노동조합
국외 근로자 공급사업	국내에서 제조업·건설업·용역업, 그 밖의 서비스업을 하고 있는 자(단, 연예인을 대상으로 하는 국외 근로자공급사업의 허가를 받을 수 있는 자는 「민법」에 따른 비영리법인으로 함)

■ 장부 등의 비치 기간(시행규칙 제26조 및 제40조)
　　　　　　　　　　　　　　　　기출 20, 15, 11
• 유료직업소개사업의 장부 비치 기간 : 2년
• 근로자공급사업의 장부 비치 기간 : 3년

◎ 고용보험법

■ 용어의 정의(법 제2조) 기출 22, 20, 15, 10

- 실업 : 근로의 의사와 능력이 있음에도 불구하고 취업하지 못한 상태에 있는 것
- 실업의 인정 : 직업안정기관의 장이 수급자격자가 실업한 상태에서 적극적으로 직업을 구하기 위하여 노력하고 있다고 인정하는 것
- 일용근로자 : 1개월 미만 동안 고용되는 사람

■ 적용 범위(법 제8조 및 제10조)
기출 20, 18, 17, 15, 14, 12, 10, 07, 04

- 근로자를 사용하는 모든 사업 또는 사업장에 적용함
- 다음의 사람에게는 적용하지 아니함

> - 해당 사업에서 1개월간 소정근로시간이 60시간 미만이거나 1주간의 소정근로시간이 15시간 미만인 근로자(단, 3개월 이상 계속하여 근로를 제공하는 근로자와 일용근로자는 적용대상에 포함)
> - 국가공무원과 지방공무원(단, 별정직공무원 및 임기제공무원의 경우 실업급여에 한정하여 가입 가능)
> - 사립학교교직원
> - 별정우체국 직원
> - 농업·임업 및 어업 중 법인이 아닌 자가 상시 4명 이하의 근로자를 사용하는 사업에 종사하는 근로자(단, 본인의 의사에 따라 가입 가능)

■ 피보험자격의 상실일(법 제14조)
기출 20, 19, 16, 14, 12, 11, 10, 09

- 근로자인 피보험자가 적용 제외 근로자에 해당하게 된 경우 : 그 적용 제외 대상자가 된 날
- 보험관계가 소멸한 경우 : 그 보험관계가 소멸한 날
- 근로자인 피보험자가 이직한 경우 : 이직한 날의 다음 날
- 근로자인 피보험자가 사망한 경우 : 사망한 날의 다음 날
- 자영업자인 피보험자의 경우 : 그 보험관계가 소멸한 날

■ 실업급여의 종류(법 제37조) 기출 22~16, 12~04

```
실업급여 ┬ 구직급여
         └ 취업촉진 수당 ┬ 조기(早期)재취업 수당
                         ├ 직업능력개발 수당
                         ├ 광역 구직활동비
                         └ 이주비
```

■ 구직급여의 주요 수급요건(법 제40조)
기출 21, 20, 17, 14, 12, 11, 10, 05, 03

- 법령에 따른 기준기간(원칙상 이직일 이전 18개월) 동안의 피보험 단위기간이 합산하여 180일 이상일 것
- 근로의 의사와 능력이 있음에도 불구하고 취업(영리를 목적으로 사업을 영위하는 경우를 포함)하지 못한 상태에 있을 것
- 이직사유가 수급자격의 제한 사유에 해당하지 아니할 것
- 재취업을 위한 노력을 적극적으로 할 것

■ 구직급여의 소정급여일수(법 제50조)
기출 22, 19, 14, 13, 11, 09, 08, 06

구 분		피보험기간				
		1년 미만	1년 이상 3년 미만	3년 이상 5년 미만	5년 이상 10년 미만	10년 이상
이직일 현재 연령	50세 미만	120일	150일	180일	210일	240일
	50세 이상	120일	180일	210일	240일	270일

* 단, 장애인은 50세 이상인 것으로 보아 위 표를 적용

■ **육아휴직 급여 및 육아기 근로시간 단축급여(법 제70조 및 제73조의2)** `기출 21, 17, 14, 13, 11`
- 육아휴직 또는 육아기 근로시간 단축을 시작한 날 이후 1개월부터 끝난 날 이후 12개월 이내에 신청하여야 함
- 그 사업에서 이직하거나 취업을 한 경우 급여 지급이 제한됨
- 피보험자가 사업주로부터 해당 사유로 금품을 지급받은 경우 그 급여를 감액하여 지급할 수 있음

■ **심사와 재심사(법 제87조)** `기출 14, 11, 10, 09, 08, 05, 04`
- 심사 대상 : 피보험자격의 취득·상실에 대한 확인, 실업급여 및 육아휴직 급여와 출산전후휴가 급여 등에 관한 처분 등
- 심사의 청구 : 확인 또는 처분이 있음을 안 날부터 90일 이내에 고용보험심사관에게 청구
- 재심사의 청구 : 심사청구에 대한 결정이 있음을 안 날부터 90일 이내에 고용보험심사위원회에 청구

◎ **국민 평생 직업능력 개발법(구 근로자직업능력 개발법)**

■ **직업능력개발훈련시설을 설치할 수 있는 공공단체의 범위(시행령 제2조)** `기출 22, 18, 14, 13, 11, 04`
- 한국산업인력공단(한국산업인력공단 출연·설립 학교법인 포함)
- 한국장애인고용공단
- 근로복지공단

■ **직업능력개발훈련이 중요시되어야 할 대상(법 제3조)** `기출 21~14, 12, 10, 09, 08, 07, 06, 05, 03`
- 고령자·장애인
- 기초생활 수급권자
- 국가유공자와 그 유족 또는 가족
- 보훈보상대상자와 그 유족 또는 가족
- 5·18민주유공자와 그 유족 또는 가족
- 제대군인 및 전역예정자
- 여성근로자
- 중소기업의 근로자
- 일용근로자, 단시간근로자, 기간을 정하여 근로계약을 체결한 근로자, 일시적 사업에 고용된 근로자
- 파견근로자
- 학교 밖 청소년

■ **직업능력개발훈련의 구분(시행령 제3조)** `기출 21, 20, 19, 18, 16, 15, 13, 12, 11, 10, 08, 05, 04`
- 훈련의 목적 : 양성훈련, 향상훈련, 전직훈련
- 훈련의 실시방법 : 집체훈련, 현장훈련, 원격훈련, 혼합훈련

■ **훈련계약과 권리·의무(법 제9조)** `기출 20, 19, 17, 16, 15, 13, 12, 10, 09`
- 사업주는 직업능력개발훈련을 받는 사람이 훈련 이수 후 사업주가 지정하는 업무에 일정 기간 종사하도록 할 수 있음(단, 5년 이내, 3배 초과금지)
- 훈련계약을 체결하지 아니한 경우 고용근로자가 받은 직업능력개발훈련에 대하여는 그 근로자가 근로를 제공한 것으로 봄
- 기준근로시간 외의 훈련시간에 대해 생산시설을 이용하거나 근무장소에서 하는 직업능력개발훈련의 경우를 제외하고는 연장근로와 야간근로에 해당하는 임금을 지급하지 아니할 수 있음

■ **재해 위로금(법 제11조)** `기출 15, 14, 11`
- 직업능력개발훈련을 실시하는 자는 해당 훈련시설에서 직업능력개발훈련 중 그 직업능력개발훈련으로 인하여 재해를 입은 국민에게 재해 위로금을 지급하여야 함(단, 「산업재해보상보험법」을 적용받는 사람은 제외)
- 위탁에 의한 직업능력개발훈련의 경우 그 위탁자가 재해 위로금을 부담하되, 위탁받은 자의 책임 있는 사유로 인한 재해의 경우 위탁받은 자가 재해 위로금을 지급하여야 함

■ 직업능력개발훈련교사의 결격사유(법 제34조)

기출 17, 16, 10

- 피성년후견인 · 피한정후견인
- 금고 이상의 실형을 선고받고 그 집행이 끝나거나 (집행이 끝난 것으로 보는 경우를 포함) 집행이 면제된 날부터 2년이 지나지 아니한 사람
- 금고 이상의 형의 집행유예를 선고받고 그 유예기간 중에 있는 사람
- 법원의 판결에 따라 자격이 상실되거나 정지된 사람
- 성폭력범죄로 100만원 이상의 벌금형을 선고받고 그 형이 확정된 후 2년이 지나지 아니한 사람
- 직업능력개발훈련교사의 자격이 취소된 후 3년이 지나지 아니한 사람

◎ 남녀고용평등과 일·가정 양립 지원에 관한 법률

■ '차별'에 해당하지 않는 경우(법 제2조)

기출 18, 17, 16, 15, 13, 12, 10, 09, 06

- 직무의 성격에 비추어 특정 성이 불가피하게 요구되는 경우
- 여성 근로자의 임신 · 출산 · 수유 등 모성보호를 위한 조치를 하는 경우
- 적극적 고용개선조치를 하는 경우

■ 남녀의 평등한 기회보장 및 대우

기출 17, 13, 08, 06, 03

- 모집과 채용(법 제7조)
- 임금(법 제8조)
- 임금 외의 금품 등(법 제9조)
- 교육 · 배치 및 승진(법 제10조)
- 정년 · 퇴직 및 해고(법 제11조)

■ 직장 내 성희롱 예방 교육(시행령 제3조)

기출 21, 20, 19, 18, 13, 11, 10, 09

- 사업주는 직장 내 성희롱 예방을 위한 교육을 연 1회 이상 하여야 함
- 직원연수 · 조회 · 회의, 인터넷 등 정보통신망을 이용한 사이버 교육 등을 통하여 실시할 수 있음 (단, 근로자에게 교육 내용이 제대로 전달되었는지 확인하기 곤란한 경우 예방 교육을 한 것으로 보지 않음)
- 상시 10명 미만의 근로자를 고용하는 사업이나 사업주 및 근로자 모두가 남성 또는 여성 중 어느 한 성(性)으로 구성된 사업의 사업주는 교육자료 또는 홍보물의 게시 · 배포 방법으로 예방 교육을 할 수 있음

■ 모성보호

기출 22, 18, 13

- 출산전후휴가 등에 대한 지원(법 제18조)
- 배우자 출산휴가(법 제18조의2)
- 난임치료휴가(법 제18조의3)

■ 육아휴직(법 제19조)

기출 22, 21, 20, 18, 17, 16, 15, 14, 11, 10, 09, 08

- 임산 중인 여성 근로자, 만 8세 이하 또는 초등학교 2학년 이하의 자녀를 양육하는 근로자를 대상으로 함
- 육아휴직의 기간은 원칙적으로 1년 이내로 함. 다만, 다음의 어느 하나에 해당하는 근로자의 경우 6개월 이내에서 추가로 육아휴직을 사용할 수 있음
  - 같은 자녀를 대상으로 부모가 모두 육아휴직을 각각 3개월 이상 사용한 경우의 부 또는 모
  - 「한부모가족지원법」 제4조 제1호의 부 또는 모
  - 고용노동부령으로 정하는 장애아동의 부 또는 모
- 육아휴직 기간은 근속기간에 포함됨(단, 기간제근로자 또는 파견근로자의 육아휴직 기간은 사용기간 또는 근로자파견기간에서 제외됨)

■ **육아기 근로시간 단축(법 제19조의2 및 제19조의3)**
  기출 22, 21, 19

- 만 12세 이하 또는 초등학교 6학년 이하의 자녀를 양육하는 근로자를 대상으로 함
- 육아기 근로시간 단축의 기간은 원칙적으로 1년 이내로 함
- 단축 후 근로시간은 주당 15시간 이상이어야 하고 35시간을 넘어서는 안 됨
- 육아기 근로시간 단축을 한 근로자에 대하여 평균임금을 산정하는 경우 그 단축 기간을 평균임금 산정기간에서 제외함

■ **명예고용평등감독관(법 제24조 및 시행규칙 제16조)**
  기출 17, 16, 14, 13, 12, 10, 09

- 고용노동부장관이 그 사업장 소속 근로자 중 노사가 추천하는 사람을 명예고용평등감독관으로 위촉할 수 있음
- 임기는 3년으로 하되, 연임할 수 있음
- 업무 수행 시 비상근, 무보수를 원칙으로 함

◎ **구직자 취업촉진 및 생활안정지원에 관한 법률**

■ **취업지원서비스의 수급 요건(법 제6조)** 적중 예상

다음의 요건을 모두 갖출 것

- 근로능력과 구직의사가 있음에도 취업하지 못한 상태일 것
- 취업지원을 신청할 당시 15세 이상 64세 이하일 것(단, 별도의 고시에서 15세 이상 69세 이하로 정하고 있음)
- 가구단위의 월평균 총소득이 기준 중위소득의 100분의 100 이하일 것[단, 15세 이상 34세 이하(병역의무를 이행한 경우 3년의 범위에서 병역의무 이행기간을 가산)인 사람은 기준 중위소득의 100분의 120 이하일 것]

■ **구직촉진수당의 수급 요건(법 제7조)** 적중 예상

다음의 요건을 모두 갖출 것

- 취업지원서비스의 수급 요건을 갖출 것
- 가구단위의 월평균 총소득이 기준 중위소득의 100분의 60 이내의 범위에서 대통령령으로 정하는 수준(→ 기준 중위소득의 100분의 60) 이하일 것
- 가구원이 소유하고 있는 토지·건물·자동차 등 재산의 합계액이 6억원 이내의 범위에서 대통령령으로 정하는 금액[→ 4억원, 단, 15세 이상 34세 이하는 5억원] 이하일 것
- 취업지원 신청일 이전 2년 이내의 범위에서 대통령령으로 정하는 기간(→ 취업지원 신청인이 취업한 기간을 모두 더하여 100일 또는 800시간) 이상 취업한 사실이 있을 것

■ **취업지원의 유예 신청 요건(법 제11조 및 시행규칙 제6조)** 적중 예상

- 본인이 임신하거나 출산 후 90일이 지나지 아니한 경우
- 본인 또는 배우자가 질병에 걸렸거나 부상을 당한 경우
- 본인 또는 배우자의 직계존비속이 질병에 걸렸거나 부상을 당한 경우
- 「병역법」에 따른 의무복무를 하는 경우
- 6개월 미만 동안 국외에 머무는 경우
- 천재지변 또는 이에 준하는 재난이 발생한 경우
- 감염병 확산으로 인해 경계 이상의 위기경보가 발령된 경우
- 천재지변 등에 준하는 경우로서 고용노동부장관이 인정하는 경우

■ 취업지원서비스 등　　　　　적중 예상
- 취업활동계획(법 제12조)
- 취업지원 프로그램(법 제13조)
- 구직활동지원 프로그램(법 제14조)
- 취업활동비용의 지원(법 제16조)
- 취업성공수당의 지급(법 제17조)

■ 수급권 보호를 위한 조치　　　적중 예상
- 수당수급계좌의 신청(법 제22조)
- 압류 등의 금지(법 제23조)
- 공과금의 면제(법 제25조)

■ 취업지원의 종료 시점(법 제29조)　적중 예상
- 취업지원서비스기간이 만료된 경우 : 만료된 날의 다음 날
- 취업지원서비스기간 중 취업 또는 창업한 경우 : 취업한 날 또는 영리 목적으로 사업을 하기 시작한 날
- 구직촉진수당의 지급기간이 최종 회차인 경우 : 최종 회차 지급기간의 마지막 날의 다음 날

◎ 채용절차의 공정화에 관한 법률

■ 용어의 정의(법 제2조)　　　　적중 예상
- 기초심사자료 : 응시원서, 이력서, 자기소개서 등
- 입증자료 : 학위증명서, 경력증명서, 자격증명서 등
- 심층심사자료 : 작품집, 연구실적물 등

■ 적용범위(법 제3조)　　　　기출 21, 20
- 상시 30명 이상의 근로자를 사용하는 사업(장)에 적용함
- 국가 및 지방자치단체가 공무원을 채용하는 경우에는 적용하지 아니함

■ 채용절차 공정성 저해 행위의 금지　적중 예상
- 거짓 채용광고 등의 금지(법 제4조)
- 채용강요 등의 금지(법 제4조의2)
- 출신지역 등 개인정보 요구 금지(법 제4조의3)
- 채용서류의 거짓 작성 금지(법 제6조)
- 채용심사비용의 부담금지(법 제9조)

■ 채용서류의 반환 등(법 제11조 및 시행령 제2조)
　　　　　　　　　　　　　　　적중 예상
- 구인자는 구직자가 반환 청구를 한 날부터 14일 이내에 구직자에게 해당 채용서류를 발송하거나 전달하여야 함
- 홈페이지 또는 전자우편으로 제출된 경우나 구직자가 구인자의 요구 없이 자발적으로 제출한 경우 반환 의무 없음
- 채용서류의 반환에 소요되는 비용은 원칙적으로 구인자가 부담함

■ 과태료(법 제17조)　　　　　기출 22, 20

500만원 이하	• 정당한 사유 없이 채용광고의 내용 또는 근로조건을 변경한 구인자 • 지식재산권을 자신에게 귀속하도록 강요한 구인자 • 구직자에 대하여 그 직무의 수행에 필요하지 아니한 개인정보를 기초심사자료에 기재하도록 요구하거나 입증자료로 수집한 구인자
300만원 이하	• 채용서류 보관의무를 이행하지 아니한 구인자 • 채용서류의 반환 등에 따른 구직자에 대한 고지의무를 이행하지 아니한 구인자 • 채용심사비용 등에 관한 시정명령을 이행하지 아니한 구인자

◎ 개인정보 보호법

■ 개인정보 보호위원회(법 제7조 내지 제7조의7)

기출 22, 21, 20

- 국무총리 소속으로 둠
- 상임위원 2명(위원장 1명, 부위원장 1명)을 포함한 9명의 위원으로 구성함
- 위원의 임기는 3년으로 하되, 한 차례만 연임할 수 있음
- 대한민국 국민이 아닌 사람, 공무원으로 임용될 수 없는 사람, 정당의 당원은 위원이 될 수 없음

■ 개인정보 보호 기본계획 및 시행계획(법 제9조 및 제10조)

적중 예상

- 기본계획 : 개인정보 보호위원회가 3년마다 관계 중앙행정기관의 장과 협의하여 수립함
- 시행계획 : 중앙행정기관의 장이 매년 작성하여 개인정보 보호위원회에 제출하고, 개인정보 보호위원회의 심의·의결을 거쳐 시행함

■ 처리 제한 민감정보(법 제23조 및 시행령 제18조)

적중 예상

- 사상·신념, 노동조합·정당의 가입·탈퇴, 정치적 견해에 관한 정보
- 건강, 성생활 등에 관한 정보
- 유전자검사 등의 결과로 얻어진 유전정보
- 범죄경력자료에 해당하는 정보
- 개인의 신체적, 생리적, 행동적 특징에 관한 정보로서 특정 개인을 알아볼 목적으로 일정한 기술적 수단을 통해 생성한 정보
- 인종이나 민족에 관한 정보

■ 처리 제한 고유식별정보(시행령 제19조) 적중 예상

- 「주민등록법」에 따른 주민등록번호
- 「여권법」에 따른 여권번호
- 「도로교통법」에 따른 운전면허의 면허번호
- 「출입국관리법」에 따른 외국인등록번호

■ 개인정보 유출 등의 신고(시행령 제40조)

적중 예상

다음의 경우 72시간 이내에 개인정보 보호위원회 또는 한국인터넷진흥원에 개인정보 유출 등의 신고를 하여야 함

- 1천명 이상의 정보주체에 관한 개인정보가 유출 등이 된 경우
- 민감정보 또는 고유식별정보가 유출 등이 된 경우
- 개인정보처리시스템 또는 개인정보취급자가 개인정보 처리에 이용하는 정보기기에 대한 외부로부터의 불법적인 접근에 의해 개인정보가 유출 등이 된 경우

■ 개인정보 분쟁조정위원회(법 제40조)

- 위원장 1명을 포함한 30명 이내의 위원으로 구성함
- 위원장은 위원 중 공무원이 아닌 사람으로 개인정보 보호위원회 위원장이 위촉함
- 위원장과 위촉위원의 임기는 2년으로 하되, 1차에 한하여 연임할 수 있음

최신기출복원문제

2024년 기출복원문제해설

제1과목	직업상담학
제2과목	직업심리학
제3과목	직업정보론
제4과목	노동시장론
제5과목	노동관계법규

※ 현행 컴퓨터기반 시험(CBT ; Computer Based Test)은 문제은행에서 개인별로 상이하게 문제가 출제되므로 비공개로 이루어지고 있습니다. '2024년 기출복원문제'는 변경 전 출제기준에 맞춘 시험문제이지만 대부분 기존의 내용을 토대로 하고 있기에, 최대한 2025년도부터 시행될 출제기준에 포함되는 문제들로 구성하였으니 참고하시기 바랍니다.

합격의 공식 시대에듀

끝까지 책임진다! 시대에듀!

QR코드를 통해 도서 출간 이후 발견된 오류나 개정법령, 변경된 시험 정보, 최신기출문제, 도서 업데이트 자료 등이 있는지 확인해 보세요! **시대에듀 합격 스마트 앱**을 통해서도 알려 드리고 있으니 구글 플레이나 앱 스토어에서 다운받아 사용하세요. 또한, 파본 도서인 경우에는 구입하신 곳에서 교환해 드립니다.

2024 직업상담사 2급 필기 기출복원문제해설

제1과목 직업상담학(20문제)

01
직업상담의 목표와 거리가 가장 먼 것은?

① 적성과 흥미를 탐색하고 확대한다.
② 진로발달이나 직업문제에 대한 처치를 한다.
③ 새로운 노동시장의 영역을 개척한다.
④ 직업과 관련된 문제해결에 관심을 갖는다.

만점 해설
① 직업상담은 예언과 발달을 통해 내담자 개인의 적성과 흥미를 탐색하고 이를 확대하는 데 도움이 되는 경험을 제공하여야 한다.
②·④ 직업상담은 내담자의 진로발달이나 직업문제에 대한 처치를 포함하여 내담자로 하여금 진로발달이나 직업문제를 인식하고 이를 해결하도록 자극하여야 한다.

02
직업상담사의 역할이 아닌 것은?

① 내담자에게 적합한 직업 결정
② 내담자의 능력, 흥미 및 적성의 평가
③ 직무 스트레스, 직무 상실 등으로 인한 내담자 지지
④ 내담자의 삶과 직업목표 명료화

만점 해설
① 직업상담사는 내담자로 하여금 자신의 직업을 스스로 결정하도록 돕는 역할을 수행할 뿐 내담자의 직업을 직접 결정하지 않는다.

03
직업상담의 과정을 순서대로 바르게 나열한 것은?

① 관계형성 - 진단 및 측정 - 개입 - 목표설정 - 평가
② 관계형성 - 목표설정 - 진단 및 측정 - 개입 - 평가
③ 관계형성 - 진단 및 측정 - 목표설정 - 개입 - 평가
④ 관계형성 - 목표설정 - 개입 - 진단 및 측정 - 평가

만점 해설
직업상담(진로상담)의 일반적인 5단계 과정 Ⅰ
관계형성과 구조화 → 진단 및 측정 → 목표설정 → 개입 또는 중재 → 평가

04
상담 초기 과정의 활동과 가장 거리가 먼 것은?

① 상담의 목표를 설정한다.
② 내담자와 라포를 형성한다.
③ 내담자의 심리상태를 평가한다.
④ 내담자의 문제행동에 대한 대안을 찾아본다.

만점 해설
④ 상담을 초기·중기·종결의 3단계로 구분할 때 내담자의 문제행동에 대한 대안을 찾는 등 문제해결을 위한 구체적인 시도를 펼치는 것은 상담 중기 과정의 활동에 해당한다.

정답 01 ③ 02 ① 03 ③ 04 ④

05
집단상담의 특징에 관한 설명으로 틀린 것은?

① 집단상담은 상담사들이 제한된 시간 내에 적은 비용으로 보다 많은 내담자들에게 접근하는 것을 가능하게 한다.
② 효과적인 집단에는 언제나 직접적인 대인적 교류가 있으며 이것이 개인적 탐색을 도와 개인의 성장과 발달을 촉진시킨다.
③ 집단은 집단과정의 다양한 문제에 많은 시간을 사용하게 되어 내담자의 개인적인 문제를 등한시할 수 있다.
④ 집단에서는 구성원 각자의 사적인 경험을 구성원 모두가 공유하지 않기 때문에 비밀유지가 쉽다.

만점 해설
④ 집단 내 개별성원의 사적인 경험을 집단성원 모두가 공유하게 되므로 비밀유지가 어렵다.

06
Butcher가 제시한 집단직업상담을 위한 3단계 모델에 해당하지 않는 것은?

① 탐색단계
② 전환단계
③ 평가단계
④ 행동단계

만점 해설
부처(Butcher)의 집단직업상담을 위한 3단계 모델(모형)
탐색단계 → 전환단계 → 행동단계

07
Williamson의 직업문제 분류범주에 포함되지 않는 것은?

① 진로 무선택
② 흥미와 적성의 차이
③ 진로선택에 대한 불안
④ 진로선택 불확실

만점 해설
윌리암슨(Williamson)의 직업문제 분류범주
- 직업 무선택 또는 미선택
- 직업선택의 확신부족(불확실한 선택)
- 흥미와 적성의 불일치(흥미와 적성의 모순 또는 차이)
- 현명하지 못한(않은) 직업선택(어리석은 선택)

08
스트레스에 대한 방어적 대처 중 직장상사에게 야단맞은 사람이 부하직원이나 식구들에게 트집을 잡아 화풀이를 하는 것은?

① 합리화(Rationalization)
② 동일시(Identification)
③ 보상(Compensation)
④ 전위(Displacement)

만점 해설
④ '전위(전치)'는 자신이 어떤 대상에 대해 느낀 감정을 보다 덜 위협적인 다른 대상에게 표출하는 것이다.
① '합리화'는 현실에 더 이상 실망을 느끼지 않기 위해 또는 정당하지 못한 자신의 행동에 그럴듯한 이유를 붙이기 위해 자신의 말이나 행동에 대해 정당화하는 것이다.
② '동일시'는 자기가 좋아하거나 존경하는 대상과 자기 자신 또는 그 외의 대상을 같은 것으로 인식하는 것이다.
③ '보상'은 어떤 분야에서 탁월하게 능력을 발휘하여 인정을 받음으로써 다른 분야의 실패나 약점을 보충하여 자존심을 고양시키는 것이다.

09
6개의 생각하는 모자(Six Thinking Hats) 기법에서 사용하는 모자 색깔이 아닌 것은?

① 갈 색
② 녹 색
③ 청 색
④ 흑 색

만점 해설

6개의 생각하는 모자의 색상별 역할
- 백색(하양) : 본인과 직업들에 대한 사실들만을 고려한다.
- 적색(빨강) : 직관에 의존하고, 직감에 따라 행동한다.
- 흑색(검정) : 비관적·비판적이며, 모든 일이 잘 안 될 것이라고 생각한다.
- 황색(노랑) : 낙관적이며, 모든 일이 잘될 것이라고 생각한다.
- 녹색(초록) : 새로운 대안들을 찾으려 노력하고, 문제들을 다른 각도에서 바라본다.
- 청색(파랑) : 합리적으로 생각한다(사회자로서의 역할 반영).

10
직무 스트레스에 대한 대처 방안 중의 하나로 이솝 우화에 나오는 여우와 신 포도 이야기처럼 생각하는 것은?

① 투사(Projection)
② 억압(Repression)
③ 합리화(Rationalization)
④ 주지화(Intellectualization)

만점 해설

③ 여우가 먹음직스런 포도를 발견하였으나 먹을 수 없는 상황에 처해 "저 포도는 신 포도라서 안 먹는다"고 말하는 것은 '합리화'의 예에 해당한다.
① '투사'는 사회적으로 인정받을 수 없는 자신의 행동과 생각을 마치 다른 사람의 것인 양 생각하고 남을 탓하는 것이다.
② '억압'은 죄의식이나 괴로운 경험, 수치스러운 생각을 의식에서 무의식으로 밀어내는 것으로서 선택적인 망각을 의미한다.
④ '주지화'는 위협적이거나 고통스러운 정서적 문제를 피하기 위해 또는 그것을 둔화시키기 위해 사고, 추론, 분석 등의 지적 능력을 사용하는 것이다.

11
특성-요인 상담의 특징으로 옳지 않은 것은?

① 상담자 중심의 상담방법이다.
② 문제의 객관적 이해보다는 내담자에 대한 정서적 이해에 중점을 둔다.
③ 내담자에게 정보를 제공하고 학습기술과 사회적 적응기술을 알려주는 것을 중시한다.
④ 사례연구를 상담의 중요한 자료로 삼는다.

만점 해설

② 특성-요인 상담은 내담자에 대한 정서적 이해보다 문제의 객관적 이해에 중점을 두고, 내담자에 대한 자료를 과학적으로 수집 및 분석하기 위해 흥미, 지능, 적성, 성격 등 표준화 검사의 실시와 결과의 해석을 강조하는 상담방법이다.

12
인지적 명확성 문제의 원인 중 경미한 정신건강문제의 특성으로 옳은 것은?

① 심각한 약물남용 장애
② 잘못된 결정방식이 진지한 결정 방해
③ 경험부족에서 오는 고정관념
④ 심한 가치관 고착에 따른 고정성

만점 해설

① 심각한 약물남용 장애는 인지적 명확성 문제의 원인 중 '심각한 정신건강문제'의 특성에 해당한다.
③ 경험부족에서 오는 고정관념(예 역할모델의 부족)은 인지적 명확성 문제의 원인 중 '고정관념'의 특성에 해당한다.
④ 심한 가치관 고착에 따른 고정성(예 종교적 가르침)은 인지적 명확성 문제의 원인 중 '고정관념'의 특성에 해당한다.

13
Adler의 개인주의 상담에 관한 설명으로 옳은 것은?

① 내담자의 잘못된 가치보다는 잘못된 행동을 수정하는 데 초점을 둔다.
② 상담자는 조력자의 역할을 하며 내담자가 상담을 주도적으로 이끈다.
③ 상담 과정은 사건의 객관성보다는 주관적 지각과 해석을 중시한다.
④ 내담자의 사회적 관심보다는 개인적 열등감의 극복을 궁극적 목표로 삼는다.

만점 해설
① 개인주의 상담은 내담자의 잘못된 가치와 목표를 수정하는 데 초점을 둔다. 특히 행동수정보다는 동기수정에 관심을 둔다.
② 로저스(Rogers)의 내담자중심 상담(인간중심 상담)의 특징에 해당한다.
④ 상담자는 내담자로 하여금 사회적 관심을 갖도록 도우며, 열등감을 극복하고 우월성을 추구하도록 돕는 것을 목표로 한다.

14
상담을 효과적으로 진행하는 데 장애가 되는 면담 태도는?

① 내담자와 유사한 언어를 사용하는 태도
② 분석하고 충고하는 태도
③ 비방어적 태도로 내담자를 편안하게 만드는 태도
④ 경청하는 태도

만점 해설
② 과도한 해석이나 분석하기, 충고하기, 타이르기, 비난하기, 광범위한 시도와 질문하기, 지시적·요구적 행동하기 등은 상담 과정에 도움이 되지 않는 언어적 행동에 해당한다.

15
다음에서 설명하고 있는 생애진로사정의 구조는?

> 개인이 자신의 생활을 어떻게 조직하는지를 발견하는 것이다. 내담자가 그들 자신의 생활을 체계적으로 조직하는지 아니면 매일 자발적으로 반응하는지 결정하는 데 도움을 준다.

① 진로사정
② 전형적인 하루
③ 강점과 장애
④ 요 약

만점 해설
생애진로사정 중 전형적인 하루
- 내담자가 생활을 어떻게 조직하는지를 시간의 흐름에 따라 체계적으로 기술한다.
- 내담자가 의존적인지 또는 독립적인지, 자발적(임의적)인지 또는 체계적인지 자신의 성격차원을 파악하도록 돕는다.

16
콜브(Kolb)의 학습형태검사(LSI)에서 사람에 대한 관심은 적은 반면 추상적 개념에 많은 관심을 두는 사고형은?

① 집중적
② 확산적
③ 동화적
④ 적응적

만점 해설
학습형태검사(LSI)에 의한 4가지 학습유형
- 집중형 : 비교적 비정서적이며, 사람보다 사물을 다루는 것을 좋아한다.
- 확산형 : 사람에 대한 관심이 많고, 상상적이고 정서적인 경향이 있다.
- 동화형 : 사람에 대한 관심은 적은 반면, 추상적 개념에 많은 관심을 둔다.
- 적응형 : 다른 세 가지 학습형의 사람들보다 위험성을 소유한 자를 좋아한다.

17
상담기법 중 내담자가 전달하는 이야기의 표면적 의미를 상담자가 다른 말로 바꾸어서 말하는 것은?

① 탐색적 질문
② 요약과 재진술
③ 명료화
④ 적극적 경청

만점 해설

① '탐색적 질문'은 상담자가 자신의 관심을 충족시키기 위해 하는 질문이 아니라, 내담자로 하여금 자기 자신과 자신의 문제를 자유롭게 탐색하도록 함으로써 내담자의 이해를 증진시키는 개방적 질문이다.
③ '명료화'는 내담자의 말속에 포함되어 있는 불분명한 측면을 상담자가 분명하게 밝히는 반응이다.
④ '적극적 경청'은 내담자의 말이나 사건의 내용은 물론 내담자의 심정을 파악함으로써 내담자가 표현하는 언어적인 의미 외에 비언어적인 의미까지 이해하는 것이다.

18
내담자가 수집한 직업목록의 내용이 실현 불가능할 때, 상담사의 개입 방안으로 옳지 않은 것은?

① 브레인스토밍 과정을 통해 내담자의 부적절한 직업목록 내용을 명확히 한다.
② 최종 의사결정은 내담자가 해야 함을 확실히 한다.
③ 내담자가 그 직업들을 시도해 본 후 어려움을 겪게 되면 개입한다.
④ 객관적인 증거나 논리로 추출한 것에 대해서 대화해야 한다.

만점 해설

③ 내담자의 직업들 대부분이 어떤 식으로든 실현 불가능한 것으로 여겨질 경우, 상담자는 내담자로 하여금 그와 같은 직업들에 정서적 열정을 소모하기 전에 신속히 개입하는 것이 중요하다.

19
직업선택을 위한 마지막 과정인 선택할 직업에 대한 평가과정 중 요스트(Yost)가 제시한 방법이 아닌 것은?

① 원하는 성과연습
② 확률추정연습
③ 대차대조표연습
④ 동기추정연습

만점 해설

선택할 직업에 대한 평가과정으로서 요스트(Yost)의 기법
• 원하는 성과연습
• 찬반연습
• 대차대조표연습
• 확률추정연습
• 미래를 내다보는 연습

20
직업상담사의 윤리강령으로 옳지 않은 것은?

① 직업상담사는 개인이나 사회에 임박한 위험이 있더라도 개인정보의 보호를 위하여 내담자의 정보를 누설하지 말아야 한다.
② 직업상담사는 내담자에 대한 정보를 교육장면이나 연구에 사용할 경우에는 내담자와 합의 후 사용하되 정보가 노출되지 않도록 해야 한다.
③ 직업상담사는 소속 기관과의 갈등이 있을 경우 내담자의 복지를 우선적으로 고려해야 한다.
④ 직업상담사는 상담관계의 형식, 방법, 목적을 설정하고 그 결과에 대하여 내담자와 협의해야 한다.

만점 해설

① 직업상담사는 내담자 개인 및 사회에 임박한 위험이 있다고 판단될 때 극히 조심스러운 고려 후에만 내담자의 사회생활 정보를 적정한 전문인 혹은 사회 당국에 공개한다.

제2과목 직업심리학(20문제)

21
직업선택 과정에 관한 설명으로 옳은 것은?

① 직업에 대해 정확한 정보만 가지고 있으면 직업을 효과적으로 선택할 수 있다.
② 주로 성년기에 이루어지기 때문에 어릴 때 경험은 영향력이 없다.
③ 개인적인 문제이기 때문에 가족이나 환경의 영향은 관련이 없다.
④ 일생동안 계속 이루어지는 과정이기 때문에 다양한 시기에서 도움이 필요하다.

만점 해설

① · ③ 직업선택은 개인의 일반적 특성, 개인 심리학적 특성, 개인 사회학적 특성 등 내적 요인은 물론 작업상황, 사회학적 영향, 경제학적 관점 등 외적 요인에 의해서도 영향을 받으므로, 이를 종합적으로 고려할 필요가 있다.
② 수퍼(Super), 긴즈버그(Ginzberg) 등은 진로 및 직업선택을 아동기 때부터 이루어지는 발달 과정으로 설명하였으며, 로(Roe)는 아동기의 부모-자녀 관계가 개인의 직업선택에 영향을 미친다고 주장하였다.

22
개인의 욕구와 능력을 환경의 요구사항과 관련시켜 진로행동을 설명하고, 개인과 환경 간의 상호작용을 통한 욕구충족을 강조하는 이론은?

① 욕구이론
② 특성요인이론
③ 사회학습이론
④ 직업적응이론

만점 해설

직업적응이론(TWA ; Theory of Work Adjustment)
데이비스와 롭퀴스트(Dawis & Lofquist)가 1950년대 후반부터 지속적으로 수행해온 직업적응 프로젝트의 연구 성과를 바탕으로 정립한 것으로서, 개인의 특성에 해당하는 욕구와 능력을 환경에서의 요구사항과 연관지어 직무만족이나 직무유지 등의 진로행동에 대해 설명하였다.

23
미네소타 직업분류체계 III와 관련하여 발전한 직업발달이론은?

① Krumboltz의 사회학습이론
② Super의 평생발달이론
③ Ginzberg의 발달이론
④ Lofquist와 Dawis의 직업적응이론

만점 해설

미네소타 직업분류체계 III(MOCS III)
- 미국 미네소타 대학에서 개발된 직업적응이론에 근거한 일에 대한 심리적 분류로서, 1950년대 후반부터 지속적으로 수행해 온 직업적응 프로젝트의 일환으로 개발된 것이다.
- 능력 수준 및 능력 유형, 다양한 직업이 제공하는 강화자 등에 대한 지표를 제공하며, 이러한 지표는 작업기술을 작업요건과 일치시키거나 해당 직업이 제공하는 강화물을 결정하기 위한 수단 등으로 사용된다.

24
수퍼(Super)의 진로발달이론의 설명으로 틀린 것은?

① 이론의 핵심기저는 직업적 자아개념이다.
② 직업선택은 타협과 선택이 상호작용하는 일련의 적응 과정이다.
③ 진로발달은 유아기에 시작하여 성인 초기에 완성된다.
④ 직업발달과정은 본질적으로 자아개념을 발달시키고 실천해 나가는 과정이다.

만점 해설

수퍼(Super)의 진로발달이론(직업발달이론)
수퍼는 진로발달(직업발달)을 아동기부터 성인 초기까지의 국한된 과정으로 다룬 긴즈버그(Ginzberg)의 초기 이론에 이의를 제기하고 진로발달이 인간의 전 생애에 걸쳐서 이루어지고 변화되는 것이라고 주장하였다. 또한 직업선택을 타협의 과정으로 본 긴즈버그의 이론을 보완하여 타협과 선택이 상호작용하는 일련의 적응 과정으로 간주하였다.

21 ④ 22 ④ 23 ④ 24 ③ **정답**

25
Holland의 육각 모형 상에서 대각선에 해당되는 유형으로 서로 대비되는 특성을 지닌 유형들이 바르게 짝지어진 것은?

① 관습형(C)과 현실형(R)
② 사회형(S)과 탐구형(I)
③ 현실형(R)과 진취형(E)
④ 예술형(A)과 관습형(C)

만점 해설
① 관습형(C)과 대비되는 특성을 지닌 유형은 예술형(A)이다.
② 사회형(S)과 대비되는 특성을 지닌 유형은 현실형(R)이다.
③ 현실형(R)과 대비되는 특성을 지닌 유형은 사회형(S)이다.

26
Bandura가 제시한 것으로, 어떤 과제를 수행하는 데 있어서 자신의 능력에 대한 믿음이 과제 시도의 여부와 과제를 어떻게 수행하는지를 결정한다는 것은?

① 자기통제 이론
② 자기판단 이론
③ 자기개념 이론
④ 자기효능감 이론

만점 해설
자기효능감 이론(Self-efficacy Theory)
- 반두라(Bandura)의 사회학습이론(사회인지이론)에서 비롯된 것으로, 이후 헥케트와 베츠(Hackett & Betz)가 성차에 대한 설명을 시도함으로써 더욱 발전시킨 이론이다.
- 반두라는 자기효능감이 심리적 기능에 영향을 미치는 개인의 사고와 심상을 포함한다는 점을 강조하였다. 즉, 어떤 과제를 수행하는 데 있어서 자신의 능력에 대한 믿음이 과제 시도의 여부와 과제를 어떻게 수행하는지를 결정한다는 것이다.

27
작업자 중심 직무분석의 특징과 가장 거리가 먼 것은?

① 표준화된 분석도구의 개발이 어렵다.
② 직무들에서 요구되는 인간 특성의 유사 정도를 양적으로 비교할 수 있다.
③ 대표적인 예로서 직위분석질문지(PAQ)가 있다.
④ 과제 중심 직무분석에 비해 보다 폭넓게 활용될 수 있다.

만점 해설
① 작업자 중심 직무분석은 표준화된 분석도구의 개발이 비교적 용이하다.

28
직위분석질문지(PAQ)에 관한 설명으로 틀린 것은?

① 작업자 중심 직무분석의 대표적인 예이다.
② 직무수행에 요구되는 인간의 특성들을 기술하는 데 사용되는 194개의 문항으로 구성되어 있다.
③ 직무수행에 관한 6가지 주요 범주는 정보입력, 정신과정, 작업결과, 타인들과의 관계, 직무맥락, 직무요건 등이다.
④ 비표준화된 분석도구이다.

만점 해설
④ 직위분석질문지(직책분석질문지)는 작업자 중심 직무분석의 대표적인 예로서 표준화된 분석도구이다.

29
경력개발 프로그램 중 종업원 역량개발 프로그램과 가장 거리가 먼 것은?

① 훈련 프로그램
② 사내공모제
③ 후견인 프로그램
④ 직무순환

만점 해설

② 사내공모제(Job Posting)는 경력개발 프로그램의 유형 중 '정보제공'에 해당한다.

30
다음 중 인지능력을 평가하는 검사에 해당하는 것은?

① MMPI
② WAIS
③ MBTI
④ Big-5

만점 해설

② 웩슬러 지능검사(WAIS)는 지능검사로서 인지능력을 평가하기 위한 인지적 검사에 해당한다.
①·③·④ 미네소타 다면적 인성검사(MMPI), 마이어스-브릭스 성격유형검사(MBTI), 성격 5요인(Big-5) 검사는 성격검사로서 정서적 검사(비인지적 검사)에 해당한다.

31
사람들이 어떤 상황에 기여한 정도에 따라 보상을 받아야 한다는 법칙은?

① 평등분배 법칙
② 형평분배 법칙
③ 필요분배 법칙
④ 요구분배 법칙

만점 해설

분배 공정성의 3가지 법칙
- 형평분배 법칙 : 조직구성원이 어떠한 성과나 결과에 기여한 정도에 따라 보상을 받아야 한다는 것이다.
- 평등분배 법칙 : 능력과 같은 어떠한 특성에 의해 구별하지 않고 보상의 기회를 모든 조직구성원들에게 동일하게 주어야 한다는 것이다.
- 필요분배 법칙 : 조직구성원 개인의 필요에 의해 보상을 분배해야 한다는 것이다.

32
진로선택 사회학습이론에 관한 설명으로 틀린 것은?

① 유전적 요인과 특별한 능력이 진로결정 과정에 미치는 영향을 고려하지 않았다.
② 진로선택 결정에 영향을 미치는 삶의 사건들에 관심을 두고 있다.
③ 전체 인생에서 각 개인의 독특한 학습경험이 진로선택을 이끄는 주요한 영향요인을 발달시킨다고 보았다.
④ 개인의 신념과 일반화는 사회학습 모형에서 매우 중요하다고 보았다.

만점 해설

① 사회학습이론은 진로발달 및 진로결정 과정에 있어서 유전적 요인과 특별한 능력, 환경조건과 사건, 학습경험, 과제접근기술 등 4가지 요인의 상호작용에 주목하였다.

33
"어떤 흥미검사(A)의 신뢰도가 높다"고 하는 말의 의미는?

① 어떤 사람이 흥미검사(A)를 처음 치렀을 때 받은 점수가 얼마 후 다시 치렀을 때의 점수와 비슷하다.
② 흥미검사(A)가 원래 재고자 했던 흥미영역을 재고 있다.
③ 그 흥미검사(A)와 그와 유사한 목적을 가진 다른 종류의 흥미검사(B)의 점수가 유사하다.
④ 흥미검사(A)가 흥미에 대해 가장 포괄적으로 측정하고 있다.

만점 해설

신뢰도(Reliability)
측정도구가 측정하고자 하는 현상을 일관성 있게 측정하는 능력을 말한다. 어떤 측정도구를 사용해서 동일한 대상을 측정하였을 때 항상 같은 결과가 나온다면, 해당 측정도구는 신뢰도가 매우 높다고 할 수 있다.

34
적성검사에서 높은 점수를 받은 사람이 입사 후 업무수행이 우수한 것으로 나타났다면, 이 검사는 어떠한 타당도가 높은 것인가?

① 구성타당도(Construct Validity)
② 내용타당도(Content Validity)
③ 예언타당도(Predictive Validity)
④ 공인타당도(Concurrent Validity)

만점 해설

③ 입사 시 적성검사와 흥미검사를 실시하는 이유는 신입직원의 직무선호도, 직무적합도, 직무역량 등에 대한 평가를 통해 신입직원을 최적의 부서에 배치하기 위함이다. 이와 같이 신입직원을 대상으로 실시한 적성검사 및 흥미검사 결과와 최근의 업무수행에 따른 성과 결과 간의 상관계수를 측정하는 것은 미래에 대해 예측한 것과 실제 나타나는 것 사이의 관계를 측정하는 예언타당도(예측타당도)와 연관된다.

35
직업적성검사(GATB)에서 사무지각적성(Clerical Perception)을 측정하기 위한 검사는?

① 표식검사
② 계수검사
③ 명칭비교검사
④ 평면도판단검사

만점 해설

직업적성검사(GATB)의 하위검사별 검출되는 적성요인

측정방식	하위검사명	검출되는 적성요인
지필검사	기구대조검사	형태지각(P)
	형태대조검사	
	명칭비교검사	사무지각(Q)
	타점속도검사	운동반응(K)
	표식검사	
	종선기입검사	
	평면도판단검사	공간적성(S)
	입체공간검사	공간적성(S), 지능(G)
	어휘검사	언어능력(V), 지능(G)
	산수추리검사	수리능력(N), 지능(G)
	계수검사	수리능력(N)
기구검사 (수행검사)	환치검사	손의 재치(M)
	회전검사	
	조립검사	손가락 재치(F)
	분해검사	

36
다음 중 질문지법의 장점이 아닌 것은?

① 부가적인 정보를 얻을 수 있다.
② 시간과 비용이 적게 든다.
③ 다수의 응답자가 참여할 수 있다.
④ 자료 수집이 용이하다.

만점 해설
① 질문지법(설문지법)은 응답자의 비언어적 행위나 개인적인 특성에 관한 자료를 수집하기 어렵다. 또한 응답자가 응답할 의사를 가지고 있고, 응답할 수 있는 부분에 대해서만 자료를 수집할 수 있다.

37
다운사이징 시대의 경력개발 형태가 아닌 것은?

① 다양한 능력의 개발
② 내부배치
③ 재교육
④ 승진 촉진 개발

만점 해설
다운사이징 시대의 경력개발 형태
- 다양한 능력의 개발
- 재교육 및 평생교육
- 내부배치 등

38
스트레스의 원인 중 역할갈등과 가장 관련이 높은 것은?

① 직무 관련 스트레스원
② 개인 관련 스트레스원
③ 조직 관련 스트레스원
④ 물리적 환경 관련 스트레스원

만점 해설
스트레스의 원인(스트레스원)
- 직무 관련 스트레스원 : 과제특성, 역할갈등, 역할모호성, 역할과다 또는 역할과소 등
- 개인 관련 스트레스원 : A형 성격유형(A 유형 행동), 통제위치(통제 소재), 능력 및 경험, 욕구 및 가치, 인구통계적 변인 등
- 물리적 환경 관련 스트레스원 : 조명, 소음, 온도, 진동, 공기오염, 사무실 설계, 사회적 밀도 등

39
승진을 하려면 지방근무를 해야만 하고, 서울근무를 계속하려면 승진기회를 잃는 경우에 겪는 갈등의 유형은?

① 접근-접근 갈등
② 회피-회피 갈등
③ 접근-회피 갈등
④ 이중 접근-회피 갈등

만점 해설
갈등의 유형(Lewin)
- 접근-접근 갈등 : 두 개의 정적 유의성을 띠고 있는 바람직하면서도 상호배타적인 행동목표가 동시에 나타나는 경우
- 접근-회피 갈등 : 동일한 행동목표가 정적 유의성과 부적 유의성을 동시에 나타내 보이는 경우
- 회피-회피 갈등 : 두 개의 부적 유의성을 띠고 있는 상호배타적인 행동목표가 동시에 나타나는 경우
- 이중 접근-회피 갈등 : 접근-회피 갈등을 보이는 두 개의 행동목표 중 어느 하나만을 선택할 수밖에 없는 경우

40
다음에 해당하는 스트레스 관리전략은?

> 예전에는 은행원들이 창구에 줄을 서서 기다리는 고객들에게 가능한 빨리 서비스를 제공하고자 스트레스를 많이 받았었는데, 고객 대기표(번호표) 시스템을 도입한 이후 이러한 스트레스를 많이 줄일 수 있게 되었다.

① 반응지향적 관리전략
② 증후지향적 관리전략
③ 평가지향적 관리전략
④ 출처지향적 관리전략

만점 해설
④ 고객에게 최대한 신속히 서비스를 제공해야 한다는 부담감을 줄이기 위해 새로운 시스템을 도입하는 등 직무와 관련된 조직적 스트레스의 요인을 수정하는 것이므로 스트레스 요인 중심의 출처지향적 관리전략에 해당한다.

제3과목 직업정보론(20문제)

41
직업정보를 사용하는 목적과 가장 거리가 먼 것은?

① 직업정보를 통해 근로생애를 설계할 수 있다.
② 직업정보를 통해 전에 알지 못했던 직업세계와 직업비전에 대해 인식할 수 있다.
③ 직업정보를 통해 과거의 직업탐색, 은퇴 후 취미활동 등에 필요한 정보를 얻을 수 있다.
④ 직업정보를 통해 일을 하려는 동기를 부여받을 수 있다.

만점 해설
③ 직업정보의 사용목적은 개인으로 하여금 직업을 통해 현재와 미래에 자신의 생애설계를 할 수 있도록 돕는 데 있다.

42
민간직업정보의 일반적인 특징과 가장 거리가 먼 것은?

① 한시적으로 정보가 수집 및 가공되어 제공된다.
② 객관적인 기준을 가지고 전체 직업에 관한 일반적인 정보를 제공한다.
③ 직업정보 제공자의 특정한 목적에 따라 직업을 분류한다.
④ 통상적으로 직업정보를 유료로 제공한다.

만점 해설
② 공공직업정보의 일반적인 특성에 해당한다.

43
직업정보를 전달하는 유형별 특징에 관한 다음 표의 ( )에 알맞은 것은?

유형	비용	학습자 참여도	접근성
인쇄물	저	(ㄱ)	용이
시청각자료	(ㄴ)	수동	제한
직업경험	고	적극	(ㄷ)

① ㄱ-수동, ㄴ-고, ㄷ-제한
② ㄱ-수동, ㄴ-고, ㄷ-적극
③ ㄱ-적극, ㄴ-저, ㄷ-제한
④ ㄱ-적극, ㄴ-저, ㄷ-적극

만점 해설
직업정보의 주요 유형별 특징

유형(종류)	비용	학습자 참여도	접근성
인쇄물	저	수동	용이
시청각자료	고	수동	제한적
면접	저	적극	제한적
관찰	고	수동	제한적
직업경험	고	적극	제한적
직업체험	고	적극	제한적

44
한국직업사전의 작업강도 중 '보통 작업'에 대한 설명으로 옳은 것은?

① 최고 4kg의 물건을 들어 올리고, 때때로 장부, 소도구 등을 들어 올리거나 운반한다.
② 최고 8kg의 물건을 들어 올리고, 4kg 정도의 물건을 빈번히 들어 올리거나 운반한다.
③ 최고 20kg의 물건을 들어 올리고, 10kg 정도의 물건을 빈번히 들어 올리거나 운반한다.
④ 최고 40kg의 물건을 들어 올리고, 20kg 정도의 물건을 빈번히 들어 올리거나 운반한다.

만점 해설
① 아주 가벼운 작업, ② 가벼운 작업, ④ 힘든 작업

45
워크넷에서 제공하는 학과정보 중 사회계열에 해당하지 않는 학과는?

① 경찰행정학과
② 국제학부
③ 문헌정보학과
④ 지리학과

만점 해설
③ '문헌정보학과'는 인문계열에 해당한다.

46
한국표준직업분류(제7차)의 대분류 항목과 직능수준과의 관계가 올바르게 연결된 것은?

① 전문가 및 관련 종사자 – 제4직능수준 혹은 제3직능수준 필요
② 사무 종사자 – 제3직능수준 필요
③ 단순노무 종사자 – 제2직능수준 필요
④ 군인 – 제1직능수준 필요

만점 해설
한국표준직업분류(KSCO) 제7차 개정(2017)의 대분류별 직능수준

분류	대분류	직능수준
1	관리자	제4직능수준 혹은 제3직능수준 필요
2	전문가 및 관련 종사자	제4직능수준 혹은 제3직능수준 필요
3	사무 종사자	제2직능수준 필요
4	서비스 종사자	제2직능수준 필요
5	판매 종사자	제2직능수준 필요
6	농림 · 어업 숙련 종사자	제2직능수준 필요
7	기능원 및 관련 기능 종사자	제2직능수준 필요
8	장치 · 기계 조작 및 조립 종사자	제2직능수준 필요
9	단순노무 종사자	제1직능수준 필요
A	군인	제2직능수준 이상 필요

47
직업정보의 처리단계를 옳게 나열한 것은?

① 분석 → 가공 → 수집 → 체계화 → 제공 → 축적 → 평가
② 수집 → 분석 → 체계화 → 가공 → 축적 → 제공 → 평가
③ 분석 → 수집 → 가공 → 체계화 → 축적 → 제공 → 평가
④ 수집 → 분석 → 가공 → 체계화 → 제공 → 축적 → 평가

만점 해설
직업정보 처리단계(직업정보시스템의 정보관리 순서)
수집 → 분석 → 가공 → 체계화 → 제공 → 축적 → 평가

48
한국직업사전의 직무기능 자료(Data) 항목 중 무엇에 관한 설명인가?

- 데이터의 분석에 기초하여 시간, 장소, 작업순서, 활동 등을 결정한다.
- 결정을 실행하거나 상황을 보고한다.

① 종 합
② 조 정
③ 계 산
④ 수 집

만점 해설
한국직업사전(2020)의 직무기능 자료(Data) 항목
- 종합(Synthesizing) : 사실을 발견하고 지식개념 또는 해석을 개발하기 위해 자료를 종합적으로 분석한다.
- 조정(Coordinating) : 데이터의 분석에 기초하여 시간, 장소, 작업순서, 활동 등을 결정한다. 결정을 실행하거나 상황을 보고한다.
- 분석(Analyzing) : 조사하고 평가한다. 평가와 관련된 대안적 행위의 제시가 빈번하게 포함된다.
- 수집(Compiling) : 자료, 사람, 사물에 관한 정보를 수집 · 대조 · 분류한다. 정보와 관련한 규정된 활동의 수행 및 보고가 자주 포함된다.

49
한국표준산업분류(제10차)의 주요 개정 내용으로 틀린 것은?

① 채소작물 재배업에 마늘, 딸기 작물 재배업을 포함
② 안경 및 안경렌즈 제조업을 의료용기기 제조업에서 사진장비 및 기타 광학기기 제조업으로 이동
③ 산업용 기계 및 장비 수리업은 국제표준산업분류(ISIC)에 맞춰 수리업에서 제조업 중 중분류를 신설하여 이동
④ 어업에서 해면은 해수면으로, 수산 종묘는 수산 종자로 명칭을 변경

만점 해설
② 안경 및 안경렌즈 제조업을 사진장비 및 기타 광학기기 제조업에서 의료용기기 제조업으로 이동하였다.

50
국가 직업훈련에 관한 정보를 검색할 수 있는 정보망은?

① JT-Net
② HRD-Net
③ T-Net
④ Training-Net

만점 해설
HRD-Net(직업훈련포털⁺ 또는 직업능력지식포털⁺)
고용노동부 고용센터, 지방자치센터, 훈련기관에서 훈련과정·훈련생·훈련비용 등 직업능력개발사업 관련 안정적·효율적인 행정업무 수행을 지원하고, 홈페이지 및 모바일 서비스를 통해 다양한 직업능력개발정보를 제공한다.

51
워크넷에서 채용정보 상세검색 시 선택할 수 있는 기업형태가 아닌 것은?

① 대기업
② 일학습병행기업
③ 가족친화인증기업
④ 다문화가정지원기업

만점 해설
워크넷 채용정보 중 기업형태별 검색

• 대기업	• 공무원/공기업/공공기관
• 강소기업	• 코스피/코스닥
• 중견기업*	• 외국계기업
• 일학습병행기업	• 벤처기업
• 청년친화강소기업	• 가족친화인증기업

* 참고 : 최근 워크넷 채용정보 중 기업형태별 검색에서 '중견기업'이 새롭게 포함되었습니다. 다만, '중소기업', '금융권기업', '환경친화기업', '다문화가정지원기업' 등은 여전히 포함되어 있지 않다는 점을 반드시 기억해 두시기 바랍니다.

52
한국표준직업분류(2017)에서 포괄적인 업무에 대해 적용하는 직업분류 원칙을 순서대로 나열한 것은?

① 주된 직무 → 최상급 직능수준 → 생산업무
② 최상급 직능수준 → 주된 직무 → 생산업무
③ 최상급 직능수준 → 생산업무 → 주된 직무
④ 생산업무 → 최상급 직능수준 → 주된 직무

만점 해설
포괄적인 업무에 대해 적용하는 직업분류 원칙의 순서
주된 직무 → 최상급 직능수준 → 생산업무

53
직업훈련의 강화에 따른 효과로 가장 거리가 먼 것은?

① 인력부족 직종의 구인난을 완화시킬 수 있다.
② 재직근로자의 직무능력을 높일 수 있다.
③ 산업구조의 변화에 대응할 수 있다.
④ 마찰적인 실업을 줄일 수 있다.

만점 해설
④ 마찰적 실업은 노동자가 한 직장에서 다른 직장으로 옮기는 과정에서 불가피하게 나타나는 실업으로, 고용정보 효율화 정책을 통해 줄일 수 있다. 참고로 직업훈련의 강화에 따른 효과가 가장 잘 나타나는 실업의 유형으로 구조적 실업을 들 수 있다.

54
국민내일배움카드 제도를 지원받을 수 있는 자는?

① 만 65세인 사람
② 「사립학교교직원 연금법」을 적용받고 현재 재직 중인 사람
③ 「군인연금법」을 적용받고 현재 재직 중인 사람
④ 지방자치단체로부터 훈련비를 지원받는 훈련에 참여하는 사람

만점 해설
① 국민내일배움카드 제도의 지원제외 대상연령이 만 75세 이상이므로, 만 65세인 사람은 국민내일배움카드 제도를 지원받을 수 있다(국민내일배움카드 운영규정 제4조 제2항 참조).

55
국가기술자격 종목과 그 직무분야의 연결이 틀린 것은?

① 가스산업기사 – 환경·에너지
② 건설안전산업기사 – 안전관리
③ 광학기기산업기사 – 전기·전자
④ 방수산업기사 – 건설

만점 해설
① 가스산업기사는 직무분야 중 '25 안전관리', 중직무분야 중 '251 안전관리'에 해당한다.

56
직업정보 수집방법으로서 면접법에 관한 설명으로 가장 적합하지 않은 것은?

① 표준화 면접은 비표준화 면접보다 타당도가 높다.
② 면접법은 질문지법보다 응답범주의 표준화가 어렵다.
③ 면접법은 질문지법보다 제3자의 영향을 배제할 수 있다.
④ 표준화 면접에는 개방형 및 폐쇄형 질문을 모두 사용할 수 있다.

만점 해설
① 표준화 면접은 비표준화 면접보다 신뢰도가 높지만 타당도는 낮다.

57
국가직무능력표준(NCS)에 대한 설명으로 틀린 것은?

① 국가직무능력표준은 산업현장에서 직무를 수행하기 위해 요구되는 지식, 기술, 태도 등의 내용을 국가가 체계화한 것이다.
② 국가직무능력표준 분류는 직무의 유형(Type)을 중심으로 단계적으로 구성하였다.
③ 국가직무능력표준을 활용하여 교육·훈련 프로그램 및 자격종목을 설계할 수 있다.
④ 국가직무능력표준의 수준체계는 1수준~5수준의 5단계로 구성된다.

만점 해설
④ 국가직무능력표준의 수준체계는 1수준~8수준의 8단계로 구성된다.

58

A국의 취업자가 200만명, 실업자가 10만명, 비경제활동인구가 100만명이라고 할 때, A국의 경제활동참가율은?

① 약 66.7%
② 약 67.7%
③ 약 69.2%
④ 약 70.4%

만점 해설

경제활동참가율은 다음의 공식으로 나타낼 수 있다.

$$경제활동참가율(\%) = \frac{경제활동인구\ 수^*}{15세\ 이상\ 인구\ 수^*} \times 100$$

* 경제활동인구 수
  = 15세 이상 인구 수 − 비경제활동인구 수
  = 취업자 수 + 실업자 수
* 15세 이상 인구 수
  = 경제활동인구 수 + 비경제활동인구 수

- 경제활동인구 수 : 200(만명) + 10(만명) = 210(만명)
- 15세 이상 인구 수 : 210(만명) + 100(만명) = 310(만명)
- 경제활동참가율(%) = $\frac{210(만명)}{310(만명)} \times 100 ≒ 67.7(\%)$

∴ 67.7%

59

워크넷(직업·진로)에서 제공하는 정보가 아닌 것은?

① 학과정보
② 직업 동영상
③ 직업심리검사
④ 국가직무능력표준(NCS)

만점 해설

④ 국가직무능력표준(NCS)에 관한 정보는 국가직무능력표준 홈페이지(www.ncs.go.kr)에서 제공한다.

60

다음 설명에 해당하는 직업훈련지원제도는?

> 훈련인프라 부족 등으로 인해 자체적으로 직업훈련을 실시하기 어려운 중소기업들을 위해, 대기업 등이 자체 보유한 우수 훈련 인프라를 활용하여 중소기업이 필요로 하는 기술인력을 양성·공급하고 중소기업 재직자의 직무능력향상을 지원하는 제도이다.

① 국가인적자원개발컨소시엄
② 사업주지원훈련
③ 국가기간·전략산업직종 훈련
④ 청년취업아카데미

만점 해설

국가인적자원개발컨소시엄
중소기업 재직근로자의 직업훈련 참여 확대, 산업계 주도의 지역별 직업훈련기반 조성 등을 위해 다수의 중소기업과 훈련 컨소시엄(협약)을 구성한 기업 등에게 공동훈련에 필요한 훈련 인프라와 훈련비 등을 지원하는 제도이다.

제4과목 노동시장론(20문제)

61

노동수요를 결정하는 요인과 가장 거리가 먼 것은?

① 개인의 여가에 대한 태도
② 시장임금의 크기
③ 자본서비스의 가격
④ 노동을 이용하여 생산된 상품에 대한 소비자의 수요

만점 해설

노동수요의 결정요인
- 노동의 가격(임금)
- 상품(서비스)에 대한 소비자의 수요
- 다른 생산요소(예 자본)의 가격변화
- 노동생산성의 변화
- 생산기술의 진보

62
최저임금의 인상이 고용을 증가시킬 수 있는 경우는?

① 노동공급곡선이 우상향할 때 높아진 임금에 노동공급이 증가할 경우
② 노동공급곡선이 우상향할 때 최저임금 인상과 별개로 노동수요가 동시에 크게 증가할 경우
③ 최저임금이 시장균형임금 수준보다 낮을 경우
④ 노동공급곡선이 수직인 경우

만점 해설
② 수요독점의 노동시장에서 기업은 이윤극대화를 위해 최저임금 인상과 별개로 노동수요를 증가시킬 수 있다.

63
장·단기 노동수요곡선에 관한 설명으로 옳은 것은?

① 장기가 단기에 비해 더욱 탄력적이다.
② 장기가 단기에 비해 더욱 비탄력적이다.
③ 장기와 단기의 탄력성은 같다.
④ 노동공급곡선의 탄력성과 비교해야 알 수 있다.

만점 해설
① 장기(Long Run)에 기업은 노동뿐만 아니라 자본 투입의 통제가 가능하다. 즉, 장기 노동수요는 노동만을 가변요소로 하는 단기 노동수요보다 더욱 탄력적이 된다.

64
노동수요의 임금탄력성에 관한 설명으로 옳은 것은?

① 노동수요의 변화율에 대한 임금의 변화율이다.
② 노동수요의 변화율에 대한 제품수요의 변화율이다.
③ 임금의 변화율에 대한 노동수요량의 변화율이다.
④ 임금의 변화율에 대한 제품수요의 변화율이다.

만점 해설
노동수요의 임금탄력성
독립변수인 임금률이 1% 변화할 때 그에 의해 유발되는 종속변수로서 노동수요량의 변화율을 말한다.

65
노동공급곡선이 그림과 같을 때 임금이 W_0 이상으로 상승한 경우의 설명으로 옳은 것은?

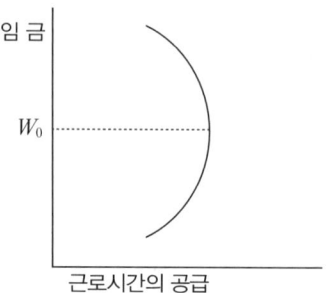

① 대체효과가 소득효과를 압도한다.
② 소득효과가 대체효과를 압도한다.
③ 대체효과가 규모효과를 압도한다.
④ 규모효과가 대체효과를 압도한다.

만점 해설
② 후방굴절형 노동공급곡선의 상단부분에서 좌상향으로 굽어지는 지점은 소득효과가 대체효과를 압도한 결과이다.

66
2차 노동시장의 특징에 해당되는 것은?

① 높은 임금
② 높은 안정성
③ 높은 이직률
④ 높은 승진률

만점 해설
2차 노동시장의 특징
• 저임금
• 고용의 불안정성(높은 노동이동)
• 승진 및 승급 기회의 결여
• 열악한 근로조건
• 자의적인 관리감독 등

67
내부노동시장의 형성요인과 가장 거리가 먼 것은?

① 관 습
② 현장훈련
③ 임금수준
④ 숙련의 특수성

만점 해설

내부노동시장의 형성요인
- 숙련의 특수성(기능의 특수성)
- 현장훈련
- 기업 내의 관습(위계적 직무서열)
- 장기근속과 기업의 규모(장기근속 가능성)

68
임금의 법적 성격에 관한 학설의 하나인 노동대가설로 설명할 수 있는 임금은?

① 직무수당
② 휴업수당
③ 휴직수당
④ 가족수당

만점 해설

노동대가설
- 임금을 근로자가 사용자의 지휘·명령을 받으면서 구체적으로 노동을 제공한 것에 대해 지급되는 대가로 본다.
- 직무수당과 직능급과 같이 노동이 직접적으로 제공되는 임금에 대해 설명이 가능하다.

69
통상임금과 평균임금에 관한 설명으로 틀린 것은?

① 통상임금에는 기본급, 직무관련 직책, 직급, 직무수당을 포함한다.
② 초과급여, 특별급여 등은 통상임금 산정에서 제외된다.
③ 평균임금은 고용기간 중에서 근로자가 지급받고 있던 평균적인 임금수준을 말한다.
④ 평균임금은 연장근로, 야간근로, 휴일근로 등의 산출 기준 임금이다.

만점 해설

④ 통상임금은 소정근로에 대하여 지급할 것으로 약정되어 있는 임금으로, 연장근로, 야간근로, 휴일근로, 해고예고수당 등의 산출 기준 임금이다.

70
근로자의 직무수행능력을 기준으로 하여 각 근로자의 임금을 결정하는 임금체계는?

① 직무급
② 직능급
③ 부가급
④ 성과배분급

만점 해설

직능급(Capability-based Pay)
- 개인의 직무수행능력을 고려하여 임금을 관리하는 능력 중심의 임금체계이다.
- 근로자의 능력을 직능고과(능력고과)에 의해 평가하고 그 결과에 따라 임금을 결정한다.

71
다음 중 성과급 제도의 장점에 해당하는 것은?

① 직원 간 화합이 용이하다.
② 근로의 능률을 자극할 수 있다.
③ 임금의 계산이 간편하다.
④ 확정적 임금이 보장된다.

만점 해설

①·③·④ 고정급 제도의 장점에 해당한다.

정답 67 ③ 68 ① 69 ④ 70 ② 71 ②

72

경기침체 시 일자리를 찾게 될 확률이 낮아져 구직을 포기하는 사람들이 늘어나 경제활동인구를 감소시키는 효과는?

① 실망노동자효과(Discouraged Worker Effect)
② 부가노동자효과(Added Worker Effect)
③ 대체효과(Substitution Effect)
④ 대기실업효과(Wait-unemployment Effect)

만점 해설

실망노동자효과(Discouraged Worker Effect)
경기침체 시 구인자의 수보다 구직자의 수가 많으므로 상당수가 취업의 기회를 얻지 못하고 실망한 결과 경제활동가능인력이 구직활동을 단념함으로써 비경제활동인구로 전락하는 것을 말한다. 이 경우 실업자의 수는 비경제활동인구화된 실망실업자를 포함하지 않으므로 실제로 과소평가 되어 있다.

73

필립스 곡선은 어떤 변수 간의 관계를 설명하는 것인가?

① 임금상승률과 노동참여율
② 경제성장률과 실업률
③ 환율과 실업률
④ 임금상승률과 실업률

만점 해설

④ 필립스 곡선(Phillips Curve)은 인플레이션율(물가상승률)과 실업률 간에 역의 상관관계(상충관계)가 있음을 설명한다. 특히 필립스(Phillips)는 임금상승률이 생산성 증가율과 물가상승률을 반영한다고 생각했는데, 따라서 생산성에 큰 변화가 없다면 임금상승률은 곧 물가상승률과 일치한다고 보았다.

74

디지털카메라의 등장으로 기존의 필름산업이 쇠퇴하여 필름산업 종사자들이 일자리를 잃을 때 발생하는 실업은?

① 구조적 실업
② 계절적 실업
③ 경기적 실업
④ 마찰적 실업

만점 해설

① 성장산업에서는 노동에 대한 초과수요로 인해 노동력 부족현상이 나타나는 반면, 사양산업에서는 노동에 대한 초과공급으로 인해 노동력 과잉현상이 나타날 때 구조적 실업이 발생한다.

75

1960년대 선진국에서 실업률과 물가상승률 간의 상충관계를 개선하고자 실시했던 정책은?

① 재정정책
② 금융정책
③ 인력정책
④ 소득정책

만점 해설

소득정책(Income Policy)
물가나 임금의 과도한 상승을 억제하기 위해 정부가 동원할 수 있는 반강제적 또는 설득적인 모든 조치를 포함한다. 예를 들어, 미국에서는 ≪대통령의 경제보고서, Economic Report of The President≫에서 임금인상률을 전국 평균 노동생산성상승률과 같은 수준으로 할 것을 권고한 이른바 '케네디 가이드포스트(Kennedy Guidepost)'를 제창하였다.

76
이원적 노사관계론의 구조를 바르게 나타낸 것은?

① 제1차 관계 : 경영 대 노동조합관계
　제2차 관계 : 경영 대 정부기관관계
② 제1차 관계 : 경영 대 노동조합관계
　제2차 관계 : 경영 대 종업원관계
③ 제1차 관계 : 경영 대 종업원관계
　제2차 관계 : 경영 대 노동조합관계
④ 제1차 관계 : 경영 대 종업원관계
　제2차 관계 : 정부기관 대 노동조합관계

만점 해설

이원적 노사관계론의 구조(藤林敬三)
- 경영 대 종업원관계(제1차 관계) : 노사의 협력, 친화 및 우호를 토대로 한 관계
- 경영 대 노동조합관계(제2차 관계) : 노사 간 임금 및 기타 근로조건의 유지·개선을 둘러싼 상반된 이해관계

77
사회민주주의형 정치조직이 무력하여 국가차원보다 개별 기업단위의 복지제도가 광범위하게 시행되고 있는 마이크로 코포라티즘(Micro-corporatism)이 특징인 국가는?

① 스페인
② 핀란드
③ 일 본
④ 독 일

만점 해설

마이크로 코포라티즘(Micro-corporatism)
노사관계에 있어서 단체교섭보다는 기업 내 노사협의기구를 중시하는 근로자참가 형태이다. 특히 일본은 전통적으로 사용자와 노동자 간 공동체적인 사고방식이 형성되어 있으므로 기업 내 노사협의기구가 비교적 잘 발달되어 있다.

78
다음은 무엇에 관한 설명인가?

> 노동조합 가입에 대한 강제조항이 없는 경우, 비노조원은 노력 없이 노조원들의 조합활동에 따른 혜택을 보게 된다. 따라서 노동조합은 혜택에 대한 대가로 비노조원들에게서 노동조합비에 상당하는 금액을 징수한다.

① Closed Shop
② Union Shop
③ Agency Shop
④ Maintenance Shop

만점 해설

에이전시 숍(Agency Shop)
조합원이 아니더라도 모든 종업원에게 단체교섭의 당사자인 노동조합이 조합회비를 징수하는 제도이다. 근로자들이 비조합원으로서 조합비 납부를 회피하는 반면 타 조합원들과 동일한 혜택을 향유하려는 심리를 줄일 수 있으며, 동시에 노동조합은 조합원 수를 늘리게 됨으로써 안정을 가져올 수 있는 방법이다.

79
다음 중 전략적 파업의 원인과 가장 거리가 먼 것은?

① 미래의 단체교섭력 증진을 위해
② 조합원의 신뢰를 얻기 위해
③ 조합원의 보다 많은 휴식을 위해
④ 조합원의 응집력과 단결력을 훈련시키기 위해

만점 해설

전략적 파업
전략적 파업은 장기적인 목표를 세우고 그것을 위한 조건을 마련해 나감으로써 주체적인 준비를 갖추기 위한 지속적인 과정으로서의 파업으로 볼 수 있다. 이러한 전략적 파업은 조합원의 신뢰를 토대로 응집력과 단결력을 높이고, 전략적 의사결정능력을 향상시킴으로써 단체교섭력을 증진시키는 방향으로 전개된다.

80
노동조합 측 쟁의수단에 해당하지 않는 것은?

① 태 업
② 보이콧
③ 피케팅
④ 직장폐쇄

만점 해설
④ 직장폐쇄(Lockout)는 사용자 측 대항수단에 해당한다.

제5과목 노동관계법규(20문제)

81
헌법상 노동3권에 해당되지 않는 것은?

① 단체교섭권
② 평등권
③ 단결권
④ 단체행동권

만점 해설
노동기본권(근로기본권)
- 근로의 권리(근로권) : 모든 국민은 근로의 권리를 가진다(헌법 제32조 제1항).
- 노동3권(근로3권) : 근로자는 근로조건의 향상을 위하여 자주적인 단결권·단체교섭권 및 단체행동권을 가진다(헌법 제33조 제1항).

82
다음 중 헌법상 보장된 쟁의행위로 볼 수 없는 것은?

① 파 업
② 태 업
③ 직장폐쇄
④ 보이콧

만점 해설
단체행동권
헌법 제33조 제1항은 "근로자는 근로조건의 향상을 위하여 자주적인 단결권·단체교섭권 및 단체행동권을 가진다"고 규정하고 있다. 파업, 태업, 보이콧(Boycott) 등 근로자의 쟁의행위는 헌법에서 보장된 단체행동권의 일환으로서, 그 권리행사에 대해 원칙적으로 어떠한 책임도 지지 않는 노동기본권이다.

83
근로기준법령상 정의 규정에 관한 설명으로 옳게 명시되지 않은 것은?

① "근로자"라 함은 직업의 종류를 불문하고 임금·급료 기타 이에 준하는 수입에 의하여 생활하는 자를 말한다.
② "근로계약"이란 근로자가 사용자에게 근로를 제공하고 사용자는 이에 대하여 임금을 지급하는 것을 목적으로 체결된 계약을 말한다.
③ "임금"이란 사용자가 근로의 대가로 근로자에게 임금, 봉급, 그 밖에 어떠한 명칭으로든지 지급하는 일체의 금품을 말한다.
④ "사용자"란 사업주 또는 사업 경영 담당자, 그 밖에 근로자에 관한 사항에 대하여 사업주를 위하여 행위하는 자를 말한다.

만점 해설
① "근로자"란 직업의 종류와 관계없이 임금을 목적으로 사업이나 사업장에 근로를 제공하는 사람을 말한다(근로기준법 제2조 제1항 제1호).
② 동법 제2조 제1항 제4호
③ 동법 제2조 제1항 제5호
④ 동법 제2조 제1항 제2호

84
다음 (　)에 알맞은 것은?

> 근로기준법상 사용자는 근로자가 사망 또는 퇴직한 경우에는 그 지급 사유가 발생한 때부터 (　) 이내에 임금, 보상금, 그 밖의 모든 금품을 지급하여야 한다. 다만, 특별한 사정이 있을 경우에는 당사자 사이의 합의에 의하여 기일을 연장할 수 있다.

① 14일
② 30일
③ 60일
④ 90일

만점 해설
금품 청산(근로기준법 제36조)
사용자는 근로자가 사망 또는 퇴직한 경우에는 그 지급 사유가 발생한 때부터 14일 이내에 임금, 보상금, 그 밖의 모든 금품을 지급하여야 한다. 다만, 특별한 사정이 있을 경우에는 당사자 사이의 합의에 의하여 기일을 연장할 수 있다.

85
근로기준법령상 사용자가 3년간 보존하여야 하는 근로계약에 관한 중요한 서류로 명시되지 않은 것은?

① 임금대장
② 휴가에 관한 서류
③ 고용·해고·퇴직에 관한 서류
④ 퇴직금 중간정산에 관한 증명서류

만점 해설

계약 서류의 보존(근로기준법 제42조 및 시행령 제22조 제1항 참조)
사용자는 근로자 명부와 근로계약에 관한 다음의 중요한 서류를 3년간 보존하여야 한다.
- 근로계약서
- 임금대장
- 임금의 결정·지급방법과 임금계산의 기초에 관한 서류
- 고용·해고·퇴직에 관한 서류
- 승급·감급에 관한 서류
- 휴가에 관한 서류
- 탄력적 근로시간제, 선택적 근로시간제, 근로시간 연장, 대체휴일, 보상 휴가제, 근로시간 계산의 특례, 근로시간 및 휴게시간의 특례, 유급휴가의 대체에 관한 서면 합의 서류
- 연소자의 증명에 관한 서류

86
다음 ( )에 알맞은 것은?

> 근로기준법에 따른 임금채권은 ( )간 행사하지 아니하면 시효로 소멸한다.

① 6개월
② 1년
③ 2년
④ 3년

만점 해설

임금의 시효(근로기준법 제49조)
근로기준법에 따른 임금채권은 3년간 행사하지 아니하면 시효로 소멸한다.

87
근로기준법상 미성년자의 근로계약에 관한 설명으로 틀린 것은?

① 원칙적으로 15세 이상 18세 미만인 사람의 근로시간은 1일에 7시간, 1주에 35시간을 초과하지 못한다.
② 미성년자는 독자적으로 임금을 청구할 수 없다.
③ 고용노동부장관은 근로계약이 미성년자에게 불리하다고 인정하는 경우에는 이를 해지할 수 있다.
④ 친권자나 후견인은 미성년자의 근로계약을 대리할 수 없다.

만점 해설

② 미성년자는 독자적으로 임금을 청구할 수 있다(근로기준법 제68조).
① 동법 제69조
③ 동법 제67조 제2항 참조
④ 동법 제67조 제1항

88
남녀고용평등과 일·가정 양립 지원에 관한 법률에 명시되어 있는 내용이 아닌 것은?

① 직장 내 성희롱의 금지
② 배우자 출산휴가
③ 육아휴직
④ 생리휴가

만점 해설

④ 생리휴가를 규정하고 있는 것은 「근로기준법」이다. 근로기준법 제73조에는 "사용자는 여성 근로자가 청구하면 월 1일의 생리휴가를 주어야 한다"고 명시되어 있다.

89
남녀고용평등과 일·가정 양립 지원에 관한 법령상 모성보호에 관한 설명으로 틀린 것은?

① 국가는 출산전후휴가를 사용한 근로자에게 그 휴가기간에 대하여 평균임금에 상당하는 금액을 지급할 수 있다.
② 근로자가 사용한 배우자 출산휴가는 유급으로 한다.
③ 배우자 출산휴가는 근로자의 배우자가 출산한 날부터 90일이 지나면 청구할 수 없다.
④ 원칙적으로 사업주는 근로자가 난임치료휴가를 청구하는 경우에 연간 3일 이내의 휴가를 주어야 한다.

만점 해설

① 국가는 이 법에 따른 배우자 출산휴가, 「근로기준법」에 따른 출산전후휴가 또는 유산·사산 휴가를 사용한 근로자 중 일정한 요건에 해당하는 사람에게 그 휴가기간에 대하여 통상임금에 상당하는 금액을 지급할 수 있다(남녀고용평등과 일·가정 양립 지원에 관한 법률 제18조 제1항).
② 동법 제18조의2 제1항 참조
③ 동법 제18조의2 제3항
④ 동법 제18조의3 제1항 참조

90
직업안정법상 직업안정기관에서 하는 업무가 아닌 것은?

① 고용정보의 제공
② 직업소개
③ 직업지도
④ 근로자 파견

만점 해설

직업안정기관의 장이 하는 직업소개 및 직업지도 등(직업안정법 제2장)
• 통칙(제1절)
• 직업소개(제2절)
• 직업지도(제3절)
• 고용정보의 제공(제4절)

91
직업안정법상 직업소개사업을 겸업할 수 있는 것은?

① 「결혼중개업의 관리에 관한 법률」상 결혼중개업
② 「공중위생관리법」상 숙박업
③ 「식품위생법」상 식품접객업 중 유흥주점영업
④ 「식품위생법」상 식품접객업 중 일반음식점영업

만점 해설

①·②·③ 직업안정법령상 직업소개사업과 겸업이 금지되는 사업에 해당한다(직업안정법 제26조 및 시행령 제29조 참조).

92
고용보험법령상 용어의 정의로 옳은 것은?

① "피보험자"란 근로기준법상 근로자와 사업주를 말한다.
② "실업"이란 근로의 의사와 능력이 있음에도 불구하고 취업하지 못한 상태에 있는 것을 말한다.
③ "보수"란 사용자로부터 받는 일체의 금품을 말한다.
④ "일용근로자"란 3개월 미만 동안 고용된 자를 말한다.

만점 해설

② 고용보험법 제2조 제3호
① "피보험자"란 「고용보험 및 산업재해보상보험의 보험료징수 등에 관한 법률」에 따라 보험에 가입되거나 가입된 것으로 보는 근로자, 예술인, 노무제공자 또는 자영업자인 피보험자를 말한다(동법 제2조 제1호).
③ "보수"란 「소득세법」에 따른 근로소득에서 대통령령으로 정하는 금품을 뺀 금액을 말한다. 다만, 휴직이나 그 밖에 이와 비슷한 상태에 있는 기간 중에 사업주 외의 자로부터 지급받는 금품 중 고용노동부장관이 정하여 고시하는 금품은 보수로 본다(동법 제2조 제5호).
④ "일용근로자"란 1개월 미만 동안 고용되는 사람을 말한다(동법 제2조 제6호).

93
고용보험법령상 취업촉진 수당에 해당하지 않는 것은?

① 조기재취업 수당
② 직업능력개발 수당
③ 광역 구직활동비
④ 구직급여

만점 해설
취업촉진 수당의 종류(고용보험법 제37조 제2항 참조)
• 조기재취업 수당
• 직업능력개발 수당
• 광역 구직활동비
• 이주비

94
고용보험법상 피보험자격의 취득일과 상실일에 관한 설명으로 틀린 것은?

① 근로자인 피보험자가 사망한 경우에는 사망한 날의 다음 날에 피보험자격을 상실한다.
② 적용 제외 근로자였던 사람이 고용보험법의 적용을 받게 된 경우 그 사업에 고용된 날에 피보험자격을 취득한 것으로 본다.
③ 고용산재보험료징수법에 따른 보험관계 성립일 전에 고용된 근로자의 경우 그 보험관계가 성립한 날 피보험자격을 취득한 것으로 본다.
④ 근로자인 피보험자가 적용 제외 근로자에 해당하게 된 경우 그 적용 제외 대상자가 된 날 피보험자격을 상실한다.

만점 해설
② 적용 제외 근로자였던 사람이 고용보험법의 적용을 받게 된 경우에는 그 적용을 받게 된 날에 피보험자격을 취득한 것으로 본다(고용보험법 제13조 제1항 단서 제1호).
① 동법 제14조 제1항 제4호
③ 동법 제13조 제1항 단서 제2호
④ 동법 제14조 제1항 제1호

95
국민 평생 직업능력 개발법상 '근로자'에 해당되는 사람은?

① 학 생
② 전업주부
③ 실업급여수급자
④ 군 인

만점 해설
③ 국민 평생 직업능력 개발법상 '근로자'란 "사업주에게 고용된 사람과 취업할 의사가 있는 사람"을 말하므로, 근로의 의사와 능력이 있음에도 불구하고 취업하지 못한 상태에 있는 실업급여수급자도 근로자에 해당한다고 볼 수 있다.

96
국민 평생 직업능력 개발법령에 관한 설명으로 틀린 것은?

① 「제대군인지원에 관한 법률」에 따른 제대군인 및 전역예정자의 직업능력 개발훈련은 중요시되어야 한다.
② 「산업재해보상보험법」에 따른 근로복지공단은 직업능력 개발훈련시설을 설치할 수 없다.
③ 이 법에서 "근로자"란 사업주에게 고용된 사람과 취업할 의사가 있는 사람을 말한다.
④ 직업능력 개발훈련은 훈련의 목적에 따라 양성훈련, 향상훈련, 전직훈련으로 구분한다.

만점 해설
② 「산업재해보상보험법」에 따른 근로복지공단은 직업능력 개발훈련시설을 설치할 수 있는 공공단체에 해당한다(국민 평생 직업능력 개발법 시행령 제2조 제3호).

97
개인정보 보호법령에 관한 설명으로 틀린 것은?

① "정보주체"란 처리되는 정보에 의하여 알아볼 수 있는 사람으로서 그 정보의 주체가 되는 사람을 말한다.
② 개인정보처리자는 개인정보의 처리 목적에 필요한 범위에서 개인정보의 정확성, 완전성 및 최신성이 보장되도록 하여야 한다.
③ 개인정보 보호에 관한 사무를 독립적으로 수행하기 위하여 국무총리 소속으로 개인정보 보호위원회를 둔다.
④ 위원의 임기는 2년으로 하되, 연임할 수 없다.

만점 해설
④ 개인정보 보호위원회 위원의 임기는 3년으로 하되, 한 차례만 연임할 수 있다(개인정보 보호법 제7조의4 제1항).
① 동법 제2조 제3호
② 동법 제3조 제3항
③ 동법 제7조 제1항

98
개인정보 보호법령상 개인정보 보호위원회(이하 "보호위원회"라 한다)에 관한 설명으로 틀린 것은?

① 대통령 소속으로 보호위원회를 둔다.
② 보호위원회는 상임위원 2명을 포함한 9명의 위원으로 구성한다.
③ 보호위원회의 회의는 재적위원 과반수의 출석으로 개의하고, 출석위원 과반수의 찬성으로 의결한다.
④ 「정당법」에 따른 당원은 보호위원회 위원이 될 수 없다.

만점 해설
① 개인정보 보호에 관한 사무를 독립적으로 수행하기 위하여 국무총리 소속으로 개인정보 보호위원회를 둔다(개인정보 보호법 제7조 제1항).
② 동법 제7조의2 제1항
③ 동법 제7조의10 제3항
④ 동법 제7조의7 제1항 참조

99
채용절차의 공정화에 관한 법률에 관한 설명으로 틀린 것은?

① "기초심사자료"란 구직자의 응시원서, 이력서 및 자기소개서를 말한다.
② 고용노동부장관은 기초심사자료의 표준양식을 정하여 구인자에게 그 사용을 권장할 수 있다.
③ 구직자는 구인자에게 제출하는 채용서류를 거짓으로 작성하여서는 아니 된다.
④ 이 법은 지방자치단체가 공무원을 채용하는 경우에도 적용한다.

만점 해설
④ 이 법은 상시 30명 이상의 근로자를 사용하는 사업 또는 사업장의 채용절차에 적용한다. 다만, 국가 및 지방자치단체가 공무원을 채용하는 경우에는 적용하지 아니한다(채용절차의 공정화에 관한 법률 제3조).
① 동법 제2조 제3호
② 동법 제5조
③ 동법 제6조

100
채용절차의 공정화에 관한 법령상 500만원 이하의 과태료 부과행위에 해당하는 것은?

① 채용서류 보관의무를 이행하지 아니한 구인자
② 구직자에 대한 고지의무를 이행하지 아니한 구인자
③ 시정명령을 이행하지 아니한 구인자
④ 지식재산권을 자신에게 귀속하도록 강요한 구인자

만점 해설
①·②·③ 300만원 이하의 과태료 부과행위에 해당한다(채용절차의 공정화에 관한 법률 제17조 제3항 참조).

제1과목

직업심리

CHAPTER 01	직업선택 및 진로발달이론
CHAPTER 02	직업상담 진단
CHAPTER 03	직업과 스트레스
CHAPTER 04	직업상담 초기면담

※ 한국산업인력공단이 공표한 2025년부터 적용되는 직업상담사 2급 출제기준은 세부항목 및 세세항목에서 시험에 출제되는 중요한 이론들을 누락하고 있다거나 새로운 제도, 개정된 법률 명칭 등을 제대로 반영하고 있지 못합니다. 따라서 이를 토대로 교재를 구성하는 것은 바람직하지 못하다는 판단하에, 보다 시험에 최적화된 방식으로 약간 변형하여 교재를 구성하였습니다. 다만, 전반적인 순서는 변경된 출제기준과 사실상 동일하므로, 이 점 참고하시기 바랍니다.

끝까지 책임진다! 시대에듀!

QR코드를 통해 도서 출간 이후 발견된 오류나 개정법령, 변경된 시험 정보, 최신기출문제, 도서 업데이트 자료 등이 있는지 확인해 보세요! **시대에듀 합격 스마트 앱**을 통해서도 알려 드리고 있으니 구글 플레이나 앱 스토어에서 다운받아 사용하세요. 또한, 파본 도서인 경우에는 구입하신 곳에서 교환해 드립니다.

CHAPTER 01 직업선택 및 진로발달이론

01절 특성-요인이론

01
특성요인이론에 관한 설명으로 맞는 것을 모두 고른 것은?
21년 3회 기출

> ㄱ. 대표적인 학자로 파슨스, 윌리암슨 등이 있다.
> ㄴ. 직업선택은 인지적인 과정으로 개인의 특성과 직업의 특성을 짝짓는 것이 가능하다고 본다.
> ㄷ. 개인차에 관한 연구에서 시작하였고, 심리측정을 중요하게 다루지 않는다.

① ㄱ, ㄴ
② ㄱ, ㄷ
③ ㄴ, ㄷ
④ ㄱ, ㄴ, ㄷ

만점 해설
ㄷ. 특성요인이론은 미국의 경제대공황 당시 실직자들의 재취업을 돕기 위해 고안된 것으로서, 역사적으로 인간행동의 개인차 측정에 초점을 맞추어 온 심리학 분야에 토대를 두고 있다. 개인차 심리학의 성장이 과학적 측정을 통한 특성 확인을 가능하게 함으로써 이를 계기로 여러 가지 심리검사 도구들이 개발되었다.

02
개인의 특성과 직업을 구성하는 요인에 관심을 두며, 인생의 특정한 시기에서 의사결정을 하려고 할 때에 도움을 줄 수 있는 이론을 제시한 학자에 해당하지 않는 것은?
18년 1회 기출

① Williamson
② Parsons
③ Hull
④ Roe

만점 해설
④ 로(Roe)는 욕구이론의 대표적인 학자에 해당한다.
①·②·③ 윌리암슨(Williamson), 파슨스(Parsons), 헐(Hull)은 특성-요인이론의 대표적인 학자에 해당한다.

03
다음 중 특성-요인이론에 관한 설명으로 틀린 것은?
09년 3회, 08년 1회, 05년 3회 기출

① '직업과 사람을 연결시키기'라는 심리학적 관점을 대표한다.
② 직업선택 과정이 개인의 아동기부터 초기 성인기까지의 사회-문화적 환경에 따라 주관적으로 발달된다고 본다.
③ 특성-요인 직업상담에 있어서 상담자의 역할은 교육자의 역할이다.
④ 미네소타대학의 직업심리학자들이 이 이론에 근거한 각종 심리검사를 제작하였다.

만점 해설
② 긴즈버그(Ginzberg)의 진로발달이론에 관한 설명에 해당한다.

04
특성-요인이론에 관한 설명으로 가장 적합한 것은?
20년 1·2회, 17년 3회, 10년 2회 기출

① 자신이 선택한 투자에 최대한의 보상을 받을 수 있는 직업을 선택한다.
② 개인적 흥미나 능력 등을 심리검사나 객관적 수단을 통해 밝혀낸다.
③ 사회·문화적 환경 또는 사회구조와 같은 요인이 직업선택에 영향을 준다.
④ 동기, 인성, 욕구와 같은 개인의 심리적 수단에 의해 직업을 선택한다.

만점 해설
② 특성-요인이론은 심리검사 이론과 개인차 심리학에 그 기초를 두고 있으며, 진단 과정을 매우 중시한다. 따라서 개인적 흥미나 능력 등을 심리검사나 객관적 수단을 통해 밝혀내고자 한다.

05
파슨스(Parsons)가 강조하는 현명한 직업선택을 위한 필수 요인이 아닌 것은?
21년 1회, 15년 3회 기출

① 자신의 흥미, 적성, 능력, 가치관 등 내면적인 자신에 대한 명확한 이해
② 현대사회가 필요로 하는 전망이 밝은 분야에서의 취업을 위한 구체적인 준비
③ 직업에서의 성공, 이점, 보상, 자격요건, 기회 등 직업세계에 대한 지식
④ 개인적인 요인과 직업관련 자격요건, 보수 등의 정보를 기초로 한 현명한 선택

만점 해설
현명한 직업선택을 위한 필수 요인(Parsons)
- 자신(개인)에 대한 이해
- 직업세계에 대한 이해
- 자신과 직업의 합리적 연결

06
특성-요인이론의 기본적인 가정이 아닌 것은?
19년 3회, 17년 1회 기출

① 인간은 신뢰롭고 타당하게 측정할 수 없는 독특한 특성을 지니고 있다.
② 직업에서의 성공을 위해 매우 구체적인 특성을 각 개인이 지닐 것을 요구한다.
③ 진로선택은 다소 직접적인 인지과정이기 때문에 개인의 특성과 직업의 특성을 짝짓는 것이 가능하다.
④ 개인의 특성과 직업의 요구사항이 서로 밀접하게 관련을 맺을수록 직업적 성공의 가능성은 커진다.

만점 해설
특성-요인이론의 기본 가정(Klein & Weiner)
- 인간은 신뢰롭고 타당하게 측정할 수 있는 독특한(고유한) 특성을 지니고 있다.(①)
- 다양한 특성을 지닌 개인들이 주어진 직무를 성공적으로 수행해낸다 할지라도, 직업은 그 직업에서의 성공을 위한 매우 구체적인 특성을 지닐 것을 요구한다.
- 진로선택은 다소 직접적인 인지과정이므로 개인의 특성과 직업의 특성을 짝짓는 것이 가능하다.
- 개인의 특성과 직업의 요구사항이 서로 밀접한 관계를 맺을수록 직업적 성공의 가능성은 커진다.

07
직업발달에 관한 특성-요인이론의 종합적인 결과를 토대로 Klein과 Weiner 등이 내린 결론과 가장 거리가 먼 것은?
17년 2회, 13년 2회 기출

① 인간은 신뢰롭고 타당하게 측정할 수 있는 독특한 특성을 지니고 있다.
② 모든 직업마다 성공에 필요한 독특한 특성을 가지고 있다.
③ 개인의 직업선호는 부모의 양육환경 특성에 의해 좌우된다.
④ 개인의 특성과 직업의 요구사항 간에 상관이 높을수록 직업적 성공의 가능성이 커진다.

만점 해설
③ 초기 가정환경이 이후의 직업선택에 중요한 영향을 미친다고 강조한 대표적인 이론으로 로(Roe)의 욕구이론이 있다.

08

Parsons가 제시한 특성-요인이론의 기본 가정이 아닌 것은? 19년 2회, 11년 2회 기출

① 인간은 신뢰롭고 타당하게 측정할 수 있는 독특한 특성을 지니고 있다.
② 직업은 그 직업에서의 성공을 위한 매우 구체적인 특성을 지닐 것을 요구한다.
③ 진로선택은 다소 직접적인 인지과정이므로 개인의 특성과 직업의 특성을 짝짓는 것이 가능하다.
④ 인성과 동일한 직업환경이 있으며, 각 환경은 각 개인과 연결되어 있는 성격유형에 의해 결정된다.

만점 해설

④ 홀랜드(Holland)의 인성이론의 내용에 해당한다. 홀랜드는 개인-환경 적합성(Person-Environment Fit) 모형을 통해 개인의 행동이 그들의 인성(성격)에 부합하는 직업환경 특성들 간의 상호작용에 의해 결정된다고 보았다.

*참고 : 클라인과 바이너(Klein & Weiner)는 파슨스(Parsons)의 이론을 정리하는 과정에서 특성-요인이론의 기본 가정(가설)을 제시하였으므로, 그들이 정리한 내용이 곧 파슨스 이론의 기본 가정(가설)에 해당한다고도 볼 수 있습니다.

09

직업발달이론에서 Parsons가 제안한 특성-요인이론의 핵심적인 가정은? 17년 3회, 08년 3회, 03년 1회 기출

① 각 개인들은 객관적으로 측정될 수 있는 독특한 능력을 지니고 있으며, 이를 직업에서 요구하는 요인과 합리적인 추론을 통하여 매칭시키면 가장 좋은 선택이 된다.
② 분화와 통합의 과정을 거치면서 개인은 자아정체감을 형성해 가며, 이러한 자아정체감은 직업정체감의 형성에 중요한 기초요인이 된다.
③ 진로발달 과정은 유전요인과 특별한 능력, 환경조건과 사건, 학습경험, 과제접근기술 등의 네 가지 요인과 관계가 있다.
④ 초기의 경험이 개인이 선택한 직업에 대한 만족에 매우 중요한 요인이라고 강조하면서 개인의 성격유형과 직무환경의 성격을 여섯 가지 유형으로 구분하고 있다.

만점 해설

② 타이드만과 오하라(Tiedeman & O'Hara)의 진로발달이론
③ 크롬볼츠(Krumboltz)의 사회학습이론
④ 홀랜드(Holland)의 인성이론

10

파슨스의 특성요인이론에 관한 설명으로 옳은 것은? 22년 1회 기출

① 개인의 특성과 직업의 요구가 일치할수록 직업적 성공 가능성이 크다.
② 특성은 특정 직무의 수행에서 요구하는 조건을 의미한다.
③ 개인의 진로발달 과정을 설명하고 있다.
④ 심리검사를 통해 가변적인 특성을 측정한다.

만점 해설

② 특성-요인이론에서 특성(Trait)은 성격, 적성, 흥미, 가치관 등 검사에 의해 측정 가능한 개인의 특징을 의미한다. 반면, 요인(Factor)은 책임감, 성실성, 직업성취도 등 성공적인 직무수행을 위해 요구되는 특징을 의미한다.
③ · ④ 특성-요인이론은 개인의 진로발달 과정을 설명하는 동적 이론이라기보다는 정적 이론에 해당한다. 따라서 성격, 적성, 흥미, 가치관 등 내담자 특성들이 연령과 경험에 따라 변화될 가능성을 고려할 필요가 있다.

11
특성-요인이론과 관련된 내용과 가장 거리가 먼 것은?

14년 3회 기출

① 특성-요인 직업상담은 정신역동적 가설에서 비롯되었다.
② Parsons는 이 이론의 기반이 되는 3요소 직업지도모델을 구체화하였다.
③ 특성의 안정성과 지속성은 의문을 제기하는 학자들이 있어 논쟁이 되고 있다.
④ 특성-요인이론에 따른 직업상담 방법들은 합리적이고 인지적인 특성을 가진다.

만점 해설
① 특성-요인 직업상담은 통계적으로 예측될 수 있는 것만을 다루며, 정신역동적 직업상담이나 내담자중심 직업상담에서와 같은 가설적 구성개념을 가정하지 않는다.

12
Parsons가 제안한 특성-요인이론에 관한 설명으로 틀린 것은?

19년 1회 기출

① 고도로 개별적이고 과학적인 방법을 통해 개인과 직업을 연결하는 것이 핵심이다.
② 사람들은 누구나 신뢰롭고 타당하게 측정될 수 있는 독특한 특성을 지니고 있다.
③ 특성이란 숨어 있는 특질이나 원인이 아니라 기술적인 범주이다.
④ 직업선택은 직접적인 인지과정이기 때문에 개인의 특성과 직업의 특성을 연결하는 것이 가능하다.

만점 해설
③ "특성이란 숨어 있는 특질이나 원인이 아니라 기술적인 범주"라고 주장한 사람은 트라이온과 아나스타시(Tryon & Anastasi)이다. 그들은 특성이란 학습되는 것이며, 특정한 임무나 상황에 대해서만 타당하다고 주장함으로써 특성의 안정성과 지속성에 의문을 제기하였다.

02절 홀랜드(Holland)의 인성이론

01
진로발달이론 중 다음 명제에 기초한 이론은?

12년 1회 기출

> 직업적 흥미는 일반적으로 성격이라고 불리는 것의 일부분이기 때문에 개인의 직업적 흥미에 대한 설명은 개인의 성격에 대한 설명이다.

① Phillips의 이론
② Holland의 이론
③ Roe의 이론
④ Krumboltz의 이론

만점 해설
홀랜드(Holland)의 직업심리학 이론
홀랜드는 직업적 흥미가 일반적으로 성격이라고 불리는 것의 일부분이므로, 개인의 직업적 흥미가 곧 개인의 성격을 반영한다고 보았다. 그는 개인-환경 적합성(Person-Environment Fit) 모형을 통해 개인의 행동이 그들의 인성(성격)에 부합하는 직업환경 특성들 간의 상호작용에 의해 결정된다고 보았다.

*참고 : 홀랜드(Holland)의 직업심리학 이론은 '인성이론', '흥미이론', '직업성격이론' 등 다양한 명칭으로 불리고 있습니다.

02
홀랜드(Holland)의 진로발달이론이 기초하고 있는 가정에 관한 설명 중 틀린 것은?

20년 4회, 16년 1회, 09년 2회 기출

① 사람들의 성격은 6가지 유형 중의 하나로 분류될 수 있다.
② 직업환경은 6가지 유형의 하나로 분류될 수 있다.
③ 개인의 행동은 성격에 의해 결정된다.
④ 사람들은 자신의 능력을 발휘하고 태도와 가치를 표현할 수 있는 환경을 찾는다.

만점 해설
③ 개인의 행동은 성격과 환경의 상호작용에 의해 결정된다.

03

Holland의 직업분류에 관한 설명과 가장 거리가 먼 것은?
15년 1회 기출

① 개인의 직업선택은 타고난 유전적 소질과 문화적 요인 간 상호작용의 산물이다.
② 직업적응 방식을 6가지 종류로 구분하고 직업환경을 3가지 차원으로 구분한다.
③ 어떤 직업을 수용 혹은 거부할 것인지 자기와 계속 비교해 보는 것이 진로선택에서 중요하다.
④ 관습형은 탐구형보다 현실형과 공통점을 더 많이 가지고 있다.

만점 해설

② 홀랜드(Holland)는 개인의 성격 특성에서 비롯되는 직업적응 방식을 6가지 종류로 구분하고, 직업환경도 마찬가지로 6가지 차원으로 구분하였다.

04

Holland 직업성격이론의 6가지 성격유형에 해당되는 것은?
10년 4회, 07년 3회 기출

① 진취적 유형
② 직관적 유형
③ 판단적 유형
④ 외향적 유형

만점 해설

홀랜드(Holland) 직업성격이론의 6가지 성격유형
- 현실형(R ; Realistic Type)
- 탐구형(I ; Investigative Type)
- 예술형(A ; Artistic Type)
- 사회형(S ; Social Type)
- 진취형(E ; Enterprising Type)(①)
- 관습형(C ; Conventional Type)

05

다음 사례에서 A에게 해당하는 홀랜드(Holland)의 직업성격 유형은?
20년 3회, 14년 1회 기출

> A는 분명하고 질서정연한 것을 좋아하며, 체계적으로 기계를 조작하는 활동을 좋아한다. 성격은 솔직하고, 말이 적으며, 고집이 있는 편이고, 단순하다는 얘기를 많이 듣는다.

① 탐구적(I)
② 사회적(S)
③ 실제적(R)
④ 관습적(C)

만점 해설

홀랜드(Holland) 이론에 의한 직업성격 유형
- 현실형(실재형 또는 실제형) : 분명하고 질서정연하고 체계적인 활동을 좋아하며, 기계를 조작하는 활동 및 기술을 선호하는 흥미유형
- 탐구형 : 관찰적·상징적·체계적이며, 물리적·생물학적·문화적 현상의 창조적인 탐구활동을 선호하는 흥미유형
- 예술형 : 예술적 창조와 표현, 변화와 다양성을 좋아하고 틀에 박힌 활동을 싫어하며, 자유롭고 상징적인 활동을 선호하는 흥미유형
- 사회형 : 타인의 문제를 듣고, 이해하고, 도와주고, 치료해 주는 활동을 선호하는 흥미유형
- 진취형 : 조직의 목적과 경제적 이익을 얻기 위해 타인을 선도, 계획, 통제, 관리하는 일과 그 결과로 얻게 되는 위신, 인정, 권위를 선호하는 흥미유형
- 관습형 : 정해진 원칙과 계획에 따라 자료들을 기록, 정리, 조직하는 활동을 좋아하고 사무적·계산적 능력을 발휘하는 것을 선호하는 흥미유형

06

Holland가 분류한 성격유형 중 기계, 도구에 관한 체계적인 조작활동을 좋아하나 사회적 기술이 부족한 유형은?
　　　　　　　　　　　　　　　　　　19년 1회 기출

① 예술적 유형(A)
② 현실적 유형(R)
③ 기업가적 유형(E)
④ 관습적 유형(C)

만점 해설

② 현실적 유형(R)은 현장에서 몸으로 부대끼는 활동을 선호한다. 사교적이지 못하며, 대인관계가 요구되는 상황에서 어려움을 느낀다. 일반적으로 6가지 유형 중 사회경제적으로 가장 낮은 위치에 속하는 편이며, 사물 지향적이다.

07

솔직하고, 성실하며, 말이 적고, 고집이 세면서 직선적인 사람들은 홀랜드(Holland)의 어떤 작업환경에 잘 어울리는가?
　　　　　　　　　　　　　　　　22년 2회, 14년 2회 기출

① 탐구적(I)
② 예술적(A)
③ 현실적(R)
④ 관습적(C)

만점 해설

① 탐구형(I)은 추상적인 문제나 애매한 상황에 대한 분석적·논리적 탐구활동과 새로운 지식이나 이론을 추구하는 학문적 활동을 선호한다. 대인관계에 관심을 가지지 않으며, 공동작업을 선호하지 않는다.
② 예술형(A)은 창의성을 지향하며, 아이디어와 자료(재료)를 사용해서 자신을 새로운 방식으로 표현하는 활동을 선호한다. 체계적이고 구조화된 활동, 협동이 요구되는 활동에는 흥미가 없다.
④ 관습형(C)은 질서정연하거나 수를 다루는 작업을 선호한다. 정확성과 꼼꼼함을 요구하는 작업에 적합하나 융통성과 상상력이 부족하다.

08

Holland의 성격유형에 관한 설명으로 틀린 것은?
　　　　　　　　　　　　　　　　16년 2회, 10년 3회 기출

① 현실적인 사람들은 대인관계에 뛰어나며 외부활동을 선호한다.
② 예술적인 사람들은 창의적이고 심미적이며 예술을 통해 자신을 표현한다.
③ 관습적인 사람들은 다소 보수적이며 사무적이고 조직적인 환경을 선호한다.
④ 탐구적인 사람들은 추상적이고 분석적이며 과제지향적이다.

만점 해설

① 대인관계가 뛰어나고 외부활동을 선호하는 성격유형은 사회형(S)이다. 반면, 현실형(R)은 사교적이지 못하며, 대인관계가 요구되는 상황에서 어려움을 느낀다.

09

다음은 Holland의 어떤 직업환경에 관한 설명인가?
　　　　　　　　　　　　　　　　　　20년 1·2회 기출

- 노동자, 농부, 트럭 운전수, 목수, 중장비, 운전공 등 근육을 이용하는 직업
- 체력을 필요로 하는 활동을 즐기며 공격적이고 운동신경이 잘 발달되어 있음

① 지적 환경
② 사회적 환경
③ 현실적 환경
④ 심미적 환경

만점 해설

홀랜드(Holland)의 직업환경
- 현실적 환경 : 노동자, 농부, 트럭 운전수, 목수, 중장비, 운전공 등 근육을 이용하는 직업
- 지적 환경 : 물리학자, 인류학자, 철학자, 수학자 등 지적 작업에 종사하는 직업
- 심미적 환경 : 시인, 소설가, 음악가, 조각가, 작곡가, 무대감독, 희곡작가, 미술가 등 예술전반에 걸친 직업
- 사회적 환경 : 임상심리학자, 상담사, 선교사, 교사, 사회사업가 등 타인을 위한 봉사요소가 강한 직업
- 설득적 환경 : 자동차 영업사원, 경매인, 정치가, 공식집회 사회자 등 상대를 설득시키는 요소가 강한 직업
- 전통적 환경 : 우체국 직원, 은행출납계 직원, 장부계원, 비서 등 타인의 의사에 자기를 합치시켜야 하는 요소가 강한 직업

10

다음은 Holland의 6가지 성격유형 중 무엇에 해당하는가?
19년 3회, 13년 3회, 07년 1회 기출

- 다른 사람과 함께 일하거나 다른 사람을 돕는 것을 즐기지만 도구와 기계를 포함하는 질서정연하고 조직적인 활동을 싫어한다.
- 기계적이고 과학적인 능력이 부족하며 카운슬러, 바텐더 등이 해당한다.

① 현실적 유형(R)
② 탐구적 유형(I)
③ 사회적 유형(S)
④ 관습적 유형(C)

만점 해설

사회적 유형(Social Type)
- 다른 사람을 교육·육성하는 일을 좋아하며, 다른 사람과 함께 일하거나 다른 사람을 돕는 활동을 선호한다.
- 도구와 기계를 포함하는 질서정연하고 조직적인 활동을 싫어하며, 인간의 가치가 배제된 경쟁적인 활동을 선호하지 않는다.

11

Holland의 성격유형 중 구조화된 환경을 선호하고, 질서정연하고 체계적인 자료정리를 좋아하는 것은?
21년 2회, 17년 2회, 08년 1회 기출

① 실제형
② 탐구형
③ 사회형
④ 관습형

만점 해설

관습적 유형(Conventional Type)
- 정해진 원칙과 계획에 따라 자료를 기록, 정리, 조직하는 일을 좋아하고, 체계적인 작업환경에서 사무적·계산적 능력을 발휘하는 활동을 선호한다.
- 창의적·자율적 활동, 모험적·비체계적 활동을 선호하지 않는다.

12

Holland가 제시한 직업 유형과 그 특징을 짝지은 것으로 틀린 것은?
10년 2회 기출

① 현실적 유형 – 실용적, 실재적
② 탐구적 유형 – 추상적, 과학적
③ 관습적 유형 – 논리적, 체계적
④ 예술적 유형 – 후원적, 양육적

만점 해설

④ '후원적, 양육적'은 사회적 유형(S)의 특징에 해당한다. 반면, 예술적 유형(A)은 '심미적, 창조적'인 특징을 지닌다.

13

다음과 같은 유형의 직업세계에 가장 적합한 Holland의 성격유형은?
18년 3회, 15년 1회, 06년 3회 기출

- 사서, 은행원, 행정관료
- 정확성과 꼼꼼함을 요구함
- 융통성과 상상력이 부족함

① 사회적 유형(S)
② 현실적 유형(R)
③ 탐구적 유형(I)
④ 관습적 유형(C)

만점 해설

④ 관습적 유형(C)은 잘 짜여진 구조에서 일을 잘하며, 정확성과 꼼꼼함을 요구하는 일에 능숙하다. 특히 숫자와 관련된 업무를 선호하는 경향이 있다.

14

Holland의 유형 중 기술자, 정비사, 엔지니어 등이 속하는 것은? 18년 2회, 08년 3회, 04년 3회 기출

① 현실형
② 관습형
③ 탐구형
④ 사회형

만점 해설

홀랜드(Holland)의 인성이론에 따른 6가지 직업모형의 대표적 직업분야

구 분	직업분야
현실형 (R)	기술자, 정비사, 엔지니어, 전기·기계기사, 비행기조종사, 트럭운전사, 조사연구원, 농부, 목수, 운동선수 등
탐구형 (I)	과학자, 생물학자, 화학자, 물리학자, 인류학자, 지질학자, 의료기술자, 의사, 심리학자, 분자공학자 등
예술형 (A)	예술가, 작곡가, 음악가, 무대감독, 작가, 배우, 소설가, 미술가, 무용가, 디자이너 등
사회형 (S)	사회복지사, 사회사업가, 교육자, 교사, 종교지도자, 상담사(카운슬러), 바텐더, 임상치료사, 간호사, 언어재활사 등
진취형 (E)	정치가, 사업가, 기업경영인, 판사, 영업사원, 상품구매인, 보험회사원(보험설계사), 판매원, 관리자, 연출가 등
관습형 (C)	사서, 사무원, 은행원, 행정관료, 공인회계사, 경리사원, 경제분석가, 세무사, 법무사, 감사원, 안전관리사 등

15

홀랜드(Holland)가 제시한 육각형 모델과 대표적인 직업유형을 바르게 짝지은 것은? 22년 1회, 16년 1회 기출

① 현실적(R) 유형 - 비행기조종사
② 탐구적(I) 유형 - 종교지도자
③ 관습적(C) 유형 - 정치가
④ 사회적(S) 유형 - 배우

만점 해설

② 종교지도자는 사회적 유형의 대표직업에 해당한다.
③ 정치가는 진취적(설득적 또는 기업가적) 유형의 대표직업에 해당한다.
④ 배우는 예술적(심미적) 유형의 대표직업에 해당한다.

16

홀랜드(Holland) 이론의 직업환경 유형과 대표직업 간 연결이 틀린 것은? 21년 1회, 18년 1회, 12년 2회 기출

① 현실형(R) - 목수, 트럭운전사
② 탐구형(I) - 심리학자, 분자공학자
③ 사회형(S) - 정치가, 사업가
④ 관습형(C) - 사무원, 도서관 사서

만점 해설

③ 정치가, 사업가는 진취형(E)의 대표직업에 해당한다.

17

Holland의 진로발달에 관한 육각형에서 서로 대각선에 위치하여 대비되는 특성을 지닌 유형들이 아닌 것은? 17년 1회, 13년 2회, 12년 1회 기출

① 진취형(E)과 탐구형(I)
② 사회형(S)과 예술형(A)
③ 현실형(R)과 사회형(S)
④ 예술형(A)과 관습형(C)

만점 해설

홀랜드(Holland)의 육각형 모형과 직업성격 유형의 차원

현실형(R) : 실행/사물지향 (신체활동, 기계적성)
관습형(C) : 동조/자료지향 (성실성, 구체성)
탐구형(I) : 사고/아이디어(연구)지향 (사고력, 학업적성)
진취형(E) : 관리/과제지향 (외향성, 설득력)
예술형(A) : 창조/아이디어(예술)지향 (독창성, 심미성)
사회형(S) : 자선/사람지향 (사회성, 친화성)

18
Holland의 육각 모형 상에서 대각선에 해당되는 유형으로 서로 대비되는 특성을 지닌 유형들이 바르게 짝지어진 것은?
11년 1회, 10년 1회 기출

① 관습형(C)과 현실형(R)
② 사회형(S)과 탐구형(I)
③ 현실형(R)과 진취형(E)
④ 예술형(A)과 관습형(C)

만점 해설

① 관습형(C)과 대비되는 특성을 지닌 유형은 예술형(A)이다.
② 사회형(S)과 대비되는 특성을 지닌 유형은 현실형(R)이다.
③ 현실형(R)과 대비되는 특성을 지닌 유형은 사회형(S)이다.

19
Holland 이론의 6각형 모형에서 서로 간의 거리가 가장 가깝고, 유사한 직업성격끼리 짝지은 것은?
18년 2회, 10년 3회 기출

① 사회적(S) – 진취적(E) – 예술적(A)
② 현실적(R) – 관습적(C) – 사회적(S)
③ 관습적(C) – 사회적(S) – 탐구적(I)
④ 탐구적(I) – 진취적(E) – 사회적(S)

만점 해설

② 현실적(R)－관습적(C)－탐구적(I)
③ 관습적(C)－현실적(R)－진취적(E)
④ 탐구적(I)－예술적(A)－현실적(R)

20
홀랜드(Holland)의 육각형 모델에서 창의성을 지향하는 아이디어와 자료를 사용해서 자신을 새로운 방식으로 표현하는 유형은?
21년 3회, 15년 2회, 05년 1회 기출

① 현실형(R)
② 탐구형(I)
③ 예술형(A)
④ 사회형(S)

만점 해설

① · ④ 현실형(R)은 사람 지향적이기보다는 사물 지향적인 반면, 사회형(S)은 사물 지향적이기보다는 사람 지향적이다.
② 탐구형(I)은 사람보다는 아이디어를 강조하며, 추상적인 사고능력을 가지고 있다.

21
Holland의 모형에서 "어떤 쌍들은 다른 유형의 쌍들보다 공통점을 더 많이 가지고 있다"는 것을 나타내는 것은?
14년 2회 기출

① 정체성
② 일관성
③ 차별성
④ 일치성

만점 해설

홀랜드(Holland) 육각형 모형의 해석적 차원

- 일관성(Consistency) : 어떤 유형의 쌍들은 다른 유형의 쌍들보다 더 많은 공통점을 가지고 있다.
- 변별성 또는 차별성(Differentiation) : 어떤 사람은 특정 유형과 매우 유사한 반면, 다른 유형과 차별적인 모습을 보인다.
- 정체성(Identity) : 개인의 성격은 그의 목표, 흥미, 재능에 의해 명확해지며, 환경유형은 조직의 투명성, 안정성, 목표 · 일 · 보상의 통합에 의해 확고해진다.
- 일치성(Congruence) : 어떤 사람은 자기 자신의 인성유형(흥미유형)과 동일하거나 유사한 환경에서 일하고 생활한다.
- 계측성 또는 타산성(Calculus) : 육각형 모델에서의 유형들 간의 거리는 그 이론적인 관계에 반비례한다.

22
홀랜드(Holland)의 성격이론에서 제시한 유형 중 일관성이 가장 낮은 것은? 21년 1회, 15년 3회 기출

① 현실적(R) - 탐구적(I)
② 예술적(A) - 관습적(C)
③ 설득적(E) - 사회적(S)
④ 사회적(S) - 예술적(A)

만점 해설
② 일관성(Consistency)은 개인의 흥미 하위유형 간의 내적 일관성을 말하는 것으로서, 개인의 흥미유형이 얼마나 서로 유사한가를 의미한다. 육각형 모형에서 첫 두 문자가 서로 인접한 경우 일관성이 높은 것으로 보는 반면[예 현실적(R) - 탐구적(I)], 서로 멀리 떨어져 있는 경우 일관성이 낮은 것으로 간주한다[예 예술적(A) - 관습적(C)].

23
Holland의 직업선택이론에 관한 설명으로 옳은 것은? 13년 1회 기출

① RIE 코드가 RSE 코드보다 일관성이 높다.
② 관습적 유형(Conventional Type)은 기계, 도구, 동물에 관한 체계적인 조작활동을 좋아하고 사회적 기술이 부족하다.
③ 실재적 유형(Realistic Type)에 맞는 대표적인 직업은 공인회계사, 사서, 경리사원 등이다.
④ 탐구적 유형(Investigative Type)의 성격 특징은 표현이 풍부하고 독창적이며 비순응적이다.

만점 해설
① 'RIE 코드'의 'RI'가 'RSE 코드'의 'RS'보다 더 인접해 있으므로 일관성이 높다고 할 수 있다.
② 현실적 또는 실재적 유형(Realistic Type)의 성격 특징에 해당한다.
③ 관습적 유형(Conventional Type)의 대표적인 직업에 해당한다.
④ 예술적 유형(Artistic Type)의 성격 특징에 해당한다.

24
Holland의 흥미이론에서 개인의 흥미유형과 개인이 몸담고 있거나 소속되고자 하는 환경의 유형이 서로 부합하는 정도는? 19년 1회, 11년 1회 기출

① 일치성(Congruence)
② 일관성(Consistency)
③ 변별성(Differentiation)
④ 정체성(Identity)

만점 해설
① 일치성(Congruence)은 개인의 인성(성격)이나 직업적 흥미가 직무 또는 조직 특성과 잘 맞는지를 의미한다.

25
Holland의 인성이론에서 한 개인이 자기 자신의 인성유형과 동일하거나 유사한 환경에서 일하고 생활할 때를 의미하는 개념은? 18년 3회 기출

① 일관성
② 변별성
③ 정체성
④ 일치성

만점 해설
④ 일치성(Congruence)은 개인의 인성(성격)이나 직업적 흥미가 직무 또는 조직 특성과 잘 맞는지를 의미한다.

26
Holland가 제안한 진로안정성에 영향을 주는 요인이 아닌 것은? 14년 3회 기출

① 성
② 지능
③ 사회계층
④ 동기

만점 해설
진로안정성에 영향을 주는 요인
홀랜드(Holland)는 진로안정성 및 진로전환에 영향을 주는 주요 요인으로 지능, 성(性), 사회계층(사회계급) 등을 제시하였다. 예를 들어 과거 성에 대한 고정관념은 남성과 여성의 역할과 흥미를 다르게 표현해 왔으나, 현재에 이르러 개인의 성격이 성에 의해, 문화에 의해 영향을 받음으로써 개인의 진로의사결정에 있어서 이전과 다른 양상을 보이고 있다는 것이다.

27
다음 중 홀랜드(Holland)의 모델에 근거한 검사가 아닌 것은?
07년 3회, 03년 3회 기출

① 자가흥미탐색검사(SDS)
② 스트롱 – 캠벨 흥미검사(SVIB – SCII)
③ 경력의사결정검사(CDM)
④ 경력개발검사(CDI)

만점 해설
④ 경력개발검사 또는 진로발달검사(CDI ; Career Development Inventory)는 수퍼(Super)의 진로발달이론에 기초한 검사도구이다. 학생들의 진로발달 및 직업성숙도, 진로결정을 위한 준비도 등을 측정함으로써 학생들의 교육 및 진로계획 수립에 도움을 주기 위해 개발되었다.

28
좋아하는 직무의무와 싫어하는 직무의무는 각각 그들의 욕구와 일치하거나 일치하지 않는다고 주장한 학자는?
11년 3회 기출

① 카르네스(Carnes)
② 울프(Wolf)
③ 랜디스(Landis)
④ 월쉬(Walsh)

만점 해설
개인-환경 적합성과 결근율의 관계에 관한 연구(Furnham & Walsh)
홀랜드(Holland)의 '개인-환경 적합성 모형'은 광범위한 지지를 받았으나 이에 의문을 제기하는 학자들도 있었다. 예를 들어, 펀햄과 월쉬(Furnham & Walsh)는 개인-환경 적합성과 결근율의 관계에 관한 연구에서, 개인-환경 적합성이 높은 사람에게서 직무좌절이 낮게 나타나기도 혹은 그와 반대로 결근율이 높게 나타나기도 한다는 연구결과를 보고함으로써 직업적 만족이 직무의무의 선호 유무와 일치하거나 일치하지 않을 수 있다고 주장하였다.

03절 데이비스와 롭퀴스트(Dawis & Lofquist)의 직업적응이론

01
개인의 욕구와 능력을 환경의 요구사항과 관련시켜 진로행동을 설명하고, 개인과 환경 간의 상호작용을 통한 욕구충족을 강조하는 이론은?
18년 2회, 12년 1회 기출

① 욕구이론
② 특성요인이론
③ 사회학습이론
④ 직업적응이론

만점 해설
직업적응이론(TWA ; Theory of Work Adjustment)
데이비스와 롭퀴스트(Dawis & Lofquist)가 1950년대 후반부터 지속적으로 수행해온 직업적응 프로젝트의 연구 성과를 바탕으로 정립한 것으로서, 개인의 특성에 해당하는 욕구와 능력을 환경에서의 요구사항과 연관지어 직무만족이나 직무유지 등의 진로행동에 대해 설명하였다.

02
직업적응과 관련된 개념 중 조화의 내적 지표로, 직업환경이 개인의 욕구를 얼마나 채워주고 있는지에 대한 개인의 평가를 뜻하는 것은?
19년 2회 기출

① 반응(Response)
② 만족(Satisfaction)
③ 적응(Adjustment)
④ 충족(Satisfactoriness)

만점 해설
직업적응 관련 주요 개념으로서 만족과 충족

만족 (Satisfaction)	조화의 내적 지표로, 직업환경이 개인의 욕구를 얼마나 채워주고 있는지에 대한 개인의 평가를 뜻한다.
충족 (Satisfactoriness)	조화의 외적 지표로, 직업에서 요구하는 과제와 이를 수행할 수 있는 개인의 능력과 관련된 개념이다.

정답 27 ④ 28 ④ // 01 ④ 02 ②

03

직업적응이론을 제시한 학자는? 15년 1회 기출

① B. Tuckman
② R. Dawis와 L. Lofquist
③ R. Gibson과 M. Mitchell
④ J. Krumboltz와 L. Michel

만점 해설

① 터크맨(Tuckman)은 자아인식, 진로인식, 진로의사결정의 3가지 요소를 중심으로 취학 전 아동기에서 고등학생 시기에 이르는 진로발달의 8단계, 즉 '일방적 의존성', '자기주장', '조건적 의존성', '독립성', '외부지원', '자기결정', '상호관계', '자율성'의 단계를 제시하였다.
③ 깁슨과 미첼(Gibson & Mitchell)은 진로에 관한 이론을 과정이론, 발달이론, 성격이론, 기회이론 등으로 구분하였다.
④ 크롬볼츠와 미셸(Krumboltz & Michel)은 반두라(Bandura)에 의해 지지된 사회학습이론을 진로결정에 적용하여 교육적·직업적 선호 및 기술이 어떻게 획득되며, 교육프로그램, 직업, 현장의 일들이 어떻게 선택되는지를 설명하였다.

04

데이비스(R. Dawis)와 롭퀴스트(L. Lofquist)의 직업적응이론에 관한 설명으로 틀린 것은? 22년 2회 기출

① 개인과 직업환경의 조화를 6가지 유형으로 제안한다.
② 성격은 성격양식과 성격구조로 설명된다.
③ 개인이 직업환경과의 조화를 이루기 위해 역동적 적응과정을 경험한다.
④ 지속성은 환경과의 상호작용을 얼마나 오랫동안 유지하는지를 의미한다.

만점 해설

① 홀랜드(Holland) 인성이론의 내용에 해당한다. 홀랜드 인성이론은 사람들의 성격이 6가지 유형 중 하나로 분류될 수 있듯이 직업환경 또한 6가지 유형의 하나로 분류될 수 있다고 가정한다.

05

미네소타 직업분류체계 Ⅲ와 관련하여 발전한 직업발달이론은? 21년 1회, 17년 2회, 14년 1회 기출

① Krumboltz의 사회학습이론
② Super의 평생발달이론
③ Ginzberg의 발달이론
④ Lofquist와 Dawis의 직업적응이론

만점 해설

미네소타 직업분류체계 Ⅲ(MOCS Ⅲ)
- 미국 미네소타 대학에서 개발된 직업적응이론에 근거한 일에 대한 심리적 분류로서, 1950년대 후반부터 지속적으로 수행해 온 직업적응 프로젝트의 일환으로 개발된 것이다.
- 능력 수준 및 능력 유형, 다양한 직업이 제공하는 강화자 등에 대한 지표를 제공하며, 이러한 지표는 작업기술을 작업요건과 일치시키거나 해당 직업이 제공하는 강화물을 결정하기 위한 수단 등으로 사용된다.

06

다음 중 미네소타 직업분류체계 Ⅲ와 관련되어 발전된 이론은? 09년 3회 기출

① Ginzberg의 발달이론
② Super의 평생발달이론
③ Lofquist와 Dawis의 직업적응이론
④ Roe의 욕구이론

만점 해설

미네소타 직업분류체계 Ⅲ(MOCS Ⅲ)
미국 미네소타 대학에서 개발된 직업적응이론에 근거한 일에 대한 심리적 분류로서, 1950년대 후반부터 지속적으로 수행해 온 직업적응 프로젝트의 일환으로 개발된 것이다.

07
다음 중 미네소타 직업분류체계 III와 관련되어 발전된 이론은? 04년 1회 기출

① 긴즈버그(Ginzberg)의 발달이론
② 수퍼(Super)의 평생발달이론
③ 직업적응이론
④ 로(Roe)의 욕구이론

만점 해설

미네소타 직업분류체계 III(MOCS III)
미국 미네소타 대학에서 개발된 직업적응이론에 근거한 일에 대한 심리적 분류로서, 1950년대 후반부터 지속적으로 수행해 온 직업적응 프로젝트의 일환으로 개발된 것이다.

08
Lofquist와 Dawis의 직업적응이론에 나오는 4가지 성격양식 차원에 해당하지 않는 것은? 21년 2회, 18년 3회 기출

① 민첩성
② 역량
③ 친화성
④ 지구력

만점 해설

직업적응이론에서 성격양식 차원
• 민첩성(Celerity)
• 역량 또는 속도(Pace)
• 리듬(Rhythm)
• 지구력 또는 지속성(Endurance)

09
데이비스와 롭퀘스트(Dawis & Lofquist)의 직업적응이론에서 적응양식의 차원에 해당하지 않는 것은? 20년 3회 기출

① 의존성(Dependence)
② 적극성(Activeness)
③ 반응성(Reactiveness)
④ 인내(Perseverance)

만점 해설

직업적응이론에서 적응양식(적응방식) 차원
• 융통성 또는 유연성(Flexibility)
• 끈기 또는 인내(Perseverance)
• 적극성 또는 능동성(Activeness)
• 반응성 또는 수동성(Reactiveness)

10
Lofquist와 Dawis의 직업적응이론에서 성격양식 차원에 관한 설명으로 틀린 것은? 17년 3회, 14년 2회, 11년 3회, 10년 2회, 08년 3회 기출

① 민첩성 - 정확성보다는 속도를 중시한다.
② 역량 - 근로자들의 평균 활동수준을 의미한다.
③ 리듬 - 활동에 대한 단일성을 의미한다.
④ 지구력 - 다양한 활동수준의 기간을 의미한다.

만점 해설

③ '리듬'은 활동에 대한 다양성을 의미한다.

11

Lofquist와 Dawis의 직업적응이론에서 직업적응 유형의 개념에 관한 설명으로 틀린 것은?

16년 3회, 12년 3회 기출

① 일관성(Consistency) – 수행해야 할 다양한 작업들 간의 부조화를 참아내는 정도
② 끈기(Perseverance) – 환경이 자신에게 맞지 않아도 개인이 얼마나 오랫동안 견뎌낼 수 있는지의 정도
③ 적극성(Activeness) – 개인이 작업환경을 개인적 방식과 좀 더 조화롭게 만들어가려고 노력하는 정도
④ 반응성(Reactiveness) – 개인이 작업성격의 변화로 인해 작업환경에 반응하는 정도

만점 해설
① 직업적응이론에서 직업적응 유형의 개념으로 '일관성'이 아닌 '융통성'이 있다. '융통성(Flexibility)'은 개인이 작업환경과 개인적 환경 간의 부조화를 참아내는 정도를 의미한다.

12

Lofquist & Dawis의 직업적응이론에서 직업적응 방식에 관한 설명으로 틀린 것은? 10년 3회, 09년 1회 기출

① 융통성 – 개인이 작업환경과 작업성격 간의 부조화를 참아내는 정도
② 끈기 – 환경이 자신에게 맞지 않아도 개인이 얼마나 오랫동안 견뎌낼 수 있는지의 정도
③ 적극성 – 개인이 작업환경을 개인적 방식과 좀 더 조화롭게 만들어가려고 노력하는 정도
④ 반응성 – 개인이 작업성격의 변화로 인해 작업환경에 반응하는 정도

만점 해설
① '융통성'은 개인이 작업환경과 개인적 환경 간의 부조화를 참아내는 정도를 의미한다.

13

직업적응이론의 적응유형 변인 중 적응행동 과정에서 나타나는 적응의 시작과 종료의 지속기간을 나타내는 것은?

20년 3회 기출

① 유연성
② 능동성
③ 수동성
④ 인내

만점 해설
직업적응이론의 적응유형 변인
- 융통성 또는 유연성(Flexibility) : 환경 변화로 인한 불일치에 대한 내성
- 끈기 또는 인내(Perseverance) : 적응행동의 시작부터 종료까지의 지속기간
- 적극성 또는 능동성(Activeness) : 상대를 변화시켜 적응하려는 양상
- 반응성 또는 수동성(Reactiveness) : 자신을 변화시켜 적응하려는 양상

14

직업적응이론에서 개인의 만족, 조직의 만족, 적응을 매개하는 적응유형 변인은?

20년 4회 기출

① 우연(Happenstance)
② 타협(Compromise)
③ 적응도(Adaptability)
④ 인내력(Perseverance)

만점 해설
적응유형 변인으로서 적응력과 인내력
직업적응이론에서는 융통성(유연성)으로 나타나는 적응력(Flexibility)과 끈기(인내)로 나타나는 인내력(Perseverance)이 개인의 만족, 조직의 만족, 적응을 매개한다고 가정한다.

적응력 (Flexibility)	개인의 욕구와 조직의 보상 간 불일치에 대해 어떤 조치를 취하기 이전에 그 상태에 적응하기 위하여 견디는 능력이다.
인내력 (Perseverance)	개인의 욕구와 조직의 보상 간 불일치가 확인되었지만 적응을 하기 위해 계속 일하면서 조직에 머무는 능력이다.

15

직무특성 양식 중 개인이 환경과의 상호작용에 있어 반응을 계속하는 시간의 길이는?

22년 1회, 19년 1회 기출

① 신속성 ② 속 도
③ 인내심 ④ 리 듬

만점 해설

직무특성 양식의 4가지 기본적 차원
- 신속성 : 개인이 환경과 상호작용하여 반응하는 속도 차이와 연관된다.
- 속도 : 반응하는 개인에 의해 쓰인 노력이나 정력을 반영하는 행위수준과 연관된다.
- 리듬 : 속도 양상의 차원과 연관된 것으로, 안정적·회귀적·불규칙적 측면을 포함한다.
- 인내심 : 개인이 환경과의 상호작용에 있어 반응을 계속하는 시간의 길이와 연관된다.

*참고 : 이 문제는 언뜻 보기에 데이비스와 롭퀴스트(Dawis & Lofquist)의 직업적응이론에서 다루는 성격양식 차원 및 적응방식 차원의 요소에 관한 문제인 것처럼 보이나, 사실 특정 이론에 근거한 내용이 아닌 일 적응과 작업환경에 관한 일반적인 직무특성 양식을 다루는 문제입니다.

16

직업적응이론에 관한 설명으로 틀린 것은?

18년 1회 기출

① 직업적응은 미네소타 만족질문지(MSQ)와 미네소타 충족척도(MSS)를 통해 측정할 수 있다.
② 직업적응은 개인이 직업 환경과 조화를 이루어 만족하고 유지하도록 노력하는 역동적인 과정이다.
③ 직업적응이론에서는 평가 과정에서 주관적인 평가를 먼저 실시하고 이후에 검사도구를 통한 객관적인 평가를 실시할 것을 권유한다.
④ 개인은 자신과 환경의 부조화 정도가 받아들일 수 있는 범위라도 부조화를 줄이기 위해 대처행동을 통해 환경에 적응하게 된다.

만점 해설

④ 개인은 자신과 환경의 부조화 정도가 받아들일 수 있는 범위인 경우, 즉 자신의 융통성 혹은 유연성 범위인 경우 별다른 대처행동 없이 환경에 적응하게 된다.

17

직업적응이론과 관련하여 개발된 검사도구가 아닌 것은?

20년 1·2회, 16년 2회, 13년 2회 기출

① MIQ(Minnesota Importance Questionnaire)
② JDQ(Job Description Questionnaire)
③ MSQ(Minnesota Satisfaction Questionnaire)
④ CMI(Career Maturity Inventory)

만점 해설

④ 진로성숙도검사(CMI)는 크라이티스(Crites)가 개발한 것으로, 진로탐색 및 직업선택에 있어서 태도 및 능력이 얼마나 발달하였는지를 측정하는 표준화된 진로발달 검사도구이다.

18

직업적응이론에서 개인의 가치와 직업환경의 강화인 간의 조화를 측정하는 데 사용되는 검사는?

19년 3회 기출

① 미네소타 중요도 검사(MIQ)
② 미네소타 만족질문지(MSQ)
③ 미네소타 충족척도(MSS)
④ 미네소타 직업평가척도(MORS)

만점 해설

① 개인의 가치와 직업환경(일의 환경)의 강화인 간의 조화는 미네소타 (욕구)중요도 검사(MIQ)에 나타난 개인의 가치 프로파일과 직업강화인 패턴의 조화 정도를 통해 측정된다.
② 미네소타 만족질문지(MSQ)는 직업만족과 관련된 20개의 영역(예 능력의 사용, 성취 등)에서 만족 정도를 평가하며, 구체적인 영역별 만족과 함께 전반적인 직업만족을 평가하도록 되어 있다.
③ 미네소타 충족척도(MSS)는 직장의 슈퍼바이저가 5가지 측면(예 일반적 충족, 수행능력, 직장적합도, 신뢰 가능성, 개인적응 등)에서 개인의 충족 정도를 평가하도록 되어 있다.
④ 미네소타 직업평가척도(MORS)는 심리학적 기반을 토대로 6가지 기본능력, 즉 학문적·기술적·사회적·사무적·음악적·미술적 능력을 측정하여 직업을 다양한 군집으로 분류한다.

19
미네소타 욕구중요도 검사(MIQ)에 관한 설명으로 틀린 것은? 　　　　　19년 2회 기출

① 특질 및 요인론적 접근을 배경으로 개발되었다.
② 20개의 근로자 욕구를 측정한다.
③ 주 대상은 13세 이상의 남녀이며 초등학교 고학년 이상의 독해력이 필요하다.
④ 6개의 가치요인을 측정한다.

만점 해설
③ 주 대상은 16세 이상의 남녀이며, 초등학교 고학년 수준 이상의 독해력이 필요하다.

20
미네소타 직업가치 질문지에서 측정하는 6개의 가치요인이 아닌 것은? 　　　　20년 4회 기출

① 성 취
② 지 위
③ 권 력
④ 이타주의

만점 해설
미네소타 직업가치 질문지 또는 미네소타 중요성질문지(MIQ)에서 측정하는 6개의 가치요인
- 성취(Achievement)
- 이타심 또는 이타주의(Altruism)
- 자율성 또는 자발성(Autonomy)
- 안락함 또는 편안함(Comfort)
- 안정성 또는 안전성(Safety)
- 지위(Status)

04절 로(Roe)의 욕구이론

01
개인의 진로발달 과정에서 초기의 가정환경이 그 후의 직업선택에 중요한 영향을 미친다고 보는 이론은? 　　　　21년 2회 기출

① 파슨스(Parsons)의 특성이론
② 갤라트(Gelatt)의 의사결정이론
③ 로(Roe)의 욕구이론
④ 수퍼(Super)의 발달이론

만점 해설
로(Roe)의 욕구이론
로(Roe)는 초기 가정환경이 이후의 직업선택에 중요한 영향을 미친다고 보고, 매슬로우(Maslow)의 욕구위계이론에 기초하여 어린 시절(12세 이전의 유아기 내지 아동기)의 경험과 직업선택에 관한 가설을 수립하였다.

02
개인의 진로발달 과정에 사회나 환경의 영향을 상대적으로 많이 고려하는 이론은? 　　18년 2회, 16년 3회, 08년 1회 기출

① Parsons의 특성요인이론(Trait-Factor Theory)
② 의사결정이론(Decision Making Theory)
③ Roe의 욕구이론(Need Theory)
④ Super의 발달이론(Developmental Theory)

만점 해설
③ 로(Roe)는 개인의 진로발달 과정에서 사회나 환경의 영향, 특히 초기 가정환경이 이후의 직업선택에 중요한 영향을 미친다고 보았다.

03
직업발달이론 중 Maslow의 욕구위계이론에 기초하여 유아기의 경험과 직업선택에 관한 5가지 가설을 수립한 학자는?   20년 4회, 17년 3회, 13년 1회 기출

① Roe
② Gottfredson
③ Holland
④ Tuckman

만점 해설
로(Roe)의 욕구이론에 따른 5가지 가설(명제)
- 첫째, 개인이 가지고 있는 여러 가지 잠재적 특성의 발달에는 한계가 있다. 다만, 그 한계의 정도는 개인에 따라 차이가 있다.
- 둘째, 개인의 유전적 특성의 발달정도 및 발달통로는 개인의 유일하고 특수한 경험에 의해 영향을 받는다. 또한 가정의 사회경제적 배경 및 일반사회의 문화배경에 의해서도 영향을 받는다.
- 셋째, 개인의 흥미나 태도는 유전의 제약을 비교적 덜 받으므로 주로 개인의 경험에 따라 발달유형이 결정된다.
- 넷째, 심리적 에너지는 흥미를 결정하는 중요한 요소이다.
- 다섯째, 개인의 욕구와 만족 그리고 그 강도는 성취동기의 유발 정도에 따라 결정된다.

04
다음의 직업선택에 대한 로(Roe)의 이론 중 잘못 설명한 것은?   05년 3회, 03년 3회 기출

① 직업선택에서 개인의 욕구를 중요시하였다.
② 직업선택에서 초기아동기 경험을 중시하였다.
③ 환상기, 잠정기, 현실기라는 진로발달의 3단계를 제시하였다.
④ 직업을 여덟 개의 군집으로 나누고 각 군집에 해당하는 직업들의 목록을 작성하였다.

만점 해설
③ 긴즈버그(Ginzberg) 진로발달이론에 의한 진로발달 및 직업선택의 단계에 해당한다.

05
로(Roe)의 욕구이론에 대한 설명과 가장 거리가 먼 것은?   15년 2회 기출

① 가족과의 초기관계가 진로선택에 중요한 영향을 미친다.
② 로(Roe)는 성격이론과 직업분류 영역을 통합하는 데 관심을 두었다.
③ 직업과 기본욕구 만족의 관련성이 매슬로(Maslow)의 욕구위계론을 바탕으로 할 때 가장 효율적이라고 보았다.
④ 미네소타 직업평가척도에서 힌트를 얻어 직업을 7개의 영역으로 나누었다.

만점 해설
④ 로(Roe)는 미네소타 직업평가척도(MORS ; Minnesota Occupational Rating Scales)에서 힌트를 얻어 흥미에 대한 다양한 요인분석에 관심을 가지게 되었으며, 흥미에 기초하여 직업을 8개의 군집으로 나누었다.

06
Roe의 직업분류체계에 관한 설명으로 틀린 것은?   20년 1·2회, 16년 3회 기출

① 일의 세계를 8가지 장(Field)과 6가지 수준(Level)으로 구성된 2차원의 체계로 조직화했다.
② 원주상의 순서대로 8가지 장(Field)은 서비스, 사업상 접촉, 조직, 기술, 옥외, 과학, 예술과 연예, 일반문화이다.
③ 서비스 장(Field)들은 사람 지향적이며 교육, 사회봉사, 임상심리 및 의술이 포함된다.
④ 6가지 수준(Level)은 근로자의 직업과 관련된 정교화, 책임, 보수, 훈련의 정도를 묘사하며, 수준 1이 가장 낮고, 수준 6이 가장 높다.

만점 해설
④ 6가지 수준(Level)은 근로자의 직업과 관련된 정교화, 책임, 보수, 훈련의 정도를 묘사한다. '수준 1'은 가장 높은 수준으로서 전문직 혹은 관리직을 의미하며, '수준 6'은 가장 낮은 수준으로서 비숙련(비숙련직)을 나타낸다.

07

Roe의 직업분류체계는 8가지 장(Field)과 6가지 수준(Level)의 2차원 조직체계로 구성되어 있는데 8가지 장에 포함되지 않는 것은? 14년 3회 기출

① 서비스
② 예술과 연예
③ 과 학
④ 교 육

만점 해설

로(Roe)가 제시한 2차원 조직체계의 8가지 장(Field)과 6가지 수준(Level)

8가지 장(Field)	6가지 수준(Level)
• 서비스(서비스직) • 사업상 접촉(비즈니스직) • 조직(단체직) • 기술(기술직) • 옥외(옥외활동직) • 과학(과학직) • 예술과 연예(예능직) • 일반문화(일반문화직)	• 고급 전문관리(전문적 · 관리적 단계 1) • 중급 전문관리(전문적 · 관리적 단계 2) • 준전문관리 • 숙련(숙련직) • 반숙련(반숙련직) • 비숙련(비숙련직)

08

다음은 로(Roe)가 제안한 8가지 직업 군집 중 어디에 해당하는가? 22년 1회, 17년 2회, 14년 3회 기출

- 상품과 재화의 생산 · 유지 · 운송과 관련된 직업을 포함하는 군집이다.
- 운송과 정보통신에 관련된 직업뿐만 아니라 공학, 기능, 기계무역에 관계된 직업들도 이 영역에 속한다.
- 대인관계는 상대적으로 덜 중요하며 사물을 다루는 데 관심을 둔다.

① 기술직(Technology)
② 서비스직(Service)
③ 비즈니스직(Business Contact)
④ 옥외활동직(Outdoor)

만점 해설

② 서비스직은 사회사업, 가이던스 등 기본적으로 다른 사람의 욕구와 복지에 관심을 가지고 봉사하는 직업이 해당된다.
③ 비즈니스직은 주로 일대일 만남으로 상대방을 설득하여 공산품, 투자상품, 부동산 등을 판매하는 직업이 해당된다.
④ 옥외활동직은 농산물, 수산자원, 지하자원, 임산물, 기타의 천연자원을 개발, 보존, 수확하는 것과 축산업에 관련된 직업이 해당된다.

09

Roe의 욕구이론에서 제시한 직업군의 주요 특징으로 옳은 것은? 18년 3회 기출

① 사업직(Business) : 대인관계가 중요하며 타인을 도와주는 행동을 취한다.
② 기술직(Technology) : 대인관계가 중요하며 사물을 다루는 데 관심을 둔다.
③ 서비스직(Service) : 사람의 욕구와 복지에 관련된 직업군이다.
④ 단체직(Organization) : 조직 내에서 인간관계의 질을 강조하는 직업군이다.

만점 해설

① 사업직(비즈니스직)은 대인관계가 중요하나 타인을 도와주기보다는 어떤 행동을 취하도록 상대방을 설득하는 데 초점을 둔다.
② 기술직은 대인관계가 상대적으로 덜 중요하며, 사물을 다루는 데 관심을 둔다.
④ 단체직은 조직 내에서 인간관계의 질이 대개 형식화되어 있다.

10

Roe는 가정의 정서적 분위기, 즉 부모와 자녀 간의 상호작용을 세 가지 유형으로 구분하였는데 이에 해당하지 않는 것은?

18년 3회, 16년 1회 기출

① 정서집중형
② 반발형
③ 회피형
④ 수용형

만점 해설

로(Roe)의 부모-자녀 관계유형
- 수용형(Acceptance) : 무관심형, 애정형
- 정서집중형(Emotional Concentration) : 과보호형, 과요구형
- 회피형(Avoidance) : 거부형, 무시형(방임형)

> *참고 : 수용형의 하위분류로서 '무관심형'은 'Casual'을 우리말로 번역한 것입니다. 이는 부모가 자녀의 욕구에 민감하게 반응하거나 자녀에게 어떤 것을 잘하도록 강요하지 않는 태도를 반영합니다. 이러한 '무관심형'은 회피형의 하위분류로서 '무시형 혹은 방임형(Neglecting)'과 달리 부모로서의 책임감을 회피하려고 하지 않습니다.

11

로(Roe)의 욕구이론에 관한 설명으로 옳지 않은 것은?

20년 3회 기출

① 아동기에 형성된 욕구에 대한 반응으로 직업선택이 이루어진다고 본다.
② 가정 분위기의 유형을 회피형, 정서집중형, 통제형으로 구분하였다.
③ 직업군을 8가지로 분류하였다.
④ 매슬로우가 제시한 욕구의 단계를 기초로 해서 초기의 인생경험과 직업선택의 관계에 관한 가정을 발전시켰다.

만점 해설

② 부모-자녀 관계유형을 회피형, 정서집중형, 수용형으로 구분하였다.

12

로(Roe)의 욕구이론에 관한 설명으로 옳은 것은?

21년 1회 기출

① 부모-자녀 간의 상호작용을 자녀에 대한 정서집중형, 회피형, 수용형의 유형으로 구분한다.
② 청소년기 부모-자녀 간의 관계에서 생긴 욕구가 직업선택에 영향을 미친다는 이론이다.
③ 부모의 사랑을 제대로 받지 못하고 거부적인 분위기에서 성장한 사람은 다른 사람들과 함께 일하고 접촉하는 서비스 직종의 직업을 선호한다.
④ 직업군을 10가지로 분류한다.

만점 해설

② 로(Roe)는 여러 가지 다른 직업에 종사하고 있는 사람들이 각기 다른 욕구를 가지고 있으며, 이러한 욕구의 차이는 어린 시절(12세 이전의 유아기 내지 아동기)의 부모-자녀 관계에 기인한다고 주장하였다.
③ 부모의 사랑을 제대로 받지 못하고 거부적인 분위기에서 성장한 사람은 다른 사람과의 접촉이 적은 기술직, 옥외활동직, 과학직 등의 직업을 선호한다.
④ 직업군을 8가지로 분류한다.

05절 긴즈버그(Ginzberg)의 진로발달이론

01
직업선택 과정에 관한 설명으로 옳은 것은?
20년 1·2회, 17년 2회, 10년 4회, 07년 1회 기출

① 직업에 대해 정확한 정보만 가지고 있으면 직업을 효과적으로 선택할 수 있다.
② 주로 성년기에 이루어지기 때문에 어릴 때 경험은 영향력이 없다.
③ 개인적인 문제이기 때문에 가족이나 환경의 영향은 관련이 없다.
④ 일생동안 계속 이루어지는 과정이기 때문에 다양한 시기에서 도움이 필요하다.

만점 해설
①·③ 직업선택은 개인의 일반적 특성, 개인 심리학적 특성, 개인 사회학적 특성 등 내적 요인은 물론 작업상황, 사회학적 영향, 경제학적 관점 등 외적 요인에 의해서도 영향을 받으므로, 이를 종합적으로 고려할 필요가 있다.
② 수퍼(Super), 긴즈버그(Ginzberg) 등은 진로 및 직업선택을 아동기 때부터 이루어지는 발달 과정으로 설명하였으며, 로(Roe)는 아동기의 부모-자녀 관계가 개인의 직업선택에 영향을 미친다고 주장하였다.

02
긴즈버그(Ginzberg)의 진로발달이론에 관한 설명으로 틀린 것은?
15년 2회 기출

① 직업선택 과정은 바람(Wishes)과 가능성(Possibility) 간의 타협이다.
② 직업선택은 일련의 결정들이 계속적으로 이루어지는 과정이다.
③ 나중에 이루어지는 결정은 이전 결정의 영향을 받지 않는다.
④ 직업선택은 가치관, 정서적 요인, 교육의 양과 종류, 환경 영향 등의 상호작용으로 결정된다.

만점 해설
③ 긴즈버그(Ginzberg)는 직업선택을 하나의 발달과정으로 보았다. 즉, 직업선택은 단 한 번의 결정이 아닌 일련의 결정들이 계속적으로 이루어지는 것이며, 각 단계의 결정이 전 단계의 결정 및 다음 단계의 결정과 밀접한 관계를 가진다는 것이다.

03
직업발달 이론가와 그의 이론에 대한 설명이 옳게 짝지어진 것은?
13년 2회 기출

① Roe - 직업발달단계를 해당하는 연령에 고정시키고 있다.
② Super - 부모와 자녀 간의 상호작용이 직업선택에 영향을 미친다고 본다.
③ Ginzberg - 직업선택이란 단일 결정이 아니라, 장기간에 이루어지는 과정이라고 본다.
④ Holland - 개인의 행동양식이나 인성유형(성격)이 직업선택과 발달에 영향을 주지 않는다고 본다.

만점 해설
① 로(Roe)는 고정된 연령 구분에 따른 직업발달단계를 제시하지 않았다.
② 직업선택에 있어서 부모와 자녀 간의 상호작용에 의한 영향력을 강조한 대표적인 학자는 로(Roe)이다.
④ 홀랜드(Holland)는 직업적 흥미를 성격의 일부분으로 간주하여, 개인의 직업적 흥미가 곧 개인의 성격을 반영한다고 주장하였다.

04
Ginzberg의 진로발달 3단계가 아닌 것은?
19년 3회, 04년 1회 기출

① 잠정기(Tentative Phase)
② 환상기(Fantasy Phase)
③ 현실기(Realistic Phase)
④ 탐색기(Exploring Phase)

만점 해설
긴즈버그(Ginzberg)의 진로발달단계
- 환상기(Fantasy Phase, 6~11세 또는 11세 이전)
- 잠정기(Tentative Phase, 11~17세)
- 현실기(Realistic Phase, 17세 이후~성인 초기 또는 청·장년기)

*참고 : 진로발달단계에서 각 단계를 뜻하는 'Phase'를 'Period'로 표현하기도 합니다. 두 단어는 매우 유사하나, 'Phase'가 변화나 발전의 의미를 내포한다면, 'Period'는 보통 중립적인 의미로 사용된다는 점에서 미세한 차이가 있습니다.

05
긴즈버그(Ginzberg)가 제시한 진로발달단계가 아닌 것은? 20년 4회 기출

① 환상기
② 잠정기
③ 현실기
④ 적응기

만점 해설
긴즈버그(Ginzberg)의 진로발달단계
- 환상기(Fantasy Phase, 6~11세 또는 11세 이전)
- 잠정기(Tentative Phase, 11~17세)
- 현실기(Realistic Phase, 17세 이후~성인 초기 또는 청·장년기)

06
긴즈버그(Ginzberg)의 진로발달단계를 바르게 나열한 것은? 15년 2회, 10년 4회 기출

① 놀이지향기 → 탐색기 → 흥미기
② 환상기 → 잠정기 → 현실기
③ 탐색기 → 구체화기 → 특수화기
④ 흥미기 → 전환기 → 가치기

만점 해설
긴즈버그(Ginzberg)의 진로발달단계
환상기 → 잠정기 → 현실기

07
Ginzberg가 제시한 직업발달단계를 바르게 나열한 것은? 14년 3회, 11년 2회 기출

① 잠정기 → 환상기 → 현실기
② 환상기 → 잠정기 → 현실기
③ 성장기 → 탐색기 → 확립기 → 유지기 → 은퇴기
④ 성장기 → 확립기 → 탐색기 → 유지기 → 은퇴기

만점 해설
긴즈버그(Ginzberg)의 진로발달단계
환상기 → 잠정기 → 현실기

08
Ginzberg의 진로발달이론에서 잠정기(Tentative Period)의 하위단계가 아닌 것은? 17년 3회 기출

① 능력기(Capacity Stage)
② 탐색기(Exploration Stage)
③ 가치기(Value Stage)
④ 전환기(Transition Stage)

만점 해설
긴즈버그(Ginzberg)의 진로발달단계 중 잠정기의 하위단계
- 흥미단계(Interest Stage)
- 능력단계(Capacity Stage)
- 가치단계(Value Stage)
- 전환단계(Transition Stage)

09
Ginzberg의 진로발달단계 중 현실기의 하위단계가 아닌 것은? 18년 1회 기출

① 탐 색
② 구체화
③ 전 환
④ 정교화

만점 해설
긴즈버그(Ginzberg)의 진로발달단계 중 현실기의 하위단계
- 탐색단계(Exploration Stage)
- 구체화 단계(Crystallization Stage)
- 특수화(정교화) 단계(Specification Stage)

정답 05 ④ 06 ② 07 ② 08 ② 09 ③

10
직업발달이론에 관한 설명으로 틀린 것은?

17년 1회, 10년 3회, 04년 1회 기출

① 특성-요인이론은 Parsons의 직업지도모델에 기초하여 형성되었다.
② Super의 생애발달단계는 환상기-잠정기-현실기로 구분한다.
③ 일을 승화의 개념으로 설명하는 이론은 정신분석이론이다.
④ Holland의 직업적 성격유형론에서 중요시하는 개념은 일관도, 일치도, 분화도 등이다.

만점 해설
② 수퍼(Super)가 아닌 긴즈버그(Ginzberg)의 진로발달단계에 해당한다.

02
인간의 진로발달단계를 성장기, 탐색기, 확립기, 유지기, 쇠퇴기로 나누고 각 단계의 특징을 설명한 학자는?

20년 1·2회 기출

① 긴즈버그(Ginzberg)
② 에릭슨(Ericson)
③ 수퍼(Super)
④ 고트프레드슨(Gottfredson)

만점 해설
① 긴즈버그(Ginzberg)는 진로발달단계를 '환상기', '잠정기', '현실기'로 구분하였다.
④ 고트프레드슨(Gottfredson)은 직업포부 발달단계를 '힘과 크기 지향성', '성역할 지향성', '사회적 가치 지향성', '내적, 고유한 자아(자기) 지향성'으로 구분하였다.

*참고 : 지문 ②번의 'Ericson'은 자아정체성의 심리사회적 발달에 관한 이론을 통해 심리사회적 발달단계를 제안한 '에릭 에릭슨(Erik Erikson)'을 염두에 둔 것으로 보입니다.

06절 수퍼(Super)의 진로발달이론

01
다음 진로발달 이론가들 중에서 발달 단계별 특징 및 과제를 강조한 사람은?

13년 3회, 06년 1회 기출

① Parsons
② Holland
③ Krumboltz
④ Super

만점 해설
수퍼(Super)의 진로발달이론
수퍼는 1955년 '직업성숙(Vocational Maturity)'을 소개한 이후 이를 수정하여 보다 포괄적인 개념인 '진로성숙(Career Maturity)'에 대해 광범위한 연구를 수행하였다. 그는 진로성숙을 "한 개인이 속해 있는 연령단계에서 이루어져야 할 직업발달 과업에 대한 준비도"로 간주하였으며, 이를 토대로 '성장기-탐색기-확립기(정착기)-유지기-쇠퇴기'에 이르는 5단계 발달 단계별 특징 및 과제(과업)를 강조하였다.

03
경력개발단계를 성장, 탐색, 확립, 유지, 쇠퇴의 5단계로 구분한 학자는?

22년 2회, 17년 3회, 12년 3회, 10년 1회, 03년 3회 기출

① Bordin
② Colby
③ Super
④ Parsons

만점 해설
수퍼(Super)의 진로발달단계 또는 경력개발단계
- 성장기(출생~14세) : 환상기(4~10세), 흥미기(11~12세), 능력기(13~14세)
- 탐색기(15~24세) : 잠정기(15~17세), 전환기(18~21세), 시행기(22~24세)
- 확립기(25~44세) : 시행기(25~30세), 안정기(31~44세)
- 유지기(45~64세)
- 쇠퇴기(65세 이후)

*참고 : 'Career'는 우리말로 '진로' 혹은 '경력'으로, 'Development'는 '발달' 혹은 '개발'로 번역됩니다. 따라서 'Career Development'는 '진로발달' 혹은 '경력개발'로 번역됩니다. 또한 수퍼(Super)의 각 단계에서 '확립기'는 '정착기'로, '쇠퇴기'는 '해체기'나 '은퇴기'로 제시되기도 하며, 탐색기의 하위단계인 '시행기'는 '수정기'로 제시되기도 합니다.

04
Super의 직업발달단계 순서를 바르게 나열한 것은? 16년 2회 기출

① 성장기 – 탐색기 – 확립기 – 유지기 – 쇠퇴기
② 진로인식기 – 진로탐색기 – 진로준비기 – 취업
③ 탐색기 – 성장기 – 확립기 – 유지기 – 쇠퇴기
④ 진로탐색기 – 진로인식기 – 진로준비기 – 취업

만점 해설

직업발달단계(진로발달단계)
- 수퍼(Super) : 성장기-탐색기-확립기-유지기-쇠퇴기
- 미국 교육부(USOE) : 진로인식기-진로탐색기-진로준비기-진로전문화기

05
Super의 직업발달단계를 바르게 나열한 것은? 19년 2회 기출

① 성장기 → 확립기 → 탐색기 → 유지기 → 쇠퇴기
② 탐색기 → 성장기 → 유지기 → 확립기 → 쇠퇴기
③ 성장기 → 탐색기 → 확립기 → 유지기 → 쇠퇴기
④ 탐색기 → 유지기 → 성장기 → 확립기 → 쇠퇴기

만점 해설

수퍼(Super)의 직업발달단계(진로발달단계)
성장기 → 탐색기 → 확립기 → 유지기 → 쇠퇴기

06
Super가 제시한 진로발달단계를 순서대로 바르게 나열한 것은? 18년 2회, 11년 1회 기출

ㄱ. 성장(Growth)
ㄴ. 탐색(Exploratory)
ㄷ. 유지(Maintenance)
ㄹ. 쇠퇴(Decline)
ㅁ. 확립(Establishment)

① ㄴ → ㄱ → ㅁ → ㄷ → ㄹ
② ㄱ → ㄴ → ㄷ → ㅁ → ㄹ
③ ㄴ → ㅁ → ㄱ → ㄷ → ㄹ
④ ㄱ → ㄴ → ㅁ → ㄷ → ㄹ

만점 해설

수퍼(Super)의 직업발달단계(진로발달단계)
성장기 → 탐색기 → 확립기 → 유지기 → 쇠퇴기

07
Super의 진로발달단계 중 결정화, 구체화, 실행 등과 같은 과업이 수행되는 단계는? 20년 3회 기출

① 성장기   ② 탐색기
③ 확립기   ④ 유지기

만점 해설

수퍼(Super)의 진로발달단계 중 탐색기(15~24세)의 과업 수행 단계
- 결정화(Crystallization) : 호기심에서 비롯된 자신과 직업에 대한 정보가 축적되면서, 자신이 하고 싶은 일이 무엇인지를 명확히 하게 되는 단계이다.
- 구체화(Specification) : 자신이 관심을 갖게 된 몇 가지 직업들 중 특정 직업에 대한 선호가 생기고 구체화되는 단계이다.
- 실행(Implementation) : 자신이 선택한 특정 직업이나 진로를 결정하고 그에 대한 노력을 기울이는 것으로, 일을 시작하기 전에 마지막으로 거치는 단계이다.

*참고 : 교재에 따라 'Crystallization'은 '결정화' 또는 '구체화'로, 'Specification'은 '구체화' 또는 '특수화'로 번역되고 있습니다. 이 경우 '구체화'가 양쪽에 걸치게 되는데, 긴즈버그(Ginzberg)의 진로발달단계 중 현실기의 하위단계에서 'Crystallization'은 '구체화'로, 'Specification'은 '특수화'로 제시되는 경향이 있습니다.

08
수퍼(D. Super)의 진로발달이론에 관한 설명으로 틀린 것은? 22년 2회 기출

① 개인은 능력이나 흥미, 성격에 있어서 각각 차이점을 갖고 있다.
② 진로발달이란 진로에 관한 자아개념의 발달이다.
③ 진로발달단계의 과정에서 재순환은 일어날 수 없다.
④ 진로성숙도는 가설적인 구인이며 단일한 특질이 아니다.

만점 해설
③ 수퍼(Super)는 순환과 재순환에 따라 인생에서 진로발달 과정은 전 생애에 걸쳐 계속되면서 성장, 탐색, 확립(정착), 유지, 쇠퇴 등의 대주기(Maxi Cycle)를 거치는 동시에, 대주기 외에 각 단계마다 같은 성장, 탐색, 확립(정착), 유지, 쇠퇴로 구성된 소주기(Mini Cycle)를 거치게 된다고 주장하였다.

09
Super의 이론이나 그의 생애진로 무지개 개념에 관한 설명으로 틀린 것은? 17년 2회, 07년 1회 기출

① 사람은 동시에 여러 가지 역할을 함께 수행하며 발달단계마다 다른 역할에 비해 중요한 역할이 있다.
② 인생에서 진로발달 과정은 전 생애에 걸쳐 계속되며 성장, 탐색, 정착, 유지, 쇠퇴 등의 대주기(Maxi Cycle)를 거친다.
③ 진로발달에는 대주기 외에 각 단계마다 같은 성장, 탐색, 정착, 유지, 쇠퇴로 구성된 소주기(Mini Cycle)가 있다.
④ Super의 이론은 생애진로발달 과정에서 1회적인 선택 과정에 대해 구체적으로 잘 설명한다.

만점 해설
④ 수퍼(Super)는 직업선택의 과정을 아동기에서 시작하여 일의 세계를 은퇴할 때까지 계속되는 연속적인 과정으로 보았으며, 따라서 개인의 과거와 현재뿐만 아니라 미래까지도 동시에 고려해야 한다고 주장하였다.

10
수퍼(Super)의 전생애 발달과업의 순환 및 재순환에서 '새로운 과업 찾기'가 중요한 시기는 언제인가? 21년 2회 기출

① 청소년기(14~24세)
② 성인초기(25~45세)
③ 성인중기(46~65세)
④ 성인후기(65세 이상)

만점 해설
성인중기(46~65세)의 재순환(소주기)
• 성장 : 자신의 한계 수용하기
• 탐색 : 새로운 과업 찾기
• 확립(정착) : 새로운 기술 개발하기
• 유지 : 경쟁에서 자기 지위 확보하기
• 쇠퇴 : 가장 중요한 것(필수활동)에 초점 맞추기

11
수퍼(Super)의 진로발달이론의 설명으로 틀린 것은? 22년 1회 기출

① 이론의 핵심기저는 직업적 자아개념이다.
② 직업선택은 타협과 선택이 상호작용하는 일련의 적응 과정이다.
③ 진로발달은 유아기에 시작하여 성인 초기에 완성된다.
④ 직업발달과정은 본질적으로 자아개념을 발달시키고 실천해 나가는 과정이다.

만점 해설
수퍼(Super)의 진로발달이론(직업발달이론)
수퍼는 진로발달(직업발달)을 아동기부터 성인 초기까지의 국한된 과정으로 다룬 긴즈버그(Ginzberg)의 초기 이론에 이의를 제기하고 진로발달이 인간의 전 생애에 걸쳐서 이루어지고 변화되는 것이라고 주장하였다. 또한 직업선택을 타협의 과정으로 본 긴즈버그의 이론을 보완하여 타협과 선택이 상호작용하는 일련의 적응 과정으로 간주하였다.

12

수퍼(Super)의 진로발달이론에 대한 설명으로 가장 적합한 것은? 15년 3회 기출

① 반두라(Bandura)의 사회학습이론에 근거하여 성차에 대한 설명이 보다 많이 시도되고 있다.
② 진로발달을 환상적 직업선택, 시험적 직업선택, 현실적 직업선택 단계로 나누어 설명하였다.
③ 사회경제적인 상황과 노동시장 등은 다루지 않고 있다.
④ 이론의 기저를 이루고 있는 것은 '자아개념'으로 인간은 자신의 이미지와 일치하는 직업을 선택한다는 주장이다.

만점 해설

① 성차를 설명한 가장 유력한 이론은 반두라(Bandura)의 사회학습이론을 토대로 한 헥케트과 베츠(Hackett & Betz)의 자기효능감 이론이다.
② '환상기, 잠정기, 현실기'라는 진로발달의 3단계를 제시한 학자는 긴즈버그(Ginzberg)이다.
③ 수퍼는 진로 유형에 관한 연구를 통해 개인의 진로 유형의 본질이 부모의 사회경제적 수준, 개인의 정신능력 및 인성 특성, 주어진 직업기회 등에 의해 결정된다고 보았다.

13

Super의 직업발달이론에 대한 중심개념으로 볼 수 없는 것은? 21년 2회, 05년 1회 기출

① 개인은 각기 적합한 직업군의 적격성이 있다.
② 직업발달 과정은 본질적으로 자아개념의 발달 보완과정이다.
③ 개인의 직업기호와 생애는 자아실현의 과정으로 현실과 타협하지 않는 활동과정이다.
④ 직업과 인생의 만족은 자기의 능력, 흥미, 성격 특성 및 가치가 충분히 실현되는 정도이다.

만점 해설

③ 수퍼(Super)는 직업발달 및 직업선택을 타협과 선택이 상호작용하는 일련의 적응 과정으로 간주하였다.

14

수퍼(Super)의 발달이론에 관한 설명으로 옳은 것은? 21년 1회 기출

① 대부분의 사람들을 여섯 가지 유형 중 하나로 분류한다.
② 개인분석, 직업분석, 과학적 조언의 조화를 주장한다.
③ 생애역할의 중요성과 직업적 자아개념을 강조한다.
④ 부모의 자녀 양육방식을 발달적으로 전개한다.

만점 해설

③ 수퍼(Super)의 발달이론은 '전 생애(Life-span)', '생애역할(Life Role)', '자아개념(Self-concept)'의 세 가지 개념을 통해 개인의 직업발달 및 진로선택을 설명한다.
① 홀랜드(Holland)의 인성이론은 대부분의 사람들을 여섯 가지의 직업성격 유형, 즉 '현실형', '탐구형', '예술형', '사회형', '진취형', '관습형'으로 분류한다.
② 파슨스(Parsons)의 특성-요인이론은 '내담자 특성의 객관적인 분석', '직업세계의 분석', '과학적 조언을 통한 매칭(Matching)'의 3요소 직업지도모델을 제안한다.
④ 로(Roe)의 욕구이론은 아동기에 형성된 욕구에 대한 반응으로 직업선택이 이루어진다고 주장하면서, 부모-자녀 관계유형을 '수용형', '정서집중형', '회피형'으로 분류한다.

15

발달적 이론에서 아치문 모델의 왼쪽 기둥을 이루고 있는 것은? 11년 1회, 08년 3회 기출

① 생물학적 · 지리학적인 기초 측면
② 경제자원, 사회제도, 노동시장 등으로 이루어진 사회정책 측면
③ 욕구나 지능, 가치, 흥미 등으로 이루어진 개인의 성격적 측면
④ 발달단계와 역할에 대한 자아개념으로 이루어진 상호작용적 측면

만점 해설

① 아치문의 바닥을 이루고 있다.
② 아치문의 오른쪽 기둥을 이루고 있다.
④ 아치문의 지붕을 이루고 있다.

(진로)아치문 모델

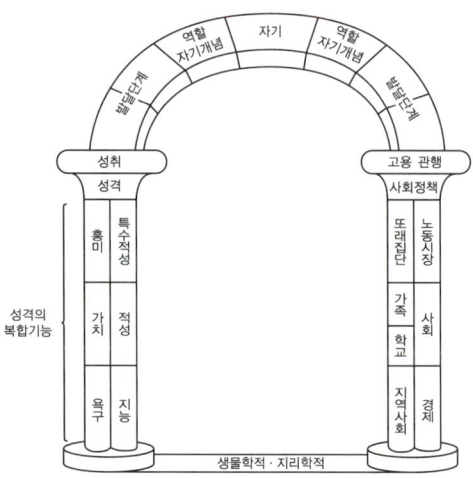

16

수퍼(Super)의 여성 진로유형 중 학교졸업 후에도 직업을 갖지 않는 진로유형은? 20년 4회 기출

① 안정적인 가사 진로유형
② 전통적인 진로유형
③ 단절 진로유형
④ 불안정 진로유형

만점 해설

② '전통적인 진로유형'은 학교졸업 후 취업을 하지만 결혼 후에는 가사에 전념하기 위해 일을 그만두는 진로유형이다.
③ '단절 진로유형'은 일을 하다가 결혼을 하면서 전업주부가 된 후 아이들이 성장하여 스스로 돌볼 수 있게 되면 다시 일을 시작하는 진로유형이다.
④ '불안정 진로유형'은 일을 하다가 중단하고 다시 시작하고 중단하기를 반복하는 진로유형이다.

17

Super의 진로발달이론에 관한 설명으로 옳은 것은? 12년 2회 기출

① Ginzberg의 진로발달이론에 근거하여 만들어진 이론이다.
② 지나치게 대인관계 지향적이며, 정의적 측면을 강조한다는 비판을 받고 있다.
③ 진로성숙은 생애단계 내에서 성공적으로 수행된 발달과업을 통해 획득된다.
④ 직업발달은 '탐색기 – 유지기 – 확립기 – 성장기 – 쇠퇴기'의 순환과 재순환 단계를 거친다.

만점 해설

① 긴즈버그(Ginzberg)의 진로발달이론에 대한 비판에서 출발된 이론이다.
② 내담자중심 상담이론에 대한 비판점에 해당한다. 참고로 수퍼(Super)의 진로발달이론은 진로성숙 과정에 대해 체계적으로 기술하고 있으나, 이론이 매우 광범위하며 자아개념을 지나치게 강조한다는 비판을 받고 있다.
④ 직업발달은 '성장기–탐색기–확립기–유지기–쇠퇴기'의 순환과 재순환 단계를 거친다.

18
생애직업발달에 관한 설명으로 틀린 것은?
16년 1회, 07년 3회, 03년 1회 기출

① 개인의 역할, 상황, 사건 간의 상호작용에 대한 개념이다.
② 개인의 생활양식에 따라 다양하게 표현된다.
③ 단일 시점의 특정한 사건을 해결하는 방안에 대한 개념이다.
④ 자아발달을 강조하는 개념이다.

만점 해설
③ 진로 및 직업선택에 대한 발달적 관점은 그것이 단일 시점에서만 이루어지는 것이 아니며, 시간의 흐름에 따라 진화한다고 본다. 진로발달이론은 개인의 진로선택 및 진로의사 결정이 개인의 자아개념의 발달과 함께 발달적 단계들을 거치는 발달과정, 즉 단일한 결정 과정이 아닌 다양한 대안에서 최선의 직업을 선택하고, 그와 같은 여러 개의 결정 대안들을 통해 진로태도의 최고점에 도달하는 역동적 발달과정으로 본 것이다.

07절 고트프레드슨(Gottfredson)의 직업포부 발달이론(제한-타협이론)

01
다음은 어떤 이론에 관한 설명인가?
18년 1회, 12년 3회 기출

- 크게는 진로발달이론의 범주에 속한다.
- 자아개념을 진로선택의 중요한 요인으로 본다.
- 한계와 절충이라는 개념을 중시한다.
- 사람이 어떻게 특정 직업에 매력을 느끼게 되는가를 기술한다.

① 사회학습이론
② 직업포부 발달이론
③ 가치중심적 진로이론
④ 사회인지적 진로이론

만점 해설
직업포부 발달이론 또는 제한-타협이론(Gottfredson)
직업포부의 형성 및 변화의 과정을 설명하기 위해 제한(Circumscription) 및 타협(Compromise)의 원리를 제시함으로써 '제한-타협이론'으로도 불린다. 여기서 '제한(또는 한계)'은 자아개념과 일치하지 않는 직업들을 배제하는 과정으로 자아개념의 발달단계에 따라 이루어지는 것이고, '타협(또는 절충)'은 제한을 통해 선택된 선호하는 직업대안들 중 자신이 극복할 수 없는 문제를 가진 직업을 어쩔 수 없이 포기하는 것이다.

02
Gottfredson이 제시한 직업포부의 발달단계가 아닌 것은?
19년 1회, 13년 3회, 10년 2회, 09년 2회 기출

① 성역할 지향성
② 힘과 크기 지향성
③ 사회적 가치 지향성
④ 직업 지향성

만점 해설
고트프레드슨(Gottfredson)의 직업포부 발달단계
- 제1단계(3~5세) : 힘과 크기 지향성
- 제2단계(6~8세) : 성역할 지향성
- 제3단계(9~13세) : 사회적 가치 지향성
- 제4단계(14세 이후) : 내적, 고유한 자아(자기) 지향성

03
갓프레드슨(L. Gottfredson)의 진로발달이론에서 제시한 진로포부 발달단계가 아닌 것은? 22년 2회 기출

① 내적 자아 확립 단계
② 서열 획득 단계
③ 안정성 확립 단계
④ 사회적 가치 획득 단계

만점 해설
갓프레드슨(Gottfredson)의 진로포부 발달단계
- 제1단계(3~5세) : 서열 획득 단계 - 힘과 크기 지향성
- 제2단계(6~8세) : 성 유형 획득 단계 - 성역할 지향성
- 제3단계(9~13세) : 사회적 가치 획득 단계 - 사회적 가치 지향성
- 제4단계(14세 이후) : 내적 자아 확립 단계 - 내적, 고유한 자아 지향성

04

Gottfredson은 9~13세 시기에 개인에게서 어떤 직업적 포부가 발달한다고 보았는가? 18년 2회 기출

① 힘과 크기 지향
② 성역할 지향
③ 사회적 가치 지향
④ 고유한 자기 지향

만점 해설

③ 9~13세 시기는 아동 및 청소년이 사회적 가치를 인지하는 단계에 해당한다. 사회계층과 사회질서에 대한 개념이 발달하기 시작하면서 '상황 속 자아(Self-in-Situation)'를 인식하기에 이른다.

05

Gottfredson의 직업포부 발달단계에 관한 설명으로 틀린 것은? 12년 2회, 08년 3회 기출

① 힘과 크기 지향성 – 사고과정이 구체화되며 어른이 된다는 것의 의미를 알게 된다.
② 성역할 지향성 – 자아개념이 성의 발달에 의해서 영향을 받게 된다.
③ 사회적 가치 지향성 – 사회계층에 대한 개념이 생기면서 타인에 대한 개념이 생겨난다.
④ 내적, 고유한 자아 지향성 – 자아성찰과 사회계층의 맥락에서 직업적 포부가 더욱 발달하게 된다.

만점 해설

③ 사회계층과 사회질서에 대한 개념이 발달하기 시작하면서 '상황 속 자아(Self-in-Situation)'를 인식하기에 이른다.

08절 타이드만과 오하라(Tiedeman & O'Hara)의 진로발달이론

01

직업발달이란 직업 자아정체감을 형성해 나가는 계속적 과정이라고 간주하는 진로발달이론은? 21년 3회 기출

① Ginzberg의 발달이론
② Super의 발달이론
③ Tiedeman과 O'Hara의 발달이론
④ Tuckman의 발달이론

만점 해설

타이드만과 오하라(Tiedeman & O'Hara)의 진로발달이론
직업발달을 직업정체감 형성과정으로 보며, 의사결정 과정을 인지적인 구조의 분화(Differentiation)와 통합(Integration)에 의한 의식적인 문제해결 행동으로 보았다. 그에 따라 의사결정 과정을 예상기(Anticipation)와 실천기(Implementation)로 나누고, 각 하위범주로서 예상기에는 '탐색', '구체화', '선택', '명료화'의 하위단계를, 실천기에는 '순응', '개혁', '통합'의 하위단계를 분류하였다.

02

직업발달을 탐색-구체화-선택-명료화-순응-개혁-통합의 직업정체감 형성과정으로 설명한 것은? 19년 1회 기출

① Super의 발달이론
② Ginzberg의 발달이론
③ Tiedeman과 O'Hara의 발달이론
④ Gottfredson의 발달이론

만점 해설

타이드만과 오하라(Tiedeman & O'Hara)의 직업정체감 형성과정

예상기 (전직업기)	탐색기(Exploration) – 구체화기(Crystallization) – 선택기(Choice) – 명료화기(Clarification)
실천기 (적응기)	순응기(Induction) – 개혁기(Reformation) – 통합기(Integration)

03

타이드만(Tiedman)은 어떤 발달단계를 기초로 진로발달이론을 설명하였는가? 22년 1회 기출

① 피아제의 인지발달단계
② 에릭슨의 심리사회발달단계
③ 콜버그의 도덕발달단계
④ 반두라의 인지사회발달단계

만점 해설

② 타이드만(Tiedeman)은 에릭슨(Erikson)의 심리사회적 발달단계를 토대로 하여, 개인이 심리사회적 위기를 해결하는 과정을 통해 자아가 성숙되는 동시에 일에 대한 태도가 발달된다고 보았다.

*참고 : 문제상의 '타이드만(Tiedman)'은 '타이드만(Tiedeman)'의 오타인 것으로 보입니다.

04

Erikson의 심리사회성 발달이론에서 다음과 같은 현상이 나타나는 시기는? 17년 1회, 09년 2회 기출

> 이 시기는 40~50세로 인생의 여러 가지 측면에서 안정되고 성숙된 시기인데 단순히 자신과 자기세대의 이익과 번영에만 관심을 쏟는 것이 아니라 자기 자손들의 세대와 역사적 미래를 위해 보다 나은 세계를 만드는 데 헌신한다.

① 친밀감(Intimacy) - 고립감(Isolation)
② 근면성(Industry) - 열등감(Inferiority)
③ 생성감(Generativity) - 침체감(Stagnation)
④ 자아정체감(Ego-identity) - 역할혼란(Role Confusion)

만점 해설

에릭슨(Erikson)의 심리사회적 발달단계와 위기
- 유아기(0~18개월) : 기본적 신뢰감 대 불신감
- 초기아동기(18개월~3세) : 자율성 대 수치심·회의
- 학령전기 또는 유희기(3~5세) : 주도성 대 죄의식
- 학령기(5~12세) : 근면성 대 열등감
- 청소년기(12~20세) : 자아정체감 대 정체감(역할) 혼란
- 성인 초기(20~24세) : 친밀감 대 고립감
- 성인기(24~65세) : 생산성(생성감) 대 침체감
- 노년기(65세 이후) : 자아통합 대 절망

*참고 : 에릭슨(Erikson)의 심리사회적 발달단계의 각 단계별 연령 및 명칭 등은 교재에 따라 약간씩 다르게 제시되고 있습니다.

05

Erikson의 심리사회적 발달이론에서 청소년기에 해당하는 과업은? 16년 1회 기출

① 근면성 대 열등감
② 자아정체성 대 역할혼란
③ 친밀감 대 고립감
④ 생산성 대 침체감

만점 해설

① 학령기(5~12세), ③ 성인 초기(20~24세), ④ 성인기(24~65세)

06

다음 ( ) 안에 알맞은 것은? 21년 2회, 12년 2회 기출

> Levinson의 발달이론에서 성인은 연령에 따라 ( )의 계속적인 과정을 거쳐 발달하게 되며, 이러한 과정단계는 남녀나 문화에 상관없이 적용 가능하다.

① 안정과 변화
② 주요 사건
③ 과제와 도전
④ 위기

만점 해설

레빈슨(Levinson)의 발달이론
- 레빈슨은 출생에서 죽음에 이르는 과정으로서 '인생주기(Life Cycle)'를 설명하면서, 성인의 인생구조 형성과정이 연령의 증가에 따라 일정한 '계열(Sequence)'을 형성한다고 주장하였다.
- 성인은 연령에 따라 안정과 변화의 계속적인 과정을 거쳐 발달하게 되며, 이러한 과정단계는 남녀나 문화에 상관없이 적용 가능하다.

정답 03 ② 04 ③ 05 ② 06 ①

07
레빈슨의 성인발달이론에 관한 설명으로 틀린 것은? 22년 1회 기출

① 인생주기를 네 개의 계절로 구분한다.
② 성인 초기의 주요 과업은 꿈의 형성과 멘토 관계의 형성이다.
③ 안정기는 삶을 침체시키거나 새롭게 만드는 시기이다.
④ 인생구조에는 직업, 가족, 결혼, 종교와 같은 요소들이 포함된다.

만점 해설
③ 삶을 침체시키거나 새롭게 만드는 시기는 전환기(Transition)이다. 전환기는 인생주기에서 결정적인 전환점이 되는 시기로, 현재의 인생구조를 재평가하고 자신과 세계 안에 있는 새로운 가능성들을 탐색하며, 새로운 인생구조를 형성하는 데 기초가 되는 선택을 위해 노력하게 된다.

08
Levinson의 발달이론에 대한 설명으로 틀린 것은? 11년 3회, 06년 3회 기출

① 초기 성인변화단계는 성인기로 변화하기 위한 단계를 의미하며 연령은 17~22세까지이다.
② 초기 성인세계단계는 22~28세까지의 단계로서 성인 생활양식을 형성하는 시기이다.
③ 중기 성인단계는 초기 성인단계가 완성되며 안정되는 시기로서 40~44세까지의 연령에 해당한다.
④ 중년기 마감단계는 55~60세까지의 단계로 중년기가 완성되는 단계이다.

만점 해설
③ 중기 성인단계는 초기 성인세계와 같이 새로운 시대에 적합한 생활양식을 형성하는 시기로서 45~50세까지가 해당된다. 참고로 초기 성인단계가 완성되며 안정되는 시기는 정착단계(33~40세)에 해당한다.

09절 크롬볼츠(Krumboltz)의 사회학습이론

01
다음의 내용을 주장한 학자는? 21년 2회, 18년 2회 기출

> 특정한 직업을 갖게 되는 것은 단순한 선호나 선택의 기능이 아니고 개인이 통제할 수 없는 복잡한 환경적 요인의 결과이다.

① Krumboltz
② Dawis
③ Gelatt
④ Peterson

만점 해설
크롬볼츠(Krumboltz)의 사회학습이론
- 반두라(Bandura)의 학습이론을 적용하여 진로의사결정에서 인지와 행동의 중요성을 강조하면서 진로의사결정 방법에 관한 이론을 발전시켰다.
- 진로결정과 관련된 학습에 영향을 미치는 요인을 밝히며, 진로선택 과정에서 개인과 환경이 상호작용하는 과정에 초점을 두고 개인이 환경과의 상호작용을 통해 무엇을 학습했는지를 강조한다.

*참고 : 'Krumboltz'는 교재에 따라 '크롬볼츠', '크럼볼츠', '크룸볼츠'로도 제시되고 있으며, 직업상담사 시험에서도 이들 명칭이 혼용되고 있습니다.

02
Krumboltz의 사회학습이론에 관한 설명으로 틀린 것은? 17년 3회, 16년 3회, 13년 1회 기출

① 진로결정에 영향을 미치는 요인으로 유전적 요인과 특별한 능력, 환경조건과 사건, 학습경험, 과제접근기술 등 4가지를 제시하고 있다.
② 강화이론, 고전적 행동주의이론, 인지적 정보처리이론에 기원을 두고 있다.
③ 진로결정 요인들이 상호작용하여 자기관찰 일반화와 세계관 일반화를 형성한다.
④ 학과 전환 등 진로의사결정과 관련된 개인의 행동에 대해서는 관심을 두지 않고 있다.

정답: 07 ③ 08 ③ / 01 ① 02 ④

만점 해설

④ 사회학습이론은 진로결정 요인들이 상호작용하여 자기관찰 일반화, 세계관 일반화, 과제접근기술, 행위의 산출로 이어진다고 주장하면서, 진로의사결정과 관련된 개인의 특수한 행위들에 관심을 둔다.

03
진로선택 사회학습이론에 관한 설명으로 틀린 것은?
18년 1회, 15년 1회 기출

① 유전적 요인과 특별한 능력이 진로결정 과정에 미치는 영향을 고려하지 않았다.
② 진로선택 결정에 영향을 미치는 삶의 사건들에 관심을 두고 있다.
③ 전체 인생에서 각 개인의 독특한 학습경험이 진로선택을 이끄는 주요한 영향요인을 발달시킨다고 보았다.
④ 개인의 신념과 일반화는 사회학습 모형에서 매우 중요하다고 보았다.

만점 해설

① 사회학습이론은 진로발달 및 진로결정 과정에 있어서 유전적 요인과 특별한 능력, 환경조건과 사건, 학습경험, 과제접근기술 등 4가지 요인의 상호작용에 주목하였다.

04
크럼볼츠(Krumboltz)의 사회학습이론에서 진로선택에 영향을 미치는 요인을 모두 고른 것은?
20년 1·2회 기출

| ㄱ. 유전적 요인 | ㄴ. 학습경험 |
| ㄷ. 과제접근기술 | ㄹ. 환경조건과 사건 |

① ㄱ, ㄴ
② ㄱ, ㄷ, ㄹ
③ ㄴ, ㄷ, ㄹ
④ ㄱ, ㄴ, ㄷ, ㄹ

만점 해설

사회학습이론에서 진로선택에 영향을 미치는 요인(Krumboltz)
• 유전적 요인과 특별한 능력
• 환경조건과 사건
• 학습경험
• 과제접근기술

05
Krumboltz의 사회학습이론에서 개인의 진로에 영향을 미치는 요인에 해당하지 않는 것은?
18년 3회 기출

① 유전적 요인
② 부모 특성
③ 환경조건과 사건
④ 과제접근기술

만점 해설

사회학습이론에서 개인의 진로에 영향을 미치는 요인 (Krumboltz)
• 유전적 요인과 특별한 능력
• 환경조건과 사건
• 학습경험
• 과제접근기술

06
진로선택에 관한 사회학습이론에서 개인의 진로발달 과정과 관련이 없는 요인은? 14년 2회, 12년 2회 기출

① 유전 요인과 특별한 능력
② 환경조건과 사건
③ 과제접근기술
④ 인간관계기술

만점 해설

④ '인간관계기술'이 아닌 '과제접근기술'이 옳다.

07
Krumboltz의 사회학습이론에서 개인의 진로에 영향을 미치는 요인이 아닌 것은? 12년 1회 기출

① 유전적 요인 – 물려받거나 생득적인 개인의 특성들
② 부모 특성 – 부모의 성격, 자녀에 대한 기대 및 양육 방식을 포함한 부모의 특성들
③ 환경조건과 사건 – 보통 개인의 통제를 벗어나는 사회적, 문화적, 정치적, 경제적 사항들
④ 과제접근기술 – 목표설정, 가치 명료화, 대안 형성, 직업적 정보 획득 등을 포함하는 기술

만점 해설
② '부모 특성'은 사회학습이론에서 개인의 진로에 영향을 미치는 요인에 포함되지 않는다.

08
크롬볼츠(J. Krumboltz)의 사회학습 진로이론에 관한 설명으로 틀린 것은? 22년 2회 기출

① 도구적 학습경험이란 행동과 결과의 관계를 학습하게 되는 것을 의미한다.
② 과제접근기술이란 개인이 어떤 과제를 성취하기 위해 동원하는 기술이다.
③ 우연히 일어난 일들을 개인의 진로에 긍정적으로 활용하는 것이 중요하다.
④ 개인의 진로선택에 영향을 미치는 요인에서 유전적 재능이나 체력 등의 요소를 간과했다.

만점 해설
④ 개인의 진로선택에 영향을 미치는 요인으로 인종, 성별, 신체적 특징, 지능, 예술적 재능 등 유전적 요인과 특별한 능력을 제시하였다.

09
다음은 어떤 학자와 가장 관련이 있는가? 22년 1회 기출

> • 학습경험을 강조하는 동시에 개인의 타고난 재능의 영향을 강조하였다.
> • 이 이론에 따라 개발된 진로신념검사는 개인의 진로를 방해하는 사고를 평가하는 데 목적이 있다.

① 오하라(R. O'Hara)
② 스키너(B. Skinner)
③ 반두라(A. Bandura)
④ 크럼볼츠(J. Krumboltz)

만점 해설
④ 크럼볼츠(Krumboltz)의 사회학습이론에 따라 개발된 진로신념검사(CBI ; Career Beliefs Inventory)는 개인의 진로발달 및 진로선택을 방해하는 사고, 가정(예 비합리적 신념)을 평가하는 데 목적이 있다. 내담자의 진로문제 해결을 어렵게 만드는 정신적 장애물들을 밝힘으로써 내담자로 하여금 자아인식 및 세계관에 대한 문제를 확인할 수 있도록 돕는다.

10
사회학습이론에 기반한 진로발달 과정의 요인으로 다음 사례와 밀접하게 관련 있는 것은? 20년 3회, 14년 1회 기출

> 신입사원 A는 직무 매뉴얼을 참고하여 업무수행을 한다. 그러나 이런 방법을 통해 신입사원 때는 좋은 결과를 얻더라도, 승진하여 새로운 업무를 수행할 때는 기존의 업무수행 방법을 수정해야 할지도 모른다.

① 유전적 요인과 특별한 능력
② 직무 적성
③ 학습 경험
④ 과제접근기술

만점 해설
④ 과제접근기술은 문제해결 기술, 일하는 습관 등 개인이 발달시켜 온 기술 일체를 포함하는 것으로, 이는 개인이 직면한 문제와 과업의 결과를 상당 정도 결정한다. 그러나 이와 같은 과제접근기술은 종종 바람직한 혹은 바람직하지 못한 결과를 통해 수정된다.

11
다음은 진로선택의 사회학습이론에서 진로발달 과정에 영향을 미치는 어떤 요인과 밀접한 관계를 가지는가? 11년 2회, 08년 3회 기출

> 고등학교 3학년인 A양은 가끔 수업노트를 가지고 공부하는데, 비록 고등학교에서는 그녀가 좋은 성적을 받더라도, 대학에서는 이런 방법이 실패하게 되어 그녀의 노트기록 습관과 학습습관을 수정하게 할지도 모른다.

① 유전적 요인과 특별한 능력
② 환경조건과 사건
③ 학습 환경
④ 과제접근기술

만점 해설
④ 과제접근기술은 문제해결 기술, 일하는 습관 등 개인이 발달시켜 온 기술 일체를 포함하는 것으로, 이는 개인이 직면한 문제와 과업의 결과를 상당 정도 결정한다. 그러나 이와 같은 과제접근기술은 종종 바람직한 혹은 바람직하지 못한 결과를 통해 수정된다.

12
Krumboltz의 사회학습 진로이론에서 삶에서 일어나는 우연한 일들을 자신의 진로에 유리하게 활용하는 데 도움 되는 기술이 아닌 것은? 19년 1회 기출

① 호기심(Curiosity)
② 독립심(Independence)
③ 낙관성(Optimism)
④ 위험감수(Risk Taking)

만점 해설
삶에서 일어나는 우연한 일들을 자신의 진로에 유리하게 활용하는 데 도움 되는 기술(Mitchell, Levin & Krumboltz)
• 호기심(Curiosity) : 새로운 학습기회를 탐색하는 것이다.
• 인내심(Persistence) : 좌절에도 불구하고 노력을 지속하는 것이다.
• 융통성(Flexibility) : 태도와 상황을 변화시키는 것이다.
• 낙관성(Optimism) : 새로운 기회가 올 때 그것을 긍정적으로 보는 것이다.
• 위험감수(Risk Taking) : 불확실한 결과 앞에서도 행동화하는 것이다.

10절 진로이론의 최근 경향

01
다음은 진로발달에 관한 어떤 이론의 주장인가? 11년 2회, 09년 3회, 04년 3회 기출

> 진로선택은 하나의 문제해결 활동이며, 진로발달은 지식구조의 끊임없는 성장과 변화를 포함한다. 진로상담의 최종목표는 진로문제의 해결자이고 의사결정자인 내담자의 잠재력을 증진시키는 것이다.

① 사회인지적 진로이론
② 인지적 정보처리적 진로이론
③ 가치중심적 진로이론
④ 자기효능감 중심의 진로이론

만점 해설
인지적 정보처리이론(인지적 정보처리적 진로이론)
피터슨, 샘슨, 리어든(Peterson, Sampson, Reardon)에 의해서 개발된 것으로, 개인이 어떻게 정보를 이용해서 자신의 진로에 관한 문제해결 능력과 의사결정 능력을 향상시킬 수 있는가에 대한 종합적인 시각을 제공한다.

02
진로발달이론 중 인지적 정보처리관점에 해당하는 것은? 18년 2회, 06년 1회 기출

① 개인에게 학습기회를 제공함으로써 개인의 처리능력을 발전시킨다.
② 개인의 삶은 외부환경요인, 개인과 신체적 속성 및 외형적 행동 간의 상호작용이다.
③ 인간의 기능은 개인의 가치에 의해 상당 부분 영향을 받는다.
④ 인간은 특성과 환경, 성격 등의 요인에 의하여 진로를 발전시킨다.

만점 해설
① 인지적 정보처리이론은 진로선택이 하나의 문제해결 활동이며, 진로발달이 지식구조의 끊임없는 성장과 변화를 포함하는 것으로 본다. 따라서 진로개입의 주요 책략들은 개인에게 학습기회를 제공함으로써 개인의 처리능력을 발전시키는 데 있다.
② 사회인지적 진로이론의 내용에 해당한다.
③ 가치중심적 진로접근 모형의 내용에 해당한다.
④ 홀랜드(Holland)의 직업발달적 인성이론의 내용에 해당한다.

03
진로발달이론 중 인지적 정보처리이론의 핵심적인 가정으로 옳지 않은 것은? 21년 3회 기출

① 직업 문제해결 능력은 지식과 마찬가지로 인지적인 기능에 따라 달라진다.
② 직업발달은 지식구조의 지속적인 성장과 변화를 내포한다.
③ 직업 문제해결과 의사결정은 인지적인 과정을 내포하고 있고 정서적인 과정은 포함되지 않는다.
④ 직업 문제해결과 의사결정 기술의 발전은 정보처리 능력을 강화함으로써 이루어진다.

만점 해설
③ 진로선택은 인지적 및 정의적(정서적) 과정들의 상호작용의 결과이므로, 직업 문제해결과 의사결정은 인지적인 과정은 물론 정의적인 과정을 포함한다. 따라서 불안, 혼란, 우울 등 여러 가지 감정이 의사결정 과정의 일부분이 될 수 있다.

04
인지적 정보처리의 주요 전제가 아닌 것은? 14년 2회, 10년 1회, 09년 1회 기출

① 진로선택은 인지적 및 정의적 과정들의 상호작용의 결과이다.
② 진로를 선택한다는 것은 하나의 문제해결 활동이다.
③ 진로성숙은 진로문제를 해결할 수 있는 자신의 능력에 의존하지 않는다.
④ 진로문제 해결은 고도의 기억력을 요하는 과제이다.

만점 해설
③ 진로성숙은 진로문제를 해결할 수 있는 자신의 능력에 의존한다.

05
진로정보처리이론에서 진로문제해결의 과정을 의미하는 CASVE에 해당하지 않는 것은? 18년 3회 기출

① 의사소통(Communication)
② 분석(Analysis)
③ 종합(Synthesis)
④ 승격(Elevation)

만점 해설
진로정보처리이론에서 진로문제해결의 절차와 진로상담 과정(CASVE)
- 의사소통(Communication)
- 분석(Analysis)
- 통합 또는 종합(Synthesis)
- 가치부여 또는 평가(Valuing)
- 집행 또는 실행(Execution)

*참고 : 인지적 정보처리이론은 '진로정보처리이론'으로도 불립니다.

06

인지적 정보처리이론에서 제시하는 진로문제해결의 절차를 바르게 나열한 것은?   13년 2회 기출

> ㄱ. 분석단계
> ㄴ. 통합단계
> ㄷ. 집행단계
> ㄹ. 가치부여단계
> ㅁ. 의사소통단계

① ㄱ → ㄴ → ㄷ → ㄹ → ㅁ
② ㄴ → ㄹ → ㄱ → ㄷ → ㅁ
③ ㄷ → ㄱ → ㄴ → ㅁ → ㄹ
④ ㅁ → ㄱ → ㄴ → ㄹ → ㄷ

만점 해설
인지적 정보처리이론에서 진로문제해결과 의사결정 과정 (CASVE)
의사소통 → 분석 → 통합(종합) → 가치부여(평가) → 집행 (실행)

07

사회인지 진로이론(SCCT ; Social Cognitive Career Theory)에 대한 설명으로 옳지 않은 것은?   17년 3회 기출

① Bandura의 사회학습이론에 토대를 두며 환경, 개인적 요인, 행동 사이의 상호작용을 중시한다.
② 개인의 진로선택과 수행에 영향을 미치는 성 (Gender)과 문화적 이슈 등에 민감하다.
③ 개인의 사고와 인지는 기억과 신념, 선호, 자기 지각에 영향을 미치며, 이는 진로발달 과정의 일부이다.
④ 진로발달의 기본이 되는 핵심개념으로 자아효능 감과 수행결과, 개인적 목표를 들고 있다.

만점 해설
④ 사회인지적 진로이론(SCCT)은 진로발달의 개인적 결정 요인을 '자기효능감 또는 자아효능감(Self-efficacy)', '결과기대 또는 성과기대(Outcome Expectations)', '개인적 목표(Personal Goals)'로 개념화하였다(주의 : '수행결과'가 아닌 '결과기대'임).

08

사회인지적 관점의 진로이론(SCCT)의 세 가지 중심적인 변인이 아닌 것은?   20년 4회 기출

① 자기효능감
② 자기 보호
③ 결과기대
④ 개인적 목표

만점 해설
사회인지적 진로이론(SCCT)의 세 가지 중심적인 변인
• 자기효능감(자아효능감)
• 결과기대(성과기대)
• 개인적 목표

09

사회인지적 직업상담이론의 기반이 되는 Bandura의 상호적 결정론의 세 가지 요인이 아닌 것은?   19년 1회 기출

① 개인과 신체적 속성
② 모범이 되는 모델
③ 외부환경
④ 외형적 행동

만점 해설
반두라(Bandura)의 상호적 결정론의 세 가지 요인
• 개인적·신체적 속성(개인과 신체적 속성)
• 외부환경요인
• 외형적 행동

10

Bandura가 제시한 사회인지이론의 인과적 모형에 해당하지 않는 변인은?   19년 3회 기출

① 외형적 행동
② 개인적 기대와 목표
③ 외부환경요인
④ 개인과 신체적 속성

만점 해설
반두라(Bandura)의 3축 호혜성 인과적 모형의 세 가지 요인
• 개인적·신체적 속성(개인과 신체적 속성)
• 외부환경요인
• 외형적 행동

정답 06 ④ 07 ④ 08 ② 09 ② 10 ②

11
가치중심적 진로접근 모형의 명제에 관한 설명으로 틀린 것은?   20년 3회, 15년 2회, 12년 1회 기출

① 개인이 우선권을 부여하는 가치들은 얼마 되지 않는다.
② 가치는 환경 속에서 가치를 담은 정보를 획득함으로써 학습된다.
③ 생애만족은 중요한 모든 가치들을 만족시키는 생애역할들에 의존한다.
④ 생애역할에서의 성공은 개인적 요인보다는 외적 요인들에 의해 주로 결정된다.

만점 해설
④ 생애역할에서의 성공은 학습된 기술, 인지적·정의적·신체적 적성 등 다양한 요인들에 의해 결정된다.

12
가치중심적 진로접근 모형의 기본명제와 가장 거리가 먼 것은?   19년 2회, 14년 3회, 11년 1회 기출

① 개인이 우선권을 부여하는 가치들은 얼마 되지 않는다.
② 가치는 환경 속에서 가치를 담은 정보를 획득함으로써 학습된다.
③ 한 역할의 특이성은 역할 안에 있는 필수적인 가치들의 만족 정도와 관련된다.
④ 생애역할에서의 성공은 학습된 기술과 인지적·정의적·신체적 적성을 제외한 요인에 의해 결정된다.

만점 해설
④ 생애역할에서의 성공은 학습된 기술, 인지적·정의적·신체적 적성 등 다양한 요인들에 의해 결정된다.

13
진로이론에 관한 설명으로 옳은 것은?   13년 3회, 11년 3회 기출

ㄱ. 사회인지 진로이론 – 진로발달과 선택에서 진로와 관련된 자신에 대한 평가와 믿음을 강조한다.
ㄴ. 인지적 정보처리이론 – 내담자가 욕구를 분류하고 지식을 획득하여, 자신의 욕구가 무엇인지 알 수 있도록 돕는다.
ㄷ. 인지적 정보처리이론 – 학습경험을 형성하고 진로행동에 단계적으로 영향을 주는 구체적인 매개변인을 찾는 데 목표를 둔다.
ㄹ. 가치중심적 진로이론 – 흥미와 가치가 진로결정과정에서 가장 중요한 작용을 한다.

① ㄱ, ㄴ
② ㄱ, ㄷ
③ ㄴ, ㄹ
④ ㄷ, ㄹ

만점 해설
ㄷ. 사회인지적 진로이론(SCCT)의 내용에 해당한다.
ㄹ. 가치중심적 진로이론은 흥미를 진로결정에 큰 영향을 미치지 않는 것으로 보는 반면, 가치를 행동역할을 합리화하는 데 매우 강력한 결정요인으로 본다.

14
진로발달에서 맥락주의(Contextualism)에 관한 설명으로 틀린 것은?   20년 1·2회, 16년 2회, 13년 1회, 12년 3회 기출

① 행위는 맥락주의의 주요 관심대상이다.
② 개인보다는 환경의 영향을 강조한다.
③ 행위는 인지적·사회적으로 결정되며 일상의 경험을 반영하는 것이다.
④ 진로연구와 진로상담에 대한 맥락상의 행위설명을 확립하기 위하여 고안된 방법이다.

만점 해설
② 맥락주의에서는 개인과 환경의 상호작용과 다각적인 관계를 강조한다.

15

Bandura가 제시한 것으로, 어떤 과제를 수행하는 데 있어서 자신의 능력에 대한 믿음이 과제 시도의 여부와 과제를 어떻게 수행하는지를 결정한다는 것은?   18년 1회, 10년 3회 기출

① 자기통제 이론
② 자기판단 이론
③ 자기개념 이론
④ 자기효능감 이론

만점 해설

자기효능감 이론(Self-efficacy Theory)
- 반두라(Bandura)의 사회학습이론(사회인지이론)에서 비롯된 것으로, 이후 헥케트와 베츠(Hackett & Betz)가 성차에 대한 설명을 시도함으로써 더욱 발전시킨 이론이다.
- 반두라는 자기효능감이 심리적 기능에 영향을 미치는 개인의 사고와 심상을 포함한다는 점을 강조하였다. 즉, 어떤 과제를 수행하는 데 있어서 자신의 능력에 대한 믿음이 과제 시도의 여부와 과제를 어떻게 수행하는지를 결정한다는 것이다.

16

구성주의 진로발달이론의 진로양식면접에서 선호하는 직무와 근로환경을 파악하기 위한 질문으로 가장 적합한 것은?   19년 1회 기출

① 중학교 때나 고등학교 때 좋아하는 교과목이 무엇이었나요?
② 좋아하는 책이나 영화에 대해 이야기 해 주세요.
③ 어떤 사람의 삶을 따라서 살고 싶은가요?
④ 좋아하는 명언이나 좌우명이 있나요?

만점 해설

진로양식면접의 영역별 구성(Taber et al.)
- 준비도 : 상담의 출발점을 제시한다.
- 역할모형 : 이상적 자아를 나타낸다.(③)
- 잡지/TV프로그램 : 개인의 생활양식에 맞는 환경에 대한 선호를 나타낸다.
- 책/영화 : 동일한 문제에 당면해 있는 주인공이 어떻게 문제를 다루어 나가는지를 보여준다.(②)
- 여가와 취미 : 자기표현과 함께 드러난 흥미가 무엇인지를 나타낸다.
- 명언 : 생애사(Life Story)의 제목을 제공한다.(④)
- 교과목 : 선호하는 직무와 근로환경을 나타낸다.(①)
- 생애 초기기억 : 무엇에 몰두하여 노력을 기울이고 있는지를 드러낸다.

11절 욕구 및 동기에 관한 이론

01

호손(Hawthorne) 연구에 관한 설명으로 틀린 것은?   21년 3회 기출

① 인간이 조직에서 중요한 요소의 하나라는 사실을 강조하였다.
② 개인과 집단의 사회적·심리적 요소가 조직성과에 영향을 미친다는 사실을 인식하였다.
③ 비공식조직이 조직성과에 영향을 미치는 것을 확인하였다.
④ 작업의 과학화, 객관화, 분업화의 중요성을 강조하였다.

만점 해설

④ 작업의 과학화, 객관화, 분업화의 중요성을 강조한 것은 과학적 관리론의 창안자인 테일러(Taylor)의 시간 및 동작 연구이다. 반면, 호손 연구는 근로자의 생산성이 물리적·작업적 근로조건에만 의한 것이 아니라 주변의 심리적·사회적 환경에 의해서도 영향을 받는다는 점을 강조하였다.

02

Maslow 욕구위계이론의 기본 가정에 해당하는 것은?   14년 1회 기출

① 한 개인이 얼마나 동기화되는가는 타인이 기울인 노력과 자신이 기울인 노력의 비교를 통해 결정된다.
② 모든 동기는 학습된다.
③ 직무만족을 결정하는 요인들과 직무 불만족을 결정하는 요인들은 질적으로 서로 다르다.
④ 인간은 특정한 형태의 충족되지 못한 욕구들을 만족시키기 위하여 동기화되어 있다.

만점 해설

매슬로우(Maslow) 욕구위계이론의 두 가지 기본 가정
- 첫째, 인간은 특정한 형태의 충족되지 못한 욕구들을 만족시키기 위하여 동기화되어 있는 동물이다.
- 둘째, 대부분의 사람들이 추구하는 욕구들은 사람에 따라 서로 다르기는 하지만, 이를 분류하면 몇 가지 공통된 범주로 구분할 수 있다.

정답 15 ④ 16 ② // 01 ④ 02 ④

03
Maslow의 동기위계설에서 가장 상층에 존재하는 동기는 무엇인가? 09년 3회 기출

① 자존감
② 소속감
③ 안 전
④ 자아실현

만점 해설

욕구위계의 5단계(Maslow)

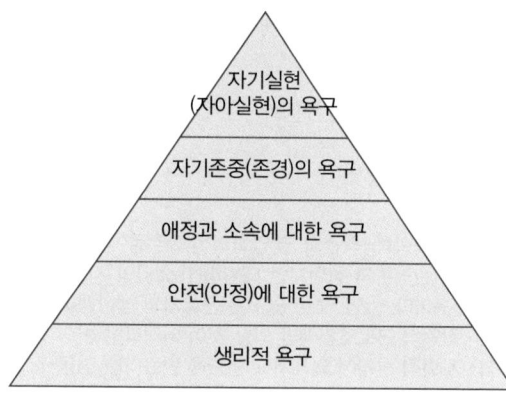

04
Maslow가 제시한 자기실현한 사람의 특징이 아닌 것은? 16년 2회, 09년 2회 기출

① 부정적인 감정 표현을 억제한다.
② 현실을 왜곡하지 않고 객관적으로 지각한다.
③ 자신이 하는 일에 몰두하고 만족스러워한다.
④ 즐거움과 아름다움을 느낄 수 있는 감상능력이 있다.

만점 해설

① 자기실현자는 거짓이나 부정직함, 사기나 허위로부터 진실을 구별할 수 있는 현실 중심적 인간으로, 자신을 형식적·외면적으로 꾸미기보다는 있는 그대로 자연스럽게 표현하는 것을 더 좋아한다.

05
다음 중 Maslow의 욕구위계이론과 가장 유사성이 많은 직무동기이론은? 19년 1회, 10년 4회 기출

① 기대-유인가 이론
② Adams의 형평이론
③ Locke의 목표설정이론
④ Alderfer의 존재-관계-성장이론

만점 해설

알더퍼(Alderfer)의 ERG이론(존재-관계-성장이론)
매슬로우(Maslow)의 '만족-진행(Satisfaction-Progression)'의 욕구 전개를 비판하고 '좌절-퇴행(Frustration-Regression)'의 욕구 전개를 주장하면서, 경험적인 연구를 통해 인간의 욕구를 '존재욕구(Existence)', '(인간)관계욕구(Relatedness)', '성장욕구(Growth)'로 구분하였다.

06
Maslow의 욕구단계이론 중 자아실현과 존중의 욕구 수준에 상응하는 내용으로 적합한 것은? 22년 2회, 13년 2회 기출

① Alderfer의 ERG이론 중 존재욕구
② Herzberg의 2요인이론 중 위생요인
③ McClelland의 성취동기이론 중 성취동기
④ Adams의 공정성이론 중 인정동기

만점 해설

③ 맥클리랜드(McClelland)의 성취동기이론은 행위를 유발하는 잠재적인 요소로서 '성취동기(Achievement)', '권력동기(Power)', '친교동기(Affiliation)'를 구분하는데, 그중 성취동기는 매슬로우의 자아실현의 욕구 수준에 상응한다.

07
직무만족에 관한 2요인이론의 설명으로 틀린 것은?
19년 3회 기출

① 낮은 수준의 욕구를 만족하지 못하면 직무불만족이 생기나 그 역은 성립되지 않는다.
② 자아실현에 의해서만 욕구만족이 생기나 자아실현의 실패로 직무불만족이 생기는 것은 아니다.
③ 동기요인은 높은 수준의 성과를 얻도록 자극하는 요인이다.
④ 위생요인은 직무불만족을 가져오는 것이며 만족감을 산출할 힘도 갖고 있는 것이다.

만점 해설
④ 위생요인은 일과 관련된 환경요인으로서 위생요인을 좋게 하는 것은 불만족을 감소시킬 수는 있으나, 만족감을 산출할 힘은 갖고 있지 못하다.

08
직무만족에 대한 2요인이론의 설명으로 틀린 것은?
14년 2회, 06년 3회 기출

① 낮은 수준의 욕구를 만족하지 못하면 직무불만족이 생긴다.
② 자아실현의 실패로 직무불만족이 생기는 것은 아니다.
③ 동기요인은 높은 수준의 성과를 얻도록 자극하는 요인이다.
④ 위생요인은 직무만족과 관련된 직접적인 요인이다.

만점 해설
④ 직무만족과 관련된 보다 직접적인 요인은 동기요인이다.

09
Herzberg의 직무동기이론에서 동기요인에 해당하는 것은?
13년 3회 기출

① 회사정책과 관리
② 직무 그 자체
③ 개인 상호 간의 관계
④ 지위 및 안전

만점 해설
①·③·④ 위생요인에 해당한다.

10
Smith 등이 개발한 직무기술지표(JDI)에서 측정하는 대상이 아닌 것은?
16년 3회 기출

① 임금에 대한 만족
② 일 자체에 대한 만족
③ 회사 정책에 대한 만족
④ 승진 기회에 대한 만족

만점 해설
직무기술지표(JDI ; Job Description Index)의 측정 요인
- 직무(일 자체)
- 급여(임금)
- 승진(승진 기회)
- 감 독
- 동 료

11
사람들이 어떤 상황에 기여한 정도에 따라 보상을 받아야 한다는 법칙은?
19년 2회 기출

① 평등분배 법칙
② 형평분배 법칙
③ 필요분배 법칙
④ 요구분배 법칙

만점 해설
분배 공정성의 3가지 법칙
- 형평분배 법칙 : 조직구성원이 어떠한 성과나 결과에 기여한 정도에 따라 보상을 받아야 한다는 것이다.
- 평등분배 법칙 : 능력과 같은 어떠한 특성에 의해 구별하지 않고 보상의 기회를 모든 조직구성원들에게 동일하게 주어야 한다는 것이다.
- 필요분배 법칙 : 조직구성원 개인의 필요에 의해 보상을 분배해야 한다는 것이다.

12
다음 중 진로의사결정 모델(이론)에 해당하는 것은?
13년 2회, 10년 3회 기출

① Parsons의 특성 – 요인이론
② Vroom의 기대이론
③ Super의 발달이론
④ Krumboltz의 사회학습이론

만점 해설

브룸(Vroom)의 기대이론(기대-유인가 이론)
기대(Expectancy)와 유인가(Valence)가 진로선택을 결정하는 데 있어서 어떻게 상호작용하는가에 대해 설명한다. 즉, 개인이 특정한 진로선택에 대한 기대와 유인가가 동시에 높다면, 개인이 진로를 선택하려는 데 있어서 실질적인 노력을 광범위하게 펼칠 것으로 예상할 수 있다는 것이다.

13
동기의 강도는 어떤 결과에 부여하는 가치와 특정한 행동이 그 결과를 가져다 줄 것이라고 믿는 것을 곱한 값과 같다고 설명하는 이론은? 16년 1회 기출

① 형평이론
② 강화이론
③ 욕구이론
④ 기대이론

만점 해설

④ 브룸(Vroom)의 기대이론은 인간이 행동하는 방향과 강도가 그 성과에 대한 기대와 강도, 실제로 이어진 결과에 대해 느끼는 매력에 달려 있다고 본다. 즉, 노력과 성과, 그리고 그에 대한 보상적 결과에 대한 믿음으로 작업동기를 설명한다.
① 형평이론(공정성 이론)은 아담스(Adams)가 제시한 것으로, 개인의 행위가 타인과의 관계에서 공정성을 유지하는 방향으로 동기부여가 된다고 주장한다.
② 강화이론은 스키너(Skinner)의 조작적 조건형성과 관련된 것으로, 보상에 의한 강화를 통해 반응행동을 변화시킬 수 있다고 주장한다.
③ 욕구이론은 로(Roe)가 매슬로우(Maslow)의 욕구위계이론을 토대로 제시한 것으로, 여러 가지 다른 직업에 종사하고 있는 사람들이 각기 다른 욕구를 가지고 있으며, 이러한 욕구의 차이가 어린 시절의 부모-자녀관계에 기인한다고 주장한다.

14
작업동기와 관련된 이론 중 집단의 영향을 강조하고 타인에 대한 지각을 중시하며, 행동이 활성화되고 유지되는 과정을 이해하는 데 초점을 둔 것은?
10년 1회 기출

① Maslow의 욕구위계이론
② Alderfer의 존재, 관계성, 성장(ERG) 이론
③ Vroom의 기대 – 유인가 이론
④ Adams의 형평성 이론

만점 해설

④ 아담스(Adams)의 형평성(공정성) 이론은 개인의 행위가 타인과의 관계에서 공정성을 유지하는 방향으로 동기부여가 된다고 주장한다.

15
자신의 직무나 직무경험에 대한 평가로부터 비롯되는 유쾌하거나 정적인 감정 상태는?
20년 3회, 15년 2회 기출

① 직무만족
② 직업적응
③ 작업동기
④ 직무몰입

만점 해설

② '직업적응'은 직업선택이 이루어진 이후 개인과 환경 간의 상호작용으로 이루어지는 조화로운 상태를 말한다.
③ '작업동기'는 개인의 작업관련 행동을 일으키며, 작업관련 행동의 형태, 방향, 강도, 지속기간 등을 결정하는 역동적 힘의 집합을 말한다.
④ '직무몰입'은 개인이 자신의 일에 대해 심리적으로 일체감을 가지고 있는 정도로서, 자아상에 자신의 일이 차지하는 중요도에 대한 지각을 말한다.

16
Locke와 Latham이 주장한 목표설정이론(Goal-setting Theory)에 관한 설명으로 틀린 것은?
09년 3회, 05년 1회 기출

① 어려운 목표가 더 높은 수준의 직무수행을 가져온다.
② 목표에 대한 몰입이 목표의 난이도에 비례한다.
③ 목표가 일반적일수록 개인은 그것을 추구하기 위해 더 노력한다.
④ 개인이 과업수행에 대하여 피드백을 받는 것이 중요하다.

만점 해설
③ 설정된 목표가 일반적일 때보다 구체적으로 설정될 때 근로자들의 직무수행이 보다 높아진다.

17
다음 중 금전적 보상이 직무동기를 낮출 수도 있음을 설명해 주는 이론은?
10년 4회, 07년 1회 기출

① 기대이론
② 내재적 동기이론
③ 강화이론
④ 목표설정이론

만점 해설
② 내재적 동기이론은 어떤 일을 하는 것에 대해 금전과 같은 외적인 보상을 주게 되면, 근로자들이 직무를 수행할 때 원래 가지고 있던 내재적 동기가 약화된다고 주장한다. 즉, 금전적 보상이 오히려 직무동기를 낮추는 요인이 될 수 있다는 것이다.

18
작업동기에 관한 설명으로 틀린 것은? 05년 3회 기출

① 목표설정이론에 따르면 어려운 목표는 쉬운 목표보다 더 나은 수행성과를 가져온다.
② 내재적 동기이론에 의하면 외적 보상은 내재적 동기를 저해한다.
③ 기대이론의 의사결정과정에서는 합리적 측면이 무시되고 있다.
④ Alderfer는 Maslow의 이론을 수정하여 ERG이론을 제안하였다.

만점 해설
③ 기대이론은 개인이 자신이 바라는 것을 얻을 확률이 큰 쪽으로, 즉 여러 대안들 가운데 가장 이익이 되는 쪽으로 행동한다고 주장함으로써 합리적인 인간을 가정한다.

CHAPTER 02 직업상담 진단

01절 직업심리검사의 이해

01
심리검사를 실시하는 목적 내지는 용도와 가장 거리가 먼 것은? 15년 2회 기출

① 예 측
② 진 단
③ 분 류
④ 합리화

만점 해설
심리검사의 일반적인 목적
- 분류 및 진단
- 자기이해의 증진
- 예 측

02
회사에서 인사선발 및 배치와 관련해서 심리검사를 실시하는 경우, 이는 심리검사의 용도 중 무엇에 해당하는가? 13년 1회 기출

① 진 단
② 연 구
③ 조 사
④ 예 측

만점 해설
심리검사의 주요 용도
- 기술적 진단 : 개인의 결함이나 결점의 파악
- 미래 행동의 예측 : 인사선발 및 배치에 활용
- 개성 및 적성의 발견 : 진로적성 및 학업성취도의 객관적인 제시
- 조사 및 연구 : 개인 및 집단의 특징에 대한 기술, 인과관계의 규명

03
심리검사에 관한 설명으로 틀린 것은? 22년 2회 기출

① 행동표본을 측정할 수 있다.
② 개인 간 비교가 가능하다.
③ 심리적 속성을 직접적으로 측정한다.
④ 심리평가의 근거자료 중 하나이다.

만점 해설
③ 개인의 심리적 속성은 추상적이고 비가시적이므로 직접적으로 측정하기 어렵다. 따라서 심리학자는 특정의 구체적인 행동을 나름대로 관찰 가능한 형태로 정의하고, 이를 토대로 행동을 관찰한 다음 개인의 심리적 구성물을 추론하게 된다.

04
인터넷을 통해 온라인으로 실시하는 심리검사에 대한 설명과 가장 거리가 먼 것은? 19년 2회 기출

① 직업적성검사, 직업흥미검사 등 다양한 진로심리검사 서비스가 제공되고 있다.
② 검사 결과를 즉시 알 수 있어 편리하다.
③ 상담장면에서 활용하기에는 부적합하다.
④ 검사를 치르는 상황이 다양하므로 검사 점수의 신뢰도가 낮아질 가능성이 있다.

만점 해설
③ 심리학에서 컴퓨터는 심리실험 및 심리검사, 자료수집 및 통계처리, 임상면접 및 상담면접 등에 이용되고 있다. 특히 온라인으로 실시하는 심리검사는 채점, 점수계산, 프로파일 작성, 기술적·해석적·통합적 보고 등 다양한 기능을 통해 임상장면 및 상담장면에서 유용하게 활용된다.

05
다음은 무엇을 설명한 것인가? 17년 1회 기출

> 특정한 종류의 한 검사로 측정하려는 행동 표본이 삶의 곳곳에 나타나는 행동을 얼마나 잘 대표하는지에 대한 문제를 해결하려는 과정이다.

① 신뢰도 과정
② 타당화 과정
③ 추론 과정
④ 개인차

만점 해설

타당화(Validation) 과정
특정한 종류의 한 검사로 측정하려는 행동 표본이 과연 삶의 곳곳에 나타나는 행동을 얼마나 잘 대표하는지의 문제는 특정 검사의 심리적 구성물을 정의하고 개발하는 심리학자가 해야 할 일이다. 이와 같은 문제를 해결하는 과정을 '타당화 과정'이라고 한다.

06
어떤 일정한 규칙에 따라 대상이나 사건에 수치를 할당하는 과정은? 11년 3회 기출

① 표준화
② 평가
③ 측정
④ 척도

만점 해설

③·④ '측정(Measurement)'이란 현상에 대해 체계적으로 수치를 부여하는 과정이며, 이들 수치를 체계적으로 할당하는 데 사용하는 측정도구를 '척도(Scale)'라고 부른다.
① '표준화(Standardization)'란 검사의 실시와 채점 절차의 동일성을 유지하는 데 필요한 세부사항들을 잘 정리한 것을 말한다.
② '평가(Assessment)'란 인간, 프로그램, 사물의 특성을 측정하는 데 사용되는 모든 방법들을 의미한다.

07
분류변인에 관한 설명으로 옳은 것은?
16년 2회, 03년 3회 기출

① 인과성의 추론이 가능하다.
② 분류변인을 독립변인으로 사용하면 외적 타당도가 높아진다.
③ 연령, 지능, 성격특성, 태도 등과 같이 피험자의 속성에 관한 개인차 변인들을 말한다.
④ 내적 타당도가 높다.

만점 해설

① 공변성의 추론은 가능하나 인과성의 추론은 불가능하다.
②·④ 분류변인은 통제의 어려움으로 인해 기본적으로 내적 타당도가 낮으며, 특히 이를 독립변인으로 사용하는 경우 외적 타당도가 낮아진다.

08
다음 ( )에 알맞은 심리검사 용어는? 17년 3회 기출

> ( )란 검사의 실시와 채점 절차의 동일성을 유지하는 데 필요한 세부사항들을 잘 정리한 것을 말한다. 즉, 검사재료, 시간제한, 검사순서, 검사장소 등 검사 실시의 모든 과정과 응답한 내용을 어떻게 점수화하는가 하는 채점 절차를 세부적으로 명시하는 것을 말한다.

① 일반화
② 규준화
③ 표준화
④ 규격화

만점 해설

표준화와 규준화가 필요한 이유

표준화의 이유	심리검사의 실시와 채점 절차의 동일성을 유지하기 위해 검사자가 지켜야 하는 관련 세부규칙들을 정리하기 위해서
규준화의 이유	다른 사람들의 검사 점수를 참고로 하여 개인점수의 상대적 위치를 앎으로써 검사 점수의 상대적인 해석을 하기 위해서

09
검사 실시에 영향을 미치는 외적 변수들을 최소화하는 것이 목표인 것은? 18년 2회, 05년 1회 기출

① 타당화
② 표준화
③ 신뢰화
④ 규준화

만점 해설
② 표준화는 검사 실시에 영향을 미치는 외적 변수들을 가능한 한 제거하는 것을 목표로 한다.

10
심리검사의 표준화를 통해 통제하고자 하는 변인이 아닌 것은? 19년 1회 기출

① 검사자 변인
② 피검자 변인
③ 채점자 변인
④ 실시상황 변인

만점 해설
② 수검자(피검자) 변인으로는 수검자의 심신상태, 검사불안, 수검능력, 수검동기, 검사경험, 위장반응, 반응태세 등이 있다. 수검자 변인은 검사자 변인보다 검사 점수를 왜곡시키는 경향이 더욱 심각하며, 검사의 표준화를 통해 통제하기 어렵다.

11
표준화 검사의 특징으로 틀린 것은? 18년 2회, 10년 2회 기출

① 검사의 실시와 채점이 객관적이다.
② 체계적 오차와 무선적 오차가 없다.
③ 신뢰도와 타당도가 비교적 높다.
④ 규준집단에 비교해서 피검사자의 상대적 위치를 알 수 있다.

만점 해설
② 비통제적인 외부요인에서 기인하는 무선적 오차를 완전히 제거하지 못한다.

12
검사 점수의 오차를 발생시키는 수검자 요인과 가장 거리가 먼 것은? 20년 3회 기출

① 수행 능력
② 수행 경험
③ 평가 불안
④ 수검 당일의 생리적 조건

만점 해설
검사 점수의 오차를 발생시키는 주요 수검자 요인
• 수검자의 검사에 대한 동기
• 정서적 불안 및 긴장 상태(평가 불안)
• 검사받은 경험(수행 경험)
• 훈련 정도
• 수검 당일의 생리적 조건(건강 상태, 피로도 등)

13
신뢰도가 높은 검사의 특성으로 옳은 것은? 19년 1회, 14년 1회 기출

① 공부를 잘하는 학생이 못하는 학생보다 더 좋은 점수를 받는다.
② 검사 점수들이 정상분포를 이룬다.
③ 한 피검사자가 동일한 검사를 반복해서 받을 때 유사한 점수를 받는다.
④ 검사 문항의 난이도가 낮은 것부터 높은 것까지 골고루 분포되어 있다.

만점 해설
신뢰도(Reliability)
측정도구가 측정하고자 하는 현상을 일관성 있게 측정하는 능력을 말한다. 만약 어떤 측정도구를 사용해서 동일한 대상을 측정하였을 때 항상 같은 결과가 나온다면, 해당 측정도구는 신뢰도가 매우 높다고 할 수 있다.

14
직업상담사 자격시험 문항 중 대학수학능력을 측정하는 문항이 섞여 있을 경우 가장 문제가 되는 것은?
21년 3회, 15년 2회, 12년 2회 기출

① 타당도
② 신뢰도
③ 객관도
④ 오답지 매력도

만점 해설

① 직업상담사 자격시험은 직업 관련 상담 및 지도, 직업소개 등의 업무수행을 위한 기능을 평가하는 데 반해, 대학수학능력시험은 대학교육을 이수하는 데 필요한 수학능력 및 학업적성 등을 평가한다. 이와 같이 본질적으로 서로 다른 목적을 가진 측정항목으로는 연구자가 의도한 바대로 정확히 측정하는 것이 어려우며, 그로 인해 타당도(Validity)가 문제될 수 있다.

15
심리검사는 다양한 기준을 적용하여 분류할 수 있다. 검사의 실시방법에 따른 분류에 해당하지 않는 검사는?
16년 3회 기출

① 규준참조검사와 준거참조검사
② 속도검사와 역량검사
③ 개인검사와 집단검사
④ 지필검사와 수행검사

만점 해설

① 규준참조검사와 준거참조검사는 검사의 사용목적에 따른 분류에 해당한다.

16
준거참조검사에 관한 설명으로 옳은 것은?
11년 1회, 09년 1회 기출

① 검사 점수를 다른 사람의 점수와 비교하여 어떤 수준인지 알아낸다.
② 상대적인 정보를 제공한다.
③ 성격이나 적성검사에 주로 사용된다.
④ 기준점수는 검사, 조직의 특성, 시기 등에 따라 달라질 수 있다.

만점 해설

④ 준거참조검사는 규준참조검사와 달리 검사 점수를 다른 사람들과 비교하는 것이 아닌 어떤 기준점수와 비교하는 방식이다. 이때 기준점수는 검사에 따라, 검사를 사용하는 기관이나 조직의 특성에 따라, 검사의 시기나 목적에 따라 달라질 수 있다.
① · ② 규준참조검사의 내용에 해당한다. 규준참조검사는 개인의 점수를 해석하기 위해 유사한 다른 사람들의 점수를 비교하여 평가함으로써 상대적인 정보를 제공한다.
③ 성격검사나 적성검사 등 대부분의 심리검사들은 규준참조검사에 해당한다.

17
심리검사에 관한 설명으로 틀린 것은?
17년 2회, 12년 1회 기출

① 대부분의 심리검사는 준거참조검사이다.
② 측정의 오차가 작을수록 신뢰도는 높은 경향이 있다.
③ 검사의 신뢰도가 높으면 타당도도 높게 나타나지만 항상 그런 것은 아니다.
④ 검사가 측정하고자 하는 심리적 구인(구성개념)을 정확하게 측정하는 것은 타당도의 개념이다.

만점 해설

① 각종 심리검사나 선발검사 등은 일반적으로 규준참조검사에 해당한다.

18
심리검사에 관한 설명 중 틀린 것은? 14년 3회 기출

① 속도검사는 숙련도를 측정하는 검사이다.
② 역량검사는 궁극적인 문제해결력을 측정하는 검사이다.
③ 수행검사는 대상이나 도구를 직접 다루어야 하는 검사이다.
④ 준거참조검사는 타인과 비교하기 위한 검사이다.

만점 해설
④ 타인과 비교하기 위한 검사는 규준참조검사에 해당한다.

19
다음 중 인지능력을 평가하는 검사에 해당하는 것은? 17년 3회 기출

① MMPI
② WAIS
③ MBTI
④ Big 5

만점 해설
② 웩슬러 지능검사(WAIS)는 지능검사로서 인지능력을 평가하기 위한 인지적 검사에 해당한다.
①·③·④ 미네소타 다면적 인성검사(MMPI), 마이어스-브릭스 성격유형검사(MBTI), 성격 5요인(Big-5) 검사는 성격검사로서 정서적 검사(비인지적 검사)에 해당한다.

20
최대수행검사 중 적성검사와 성취검사를 구분하는 기준으로 가장 적합한 것은? 18년 3회 기출

① 검사 문항의 유형
② 검사의 채점 방식
③ 검사 실시의 목적
④ 검사 규준의 산출 방식

만점 해설
성취검사와 적성검사
성취검사(성취도검사)와 적성검사는 최대수행검사(극대수행검사)로서 인지적 변인을 측정하는 인지적 검사라는 점에서 공통적이다. 그러나 성취검사는 제한된 교과과정에서 학습된 내용을 평가하는 반면, 적성검사는 교과과정과 무관하게 전반적인 학습정도를 평가한다는 점에서 차이가 있다.

21
다음 중 정서지능에 포함되지 않는 것은? 13년 3회 기출

① 자신의 정서를 인식하고 관리하는 능력
② 상황을 분석하고 판단하는 능력
③ 타인과 원만하게 관계를 유지하는 능력
④ 자기기분을 북돋아 주고 동기화시키는 능력

만점 해설
② 정서지능보다는 인지지능에 보다 가깝다.

22
심리검사 중 질적 측정도구에 해당하지 않는 것은? 18년 1회 기출

① 역할놀이
② 제노그램
③ 카드분류
④ 경력진단검사

만점 해설
④ '경력진단검사'는 객관적 측정도구로서 양적 측정도구에 해당한다.

23
직업상담에 사용되는 질적 측정도구가 아닌 것은?

20년 3회, 17년 2회 기출

① 역할놀이
② 제노그램
③ 카드분류
④ 욕구 및 근로 가치 설문

만점 해설

④ '욕구 및 근로 가치 설문(척도)'은 객관적 측정도구로서 양적 측정도구에 해당한다.

24
직업상담 시 활용할 수 있는 측정도구에 관한 설명으로 틀린 것은?

20년 1·2회, 16년 1회 기출

① 자기효능감 척도는 어떤 과제를 어느 정도 수준으로 수행할 수 있는 능력을 갖추었다고 스스로 판단하는지의 정도를 측정한다.
② 소시오그램은 원래 가족치료에 활용하기 위해 개발되었는데, 기본적으로 경력상담 시 먼저 내담자의 가족이나 선조들의 직업 특징에 대한 시각적 표상을 얻기 위해 도표를 만드는 것이다.
③ 역할놀이에서는 내담자의 수행행동을 나타낼 수 있는 업무상황을 제시해 준다.
④ 카드분류는 내담자의 가치관, 흥미, 직무기술, 라이프 스타일 등의 선호형태를 측정하는 데 유용하다.

만점 해설

② 제노그램(Genogram)의 내용에 해당한다. 제노그램, 즉 직업가계도는 직업과 관련된 내담자의 가계력을 알아보는 기법으로서, 내담자의 직업의식, 직업선택, 직업태도에 대한 가족의 영향력을 분석하는 대표적인 질적 측정도구이다.

25
다음은 질적 측정도구 중 무엇에 관한 설명인가?

20년 1·2회 기출

> 원래 가족치료에 활용하기 위해 개발되었는데, 기본적으로 경력상담 시 먼저 내담자의 가족이나 선조들의 직업 특징에 대한 시각적 표상을 얻기 위해 도표를 만드는 것

① 자기효능감 척도
② 역할놀이
③ 제노그램
④ 카드분류

만점 해설

직업가계도 또는 제노그램(Genogram)
내담자의 가족이나 선조들의 직업 특징에 대한 시각적 표상을 얻기 위해 도표를 만드는 방식이다. 내담자의 가족 내 직업적 계보를 통해 내담자의 직업에 대한 고정관념이나 직업가치 및 흥미 등의 근본 원인을 파악한다.

26
진로상담 시 사용하는 가계도(Genogram)에 관한 설명으로 틀린 것은?

16년 2회 기출

① 가족의 미완성된 과제를 발견할 수 있으며 그것은 개인에게 심리적인 압박으로 작용할 것이다.
② 3세대 내에 포함된 가족들이 가장 선호한 직업이 내담자에게도 무난한 직업이 될 것이다.
③ 가족은 개인이 직업을 선택하는 방식이나 자신을 지각하는 데 영향을 미칠 것이다.
④ 가계도는 직업선택과 관련된 무의식적 과정을 밝히는 데 도움이 될 것이다.

만점 해설

② 가계도(Genogram)는 내담자를 이해하는 기초적인 자료로서, 일차적으로 직업상담 과정에서 하나의 사정전략으로 사용된다. 즉, 직업가계도는 내담자의 직업선택을 위한 도구로 사용되는 것이 아닌 내담자의 생애진로사정을 위한 도구로 사용된다.

정답 23 ④ 24 ② 25 ③ 26 ②

27
Dagley가 제시한 직업가계도를 그릴 때 관심을 가져야 할 요인과 가장 거리가 먼 것은? 19년 3회 기출

① 가족구성원들의 진로선택 형태와 방법
② 내담자가 성장할 때의 또래집단 상황
③ 가족의 경제적 기대와 압력
④ 특정 직업에 대한 가계 유전적 장애

만점 해설

직업가계도를 그릴 때 관심을 가져야 할 요인(Dagley)
- 3~4세대 가계에 있어서의 대표적 직업
- 여러 가족성원들의 직업에 전형적으로 두드러진 지위와 가치의 서열화
- 가족성원들이 직업을 선택하거나 바꾸었을 때 나타난 진로선택 형태와 방법(①)
- 가족의 경제적 기대와 압력(③)
- 가족의 일의 가치
- 내담자가 성장할 때의 또래집단 상황(②)

28
직업카드분류에 관한 설명으로 틀린 것은? 19년 3회 기출

① 내담자를 능동적으로 참여하도록 한다.
② 즉각적인 피드백을 제공한다.
③ 내담자가 제한적으로 반응하도록 구성되어 있다.
④ 상담사가 내담자에 대한 의미 있는 여러 정보를 얻을 수 있다.

만점 해설

③ 직업카드분류는 질적 평가 혹은 대안적 평가로서 일반적인 표준화 검사와 달리 여러 측면에서 유연성을 가지고 있다.

02절 규준과 점수해석

01
직업심리학의 연구방법 중 변인들에 대한 통제가 가장 많이 적용되는 방법은? 06년 3회 기출

① 현장연구
② 실험실 실험
③ 조사(Survey)연구
④ 관찰연구

만점 해설

② 현장연구가 인위적으로 독립변인을 통제할 수 없는 실제 현장에서 얻어진 정보를 토대로 독립변인과 종속변인의 관계를 사후적으로 파악하는 비실험연구라면, 실험연구는 인위적으로 독립변인을 조작한 후 그에 대한 연구대상의 반응을 관찰하는 연구이다. 실험연구는 연구 장소에 따라 현장실험(현지실험)과 실험실 실험으로 분류되며, 특히 실험실 실험이 변인들에 대한 통제가 가장 많이 적용된다.

02
다음 중 현장연구의 장점은? 03년 1회 기출

① 외적 타당도가 높고, 한번에 많은 변인들에 대한 자료를 동시에 수집할 수가 있다.
② 가외변인의 영향을 엄격히 통제할 수 있다.
③ 피험자나 실험조건의 무선배치가 가능하다.
④ 독립변인을 자유롭게 조작할 수가 있다.

만점 해설

②·③·④ 실험연구의 방법 중 실험실 실험의 장점에 해당한다.

03
기초통계치 중 명명척도로 측정된 자료에서는 파악할 수 없고, 서열척도 이상의 척도로 측정된 자료에서만 파악할 수 있는 것은? 20년 1·2회, 14년 2회 기출

① 중앙치
② 최빈치
③ 표준편차
④ 평 균

만점 해설
② 명명척도(명목척도) 이상의 척도로 측정된 자료에서 파악할 수 있다.
③·④ 등간척도 이상의 척도로 측정된 자료에서 파악할 수 있다.

04
정규분포를 따르는 적성검사에서 철수는 규준에 비추었을 때 중앙값을 얻었다. 이러한 결과가 의미하는 바를 가장 잘 설명하고 있는 것은? 13년 3회 기출

① 100점 만점에서 50점을 획득하였다.
② 자신이 얻을 수 있는 최고 점수를 얻었다.
③ 적성검사에서 도달해야 할 준거점수를 얻었다.
④ 같은 또래 집단의 점수분포에서 평균점수를 얻었다.

만점 해설
표준화된 심리검사에서 중앙값의 의미
- 일반적으로 표준화된 심리검사는 규준참조검사로서 정규분포를 따른다. 정규분포를 이룬 경우 개인의 점수가 다른 사람과 비교해서 얼마나 높은 점수인지를 쉽게 알 수 있다.
- 만약 정규분포를 따르는 적성검사에서 철수가 규준에 비추었을 때 중앙값을 얻었다면, 이는 철수가 같은 또래 집단의 점수분포에서 평균점수를 얻었음을 의미한다.

05
적성검사의 결과에서 중앙값이 의미하는 것은? 20년 4회 기출

① 100점 만점에서 50점을 획득하였다.
② 자신이 얻을 수 있는 최고 점수를 얻었다.
③ 적성검사에서 도달해야 할 준거점수를 얻었다.
④ 같은 또래 집단의 점수분포에서 평균점수를 얻었다.

만점 해설
④ 중앙값 또는 중앙치(Median)는 한 집단의 점수분포에서 전체 사례를 상위 1/2과 하위 1/2로 나누는 점을 말하는 것으로, 정규분포상 평균점수에 해당한다.

06
검사 점수의 표준오차에 관한 설명으로 옳은 것은? 17년 1회, 13년 2회 기출

① 검사의 표준오차는 클수록 좋다.
② 검사의 표준오차는 검사 점수의 타당도를 나타내는 수치다.
③ 표준오차를 고려할 때 오차 범위 안의 점수 차이는 무시해도 된다.
④ 검사의 표준오차는 표준편차의 다른 표현이다.

만점 해설
③ 표준오차(Standard Error)는 5% 내외의 수치이므로 크건 작건 큰 차이로 받아들이지 않는다. 다만, 표준오차가 너무 큰 경우 검사 자체가 무의미해진다.
① 검사의 표준오차는 작을수록 좋다.
② 검사의 표준오차는 검사 점수의 신뢰도를 나타내는 수치이다.
④ 표준오차와 표준편차(Standard Deviation)는 서로 다른 개념이다. 표준오차는 추출된 표본들의 평균이 실제 모집단의 평균과 어느 정도 떨어져서 분포되어 있는지를 나타내는 수치이다. 반면, 표준편차는 점수집합 내에서 점수들 간의 상이한 정도, 즉 평균치에서 각 수치들이 평균적으로 이탈된 정도를 나타낸다.

07

다음 중 표준편차에 대한 설명으로 옳은 것은?

10년 4회 기출

① 최저점과 최고점의 점수 차
② 최빈치와 최소치 간의 점수 차의 평균
③ 각 점수들이 평균에서 벗어난 평균면적
④ 평균치에서 각 수치들이 평균적으로 이탈된 정도

만점 해설

④ 표준편차는 점수집합 내에서 점수들 간의 상이한 정도, 즉 변숫값이 평균값에서 어느 정도 떨어져 있는지를 나타내는 수치이다.

08

평균이 100, 표준편차가 15이고 정상분포를 이루고 있는 검사의 경우, 전체 사례의 68%가 속하게 되는 점수의 범위는?

13년 3회, 10년 2회 기출

① 85~115
② 70~130
③ 65~145
④ 50~160

만점 해설

정상분포(정규분포)상에서의 표준편차
평균이 100, 표준편차가 15인 정상분포인 경우, 85~115점(→ 평균±1표준편차) 안에 전체 사례의 약 68.3%가 속하게 되고, 70~130점(→ 평균±2표준편차) 안에 전체 사례의 약 95.4%가 속하게 된다.

09

지능검사 점수와 학교에서의 성적 간의 상관계수가 0.50일 때, 이에 대한 설명으로 옳은 것은?

17년 3회 기출

① 지능검사를 받은 학생들 중 50%가 높은 학교성적을 받을 것이다.
② 지능검사를 받은 학생들 중 25%가 높은 학교성적을 받을 것이다.
③ 학교에서의 성적에 관한 변량의 25%가 지능검사에 의해 설명될 것이다.
④ 학교에서의 성적에 관한 변량의 50%가 지능검사에 의해 설명될 것이다.

만점 해설

③ 지능검사 점수와 학교성적의 두 변수의 관계를 알아보기 위해서는 결정계수를 구해야 한다. 결정계수는 상관계수를 단순히 제곱한 것으로서, 두 변수가 공유하고 있는 변량의 비를 나타낸다. 문제상에서 보고된 상관계수가 0.50이므로 결정계수는 이를 제곱한 0.25, 즉 25%에 해당한다. 다만, 두 개 혹은 그 이상의 변수들의 관계를 조직적으로 분석하기 위한 회귀분석은 미래의 예측을 목적으로 하는 것이 아닌 변수들 간의 관계를 설명하는 것을 목적으로 하므로 ②는 해당하지 않는다.

10

지능검사 점수와 학교에서의 성적 간의 상관계수가 0.30일 때 이에 대한 설명으로 옳은 것은?

11년 2회, 09년 3회 기출

① 지능검사를 받은 학생들 중 30%가 높은 학교성적을 받을 것이다.
② 지능검사를 받은 학생들 중 9%가 높은 학교성적을 받을 것이다.
③ 학교에서의 성적에 관한 변량의 9%가 지능검사에 의해 설명될 것이다.
④ 학교에서의 성적에 관한 변량의 30%가 지능검사에 의해 설명될 것이다.

만점 해설

③ 문제상에서 보고된 상관계수가 0.30이므로 결정계수는 이를 제곱한 0.09, 즉 9%에 해당한다. 다만, 두 개 혹은 그 이상의 변수들의 관계를 조직적으로 분석하기 위한 회귀분석은 미래의 예측을 목적으로 하는 것이 아닌 변수들 간의 관계를 설명하는 것을 목적으로 하므로 ②는 해당하지 않는다.

07 ④ 08 ① 09 ③ 10 ③

11
직업적성검사에서 20점 만점 중 15점을 받아 그 점수가 그대로 기록되었다면 이 점수는?

08년 1회, 04년 1회 기출

① 백분위 점수
② 표준점수
③ 진점수
④ 원점수

만점 해설

④ 원점수(Raw Score)는 실시한 심리검사를 채점해서 얻는 최초의 점수를 말한다.
① 백분위 점수(Percentile Score)는 원점수의 분포에서 100개의 동일한 구간으로 점수들을 분포하여 변환점수를 부여한 것이다.
② 표준점수(Standard Score)는 원점수를 주어진 집단의 평균을 중심으로 표준편차 단위를 사용하여 분포상 어느 위치에 해당하는가를 나타낸 것이다.
③ 진점수(True Score)는 같은 검사를 같은 수검자에게 무수히 반복하여 실시할 경우 얻어지는 모든 관찰점수의 평균치를 말한다.

12
심리검사에서 사용되는 원점수에 관한 설명으로 틀린 것은?

16년 3회, 07년 3회 기출

① 그 자체로는 거의 아무런 정보를 주지 못한다.
② 기준점이 없기 때문에 특정 점수의 크기를 표현하기 어렵다.
③ 척도의 종류로 볼 때 등간척도에 불과할 뿐 사실상 서열척도가 아니다.
④ 서로 다른 검사의 결과를 동등하게 비교할 수 없다.

만점 해설

③ 원점수는 척도의 종류로 볼 때 서열척도에 불과할 뿐 사실상 등간척도가 아니다. 예를 들어, 능력검사의 원점수에서 50점과 40점의 차이에 해당하는 능력의 차이는 60점과 50점의 차이에 해당하는 능력의 차이와 동일하지 않다.

13
'4차 산업혁명에 따른 새로운 직업'에 대한 국내 일간지의 사설을 내용분석하기 위해 가능한 표본추출 방법을 모두 고른 것은?

19년 3회 기출

> ㄱ. 무작위표본추출
> ㄴ. 층화표본추출
> ㄷ. 체계적 표본추출
> ㄹ. 군집(집락)표본추출

① ㄱ, ㄴ
② ㄱ, ㄷ
③ ㄴ, ㄷ, ㄹ
④ ㄱ, ㄴ, ㄷ, ㄹ

만점 해설

확률표본추출방법(확률표집방법)
- 무작위표본추출(단순무선집) : 모집단의 구성요소들이 표본에 속할 확률이 동일하도록 표집하는 방법이다.
- 층화표본추출(층화표집) : 모집단이 규모가 다른 몇 개의 이질적인 하위집단으로 구성되어 있는 경우 사용하는 방법이다.
- 군집(집락)표본추출(군집표집) : 모집단을 서로 동질적인 하위집단으로 구분하여 집단 자체를 표집하는 방법이다.
- 체계적 표본추출(계통표집) : 모집단 목록에서 구성요소에 대해 일정한 순서에 따라 매 K번째 요소를 추출하는 방법이다.

14
다음 설명에 해당하는 심리검사 용어는? 18년 1회 기출

> 기본적으로 특정 모집단을 대표하는 표본을 구성하고 이들에게 검사를 실시하여 얻은 점수를 체계적으로 분석해서 만들게 된다.

① 규 준
② 표 준
③ 준 거
④ 참 조

만점 해설

규준과 준거

규 준 (Norm)	대표집단의 사람들에게 실시한 검사 점수를 일정한 분포도로 작성해서 만드는 것으로, 이는 특정 검사 점수의 해석에 필요한 기준이 된다.
준 거 (Criterion)	개인이 어떤 일을 수행할 수 있다고 대중이 확신하는 지식 또는 기술 수준을 말하며, 목표 설정에 있어서 도달하여야 할 기준을 의미한다.

15
심리검사에서 규준에 대한 설명으로 옳은 것은?

19년 3회, 09년 1회 기출

① 한 집단의 특성을 가장 간편하게 표현하기 위한 개념으로 그 집단의 대푯값을 말한다.
② 한 집단의 수치가 얼마나 동질적인지를 표현하기 위한 개념으로 점수들이 그 집단의 평균치로부터 벗어난 평균거리를 말한다.
③ 서로 다른 체계로 측정한 점수들을 동일한 조건에서 비교하기 위한 개념으로 원점수에서 평균을 뺀 후 표준편차로 나눈 값을 말한다.
④ 원점수를 표준화된 집단의 검사 점수와 비교하기 위한 개념으로 대표집단의 검사 점수 분포도를 작성하여 개인의 점수를 해석하기 위한 것이다.

만점 해설
① 평균, ② 표준편차, ③ 표준점수(Z점수)

16
다음 중 규준의 범주에 포함될 수 없는 점수는?

21년 1회, 12년 2회 기출

① 표준점수
② Stanine 점수
③ 백분위 점수
④ 표집점수

만점 해설
①·②·③ 개인의 원점수를 규준집단의 수행과 비교해 볼 수 있도록 하는 집단 내 규준에 해당하는 점수이다.

17
특정 집단의 점수분포에서 한 개인의 상대적 위치를 나타내는 점수는?

21년 2회, 12년 2회 기출

① 표준점수
② 표준등급
③ 백분위 점수
④ 규준점수

만점 해설
백분위 점수(Percentile Scores)
표준화 집단에서 특정한 원점수 이하에 속하는 사례의 비율을 통해 나타내는 상대적 위치이다. 즉, 특정 집단의 점수분포에서 한 개인의 상대적 위치를 나타내는 점수이다.

18
점수 유형 중 그 의미가 모든 사람에게 단순하고 직접적이며, 한 집단 내에서 개인의 상대적인 위치를 살펴보는 데 적합한 것은?

19년 2회, 12년 1회 기출

① 원점수
② T점수
③ 표준점수
④ 백분위 점수

만점 해설
백분위 점수의 장점
- 비교하고자 하는 집단에 대해서 한 개인의 상대적인 위치를 나타내 주므로, 그 의미가 모든 사람에게 단순하고 직접적이며 이해하기 쉽다.
- 대부분의 경우 한 집단 내에서 한 사람의 서열을 나타내는 것으로 충분하고 복잡한 유도점수 등이 필요 없을 경우 적합하다.

19
검사 결과로 제시되는 백분위 "95"에 관한 의미로 옳은 것은? 18년 2회, 07년 1회, 05년 1회 기출

① 검사 점수를 95% 신뢰할 수 있다는 의미이다.
② 전체 문제 중에서 95%를 맞추었다는 의미이다.
③ 내담자의 점수보다 높은 사람들이 전체의 95%가 된다는 의미이다.
④ 내담자의 점수보다 낮은 사람들이 전체의 95%가 된다는 의미이다.

만점 해설
④ 백분위가 95인 것은 내담자보다 낮은 점수를 받은 사람들이 95%임을 의미한다. 즉, 표준화 집단에서 내담자가 전체 상위 5% 이내에 해당한다는 것이다.

20
규준점수에 관한 설명으로 틀린 것은? 22년 2회 기출

① Z점수 0에 해당하는 웩슬러(Wechsler) 지능검사 편차 IQ는 100이다.
② 백분위 50과 59인 두 사람의 원점수 차이는 백분위 90과 99인 두 사람의 원점수 차이와 같다.
③ 평균과 표준편차가 60, 15인 규준집단에서 원점수 90의 T점수는 70이다.
④ 백분위 50에 해당하는 스테나인(Stanine)의 점수는 5이다.

만점 해설
② 백분위는 개인의 점수가 규준집단 내의 다른 사람들과 비교해서 어느 수준에 있는지를 이해하기 쉽게 알려준다. 그러나 백분위는 원점수와 선형관계에 있지 않으므로, 원점수에서 1점의 차이가 백분위에서는 전혀 다른 크기의 차이로 나타날 수 있다.

21
다음 중 심리검사의 규준에 관한 설명으로 틀린 것은? 10년 1회 기출

① 규준이란 한 개인의 점수를 다른 사람들의 점수와 비교할 때, 비교가 되는 점수를 뜻한다.
② 한 개인의 점수가 70점일 때, 이 점수보다 낮은 점수를 받은 사람들이 전체의 60%라면, 백분위 점수는 60이다.
③ 평균이 50점이고 표준편차가 10점인 표준점수체계에서, 한 개인의 점수가 70점이라면 상위 20%에 해당한다.
④ 연령규준은 한 개인의 검사 점수를 규준집단에 있는 사람들의 연령과 비교해서 몇 살에 해당되는지를 해석하는 규준을 뜻한다.

만점 해설
③ 평균이 50점이고 표준편차가 10점인 표준점수체계에서, 한 개인의 점수가 70점이라면, Z점수 $= \dfrac{70점 - 50점}{10점} = 2$, 즉 Z점수는 '2'이다. Z점수 '2'는 정규분포상 백분위 약 '97.72'에 해당하므로, 상위 약 2%에 해당한다.

22
원점수가 가장 높은 사람부터 낮은 사람까지 순서대로 나열한 것은? 16년 2회 기출

```
ㄱ. 원점수 65점
ㄴ. 백분위 점수 70점
ㄷ. 표준점수(Z점수) 1점
ㄹ. T점수 75점
※ 평균 50, 표준편차 10
```

① ㄴ-ㄱ-ㄹ-ㄷ
② ㄴ-ㄷ-ㄱ-ㄹ
③ ㄹ-ㄱ-ㄷ-ㄴ
④ ㄹ-ㄴ-ㄱ-ㄷ

만점 해설

우선 Z점수와 T점수의 산출 공식은 다음과 같다.

- $Z점수 = \dfrac{원점수 - 평균}{표준편차}$
- $T점수 = 10 \times Z점수 + 50$

ㄱ. 원점수 65점을 Z점수로 변환하면,
$Z점수 = \dfrac{65점 - 50점}{10점} = 1.5$ ∴ 이 경우 Z점수는 1.5

ㄴ. 정규분포상 백분위 70은 Z점수로 약 0.5에 해당한다 (→ 하단 정규분포곡선 참조).

ㄷ. 보기에서 표준점수로 Z점수를 1.0으로 제시하고 있다.

ㄹ. T점수 75점을 Z점수로 변환하면,
$75점 = 10 \times Z점수 + 50$ ∴ 이 경우 Z점수는 2.5

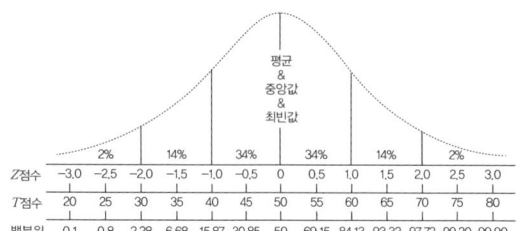

정규분포곡선에서의 Z점수, T점수, 백분위

23
표준화된 심리검사에서 표준점수에 관한 설명으로 옳은 것은? 17년 2회 기출

① 특정한 원점수 이하에 속하는 사례의 비율을 통해 나타내는 상대적 위치이다.
② 개인의 점수가 평균으로부터 떨어져 있는 거리이다.
③ 순차적이고 단계적인 발달의 과정이다.
④ 모집단을 대표할 수 있도록 표집한 규준집단에서의 자료이다.

만점 해설

표준점수(Standard Scores)
분포의 표준편차를 이용하여 개인의 점수가 평균으로부터 떨어져 있는 거리를 표시한 것이다. 즉, 원점수를 주어진 집단의 평균을 중심으로 표준편차 단위를 사용하여 분포상 어느 위치에 해당하는가를 나타낸 것이다.

24
다음에 해당하는 규준은?
22년 1회, 18년 3회, 16년 1회, 11년 1회, 08년 3회 기출

```
학교에서 실시하는 성취도검사나 적성검사의 점수를 정해진 범주에 집어넣어 학생들 간의 점수차가 작을 때 생길 수 있는 지나친 확대해석을 미연에 방지할 수 있다.
```

① 백분위 점수
② 표준점수
③ 표준등급
④ 학년규준

만점 해설

표준등급(Stanine)
원점수를 비율에 따라 1~9까지의 구간으로 구분하여 각각의 구간에 일정한 점수나 등급을 부여한 것이다. 학교에서 실시하는 성취도검사나 적성검사, 내신등급을 나타낼 때 주로 사용한다.

25
2차 세계대전 중에 미국 공군이 개발한 것으로 모든 원점수를 1~9까지의 한자리 숫자체계로 전환한 것은? 21년 3회, 11년 1회 기출

① 스테나인 척도
② 서스톤 척도
③ 서열척도
④ T점수

만점 해설
스테나인 척도(Stanine Scale)
'Standard'와 'Nine'의 합성어로, 표준등급을 의미한다. 원점수를 비율에 따라 1~9까지의 구간으로 구분하여 각각의 구간에 일정한 점수나 등급을 부여한 것이다.

26
직업상담사는 각종 심리검사가 특정 집단에 불리하고 편파적으로 사용되지 않도록 노력할 의무가 있다. 다음 중 그런 노력으로서 적절하지 않은 것은? 09년 3회, 08년 1회 기출

① 하나의 검사에만 의존하지 않고 여러 방법들을 평가하여 결과의 일치성을 확인한다.
② 검사에 대한 경험과 자기표현 동기가 부족한 수검자에 대한 라포 형성에 노력한다.
③ 규준집단의 특성 및 표집방법을 잘 파악하여 결과를 해석한다.
④ 편파에 의해서 불이익을 당할 가능성이 있는 대상은 사전에 검사대상에서 제외시킨다.

만점 해설
④ 편파에 의해서 불이익을 당할 가능성이 있는 대상에게 계속적으로 불리한 결과가 나타날 것으로 판단되는 경우 검사 사용 자체를 제고한다.

03절 신뢰도(Reliability)

01
"어떤 흥미검사(A)의 신뢰도가 높다"고 하는 말의 의미는? 22년 1회 기출

① 어떤 사람이 흥미검사(A)를 처음 치렀을 때 받은 점수가 얼마 후 다시 치렀을 때의 점수와 비슷하다.
② 흥미검사(A)가 원래 재고자 했던 흥미영역을 재고 있다.
③ 그 흥미검사(A)와 그와 유사한 목적을 가진 다른 종류의 흥미검사(B)의 점수가 유사하다.
④ 흥미검사(A)가 흥미에 대해 가장 포괄적으로 측정하고 있다.

만점 해설
신뢰도(Reliability)
측정도구가 측정하고자 하는 현상을 일관성 있게 측정하는 능력을 말한다. 어떤 측정도구를 사용해서 동일한 대상을 측정하였을 때 항상 같은 결과가 나온다면, 해당 측정도구는 신뢰도가 매우 높다고 할 수 있다.

02
일반적으로 가장 높은 신뢰도 계수를 기대할 수 있는 것은? 14년 2회, 04년 3회 기출

① 표준화된 성취검사
② 표준화된 지능검사
③ 직무수행 평가도구
④ 투사법 성격검사

만점 해설
② 일반적으로 표준화된 능력측정검사(특히 표준화된 지능검사)의 경우 0.90 이상의 높은 신뢰도 계수를 기대할 수 있으나, 성격측정, 흥미측정, 태도측정에 있어서 검사-재검사 신뢰도 계수는 대개 0.90 이하이다.

03

다음 중 동일한 검사를 동일한 피검자 집단에 일정 시간 간격을 두고 두 번 실시하여 얻은 두 검사 점수의 상관계수에 의하여 신뢰도를 측정하는 방법은?

20년 1·2회 기출

① 동형검사 신뢰도
② 검사-재검사 신뢰도
③ 반분검사 신뢰도
④ 문항 내적 일관성 신뢰도

만점 해설

② 검사-재검사 신뢰도는 동일한 사람에게 서로 다른 시기에 두 번 실시한 검사 점수들의 상관계수에 의하여 신뢰도를 추정하는 방법이다.
① 동형검사 신뢰도는 동일한 수검자에게 첫 번째 시행한 검사와 동등한 유형의 검사를 실시하여 두 검사 점수 간의 상관계수에 의해 신뢰도를 추정하는 방법이다.
③ 반분검사 신뢰도(반분신뢰도)는 한 검사를 어떤 집단에 실시하고 그 검사의 문항을 동형이 되도록 두 개의 검사로 나눈 다음 두 부분의 점수가 어느 정도 일치하는가를 상관계수를 통해 추정하는 방법이다.
④ 문항 내적 일관성 신뢰도는 검사를 구성하고 있는 문항들 간의 내적 일관성 또는 합치도에 의하여 신뢰도를 추정하는 방법이다.

04

검사-재검사를 통해 신뢰도를 추정할 경우 충족되어야 할 조건이 아닌 것은?

16년 1회 기출

① 두 검사가 근본적으로 측정하려 하는 영역에서 동일한 내용이 표집되어야 한다.
② 측정내용 자체는 일정 시간이 경과하더라도 변하지 않는다.
③ 점수에 영향을 미치지 않는다는 확신이 있어야 한다.
④ 어떤 학습활동이 두 번째 검사의 점수에 영향을 미치지 않는다.

만점 해설

① 동형검사 신뢰도를 통해 신뢰도를 추정할 경우 충족되어야 할 조건에 해당한다.

05

다음 사례에서 검사-재검사 신뢰도 계수는?

19년 2회 기출

> 100명의 학생들이 특정 심리검사를 받고 한 달 후에 동일한 검사를 다시 받았는데 두 번의 검사에서 각 학생들의 점수는 동일했다.

① -1.00
② 0.00
③ +0.50
④ +1.00

만점 해설

④ 심리검사의 반복 측정 시 측정치들이 똑같다면 신뢰도 계수는 '+1.00'이 되며, '정적상관(Positive Correlation)'을 나타낸다.

06

검사-재검사법을 이용한 신뢰도 측정에 대한 설명과 가장 거리가 먼 것은?

15년 3회 기출

① 시간 간격이 너무 클 경우 측정대상의 속성이나 특성이 변화할 수 있다.
② 반응민감성의 영향으로 검사를 치르는 경험이 후속 반응에 영향을 줄 수 있다.
③ 앞에서 답한 것을 기억해서 뒤의 응답 시 활용할 수 있다.
④ 문항 간의 동질성이 높은 검사에서 적용하는 것이 좋다.

만점 해설

④ 문항 간의 동질성 확보는 내적 일관성 방법에 의한 반분신뢰도나 문항내적합치도의 전제조건에 해당한다.

07
이미 신뢰성이 입증된 유사한 검사 점수와의 상관계수로 검증하는 신뢰도는? 19년 3회, 14년 3회 기출

① 검사-재검사 신뢰도
② 동형검사 신뢰도
③ 반분신뢰도
④ 채점자 간 신뢰도

만점 해설
② 동형검사 신뢰도는 동일한 수검자에게 첫 번째 시행한 검사와 동등한 유형의 검사를 실시하여 두 검사 점수 간의 상관계수에 의해 신뢰도를 추정하는 방법이다. 동형검사 신뢰도는 방법상의 특징으로 인해 이미 신뢰성이 입증된 유사한 검사 점수와의 상관계수를 검토하는 방식으로 이루어지는 경우가 많다.

08
다음 중 어떤 검사의 문항들이 내적으로 얼마나 일관성이 있는가를 나타내는 신뢰도는? 06년 1회 기출

① 검사-재검사 신뢰도
② 동형검사 신뢰도
③ 반분신뢰도
④ 채점자 간 신뢰도

만점 해설
③ 반분신뢰도는 내적 일관성 신뢰도(내적일치 신뢰도)를 추정하는 방식이다.

09
어떤 심리검사의 내적합치도 계수가 매우 낮을 때의 설명으로 옳은 것은? 13년 3회 기출

① 검사가 측정하고자 하는 것을 측정하고 있지 못하다.
② 검사의 두 가지 형태가 매우 다른 개념을 측정하고 있다.
③ 검사가 성질상 매우 다른 속성을 측정하는 문항들로 구성되어 있다.
④ 검사를 받은 사람이 또 다시 검사를 받을 때 매우 다른 점수를 받을 것이다.

만점 해설
③ 내적합치도 계수는 둘로 구분된 문항들의 내용이 얼마나 일관성이 있는가를 측정하는 것이므로, 검사가 성질상 유사한 속성을 측정하는 문항들로 구성되어 있는 경우 신뢰도 계수가 높게 나타나는 반면, 그 반대의 경우 낮게 나타난다.

10
반분신뢰도(Split-half Reliability)를 추정하는 방법과 가장 거리가 먼 것은? 19년 3회 기출

① 사후양분법
② 전후절반법
③ 기우절반법
④ 짝진 임의배치법

만점 해설
반분신뢰도를 추정하는 방법
- 전후절반법 : 전체 검사를 문항 순서에 따라 전반부와 후반부로 반분한다.
- 기우절반법 : 전체 검사를 문항의 번호에 따라 홀수와 짝수로 반분한다.
- 짝진 임의배치법 : 전체 검사를 문항의 난이도와 문항과 총점 간의 상관계수를 토대로 반분한다.

11
신뢰도의 종류 중 검사 내 문항들 간의 동질성을 나타내는 것은?　　　21년 1회 기출

① 동등형 신뢰도
② 내적일치 신뢰도
③ 검사-재검사 신뢰도
④ 평가자 간 신뢰도

만점 해설

② 내적일치 신뢰도는 검사 내 문항들 간의 동질성을 나타내는 신뢰도를 말하는 것으로, 반분신뢰도(내적합치도 계수)와 문항내적합치도(동질성 계수)를 합친 개념이다.

*참고 : 내적일치 신뢰도는 내적 일관성 방법으로서 '반분신뢰도'와 '문항내적합치도'를 합친 개념이나, 교재에 따라 이 두 가지를 서로 구분하지 않은 채 동일한 맥락에서 설명하기도 합니다.

12
검사의 신뢰도 중의 하나인 Cronbach's α가 크다는 것이 나타내는 의미는?　　　18년 3회, 09년 2회 기출

① 검사 문항들이 동질적이라는 것을 의미한다.
② 검사의 예언력이 높다는 것을 의미한다.
③ 시간이 흐르더라도 검사 점수가 변하지 않는다는 것을 의미한다.
④ 검사의 채점 과정을 신뢰할 수 있다는 것을 의미한다.

만점 해설

① 크론바흐 알파(Cronbach's α)계수가 높은 것은 문항 간 정적상관이 높음을, 즉 검사 문항들이 동질적임을 의미한다.

13
다음 중 채점자 간 신뢰도가 가장 높게 나타나는 유형은?　　　17년 2회 기출

① 에세이 검사
② 사지선다형 검사
③ 투사법
④ 직접 행동 관찰법

만점 해설

② 사지선다형 검사는 진술문과 함께 4개의 답지(선택지)를 같이 제시하여 놓고 수검자로 하여금 정답을 고르도록 하는 방식이다. 신속하고 객관적인 채점이 가능하며, 채점에 대한 신뢰도와 객관도가 높은 것이 장점이다. 다만, 좋은 문항을 제작하는 데 시간과 노력이 많이 소요되며, 고등정신능력을 평가하는 데 한계가 있는 것이 단점이다.

14
주관식 채점 시 수험생의 이름을 가리고 채점하여 공정성을 확보하는 것은 어떤 심리적 효과를 배제하기 위해서인가?　　　05년 3회 기출

① 후광효과
② 초두효과
③ 방사효과
④ 빈발효과

만점 해설

① 후광효과(Halo Effect)는 어떤 사람에 대해 부분적으로 가지고 있는 긍정적인 인상을 통해 그 사람의 전체적인 면을 높이 평가하는 것이다.
② 초두효과(Primacy Effect)는 순서상 먼저 제시된 정보가 나중에 제시된 정보보다 인상 형성에 더 큰 영향을 미치는 것이다.
③ 방사효과(Radiation Effect)는 매력이 있는 상대와 함께 있는 경우 자신의 지위나 자존심도 고양되는 것이다.
④ 빈발효과(Frequency Effect)는 반복해서 제시되는 정보들이 먼저 제시된 정보들에 영향을 미치는 것이다.

15
동일한 채점자가 자유반응형 검사를 채점할 때 신뢰도를 높이기 위하여 배제해야 할 것과 관련이 없는 것은?

13년 1회 기출

① 후광효과(Halo Effect)로 인한 오류
② 관용(Leniency)의 오류
③ 혼착성(Confusion) 오류
④ 중앙집중경향(Concentration Tendency)의 오류

만점 해설

③ 혼착성 오류는 심리검사 과정에서 측정하고자 하는 내용이 아닌 다른 불순물이 개입되어 검사 점수에 영향을 미침으로써 발생하는 오류로, 측정하고자 하는 내용이 순수하게 반영된 것을 나타내는 정수성(Pureness)과 대비되는 개념이다.
① 후광효과로 인한 오류는 수검자에 대한 채점자의 인상이 채점이나 평정에 영향을 미치는 것이다.
② 관용의 오류는 채점자의 반응태세가 일반적으로 후한 점수를 주는 경향을 말한다.
④ 중앙집중경향의 오류는 가급적 아주 높은 점수 혹은 아주 낮은 점수를 피하고 중간 점수를 주는 경향을 말한다.

16
검사의 신뢰도에 영향을 주는 요인과 가장 거리가 먼 것은?

18년 1회, 12년 1회, 08년 3회 기출

① 개인차
② 문항 수
③ 규준집단
④ 문항에 대한 반응 수

만점 해설

검사의 신뢰도에 영향을 주는 주요 요인
- 개인차
- 문항 수
- 문항반응 수
- 검사유형(속도검사의 신뢰도)
- 신뢰도 추정방법

17
신뢰도 계수에 관한 설명으로 틀린 것은?

22년 2회 기출

① 신뢰도 계수는 점수분포의 분산에 의해 영향을 받는다.
② 측정오차가 크면 신뢰도 계수는 작아진다.
③ 수검자들 간의 개인차가 크면 신뢰도 계수는 작아진다.
④ 추측해서 우연히 맞을 수 있는 문항이 많으면 신뢰도 계수가 작아진다.

만점 해설

③ 신뢰도 계수는 개인차가 클수록 커진다. 검사대상이 되는 집단의 개인차가 클수록 검사 점수의 변량은 커지며, 그에 따라 신뢰도 계수도 커지게 된다.

18
신뢰도 계수에 관한 설명으로 틀린 것은?

20년 4회, 14년 1회 기출

① 신뢰도 계수는 개인차가 클수록 커진다.
② 신뢰도 계수는 문항 수가 증가함에 따라 정비례하여 커진다.
③ 신뢰도 계수는 신뢰도 추정방법에 따라서 달라질 수 있다.
④ 신뢰도 계수는 검사의 일관성을 보여주는 값이다.

만점 해설

② 문항 수가 많은 경우 신뢰도는 어느 정도 높아진다. 다만, 문항 수를 무작정 늘린다고 해서 검사의 신뢰도가 정비례하여 커지는 것은 아니다.

19

신뢰도의 크기에 영향을 주는 요인에 대한 설명과 가장 거리가 먼 것은? 15년 1회, 07년 1회 기출

① 문항 수가 많을수록 신뢰도가 높게 나타날 가능성이 크다.
② 개인차가 클수록 신뢰도가 높게 나타날 가능성이 높다.
③ 신뢰도 계산방법에 따라 신뢰도의 크기가 달라질 가능성이 높다.
④ 응답자 수가 많을수록 신뢰도가 높게 나타날 가능성이 높다.

만점 해설
④ '응답자 수'가 아닌 '문항 수'가 많을수록 신뢰도가 높게 나타날 가능성이 크다.

20

신뢰도 추정에 관한 설명으로 옳지 않은 것은? 21년 2회, 16년 2회 기출

① 속도검사의 경우 기우양분법으로 반분신뢰도를 추정하면 신뢰도 계수가 과대추정되는 경향이 있다.
② 신뢰도 추정에 영향을 미치는 요인은 상관계수에 영향을 미치는 요인과 유사하다.
③ 신뢰도 추정에 영향을 미치는 요인 중 가장 중요한 요인은 표본의 동질성이다.
④ 정서반응과 같은 불안정한 심리적 특성의 신뢰도를 정확히 추정하기 위해서는 검사-재검사의 기간을 충분히 두어야 한다.

만점 해설
④ 어떤 심리적 특성은 상황이나 생리적 변인에 민감할 수 있다. 예를 들어, 피부전기반응으로 측정한 정서적 반응은 소음, 사고과정, 스트레스, 우발적 사건 등과 같은 요인에 의해 쉽게 변한다. 따라서 피부전기반응으로 측정한 정서반응과 같은 불안정한 심리적 특성의 신뢰도를 정확히 추정하기 위해서는 검사-재검사를 거의 동시에 실시해야 한다.

04절 타당도(Validity)

01

어떤 직업적성검사의 신뢰도 계수가 1.0이면 그 검사의 타당도 계수는? 20년 3회, 12년 1회 기출

① 1.0
② 0
③ 0.5
④ 알 수 없다.

만점 해설
④ 타당도는 신뢰도의 충분조건인 반면, 신뢰도는 타당도의 필요조건에 해당한다. 즉, 신뢰도가 높다고 하여 반드시 타당도가 높은 것은 아니며, 타당도가 낮다고 하여 반드시 신뢰도가 낮은 것은 아니다. 따라서 어떤 검사의 신뢰도 계수만으로 해당 검사의 타당도 계수를 알 수는 없다.

02

다음 설명에 해당하는 타당도의 종류는? 20년 4회 기출

> 검사의 문항들이 그 검사가 측정하고자 하는 내용 영역을 얼마나 잘 반영하고 있는가를 의미하며, 흔히 성취도 검사의 타당도를 평가하는 방법으로 많이 사용된다.

① 준거타당도
② 내용타당도
③ 예언타당도
④ 공인타당도

만점 해설
① 준거타당도는 어떤 심리검사가 특정 준거와 어느 정도 연관성이 있는지를 나타낸다. 이러한 준거타당도는 현재에 초점을 맞춘 '공인타당도(동시타당도)'와 미래에 초점을 맞춘 '예언타당도(예측타당도)'로 구분된다.
③ 예언타당도(예측타당도)는 어떠한 행위가 일어날 것이라고 예측한 것과 실제 대상자 또는 집단이 나타낸 행위 간의 관계를 측정한다.
④ 공인타당도(동시타당도)는 새로 제작한 검사의 타당도를 위해 기존에 타당도를 보장받고 있는 검사와의 유사성 혹은 연관성을 분석한다.

03
다음은 심리검사의 타당도 중 어떤 것을 설명한 것인가? 19년 2회 기출

- 논리적 사고에 입각한 논리적인 분석과정으로 판단하는 주관적 타당도이다.
- 본질적으로 해당 분야 전문가의 판단에 의존한다.

① 구성타당도
② 예언타당도
③ 내용타당도
④ 동시타당도

만점 해설

내용타당도(Content Validity)
검사의 문항들이 그 검사가 측정하고자 하는 내용영역을 얼마나 잘 반영하고 있는지를 나타낸다. 안면타당도(Face Validity)와 달리 해당 분야 전문가의 판단을 토대로 결정한다.

04
다음 중 타당도 계수를 산출하기 어려운 타당도는? 11년 1회, 08년 3회, 06년 1회 기출

① 예언타당도
② 준거관련 타당도
③ 수렴타당도
④ 내용타당도

만점 해설

④ 내용타당도는 논리적 사고에 입각한 논리적인 분석과정으로 판단하는 주관적인 타당도로서, 객관적인 자료에 근거하지 않으므로 타당도 계수를 산출하기 어렵다.

05
다음은 무엇에 관한 설명인가? 19년 1회, 11년 1회 기출

실제로 무엇을 재는가의 문제가 아니라, 검사가 잰다고 말하는 것을 재는 것처럼 보이는가의 문제이다. 즉, 검사를 받는 사람들에게 그 검사가 타당한 것처럼 보이는가를 뜻한다.

① 내용타당도(Content Validity)
② 준거관련 타당도(Criterion-related Validity)
③ 예언타당도(Predictive Validity)
④ 안면타당도(Face Validity)

만점 해설

안면타당도(Face Validity)
내용타당도와 마찬가지로 측정항목이 연구자가 의도한 내용대로 실제로 측정하고 있는가 하는 것으로서, 내용타당도가 전문가의 평가 및 판단에 근거한 반면, 안면타당도는 전문가가 아닌 일반인의 일반적인 상식에 준하여 분석한다.

06
타당도에 관한 설명으로 틀린 것은? 20년 1·2회, 07년 1회 기출

① 안면타당도는 전문가가 문항을 읽고 얼마나 타당해 보이는지를 평가하는 방법이다.
② 검사의 신뢰도는 타당도 계수의 크기에 영향을 준다.
③ 구성타당도를 평가하는 방법으로 요인분석 방법이 있다.
④ 예언타당도는 타당도를 구하는 데 시간이 많이 걸린다는 단점이 있다.

만점 해설

① 내용타당도는 전문가가 문항들을 자세히 검토·평가한 후 판단을 내리는 방법인 데 반해, 안면타당도는 비전문가로서 일반인이 문항들을 잠시 살펴본 후 판단을 내리게 된다.

07

적성검사에서 높은 점수를 받은 사람이 입사 후 업무수행이 우수한 것으로 나타났다면, 이 검사는 어떠한 타당도가 높은 것인가?

22년 2회, 17년 1회, 13년 3회 기출

① 구성타당도(Construct Validity)
② 내용타당도(Content Validity)
③ 예언타당도(Predictive Validity)
④ 공인타당도(Concurrent Validity)

만점 해설

③ 입사 시 적성검사와 흥미검사를 실시하는 이유는 신입직원의 직무선호도, 직무적합도, 직무역량 등에 대한 평가를 통해 신입직원을 최적의 부서에 배치하기 위함이다. 이와 같이 신입직원을 대상으로 실시한 적성검사 및 흥미검사 결과와 최근의 업무수행에 따른 성과 결과 간의 상관계수를 측정하는 것은 미래에 대해 예측한 것과 실제 나타나는 것 사이의 관계를 측정하는 예언타당도(예측타당도)와 연관된다.

08

A씨는 적성검사에서 높은 적성을 보인 영역에 취업을 하였는데, 나중에 그 영역에서 낮은 생산성을 보여 퇴직을 당하였다. 그렇다면 그 적성검사는 다음 중 어떤 영역에서 문제를 가지고 있는 것인가?

05년 1회 기출

① 구인타당도
② 내용타당도
③ 예언타당도
④ 수렴타당도

만점 해설

③ 적성검사에서 높은 점수를 받은 사람이 입사 후 업무수행이 우수한 것으로 나타났다면 해당 검사는 예언타당도가 높다고 볼 수 있으나, 그 반대의 경우 예언타당도에 문제가 있는 것으로 볼 수 있다.

09

다음은 무엇에 관한 설명인가?

22년 1회 기출

> 한 검사가 그 준거로 사용된 현재의 어떤 행동이나 특성과 관련된 정도를 나타내는 타당도

① 공인타당도
② 구성타당도
③ 내용타당도
④ 예언타당도

만점 해설

공인타당도 또는 동시타당도(Concurrent Validity)
새로 제작한 검사의 타당도를 위해 기존에 타당도를 보장받고 있는 검사와의 유사성 혹은 연관성을 분석한다. 예언타당도가 검사 점수를 통해 장차 어떤 행동의 수준을 예언하는 데 초점을 둔다면, 공인타당도는 예언에 대한 관심보다 어떤 검사의 점수가 현재 다른 검사의 점수와 일치하는 정도에 초점을 둔다.

10

다음은 어떤 타당도에 관한 설명인가?

21년 2회 기출

> 측정도구가 실제로 무엇을 측정했는가 또는 조사자가 측정하고자 하는 추상적인 개념이 실제로 측정도구에 의해서 적절하게 측정되었는가에 관한 문제로서, 이론적 연구를 하는 데 가장 중요한 타당도

① 내용타당도(Content Validity)
② 개념타당도(Construct Validity)
③ 공인타당도(Concurrent Validity)
④ 예언타당도(Predictive Validity)

만점 해설

개념타당도 또는 구성타당도(Construct Validity)
검사가 해당 이론적 개념의 구성인자들을 제대로 측정하고 있는 정도를 나타낸다. 객관적인 관찰이 어려운 추상적인 개념, 즉 적성, 지능, 흥미, 직무만족, 동기, 내향성과 같은 성격특성 등을 얼마나 잘 측정하는지를 나타낸다.

11
다음 중 구성타당도를 평가하는 방법에 해당하지 않는 것은? 　　10년 1회 기출

① 수렴타당도
② 변별타당도
③ 요인분석
④ 공인타당도

만점 해설
구성타당도(개념타당도)의 분석(검증) 방법

수렴타당도 (집중타당도)	검사 결과가 이론적으로 해당 속성과 관련 있는 변수들과 어느 정도 높은 상관관계를 가지고 있는지를 측정한다. 따라서 상관계수가 높을수록 타당도가 높다.
변별타당도 (판별타당도)	검사 결과가 이론적으로 해당 속성과 관련 없는 변수들과 어느 정도 낮은 상관관계를 가지고 있는지를 측정한다. 따라서 상관계수가 낮을수록 타당도가 높다.
요인분석	검사를 구성하는 문항들의 상관관계를 분석하여 상관이 높은 문항들을 묶어주는 통계적 방법이다.

12
타당도에 대한 설명 중 틀린 것은? 　　05년 3회 기출

① 타당도란 측정하고자 하는 바를 얼마나 정확하게 측정하고 있는가를 의미한다.
② 내용타당도는 내용영역을 얼마나 정확하고 자세하게 기술하는가에 달려 있다.
③ 상관계수가 높을수록 수렴타당도는 낮고, 변별타당도는 높다.
④ 준거관련 타당도는 현재에 초점을 맞춘 동시타당도와 미래에 초점을 맞춘 예언타당도로 구분할 수 있다.

만점 해설
③ 상관계수가 높을수록 수렴타당도는 높고, 변별타당도는 낮다.

13
어떤 검사가 측정하고 있는 것이 이론적으로 관련이 깊은 속성과는 실제로 높은 상관관계를 보이고, 관계가 없는 것과는 낮은 상관관계를 보이는 타당도는 어떤 것인가? 　　17년 3회, 10년 2회 기출

① 준거관련 타당도
② 동시타당도
③ 수렴 및 변별 타당도
④ 예언타당도

만점 해설
③ 일반적으로 수렴타당도는 새로 개발한 검사를 유사한 특성을 측정하는 기존 검사와 비교하여 상관계수를 구하는 반면, 변별타당도는 다른 특성을 측정하는 다른 종류의 검사와 비교하여 상관계수를 구하는 방식으로 타당도 분석이 이루어진다.

14
검사의 구성타당도 분석방법으로 적합하지 않은 것은? 　　21년 1회 기출

① 기대표 작성
② 확인적 요인분석
③ 관련없는 개념을 측정하는 검사와의 상관계수 분석
④ 유사한 특성을 측정하는 기존 검사와의 상관계수 분석

만점 해설
① '기대표 작성'은 준거타당도 분석방법에 해당한다. 기대표는 세로에 연구도구 점수의 범주를, 가로에 준거 점수의 범주를 분류한 이원분류표를 말한다.
② 구성타당도 분석방법 중 요인분석에 해당한다.
③ 구성타당도 분석방법 중 변별타당도(판별타당도) 분석에 해당한다.
④ 구성타당도 분석방법 중 수렴타당도(집중타당도) 분석에 해당한다.

15

한 연구자가 검사를 개발한 후 요인분석을 통해 그 검사가 검사개발의 토대가 된 이론을 잘 반영하는지를 확인하였다. 이 과정은 무엇을 확인하기 위한 것인가?   18년 1회, 18년 3회, 14년 1회 기출

① 내용(Content)타당도
② 동시(Concurrent)타당도
③ 준거(Criterion-related)타당도
④ 구성(Construct)타당도

만점 해설

④ 요인분석(Factor Analysis)은 검사의 구성타당도를 알아보기 위해 가장 널리 사용되는 방법으로서, 검사를 구성하는 문항들의 상관관계를 분석하여 상관이 높은 문항들을 묶어주는 통계적 방법이다. 예를 들어, 수학과 과학 문항들을 혼합하여 하나의 시험으로 치르는 경우, 수학을 잘하는 학생은 수학 문항들에 대해, 과학을 잘하는 학생은 과학 문항들에 대해 좋은 결과를 나타내 보일 것이므로 해당 문항들은 두 개의 군집, 즉 요인으로 추출될 것이다.

16

새로 입사한 70명의 신입사원들에 대한 적성검사의 타당도 계수가 0.50이었다. 만일, 입사하지 못한 사람들도 포함해서 모든 응시자를 대상으로 한다면, 이 검사의 타당도 계수는?   14년 1회 기출

① 높아진다.
② 낮아진다.
③ 동일하다.
④ 변하지만 그 방향은 예측할 수 없다.

만점 해설

① 검사 점수의 범위가 오로지 새로 입사한 사람들에 국한된다면 타당도 계수는 낮을 것이고, 입사하지 못한 탈락자들을 모두 포함시키는 경우 타당도 계수는 범위 확대에 따라 높아질 것이다.

05절 심리검사의 개발

01

문항분석에서 다음의 P는 무엇인가?   19년 1회 기출

$$P = \frac{R}{N} \times 100$$

단, R : 어떤 문항에 정답을 한 수, N : 총 사례 수

① 문항 난이도
② 문항 변별도
③ 오답 능률도
④ 문항 오답률

만점 해설

문항분석의 주요 개념

문항 난이도	문항의 쉽고 어려운 정도를 나타내는 것으로서, 총 피험자 중 정답을 맞힌 피험자의 비율 혹은 해당 문항에 정답을 제시할 확률을 의미한다.
문항 변별도	어떤 평가의 개개 문항이 해당 검사에서 높은 점수를 얻은 사람과 낮은 점수를 얻은 사람을 식별 또는 구별해 줄 수 있는 변별력을 의미한다.
오답 능률도	선다형 문항에서 오답지(교란지)가 정답지처럼 보여 응답자로 하여금 오답지를 정답으로 선택할 수 있는 가능성을 의미한다.

02
심리검사의 문항분석에 대한 설명으로 옳은 것은?

18년 2회 기출

① 문항 난이도 분석은 전체의 피검자 수를 답을 맞힌 피검자의 수로 곱한 것이다.
② 문항 난이도 지수는 0.00에서 1.00의 범위 내에 있으며, 1.0은 모든 피검자가 답을 맞히기 쉬운 문항을 가리킨다.
③ 문항의 변별도 분석은 하위점수 피검자 수에서 상위점수 피검자 수를 뺀 다음 양 집단의 피검자 수로 나눈 것이다.
④ 문항 변별도 분석은 하나의 검사가 단일한 구성 개념이나 속성을 평가하고자 하는 목적의 달성 정도를 검토할 때 사용한다.

만점 해설
① 문항 난이도 분석은 문항의 답을 맞힌 피검자 수를 문항에 응답한 전체 피검자 수로 나눈 것이다.
③ 문항 변별도 분석은 상위점수를 받은 피검자 수에서 하위점수를 받은 피검사 수를 뺀 다음 양 집단의 피검자 수로 나눈 것이다.
④ 하나의 검사가 단일한 구성개념이나 속성을 평가하고자 시도했던 목적이 달성되었는지를 검토하는 데 사용되는 것은 요인분석이다.

03
문항 난이도에 관한 설명으로 틀린 것은?

16년 3회 기출

① 문항 난이도 지수는 전체 응답자 중 특정 문항을 맞춘 사람들의 비율로서 0.0에서 1.0의 값을 갖는다.
② 문항이 어려울수록 검사 점수의 변량이 낮아져서 검사의 신뢰도가 낮아진다.
③ 문항의 난이도가 0.5일 때 검사 점수의 분산도가 최대가 된다.
④ 문항 난이도 지수가 높을수록 어려운 문제이다.

만점 해설
④ 문항 난이도 지수가 높을수록 쉬운 문제이다.

06절 심리검사의 선택 및 활용

01
직업상담 장면에서 활용 가능한 성격검사에 관한 설명으로 옳은 것은?

21년 1회, 14년 1회 기출

① 특정 분야에 대한 흥미를 측정한다.
② 어떤 특정 분야나 영역의 숙달에 필요한 적응능력을 측정한다.
③ 대개 자기보고식 검사이며, 널리 이용되는 검사는 다면적 인성검사, 성격유형검사 등이 있다.
④ 비구조적 과제를 제시하고 자유롭게 응답하도록 하여 분석하는 방식으로 웩슬러 검사가 있다.

만점 해설
① 사람들이 특정 분야에 대해 가지고 있는 흥미를 비교하기 위한 검사는 (직업)흥미검사에 해당한다.
② 어떤 특정 분야나 영역의 숙달에 필요한 적응능력을 측정하는 것은 (직업)적성검사에 해당한다.
④ 웩슬러 검사는 지능검사로서 검사과제가 구조화되어 있는 객관적 형태의 자기보고식 검사에 해당한다.

02
심리검사의 유형 중 객관적 검사의 장점이 아닌 것은?

21년 1회 기출

① 검사 실시의 간편성
② 객관성의 증대
③ 반응의 풍부함
④ 높은 신뢰도

만점 해설
③ 투사적 검사의 장점에 해당한다.

정답 02 ② 03 ④ // 01 ③ 02 ③

03

투사법 성격검사가 아닌 것은? 15년 3회 기출

① 로샤(Rorschach) 검사
② TAT 검사
③ 문장완성검사
④ MBTI

만점 해설

④ 마이어스－브릭스 성격유형검사(MBTI ; Myers－Briggs Type Indicator)는 직업상담 장면에서 활용 가능한 성격검사로서 객관적 검사 혹은 자기보고식 검사에 해당한다.
① 로샤 검사 또는 로샤 잉크반점 검사(RIT ; Rorschach Inkblot Test)는 추상적·비구성적인 잉크반점을 자극 자료로 하여 수검자의 학습된 특정 반응이 아닌 여러 가지 다양한 반응을 유도하는 투사적 검사에 해당한다.
② 주제통각검사(TAT ; Thematic Apperception Test)는 수검자가 동일시 할 수 있는 인물과 상황을 그림으로 제시하여 수검자의 반응양상을 분석·해석하는 투사적 검사에 해당한다.
③ 문장완성검사(ISB ; Incomplete Sentences Blank)는 수검자에게 문장 줄기만을 제시하여 수검자로 하여금 자신의 언어로 문장을 완성하도록 하는 투사적 검사에 해당한다.

04

다음 중 투사적 심리검사가 아닌 것은? 12년 1회 기출

① ISB(Incomplete Sentences Blank)
② RIT(Rorschach Inkblot Test)
③ TAT(Thematic Apperception Test)
④ CAT(Cognitive Ability Test)

만점 해설

④ 인지능력검사(CAT ; Cognitive Ability Test)는 언어 이해력, 수리 능력, 추론 능력 등을 측정하는 인지적 검사로서 객관적 검사에 해당한다.

05

심리검사를 선택하고 해석하는 과정에 관한 설명으로 틀린 것은? 21년 2회, 03년 1회 기출

① 검사는 진행 중인 상담과정의 한 구성요소로만 보아야 한다.
② 검사는 내담자의 의사결정을 돕기 위한 정보를 얻는 하나의 도구이다.
③ 검사는 내담자와 함께 협조해서 선택하는 것이 좋다.
④ 검사의 결과는 가능한 한 내담자에게 제공해서는 안 된다.

만점 해설

④ 검사의 결과는 내담자가 이용 가능한 다른 정보와 관련하여 제시되어야 한다. 상담자는 내담자가 검사 해석의 내용을 이해하는지 확인하며, 내담자로 하여금 그 정보에 대한 반응을 표현할 수 있도록 격려해야 한다.

06

진로 심리검사 결과 해석에 관한 설명으로 틀린 것은? 22년 1회 기출

① 검사결과는 가능성보다 확실성의 관점에서 제시되어야 한다.
② 내담자가 검사결과를 잘 이해할 수 있도록 안내하고 격려해야 한다.
③ 검사결과로 나타난 강점과 약점 모두를 객관적으로 검토해야 한다.
④ 검사결과는 내담자가 이용 가능한 다른 정보와 관련하여 제시되어야 한다.

만점 해설

① 검사결과는 확실성이나 구체적 예언보다는 가능성의 관점에서 제시되어야 한다.

07
심리검사를 실시할 때 지켜야 할 사항과 가장 거리가 먼 것은?
21년 3회, 15년 1회 기출

① 검사의 구두 지시사항을 미리 충분히 숙지한다.
② 지나친 소음과 방해자극이 없는 곳에서 검사를 실시한다.
③ 수검자에 대한 관심과 협조, 격려를 통해 수검자로 하여금 검사를 성실히 하도록 한다.
④ 수검자에게 검사결과를 통보할 때는 일상적인 용어보다 통계적인 숫자나 용어를 중심으로 전달해야 한다.

만점 해설
④ 검사결과는 기계적으로 전달하지 않으며, 적절한 해석을 담은 설명과 함께 전달한다. 일반 수검자들에게 검사결과를 전달할 때는 통계적인 숫자나 용어를 사용하는 것보다 이해하기 쉬운 일상적인 용어를 사용하여 전반적인 수행을 설명하고 질적인 해설을 덧붙이는 것이 바람직하다.

08
심리검사 해석 시 주의사항으로 틀린 것은?
20년 3회, 06년 3회 기출

① 검사결과를 내담자에게 이야기해 줄 때 가능한 한 이해하기 쉽게 해 주어야 한다.
② 내담자에게 검사의 점수보다는 진점수의 범위를 말해주는 것이 좋다.
③ 검사결과를 내담자와 함께 해석하는 것은 검사 전문가로서 해서는 안 되는 일이다.
④ 내담자의 방어를 최소화하기 위해 상담자는 중립적이고 무비판적이어야 한다.

만점 해설
③ 검사결과를 상담자가 일방적으로 해석하기보다 내담자와 함께 해석함으로써 내담자 스스로 자신의 진로를 결정할 수 있도록 돕는다.

07절 주요 심리검사

01
지능을 맥락적 지능이론, 경험적 지능이론, 성분적 지능이론으로 구성된 것으로 가정한 지능모형은?
18년 3회 기출

① Jensen의 2수준 지능모형
② Cattell-Horn의 유동성-결정성 지능모형
③ Thurstone의 기본정신능력 모형
④ Sternberg의 삼원지능모형

만점 해설
④ 스턴버그(Sternberg)는 인지심리학에서 인지능력을 설명하기 위해 사용하는 맥락적·경험적·성분적 접근을 원용하여 지능이론을 맥락적 지능이론, 경험적 지능이론, 성분적 지능이론으로 구성된 지능의 삼원이론을 제시하였다.
① 젠센(Jensen)은 정신능력을 '수준 Ⅰ'과 '수준 Ⅱ'로 분류하고, 이들 수준의 지능을 양극을 이루는 한 축으로 보았다.
② 카텔과 혼(Cattell-Horn)은 지능을 유동성 지능과 결정성 지능으로 구분하였다.
③ 서스톤(Thurstone)은 요인분석을 통해 스피어만(Spearman)의 2요인 모형 중 일반요인에 해당하는 기본정신능력이 언어력, 추리력, 수리력, 공간력, 지각속도, 언어유창성, 기억력 등 7개 요인으로 구성되어 있다고 주장하면서, 이를 토대로 기본정신능력 모형을 제시하였다.

02
Cattell이 주장한 결정성 지능(Crystallized Intelligence)에 대한 설명으로 옳은 것은?
18년 1회, 11년 2회 기출

① 선천적인 지능이다.
② 뇌손상이나 정상적인 노령화에 따라 감소한다.
③ 14세까지는 지속적으로 발달되다가 22세 이후 급격히 감소된다.
④ 개인의 문화적·교육적 경험에 따라 영향을 받으며 환경에 따라 40세까지 혹은 그 이후에도 발전 가능한 지능이다.

만점 해설
①·②·③ 유동성(유동적) 지능(Fluid Intelligence)에 대한 설명에 해당한다.

03

다음 중 편차지능지수(Deviation IQ)에 관한 설명으로 틀린 것은? 13년 1회 기출

① 일반적으로 표준편차를 15 또는 16으로 사용한다.
② 정신연령(MA)과 신체연령(CA)의 비율이다.
③ 편차는 지능지수의 분포형태와 관련된다.
④ 집단용 지능검사에 사용된다.

만점 해설
② 비율지능지수(Ratio IQ)에 관한 설명에 해당한다.

04

지능지수(IQ)라는 개념을 처음으로 도입한 심리검사는? 17년 1회 기출

① 비네 검사
② 스탠포드-비네 검사
③ 다면적 인성검사
④ 직업흥미검사

만점 해설
스탠포드-비네 지능검사(Stanford-Binet Intelligence Scale)
- 1916년 터만(Terman)이 정신지체아 구별을 위해 고안된 최초의 지능검사인 비네-시몽 검사(Binet-Simon Test)를 발전시킨 것이다.
- 지능지수(IQ ; Intelligence Quotient)의 개념을 처음으로 도입한 심리검사로, 개인의 지적능력을 정신연령과 신체연령(생활연령)의 대비를 통해 비율로써 나타냈다.

*참고 : 스탠포드-비네 지능검사는 비율지능지수 방식을 사용하였다가 1960년 미핀(Miffin)이 이를 새롭게 개정하면서 편차지능지수 방식을 도입하였습니다.

05

한국판 웩슬러 성인지능검사(K-WAIS)의 구성에 관한 설명으로 틀린 것은? 11년 1회 기출

① 언어성 검사와 동작성 검사로 대별된다.
② 총 11개의 하위검사로 구성되어 있다.
③ 언어성 검사에는 기본지식, 숫자 외우기, 바꿔쓰기 등이 포함되어 있다.
④ 동작성 검사에는 빠진 곳 찾기, 모양 맞추기, 토막짜기 등이 포함되어 있다.

만점 해설
③ 바꿔쓰기(Digit Symbol)는 동작성 검사에 해당한다.

06

K-WAIS의 언어성 검사에 해당되지 않는 것은? 10년 4회, 08년 3회 기출

① 바꿔쓰기
② 숫자 외우기
③ 산수문제
④ 이해문제

만점 해설
한국판 웩슬러 성인용 지능검사(K-WAIS)의 구성

언어성 검사 (Verbal)	• 기본지식(Information) • 숫자 외우기(Digit Span) • 어휘문제(Vocabulary) • 산수문제(Arithmetic) • 이해문제(Comprehension) • 공통성 문제(Similarity)
동작성 검사 (Performance)	• 빠진 곳 찾기(Picture Completion) • 차례 맞추기(Picture Arrangement) • 토막짜기(Block Design) • 모양 맞추기(Object Assembly) • 바꿔쓰기(Digit Symbol)

07
K-WAIS의 동작성 검사에 해당되지 않는 것은?
17년 2회, 13년 2회, 10년 3회 기출

① 바꿔쓰기
② 토막짜기
③ 공통성 찾기
④ 빠진 곳 찾기

만점 해설
③ 공통성 문제(Similarity)는 언어성 검사에 해당한다.

08
Wechsler 지능검사에서 결정적 지능과 관련이 있는 소검사는?
19년 3회 기출

① 이해, 공통성
② 어휘, 토막짜기
③ 기본지식, 모양 맞추기
④ 바꿔쓰기, 숫자 외우기

만점 해설
① 웩슬러 지능검사에서 결정적(결정성) 지능과 관련이 있는 소검사로 기본지식(Information), 어휘문제(Vocabulary), 이해문제(Comprehension), 공통성 문제(Similarity) 등이 있다.

09
Wechsler 지능검사의 소검사 중 피검자의 상태에 따라 변동·손상되기 가장 쉬운 것은?
17년 3회, 15년 2회 기출

① 상 식
② 산 수
③ 공통성
④ 숫자 외우기

만점 해설
④ 숫자 외우기(Digit Span)는 웩슬러(Wechsler) 지능검사의 언어성 소검사에 포함되는 것으로, 청각적 단기기억 및 주의력과 밀접하게 연관되며, 문화적 영향을 거의 받지 않는 특성을 가지고 있다. 그러나 언어성 소검사 중 피검자의 상태에 따라 가장 변동·손상되기 쉬운 검사로서, 특히 불안과 많은 관련이 있다.

10
성인용 웩슬러 지능검사(K-WAIS-Ⅳ)의 처리속도 지수에 포함되지 않는 소검사는?
21년 2회 기출

① 동형찾기
② 퍼 즐
③ 기호쓰기
④ 지우기

만점 해설
K-WAIS-Ⅳ의 척도별 구성

언어이해 (Verbal Comprehension)	· 공통성(Similarity) · 어휘(Vocabulary) · 상식(Information) · 이해-보충(Comprehension)
지각추론 (Perceptual Reasoning)	· 토막짜기(Block Design) · 행렬추론(Matrix Reasoning) · 퍼즐(Visual Puzzles) · 무게비교-보충(Figure Weights) · 빠진 곳 찾기-보충(Picture Completion)
작업기억 (Working Memory)	· 숫자(Digit Span) · 산수(Arithmetic) · 순서화-보충(Letter-Number Sequencing)
처리속도 (Processing Speed)	· 동형찾기(Symbol Search) · 기호쓰기(Coding) · 지우기-보충(Cancellation)

11
다음 중 성격검사가 아닌 것은?
09년 3회 기출

① MMPI
② WISC
③ MBTI
④ 16PF

만점 해설
② 웩슬러 아동용 지능검사(WISC)는 아동을 대상으로 한 지능검사에 해당한다.
①·③·④ 미네소타 다면적 인성검사(MMPI), 마이어스-브릭스 성격유형검사(MBTI), 16성격 요인검사(16PF) 등은 모두 성격검사에 해당한다.

12

직무수행 관련 성격 5요인(Big 5) 모델의 요인이 아닌 것은? 21년 1회, 15년 1회 기출

① 외향성
② 친화성
③ 성실성
④ 지배성

만점 해설

성격 5요인(Big-5) 모델의 구성요인
- 외향성(Extraversion)
- 호감성 또는 친화성(Agreeableness, Likability)
- 성실성(Conscientiousness)
- 정서적 불안정성(Neuroticism, Negative Affectivity)
- 경험에 대한 개방성(Openness to Experience)

13

성격의 5요인(Big Five)에 해당하지 않는 것은? 20년 3회 기출

① 정서적 안정성
② 정확성
③ 성실성
④ 호감성

만점 해설

성격 5요인(Big-5) 모델의 구성요인
- 외향성(Extraversion)
- 호감성 또는 친화성(Agreeableness, Likability)
- 성실성(Conscientiousness)
- 정서적 불안정성(Neuroticism, Negative Affectivity)
- 경험에 대한 개방성(Openness to Experience)

*참고 : 직업상담사 시험에서는 '정서적 불안정성'을 '정서적 안정성'으로 제시하는 경우도 있습니다.

14

성격 5요인(Big-5) 검사의 하위요인으로 틀린 것은? 16년 1회, 12년 2회 기출

① 성실성
② 정서적 개방성
③ 외향성
④ 호감성

만점 해설

② '정서적 개방성'이 아닌 '경험에 대한 개방성'이 옳다.

15

정신건강에 문제가 있는 사람을 측정하고 구별하기 위해 사용하는 검사는? 16년 2회 기출

① MBTI
② MMPI
③ 16PFI
④ CPI

만점 해설

미네소타 다면적 인성검사(MMPI)
- 하더웨이와 매킨리(Hathaway & McKinley)가 고안한 것으로, 정신건강에 문제가 있는 사람을 측정하고 구별하기 위해 사용하는 자기보고식 검사이다.
- 수검자의 수검태도(검사태도)를 측정하는 4가지 타당도 척도와 주요 비정상행동을 측정하는 10가지 임상척도로 구성되어 있다.

16
직업적성검사의 측정에 관한 설명으로 옳은 것은?
　　　　　　　　　　　22년 2회, 19년 1회, 12년 2회 기출

① 개인이 맡은 특정 직무를 성공적으로 수행할 수 있는지를 측정한다.
② 일반적인 지적 능력을 알아내어 광범위한 분야에서 그 사람이 성공적으로 수행할 수 있는지를 측정한다.
③ 직업과 관련된 흥미를 알아내어 직업에 관한 의사결정에 도움을 주기 위한 것이다.
④ 개인이 가지고 있는 기질이라든지 성향 등을 측정하는 것으로 개인에게 습관적으로 나타날 수 있는 어떤 특징을 측정한다.

만점 해설
① 적성검사는 개인의 특수한 능력 또는 잠재력(주의 : 일반적인 지적 능력이 아님)을 발견하도록 하여 학업이나 취업 등의 진로를 결정하는 데 정보를 제공하며, 이를 통해 미래의 성공 가능성을 예측한다.
② 지능검사, ③ 흥미검사, ④ 성격검사

17
직업적성검사에 속하는 심리검사는?
　　　　　　　　　　　14년 3회, 04년 3회 기출

① GATB
② MMPI
③ TAT
④ K-WAIS

만점 해설
① 일반적성검사(GATB)는 11개의 지필검사와 4개의 기구검사(수행검사)로 구성된 것으로, 다양한 직업에 필요한 인간의 능력을 9가지 영역으로 구분하여 측정하는 직업적성검사에 해당한다.
② 미네소타 다면적 인성검사(MMPI)는 수검자의 검사태도를 측정하는 4가지 타당도 척도와 주요 비정상행동을 측정하는 10가지 임상척도로 이루어진 성격검사에 해당한다.
③ 주제통각검사(TAT)는 총 31장의 카드(1장의 백지카드 포함)를 이용하여 자아와 환경관계 및 대인관계의 역동적 측면 등을 평가하는 성격검사에 해당한다.
④ 한국판 성인용 웩슬러 지능검사(K-WAIS)는 언어성 소검사와 동작성 소검사로 이루어진 편차지능지수 방식의 지능검사에 해당한다.

18
직업적성검사(GATB)에서 사무지각적성(Clerical Perception)을 측정하기 위한 검사는?
　　　　　　21년 2회, 18년 3회, 10년 4회, 09년 3회, 06년 1회 기출

① 표식검사
② 계수검사
③ 명칭비교검사
④ 평면도판단검사

만점 해설
직업(일반)적성검사(GATB)의 하위검사별 검출되는 적성요인

측정방식	하위검사명	검출되는 적성요인
지필검사	기구대조검사	형태지각(P)
	형태대조검사	
	명칭비교검사	사무지각(Q)
	타점속도검사	운동반응(K)
	표식검사	
	종선기입검사	
	평면도판단검사	공간적성(S)
	입체공간검사	공간적성(S), 지능(G)
	어휘검사	언어능력(V), 지능(G)
	산수추리검사	수리능력(N), 지능(G)
	계수검사	수리능력(N)
기구검사 (수행검사)	환치검사	손의 재치(M)
	회전검사	
	조립검사	손가락 재치(F)
	분해검사	

정답 16 ① 17 ① 18 ③

19
직업적성검사인 GATB에서 측정하는 적성요인에 해당하지 않는 것은? 22년 1회 기출

① 기계적성
② 공간적성
③ 사무지각
④ 손의 기교도

만점 해설
① 언어적성(언어능력), 수리적성(수리능력), 공간적성(공간판단력) 등은 포함되나, 기계적성은 포함되어 있지 않다.

*참고 : 일반적성검사(GATB)에서 측정하는 직업적성의 명칭은 교재에 따라 약간씩 다르게 제시되고 있습니다. 예를 들어, 손가락 재치는 '손가락의 교치(巧緻)도', 손의 재치는 '손의 기교(技巧)도'로도 불립니다.

20
일반적성검사(GATB)에서 측정하는 직업적성이 아닌 것은? 20년 4회, 18년 1회, 15년 2회, 10년 3회 기출

① 손가락 정교성
② 언어적성
③ 사무지각
④ 과학적성

만점 해설
④ 언어적성(언어능력), 수리적성(수리능력), 공간적성(공간판단력) 등은 포함되나, 과학적성은 포함되어 있지 않다.

21
GATB 직업적성검사의 하위검사 중에서 둘 이상의 적성을 검출하는 데 이용되는 검사가 아닌 것은? 16년 1회 기출

① 입체공간검사
② 어휘검사
③ 산수추리검사
④ 기구대조검사

만점 해설
④ 기구대조검사는 형태지각(P) 적성만을 검출하는 데 이용된다.

22
고용노동부에서 실시하는 일반직업적성검사가 측정하는 영역이 아닌 것은? 20년 1·2회, 14년 2회 기출

① 형태지각력
② 공간판단력
③ 상황판단력
④ 언어능력

만점 해설
③ 공간판단력은 포함되나, 상황판단력은 포함되어 있지 않다.

*참고 : 고용24(워크넷) 제공 직업심리검사 중 한국고용정보원이 개발한 '성인용 직업적성검사'가 있습니다. 이 검사도구는 미국 노동청의 고용위원회에서 처음 개발한 일반적성검사(GATB)의 방식에 착안한 것으로서, 여기에는 '상황판단력'이 적성요인에 포함되어 있습니다.

23
직업에 관련된 흥미를 측정하는 직업흥미검사가 아닌 것은? 20년 4회, 18년 2회, 10년 2회 기출

① Strong Interest Inventory
② Vocational Preference Inventory
③ Kuder Interest Inventory
④ California Psychological Inventory

만점 해설
④ 캘리포니아 성격검사(CPI)는 정신병리에 대한 진단적 성격이 강한 미네소타 다면적 인성검사(MMPI)와 달리 일반인의 심리적 특성을 이해하기 위해 제작된 것으로서, 4개의 척도군과 20개의 하위척도를 포함한 성격검사이다.

24
직업흥미검사에 대한 설명으로 틀린 것은?

20년 3회 기출

① 직업흥미검사 결과는 변화하므로 일정 기간이 지나면 다시 실시하는 것이 좋다.
② 정서적 문제를 가지고 있는 내담자에게 직업흥미검사를 사용하는 것은 부적절하다.
③ 직업흥미검사는 진로분야에서 내담자가 만족할 수 있는 분야뿐만 아니라 성공가능성에 대한 정보도 제공해 준다.
④ 직업흥미검사 결과는 내담자의 능력, 가치, 고용가능성 등 내담자의 상황에 대한 다른 정보들을 고려하여 의사결정에 활용되어야 한다.

만점 해설

③ 직업흥미검사는 진로분야에서 내담자가 만족할 수 있는 분야나 일의 상황이 무엇인지 알려 주지만, 내담자가 그곳에서 어느 정도 성공할 수 있을지에 대한 성공가능성에 대한 정보를 제공하는 것은 아니다.

25
스트롱-캠벨 흥미검사(SVIB-SCII)에 관한 설명으로 옳지 않은 것은?

21년 3회 기출

① 직업전환에 관심이 있는 사람들에게 활용될 수 있다.
② 207개 직업별 흥미척도가 제시된다.
③ 반응관련 자료 및 특수척도 점수 등과 같은 자료가 제공된다.
④ 사회 경제구조와 직업형태에 적합한 18개 영역의 직업흥미를 분류하여 구성하였다.

만점 해설

④ 국내에서 개발된 직업흥미검사로서 이상로와 변창진(1979)의 직업흥미(진단)검사에 관한 설명에 해당한다.

26
Strong 검사에 관한 설명으로 옳은 것은?

22년 2회, 17년 2회, 11년 3회 기출

① 기본흥미척도(BIS)는 Holland의 6가지 유형을 제공한다.
② Strong 진로탐색검사는 진로성숙도검사와 직업흥미검사로 구성되어 있다.
③ 업무, 학습, 리더십, 모험심을 알아보는 기본흥미척도(BIS)가 포함되어 있다.
④ 개인특성척도(BSS)는 일반직업분류(GOT)의 하위척도로서 특정 흥미분야를 파악하는 데 도움이 된다.

만점 해설

① 홀랜드(Holland)의 직업선택이론에 의한 6가지 주제로 구성되어 있으며, 수검자의 흥미에 대한 포괄적인 전망과 함께 그 속에 내재된 보편적인 패턴을 측정하는 것은 일반직업분류(GOT)에 해당한다.
③ 업무 유형, 학습 유형, 리더십 유형, 모험심 유형의 4개 척도를 통해 일상생활과 일의 세계에서 어떠한 방식을 개인이 선호하고 편안하게 느끼는지 측정하는 것은 개인특성척도(PSS)에 해당한다.
④ 일반직업분류(GOT)를 특정한 흥미들로 세분화한 것으로서, 수검자의 특정한 활동이나 주제에 대한 흥미도를 측정하는 것은 기본흥미척도(BIS)이다.

> *참고 : 문제의 지문 ④번에서 '개인특성척도(BSS)'는 '개인특성척도(PSS ; Personal Style Scales)'의 오타인 것으로 보입니다.

27
직업선호도검사에 관한 설명으로 틀린 것은?
16년 3회 기출

① 직업흥미검사, 지능검사, 생활사검사로 구성된다.
② 직업흥미검사의 목적은 개인에게 적합한 직업선정에 있다.
③ 생활사검사는 개인의 과거 또는 현재의 생활특성을 통해 직업선택 시 고려될 수 있는 정보를 제공한다.
④ 시간상 제약이 있을 경우에는 직업흥미검사만으로도 직업선정이 가능하다.

만점 해설
① 직업선호도검사(VPI)는 (직업)흥미검사, 성격검사, 생활사검사의 3가지 하위검사로 구성된다.

28
Crites가 개발한 직업성숙도검사(CMI)에서 태도척도에 해당되지 않는 것은?
19년 1회, 13년 2회 기출

① 성실성
② 독립성
③ 지향성
④ 결정성

만점 해설
직업성숙도검사(CMI ; Career Maturity Inventory)의 구성

태도척도	• 결정성(Decisiveness) • 참여도 또는 관여도(Involvement) • 독립성(Independence) • 지향성 또는 성향(Orientation) • 타협성(Compromise)
능력척도	• 자기평가(Self-appraisal) • 직업정보(Occupational Information) • 목표선정(Goal Selection) • 계획(Planning) • 문제해결(Problem Solving)

29
진로성숙도검사(CMI) 중 태도척도의 하위영역과 문항의 예가 틀리게 연결된 것은?
19년 3회, 15년 3회 기출

① 결정성(Decisiveness) - 나는 선호하는 진로를 자주 바꾸고 있다.
② 관여도(Involvement) - 나는 졸업할 때까지는 진로선택 문제에 별로 신경을 쓰지 않을 것이다.
③ 타협성(Compromise) - 나는 부모님이 정해 주시는 직업을 선택하겠다.
④ 지향성(Orientation) - 일하는 것이 무엇인지에 대해 생각한 바가 거의 없다.

만점 해설
③ '타협성'이 아닌 '독립성'의 예에 해당한다.

30
진로성숙도검사(CMI) 중 태도척도의 하위영역과 문항의 예가 잘못 연결된 것은?
11년 3회, 08년 3회, 06년 3회 기출

① 결정성 - 나는 선호하는 진로를 자주 바꾸고 있다.
② 참여도 - 나는 졸업할 때까지는 진로선택 문제에 별로 신경을 쓰지 않을 것이다.
③ 타협성 - 나는 하고 싶기는 하나 할 수 없는 일을 생각하느라 시간을 보내곤 한다.
④ 독립성 - 일하는 것이 무엇인지에 대해 생각한 바가 거의 없다.

만점 해설
④ '독립성'이 아닌 '지향성(성향)'의 예에 해당한다.

31
진로성숙도검사(CMI)의 태도척도 영역과 이를 측정하는 문항의 예가 바르게 짝지어진 것은?
21년 3회, 17년 1회, 11년 1회 기출

① 결정성 – 나는 선호하는 진로를 자주 바꾸고 있다.
② 독립성 – 나는 졸업할 때까지는 진로선택 문제에 별로 신경을 쓰지 않겠다.
③ 타협성 – 일하는 것이 무엇인지에 대해 생각한 바가 거의 없다.
④ 성향 – 나는 하고 싶기는 하나 할 수 없는 일을 생각하느라 시간을 보내곤 한다.

만점 해설
② 참여도(관여도), ③ 지향성(성향), ④ 타협성

32
경력진단검사에 관한 설명으로 틀린 것은?
20년 1·2회, 16년 1회 기출

① 경력결정검사(CDS)는 경력관련 의사결정 실패에 관한 정보를 제공하기 위해 개발되었다.
② 개인직업상황검사(MVS)는 직업적 정체성 형성 여부를 파악하기 위한 것이다.
③ 경력개발검사(CDI)는 경력관련 의사결정에 대한 참여 준비도를 측정하기 위한 것이다.
④ 경력태도검사(CBI)는 직업선택에 필요한 정보 및 환경, 개인적인 장애가 무엇인지를 알려준다.

만점 해설
④ 직업선택에 필요한 정보 및 환경, 개인적인 장애가 무엇인지 알려주는 것은 개인직업상황검사(MVS)에 해당한다. 반면, 경력태도검사(CBI)는 내담자로 하여금 자아인식 및 세계관에 대한 문제를 확인하도록 돕기 위한 것으로서 크롬볼츠(Krumboltz)가 개발하였다.

33
개인의 진로결정에 장애가 되는 요인을 파악하고 교육 및 진로 미결정의 선행요인을 알아내기 위한 목적으로 쓰이는 도구는?
12년 3회, 03년 1회 기출

① 진로성숙척도
② 진로결정척도
③ 진로개발검사
④ 진로계획척도

만점 해설
진로결정척도 또는 경력결정척도(CDS ; Career Decision Scale)
- 오시포(Osipow)가 본래 상담에서 사용하기 위한 진단적 도구로 설계한 것이나, 고등학생부터 성인을 대상으로 진로 혹은 경력 관련 의사결정 실패에 관한 정보를 제공하기 위해 개발되었다.
- '확신 또는 확실성(Certainty)'과 '비결정 또는 미결정성(Indecision)'의 두 가지 하위척도를 통해 개인의 진로결정에 장애가 되는 요인은 물론 교육 및 진로 미결정의 선행요인을 파악할 수 있도록 한다.

34
심리검사의 유형과 그 예를 짝지은 것으로 틀린 것은?
19년 3회 기출

① 직업흥미검사 – VPI
② 직업적성검사 – AGCT
③ 성격검사 – CPI
④ 직업가치검사 – MIQ

만점 해설
② 육군일반분류검사(AGCT ; Army General Classification Test)는 제2차 세계대전 당시 미 육군에서 신병분류를 위해 사용한 심리검사도구로서, 언어, 수리, 공간능력 요인으로 구성된 집단지능검사이다.

35
심리검사에 관한 설명으로 옳은 것은? 16년 2회 기출

① CMI는 태도척도와 능력척도로 구성되며 진로선택 내용과 과정이 통합적으로 반영되었다.
② MBTI는 외향성·호감성·성실성·정서적 불안정성·경험개방성의 5요인으로 구성되어 있다.
③ MMPI에서 한 하위척도의 점수가 70이라는 것은 규준집단에 비추어볼 때 평균보다 한 표준편차 아래인 것을 의미한다.
④ 진로발달검사의 경우 인간이 가진 보편적인 경향성을 측정하는 것이므로 미국에서 작성된 기존 규준을 우리나라에서 그대로 사용해도 무방하다.

만점 해설

② 성격 5요인(Big-5) 검사의 하위요인에 해당한다.
③ MMPI는 원점수를 T점수로 환산하여 평가하며, 이때 T점수는 평균이 50, 표준편차가 10이 되도록 Z점수를 변환한 점수에 해당한다. 따라서 70T는 평균보다 2SD(표준편차) 높은 것을 의미한다.
④ 외국에서 개발된 심리검사도구들은 우리 실정에 맞도록 재표준화하는 과정이 필요하다.

CHAPTER 03 직업과 스트레스

01절 스트레스의 이해

01
스트레스 요인과 상황에 관한 설명으로 틀린 것은?
17년 1회, 03년 1회 기출

① 좌절(Frustration) – 원하는 목표가 지연되거나 차단될 때이다.
② 과잉부담(Overload) – 개인의 능력을 벗어난 일이나 요구일 때이다.
③ 갈등(Conflict) – 두 가지의 긍정적인 일들이 갈등을 일으킬 때이다.
④ 생활의 변화(Life Change) – 부정적인 사건이 제한된 시간 내에 많을 때이다.

만점 해설
④ 생활의 변화(Life Change)는 평소 익숙하던 생활환경이 바뀔 때이다.

02
승진을 하려면 지방근무를 해야만 하고, 서울근무를 계속하려면 승진기회를 잃는 경우에 겪는 갈등의 유형은?
19년 1회, 15년 2회, 12년 2회 기출

① 접근-접근 갈등
② 회피-회피 갈등
③ 접근-회피 갈등
④ 이중접근 갈등

만점 해설
갈등의 유형(Lewin)
- 접근-접근 갈등 : 두 개의 정적 유의성을 띠고 있는 바람직하면서도 상호배타적인 행동목표가 동시에 나타나는 경우
- 접근-회피 갈등 : 동일한 행동목표가 정적 유의성과 부적 유의성을 동시에 나타내 보이는 경우
- 회피-회피 갈등 : 두 개의 부적 유의성을 띠고 있는 상호배타적인 행동목표가 동시에 나타나는 경우
- 이중 접근-회피 갈등 : 접근-회피 갈등을 보이는 두 개의 행동목표 중 어느 하나만을 선택할 수밖에 없는 경우

03
스트레스로 인해 나타날 수 있는 신체의 변화로 옳지 않은 것은?
20년 1·2회 기출

① 호흡과 심장박동이 빨라지고 혈압도 높아진다.
② 부신선과 부신피질을 자극해 에피네프린(아드레날린)을 생성한다.
③ 부교감신경계가 활성화되어 각성이 일어난다.
④ 부신피질 호르몬인 코티졸이 분비된다.

만점 해설
③ 스트레스로 인해 심리적 긴장이 고조되는 경우 교감신경계가 활성화되는 반면, 스트레스가 없는 안정된 상태인 경우 부교감신경계가 활성화된다.

04
직무 스트레스에 관한 설명으로 틀린 것은?
22년 1회, 18년 1회 기출

① 직장 내 소음, 온도와 같은 물리적 요인이 직무 스트레스를 유발할 수 있다.
② 직무 스트레스를 일으키는 심리사회적 요인으로 역할갈등, 역할과부하, 역할모호성 등이 있다.
③ 사회적 지지가 제공되면 우울이나 불안 같은 직무 스트레스 반응이 감소한다.
④ 직무 스트레스는 직무만족과 부정적 관계에 있으며, 모든 스트레스는 항상 직무수행 성과를 떨어뜨린다.

만점 해설

④ 스트레스가 반드시 부정적인 효과만 나타내는 것은 아니다. 적정 수준의 스트레스(Eustress)는 도전하려는 욕구를 자극하므로 개인적 성장, 자기 향상 증진 등의 기능을 할 수 있다. 또한 스트레스에 대한 내성(Tolerance)을 기르도록 함으로써 더 큰 스트레스에 대비할 수 있도록 한다.

05
스트레스에 관한 설명으로 옳은 것은?   17년 1회 기출

① 스트레스 수준과 수행은 U형 관계를 가진다.
② B유형 행동은 관상동맥성 질환과 밀접한 관련이 있다.
③ 외적 통제자는 스트레스 상황에 노출되더라도 크게 위험을 느끼지 않는다.
④ 코티졸은 부신피질에서 방출하는 스트레스 통제 호르몬이다.

만점 해설

④ 코티졸(Cortisol)은 부신피질에서 생성·방출되는 스테로이드 호르몬으로서 이른바 '스트레스 호르몬' 또는 '스트레스 통제 호르몬'으로 널리 알려져 있다.
① 스트레스 수준과 수행은 역U형 관계를 가진다.
② 관상동맥성 질환과 밀접한 관련이 있는 것은 A유형 행동이다.
③ 일반적으로 내적 통제자는 문제 중심의 대응행동을 통해 스트레스 상황에 적절히 대처하는 반면, 외적 통제자는 부정적 사건에 민감하게 반응하고 자기방어적인 성향을 보임으로써 실제 생활에서 비교적 높은 수준의 스트레스를 경험한다.

06
스트레스와 직무수행 간의 관계에 관한 설명으로 옳은 것은?
21년 2회, 18년 2회, 13년 1회 기출

① 스트레스가 많을수록 직무수행이 떨어지는 일차함수 관계이다.
② 어느 수준까지만 스트레스가 많을수록 직무수행이 떨어진다.
③ 일정 시점 이후에 스트레스 수준이 증가하면 수행실적은 오히려 감소하는 역U형 관계이다.
④ 스트레스와 직무수행은 관계가 없다.

만점 해설

역U자형 가설(Yerkes-Dodson)
직무에 대한 스트레스가 너무 높거나 반대로 너무 낮은 경우 직무수행능력이 떨어지는 역U자형 양상을 보이게 된다.

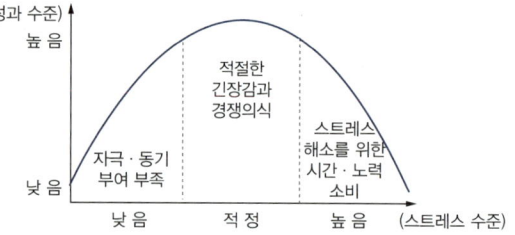

07
직무 스트레스에 관한 설명으로 옳은 것은?
21년 3회, 18년 2회 기출

① 17-OHCS라는 당류부신피질 호르몬은 스트레스의 생리적 지표로서 매우 중요하게 사용된다.
② B형 행동유형이 A형 행동유형보다 높은 스트레스 수준을 유지한다.
③ Yerkes와 Dodson의 U자형 가설은 스트레스 수준이 낮으면 작업능률이 높아진다는 가설이다.
④ 일반적응증후군(GAS)은 저항단계, 경계단계, 소진단계 순으로 진행되면서 사람에게 나쁜 결과를 가져다준다.

만점 해설

② A형 행동유형이 B형 행동유형보다 높은 스트레스 수준을 유지한다.
③ 여크스-도슨(Yerkes-Dodson)의 역U자형 가설은 스트레스 수준이 낮은 경우 작업능률이 떨어지며, 반대로 스트레스 수준이 높은 경우에도 저조한 수행실적을 보인다는 것이다.
④ 일반적응증후군(GAS)의 3단계는 '경고(경계)단계 → 저항단계 → 소진(탈진)단계' 순으로 전개된다.

*참고 : 'Yerkes-Dodson'은 교재에 따라 '여크스-도슨', '여키스-도슨', '여키스-다슨'으로도 제시되고 있으며, 직업상담사 시험에서도 이들 명칭이 혼용되고 있습니다.

08
셀리(Selye)가 제시한 스트레스 반응단계(일반적응증후군)를 순서대로 바르게 나열한 것은?
20년 1·2회, 20년 4회, 15년 2회, 13년 1회 기출

① 소진 - 저항 - 경고
② 저항 - 경고 - 소진
③ 소진 - 경고 - 저항
④ 경고 - 저항 - 소진

만점 해설

스트레스에 의한 일반적응증후군의 3단계(Selye)
경고(경계)단계 → 저항단계 → 소진(탈진)단계

*참고 : 'Selye'는 교재에 따라 '셀리', '셀리에', '샐리에'로도 제시되고 있으며, 직업상담사 시험에서도 이들 명칭이 혼용되고 있습니다.

09
Selye가 제시한 스트레스의 단계에 해당하지 않는 것은?
17년 2회, 14년 1회 기출

① 경계단계(Alarm Stage)
② 저항단계(Resistance Stage)
③ 재발단계(Recurrence Stage)
④ 탈진단계(Exhaustion Stage)

만점 해설

스트레스에 의한 일반적응증후군의 3단계(Selye)
경고(경계)단계 → 저항단계 → 소진(탈진)단계

10
Selye가 제시한 일반적응증후군의 3가지 단계가 아닌 것은?
19년 3회, 14년 2회, 11년 1회 기출

① 경계단계
② 도피단계
③ 저항단계
④ 탈진단계

만점 해설

스트레스에 의한 일반적응증후군의 3단계(Selye)
경고(경계)단계 → 저항단계 → 소진(탈진)단계

11
셀리에(Selye)의 스트레스에서의 일반적응증후군에 관한 설명으로 옳지 않은 것은?
21년 2회 기출

① 스트레스의 결과가 신체부위에 영향을 준다는 뜻에서 일반적이라 명명했다.
② 스트레스의 원인으로부터 신체가 대처하도록 한다는 의미에서 적응이라 명명했다.
③ 경계단계는 정신적 혹은 육체적 위험에 노출되었을 때 즉각적인 반응을 보이는 단계이다.
④ 탈진단계에서 심장병을 잘 유발하는 성격의 B유형은 흥분을 가라앉히지 않는다.

만점 해설

④ 심장병을 잘 유발하는 성격은 A형 성격유형이다. A형 성격유형의 사람들은 B형 성격유형의 사람들보다 심장병으로 고생하는 비율이 5배나 더 많은 것으로 보고되고 있다.

정답 08 ④ 09 ③ 10 ② 11 ④

12
스트레스에 관한 설명으로 옳은 것은?

22년 2회, 19년 1회, 14년 3회 기출

① 스트레스에 대한 일반적응증후는 경계, 저항, 탈진 단계로 진행된다.
② 1년간 생활변동단위(Life Change Unit)의 합이 90인 사람은 대단히 심한 스트레스를 겪는 사람이다.
③ A유형의 사람은 B유형의 사람보다 스트레스에 더 인내력이 있다.
④ 사회적 지지가 스트레스의 대처와 극복에 미치는 영향력은 거의 없다.

만점 해설

② 1년간 생활변동단위(LCU)의 합이 0~150 미만인 사람은 생활위기와 관련된 질병의 발생 가능성이 거의 없는 반면, 150~199인 사람은 '경도의 생활위기(Mild Life Crisis)', 200~299인 사람은 '중등도의 생활위기(Moderate Crisis)', 300 이상인 사람은 '중증도의 생활위기(Major Crisis)'로 인해 질병의 발생 가능성이 있음을 나타낸다.
③ A유형의 사람이 B유형의 사람보다 높은 스트레스 수준을 유지하는데, 이는 A유형의 사람이 평소 공격적·적대적이고 인내력이 부족한 데 기인한다.
④ 사회적 지지(사회적 지원)는 직무수행자의 직무 스트레스를 완화할 수 있도록 해 주는 조직 내적 혹은 조직 외적 요인에 해당한다.

13
Lazarus의 스트레스 이론에 관한 설명으로 틀린 것은?

16년 3회, 11년 3회, 10년 2회 기출

① 스트레스 사건 자체보다 지각과 인지 과정을 중시하는 이론이다.
② 1차 평가는 사건이 얼마나 위협적인지를 평가하는 것이다.
③ 2차 평가는 자신의 대처능력에 대한 평가이다.
④ 3차 평가는 자신의 스트레스 반응에 대한 평가이다.

만점 해설

④ 3차 평가는 재평가로서, 환경으로부터 오는 새로운 정보에 근거하여 처음의 평가가 수정되는 것이다.

14
다음 설명에 해당하는 행동특성을 바르게 나타낸 것은?

20년 3회 기출

ㄱ	• 점심을 먹으면서도 서류를 본다. • 아무것도 하지 않고 쉬면 견딜 수 없다. • 주말이나 휴일에도 쉴 수가 없다.
ㄴ	• 열심히 일을 했지만 성취감보다는 허탈감을 느낀다. • 인생에 환멸을 느낀다. • 불면증이 생긴다.

① ㄱ : 일 중독증, ㄴ : 소 진
② ㄱ : A형 성격, ㄴ : B형 성격
③ ㄱ : 내적 통제 소재, ㄴ : 외적 통제 소재
④ ㄱ : 과다 과업지향성, ㄴ : 과다 인간관계지향성

만점 해설

일 중독증과 소진

일 중독증 (Workaholic)	• '과잉 적응 증후군'이라고도 한다. • 남달리 일을 많이 하고 일을 좋아해서 계속 일에 자신을 몰아넣는 증상이다. 일을 하지 않으면 불안해지므로 강박적인 양상을 보인다.
소 진 (Burnout)	• '탈진 증후군'이라고도 한다. • 일에 자신의 에너지를 다 쏟아붓다가 어느 순간 일로부터 자신이 소외당하면서 겪는 심리적·행동적 증상이다.

15
탈진(Burnout)에 관한 설명으로 옳지 않은 것은?

21년 1회 기출

① 종업원들이 일정 기간 동안 직무를 수행한 후 경험하는 지친 심리적 상태를 의미한다.
② 탈진검사는 정서적 고갈, 인격상실, 개인적 성취감 감소 등의 세 가지 구성요소로 측정한다.
③ 탈진에 대한 연구는 대부분 면접과 관찰을 통해 이루어졌다.
④ 탈진 경험은 다양한 직무 스트레스 요인과 직무 스트레스 반응 변인과 상관이 있다.

만점 해설

③ 탈진은 보통 설문지 방식의 탈진검사를 종업원에게 실시하여 평가한다. 특히 매슬랙(Maslach)의 탈진검사(MBI ; Maslach Burnout Inventory)는 본래 연구 목적으로 개발된 것으로, 일반적인 진단 보조도구로도 널리 사용되고 있다.

02
조직에서 자신이 생각하는 역할과 상급자가 생각하는 역할 간 차이에 기인한 스트레스원은?

21년 1회, 15년 1회, 04년 1회 기출

① 역할과다
② 역할모호성
③ 역할갈등
④ 과제곤란도

만점 해설

① '역할과다' 또는 '역할과부하'는 역할담당자가 일상적인 업무를 수행하는 과정에서 신규의 특정 업무를 부여받게 됨으로써 대처능력 초과상태에 이르는 것이다.
② '역할모호성'은 역할담당자가 역할전달자의 역할기대에 대해 명확히 알지 못함으로써 발생하는 심리적 상태이다.
④ '과제곤란도'는 역할담당자가 자신의 능력에 대한 지각과 과제의 곤란도 간에 불확실성을 인식함으로써 발생하는 심리적 상태와 연관된다.

02절 직업 관련 스트레스

01
다음에 해당하는 직무 및 조직 관련 스트레스 요인은?

21년 3회 기출

> 직장 내 요구들 간의 모순 혹은 직장의 요구와 직장 밖 요구 사이의 모순이 있을 때 발생한다.

① 역할갈등
② 역할과다
③ 과제특성
④ 역할모호성

만점 해설

역할갈등(Role Conflict)
역할담당자가 자신의 지위(역할)와 역할전달자의 역할기대가 상충되는 상황에서 지각하는 심리적 상태를 말한다. 둘 또는 그 이상의 사회적 지위(역할)를 가지고 있는 사람이 상반된 기대 역할을 요구받을 때 경험하게 된다.

03
직무 스트레스에 관한 설명으로 틀린 것은?

20년 3회 기출

① 지루하게 반복되는 과업의 단조로움은 매우 위험한 스트레스 요인이 될 수 있다.
② 복잡한 과제는 정보과부하를 일으켜 스트레스를 높인다.
③ 공식적이고 구조적인 조직에서 주로 인간관계 변수 때문에 역할갈등이 발생한다.
④ 역할모호성은 개인의 역할이 명확하지 않을 때 발생한다.

만점 해설

③ 공식적이고 구조적인 조직에서는 주로 구조적 변수(예 의사결정의 참여, 부하의 폭 등) 때문에 역할갈등이 발생하는 반면, 비공식적이고 비구조적인 조직에서는 인간관계 변수(예 동료와의 관계 등) 때문에 역할갈등이 발생한다.

04
직무 스트레스에 대한 설명으로 틀린 것은?
11년 3회, 08년 1회 기출

① 개인의 책임한계나 직무의 목표가 명료하지 않을 때 스트레스가 높아진다.
② 복잡한 과제는 정보과부하를 일으켜 스트레스를 높인다.
③ 공식적이고 구조적인 조직에서는 인간관계가 주요 역할갈등을 일으켜 스트레스원이 된다.
④ 집합주의/개인주의 산업문화의 충돌은 근로자에게 스트레스원이 된다.

만점 해설
③ 공식적이고 구조적인 조직에서는 주로 구조적 변수(예 의사결정의 참여, 부하의 폭 등) 때문에 역할갈등이 발생하는 반면, 비공식적이고 비구조적인 조직에서는 인간관계 변수(예 동료와의 관계 등) 때문에 역할갈등이 발생한다.

05
팀 생산성을 높이기 위해서 부하들을 철저히 감독하라는 사장의 요구와 작업능률을 높이려면 자발적으로 일할 수 있는 분위기를 만들어 주어야 한다는 부하들의 요구 사이에서 고민하는 팀장의 스트레스 원인은?
19년 2회, 12년 1회 기출

① 송신자 내 갈등(Intrasender Conflict)
② 개인 간 역할갈등(Inter-role Conflict)
③ 개인 내 역할갈등(Person-role Conflict)
④ 송신자 간 갈등(Intersender Conflict)

만점 해설
역할갈등의 4가지 유형
- 개인 간 역할갈등 : 직업에서의 요구와 직업 이외의 요구 간의 갈등에서 발생한다.
- 개인 내 역할갈등 : 개인의 복잡한 과제, 개인이 수행하는 직무의 요구와 개인의 가치관이 다를 때 발생한다.
- 송신자 간 갈등 : 두 명 이상의 요구가 갈등을 일으킬 때 발생한다.
- 송신자 내 갈등 : 업무 지시자가 서로 배타적이고 양립할 수 없는 요구를 요청할 때 발생한다.

06
역할갈등의 발생에 대한 설명으로 틀린 것은?
18년 3회, 13년 2회 기출

① 직업에서의 요구와 직업 이외의 요구가 다를 때 발생한다.
② 개인이 수행하는 직무의 요구와 개인의 가치관이 다를 때 발생한다.
③ 개인에게 요구하는 두 사람 이상의 요구가 다를 때 발생한다.
④ 개인의 책임한계와 목표가 명확하지 않아서 역할이 분명하지 않을 때 발생한다.

만점 해설
④ 개인의 책임한계나 직무의 목표가 명료하지 않을 때 발생하는 것은 역할모호성에 해당한다.
① 개인 간 역할갈등, ② 개인 내 역할갈등, ③ 송신자 간 갈등

07
스트레스의 원인 중 역할갈등과 가장 관련이 높은 것은?
22년 1회, 17년 3회, 14년 3회 기출

① 직무 관련 스트레스원
② 개인 관련 스트레스원
③ 조직 관련 스트레스원
④ 물리적 환경 관련 스트레스원

만점 해설
스트레스의 원인(스트레스원)
- 직무 관련 스트레스원 : 과제특성, 역할갈등, 역할모호성, 역할과다 또는 역할과소 등
- 개인 관련 스트레스원 : A형 성격유형(A 유형 행동), 통제 위치(통제 소재), 능력 및 경험, 욕구 및 가치, 인구통계적 변인 등
- 물리적 환경 관련 스트레스원 : 조명, 소음, 온도, 진동, 공기오염, 사무실 설계, 사회적 밀도 등

08

직무 스트레스를 촉진시키거나 완화하는 조절요인이 아닌 것은? 19년 2회, 15년 3회, 04년 3회 기출

① A/B 성격유형
② 통제 소재
③ 사회적 지원
④ 반복적이고 단조로운 직무

만점 해설

④ 반복적이고 단조로운 직무(업무)는 직무 관련 스트레스의 조절요인(조절변인)이라기보다는 과제특성에서 비롯되는 직무 관련 스트레스원에 해당한다.

09

직무 스트레스를 조절하는 변인과 가장 거리가 먼 것은? 20년 3회, 14년 1회 기출

① 성격유형
② 역할모호성
③ 통제 소재
④ 사회적 지원

만점 해설

② 개인의 역할이 명확하지 않을 때 발생하는 역할모호성은 직무 관련 스트레스의 조절변인(조절요인)이라기보다는 직무 관련 스트레스원에 해당한다.

10

직무 스트레스에 영향을 주는 요인에 관한 설명과 가장 거리가 먼 것은? 17년 3회, 15년 1회 기출

① B 성격유형의 사람들은 A 성격유형의 사람들보다 성취욕구와 포부수준이 더 높기 때문에 일로부터 스트레스를 느낄 가능성이 적다.
② 내적 통제자보다 외적 통제자들은 자신의 삶에서 중요한 사건들이 주로 타인이나 외부에 의해 결정된다고 보기 때문에 스트레스의 영향력을 감소시키려는 노력을 하지 않는 편이다.
③ 스트레스 자체를 없애기는 어렵기 때문에 스트레스의 출처를 예측하는 것이 스트레스를 완화하는 데 중요한 역할을 한다.
④ 사회적 지원은 스트레스의 출처를 약화시키지만 스트레스의 출처로부터 야기된 권태감, 직무 불만족 자체를 감소시키는 것은 아니다.

만점 해설

① A 성격유형의 사람들은 B 성격유형의 사람들보다 성취욕구와 포부수준이 더 높기 때문에 일로부터 스트레스를 느낄 가능성이 많다.

11

A 유형의 행동 특징에 관한 설명으로 틀린 것은? 17년 2회, 12년 1회 기출

① 근무 시간을 철저하게 지키고, 항상 긴박감을 느낀다.
② 평소 활동이 공격적이고 적대적이며 참을성이 없다.
③ 시간에 대한 걱정이 덜 하고 여유를 가진다.
④ 사내의 활동이 경쟁적이며 승부에 집착한다.

만점 해설

③ B 성격유형의 행동 특징에 해당한다.

12
A형 성격유형에 대한 설명과 가장 거리가 먼 것은?
17년 3회, 15년 1회, 11년 2회 기출

① 시간의 절박감과 경쟁적 성취욕이 강하다.
② 관상동맥성 심장병(CHD)에 걸릴 확률이 높다.
③ 비경쟁적 상황에서는 의외로 타인과의 경쟁심이나 적대감이 없다.
④ 직무 스트레스의 주요 원천이다.

만점 해설
③ A형 성격유형은 빠른 말을 구사하고, 느린 것에 참지 못하며, 한 가지 이상의 활동에 동시에 관여한다. 또한 비경쟁적 상황에서조차 타인과 경쟁하고 공격적이며, 쉽게 일어나는 적대감, 시간의 절박감 그리고 경쟁적 성취욕을 보이는 특성을 가지고 있다.

13
스트레스에 관한 설명으로 틀린 것은? 18년 3회 기출

① 스트레스 여부는 상황에 대한 개인의 주관적 해석에 의존한다.
② 스트레스 여부는 상황에 대한 통제 가능성에 의존한다.
③ A 유형에 비해 B 유형의 사람들이 스트레스를 덜 받는 경향이 있다.
④ 내적 통제자에 비해 외적 통제자가 스트레스 상황에 대한 대처능력이 뛰어나다.

만점 해설
④ 외적 통제자는 내적 통제자와 달리 자신의 삶에 있어서 중요한 사건들이 주로 타인이나 외부에 의해 결정된다고 보기 때문에 스트레스의 영향력을 감소시키려는 노력을 하지 않는 편이며, 그로 인해 스트레스 상황에 대한 대처능력이 부족하다.

14
조직에서의 스트레스를 매개하거나 조절하는 요인들 중 개인속성이 아닌 것은?
22년 2회, 18년 1회, 14년 2회 기출

① Type A형과 같은 성격유형
② 친구나 부모와 같은 주변인의 사회적 지지
③ 상황을 개인이 통제할 수 있느냐에 대한 신념
④ 부정적인 사건들에서 빨리 벗어나는 능력

만점 해설
직무 스트레스의 주요 매개변인(조절변인)
- 개인속성 : A/B 성격유형, 통제 위치(통제 소재), 그 밖의 개인차 등
- 상황속성 : 사회적 지원(사회적 지지) 등

15
직무 스트레스 매개변인으로 개인속성에 해당하는 것은?
19년 3회 기출

① 통제 소재
② 역할과부하
③ 역할모호성
④ 조직 풍토

만점 해설
② · ③ · ④ 직무 및 조직 관련 스트레스원에 해당한다.

16
조직에 영향을 미치는 직무 스트레스의 결과와 가장 거리가 먼 것은?
22년 1회, 19년 1회, 10년 4회 기출

① 직무수행 감소
② 직무 불만족
③ 상사의 부당한 지시
④ 결근 및 이직

만점 해설
직무 스트레스의 일반적인 결과
- 직무수행 감소
- 결근 및 이직
- 직무 불만족

정답 12 ③ 13 ④ 14 ② 15 ① 16 ③

17
Seeman의 개념적 틀을 이용하여 Blauner가 규정한 비소외적 상태에 해당되지 않는 것은?

17년 3회, 14년 3회 기출

① 목 적
② 자유와 통제
③ 사회적 통합
④ 자기실현

만점 해설

비소외적 상태와 소외 양상(Blauner)

비소외적 상태	소외 양상
• 자유와 통제 • 목 적 • 사회적 통합 • 자기몰입	• 무기력감 • 무의미감 • 고립감 • 자기상실감(자기소원감)

18
소외 양상의 개념에 관한 설명 중 틀린 것은?

22년 1회 기출

① 무기력감(Powerlessness) : 자유와 통제의 결핍상태
② 무의미감(Meaninglessness) : 경영정책이나 생산목적 등의 목적으로부터의 단절
③ 자기소원감(Self-estrangement) : 직무에 자신이 몰두할 수 없는 상태
④ 고립감(Isolation) : 지루함이나 단조로움을 느끼는 심리적 상태

만점 해설

④ 고립감(Isolation) : 자신이 속한 조직의 사회적 협동의 결핍상태

19
조직 감축에서 살아남은 구성원들이 조직에 대해 보이는 전형적인 반응은?

20년 4회, 18년 2회, 13년 1회, 12년 3회 기출

① 살아남은 구성원들은 조직에 대해 높은 신뢰감을 가지고 있다.
② 더 많은 일을 해야 하기 때문에 과로하며 종종 불이익도 감수하려고 한다.
③ 살아남은 구성원들은 다른 직무나 낮은 수준의 직무로 이동하는 것을 거부한다.
④ 조직 감축에서 살아남은 데 만족하며 조직 몰입을 더 많이 한다.

만점 해설

① 살아남은 구성원들도 종종 조직에 대한 신뢰감을 상실한다.
③ 일부 구성원들은 다른 직무나 낮은 수준의 직무로 이동하는 것을 감수한다.
④ 감축대상이 된 동료들에 대한 미안한 마음과 자신도 언제 감축대상이 될지 모른다는 불안감으로 인해 조직 몰입에 어려움을 겪는다.

20
조직 감축으로부터 살아남은 종업원들이 전형적으로 조직에 대해 반응하는 행동이 아닌 것은?

11년 2회 기출

① 살아남은 자들도 종종 조직에 대한 신뢰감을 상실하고는 한다.
② 더 많은 일을 해야 하기 때문에 과로하며 종종 불이익도 감수하려고 한다.
③ 일부 사람들은 다른 직무나 낮은 수준의 직무로 이동하는 것을 감수한다.
④ 조직 감축에서 살아남은 데 만족하며 조직 몰입을 더욱 많이 한다.

만점 해설

④ 감축대상이 된 동료들에 대한 미안한 마음과 자신도 언제 감축대상이 될지 모른다는 불안감으로 인해 조직 몰입에 어려움을 겪는다.

정답 17 ④ 18 ④ 19 ② 20 ④

03절 스트레스 관리와 예방

01
다음에 해당하는 스트레스 관리전략은?

20년 1·2회, 17년 1회, 13년 3회 기출

> 예전에는 은행원들이 창구에 줄을 서서 기다리는 고객들에게 가능한 빨리 서비스를 제공하고자 스트레스를 많이 받았었는데, 고객 대기표(번호표) 시스템을 도입한 이후 이러한 스트레스를 많이 줄일 수 있게 되었다.

① 반응지향적 관리전략
② 증후지향적 관리전략
③ 평가지향적 관리전략
④ 출처지향적 관리전략

만점 해설

④ 고객에게 최대한 신속히 서비스를 제공해야 한다는 부담감을 줄이기 위해 새로운 시스템을 도입하는 등 직무와 관련된 조직적 스트레스의 요인을 수정하는 것이므로 스트레스 요인 중심의 출처지향적 관리전략에 해당한다.

02
개인의 변화를 목표로 하는 이차적 스트레스 관리전략에 해당하지 않는 것은?

21년 3회, 17년 2회, 11년 1회 기출

① 이완훈련
② 바이오피드백
③ 직무재설계
④ 스트레스 관리훈련

만점 해설

③ 직무재설계는 조직 수준의 스트레스 관리전략, 즉 일차적(1차적) 스트레스 관리전략에 해당한다.

03
스트레스의 예방 및 대처 방안으로 틀린 것은?

20년 4회, 18년 1회, 14년 2회, 08년 3회 기출

① 가치관을 전환해야 한다.
② 과정중심적 사고방식에서 목표지향적 초고속심리로 전환해야 한다.
③ 균형 있는 생활을 해야 한다.
④ 취미·오락을 통해 생활장면을 전환하는 활동을 규칙적으로 해야 한다.

만점 해설

② 목표지향적 초고속심리(초고속사고)에서 과정중심적 사고방식으로 전환해야 한다.

04
스트레스에 대처하기 위한 포괄적인 노력과 가장 거리가 먼 것은?

22년 2회, 19년 3회, 14년 3회, 06년 3회 기출

① 과정중심적 사고방식에서 목표지향적 초고속사고로 전환해야 한다.
② 가치관을 전환해야 한다.
③ 스트레스에 정면으로 도전하는 마음가짐이 있어야 한다.
④ 균형 있는 생활을 해야 한다.

만점 해설

① 목표지향적 초고속심리(초고속사고)에서 과정중심적 사고방식으로 전환해야 한다.

01 ④ 02 ③ 03 ② 04 ①

CHAPTER 04 직업상담 초기면담

01절 초기면담의 이해

01
초기상담의 유형 중 정보지향적 면담에 관한 설명으로 옳지 않은 것은? 　　18년 3회, 13년 1회 기출

① 재진술과 감정의 반향 등이 주로 이용된다.
② '예', '아니요'와 같은 특정하고 제한된 응답을 요구한다.
③ '누가, 무엇을, 어디서, 어떻게'로 시작되는 개방형 질문이 사용된다.
④ 상담의 틀이 상담자에게 초점을 맞추어 진행된다.

> **만점 해설**
> ① 재진술과 감정의 반향 등이 주로 이용되는 초기상담(초기면담)의 유형은 관계지향적 면담에 해당한다.

02
초기상담의 유형 중 관계지향적 면담에 관한 설명으로 옳은 것은? 　　11년 1회 기출

① 재진술과 감정의 반향 등이 주로 이용된다.
② 내담자에 의해 시작된 면담과 상담자에 의해 시작된 면담으로 구분된다.
③ '누가, 무엇을, 어디서, 어떻게'로 시작되는 질문이 사용된다.
④ 상담의 틀이 상담자에게 초점을 맞추어져 진행된다.

> **만점 해설**
> ② 내담자 대 상담자의 솔선수범 면담의 내용에 해당한다.
> ③ · ④ 정보지향적 면담의 내용에 해당한다.

03
초기면담의 유형 중 정보지향적 면담을 위한 상담기법과 가장 거리가 먼 것은? 　　19년 3회 기출

① 재진술
② 탐색해 보기
③ 폐쇄형 질문
④ 개방형 질문

> **만점 해설**
> ① '재진술'은 초기면담의 유형 중 관계지향적 면담을 위한 상담기법에 해당한다.

04
초기면담의 한 유형인 정보지향적 면담에서 주로 사용하는 기법이 아닌 것은? 　　16년 2회, 13년 2회, 06년 3회 기출

① 폐쇄형 질문
② 개방형 질문
③ 탐색하기
④ 감정이입하기

> **만점 해설**
> ④ '감정이입'은 초기면담의 특정 유형에서 사용하는 기법이 아닌 초기면담의 주요 요소에 해당한다.

정답 01 ① 02 ① 03 ① 04 ④

05
직업상담 시 초기면담에서 도움이 되지 않는 행동은? 14년 3회 기출

① 내담자에게 적절한 호칭을 사용하면서 상담한다.
② 내담자가 이해하지 못하는 단어를 사용한다.
③ 긴장을 줄이기 위해 가끔 유머를 사용한다.
④ 내담자에게 신체적으로 가깝게 기울이며 근접하여 상담한다.

만점 해설
② 상담자는 내담자가 쉽게 이해할 수 있는 언어를 사용한다.

06
상담사가 길을 전혀 잃어버리지 않고 마치 자신이 내담자의 세계에서 경험을 하는듯한 능력을 의미하는 상담기법은? 19년 3회, 12년 1회 기출

① 직 면
② 즉시성
③ 리허설
④ 감정이입

만점 해설
① 직면은 내담자로 하여금 행동의 특정 측면을 검토해 보고 수정하게 하며 통제하도록 도전하게 하는 것이다.
② 즉시성은 상담자가 자신의 바람은 물론 내담자의 느낌, 인상, 기대 등을 이해하고 이를 상담 과정의 주제로 삼는 것이다.
③ 리허설은 내담자에게 선정된 행동을 연습하거나 실천하도록 함으로써 내담자가 계약을 실행하는 기회를 최대화하도록 돕는 것이다.

07
초기면담의 주요 요소 중 내담자로 하여금 행동의 특정 측면을 검토해 보고 수정하게 하며 통제하도록 도전하게 하는 것은? 17년 3회, 08년 3회, 05년 3회 기출

① 계 약
② 감정이입
③ 리허설
④ 직 면

만점 해설
① 계약은 목표 달성에 포함된 과정과 최종결과에 초점을 두는 것으로, 특히 내담자의 행동, 사고 등의 변화를 촉진하는 계약이 강조된다.
② 감정이입은 지각과 의사소통으로써 상담자로 하여금 길을 잃지 않으면서 내담자 세계를 경험할 수 있도록 하는 능력이다.
③ 리허설은 내담자에게 선정된 행동을 연습하거나 실천하도록 함으로써 내담자가 계약을 실행하는 기회를 최대화하도록 돕는 것이다.

08
상담자가 자신의 바람은 물론 내담자의 느낌, 인상, 기대 등을 이해하고 이를 상담 과정의 주제로 삼는 상담기법은? 14년 1회, 05년 1회 기출

① 직 면
② 계 약
③ 즉시성
④ 리허설

만점 해설
초기면담의 주요 요소로서 즉시성(Immediacy)
상담자가 자신의 바람은 물론 내담자의 느낌, 인상, 기대 등에 대해 이를 깨닫고 대화를 나누는 것으로, 상담자는 이를 상담 과정의 주제로 삼게 된다. 이러한 즉시성에는 '관계 즉시성'과 '지금-여기에서의 즉시성'이 있다.

09
직업상담을 위해 면담을 하는 중 즉시성(Immediacy)을 사용하기에 적합하지 않은 경우는?

20년 3회 기출

① 방향감이 없는 경우
② 신뢰성에 의문이 제기되는 경우
③ 내담자가 독립성이 있는 경우
④ 상담자와 내담자 간에 사회적 거리감이 있는 경우

만점 해설

즉시성의 상담기법이 유용한 경우
- 방향감이 없는 경우(①)
- 긴장감이 감돌고 있는 경우
- 신뢰성에 의문이 제기되는 경우(②)
- 상담자와 내담자 간에 사회적 거리감이 있는 경우(④)
- 내담자의 의존성이 있는 경우(③)
- 역의존성이 있는 경우
- 상담자와 내담자 간에 친화력이 있는 경우

10
내담자에게 선정된 행동을 연습하거나 실천토록 함으로써 내담자가 계약을 실행하는 기회를 최대화하도록 도와주는 것은?

16년 1회 기출

① 리허설
② 계 약
③ 감정이입
④ 유 머

만점 해설

초기면담의 주요 요소로서 리허설(Rehearsal)
계약이 설정된 후 상담자가 내담자에게 선정된 행동을 연습하거나 실천하도록 함으로써 내담자가 계약을 실행하는 기회를 최대화하도록 돕는 것이다. 이러한 리허설은 내담자가 하고자 하는 것을 말로 표현하거나 행위로 보이는 '명시적 리허설', 원하는 것을 상상하거나 숙고해 보는 '암시적 리허설'로 구분된다.

11
상담을 효과적으로 진행하는 데 장애가 되는 면담 태도는?

22년 2회, 16년 3회, 08년 1회, 03년 3회 기출

① 내담자와 유사한 언어를 사용하는 태도
② 분석하고 충고하는 태도
③ 비방어적 태도로 내담자를 편안하게 만드는 태도
④ 경청하는 태도

만점 해설

② 과도한 해석이나 분석하기, 충고하기, 타이르기, 비난하기, 광범위한 시도와 질문하기, 지시적·요구적 행동하기 등은 상담 과정에 도움이 되지 않는 언어적 행동에 해당한다.

12
직업상담에서 도움이 되는 면담행동이 아닌 것은?

12년 1회 기출

① 이해가능하고 명료한 말을 사용한다.
② 충고한다.
③ 가끔 고개를 끄덕인다.
④ 개방적 질문을 한다.

만점 해설

② '충고하기'는 상담 과정에 도움이 되지 않는 언어적 행동에 해당한다.

02절 호소논점 파악

01
직업상담에서 내담자의 생애진로주제를 확인하는 가장 중요한 이유는? 　　22년 1회, 14년 1회 기출

① 내담자의 사고과정을 이해하고 행동을 통찰하도록 도와주기 때문이다.
② 상담을 상담자 입장에서 원만하게 이끌 수 있도록 해 주기 때문이다.
③ 작업자, 지도자, 개인 역할이 고려되어야 하기 때문이다.
④ 내담자의 생각을 읽을 수 있게 해 주기 때문이다.

만점 해설
생애진로주제의 확인 및 분석
생애진로주제는 사람들이 자신의 생각, 가치, 태도, 자신의 신념(→ '나'에 대한 진술), 다른 사람에 대한 신념(→ '타인'에 대한 진술), 세상에 대한 신념(→ '생애'에 대한 진술) 등을 표현하기 위해 사용하는 개념으로, 직업상담에서는 내담자의 사고과정을 이해하고 행동을 통찰하기 위해 확인 및 분석한다.

02
내담자의 생애진로주제와 이를 확인하는 데 도움이 되는 자료를 바르게 연결한 것은?
　　14년 1회, 08년 1회 기출

① 기술 확인 – Prediger의 분류체계
② 작업자 역할 – 자료, 관념, 사람, 사물
③ 직업적 성격 및 작업환경 – Bolles의 분류체계
④ 탐구적 성격 및 환경 – 상상적이고 창조적인 활동

만점 해설
내담자의 생애진로주제를 확인하는 데 도움이 되는 자료

생애역할	모 형
작업자	• 자료-관념-사람-사물(Prediger) • 직업적 성격 및 작업환경(Holland) • 기술 확인(Bolles)
학습자	• 학습자 형태(Kolb) • 학습 형태(Canfield)
개 인	• 생애 형태(Adler) • 대뇌반구상의 기능

03
다음 중 개인적 역할을 강조한 아들러(Adler)의 주장이 아닌 것은? 　　09년 1회 기출

① 개인은 사회적 환경에 관해서만 이해할 수 있다.
② 성격과 특성요인은 가족집단 내에서의 운동의 표현이다.
③ 개인은 일, 사회, 성(性) 등 3개의 주요 생애과제에 반응해야 한다.
④ 한 가정에서 태어난 두 아이는 동일한 상황에서 자라는 아이다.

만점 해설
④ 아들러(Adler)는 동일한 가정에서 태어난 자녀들이라도 출생순위에 따라, 즉 맏이, 둘째아이, 중간아이, 막내, 독자 등의 위치에 따라 그 행동방식이 달라지며, 이는 어른이 되었을 때 사회와 상호작용을 하는 데 영향을 미치게 된다고 주장하였다.

04
Kolb의 학습형태검사(LSI)에서 추상적 개념화와 활동적 실험에 유용한 사고형은? 　　13년 2회 기출

① 집중형
② 확산형
③ 동화형
④ 적응형

만점 해설
학습형태검사(LSI)에 의한 4가지 학습유형
• 집중형(Converger) : 추상적 개념화와 활동적 실험에 유용한 사고형
• 확산형(Diverger) : 확고한 경험과 사려 깊은 관찰에 유용한 사고형
• 동화형(Assimilator) : 추상적 개념화와 사려 깊은 관찰에 유용한 사고형
• 적응형(Adaptor) : 확고한 경험과 활동적 실험에 유용한 사고형

05
콜브(Kolb)의 학습형태검사(LSI)에서 사람에 대한 관심은 적은 반면 추상적 개념에 많은 관심을 두는 사고형은?
20년 3회 기출

① 집중적 ② 확산적
③ 동화적 ④ 적응적

만점 해설

학습형태검사(LSI)에 의한 4가지 학습유형
- 집중형 : 비교적 비정서적이며, 사람보다 사물을 다루는 것을 좋아한다.
- 확산형 : 사람에 대한 관심이 많고, 상상적이고 정서적인 경향이 있다.
- 동화형 : 사람에 대한 관심은 적은 반면, 추상적 개념에 많은 관심을 둔다.
- 적응형 : 다른 세 가지 학습형의 사람들보다 위험성을 소유한 자를 좋아한다.

06
생애진로사정에 관한 설명으로 틀린 것은?
16년 3회, 13년 1회 기출

① 상담자와 내담자가 처음 만났을 때 이용할 수 있는 구조화된 면접기법이며 표준화된 진로사정 도구의 사용이 필수적이다.
② Adler의 심리학 이론에 기초하여 내담자와 환경과의 관계를 이해하는 데 도움을 주는 면접기법이다.
③ 비판단적이고 비위협적인 대화 분위기로써 내담자와 긍정적인 관계를 형성하는 데 도움이 된다.
④ 생애진로사정에서는 작업자, 학습자, 개인의 역할 등을 포함한 다양한 생애역할에 대한 정보를 탐색해간다.

만점 해설

생애진로사정(LCA ; Life Career Assessment)
상담자가 내담자와 처음 만났을 때 이용할 수 있는 구조화된 면접기법으로서, 내담자에 대한 가장 기초적인 직업상담 정보를 얻는 질적인 평가절차이다. 특히 이 과정에서는 비판단적·비위협적이고 대화적인 분위기를 중시하므로, 내담자가 학교에서나 훈련기관에서의 평가 과정을 통해 부정적인 선입견을 가지고 있을 가능성이 있는 인쇄물이나 소책자, 지필도구 등의 표준화된 진로사정 도구는 가급적 사용을 삼간다.

07
생애진로사정에 관한 설명으로 옳은 것은?
20년 1·2회, 15년 1회 기출

① 직업상담에서 생애진로사정은 초기단계보다 중·말기단계 면접법으로 사용된다.
② 생애진로사정은 Adler의 개인심리학에 부분적으로 기초를 둔다.
③ 생애진로사정은 객관적인 사실 확인에만 중점을 둔다.
④ 생애진로사정에서는 여가생활, 친구관계 등과 같이 일과 직접적으로 관련이 없는 주제는 제외된다.

만점 해설

① 직업상담에서 생애진로사정은 주로 초기단계 면접법으로 사용된다.
③ 생애진로사정은 내담자에 관한 객관적인 사실 확인에 중점을 두기보다는 내담자로 하여금 자신의 신념, 태도, 가치관에서 비롯되는 생활양식을 포착하도록 하는 데 중점을 둔다.
④ 생애진로사정은 직업경험이나 교육(훈련)과정에 관한 문제 등과 같이 일(Work)과 직접적으로 관련이 있는 주제들은 물론 여가시간의 활용, 여가와 관련된 사회활동 및 친구관계 등도 사정 대상으로 한다.

08
생애진로사정의 구조에서 중요 주제에 해당하지 않는 것은?
22년 2회, 18년 3회, 12년 3회 기출

① 요 약
② 평 가
③ 강점과 장애
④ 전형적인 하루

만점 해설

생애진로사정의 구조
- 진로사정
- 전형적인 하루
- 강점과 장애
- 요 약

09
생애진로사정의 구조에 포함되지 않는 것은?
21년 3회, 17년 2회, 07년 3회, 04년 3회 기출

① 진로사정
② 강점과 장애
③ 훈련 및 평가
④ 전형적인 하루

만점 해설

생애진로사정의 구조
- 진로사정
- 전형적인 하루
- 강점과 장애
- 요 약

10
다음에서 설명하고 있는 생애진로사정의 구조는?
19년 3회, 13년 3회, 11년 2회 기출

> 개인이 자신의 생활을 어떻게 조직하는지를 발견하는 것이다. 내담자가 그들 자신의 생활을 체계적으로 조직하는지 아니면 매일 자발적으로 반응하는지 결정하는 데 도움을 준다.

① 진로사정
② 전형적인 하루
③ 강점과 장애
④ 요 약

만점 해설

생애진로사정 중 전형적인 하루
내담자가 생활을 어떻게 조직하는지를 시간의 흐름에 따라 체계적으로 기술하는 것으로, 내담자가 의존적인지 또는 독립적인지, 자발적(임의적)인지 또는 체계적인지 자신의 성격차원을 파악하도록 돕는다.

11
생애진로사정의 구조 중 전형적인 하루에서 검토되어야 할 성격차원은?
21년 1회, 14년 2회, 11년 1회 기출

① 의존적 – 독립적 성격차원
② 판단적 – 인식적 성격차원
③ 외향적 – 내성적 성격차원
④ 감각적 – 직관적 성격차원

만점 해설

생애진로사정의 구조 중 전형적인 하루에서 검토되어야 할 성격차원

의존적–독립적 성격차원	• 다른 사람에 대한 의존 정도 • 다른 사람이 결정해 주기를 원함
자발적–체계적 성격차원	• 안정적이고 판에 박힌 일 • 끈기 있고 주의 깊음

12
생애진로사정 시 전형적인 하루를 탐색할 때 초점을 두어야 하는 요소는?
18년 1회 기출

① 독립적 또는 의존적 성격인가?
② 여가시간에 무엇을 하는가?
③ 살아가면서 필요한 자원은 무엇인가?
④ 하루를 살면서 가장 좋았던 것은 무엇인가?

만점 해설

② · ④ 진로사정에서 초점을 두어야 하는 요소이다.
③ 강점과 장애를 탐색할 때 초점을 두어야 하는 요소이다.

13
생애진로사정의 과정에 해당하지 않는 것은?

17년 1회, 08년 3회, 06년 1회 기출

① 내담자의 과거 직업에 대한 전문지식 분석
② 내담자의 과거 직업경력에 대한 정보수집
③ 내담자의 가계도(Genogram) 작성
④ 내담자가 가진 자원과 장애물에 대한 평가

만점 해설

① 생애진로사정에서는 내담자로 하여금 과거 직업경험에서의 좋았던 점과 싫었던 점에 대해 기술하도록 함으로써 이를 통해 반복적이고 지속적으로 나타나는 어떤 일관성 있는 주제들을 깨닫도록 하는 과정을 거치게 된다. 다만, 이러한 과정은 내담자의 포부와 현재 가지고 있는 기술에 대한 탐색 혹은 정보수집 차원에서 이루어진다.

14
내담자의 정보와 행동을 이해하고 해석할 때 기본이 되는 상담기법 중 '가정 사용하기'에 해당하는 질문이 아닌 것은?

20년 4회 기출

① 당신은 자신의 일이 마음에 듭니까?
② 당신의 직업에서 마음에 드는 것은 어떤 것들입니까?
③ 당신의 직업에서 좋아하지 않는 것은 무엇입니까?
④ 어떤 사람이 상사가 되었으면 좋겠습니까?

만점 해설

① '가정 사용하기'는 상담자가 내담자에게 어떠한 특정 행동이 이미 존재했다고 가정하여 질문함으로써 내담자의 방어를 최소화하는 기법이다. 예를 들어, "당신은 자신의 일이 마음에 듭니까?"보다는 "당신의 직업에서 마음에 드는 것은 어떤 것들입니까?"와 같이 질문을 하는 것이 효과적이다.

15
상담 시 상담사의 질문으로 바람직하지 않은 것은?

22년 2회, 17년 2회 기출

① "당신이 선호하는 직업이 있다면 무엇인가요? 그런 이유를 말씀해 주시겠어요?"
② "당신이 특별히 좋아하는 것이 있다면 말씀해 주시겠어요?"
③ "직업상담을 해야겠다고 결정했나요?"
④ "어떻게 생각해야 할지 이해가 잘 가지 않는군요. 잘 모르겠어요. 제가 좀 더 확실하게 이해할 수 있도록 도와주시겠어요?"

만점 해설

③ "직업상담을 해야겠다고 결정했나요?"보다는 과정(Process)에 초점을 맞추어 "직업상담을 해야겠다는 결정을 내린 과정을 말씀해 주시겠어요?"와 같이 질문을 하는 것이 바람직하다.

16
내담자와 관련된 정보를 수집하여 내담자의 행동을 이해하고 해석하는 데 기본이 되는 상담기법으로 가장 거리가 먼 것은?

20년 1·2회 기출

① 한정된 오류 정정하기
② 왜곡된 사고 확인하기
③ 반성의 장 마련하기
④ 변명에 초점 맞추기

만점 해설

내담자의 정보 및 행동에 대한 이해와 해석을 위한 기법 (Gysbers & Moore)
- 가정 사용하기
- 의미 있는 질문 및 지시 사용하기
- 전이된 오류 정정하기(①)
- 분류 및 재구성하기
- 저항감 재인식하기 및 다루기
- 근거 없는 믿음(신념) 확인하기
- 왜곡된 사고 확인하기(②)
- 반성의 장 마련하기(③)
- 변명에 초점 맞추기(④)

정답 13 ① 14 ① 15 ③ 16 ①

17
내담자의 정보를 수집하고 행동을 이해하여 해석할 때 내담자가 다음과 같은 반응을 보일 경우 사용하는 상담기법은? 20년 4회, 15년 1회 기출

- 이야기 삭제하기
- 불확실한 인물 인용하기
- 불분명한 동사 사용하기
- 제한적 어투 사용하기

① 전이된 오류 정정하기
② 분류 및 재구성하기
③ 왜곡된 사고 확인하기
④ 저항감 재인식하기

만점 해설
전이된 오류의 유형 중 정보의 오류
- 이야기 삭제(중요 부분의 삭제)
- 불확실한 인물(명사 또는 대명사)의 인용(사용)
- 불분명한 동사의 사용
- 참고자료(구체적 진술자료)의 불충분
- 제한된 어투의 사용

18
다음 내용은 어떤 오류가 발생한 경우인가? 17년 1회 기출

내담자들은 자신의 직업세계에 대해서 충분한 정보를 알고 있다고 잘못 생각하는 경우가 많다. 예를 들어, "내 상사가 그러는데 나는 책임감이 없대요."라고 반응하는 경우이다.

① 삭 제
② 참고자료
③ 어투의 사용
④ 불분명한 동사 사용

만점 해설
① 삭제(이야기 삭제)는 내담자의 경험을 이야기함에 있어서 중요한 부분이 빠졌을 때 발생하는 오류이다. 보기의 예에서는 무엇에 대한 책임감을 말하는 것인지가 삭제되어 있다.

19
직업상담 시 한계의 오류를 가진 내담자들이 자신의 견해를 제한하는 방법에 해당하지 않는 것은? 22년 1회, 18년 1회, 11년 1회 기출

① 예외를 인정하지 않는 것
② 불가능을 가정하는 것
③ 왜곡되게 판단하는 것
④ 어쩔 수 없음을 가정하는 것

만점 해설
전이된 오류의 유형 중 한계의 오류
- 예외를 인정하지 않는 것
- 불가능을 가정하는 것
- 어쩔 수 없음을 가정하는 것

20
제한된 기회 및 선택에 대한 견해를 갖고 있는 내담자들이 스스로 자신의 견해를 제한하기 위해 사용하는 방법이 아닌 것은? 17년 3회 기출

① 예외를 인정하지 않는 것
② 불가능을 가정하는 것
③ 어쩔 수 없음을 가정하는 것
④ 공정한 세상을 인정하지 않는 것

만점 해설
전이된 오류의 유형 중 한계의 오류
- 예외를 인정하지 않는 것
- 불가능을 가정하는 것
- 어쩔 수 없음을 가정하는 것

21
직업상담 시 내담자의 표현을 분류하고 재구성하기 위해 사용하는 역설적 의도의 원칙이 아닌 것은? 16년 1회, 12년 3회 기출

① 재구성 계획하기
② 저항하기
③ 시간 제한하기
④ 변화 꾀하기

만점 해설

역설적 의도의 원칙에 포함되는 사항(McKay, Davis & Fanning)
- 이해하는 것 잊기
- 증상-해결 주기(週期) 결정하기
- 저항하기(②)
- 목표행동 정하기
- 변화전략 세우기
- 시간 제한하기(③)
- 증상 기록하기
- 변화 꾀하기(④)
- 내담자 언어 재구성하기
- 지시이행의 동의 구하기
- 재발 예견하기
- 계몽하기 또는 관계 끊기

22

다음 상황에 가장 적합한 상담기법은?

22년 2회, 13년 1회 기출

> 상담사 : 다른 회사들이 사용해 본 결과 많은 효과가 입증된 그런 투쟁 해결방법을 써보도록 하지요.
> 내담자 : 매우 흥미로운 일이군요. 그러나 그 방법은 K 주식회사에서는 효과가 있었는지 몰라도 우리 회사에서는 안 될 것입니다.

① 가정 사용하기
② 전이된 오류 정정하기
③ 분류 및 재구성 기법 활용하기
④ 저항감 재인식 및 다루기

만점 해설

저항감 재인식 및 다루기
- 상담에 대해 동기화되지 않거나 저항감을 나타내는 경우, 방어기제를 사용하거나 의도적으로 의사소통을 방해하는 경우 내담자를 이해하는 기법이다.
- 내담자가 상황을 적당히 얼버무리고 비활동을 정당화하여 의도적으로 의사소통을 방해하는 경우, 상담자는 내담자의 저항의 목적을 이해하고 재인식하며, 이를 다루어야 한다.

23

내담자의 정보 및 행동을 이해하기 위해 사용하는 변형된 오류 수정하기와 은유 사용하기는 무엇을 위한 기법인가?

17년 2회 기출

① 왜곡된 사고 확인하기
② 분류 및 재구성하기
③ 전이된 오류 정정하기
④ 저항감 다루기

만점 해설

저항감 재인식하기 및 다루기의 주요 전략
- 변형된 오류 수정하기
- 내담자와 친숙해지기
- 은유 사용하기
- 대결하기 등

24

Snyder 등은 직업상담을 하면서 접할 수 있는 내담자의 변명을 종류별로 구분하였다. 다음 중 변명의 종류가 다른 것은?

18년 2회 기출

① 축 소
② 비 난
③ 정당화
④ 훼 손

만점 해설

내담자의 변명의 종류(Snyder, Higgins & Stucky)

책임을 회피하기	· 부 정 · 비 난	· 알리바이
결과를 다르게 조직하기	· 축 소 · 훼 손	· 정당화
책임을 변형시키기	· 그렇게 할 수밖에 없었어요. · 그걸 의미한 것은 아니었어요. · 이건 정말 제가 아니에요.	

정답 22 ④ 23 ④ 24 ②

25
내담자의 행동과 정보를 수집하고 이해하며 상담하는 기법에 대한 설명으로 틀린 것은? 07년 3회 기출

① 의미 있는 질문은 언제든지 반응하도록 범위를 열어 놓는 것이다.
② 전이된 오류 정정하기는 정보의 오류, 한계의 오류, 논리적 오류 등으로 구별된다.
③ 근거 없는 믿음 확인하기는 내담자의 결론 도출, 재능 지각, 지적 및 정보의 부적절하거나 부분적인 일반화, 관념 등 정보의 일부분만을 보는 것이다.
④ 변명에 초점 맞추기는 자신의 행동에 부정적인 면을 줄이려는 행동이나 설명으로써 자신의 긍정적인 면을 계속 유지하려는 것이다.

만점 해설
③ 결론 도출, 재능 지각, 지적 및 정보의 부적절하거나 부분적인 일반화, 관념 등 정보의 일부분만을 보는 것은 '왜곡된 사고'를 의미한다. 참고로 '근거 없는 믿음 확인하기'는 잘못된 믿음을 가진 사람들에게는 그들의 믿음과 노력이 근거 없는 잘못된 것임을 알게 함으로써 새로운 대안을 찾도록 하는 것이다.

03절 내담자 사정

01
내담자의 동기와 역할을 사정(Assessment)하는 데 가장 많이 사용되는 방법은? 12년 2회 기출

① 개인상담
② 직업상담
③ 자기보고
④ 심리치료

만점 해설
자기보고법(Self-report)
내담자 스스로 자신을 탐색하도록 하는 방법으로, 내담자로 하여금 현재 상황과 미래에 대한 기대수준을 진단하도록 함으로써 진로선택에 대한 중요성 및 이를 위한 자기효능감을 증가시키도록 한다.

02
다음 중 내담자의 동기와 역할을 사정함에 있어서 자기보고법이 적합한 내담자는? 19년 3회 기출

① 인지적 명확성이 낮은 내담자
② 인지적 명확성이 높은 내담자
③ 흥미가치가 낮은 내담자
④ 흥미가치가 높은 내담자

만점 해설
동기·역할사정을 위한 자기보고법
자기보고법은 내담자의 동기와 역할을 사정하는 데 일반적으로 가장 많이 사용되는 방법이다. 내담자로 하여금 스스로 자기를 탐색해 보도록 하는 것으로, 특히 인지적 명확성이 높은 내담자에게 매우 효과적이다.

03
동기사정하기에서 내담자가 성공에 대해 낮은 동기를 가지고 있을 때 대처하는 방안과 가장 거리가 먼 것은? 16년 2회 기출

① 진로선택에 대한 중요성 증가시키기
② 낮은 수준의 수행을 강화시켜 수행기준의 필요성을 인식시키기
③ 좋은 선택이나 전환을 할 수 있는 자기효능감 증가시키기
④ 기대한 결과를 이끌어 낼 수 있는지에 대한 확신 증가시키기

만점 해설
내담자의 낮은 동기에 대처하는 방법
• 진로선택에 대한 중요성 증가시키기
• 좋은 선택이나 전환을 할 수 있는 자기효능감 증가시키기
• 기대한 결과를 이끌어 낼 수 있는지에 대한 확신 증가시키기
• 직업상담의 결과를 최대화하기 위해 내담자가 충분한 노력을 기울였는지를 확인하는 기준 증가시키기

04
내담자의 낮은 자기효능감을 증진시키기 위한 방법으로 적합하지 않은 것은?

20년 1·2회, 12년 2회, 10년 4회 기출

① 내담자의 장점을 강조하며 격려하기
② 긍정적인 단계를 강화하기
③ 내담자와 비슷한 인물이나 관련자료 보여주기
④ 직업대안 규명하기

만점 해설

내담자의 낮은 자기효능감을 증진시키기 위한 방법
- 내담자와 비슷한 인물이나 관련자료 보여주기
- 내담자의 강점(장점)을 강조하며 격려하기
- 긍정적인 단계를 강화하기
- 계획/의사결정과제 완수 시 자기강화방법을 가르쳐 주기

05
직업상담의 과정 중 역할사정에서 상호역할관계를 사정하는 방법이 아닌 것은?

20년 3회, 19년 2회, 17년 2회, 16년 3회 기출

① 질문을 통해 사정하기
② 동그라미로 역할관계 그리기
③ 역할의 위계적 구조 작성하기
④ 생애-계획연습으로 전환시키기

만점 해설

상호역할관계 사정의 주요 방법(기법)
- 질문을 통해 사정하기
- 동그라미로 역할관계 그리기
- 생애-계획연습으로 전환시키기

06
내담자의 작업에 관한 상호역할관계의 사정방법 중 질문을 통해 사정하는 방법에 해당하지 않는 것은?

18년 3회 기출

① 내담자에게 삶에서의 역할들을 원으로 그리기
② 내담자가 개입하고 있는 생애역할들을 나열하기
③ 개개 역할에 소요되는 시간의 양을 추정하기
④ 내담자의 가치들을 이용해서 순위 정하기

만점 해설

① 상호역할관계의 사정방법 중 '동그라미로 역할관계 그리기'에 해당한다.

07
다음은 내담자의 무엇을 사정하기 위한 것인가?

21년 2회, 15년 3회, 11년 3회, 10년 1회 기출

> 내담자에게 과거에 했던 선택의 회상, 절정경험, 자유시간, 그리고 금전사용계획 등을 조사하고, 존경하는 사람을 쓰게 하는 등의 상담행위

① 내담자의 동기
② 내담자의 생애역할
③ 내담자의 가치
④ 내담자의 흥미

만점 해설

③ 가치(Value)는 동기의 원천이자 개인적 충족의 근거로서, 삶에서 무엇을 지향할 것인가에 관하여 가지고 있는 생각과 연관된다. 보기의 내용은 자기보고식 가치사정법에 해당하는 것으로, 이러한 가치들이 개인의 행동과 직업선택에 영향을 미치는 것으로 알려져 있다.

08
자기보고식 가치사정법이 아닌 것은?
21년 1회, 16년 1회, 11년 1회 기출

① 과거의 선택 회상하기
② 존경하는 사람 기술하기
③ 난관을 극복한 경험 기술하기
④ 백일몽 말하기

만점 해설

자기보고식 가치사정법
- 체크목록 가치에 순위 매기기
- 과거의 선택 회상하기(①)
- 절정경험 조사하기
- 자유시간과 금전의 사용
- 백일몽 말하기(④)
- 존경하는 사람 기술하기(②)

09
직업상담 시 흥미사정의 목적과 가장 거리가 먼 것은?
22년 1회, 17년 3회, 13년 2회 기출

① 여가선호와 직업선호 구별하기
② 직업탐색 조장하기
③ 직업·교육상 불만족 원인 규명하기
④ 기술과 능력 범위 탐색하기

만점 해설

흥미사정의 목적
- 자기인식 발전시키기
- 직업대안 규명하기
- 여가선호와 직업선호 구별하기(①)
- 직업·교육상 불만족 원인 규명하기(③)
- 직업탐색 조장하기(②)

10
Super가 제시한 흥미사정기법에 해당하지 않는 것은?
21년 3회, 19년 1회, 14년 3회 기출

① 표현된 흥미
② 선호된 흥미
③ 조작된 흥미
④ 조사된 흥미

만점 해설

수퍼(Super)가 제시한 흥미사정의 주요 기법(방법)
- 표현된 흥미(Expressed Interest)
- 조작된 흥미(Manifest Interest)
- 조사된 흥미(Inventoried Interest)

11
다음에 해당하는 Super가 제시한 흥미사정기법은?
18년 2회 기출

> 활동에 대해 질문을 하거나 활동에 참여하는 사람들이 어떻게 시간을 보내는지 관찰한다. 이 기법은 사람들이 자신이 좋아하거나 즐기는 활동과 연관된다는 것을 가정한다.

① 표현된 흥미
② 조작된 흥미
③ 선호된 흥미
④ 조사된 흥미

만점 해설

수퍼(Super)가 제시한 흥미사정의 주요 기법(방법)
- 표현된 흥미 : 어떤 활동이나 직업에 대해 좋고 싫음을 간단하게 말하도록 요청한다.
- 조작된 흥미 : 특정 활동에 대해 질문을 하거나 해당 활동에 참여하는 사람들이 어떻게 시간을 보내는지를 관찰한다.
- 조사된 흥미 : 개인은 다양한 활동에 대해 좋고 싫음을 묻는 표준화된 검사를 완성한다.

12
직업카드분류로 살펴보기에 가장 적합한 개인의 특성은? 20년 3회 기출

① 가 치
② 성 격
③ 흥 미
④ 적 성

만점 해설

직업카드분류(VCS ; Vocational Card Sort)
직업카드를 개발하고 이를 분류하는 활동을 통해 특히 개인의 대표적인 특성 중 하나인 흥미를 탐색한다.

13
직업카드분류(OCS)는 내담자의 어떤 특성을 사정하기 위한 도구인가? 20년 4회, 17년 1회 기출

① 흥미사정
② 가치사정
③ 동기사정
④ 성격사정

만점 해설

직업카드분류(OCS ; Occupational Card Sort)
홀랜드(Hollnad)의 흥미이론에 의한 육각형 모델과 관련된 일련의 직업카드를 주고 직업을 '선호군(좋아함)', '혐오군(싫어함)', '미결정 중성군(모르겠음)'으로 분류하도록 한다.

14
희망직업, 자신의 흥미 및 적성에 대한 이해가 부족한 내담자를 상담하게 되었을 때 상담 및 직업지도 서비스 업무과정을 바르게 나열한 것은?
13년 3회, 10년 4회, 09년 1회 기출

> ㄱ. 적합 직업 탐색
> ㄴ. 직업에 관한 상세 정보 제공
> ㄷ. 직업지도 시스템을 통한 검사결과 처리
> ㄹ. 직업적성검사 및 흥미검사 실시

① ㄹ → ㄷ → ㄱ → ㄴ
② ㄱ → ㄴ → ㄹ → ㄷ
③ ㄹ → ㄱ → ㄴ → ㄷ
④ ㄱ → ㄹ → ㄷ → ㄴ

만점 해설

자신의 흥미 및 적성에 대한 이해가 부족한 내담자를 대상으로 한 상담 과정
• 제1단계 : 직업적성검사 및 흥미검사 실시
• 제2단계 : 직업지도 시스템을 통한 검사결과 처리
• 제3단계 : 적합 직업 탐색
• 제4단계 : 직업에 관한 상세 정보 제공

15
MBTI에 관한 설명으로 틀린 것은? 18년 1회 기출

① 개인주의 심리학의 기초를 다진 Adler의 성격유형론을 근거로 개발되었다.
② 성격의 네 가지 양극차원으로 피검자를 분류한다.
③ 직업적 대안을 창출하고 양립할 수 있는 직업장면을 찾기 위해 사용된다.
④ 직업 불만족의 원인을 탐색하기 위한 용도로 사용된다.

만점 해설

① 마이어스-브릭스 성격유형검사(MBTI)는 융(Jung)의 분석심리학에 의한 심리유형론을 근거로 개발된 성격검사로, 4가지 선호지표(외향형/내향형, 감각형/직관형, 사고형/감정형, 판단형/인식형)를 통해 16가지의 성격유형으로 구분한다.

16
다음 내용을 다룬 검사는? 16년 3회, 09년 2회 기출

- 외향성과 내향성
- 감각과 직관
- 사고와 감정
- 판단과 인식

① GATB
② VPT
③ CPI
④ MBTI

만점 해설

MBTI의 선호지표에 따른 성격유형
- 에너지의 방향(세상에 대한 일반적인 태도) : 외향형(E)/내향형(I)
- 인식기능(지각적 또는 정보수집적 과정) : 감각형(S)/직관형(N)
- 판단기능(정보를 평가하는 방식) : 사고형(T)/감정형(F)
- 생활양식 또는 이행양식(정보 박탈) : 판단형(J)/인식형(P)

17
MBTI(Myers-Briggs Type Indicator)의 4개의 차원 중에서 정보를 평가하는 방식과 가장 관련이 깊은 차원은? 10년 2회 기출

① 내향성(I) - 외향성(E)
② 감각형(S) - 직관형(N)
③ 사고형(T) - 감정형(F)
④ 판단형(J) - 지각형(P)

만점 해설

③ '사고형(T)-감정형(F)'은 판단기능에 관한 것으로, 정보의 사정(평가) 또는 판단 과정과 관련이 있다.

*참고 : MBTI의 유형지표 중 'P(Perceiving)'는 '인식형' 혹은 '지각형'으로도 번역됩니다.

18
마이어스-브리그스의 유형지표에 관한 설명으로 틀린 것은? 10년 4회, 08년 1회 기출

① 자기보고식의 강제선택 검사이다.
② 판단형과 지각형의 성격차원은 지각적 또는 정보수집적 과정과 관계가 있다.
③ 외향형과 내향형의 성격차원은 세상에 대한 일반적인 태도와 관계가 있다.
④ 내담자가 선호하는 작업역할, 기능, 환경을 찾아내는 데 유용하다.

만점 해설

② 판단형과 지각형(인식형)의 성격차원은 정보 박탈과 관련된 것으로, 일을 종결하기 위해 신속하고 확고한 의사결정을 하는지(→ 판단형), 아니면 정보를 더 수집하기 위해 의사결정을 미루는지(→ 지각형)로 구분된다.

19
진로시간전망 검사지의 사용목적과 가장 거리가 먼 것은? 19년 3회 기출

① 진로 태도를 인식하기 위해
② 미래의 방향을 이끌어내기 위해
③ 계획에 대해 긍정적 태도를 강화하기 위해
④ 현재의 행동을 미래의 결과와 연계시키기 위해

만점 해설

진로시간전망 검사지의 사용목적(사용용도)
- 미래의 방향을 이끌어내기 위해(②)
- 미래에 대한 희망을 심어주기 위해
- 미래가 실제인 것처럼 느끼도록 하기 위해
- 계획에 대해 긍정적 태도를 강화하기 위해(③)
- 목표설정을 촉구하기 위해
- 현재의 행동을 미래의 결과와 연계시키기 위해(④)
- 계획기술을 연습하기 위해
- 진로의식을 높이기 위해

20
진로시간전망 검사지의 사용목적이 아닌 것은?
<small>14년 1회 기출</small>

① 미래의 방향을 이끌어내기 위해
② 계획에 대해 긍정적 태도를 강화하기 위해
③ 현재의 행동을 미래의 결과와 연계시키기 위해
④ 미래직업에 대한 지식 확장을 위해

만점 해설
④ 미래에 대한 희망을 심어주고, 미래가 실제인 것처럼 느끼도록 하기 위해 사용한다.

21
진로시간전망 검사지를 사용하는 주요 목적과 가장 거리가 먼 것은?
<small>22년 1회, 19년 2회, 16년 1회 기출</small>

① 목표설정 촉구
② 계획기술 연습
③ 진로계획 수정
④ 진로의식 고취

만점 해설
③ 계획에 대해 긍정적 태도를 강화하기 위해 사용한다.

22
진로시간전망 검사 중 코틀(Cottle)이 제시한 원형검사에서 원의 크기가 나타내는 것은?
<small>20년 4회, 18년 2회, 14년 3회, 09년 2회 기출</small>

① 과거, 현재, 미래
② 방향성, 변별성, 통합성
③ 시간차원에 대한 상대적 친밀감
④ 시간차원의 연결 구조

만점 해설
코틀(Cottle)의 진로시간전망 원형검사의 핵심개념
• 세 가지 원 : 과거, 현재, 미래
• 원의 크기 : 시간차원에 대한 상대적 친밀감
• 원의 배치 : 시간차원의 연결 구조
• 진로시간전망 개입의 국면 : 방향성, 변별성, 통합성

23
Cottle의 원형검사 시 세 가지 원을 그릴 때 원의 상대적 배치에 따른 시간관계성에 관한 설명으로 틀린 것은?
<small>17년 3회, 12년 1회 기출</small>

① 중복되지 않고 경계선에 접해 있는 원은 시간차원의 연결을 의미하며, 구별된 사건의 선형적 흐름을 뜻한다.
② 어떤 것도 접해 있지 않은 원은 시간차원의 완전성을 의미한다.
③ 부분적으로 중첩된 원들은 시간차원의 연합을 나타낸다.
④ 완전히 중첩된 원들은 시간차원의 통합을 의미한다.

만점 해설
② 어떤 것도 접해 있지 않은 원은 시간차원의 고립을 의미한다.

24
다음은 무엇에 관한 설명인가?
<small>20년 1·2회, 16년 2회 기출</small>

> 원형검사에 기초한 시간전망개입의 세 가지 국면 중 미래를 현실처럼 느끼게 하고 미래 계획에 대한 긍정적 태도를 강화시키며 목표설정을 신속하게 하는 데 목표를 두는 것

① 방향성
② 변별성
③ 주관성
④ 통합성

만점 해설
진로시간전망 개입의 3가지 측면(Cottle)
• 방향성 : 미래지향성을 증진시키기 위해 미래에 대한 낙관적인 입장을 구성하는 것을 목표로 한다.
• 변별성 : 미래를 현실처럼 느끼도록 하고 미래 계획에 대한 정적(긍정적) 태도를 강화시키며, 목표설정이 신속히 이루어지도록 하는 것을 목표로 한다.
• 통합성 : 현재 행동과 미래의 결과를 연결시키며, 계획한 기법의 실습을 통해 진로인식을 증진시키는 것을 목표로 한다.

25
진로시간전망을 측정하는 원형검사에서 시간차원 내 사건의 강도와 확장의 원리를 기초로 수행되는 차원은? 19년 1회 기출

① 방향성
② 통합성
③ 변별성
④ 포괄성

만점 해설

진로시간전망 개입의 3가지 측면의 원리
- 방향성 : 시간차원의 전망으로 과거, 현재, 미래가 삶의 질에 대해 무엇인가 다른 측면에 기여한다는 원리를 기초로 한다.
- 변별성 : 시간차원 내 사건의 강도와 확장의 원리를 기초로 한다.
- 통합성 : 시간차원의 관계성 원리를 기초로 한다.

26
처음 직업상담을 받는 내담자에게서 탐색해야 할 내용으로 가장 적합한 것은? 14년 1회 기출

① 자기인식 수준
② 유머감각 수준
③ 내담자의 경제적 상황
④ 상담자와 문화적 차이

만점 해설

① 직업상담사는 직장을 처음 구하는 내담자를 대상으로 상담하는 경우 내담자의 자기인식 정도, 직업세계에 대한 지식, 적절한 직업기회를 인식하는 정도, 직업선택에서의 자신감 및 보유기술 등을 구별할 수 있어야 한다. 이는 직업상담의 일반적인 상담과정에서 내담자에 대한 동기사정을 위해 내담자의 인지적 명확성을 탐색하는 것과 연관된다.

27
내담자의 인지적 명확성을 위한 직업상담 과정을 바르게 나열한 것은? 18년 3회, 14년 3회, 10년 2회 기출

① 내담자와의 관계 → 진로와 관련된 개인적 사정 → 직업선택 → 정보통합과 선택
② 직업탐색 → 내담자와의 관계 → 정보통합과 선택 → 직업선택
③ 내담자와의 관계 → 인지적 명확성/동기에 대한 사정 → 예/아니요 → 직업상담/개인상담
④ 직업상담/개인상담 → 내담자와의 관계 → 인지적 명확성/동기에 대한 사정 → 예/아니요

만점 해설

인지적 명확성을 위한 직업상담 과정

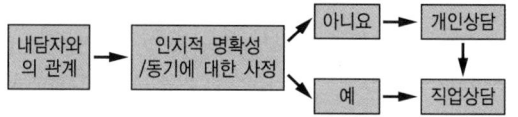

28
인지적 명확성 문제의 원인 중 경미한 정신건강문제의 특성으로 옳은 것은? 22년 2회, 18년 1회 기출

① 심각한 약물남용 장애
② 잘못된 결정방식이 진지한 결정 방해
③ 경험부족에서 오는 고정관념
④ 심한 가치관 고착에 따른 고정성

만점 해설

① 심각한 약물남용 장애는 인지적 명확성 문제의 원인 중 '심각한 정신건강문제'의 특성에 해당한다.
③ 경험부족에서 오는 고정관념(예 역할모델의 부족)은 인지적 명확성 문제의 원인 중 '고정관념'의 특성에 해당한다.
④ 심한 가치관 고착에 따른 고정성(예 종교적 가르침)은 인지적 명확성 문제의 원인 중 '고정관념'의 특성에 해당한다.

29
다음 사례에서 면담 사정 시 사정단계에서 확인해야 하는 내용으로 가장 적합한 것은?
21년 3회, 19년 1회 기출

> 중2 남학생인 내담자는 소극적인 성격으로 대인관계에 어려움을 겪고 있고 진로에 대한 고민을 한 적이 없고 학업도 게을리 하고 있다.

① 내담자의 잠재력, 내담자의 자기진단
② 인지적 명확성, 정신건강문제, 내담자의 동기
③ 내담자의 자기진단, 상담자의 정보제공
④ 동기문제 해결, 상담자의 견해 수용

만점 해설
면담 사정 시 사정단계에서 확인해야 하는 내용
내담자의 인지적 명확성 결여는 <u>정신건강문제</u>에서 비롯된 것일 수 있다. 우울이나 큰 슬픔, 직무행동과 관련된 불안이나 공포, 극도의 소극적 성격이나 권위주의, 사회적응의 어려움이나 대인관계의 어려움, 충동적이거나 의존적인 의사소통 방식 등은 내담자의 의사결정능력을 제한하는 문제들로, 만약 면담 사정 시 사정단계에서 현재 그와 같은 문제들이 있는 것으로 확인되는 경우 직업상담을 일단 보류해야 한다.

30
내담자의 인지적 명확성을 사정할 때 고려할 사항이 아닌 것은?
20년 4회, 16년 2회, 13년 1회, 12년 3회 기출

① 직장을 처음 구하는 사람과 직업전환을 하는 사람의 직업상담에 관한 접근은 동일하게 해야 한다.
② 직장인으로서의 역할이 다른 생애 역할과 복잡하게 얽혀있는 경우 생애 역할을 함께 고려한다.
③ 직업상담에서는 내담자의 동기를 고려하여 상담이 이루어져야 한다.
④ 우울증과 같은 심리적 문제로 인지적 명확성이 부족한 경우 진로문제에 대한 결정은 당분간 보류하는 것이 좋다.

만점 해설
① 직장을 처음 구하는 사람과 직업전환을 하는 사람의 직업상담에 관한 접근은 달리 해야 한다.

31
다음은 인지적 명확성이 부족한 내담자와의 상담내용이다. 상담사가 주로 다루고 있는 내담자 특성으로 가장 적합한 것은?
15년 2회 기출

> 내담자 : 사람들이 요즘은 취직을 하기가 어렵다고들 해요.
> 상담사 : 어떠한 사람들을 이야기하시는지 짐작이 안 되네요.
> 내담자 : 모두 다예요. 제가 상의할 수 있는 상담사, 담당교수님들, 심지어는 친척들까지도요. 정말 그런가요?
> 상담사 : 그래요? 그럼 사실이 어떤지 알아보도록 하죠.

① 파행적 의사소통
② 구체성의 결여
③ 가정된 불가능
④ 강박적 사고

만점 해설
② 내담자는 취직을 하기 어려운 이유에 대해 구체적으로 생각한 바가 없다. 이 경우 상담사는 내담자로 하여금 자신의 사고를 구체화하도록 함으로써 문제와 관련된 현실 상황에 대해 보다 명확히 이해하도록 할 수 있다.

32
다음은 인지적 명확성이 부족한 내담자와의 상담내용이다. 상담사가 주로 다루고 있는 내담자 특성은?
12년 1회 기출

> 내담자 : 사람들이 요즘은 교수직을 얻기가 어렵다고들 해요.
> 상담사 : 어떠한 사람들을 이야기하시는지 짐작이 안 되네요.
> 내담자 : 모두 다예요. 제가 상의할 수 있는 상담사, 담당교수님들, 심지어는 교사인 친척들까지도요. 정말 그런가요?
> 상담사 : 그래요? 그럼 사실이 어떤지 알아보도록 하죠.

① 파행적 의사소통
② 구체성의 결여
③ 가정된 불가능
④ 강박적 사고

만점 해설
② 내담자는 교수직을 얻기 어려운 이유에 대해 구체적으로 생각한 바가 없다. 이 경우 상담사는 내담자로 하여금 자신의 사고를 구체화하도록 함으로써 문제와 관련된 현실 상황에 대해 보다 명확히 이해하도록 할 수 있다.

33
다음 상담장면에서 인지적 명확성이 부족한 내담자의 유형과 상담자의 개입방법이 옳은 것은?
11년 2회, 09년 1회 기출

> 내담자 : 난 자격시험에 합격할 수 없을 것 같아요.
> 상담자 : 그동안 선생님은 자격시험 공부를 매우 열심히 하신 걸로 아는데요.
> 내담자 : 하지만 단념했어요. 내 친구는 자격시험이 어렵다고 했어요.
> 상담자 : 선생님은 자격시험에 불합격할 것이라고 생각하고 있군요. 그 이유는 친구분이 어렵다고 했기 때문이고요. 그러면 선생님과 친구분과의 공통점을 알아보기로 하죠.

① 단순 오정보 – 정보제공
② 구체성의 결여 – 구체화시키기
③ 자기인식의 부족 – 은유나 비유 쓰기
④ 가정된 불가능 – 논리적 분석, 격려

만점 해설
④ 내담자는 근거 없이 자신의 능력과 역량에 대해 부정적인 심상을 가진 채 자신이 자격시험에 불합격할 것임을 가정하고 있다. 이 경우 상담자는 논리적 분석과 격려로써 내담자로 하여금 자신감과 용기를 가지도록 도울 수 있다.

34
다음 면담에서 인지적 명확성이 부족한 내담자의 유형과 상담자의 개입방법이 바르게 짝지어진 것은?
21년 2회, 17년 2회, 10년 3회, 07년 3회 기출

> 내담자 : 난 사업을 할까 생각중이에요. 그런데 그 분야에서 일하는 여성들은 대부분 이혼을 한대요.
> 상담자 : 선생님은 사업을 하면 이혼을 할까봐 두려워하시는군요. 직장여성들의 이혼율과 다른 분야에 종사하는 여성들에 대한 통계를 알아보도록 하죠.

① 구체성의 결여 – 구체화시키기
② 파행적 의사소통 – 저항에 다시 초점 맞추기
③ 강박적 사고 – RET 기법
④ 원인과 결과 착오 – 논리적 분석

만점 해설

④ 원인과 결과 착오는 내담자가 논리적인 근거 없이 특정 사건이나 현상에 대해 인과관계를 설정하는 것을 말한다. 이 경우 상담자는 내담자의 개념이나 주장이 논리적으로 타당한지 분석하여 오류가 있는 경우 이를 지적하고 개선하도록 유도할 수 있다.

35
다음의 면담에서 직업상담자가 택한 개입의 방법은? 11년 1회, 09년 3회, 03년 3회 기출

> 내담자 : 난 사업을 할까 생각 중이에요. 그런데 그 분야에서 일하는 여성들은 대부분 이혼한다고 합니다.
> 상담자 : 선생님은 사업을 하면 이혼할까 두려워하시는군요. 직장여성들의 이혼율과 다른 분야에 종사하는 여성들에 대한 통계를 알아보도록 하죠.

① 구체화시키기
② 논리적 분석
③ 격 려
④ 재구조화

만점 해설

② 내담자는 사업(→ 원인)을 하는 여성들이 대부분 이혼(→ 결과)을 한다는 원인과 결과의 착오를 보이고 있다. 이 경우 상담자는 내담자의 개념이나 주장이 논리적으로 타당한지 분석하여 오류가 있는 경우 이를 지적하고 개선하도록 유도할 수 있다.

36
다음의 상담내용과 같이 인지적 명확성을 위하여 사용되는 기법은? 04년 3회 기출

> 상담자 : 제가 내준 과제인 진로일기를 작성하는 데 많은 어려움이 있다고 하셨지요. 지금 하는 일을 조절하도록 도와드리면 도움이 될 것 같네요.
> 내담자 : 그거 괜찮은 생각 같네요. 제가 왜 진로일기를 작성하는 데 힘든지 아셨죠. 그런데 오늘 제가 멋진 영화를 보려고 해요. 그 생각만 해도 즐거워요.
> 상담자 : 진로문제가 선생님이 당면한 주요 관심사 같네요. 제가 그러한 것을 제안할 때마다 선생님께서는 회피하시는군요. 진로일기를 작성하고 나서 선생님의 진로문제를 해결하면 어떤 느낌을 갖게 될까요?

① 구체화시키기
② 역설적 사고
③ 재구조화
④ 저항에 다시 초점 맞추기

만점 해설

④ 내담자는 상담자의 말에 의도적인 회피 또는 저항 반응을 보임으로써 파행적 의사소통을 유발하고 있다. 이 경우 상담자는 내담자의 저항에 다시 초점을 맞춤으로써 상담장면에서 원활한 의사소통이 이루어지도록 유도할 수 있다.

37
다음 상담 과정에서 필요한 상담기법은?

19년 2회, 06년 1회 기출

> 내담자 : 전 의사가 될 거예요. 저희 집안은 모두 의사들이거든요.
> 상담자 : 학생은 의사가 될 것으로 확신하고 있네요.
> 내담자 : 예. 물론이지요.
> 상담자 : 의사가 되지 못한다면 어떻게 되나요?
> 내담자 : 한 번도 그런 경우를 생각해 보지 못했습니다. 의사가 안 된다면 내 인생은 매우 끔찍할 것입니다.

① 재구조화
② 합리적 논박
③ 정보제공
④ 직 면

만점 해설
② 내담자는 반드시 의사가 되어야 한다는 강박적 사고를 가지고 있다. 이 경우 상담자는 합리적 · 정서적 치료(RET 또는 REBT기법)로써 내담자의 비합리적인 신념체계를 합리적 논박을 통해 최소화하거나 보다 합리적인 신념체계로 바꾸도록 유도할 수 있다.

38
다음 면담에서 인지적 명확성이 부족한 내담자의 유형과 상담자의 개입방법이 올바르게 연결된 것은?

09년 2회 기출

> 내담자 : 나는 기계공학 전공 말고는 아무것도 생각할 수 없어요. 그 외의 일을 한다는 것을 생각해 본 적도 없어요.
> 상담자 : 학생이 기술자가 되지 못한다면 재앙이라도 일어날 것처럼 들리는군요. 그런데 학생은 기계공학을 하기에는 성적이 좋지 않군요.
> 내담자 : 그래서 미칠 것 같아요. 난 낙제할 것 같아요.
> 상담자 : 학생 인생에서 다른 대안을 생각해 보지 않는다면 정말 문제가 되겠네요.

① 양면적 사고 - 역설적 사고(증상을 기술한다)
② 파행적 의사소통 - 저항에 다시 초점 맞추기
③ 강박적 사고 - RET기법
④ 원인과 결과 착오 - 논리적 분석

만점 해설
① 내담자는 아무런 대안 없이 양립할 수 없는 사고에 머물러 있다. 이 경우 상담자는 역설적 사고에 의한 증상의 기술을 통해 내담자로 하여금 바꿔야 할 사고를 인식시키고 사고 전환에 대해 계약을 맺으며, 이후 전환된 사고를 지속하도록 유도할 수 있다.

39
상담장면에서 인지적 명확성이 부족한 내담자를 위한 개입방법이 아닌 것은?

19년 3회, 16년 3회, 13년 3회 기출

① 잘못된 정보를 바로 잡아줌
② 구체적인 정보를 제공함
③ 원인과 결과의 착오를 바로 잡아줌
④ 가정된 불가피성에 대해 지지적 상상을 제공함

만점 해설
④ 가정된 불가능(불가피성)에 대해서는 논리적 분석과 격려를 제공한다.

40
자기인식이 부족한 내담자를 사정할 때 인지에 대한 통찰을 재구조화하거나 발달시키는 데 적합한 방법은? 22년 1회, 21년 1회, 19년 2회, 17년 1회, 16년 1회 기출

① 직면이나 논리적 분석을 해 준다.
② 불안에 대처하도록 심호흡을 시킨다.
③ 은유나 비유를 사용한다.
④ 사고를 재구조화한다.

만점 해설
③ '자기인식의 부족'에 대해서는 은유나 비유 쓰기의 개입방법이 효과적이다.
① '비난하기'에 대해서는 직면과 논리적 분석의 개입방법이 효과적이다.
② '잘못된 의사결정방식'에 대해서는 불안에 대처하도록 심호흡을 시키는 개입방법이 효과적이다.
④ '걸러내기'에 대해서는 재구조화와 역설적 기법 쓰기의 개입방법이 효과적이다.

41
직업상담에서 이루어지는 일반적인 상담과정의 사정단계를 바르게 나열한 것은? 14년 2회 기출

ㄱ. 내담자의 동기 존재
ㄴ. 내담자의 자기진단 탐색
ㄷ. 내담자의 자기진단
ㄹ. 인지적 명확성 존재

① ㄷ → ㄱ → ㄴ → ㄹ
② ㄷ → ㄴ → ㄹ → ㄱ
③ ㄹ → ㄷ → ㄱ → ㄴ
④ ㄹ → ㄱ → ㄷ → ㄴ

만점 해설
직업상담의 일반적인 상담과정에서의 사정단계
- 제1단계 : 인지적 명확성 존재(내담자에게 인지적 명확성이 존재하는가?)
- 제2단계 : 내담자의 동기 존재(내담자에게 동기가 존재하는가?)
- 제3단계 : 내담자의 자기진단(내담자가 자기진단을 통해 자신을 노출하고 있는가?)
- 제4단계 : 내담자의 자기진단 탐색(내담자가 자기진단을 확인했는가, 안 했는가?)

42
직업상담 과정에서의 사정단계를 바르게 나열한 것은? 20년 1·2회 기출

ㄱ. 내담자의 동기 파악
ㄴ. 내담자의 자기진단 탐색
ㄷ. 내담자의 자기진단
ㄹ. 인지적 명확성 파악

① ㄷ → ㄱ → ㄴ → ㄹ
② ㄷ → ㄴ → ㄹ → ㄱ
③ ㄹ → ㄷ → ㄱ → ㄴ
④ ㄹ → ㄱ → ㄷ → ㄴ

만점 해설
직업상담 과정에서의 사정단계
인지적 명확성 파악 → 내담자의 동기 파악 → 내담자의 자기진단 → 내담자의 자기진단 탐색

04절 구조화와 전략 수립

01
다음은 직업상담 과정 중 무엇에 대한 설명인가? 13년 3회, 05년 3회 기출

직업상담 시 상담자와 내담자가 상담에 대한 기본적인 기대를 맞추어가는 과정으로, 이를 통해 내담자는 상담에 대한 모호함과 불안감을 경감시킬 수 있다. 여기에는 상담이 얼마동안 진행되는지, 얼마나 자주 만나는 것인지, 상담시간에는 무엇을 하는 것인지, 비밀보장은 어떻게 해 주는지 등이 포함된다.

① 상담의 명료화   ② 상담의 구체화
③ 상담의 안정화   ④ 상담의 구조화

만점 해설
상담의 구조화(Structuring)
상담자와 내담자가 상담목표를 성취하기 위해 상담의 기본 성격, 상담자 및 내담자의 역할한계, 바람직한 태도 등을 설명하고 인식시켜 주는 작업이다.

02

상담 과정의 본질과 제한조건 및 목적에 대하여 상담자가 정의를 내려주는 것은?   21년 2회 기출

① 촉진화
② 관계형성
③ 문제해결
④ 구조화

만점 해설

④ 상담의 구조화는 상담 과정의 본질과 제한조건 및 목적(혹은 방향)에 대해 알려주는 것이다. 상담자와 내담자가 상담에 대한 기본적인 기대를 맞추어가는 과정으로, 이를 통해 내담자는 상담에 대한 모호함과 불안감을 경감시킬 수 있다.

03

상담관계의 틀을 구조화하기 위해서 다루어야 할 요소와 가장 거리가 먼 것은?   20년 1·2회, 13년 2회, 06년 1회 기출

① 상담자의 역할과 책임
② 내담자의 성격
③ 상담의 목표
④ 상담 시간과 장소

만점 해설

상담의 구조화를 위해 다루어야 할 요소
- 상담의 목표(③)
- 상담의 성격(성질)
- 상담자 및 내담자의 역할과 책임(①)
- 상담 절차 및 수단
- 상담 시간과 장소(④)
- 상담비 등

04

직업상담 과정의 구조화 단계에서 상담자의 역할에 관한 설명으로 옳은 것은?   17년 1회 기출

① 내담자에게 상담자의 자질, 역할, 책임에 대해서 미리 알려줄 필요가 없다.
② 내담자에게 검사나 과제를 잘 이행할 것을 기대하고 있다는 것을 분명히 밝힌다.
③ 상담 중에 얻은 내담자에 대한 비밀을 지키는 것은 당연하므로 사전에 이것을 밝혀두는 것은 오히려 내담자를 불안하게 만든다.
④ 상담 과정은 예측할 수 없으므로 상담 장소, 시간, 상담의 지속 등에 대해서 미리 합의해서는 안 된다.

만점 해설

① 내담자에게 상담자의 자질, 역할, 책임 등에 대해서 미리 알려줄 필요가 있다. 이는 내담자의 알 권리에 해당한다.
③ 상담자는 상담 내용에 대한 비밀 유지를 약속하고 내담자로 하여금 안심하고 자기 개방을 할 수 있도록 격려해야 한다.
④ 상담 장소, 시간, 상담의 지속 등에 대해서 미리 합의가 이루어져야 한다.

05

직업상담 초기 접수면접에서 이루어지는 주된 내용은?   18년 1회, 15년 2회 기출

① 행동수정
② 과제물 부여
③ 내담자 심리평가
④ 상담관계 형성

만점 해설

④ 상담 초기 접수면접에서는 상담관계 형성이 필수적이다. 관계형성, 즉 라포(Rapport)는 상담자와 내담자 간의 친근감 및 신뢰감의 형성을 의미하는 것으로, 서로를 믿고 존중하는 감정의 교류에서 이루어지는 조화로운 인간관계를 형성하는 것이다.

06

다음의 내담자를 상담할 경우 가장 먼저 해야 할 것은? 11년 2회, 08년 3회, 07년 1회, 04년 1회 기출

> 갑자기 구조조정 대상이 되어 직장을 떠난 40대 후반의 남성이 상담을 받으러 왔다. 전혀 눈을 마주치지도 못하며, 상당히 위축되어있는 상태이고 미래에 대한 불안감을 호소하고 있다.

① 관계형성
② 상담자의 전문성 소개
③ 상담 구조 설명
④ 과제 부여

만점 해설
① 상담 초기 접수면접에서 내담자는 상담에 대한 불안과 두려움, 그리고 자신의 문제에 대한 해결가능성을 사이에 두고 양가감정을 경험하게 된다. 상담자는 내담자의 양가감정을 해소함으로써 상담이 원활히 이루어질 수 있도록 내담자와 상호 긍정적인 친화관계를 형성할 필요가 있다.

07

상담 및 심리치료적 관계 형성에 방해되는 상담자의 행동은? 20년 4회 기출

① 수 용
② 감정의 반영
③ 도덕적 판단
④ 일관성

만점 해설
③ 도덕적 판단이나 비판, 비난이나 처벌 반응, 위협, 거부, 냉소적 표현, 과도한 관심의 표현 등은 상담 및 심리치료적 관계 형성을 저해하는 행동이다.

08

직업상담 과정에서 내담자와 상담자 간의 관계형성에 도움을 줄 수 있는 조건과 가장 거리가 먼 것은? 15년 1회 기출

① 공감적 이해
② 무조건적 수용
③ 친화감 형성
④ 내담자 문제 분석

만점 해설
관계형성에 도움을 줄 수 있는 주요 조건
- 상담자는 내담자의 말에 공감하며, 민감한 반응을 보여야 한다.
- 상담자는 내담자의 표현에 면박을 주거나 비판하지 않으며, 내담자가 처한 현실과 감정을 거부하지 않고 있는 그대로 수용해야 한다.
- 상담자는 내담자에게 친절하고 따뜻하며 부드러운 태도를 취해야 한다.

05절 초기면담 종결과 직업상담 윤리

01

상담 과정 중 초기면담의 종결에서 수행되어야 할 내용으로 틀린 것은? 12년 3회 기출

① 상담 과정에서 필요한 과제물을 부여한다.
② 내면적 가정이 외면적 가정을 논박하지 못하도록 수행한다.
③ 조급하게 내담자에 대한 결론을 내리지 않는다.
④ 상담사의 개입을 시도한다.

만점 해설
④ 상담사는 초기상담 과정 이후, 즉 초기면담의 종결 이후 본격적인 개입을 시도하게 된다.

02

초기상담 과정에서 상담사가 수행해야 할 내용으로 옳지 않은 것은?　　　　　　　　　19년 1회 기출

① 상담사의 개입을 시도한다.
② 상담 과정에서 필요한 과제물을 부여한다.
③ 조급하게 내담자에 대한 결론을 내리지 않는다.
④ 상담 과정과 역할에 대한 서로의 기대를 명확히 한다.

만점 해설
① 상담사는 초기상담 과정 이후, 즉 초기면담의 종결 이후 본격적인 개입을 시도하게 된다.

03

직업상담의 초기면담을 마친 후에 상담사가 면담을 정리하기 위해 검토해야 할 사항과 가장 거리가 먼 것은?　　　　　　　　　19년 1회, 03년 1회 기출

① 사전자료를 토대로 내렸던 내담자에 대한 결론은 얼마나 정확했는가?
② 상담에 대한 내담자의 기대와 상담사의 기대는 얼마나 일치했는가?
③ 내담자에 대하여 어떤 점들을 추가적으로 평가해야 할 것인가?
④ 내담자에게 적절한 직업을 추천하였는가?

만점 해설
④ 직업상담의 초기면담을 마친 후에 상담사는 "다음 상담 회기를 어떻게 시작할 것인가?"를 검토하여야 한다.

04

상담 윤리강령의 역할과 기능을 모두 고른 것은?
　　　　　　　　　22년 1회, 17년 1회 기출

> ㄱ. 내담자의 복리 증진
> ㄴ. 지역사회의 도덕적 기대 존중
> ㄷ. 전문직으로서의 상담기능 보장
> ㄹ. 상담자 자신의 사생활과 인격 보호
> ㅁ. 직무수행 중의 갈등 해결 지침 제공

① ㄱ, ㄴ, ㄷ
② ㄴ, ㄷ, ㄹ
③ ㄱ, ㄴ, ㄹ, ㅁ
④ ㄱ, ㄴ, ㄷ, ㄹ, ㅁ

만점 해설
상담 윤리강령의 기능
- 상담자가 직무수행 중의 갈등을 어떻게 처리해야 할지에 관한 기본지침을 제공한다.(ㅁ)
- 내담자의 복리를 증진시키고 내담자의 인격을 존중하는 의무기준을 제시한다.(ㄱ)
- 상담자의 활동이 전문직으로서의 상담기능 및 목적에 저촉되지 않도록 보장한다.(ㄷ)
- 상담자의 활동이 사회윤리와 지역사회의 도덕적 기대를 존중할 것임을 보장한다.(ㄴ)
- 상담자 자신의 사생활과 인격을 보호하는 근거를 제공한다.(ㄹ)

05

상담 윤리강령의 역할 및 기능과 가장 거리가 먼 것은?　　　　　　　　　19년 2회 기출

① 내담자의 복리 증진
② 지역사회의 경제적 기대 부응
③ 상담자 자신의 사생활과 인격 보호
④ 직무수행 중의 갈등 해결 지침 제공

만점 해설
② '지역사회의 도덕적 기대 존중'이 옳다.

06
레벤슨(Levenson)이 제시한 직업상담사의 반윤리적 행동에 해당하는 것은?
20년 4회, 15년 1회, 12년 1회, 10년 3회 기출

① 상담사의 능력 내에서 내담자의 문제를 다룬다.
② 내담자에게 부당한 광고를 하지 않는다.
③ 적절한 상담비용을 청구한다.
④ 직업상담사에 대한 내담자의 의존성을 최대화한다.

만점 해설

직업상담사의 반윤리적 행동(Levenson & Swanson)
- 비밀누설
- 자신의 전문적 능력 초월
- 자신이 갖지 않은 전문성의 주장
- 내담자에게 자신의 가치를 속이기
- 내담자에게 의존성 심기(④)
- 내담자와의 성적 행위
- 이해갈등
- 의심스런 계약
- 부당한 광고
- 과중한 요금
- 태만함 등

07
카운슬러 윤리강령을 기반으로 한 직업상담사의 기본윤리로 가장 적합한 것은? 18년 2회, 11년 2회 기출

① 상담자는 내담자가 이해하고 수용할 수 있는 한도 내에서 상담기법을 활용한다.
② 상담자는 내담자 개인이나 사회에 위험이 있다고 판단이 될지라도 개인의 정보를 보호해 줄 수 있는 포용력이 있어야 한다.
③ 상담자는 내담자가 도움을 받지 못하는 상담임이 확인된 경우라도 초기 구조화한 대로 상담을 지속적으로 진행하여야 한다.
④ 내담자에 대한 정보가 교육장면이나 연구장면에서 필요할 경우 내담자와 합의한 후 개인정보를 밝혀 활용하면 된다.

만점 해설

② 상담자는 내담자 개인 및 사회에 임박한 위험이 있다고 판단될 때 극히 조심스러운 고려 후에만 내담자의 사회생활 정보를 적정한 전문인 혹은 사회 당국에 공개한다.
③ 상담자는 내담자가 자기로부터 도움을 받지 못하고 있음이 분명한 경우에는 상담을 종결하려고 노력한다.
④ 내담자에 관한 정보를 교육장면이나 연구용으로 사용할 경우에는 내담자와 합의한 후 그의 정체가 전혀 노출되지 않도록 해야 한다.

08
직업상담사의 윤리강령에 관한 설명으로 가장 거리가 먼 것은? 20년 1·2회, 16년 1회 기출

① 상담자는 상담에 대한 이론적, 경험적 훈련과 지식을 갖춘 것을 전제로 한다.
② 상담자는 내담자의 성장, 촉진과 문제 해결 및 방안을 위해 시간과 노력상의 최선을 다한다.
③ 상담자는 자신의 능력 및 기법의 한계 때문에 내담자의 문제를 다른 전문직 동료나 기관에 의뢰해서는 안 된다.
④ 상담자는 내담자가 이해, 수용할 수 있는 한도 내에서 기법을 활용한다.

만점 해설

③ 상담자는 자기의 능력 및 기법의 한계를 인식하고, 전문적 기준에 위배되는 활동을 하지 않는다. 만일 자신의 개인 문제 및 능력의 한계 때문에 도움을 주지 못하리라고 판단될 경우에는 다른 전문직 동료 및 기관에게 의뢰한다.

*참고 : 지문 ②번은 표현상 약간의 오류가 있는 것으로 보입니다. 한국카운슬러협회 윤리강령에서는 이를 다음과 같이 제시하고 있습니다.

"카운슬러(상담자)는 내담자의 성장 촉진 및 문제의 해결 및 예방을 위하여 시간과 노력상의 최선을 다한다."

09
직업상담사의 윤리강령에 대한 설명으로 틀린 것은?
11년 3회, 09년 3회, 07년 1회, 04년 1회 기출

① 상담자는 상담에 대한 이론적·경험적 훈련과 지식을 갖춘 것을 전제로 한다.
② 상담자는 내담자의 성장, 촉진과 문제 해결 및 방안을 위해 시간과 노력상의 최선을 다한다.
③ 상담자는 자신의 능력 및 기법의 한계에도 불구하고 최선을 다하여 내담자를 끝까지 책임지도록 한다.
④ 상담자는 내담자가 이해, 수용할 수 있는 한도 내에서 기법을 활용한다.

만점 해설
③ 상담자는 자기의 능력 및 기법의 한계를 인식하고, 전문적 기준에 위배되는 활동을 하지 않는다. 만일 자신의 개인 문제 및 능력의 한계 때문에 도움을 주지 못하리라고 판단될 경우에는 다른 전문직 동료 및 기관에게 의뢰한다.

10
직업상담사의 윤리에 관한 설명으로 옳은 것은?
21년 1회, 16년 3회, 13년 1회 기출

① 내담자 개인 및 사회에 임박한 위험이 있다고 판단되더라도 개인정보와 상담내용에 대한 비밀을 유지해야 한다.
② 자기의 능력 및 기법의 한계를 넘어서는 문제에 대해서는 다른 전문가에게 의뢰해야 한다.
③ 심층적인 심리상담이 아니므로 직업상담은 비밀 유지 의무가 없다.
④ 상담을 통해 내담자가 도움을 받지 못하더라도 내담자보다 먼저 종결을 제안해서는 안 된다.

만점 해설
① 직업상담사는 내담자 개인 및 사회에 임박한 위험이 있다고 판단될 때 극히 조심스러운 고려 후에만 내담자의 사회생활 정보를 적정한 전문인 혹은 사회 당국에 공개한다.
③ 직업상담사는 직무수행에서 습득한 내담자의 비밀을 철저히 유지하며, 학술적 발표나 논의에 있어서 내담자의 신상에 관한 사항은 공개하지 않는다.
④ 직업상담사는 내담자가 자기로부터 도움을 받지 못하고 있음이 분명한 경우에는 상담을 종결하려고 노력한다.

11
직업상담사가 지켜야 할 윤리사항으로 옳은 것은?
22년 2회, 16년 2회 기출

① 습득된 직업정보를 가지고 다니면서 직업을 찾아준다.
② 습득된 직업정보를 먼저 가까운 사람들에 알려준다.
③ 상담에 대한 이론적 지식보다는 경험적 훈련과 직관을 앞세워 구직활동을 도와준다.
④ 내담자가 자기로부터 도움을 받지 못하고 있음이 분명한 경우에는 상담을 종결하려고 노력한다.

만점 해설
④ 상담자는 내담자에게 전문적인 도움을 주는 것이 어렵다고 판단되면 상담관계를 시작하지 말아야 하며, 이미 시작된 상담관계인 경우는 즉시 종결하는 것이 바람직하다. 이 경우 상담자는 내담자에게 적절한 다른 대안을 제시해 주어야 한다.

12
상담자의 윤리강령으로 옳지 않은 것은?
17년 3회, 10년 4회 기출

① 상담 활동의 과정에서 소속 기관 및 비전문인과 갈등이 있을 때 내담자의 복지를 우선적으로 고려한다.
② 타 전문인과 상호 합의가 없었지만 내담자가 간절히 원하면 타 전문인으로부터 도움을 받고 있는 내담자라도 상담한다.
③ 자신의 개인 문제 및 능력의 한계 때문에 도움을 주지 못하리라고 판단될 경우는 다른 전문가 동료 및 관련 기관에 의뢰한다.
④ 사회공익과 자기가 종사하는 전문직의 바람직한 이익을 위하여 최선을 다한다.

만점 해설
② 상담자는 상호 합의한 경우를 제외하고는 타 전문인으로부터 도움을 받고 있는 내담자에게 상담을 하지 않는다. 공동으로 도움을 줄 경우에는 타 전문인과의 관계와 조건에 관하여 분명히 할 필요가 있다.

13
직업상담사의 윤리강령으로 옳지 않은 것은?

21년 2회, 14년 1회, 08년 3회 기출

① 직업상담사는 개인이나 사회에 임박한 위험이 있더라도 개인정보의 보호를 위하여 내담자의 정보를 누설하지 말아야 한다.
② 직업상담사는 내담자에 대한 정보를 교육장면이나 연구에 사용할 경우에는 내담자와 합의 후 사용하되 정보가 노출되지 않도록 해야 한다.
③ 직업상담사는 소속 기관과의 갈등이 있을 경우 내담자의 복지를 우선적으로 고려해야 한다.
④ 직업상담사는 상담관계의 형식, 방법, 목적을 설정하고 그 결과에 대하여 내담자와 협의해야 한다.

만점 해설
① 직업상담사는 내담자 개인 및 사회에 임박한 위험이 있다고 판단될 때 극히 조심스러운 고려 후에만 내담자의 사회생활 정보를 적정한 전문인 혹은 사회 당국에 공개한다.

14
상담사의 윤리적 태도와 행동으로 옳은 것은?

20년 3회, 17년 2회, 13년 3회 기출

① 내담자와 상담관계 외에도 사적으로 친밀한 관계를 형성한다.
② 과거 상담사와 성적 관계가 있었던 내담자라도 상담관계를 맺을 수 있다.
③ 내담자의 사생활과 비밀보호를 위해 상담종결 즉시 상담기록을 폐기한다.
④ 비밀보호의 예외 및 한계에 관한 갈등상황에서는 동료 전문가의 자문을 구한다.

만점 해설
① 상담자는 특별한 경우를 제외하고는 내담자와 상담실 밖에서 사적인 관계를 맺지 않는다.
② 상담자는 내담자 또는 내담자의 가족들과 성적 관계를 갖거나 어떤 형태의 친밀한 관계를 갖지 않는다.
③ 상담자는 상담기록을 안전하게 보관하고 허가된 사람 이외에는 기록에 접근할 수 없도록 한다.

15
상담 내용에 대한 비밀을 지키지 않아도 되는 상황을 모두 고른 것은?

18년 3회 기출

> ㄱ. 내담자가 자신이나 다른 사람을 위험에 빠뜨릴 가능성이 클 때
> ㄴ. 내담자의 법적 보호자가 내담자의 정보를 구할 때
> ㄷ. 법적으로 정보의 공개가 요구되는 경우
> ㄹ. 내담자가 감염성이 있는 치명적인 질병에 걸린 경우

① ㄱ, ㄷ
② ㄱ, ㄴ, ㄹ
③ ㄴ, ㄹ
④ ㄱ, ㄷ, ㄹ

만점 해설
비밀보장의 한계(출처 : 한국상담학회 윤리강령)
- 내담자가 자신이나 타인의 생명 혹은 사회의 안전을 위협하는 경우(ㄱ)
- 내담자가 감염성이 있는 치명적인 질병이 있다는 확실한 정보를 가졌을 경우(ㄹ)
- 미성년인 내담자가 학대를 당하고 있는 경우
- 내담자가 아동학대를 하는 경우
- 법적으로 정보의 공개가 요구되는 경우(ㄷ)

16
상담의 비밀보장 원칙에 대한 예외사항이 아닌 것은?

19년 1회, 13년 2회 기출

① 상담사가 내담자의 정보를 학문적 목적에만 사용하려고 하는 경우
② 미성년 내담자가 학대를 받고 있다는 사실이 보고되는 경우
③ 내담자가 타인의 생명을 위협할 가능성이 있다고 판단되는 경우
④ 내담자가 자기의 생명을 위협할 가능성이 있다고 판단되는 경우

만점 해설
① 상담의 비밀보장 원칙이 상대적으로 유효하게 적용되는 경우에 해당한다.

17
상담사가 비밀유지를 파기할 수 있는 경우와 거리가 가장 먼 것은? 21년 3회, 18년 1회 기출

① 내담자가 자살을 시도할 계획이 있는 경우
② 비밀을 유지하지 않는 것이 효과적이라고 슈퍼바이저가 말하는 경우
③ 내담자가 타인을 해칠 가능성이 있는 경우
④ 아동학대와 관련된 경우

만점 해설
② 상담의 비밀보장 원칙이 상대적으로 유효하게 적용되는 경우에 해당한다.

18
상담에서 비밀보장 예외의 원칙과 가장 거리가 먼 것은? 19년 3회 기출

① 상담자가 슈퍼비전을 받아야 하는 경우
② 심각한 범죄 실행의 가능성이 있는 경우
③ 내담자가 자살을 실행할 가능성이 있는 경우
④ 상담을 의뢰한 교사가 내담자의 상담자료를 요청하는 경우

만점 해설
① 상담자가 슈퍼비전을 받아야 하는 경우 내담자의 동의를 얻은 후 상담 내용을 공개할 수 있다. 다만, 내담자의 신분이 노출되지 않도록 최대한의 노력을 기울여야 한다.
② 내담자가 사회의 안전을 위협하는 경우, 심각한 범죄 실행의 가능성이 있는 경우, 아동학대나 성폭력 등 중대한 범죄에 대한 내용을 상담을 통해 알게 된 경우 비밀보장이 이루어지지 않는다.
③ 비밀보장의 원리는 생명보호, 인간 존엄성 존중의 절대적인 가치를 뛰어넘을 수 없다.

제2과목

직업상담 및 취업지원

CHAPTER 01	직업상담의 개념
CHAPTER 02	직업상담의 이론 및 접근방법
CHAPTER 03	직업상담의 실제
CHAPTER 04	프로그램 운영 및 행정

※ '2과목 직업상담 및 취업지원'은 2025년부터 적용되는 직업상담사 2급 출제기준에서 가장 큰 폭의 변화를 보이는 과목입니다. 특히 이 과목은 NCS 활용 중심으로 변경되어 보다 실무적인 내용들이 새롭게 포함되었으므로, 기존의 기출문제만으로 시험에 대비하기는 어려울 것으로 보입니다. 따라서 본 교재에서는 수험생 여러분의 학습에 도움이 되도록 일부 새롭게 포함된 출제항목들에 대해 예상문제를 수록하였으며, '1과목 직업심리'에서와 마찬가지로 출제기준을 시험에 최적화된 방식으로 약간 변형하여 구성하였습니다.

합격의 공식 시대에듀

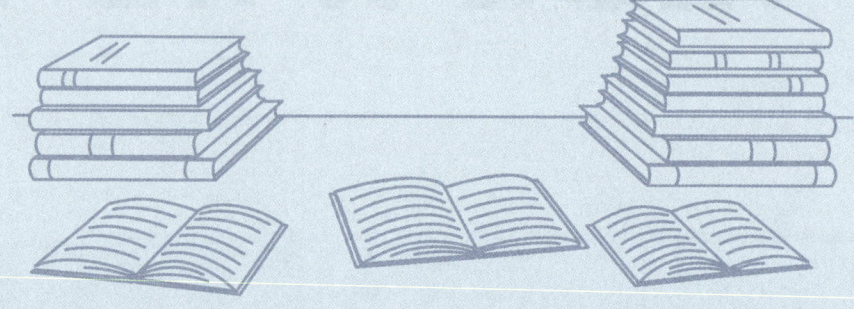

끝까지 책임진다! 시대에듀!

QR코드를 통해 도서 출간 이후 발견된 오류나 개정법령, 변경된 시험 정보, 최신기출문제, 도서 업데이트 자료 등이 있는지 확인해 보세요! **시대에듀 합격 스마트 앱**을 통해서도 알려 드리고 있으니 구글 플레이나 앱 스토어에서 다운받아 사용하세요. 또한, 파본 도서인 경우에는 구입하신 곳에서 교환해 드립니다.

CHAPTER 01 직업상담의 개념

01절 직업상담의 기초

01
다음 중 직업상담에 대한 설명으로 틀린 것은?
08년 1회 기출

① 직업상담은 진로상담에 비해 좁은 의미를 내포한다.
② 직업상담은 어린아이부터 은퇴한 70세 이상의 노인을 대상으로 한다.
③ 직업상담은 예언과 발달이라는 목적을 지니고 있다.
④ 직업적응은 직업상담과 산업상담의 영역이기도 하다.

만점 해설
② 진로상담(Career Counseling)에 대한 설명에 해당한다. 진로상담은 인생 전반에 걸친 진로선택과 연관된 모든 상담활동을 의미한다.

02
직업상담 영역과 가장 거리가 먼 것은?
15년 2회, 07년 3회, 05년 3회 기출

① 직업일반상담
② 직업정신건강 상담
③ 취업상담
④ 실존문제 상담

만점 해설
④ 실존문제 상담은 일반상담 영역에 포함된다.

03
신규 입직자나 직업인을 대상으로 조직문화, 인간관계, 직업예절, 직업의식과 직업관 등에 관한 정보를 제공하고 필요시 직업지도 프로그램에 참여하게 하는 상담은?
15년 3회, 13년 1회, 03년 3회 기출

① 직업전환 상담
② 직업적응 상담
③ 구인·구직 상담
④ 경력개발 상담

만점 해설
① 직업전환 상담은 실업·실직 위기상황에 있거나 전직의 의도가 있는 직업인을 대상으로 직업경로 사항, 요구되는 전문지식, 직업전환을 위한 준비상태 등에 관한 정보를 수집 및 제공하는 상담이다.
③ 구인·구직 상담은 구직자가 희망하는 구인처에 대한 요구사항을 분석하면서 구직자의 진로경로 개척을 위해 생애설계를 하도록 조언하며, 진로경로 및 구직자에 관한 정보들을 체계화하여 구인처와 구직자의 연결을 돕는 상담이다.
④ 경력개발 상담은 주로 직업인을 대상으로 경력사다리를 제시하여 구체적인 경력개발 계획을 작성하고 이를 실천할 수 있도록 하며, 현장훈련, 위탁훈련, 향상훈련 등을 실시하는 기관 및 교육일정, 참여방법 등에 관한 정보를 제공하는 상담이다.

정답 01 ② 02 ④ 03 ②

04

심리상담과 비교하여 진로상담 과정의 특징으로 옳지 않은 것은?
21년 2회 기출

① 진로검사결과에만 의지하는 태도에서 벗어나 보다 유연한 관점에서 진로선택에 임하려는 융통성이 요구된다.
② 내담자가 놓인 경제 현실 및 진로 상황에 따라 개인의 진로선택 및 의사결정이 상당히 변화될 수 있다.
③ 진로상담은 인지적 통찰이나 결정 이외에 행동 차원에서의 실행능력 배양 및 기술함양을 더욱 중시한다.
④ 실제 진로상담에서는 내담자의 심리적인 특성과 진로문제가 얽혀있는 경우는 많지 않다.

만점 해설

④ 실제 진로상담에서는 내담자의 심리적인 특성과 진로문제가 얽혀있는 경우가 많다. 따라서 진로상담은 개인과 직업의 연결이라는 단순한 논리보다는 진로탐색, 진로결정, 진로전환을 비롯하여 구직활동, 실직, 은퇴 시 나타나는 다양한 심리적 불편감이나 부적응 등의 문제를 진로상담 과정에서 충분히 다루어 주어야 한다.

05

직업상담의 목적에 대한 설명으로 틀린 것은?
20년 1·2회 기출

① 직업상담은 내담자가 이미 결정한 직업계획과 직업선택을 확신·확인하는 과정이다.
② 직업상담은 개인의 직업적 목표를 명확히 해 주는 과정이다.
③ 직업상담은 내담자에게 진로관련 의사결정능력을 길러주는 과정은 아니다.
④ 직업상담은 직업선택과 직업생활에서의 능동적인 태도를 함양하는 과정이다.

만점 해설

③ 직업상담은 내담자에게 진로관련 의사결정능력을 길러주는 과정이다. 인간은 일평생을 살아가는 과정에서 여러 가지 진로문제들에 대해 결정을 내려야 한다. 직업상담은 내담자들이 그와 같은 상황에 직면했을 때 현명하게 적응하고 선택해 나갈 수 있는 능력과 기술을 습득하도록 조력할 수 있어야 한다.

06

직업상담의 목적과 가장 거리가 먼 것은?
17년 3회, 14년 3회, 07년 3회 기출

① 내담자가 이미 잠정적으로 선택한 진로결정을 확고하게 해 주는 것이다.
② 개인의 직업목표를 명백하게 해 주는 과정이다.
③ 내담자가 자기 자신과 직업세계에 대해 알지 못했던 사실을 발견하도록 도와주는 것이다.
④ 내담자가 최대한 고소득 직업을 선택하도록 돕는 것이다.

만점 해설

④ 직업상담은 내담자가 고소득 직업을 선택하도록 돕는 것이 아니라 내담자의 흥미와 적성에 맞는 직업을 선택하도록 돕는 것이다.

07

Gysbers가 제시한 직업상담의 목적에 관한 설명으로 옳은 것은?
22년 1회, 18년 3회 기출

① 생애진로발달에 관심을 두고, 효과적인 사람이 되는 데 필요한 지식과 기능을 습득하게 한다.
② 직업선택, 의사결정기술의 습득 등이 주요한 목적이고, 직업상담 과정에는 진단, 문제분류, 문제 구체화 등이 들어가야 한다.
③ 자기관리 상담모드가 주요한 목적이고, 직업정보탐색과 직업결정, 상담만족 등에 효과가 있다.
④ 직업정보를 스스로 탐색하게 하고 자신을 사정하게 하는 능력을 갖추도록 돕는다.

만점 해설

기즈버스(Gysbers)가 제시한 직업상담의 목적
- 예언과 발달 : 생애진로발달에 관심을 두어야 한다.
- 처치와 자극 : 내담자들이 보다 효과적인 사람이 되는 데 필요한 지식과 기능을 습득할 수 있도록 한다.
- 결함과 유능(능력) : 사람들이 문제를 효과적으로 다루도록 돕는다.

08
직업상담의 목표와 가장 거리가 먼 것은?

15년 3회 기출

① 능력과 적성발달에 대한 관심
② 진로발달이나 직업문제에 대한 처치
③ 결함보다 유능성에 초점을 맞추는 것
④ 알맞은 직업을 골라 주는 것

만점 해설
④ 직업상담의 주요 관건은 내담자로 하여금 자신의 문제를 효과적으로 다루도록 돕는 데 있다. 따라서 상담자는 직업선택에 있어서 내담자 스스로 올바른 결정을 내릴 수 있도록 도와야 한다.

09
직업상담의 목표와 거리가 가장 먼 것은?

18년 1회 기출

① 적성과 흥미를 탐색하고 확대한다.
② 진로발달이나 직업문제에 대한 처치를 한다.
③ 새로운 노동시장의 영역을 개척한다.
④ 직업과 관련된 문제해결에 관심을 갖는다.

만점 해설
① 직업상담은 예언과 발달을 통해 내담자 개인의 적성과 흥미를 탐색하고 이를 확대하는 데 도움이 되는 경험을 제공하여야 한다.
② · ④ 직업상담은 내담자의 진로발달이나 직업문제에 대한 처치를 포함하여 내담자로 하여금 진로발달이나 직업문제를 인식하고 이를 해결하도록 자극하여야 한다.

10
직업상담의 기본 원리에 대한 설명으로 틀린 것은?

21년 1회 기출

① 직업상담은 개인의 특성을 객관적으로 파악한 후, 직업상담자와 내담자 간의 신뢰관계(Rapport)를 형성한 뒤에 실시하여야 한다.
② 직업상담에 있어서 가장 핵심적인 요소는 개인의 심리적 · 정서적 문제의 해결이다.
③ 직업상담은 진로발달이론에 근거하여야 한다.
④ 직업상담은 각종 심리검사를 활용하여 그 결과를 기초로 합리적인 결과를 끌어낼 수 있어야 한다.

만점 해설
② 직업상담에 있어서 가장 핵심적인 요소는 개인의 진로 혹은 직업의 결정이므로, 직업상담 과정 속에 개인의 의사결정에 대한 상담(지도) 과정이 포함되어야 한다.

11
직업상담의 기본 원리와 가장 거리가 먼 것은?

19년 1회, 14년 1회, 08년 3회 기출

① 윤리적인 범위 내에서 상담을 전개하여야 한다.
② 산업구조변화, 직업정보, 훈련정보 등 변화하는 직업세계에 대한 이해를 토대로 이루어져야 한다.
③ 각종 심리검사 결과를 기초로 합리적인 판단을 이끌어낼 수 있어야 하지만 심리검사에 대해 과잉의존해서는 안 된다.
④ 개인의 진로 혹은 직업결정에 대한 상담으로 전개되어야 하며, 자칫 의사결정능력에 대한 훈련으로 전환되지 않도록 유의한다.

만점 해설
④ 직업상담에 있어서 가장 핵심적인 요소는 개인의 진로 혹은 직업의 결정이므로, 직업상담 과정 속에 개인의 의사결정에 대한 상담(지도) 과정이 포함되어야 한다.

12
진로상담의 원리에 관한 설명으로 틀린 것은?

19년 2회, 15년 1회, 12년 2회, 10년 4회 기출

① 진로상담은 진학과 직업선택, 직업적응에 초점을 맞추어 전개되어야 한다.
② 진로상담은 상담사와 내담자 간의 라포가 형성된 관계 속에서 이루어져야 한다.
③ 진로상담은 항상 집단적인 진단과 처치의 자세를 견지해야 한다.
④ 진로상담은 상담윤리강령에 따라 전개되어야 한다.

만점 해설

③ 진로상담은 내담자에 대한 차별적 진단과 차별적 처치의 자세를 견지해야 한다. 즉, 내담자의 일반적 특성과 상황적 맥락을 고려하여 대상에 맞는 차별적 진단과 차별적 처치가 이루어져야 한다.

13
직업상담의 요인과 가장 거리가 먼 것은?

16년 2회 기출

① 대안탐구
② 내담자 특성 평가
③ 직업적 가능성에 대한 명료성
④ 개인적 정보와 실제적 자료와의 분리

만점 해설

직업상담의 요인
- 내담자 특성 평가(②)
- 외부정보 소개
- 대안탐구(①)
- 직업적 가능성에 대한 명료성(③)
- 개인적 정보와 실제적 자료와의 통합
- 의사결정 등

14
톨버트(Tolbert)가 제시한 개인의 진로발달에 영향을 주는 요인이 아닌 것은?

20년 4회, 17년 1회, 12년 3회, 10년 4회 기출

① 교육정도(Educational Degree)
② 직업흥미(Occupational Interest)
③ 직업전망(Occupational Prospective)
④ 가정·성별·인종(Family·Sex·Race)

만점 해설

개인의 진로발달에 영향을 주는 요인(Tolbert)
- 직업적성
- 인 성
- 성취도
- 장애물
- 경제적 조건 등
- 직업흥미(②)
- 직업성숙도와 발달
- 가정·성별·인종(④)
- 교육정도(①)

15
청소년 직업발달에 영향을 미치는 요인과 가장 거리가 먼 것은?

15년 2회, 12년 1회, 10년 4회 기출

① 부모의 직업
② 성역할의 사회화
③ 진로교사의 직업선택
④ 실습기간 동안의 근로경험

만점 해설

청소년의 직업발달에 영향을 미치는 요인
- 가정적 배경 : 부모의 직업, 가정의 구조, 부모의 사회적·경제적 지위
- 학교와 친구집단 : 학교와 교사의 관계, 또래집단
- 성역할의 사회화 : 진로의식화와 직업결정에 영향
- 일(근로)의 경험 : 아르바이트, 실습체험, 시간제 취업 등

16
미국의 국립직업지도협회(National Vocational Guidance Association)에서 제시한 직업상담자에게 요구되는 6가지 기술영역에 해당되지 않는 것은?
15년 1회 기출

① 관리능력
② 실행능력
③ 조언능력
④ 타협능력

만점 해설
미국의 국립직업지도협회(NVGA)에서 제시한 직업상담자에게 요구되는 6가지 기술영역
- 일반상담능력
- 정보분석과 적용능력
- 개인 및 집단검사 실시능력
- 관리능력(①)
- 실행능력(②)
- 조언능력(③)

17
직업상담자가 갖추어야 하는 지식이나 능력과 가장 거리가 먼 것은?
15년 2회 기출

① 직업문제를 갖고 있는 내담자에 대한 심리치료능력
② 직업상담의 연구 및 평가능력
③ 국가정책, 인구구조 변화, 미래사회 특징에 관한 지식
④ 동료를 이끄는 리더십을 발휘할 수 있는 기술

만점 해설
④ 직업상담자는 상담의 의미, 상담이론, 상담기술, 직업상담기법, 의사결정방법 등에 대한 기초적 지식과 상담수행 능력 등을 갖추어야 한다.

18
직업상담사의 요건 중 '상담업무를 수행하는 데 가급적 결함이 없는 성격을 갖춘 자'에 대한 사례와 가장 거리가 먼 것은?
19년 1회, 08년 1회, 06년 1회, 04년 3회 기출

① 지나칠 정도의 동정심
② 순수한 이해심을 가진 신중한 태도
③ 건설적인 냉철함
④ 두려움이나 충격에 대한 공감적 이해력

만점 해설
직업상담사의 자질요건으로서 상담업무 수행상 결함이 없는 성격
- 통일된 동일시
- 건설적인 냉철함(③)
- 정서적으로 분리된 지나치지 않은 동정심(①)
- 순수한 이해심을 가진 신중한 태도(②)
- 도덕적 판단
- 두려움이나 충격에 대한 공감적 이해력(④)

19
직업상담사의 역할이 아닌 것은?
20년 3회 기출

① 내담자에게 적합한 직업 결정
② 내담자의 능력, 흥미 및 적성의 평가
③ 직무 스트레스, 직무 상실 등으로 인한 내담자 지지
④ 내담자의 삶과 직업목표 명료화

만점 해설
① 직업상담사는 내담자로 하여금 자신의 직업을 스스로 결정하도록 돕는 역할을 수행할 뿐 내담자의 직업을 직접 결정하지 않는다.

정답 16 ④ 17 ④ 18 ① 19 ①

20
직업상담사의 역할과 가장 거리가 먼 것은?

19년 3회, 11년 3회, 09년 2회 기출

① 직업정보의 수집 및 분석
② 직업관련 이론의 개발과 강의
③ 직업관련 심리검사의 실시 및 해석
④ 구인, 구직, 직업적응, 경력개발 등 직업관련 상담

만점 해설
② 직업관련 이론을 개발하는 것은 관련 분야의 학자 및 이론가들의 역할에 해당한다.

21
다음 중 직업상담사의 역할과 가장 거리가 먼 것은?

13년 2회 기출

① 직업정보 분석
② 직업상담
③ 직업지도 프로그램 운영
④ 새로운 직무분야 개발

만점 해설
④ 새로운 직무분야의 개발은 각 조직의 직무개발자들의 역할에 해당한다.

22
직업상담사에게 요구되는 역할과 가장 거리가 먼 것은?

18년 3회, 07년 1회, 03년 3회 기출

① 직업정보를 분석하고 구인·구직 정보제공
② 구직자의 직업적 문제를 진단하고 해결 및 지원
③ 노동통계를 분석하여 새로운 직업전망을 예견하여 미래의 취업정보를 제공
④ 직업상담실을 관리하며 구직자의 행동을 조정 및 통제

만점 해설
④ 직업상담사는 구직자의 행동을 조정 및 통제하는 통제자로서의 역할이 아니라 상담 과정, 직업정보 수집 과정, 상담실 관리 과정 등 일련의 업무를 관리 및 통제하는 관리자로서의 역할을 수행한다.

23
직업상담사의 직무내용과 가장 거리가 먼 것은?

22년 2회, 05년 3회 기출

① 직업문제에 대한 심리치료
② 직업관련 임금평가
③ 직업상담 프로그램의 개발과 운영
④ 구인·구직상담, 직업적응, 직업전환, 은퇴 후 등의 직업상담

만점 해설
② 직업관련 임금평가 혹은 임금조정 등은 사업경영자나 인사관리자의 직무내용에 해당한다.

24
Herr가 제시한 직업상담사의 직무내용에 해당되지 않는 것은?

21년 1회, 17년 1회 기출

① 상담자는 특수한 상담기법을 통해서 내담자의 문제를 확인하도록 한다.
② 상담자는 좋은 결정을 가져오기 위한 예비행동을 설명한다.
③ 직업선택이 근본적인 관심사인 내담자에 대해서는 직업상담 실시를 보류하도록 한다.
④ 내담자에 관한 부가적 정보를 종합한다.

만점 해설
③ 직업선택이 근본적인 관심이라면 직업상담 실시를 확정한다.

25
직업상담의 과정을 순서대로 바르게 나열한 것은?

16년 1회, 08년 3회 기출

① 관계형성 - 진단 및 측정 - 개입 - 목표설정 - 평가
② 관계형성 - 목표설정 - 진단 및 측정 - 개입 - 평가
③ 관계형성 - 진단 및 측정 - 목표설정 - 개입 - 평가
④ 관계형성 - 목표설정 - 개입 - 진단 및 측정 - 평가

만점 해설

직업상담(진로상담)의 일반적인 5단계 과정 Ⅰ
관계형성과 구조화 → 진단 및 측정 → 목표설정 → 개입 또는 중재 → 평가

26
일반적인 진로상담의 과정을 바르게 나열한 것은?

18년 3회, 13년 1회, 10년 2회 기출

> ㄱ. 상담목표의 설정
> ㄴ. 관계수립 및 문제의 평가
> ㄷ. 문제해결을 위한 개입
> ㄹ. 훈습
> ㅁ. 종결

① ㄱ → ㄴ → ㄷ → ㄹ → ㅁ
② ㄴ → ㄱ → ㄷ → ㄹ → ㅁ
③ ㄱ → ㄴ → ㄹ → ㄷ → ㅁ
④ ㄴ → ㄹ → ㄱ → ㄷ → ㅁ

만점 해설

직업상담(진로상담)의 일반적인 5단계 과정 Ⅱ
관계수립 및 문제의 평가 → 상담목표의 설정 → 문제해결을 위한 개입 → 훈습 → 종결 및 추수지도

27
직업상담 과정에서 내담자 목표나 문제의 확인·명료·상세 단계의 내용으로 적절하지 않은 것은?

21년 3회, 05년 1회 기출

① 내담자와 상담자 간의 상호 간 관계 수립
② 내담자의 현재 상태와 환경적 정보 수집
③ 진단에 근거한 개입의 선정
④ 내담자 자신의 정보 수집

만점 해설

③ 직업상담의 2단계 과정 중 제2단계인 '내담자의 목표 또는 문제 해결' 단계의 내용에 해당한다.
①·②·④ 직업상담의 2단계 과정 중 제1단계인 '내담자의 목표 또는 문제 확인, 문제 명료화 및 상세화' 단계의 내용에 해당한다.

28
상담 과정에 관한 설명으로 틀린 것은? 14년 2회 기출

① 라포(Rapport) 형성 : 상담자와 내담자가 신뢰관계를 형성하는 단계이다.
② 명료화 : 문제 자체가 무엇이며 누가 상담의 대상인가를 분명하게 밝히는 단계이다.
③ 구조화 : 상담목표를 위해 제시된 대안이나 대체될 행동들을 실제로 적용해 나가는 단계이다.
④ 탐색 : 문제 해결에 도움이 될 수 있는 방법과 절차를 결정하는 단계이다.

만점 해설

③ 브래머(Brammer)가 제시한 직업상담의 8단계 중 제6단계 '견고화'의 내용에 해당한다.

직업상담의 8단계(Brammer)
준비와 시작 → 명료화 → 구조화 → 상담관계(Rapport)의 심화 → 탐색 → 견고화 → 계획수립 및 검토 → 종료

정답 25 ③ 26 ② 27 ③ 28 ③

29
상담 초기 과정의 활동과 가장 거리가 먼 것은?
15년 1회 및 2회 기출

① 상담의 목표를 설정한다.
② 내담자와 라포를 형성한다.
③ 내담자의 심리상태를 평가한다.
④ 내담자의 문제행동에 대한 대안을 찾아본다.

만점 해설
④ 상담을 초기·중기·종결의 3단계로 구분할 때 내담자의 문제행동에 대한 대안을 찾는 등 문제해결을 위한 구체적인 시도를 펼치는 것은 상담 중기 과정의 활동에 해당한다.

30
상담의 초기면접 단계에서 일반적으로 고려할 사항이 아닌 것은?
22년 1회, 18년 1회, 13년 3회 기출

① 통찰의 확대
② 목표의 설정
③ 상담의 구조화
④ 문제의 평가

만점 해설
① 통찰(Insight)은 상담자가 해석을 통해 내담자로 하여금 현실과 환상, 과거와 현재를 구분하도록 해 주는 것으로, 특히 정신분석적 상담의 주요 기법에 해당한다. 정신분석적 상담은 '초기단계 → 전이단계 → 통찰단계 → 훈습단계'로 전개되며, 내담자가 상담을 통해 획득한 통찰을 현실에서 적용하도록 강화하는 과정이 훈습단계에서 이루어진다.

31
상담 중기 과정의 활동으로 가장 거리가 먼 것은?
20년 1·2회, 14년 2회 기출

① 내담자에게 문제를 직면시키고 도전하게 한다.
② 내담자가 가진 문제의 심각도를 평가한다.
③ 내담자가 실천할 수 있도록 동기를 조성한다.
④ 문제에 대한 대안을 현실생활에 적용하고 실천하도록 돕는다.

만점 해설
② 상담을 초기·중기·종결의 3단계로 구분할 때 내담자의 호소문제 및 그와 관련된 변인, 내담자의 현재 기능 상태 및 문제의 심각도 등을 평가하는 것은 상담 초기 과정의 활동에 해당한다.

32
상담 종결 단계에서 다루어야 할 사항이 아닌 것은?
19년 1회 기출

① 상담 종결 단계에 대한 내담자의 준비도를 평가하고 상담을 통해 얻은 학습을 강화시킨다.
② 남아 있는 정서적 문제를 해결하고 내담자와 상담사 간의 의미 있고 밀접했던 관계를 적절하게 끝맺는다.
③ 상담사와 내담자가 협력하여 앞으로 나아갈 방향과 상담목표를 설정하고 확인해 나간다.
④ 학습의 전이를 극대화하고 내담자의 자기 신뢰 및 변화를 유지할 수 있는 자신감을 증가시킨다.

만점 해설
③ 상담의 과정을 '첫 회 상담 → 면접개입 단계 → 상담 종결 단계'의 3단계로 구분할 때 상담목표를 확인하는 과정은 '면접개입 단계'의 활동에 해당한다.

33
직업선택에 대해 내담자들이 보이는 우유부단함의 일반적인 이유와 가장 거리가 먼 것은? 13년 3회 기출

① 자신이 선택하려는 직업영역에서의 다재다능함
② 자신의 선택이 중요한 다른 사람에게 나쁜 결과를 줄 것이라는 죄의식
③ 자신이 선택하려는 직업 중에 좋은 직업이 없음
④ 실수 영역을 예견하고 그에 대비하는 융통성

만점 해설
④ 융통성 없고 완벽하려는 욕구가 선택에 있어서 우유부단함을 야기한다.

34
Williamson의 직업문제 분류범주에 포함되지 않는 것은? 22년 2회, 14년 2회, 06년 3회 기출

① 진로 무선택
② 흥미와 적성의 차이
③ 진로선택에 대한 불안
④ 진로선택 불확실

만점 해설

윌리암슨(Williamson)의 직업문제 분류범주
- 직업 무선택 또는 미선택
- 직업선택의 확신부족(불확실한 선택)
- 흥미와 적성의 불일치(흥미와 적성의 모순 또는 차이)
- 현명하지 못한(않은) 직업선택(어리석은 선택)

35
다음 중 윌리암슨(Williamson)이 분류한 진로선택의 문제에 해당하지 않는 것은? 20년 4회, 11년 3회 기출

① 직업선택의 확신부족
② 현명하지 못한 직업선택
③ 가치와 흥미의 불일치
④ 직업 무선택

만점 해설

③ '흥미와 적성의 불일치'가 옳다.

36
Williamson이 분류한 직업선택의 주요 문제영역이 아닌 것은? 21년 1회, 16년 2회, 10년 2회, 07년 1회 기출

① 직업 무선택
② 직업선택의 확신부족
③ 정보의 부족
④ 현명하지 못한 직업선택

만점 해설

③ '정보의 부족'은 보딘(Bordin)이 분류한 직업선택의 문제영역에 해당한다.

37
Williamson의 변별진단에서 4가지 결과에 해당하지 않는 것은? 19년 3회, 16년 3회 기출

① 직업선택에 대한 확신부족
② 직업 무선택
③ 정보의 부족
④ 흥미와 적성의 모순

만점 해설

③ '정보의 부족'은 보딘(Bordin)이 분류한 진단범주(문제영역)에 해당한다.

38
직업상담의 문제유형에서 Williamson의 분류 중 '직업 무선택'에 해당하는 것은? 17년 3회 기출

① 직업을 선택하기는 하였으나, 자신의 선택에 대해 자신감이 없고 타인으로부터 자기가 성공하리라는 위안을 받고자 추구하는 경우
② 내담자가 직접 직업을 결정한 경험이 없거나, 선호하는 몇 가지의 직업이 있음에도 불구하고 어느 것을 선택할지를 결정하지 못하는 경우
③ 흥미를 느끼는 직업에 대해서 수행능력이 부족하거나, 적성에 맞는 직업에 대해서 흥미를 느끼지 못하는 경우
④ 자신의 능력보다 훨씬 낮은 능력이 요구되는 직업을 선택하거나 안정된 직업만을 추구하는 경우

만점 해설

② 직업 무선택 또는 미선택
① 직업선택의 확신부족(불확실한 선택)
③ 흥미와 적성의 불일치(흥미와 적성의 모순 또는 차이)
④ 현명하지 못한 직업선택(어리석은 선택)

39

다음은 Williamson이 분류한 진로선택 문제 중 어떤 유형에 해당하는가?   19년 2회 기출

> 동기나 능력이 부족한 사람이 고도의 능력이나 특수한 재능을 요구하는 직업을 선택하거나, 흥미가 없고 자신의 성격에 맞지 않는 직업을 선택하는 경우 또는 자신의 능력보다 훨씬 낮은 능력을 요구하는 직업을 선택하거나 안정된 직업만을 추구하는 경우

① 직업선택의 확신부족
② 현명하지 않은 직업선택
③ 직업 무선택
④ 흥미와 적성의 모순

만점 해설
② '현명하지 않은(못한) 직업선택'은 한편으로 내담자의 능력과 흥미 간의 불일치, 다른 한편으로 내담자의 능력과 직업이 요구하는 것들 간의 불일치로 정의된다.

40

특성-요인 직업상담에서 일련의 관련 있는 또는 관련 없는 사실들로부터 일관된 의미를 논리적으로 파악하여 문제를 하나씩 해결하는 과정은?   20년 3회, 16년 1회, 11년 1회 기출

① 다중진단
② 선택진단
③ 변별진단
④ 범주진단

만점 해설
변별진단(Differential Diagnosis)
일련의 관련이 있거나 관련이 없는 사실들에서 일관된 형식의 의미를 논리적으로 사고하는 과정 또는 하나씩 해결하는 과정으로, 내담자의 미래 방향설정과 적응을 위해 이와 같은 형식이 갖는 의미를 판단하고 예측해 주며, 내담자의 장점과 경향성을 이해하는 것이다.

41

정신역동적 직업상담에서 Bordin이 제시한 진단범주가 아닌 것은?   19년 1회 기출

① 의존성
② 자아갈등
③ 정보의 부족
④ 개인의 흥미

만점 해설
보딘(Bordin)이 제시한 진단범주
- 의존성
- 정보의 부족
- 자아갈등(내적 갈등)
- 직업(진로)선택에 대한 불안
- 확신의 부족(결여) 또는 문제없음

42

정신역동적 진로상담에서 보딘(Bordin)이 제시한 진단범주에 포함되지 않는 것은?   20년 4회, 15년 2회 기출

① 독립성
② 자아갈등
③ 정보의 부족
④ 진로선택에 따르는 불안

만점 해설
① '독립성'이 아닌 '의존성'이 옳다.

43

Bordin이 제시한 직업문제의 심리적 원인에 해당하지 않는 것은?   20년 1·2회, 09년 1회 기출

① 인지적 갈등
② 확신의 결여
③ 정보의 부족
④ 내적 갈등

만점 해설
① '자아갈등' 혹은 '내적 갈등'이 옳다.

44
직업상담의 문제유형 중 Bordin의 분류에 해당하지 않는 것은?
21년 3회, 10년 4회, 07년 3회 기출

① 의존성
② 확신의 결여
③ 선택에 대한 불안
④ 흥미와 적성의 모순

만점 해설
④ '흥미와 적성의 모순'은 윌리암슨(Williamson)이 분류한 직업상담의 문제유형(문제영역)에 해당한다.

45
Bordin의 분류에서 다음에 해당하는 직업문제의 심리적 원인은?
18년 3회 기출

> 한 개인이 어떤 일을 하고 싶은데 중요한 타인이 다른 일을 해 주기를 원하거나, 직업들과 관련된 긍정적 유인가와 부정적인 유인가 사이에서 내적 갈등을 경험하고 있다.

① 직업선택에 대한 불안
② 정보의 부족
③ 의존성
④ 자아갈등

만점 해설
② 정보의 부족은 경제적 결핍 및 교육적 기회의 결여로 인해 적당한 정보를 접할 기회가 없었거나, 현재 직업결정에 대한 정보를 얻지 못하는 경우이다.
③ 의존성은 자신의 문제에 대한 해결이나 생애발달 과제의 달성을 자기 스스로 주도하기 어려워하는 경우이다.
④ 자아갈등은 둘 이상의 자아개념과 관련된 반응기능들 사이에서 갈등하거나, 하나의 자아개념과 다른 자아개념 사이에서 갈등하는 경우이다.

46
Crites의 분류유형 중 가능성이 많아서 흥미를 느끼는 직업들과 적성에 맞는 직업들 사이에서 결정을 내리지 못하는 유형은?
18년 3회, 10년 1회 기출

① 부적응형
② 우유부단형
③ 다재다능형
④ 비현실형

만점 해설
① '부적응형'은 흥미를 느끼는 분야도 없고 적성에 맞는 분야도 없는 유형이다.
② '우유부단형'은 흥미와 적성에 관계없이 어떤 직업을 선택할지 결정을 내리지 못하는 유형이다.
④ '비현실형'은 자신의 적성수준보다 높은 적성을 요구하는 직업을 선택하거나, 흥미를 느끼는 분야가 있지만 그 분야에 적성이 없는 유형이다.

47
직업상담의 문제유형에 대한 Crites의 분류 중 '부적응형'에 관한 설명으로 옳은 것은?
22년 1회, 19년 1회 기출

① 적성에 따라 직업을 선택했지만 그 직업에 흥미를 느끼지 못하는 사람
② 흥미를 느끼는 분야는 있지만 그 분야에 필요한 적성을 가지고 있지 못하는 사람
③ 흥미나 적성의 유형이나 수준과는 상관없이 어떤 분야를 선택할지 결정하지 못하는 사람
④ 흥미를 느끼는 분야도 없고 적성에 맞는 분야도 없는 사람

만점 해설
① 강압형, ② 비현실형, ③ 우유부단형

48
직업선택 문제들 중 '비현실성의 문제'와 가장 거리가 먼 것은?

① 흥미나 적성의 유형이나 수준과 관계없이 어떤 직업을 선택해야 할지 결정하지 못한다.
② 자신의 적성수준보다 높은 적성을 요구하는 직업을 선택한다.
③ 자신의 흥미와는 일치하지만, 자신의 적성수준보다는 낮은 적성을 요구하는 직업을 선택한다.
④ 자신의 적성수준에서 선택을 하지만, 자신의 흥미와는 일치하지 않는 직업을 선택한다.

만점 해설
① '우유부단 문제' 중 '우유부단형'에 해당한다.
② '비현실성 문제' 중 '비현실형'에 해당한다.
③ '비현실성 문제' 중 '불충족형'에 해당한다.
④ '비현실성 문제' 중 '강압형'에 해당한다.

49
필립스(Phillips)가 제시한 상담목표에 따른 진로문제의 분류 범주를 따른다면, 내담자가 자기의 능력이 어느 정도인지, 어떤 분야의 직업을 원하는지, 왜 일하는 것이 싫은지 등의 고민을 가지고 있는 경우 상담의 초점은 어디에 두어야 하는가?

① 자기탐색과 발견
② 선택의 준비도
③ 의사결정 과정
④ 선택과 결정

만점 해설
필립스(Phillips)의 상담목표에 따른 진로문제의 분류 범주
- 자기탐색과 발견 : 자기의 능력이 어느 정도인지, 어떤 분야의 직업을 원하는지, 왜 일하는 것이 싫은지 등의 고민이 있는 경우
- 선택을 위한 준비(선택의 준비도) : 적성 및 성격과 직업 간의 관계, 관심 있는 직업에 관한 정보 등이 필요한 경우
- 의사결정 과정 : 진로선택 및 직업결정 방법의 습득, 선택과 결정에의 장애요소 발견 등이 필요한 경우
- 선택과 결정 : 진로를 선택해야만 하는 상황에 직면한 경우
- 실천 : 선택과 결정에 대한 만족 여부 및 확신 정도를 확인하는 일이 중요함

50
직업상담에서 의사결정 상태에 따라 내담자를 분류할 때 의사결정자의 유형에 해당하지 않는 것은?

① 확정적 결정형
② 종속적 결정형
③ 수행적 결정형
④ 회피적 결정형

만점 해설
의사결정 상태에 따른 내담자 분류
- 의사결정자 : 확정적 결정형, 수행적 결정형, 회피적 결정형
- 의사미결정자 : 지연적 미결정형, 발달적 미결정형, 다기능적 미결정형
- 우유부단형

02절 상담면접의 기본방법

01
직업상담을 위한 면담에 대한 설명으로 옳은 것은?

① 내담자의 모든 행동은 이유와 목적이 있음을 분명하게 인지한다.
② 상담 과정의 원만한 전개를 위해 내담자에게 태도변화를 요구한다.
③ 침묵에 빠지지 않도록 상담자는 항상 먼저 이야기를 해야 한다.
④ 초기면담에서 내담자에 대한 기준을 부여한다.

만점 해설
직업상담을 위한 상담면접의 원리
- 내담자의 모든 행동은 이유와 목적이 있음을 분명하게 인지해야 한다.(①)
- 내담자의 반응 중 즉각적으로 관찰되는 것뿐만 아니라 관찰될 수 없고 지연된 반응이 있음을 주목하며, 이를 가능한 정확히 예측해야 한다.
- 상담의 최종목표와 중간목표를 구별하며, 먼저 중간목표를 달성하도록 노력해야 한다.

02

다음 상담장면에서 나타난 진로상담에 대한 내담자의 잘못된 인식은?
21년 1회, 10년 2회 기출

> 내담자 : 진로선택에 대해서 도움을 받고자 합니다.
> 상담사 : 당신이 현재 생각하고 있는 것부터 이야기를 하시지요.
> 내담자 : 저는 올바르게 선택하고 싶습니다. 아시겠지만, 저는 실수를 저지르고 싶지 않습니다. 선생님은 제가 틀림없이 올바르게 선택할 수 있도록 도와주실 것으로 생각합니다.

① 진로상담의 정확성에 대한 오해
② 일회성 결정에 대한 편견
③ 적성·심리검사에 대한 과잉신뢰
④ 흥미와 능력개념의 혼동

만점 해설

① 내담자는 직업계획의 수립과 직업에 대한 결정이 고도로 과학적으로 이루어지며, 결정적으로 정확할 것이라고 생각한다.
② 내담자는 단 한 번에 자신의 진로를 결정할 수 있을 것이라고 생각한다.
③ 내담자는 흔히 어떤 분야의 직업을 선택하는 것이 좋을지를 심리검사가 분명히 알려줄 수 있을 것이라고 생각한다.
④ 내담자는 과거에 흥미 있었던 일이라면 그 일을 하게 될 때 잘해 나갈 수 있을 것이라고 생각한다.

03

다음 상담장면은 진로상담의 어떤 편견에 해당하는가?
11년 2회 기출

> 내담자 1 : 앞으로 제가 무엇을 하는 것이 좋을지 몰라서 검사를 몇 가지 받아보고 싶습니다.
> 내담자 2 : 제가 어떤 일에 적합한지를 알려줄 수 있는 적성검사 같은 것이 있다면 한번 해 보고 싶습니다.

① 진로상담의 정확성에 대한 오해
② 일회성 결정에 대한 편견
③ 적성·심리검사에 대한 과잉신뢰
④ 흥미와 능력개념의 혼동

만점 해설

③ 보기의 내담자들은 어떤 분야의 직업을 선택하는 것이 좋을지를 심리검사가 분명히 알려줄 수 있을 것이라 과잉신뢰하고 있다.

04

상담사의 기본 기술 중 내담자가 전달하려는 내용에서 한 걸음 더 나아가 그 내면적 감정에 대해 반영하는 것은?
21년 3회, 19년 2회, 12년 3회 기출

① 해 석
② 공 감
③ 명료화
④ 적극적 경청

만점 해설

① '해석'은 내담자가 새로운 방식으로 자신의 문제들을 볼 수 있도록 사건들의 의미를 설정해 주는 것이다.
③ '명료화'는 내담자의 말 속에 포함되어 있는 불분명한 측면을 상담자가 분명하게 밝히는 반응이다.
④ '적극적 경청'은 내담자의 말이나 사건의 내용은 물론 내담자의 심정을 파악함으로써 내담자가 표현하는 언어적인 의미 외에 비언어적인 의미까지 이해하는 것이다.

05

일반적으로 상담자가 갖추어야 할 기법 중 내담자가 전달하려는 내용에서 한 걸음 더 나아가 그 내면적 감정에 대해 반영하는 것은?
20년 3회, 11년 3회, 10년 2회 기출

① 해 석　　② 공 감
③ 명료화　　④ 직 면

만점 해설

① '해석'은 내담자가 새로운 방식으로 자신의 문제들을 볼 수 있도록 사건들의 의미를 설정해 주는 것이다.
③ '명료화'는 내담자의 말 속에 포함되어 있는 불분명한 측면을 상담자가 분명하게 밝히는 반응이다.
④ '직면'은 문제를 있는 그대로 확인시켜 주어 내담자가 문제와 맞닥뜨리도록 함으로써, 내담자로 하여금 현실적인 대처방안을 찾을 수 있도록 도전시키는 것이다.

06

내담자의 세계를 상담자 자신의 세계인 것처럼 경험하지만 객관적인 위치에서 벗어나지 않는 상담대화의 기법은?
21년 2회, 15년 2회, 03년 1회 기출

① 수 용　　② 전 이
③ 공 감　　④ 동 정

만점 해설

① '수용'은 상담자가 내담자의 이야기에 주의를 집중하고 있고, 내담자를 인격적으로 존중하고 있음을 보여 주는 기법이다.
② '전이'는 내담자가 어린 시절 어떤 중요한 인물에 대해 가졌던 관계를 상담자에게 표출하는 일종의 투사현상이다.
④ '동정'은 공감과 유사하나 상담자가 내담자의 위치에서 그의 정서를 같이 경험한다는 점에서 차이가 있다.

07

다음 내용에 대한 상담자의 공감적 이해 수준 중 가장 높은 것은?
14년 3회, 03년 3회 기출

> 일단 저에게 맡겨주신 업무에 대해서는 너무 간섭하지 마세요. 제 소신껏 창의적으로 일하고 싶습니다.

① 자네가 알아서 할 일을 내가 부당하게 간섭한다고 생각하지 말게.
② 자네가 지난번에 처리했던 일이 아마 잘못됐었지?
③ 믿고 맡겨준다면 잘할 수 있을 것 같은데, 간섭받는다는 기분이 들어 불쾌한 게로군.
④ 기분이 나쁘더라도 상사의 지시대로 해야지.

만점 해설

공감적 이해의 5가지 수준의 예
- 수준 1 : 자네가 지난번에 처리했던 일이 아마 잘못됐었지?
- 수준 2 : 기분이 나쁘더라도 상사의 지시대로 해야지.
- 수준 3 : 자네가 알아서 할 일을 내가 부당하게 간섭한다고 생각하지 말게.
- 수준 4 : 자네 업무에 대해 이야기하는 것이 간섭받는다고 생각이 되어서 기분이 상했군.
- 수준 5 : 믿고 맡겨준다면 잘할 수 있을 것 같은데, 간섭받는다는 기분이 들어 불쾌한 게로군.

08
다음에 대해 가장 수준이 높은 공감적 이해와 관련된 반응은?
18년 2회, 10년 4회 기출

> 우리 집은 왜 그리 시끄러운지 모르겠어요. 집에서 영 공부할 마음이 없어요.

① 시끄러워도 좀 참고 하지 그러니.
② 그래, 집이 시끄러우니까 공부하는 데 많이 힘들지?
③ 식구들이 좀 더 조용히 해 주면 공부를 더 잘할 수 있을 것 같단 말이지.
④ 공부하기 싫으니까 핑계도 많구나.

만점 해설
공감적 이해의 5가지 수준의 예
- 수준 1 : 뭐가 시끄럽다고 그러니? 공부하기 싫으니까 핑계도 많구나.
- 수준 2 : 시끄러워도 좀 참고 하지 그러니.
- 수준 3 : 그래, 집이 시끄러우니까 공부하는 데 많이 힘들지?
- 수준 4 : 네가 공부할 때는 식구들이 좀 조용히 해 주었으면 좋겠단 말이지?
- 수준 5 : 식구들이 좀 더 조용히 해 주면 공부를 더 잘할 수 있을 것 같단 말이지.

09
상담기법 중 내담자가 전달하는 이야기의 표면적 의미를 상담자가 다른 말로 바꾸어서 말하는 것은?
20년 1·2회, 17년 1회, 09년 2회, 06년 3회 기출

① 탐색적 질문
② 요약과 재진술
③ 명료화
④ 적극적 경청

만점 해설
① '탐색적 질문'은 상담자가 자신의 관심을 충족시키기 위해 하는 질문이 아니라, 내담자로 하여금 자기 자신과 자신의 문제를 자유롭게 탐색하도록 허용함으로써 내담자의 이해를 증진시키는 개방적 질문이다.
③ '명료화'는 내담자의 말 속에 포함되어 있는 불분명한 측면을 상담자가 분명하게 밝히는 반응이다.
④ '적극적 경청'은 내담자의 말이나 사건의 내용은 물론 내담자의 심정을 파악함으로써 내담자가 표현하는 언어적인 의미 외에 비언어적인 의미까지 이해하는 것이다.

10
직업상담의 기초기법에 대한 설명으로 틀린 것은?
18년 3회 기출

① 수용 : 내담자의 이야기에 주의집중하고 내담자를 인격적으로 존중하는 기법이다.
② 명료화 : 내담자의 말 속에 포함되어 있는 불분명한 측면을 상담자가 분명하게 밝히는 기법이다.
③ 해석 : 내담자가 전달하는 이야기의 표면적 의미를 상담자가 다른 말로 바꾸어서 말하는 기법이다.
④ 탐색적 질문 : 내담자로 하여금 자신과 자신의 문제를 자유롭게 탐색하도록 허용함으로써 내담자의 이해를 증진시키는 개방적 질문기법이다.

만점 해설
③ '요약과 재진술'의 내용에 해당한다.

11
직업상담의 기초기법에 관한 설명으로 틀린 것은?
21년 1회, 10년 1회 기출

① 적극적 경청 : 내담자의 내면적 감정을 반영하는 것으로 이를 통해 내담자의 감정을 충분히 이해하고 수용할 수 있다.
② 명료화 : 내담자의 말 속에 포함되어 있는 불분명한 측면을 상담자가 분명하게 밝히는 반응이다.
③ 수용 : 상담자가 내담자의 이야기에 주의를 집중하고 있고, 내담자를 인격적으로 존중하고 있음을 보여 주는 기법이다.
④ 해석 : 내담자가 새로운 방식으로 자신의 문제들을 볼 수 있도록 사건들의 의미를 설정해 주는 것이다.

만점 해설
① '공감'의 내용에 해당한다.

12
다음 중 효과적인 적극적 경청을 위한 지침과 가장 거리가 먼 것은? 22년 1회, 18년 2회 기출

① 내담자의 음조를 경청한다.
② 사실 중심적으로 경청한다.
③ 내담자의 표현의 불일치를 인식한다.
④ 내담자가 보이는 일반화, 빠뜨린 내용, 왜곡을 경청한다.

만점 해설
② 경청의 장애물인 부적절한 경청, 평가적 경청, 선별적 경청, 사실 중심적 경청, 동정적 경청을 피한다.

13
개방적 질문의 형태와 가장 거리가 먼 것은? 20년 3회, 17년 1회, 04년 3회 기출

① 시험이 끝나고서 기분이 어떠했습니까?
② 지난주에 무슨 일이 있었습니까?
③ 당신은 학교를 좋아하지요?
④ 당신은 누이동생을 어떻게 생각하는지요?

만점 해설
③ '예/아니요'와 같이 제한된 응답을 요구하는 폐쇄적 질문(폐쇄형 질문)에 해당한다.

14
상담 과정에서 상담자가 내담자에게 질문하는 형식에 관한 설명으로 옳지 않은 것은? 21년 1회, 10년 3회, 07년 1회 기출

① 간접적 질문보다는 직접적 질문이 더 효과적이다.
② 폐쇄적 질문보다는 개방적 질문이 더 효과적이다.
③ 이중질문은 상담에서 도움이 되지 않는다.
④ "왜"라는 질문은 가능하면 피해야 한다.

만점 해설
① 간접 질문은 내담자로 하여금 자신이 질문을 받는다는 느낌을 덜 받게 하므로, 특히 질문 공세를 받는다는 느낌을 주지 않도록 할 필요가 있을 때 간접 질문을 사용할 것을 권장한다.

15
상담면접에서 상담자의 질문요령으로 가장 적합한 것은? 15년 3회, 07년 3회, 03년 3회 기출

① 질문은 가능한 한 개방적 형태를 띠어야 한다.
② '예' 혹은 '아니요'의 단답식 답변을 이끌어낼 수 있는 질문을 하여야 한다.
③ 상담자는 한꺼번에 많은 정보를 얻기 위해 질문 공세를 펴야 한다.
④ 내담자를 충분히 이해하기 위해서는 '왜'라는 질문을 자주 던져야 한다.

만점 해설
② 폐쇄형 질문은 짧은 시간에 상당한 양의 정보를 추출해 내는 데 효과적이지만, 내담자가 대답할 수 있는 범위를 제한함으로써 보다 정교화된 정보를 입수하기 어렵다.
③ 폭탄형 질문은 내담자를 혼란스럽게 할 수 있으며, 내담자로부터 피상적인 응답을 이끌어냄으로써 정보수집에 효과적이지 못하다.
④ '왜' 질문은 어떤 이유를 캐묻는 듯한 인상을 주어 내담자의 방어적인 반응을 유발할 수 있으므로 삼가는 것이 바람직하다.

16
어떤 문제의 밑바닥에 깔려 있는 혼란스러운 감정과 갈등을 가려내어 분명히 해 주는 것은? 20년 1·2회 기출

① 명료화 ② 경 청
③ 반 영   ④ 직 면

만점 해설
② '경청'은 내담자의 말과 행동에 상담자가 선택적으로 주목하는 것을 말한다.
③ '반영'은 내담자의 말과 행동에서 표현된 기본적인 감정, 생각, 태도 등을 상담자가 다른 참신한 말로 부연해 주는 것이다.
④ '직면'은 문제를 있는 그대로 확인시켜 주어 내담자가 문제와 맞닥뜨리도록 함으로써, 내담자로 하여금 현실적인 대처방안을 찾을 수 있도록 도전시키는 것이다.

정답 12 ② 13 ③ 14 ① 15 ① 16 ①

17
다음은 어떤 상담기법에 대한 설명인가?
19년 2회, 13년 2회 기출

> 내담자가 직접 진술하지 않은 내용이나 개념을 그의 과거 경험이나 진술을 토대로 하여 추론해서 말하는 것

① 수 용
② 요 약
③ 직 면
④ 해 석

만점 해설

해석(Interpretation)
내담자가 새로운 방식으로 자신의 문제들을 돌아볼 수 있도록 사건들의 의미를 설정해 주고, 자신의 문제를 새로운 각도에서 이해할 수 있도록 그의 생활 경험과 행동, 행동의 의미를 설명한다.

18
상담기법에 관한 설명으로 옳은 것은? 16년 3회 기출

① 경청은 내담자의 행동을 제외한 모든 말을 항상 세심하게 주목하는 것을 말한다.
② 반영은 내담자의 말을 정확하게 반복하여 되돌려주는 기법이다.
③ 명료화는 내담자의 말이나 행동 이면에 있는 무의식적 갈등을 가설의 형태로 제시하는 것이다.
④ 직면은 내담자가 모르고 있거나 인정하기를 거부하는 생각과 느낌에 대해 주목하도록 하는 것이다.

만점 해설

① '경청'은 내담자의 말과 행동에 상담자가 선택적으로 주목하는 것을 말한다.
② '반영'은 내담자의 말과 행동에서 표현된 기본적인 감정, 생각, 태도 등을 상담자가 다른 참신한 말로 부연해 주는 것이다.
③ 내담자의 무의식적 갈등을 가설의 형태로 제시하는 것은 정신분석적 상담에서의 '해석' 기법으로 볼 수 있다.

19
다음 사례에서 직면기법에 가장 가까운 반응은?
18년 2회, 14년 2회, 10년 1회, 07년 3회 기출

> 집단모임에서 여러 명의 집단원들로부터 부정적인 피드백을 받은 한 집단원에게 다른 집단원이 그의 느낌을 묻자 아무렇지도 않다고 하지만 그의 얼굴 표정이 몹시 굳어있을 때, 지도자가 이를 직면하고자 한다.

① "○○씨, 지금 느낌이 어떤가요?"
② "○○씨가 방금 아무렇지도 않다고 하는 말이 어쩐지 믿기지 않는군요."
③ "○○씨, 내가 만일 ○○씨처럼 그런 지적을 받았다면 기분이 몹시 언짢겠는데요."
④ "○○씨는 아무렇지도 않다고 말하지만, 지금 얼굴이 아주 굳어있고 목소리가 떨리는군요. 내적으로 지금 어떤 불편한 감정이 있는 것 같은데, ○○씨의 반응이 궁금하군요."

만점 해설

④ 직면은 내담자에게 말과 행동 사이의 불일치나 모순을 직접적으로 지적하는 기술이다. 직면을 사용할 경우 내담자에 대해 평가하거나 비판하는 인상을 주지 않도록 해야 하며, 이를 위해 내담자가 보인 객관적인 행동과 인상에 대해 서술적으로 표현하는 것이 바람직하다.

20
직업상담자와 내담자 사이에 직업상담관계를 협의하는 내용에 대한 설명으로 틀린 것은? 20년 3회 기출

① 내담자와의 라포형성을 위해서 내담자가 존중받는 분위기를 만들어 주어야 한다.
② 내담자가 직업상담을 받는 것에 대해서 저항을 보일 때는 다른 상담자에게 의뢰해야 한다.
③ 상담자와 내담자가 직업상담에 대한 기대가 서로 다를 수 있기 때문에 서로의 역할을 명확히 해야 한다.
④ 상담자는 내담자가 직업상담을 통해서 얻고자 하는 것이 무엇인지 분명하게 확인해야 한다.

만점 해설
② 상담 초기 내담자는 상담자와의 관계가 안전한지의 여부를 확인하기 위해, 즉 상담자에 대한 신뢰를 시험해 보기 위해 저항을 하기도 하는데, 이때 상담자는 내담자가 겪는 불안을 이해하고, 이를 있는 그대로 표현하도록 도와야 한다.

21
직업상담에서 내담자의 저항을 다루는 방법과 가장 거리가 먼 것은? 14년 1회 기출

① 내담자와의 상담관계를 재점검한다.
② 긴장이완법을 사용한다.
③ 내담자가 위협을 느끼지 않도록 한다.
④ 내담자의 고통을 공감해 준다.

만점 해설
② 긴장이완법은 불안을 완화하기 위한 기법에 해당한다.

22
내담자의 침묵에 관한 설명으로 틀린 것은? 10년 1회 기출

① 상담자 개인에 대한 적대감에서 오는 저항이나 불안 때문에 생긴다.
② 상담관계가 이루어지기도 전에 일어난 침묵은 대개 긍정적이며 수용의 형태로 해석될 수 있다.
③ 내담자가 상담자에게서 재확인을 바라거나 상담자의 해석 등을 기대하며 침묵에 들어가는 경우이다.
④ 내담자가 이전에 표현했던 감정 상태에서 생긴 피로를 회복하고 있다는 뜻이기도 하다.

만점 해설
② 상담관계가 이루어지기도 전에 일어난 침묵은 대개 부정적이며 거절의 형태로 해석될 수 있다. 이는 상담자가 자기를 어떻게 볼 것인가에 대한 불안에서 비롯된다.

CHAPTER 02 직업상담의 이론 및 접근방법

01절 기초상담 이론

01
진로 선택과 관련된 이론으로 인생 초기의 발달 과정을 중시하는 이론은?
21년 3회, 18년 2회, 14년 3회, 11년 3회, 10년 2회, 03년 1회 기출

① 인지적 정보처리이론
② 정신분석이론
③ 사회학습이론
④ 진로발달이론

만점 해설
정신분석이론
인간을 비합리적이고 결정론적이며, 생물학적 충동과 본능을 만족시키려는 욕망에 의해 동기화된 존재로 가정한다. 특히 어린 시절의 경험과 무의식을 강조하며, 인간의 적응을 방해하는 요소를 무의식 속에서 동기로 작용하고 있는 억압된 충동으로 본다. 따라서 진로 및 직업의 선택이 이와 같은 인생 초기에 형성된 욕구를 만족시키기 위한 방향에서 이루어지는 것으로 파악한다.

02
정신분석적 상담 과정에 관한 설명으로 틀린 것은?
14년 1회 기출

① 심리적 장애의 근원을 과거 경험에서 찾고자 한다.
② 내담자의 유아기적 갈등과 감정을 중요하게 다룬다.
③ 내담자의 무의식적 자료와 방어를 탐색하는 작업을 한다.
④ 심리적 장애행동과 관련된 표준화된 자료를 활용한다.

만점 해설
④ 정신분석적 상담은 심리적 장애행동과 관련된 표준화된 자료를 활용하기보다는 자유연상, 꿈의 분석, 저항의 분석 등 다소 직관적인 방법을 활용한다.

03
정신분석적 상담에서 내담자가 과거의 중요한 인물에게서 느꼈던 감정이나 생각을 상담자에게 투사하는 현상은?
16년 2회 기출

① 증상 형성
② 전 이
③ 저 항
④ 자유연상

만점 해설
① 증상 형성(Symptom Formation)은 무의식적 충동에 대한 자아의 방어가 효율적이지 못할 때 무의식적 충동에 대처하기 위해 심리적 증상을 형성하는 것을 말한다.
③ 저항(Resistance)은 상담의 진행을 방해하고 현재 상태를 유지하려는 내담자의 의식적 또는 무의식적 사고와 감정을 말한다.
④ 자유연상(Free Association)은 내담자에게 무의식적 감정과 동기에 대해 통찰하도록 하기 위해 마음속에 떠오르는 것을 의식의 검열을 거치지 않은 채 표현하도록 하는 것이다.

04

정신분석에 관한 설명으로 틀린 것은? 16년 3회 기출

① 분석가의 중립적 태도는 내담자의 전이를 촉진시키는 데 중요하다.
② 해석은 자유연상이나 꿈, 저항, 전이 등을 분석하여 그 의미를 설명해 주는 것이다.
③ 저항에 대한 주의를 환기시킨 후에 저항을 해석해 주어야 한다.
④ 현재몽은 잠재몽에 대한 자유연상을 통해 더 쉽게 이해할 수 있다.

만점 해설

④ 꿈의 내용에는 꿈에 나타난 그대로의 '현재몽(顯在夢)'과 그 현재몽이 상징하고 있는 '잠재몽(潛在夢)'의 두 가지가 있다. 자아가 의식하기에는 너무나 고통스럽고 위협적인 잠재몽을 비교적 덜 고통스럽고 비위협적인 현재몽으로 바꾸는 작업을 '꿈의 작업'이라고 한다. 상담자(치료자)의 임무는 현재몽 속에 상징적으로 감추어진 잠재몽의 정체를 밝혀내는 것이다. 다시 말해, 현재몽에 대한 자유연상을 통해 잠재몽을 더 쉽게 이해할 수 있다.

05

정신분석적 상담에서 훈습의 단계에 해당하지 않는 것은? 22년 2회, 18년 1회 기출

① 환자의 저항
② 분석의 시작
③ 분석자의 저항에 대한 해석
④ 환자의 해석에 대한 반응

만점 해설

정신분석적 상담에서 훈습 단계의 절차(Weinshel)
환자의 저항 → 분석자의 저항에 대한 해석 → 환자의 해석에 대한 반응

06

정신분석 상담에서 Freud가 제시한 불안의 유형에 해당하지 않는 것은? 18년 2회 기출

① 현실적 불안
② 심리적 불안
③ 신경증적 불안
④ 도덕적 불안

만점 해설

정신분석 상담의 주요 개념으로서 불안의 3가지 유형(Freud)
- 현실적 불안(Reality Anxiety)
- 신경증적 불안(Neurotic Anxiety)
- 도덕적 불안(Moral Anxiety)

07

정신분석에서 제시하는 불안의 유형을 모두 고른 것은? 20년 4회 기출

ㄱ. 사회적 불안
ㄴ. 현실적 불안
ㄷ. 신경증적 불안
ㄹ. 도덕적 불안
ㅁ. 행동적 불안

① ㄱ, ㄴ, ㄷ
② ㄱ, ㄴ, ㅁ
③ ㄱ, ㄹ, ㅁ
④ ㄴ, ㄷ, ㄹ

만점 해설

정신분석에서 제시하는 불안의 3가지 유형(Freud)
- 현실적 불안(Reality Anxiety)
- 신경증적 불안(Neurotic Anxiety)
- 도덕적 불안(Moral Anxiety)

08
스트레스에 대한 방어적 대처 중 직장상사에게 야단맞은 사람이 부하직원이나 식구들에게 트집을 잡아 화풀이를 하는 것은? 21년 2회, 13년 3회, 10년 4회 기출

① 합리화(Rationalization)
② 동일시(Identification)
③ 보상(Compensation)
④ 전위(Displacement)

만점 해설

④ '전위(전치)'는 자신이 어떤 대상에 대해 느낀 감정을 보다 덜 위협적인 다른 대상에게 표출하는 것이다.
① '합리화'는 현실에 더 이상 실망을 느끼지 않기 위해 또는 정당하지 못한 자신의 행동에 그럴듯한 이유를 붙이기 위해 자신의 말이나 행동에 대해 정당화하는 것이다.
② '동일시'는 자기가 좋아하거나 존경하는 대상과 자기 자신 또는 그 외의 대상을 같은 것으로 인식하는 것이다.
③ '보상'은 어떤 분야에서 탁월하게 능력을 발휘하여 인정을 받음으로써 다른 분야의 실패나 약점을 보충하여 자존심을 고양시키는 것이다.

09
직무 스트레스에 대한 대처 방안 중의 하나로 이솝 우화에 나오는 여우와 신 포도 이야기처럼 생각하는 것은? 18년 3회, 13년 2회, 12년 2회, 09년 3회 기출

① 투사(Projection)
② 억압(Repression)
③ 합리화(Rationalization)
④ 주지화(Intellectualization)

만점 해설

③ 여우가 먹음직스런 포도를 발견하였으나 먹을 수 없는 상황에 처해 "저 포도는 신 포도라서 안 먹는다"고 말하는 것은 '합리화'의 예에 해당한다.
① '투사'는 사회적으로 인정받을 수 없는 자신의 행동과 생각을 마치 다른 사람의 것인 양 생각하고 남을 탓하는 것이다.
② '억압'은 죄의식이나 괴로운 경험, 수치스러운 생각을 의식에서 무의식으로 밀어내는 것으로서 선택적인 망각을 의미한다.
④ '주지화'는 위협적이거나 고통스러운 정서적 문제를 피하기 위해 또는 그것을 둔화시키기 위해 사고, 추론, 분석 등의 지적 능력을 사용하는 것이다.

10
정신분석적 상담이론에서 다음 내용에 해당되는 것은? 11년 3회 기출

> 프로이트가 제시한 방어기제 중 가장 중요한 것으로 다른 방어기제의 기초가 되는 무의식적 과정이다. 괴롭히는 욕구나 생각 또는 경험을 의식 밖으로 몰아냄으로써 감정적 갈등이나 내외적인 스트레스를 처리한다.

① 억압
② 부인
③ 전치
④ 억제

만점 해설

억압(Repression)과 억제(Suppression)
'억압'은 의식하기에는 현실이 너무나 고통스럽고 충격적이어서 이를 무의식적으로 억누르는 것인 반면, '억제'는 그 생각과 느낌을 의식적으로 눌러버리는 것이다.

11
다음과 관계있는 상담이론과 학자가 바르게 짝지어진 것은? 13년 3회 기출

> • 사회적 관계를 강조한다.
> • 행동수정보다는 동기수정에 관심을 둔다.
> • 열등감의 극복과 우월성의 추구가 개인의 목표이다.

① 실존주의적 상담 – Frankl
② 개인심리학적 상담 – Adler
③ 형태주의적 상담 – Perls
④ 현실치료적 상담 – Glasser

만점 해설

아들러(Adler)의 개인심리학적 상담(개인주의 상담)
• 인간이 성적 동기보다 사회적 동기에 의해 동기화된다는 점을 강조하면서, 사회적 관심 및 사회적 관계를 강조한다.
• 열등감을 동기유발의 요인이자 자기성숙 및 자기완성의 필수적인 요소로 간주하여, 이와 같은 열등감을 긍정적으로 해결하고 우월성을 통해 자기완성에 도달하는 것을 개인의 목표로 제시한다.

정답 08 ④ 09 ③ 10 ① 11 ②

12
아들러(A. Adler)의 개인주의 상담에 관한 설명으로 맞는 것을 모두 고른 것은? <small>21년 3회 기출</small>

> ㄱ. 범인류적 유대감을 중시한다.
> ㄴ. 인간을 전체적 존재로 본다.
> ㄷ. 사회 및 교육 문제에 관심을 갖는다.

① ㄱ, ㄴ
② ㄱ, ㄷ
③ ㄴ, ㄷ
④ ㄱ, ㄴ, ㄷ

만점 해설
ㄱ. 아들러(Adler)는 인간의 행복과 성공이 사회적 결속과 깊은 관계가 있다는 전제 하에 공동체감(Gemeinschaftsgefühl)을 강조하였다.
ㄴ. 아들러는 사람의 행동, 사고, 감정을 하나의 일관된 전체로 보아야 한다고 주장하였다.
ㄷ. 아들러는 개인이 본질적으로 집단에 소속되어 사회적 문제의 해결을 추구하는 사회적 존재로 보았다.

13
Adler의 개인주의 상담에 관한 설명으로 옳은 것은? <small>20년 4회, 17년 1회 기출</small>

① 내담자의 잘못된 가치보다는 잘못된 행동을 수정하는 데 초점을 둔다.
② 상담자는 조력자의 역할을 하며 내담자가 상담을 주도적으로 이끈다.
③ 상담 과정은 사건의 객관성보다는 주관적 지각과 해석을 중시한다.
④ 내담자의 사회적 관심보다는 개인적 열등감의 극복을 궁극적 목표로 삼는다.

만점 해설
① 개인주의 상담은 내담자의 잘못된 가치와 목표를 수정하는 데 초점을 둔다. 특히 행동수정보다는 동기수정에 관심을 둔다.
② 로저스(Rogers)의 내담자중심 상담(인간중심 상담)의 특징에 해당한다.
④ 상담자는 내담자로 하여금 사회적 관심을 갖도록 도우며, 열등감을 극복하고 우월성을 추구하도록 돕는 것을 목표로 한다.

14
아들러(Adler) 이론의 주요 개념인 초기기억에 관한 설명을 모두 고른 것은? <small>21년 2회, 14년 2회 기출</small>

> ㄱ. 중요한 기억은 내담자가 '마치 지금 일어나고 있는 것처럼' 기술할 수 있다.
> ㄴ. 초기기억에 대한 내담자의 지각보다는 경험을 객관적으로 파악하는 것이 중요하다.
> ㄷ. 초기기억은 삶, 자기, 타인에 대한 내담자의 현재 세계관과 일치하는 경향이 있다.
> ㄹ. 초기기억을 통해 상담자는 내담자의 삶의 목표를 파악하는 데 도움을 받을 수 있다.

① ㄱ, ㄴ
② ㄴ, ㄷ
③ ㄱ, ㄷ, ㄹ
④ ㄴ, ㄷ, ㄹ

만점 해설
ㄴ. 상담자는 내담자의 초기기억을 통해 내담자 개인의 생활양식에 관한 밑그림을 구성할 수 있으며, 이를 통해 내담자의 삶의 주관적인 목표를 파악하는 데 도움을 얻을 수 있다.

15
아들러(Adler)가 말한 세계와 개인의 관계에 관한 세 가지 과제에 속하지 않는 것은? <small>05년 1회 기출</small>

① 성(性)
② 여 가
③ 일
④ 사 회

만점 해설
아들러(Adler)가 제시한 3가지 인생과제(생애과제)
• 일
• 사 회
• 성(性)

16
개인주의 상담에서 허구적 최종목적론에 관한 설명으로 틀린 것은? ^{17년 3회 기출}

① 인간의 행동을 유도하는 상상된 중심목표를 설명하기 위한 것이다.
② 허구나 이상이 현실을 보다 더 효과적으로 움직인다.
③ 인간은 현실적으로 전혀 실현 불가능한 많은 가공적인 생각에 의해서 살아가고 있다.
④ 인간의 행동은 미래에 대한 기대에 의해 좌우되기보다는 과거 경험에 의해서 더 좌우된다.

만점 해설
④ 인간의 행동은 과거 경험에 의해 좌우되기보다는 미래에 대한 기대에 의해서 더 좌우된다.

17
아들러(Adler)의 개인심리학적 상담의 목표로 옳지 않은 것은? ^{22년 2회 기출}

① 사회적 관심을 갖도록 돕는다.
② 내담자의 잘못된 목표를 수정하도록 돕는다.
③ 패배감을 극복하고 열등감을 감소시킬 수 있도록 돕는다.
④ 전이 해석을 통해 중요한 타인과의 관계 패턴을 알아차리도록 돕는다.

만점 해설
④ 프로이트(Freud)의 정신분석적 상담의 목표에 해당한다.

18
개인주의 상담의 상담기법이 아닌 것은? ^{14년 2회 기출}

① 격려하기   ② 초인종 누르기
③ 반대행동하기   ④ 타인을 즐겁게 하기

만점 해설
③ '반대행동하기(반대로 하기)'는 대표적으로 게슈탈트(형태주의) 상담에서 내담자로 하여금 자신의 다른 측면을 접촉하고 통합할 수 있도록 돕기 위한 기법으로 사용된다.

19
Jung이 제안한 4단계 치료 과정을 순서대로 올바르게 나열한 것은? ^{17년 2회 기출}

① 고백 단계 - 교육 단계 - 명료화 단계 - 변형 단계
② 고백 단계 - 명료화 단계 - 교육 단계 - 변형 단계
③ 고백 단계 - 변형 단계 - 명료화 단계 - 교육 단계
④ 고백 단계 - 교육 단계 - 변형 단계 - 명료화 단계

만점 해설
융(Jung)의 분석심리학적 치료 과정
- 고백(제1단계) : 내담자는 자신의 개인사를 고백함으로써 정화를 경험하며, 의식적 및 무의식적 비밀을 치료자와 공유한다.
- 명료화(제2단계) : 내담자가 갖는 증상의 의미, 현재 생활 상황과 고통 등이 명료화된다.
- 교육(제3단계) : 내담자가 사회적 존재로서 부적응이나 삶의 불균형을 초래한 발달 과정의 문제에 초점이 맞춰진다.
- 변형(제4단계) : 내담자와 치료자 간의 역동적인 상호작용을 통해 단순히 사회에 대한 적응을 넘어서 자기실현으로의 변화를 도모하게 된다.

20
융(Jung)이 제안한 4단계 치료 과정을 순서대로 나열한 것은? ^{20년 3회 기출}

① 고백 → 교육 → 명료화 → 변형
② 고백 → 명료화 → 교육 → 변형
③ 고백 → 변형 → 명료화 → 교육
④ 명료화 → 고백 → 교육 → 변형

만점 해설
융(Jung)의 분석심리학적 치료 과정
고백 단계 - 명료화 단계 - 교육 단계 - 변형 단계

21
Jung이 언급한 원형들 중 환경의 요구에 조화를 이루려고 하는 적응의 원형은? 19년 3회 기출

① 페르소나 ② 아니마
③ 그림자   ④ 아니무스

만점 해설
① 페르소나(Persona)는 자아의 가면으로서 개인이 외부세계에 내보이는 이미지를 의미한다.
② 아니마(Anima)는 무의식 속에 존재하는 남성의 여성적인 측면, 즉 남성의 내부에 있는 여성성을 의미한다.
③ 그림자 또는 음영(Shadow)은 인간 내부의 어둡거나 사악한 측면, 동물적 본성이나 부정적 측면을 의미한다.
④ 아니무스(Animus)는 무의식 속에 존재하는 여성의 남성적인 측면, 즉 여성의 내부에 있는 남성성을 의미한다.

22
다음은 어떤 상담이론에 관한 설명인가? 10년 3회 기출

- 상담자는 내담자가 효과적이고 책임질 수 있는 방법으로 행동하여 자신의 욕구를 충족시킬 수 있도록 조력한다.
- 내담자가 자신의 행동들의 가치를 검토·판단하게 돕고, 행동변화를 위한 계획을 세우도록 도와준다.

① 실존주의 상담
② 행동주의 상담
③ 내담자중심 상담
④ 형태주의 상담

만점 해설
실존주의 상담의 주요 개념으로서 자유와 책임
- 인간은 자기결정적인 존재로서, 자신의 삶의 방향을 결정하고 그에 대해 책임을 지는 존재이다.
- 궁극적으로 인생은 자신의 문제에 대한 올바른 해답을 발견하고, 각 개인에게 계속적으로 부여되는 과업을 성취하는 책임을 지는 것을 의미한다.

23
다음 중 실존주의 상담 혹은 실존치료에 관한 설명으로 틀린 것은? 10년 1회 기출

① 인간본질에 대한 결정론적인 입장을 취한다.
② 자유와 책임을 강조한다.
③ 개인이 겪는 불안은 하나의 삶의 조건이라고 본다.
④ 개인의 자기인식 능력을 강조한다.

만점 해설
① 인간본질에 대한 결정론적인 입장을 취하는 대표적인 상담이론으로 정신분석적 상담이론이 있다.

24
실존주의 상담에 관한 설명으로 틀린 것은? 22년 1회 기출

① 정형화된 상담 모형과 상담자 훈련 프로그램이 마련되어 있지 않은 것이 한계점이다.
② 인간을 자기인식 능력을 지닌 존재로 본다.
③ 상담자는 내담자가 스스로 삶의 의미와 목적을 발견하고, 삶을 주체적으로 선택하고 책임지도록 돕는 것을 목표로 한다.
④ 실존주의 상담에서 가정하는 인간의 궁극적 관심사는 무의식의 자각이다.

만점 해설
④ 얄롬(Yalom)은 실존주의 상담에서의 4가지 궁극적 관심사로 '죽음', '자유', '고립(소외)', '무의미성'을 제시하였다. 실존주의 상담에서 상담자는 궁극적 관심사에 대한 내담자의 자각이 어떻게 그의 심리적 문제와 관련되어 있는가를 파악하여 내담자를 조력한다.

25
Yalom이 제시한 실존주의 상담에서의 4가지 궁극적 관심사에 해당하지 않는 것은?
20년 1·2회 기출

① 죽음
② 자유
③ 고립
④ 공허

만점 해설

얄롬(Yalom)이 제시한 실존적 존재로서 인간의 궁극적 관심사
- 죽음(Death)
- 자유(Freedom)
- 고립 또는 소외(Isolation)
- 무의미성(Meaninglessness)

26
실존주의 상담에 관한 설명으로 틀린 것은?
20년 3회, 16년 3회 기출

① 실존주의 상담의 궁극적 목적은 치료이다.
② 실존주의 상담은 대면적 관계를 중시한다.
③ 인간에게 자기지각의 능력이 있다고 가정한다.
④ 자유와 책임의 양면성에 대한 지각을 중시한다.

만점 해설

① 실존주의 상담의 궁극적 목적은 치료가 아니라 내담자로 하여금 자신의 현재 상태에 대해 인식하고 피해자적 역할로부터 벗어날 수 있도록 돕는 데 있다.

27
실존주의 상담에 관한 설명으로 옳은 것은?
21년 1회, 10년 4회 기출

① 인간은 과거와 환경에 의해 결정되는 것이 아니라 현재의 사고, 감정, 느낌, 행동의 전체성과 통합을 추구하는 존재이다.
② 인간은 자신의 삶 속에서 스스로를 불행하게 만드는 요인이 무엇인가를 이해할 수 있을 뿐만 아니라 자신의 나아갈 방향을 찾고 건설적인 변화를 이끌 수 있다.
③ 치료가 상담목표가 아니라 내담자로 하여금 자신의 현재 상태에 대해 인식하고 피해자적 역할로부터 벗어날 수 있도록 돕는 것이다.
④ 과거 사건에 대한 개인의 지각과 해석이 현재의 행동에 어떠한 영향을 미치는가에 중점을 두고 개인의 선택과 책임, 삶의 의미, 성공 추구 등을 강조한다.

만점 해설

③ 실존적 관점은 성장모형으로, 내담자를 병든 존재가 아닌 '삶을 사는 데 서투른 사람'으로 간주한다. 따라서 실존주의 상담의 목표는 치료가 아니며, 상담자는 내담자의 현실 지각과 자기 탐색을 돕는 데 주력한다.
① 형태주의 상담(게슈탈트 상담)의 인간관에 해당한다.
② 내담자중심 상담의 인간관에 해당한다.
④ 개인주의 상담의 특징에 해당한다.

28
인간중심적 상담에 적합한 내담자인지 알아보기 위해 상담자가 우선적으로 고려해야 할 점은?
18년 3회, 13년 2회 기출

① 상담자의 적극적인 개입 없이도 자신의 방식을 찾아갈 수 있는 내담자의 역량은 어느 정도인가?
② 무의식적인 방어의 강도가 어느 정도이며 주로 사용하는 방어기제의 종류는 무엇인가?
③ 개인과 환경 간의 상호작용에 의해 만들어진 성격유형은 무엇인가?
④ 내담자의 기억에서 우세하게 나타나는 주제의 내용과 양상은 무엇인가?

만점 해설
① 인간중심적 상담(내담자중심 상담)은 내담자에 대한 지시나 진단이 아닌 내담자가 일관된 자기개념(자아개념)을 가지고 자신의 기능을 최대로 발휘할 수 있는 '완전히 기능하는 사람'이 되도록 환경을 조성하는 데 초점을 둔다.
② 프로이트(Freud)의 정신분석적 상담과 연관된다.
③ 홀랜드(Holland)의 인성이론(흥미이론)과 연관된다.
④ 아들러(Adler)의 개인주의 상담과 연관된다.

29
내담자중심 상담이론의 특징이 아닌 것은?
17년 3회, 16년 1회, 16년 2회, 12년 1회, 10년 4회 기출

① 동일한 상담원리를 정상적인 상태에 있는 사람이나 정신적으로 부적응 상태에 있는 사람 모두에게 적용한다.
② 상담은 모든 건설적인 대인관계의 실제 사례 중 단지 하나에 불과하다.
③ 실험에 기초한 귀납적인 접근방법이며 실험적 방법을 상담 과정에 적용한다.
④ 상담의 과정과 그 결과에 대한 연구조사를 통하여 개발되어왔다.

만점 해설
③ 행동주의적 접근방법에 기초한 행동주의 상담(행동적 상담)이론의 특징에 해당한다.

30
내담자중심 상담의 상담목표가 아닌 것은?
17년 2회, 10년 2회 기출

① 내담자의 내적 기준에 대한 신뢰를 증가시키도록 도와주는 것
② 경험에 보다 개방적이 되도록 도와주는 것
③ 지속적인 성장 경향성을 촉진시켜 주는 것
④ 내담자의 자유로운 선택과 책임의식을 증가시켜 주는 것

만점 해설
④ 실존주의 상담의 주요 목표에 해당한다.

31
인간중심 상담이론에서 상담사의 역할과 가장 거리가 먼 것은?
19년 3회, 15년 1회 기출

① 조력관계를 통해 성장을 촉진한다.
② 내담자 문제를 진단하여 분류한다.
③ 내담자가 자신의 깊은 감정을 깨닫게 돕는다.
④ 내담자로 하여금 존중받고 있음을 느끼게 한다.

만점 해설
② 내담자의 특성과 문제를 진단하여 분류하고, 학문적·직업적 능력과 특성을 비교하여 문제의 원인을 찾아내는 과정을 중시한 것은 특성-요인 상담이론에 해당한다.

32
인간중심 상담에서 중요하게 요구되는 상담자의 태도로 옳은 것은?
19년 2회, 15년 3회 기출

```
ㄱ. 해석
ㄴ. 진솔성
ㄷ. 공감적 이해
ㄹ. 무조건적 수용
ㅁ. 맞닥뜨림
```

① ㄱ, ㄴ, ㄷ
② ㄴ, ㄷ, ㄹ
③ ㄱ, ㄹ, ㅁ
④ ㄴ, ㄷ, ㅁ

만점 해설
인간중심(내담자중심) 상담에서 상담자가 갖추어야 할 기본적인 태도
- 일치성과 진실성(진솔성)
- 공감적 이해와 경청
- 무조건적인 긍정적 수용(관심) 또는 존중

33
Rogers가 제시한 내담자 변화의 필요충분조건은?
16년 3회, 03년 1회 기출

① 공감, 수용, 일치
② 의식, 전의식, 무의식
③ 감각, 알아차림, 접촉
④ 비합리적 신념, 논박, 결과

만점 해설
② 프로이트(Freud)의 정신분석적 상담이 강조한 3가지 의식수준(정신의 3요소)에 해당한다.
③ 펄스(Perls)의 형태주의 상담(게슈탈트 상담)이 강조한 '자각-접촉 주기(Awareness-Contact Cycle)'의 단계와 연관된다.
④ 엘리스(Ellis)의 인지·정서·행동적 상담(REBT)이 강조한 'ABCDE(ABCDEF) 모델'과 연관된다.

34
내담자중심 상담에서 사용되는 상담기법이 아닌 것은?
22년 2회, 09년 1회 기출

① 적극적 경청
② 역할연기
③ 감정의 반영
④ 공감적 이해

만점 해설
② '역할연기'는 대표적으로 행동주의 상담 또는 행동치료에서 내담자의 외적 행동변화를 촉진시키기 위한 기법으로 사용된다.

35
내담자중심 상담이론에 관한 설명으로 틀린 것은?
20년 4회, 11년 2회, 07년 3회 기출

① Rogers의 상담경험에서 비롯된 이론이다.
② 상담의 기본목표는 개인이 일관된 자아개념을 가지고 자신의 기능을 최대로 발휘하는 사람이 되도록 도울 수 있는 환경을 제공하는 것이다.
③ 특정 기법을 사용하기보다는 내담자와 상담자 간의 안전하고 허용적인 '나와 너'의 관계를 중시한다.
④ 상담기법으로 적극적 경청, 감정의 반영, 명료화, 공감적 이해, 내담자 정보탐색, 조언, 설득, 가르치기 등이 이용된다.

만점 해설
④ 내담자중심 상담에서는 적극적 경청, 감정의 반영, 명료화, 공감적 이해 등이 사용되는 반면, 내담자 정보탐색, 조언, 설득, 가르치기 등은 사용되지 않는다.

36
내담자중심 상담이론에 대한 설명으로 틀린 것은?

09년 1회, 03년 1회 기출

① 내담자들이 완전히 기능하는 사람이 될 수 있다고 보았다.
② 인간은 자신이 나아가야 할 방향을 찾고 건설적 변화를 이끌 수 있는 능력이 있음을 가정한다.
③ 내담자들로 하여금 사회적 관심을 갖도록 도우며 열등감을 감소할 수 있도록 돕는다.
④ 기본적인 상담기법으로 적극적 경청, 감정 반영, 명료화, 공감적 이해 등이 이용된다.

만점 해설
③ 내담자들로 하여금 사회적 관심을 갖도록 도우며, 열등감을 극복하고 우월성을 추구하도록 돕는 것은 개인주의 상담이론의 목표에 해당한다.

37
인간중심 상담이론에 관한 설명으로 틀린 것은?

22년 1회 기출

① 실현화 경향성은 자기를 보전, 유지하고 향상시키고자 하는 선천적 성향이다.
② 자아는 성격의 조화와 통합을 위해 노력하는 원형이다.
③ 가치의 조건화는 주요 타자로부터 긍정적 존중을 받기 위해 그들이 원하는 가치와 기준을 내면화하는 것이다.
④ 현상학적 장은 경험적 세계 또는 주관적 경험으로 특정 순간에 개인이 지각하고 경험하는 모든 것을 뜻한다.

만점 해설
② 융(Jung)은 분석심리학적 상담이론에서 인간 성격의 조화와 통합을 위해 노력하는 원형으로 자기(Self)를 제시하였다. 자기(Self)는 정신의 중심인 의식과 무의식의 양극성 사이의 평형점으로서, 다른 정신체계가 충분히 발달할 때까지 나타나지 않는다.

38
인간중심 상담의 실현화 경향성에 관한 설명으로 틀린 것은?

17년 1회 기출

① 유기체의 성장과 향상, 즉 발달을 촉진하고 지지한다.
② 성숙의 단계에 포함된 성장의 모든 국면에 영향을 준다.
③ 동물을 제외한 살아있는 모든 사람에게서 볼 수 있다.
④ 유기체를 향상시키는 활동으로부터 도출된 기쁨과 만족을 강조한다.

만점 해설
③ 실현화 경향성은 사람이나 동물뿐만 아니라 모든 살아있는 것에서 볼 수 있다.

39
내담자중심 상담에서 기대하는 상담결과가 아닌 것은?

15년 3회 기출

① 내담자는 이상적 자아개념을 갖는다.
② 내담자는 불일치의 경험이 감소한다.
③ 내담자는 문제해결에 있어 더 능률적이 된다.
④ 타인을 더 잘 수용할 수 있게 된다.

만점 해설
① 내담자는 현실적이 되고 객관적이며, 자기지각을 형성하는 데 외부 중심적으로 변한다.

40
직업상담의 기법 중 비지시적 상담 규칙과 가장 거리가 먼 것은?
19년 1회, 14년 2회, 03년 1회 기출

① 상담사는 내담자와 논쟁해서는 안 된다.
② 상담사는 내담자에게 질문 또는 이야기를 해서는 안 된다.
③ 상담사는 내담자에게 어떤 종류의 권위도 과시해서는 안 된다.
④ 상담사는 인내심을 가지고 우호적으로, 그러나 지적으로는 비판적인 태도로 내담자의 말을 경청해야 한다.

만점 해설
② 상담자는 특수한 경우에 한해 내담자에게 질문 또는 이야기를 할 수 있다.

41
형태주의 상담에 관한 설명으로 틀린 것은?
18년 3회, 12년 3회, 09년 1회 기출

① 인간은 과거와 환경에 의해 결정되는 존재로 보았다.
② 개인의 발달 초기에서의 문제들을 중요시한다는 점에서 정신분석적 상담과 유사하다.
③ 현재 상황에 대한 자각에 초점을 두고 있다.
④ 개인이 자신의 내부와 주변에서 일어나는 일들을 충분히 자각할 수 있다면 자신이 당면하는 삶의 문제들을 개인 스스로가 효과적으로 다룰 수 있다고 가정한다.

만점 해설
① 형태주의 상담(게슈탈트 상담)은 인간을 과거와 환경에 의해 결정되는 존재가 아니라 현재의 사고, 감정, 느낌, 행동의 전체성과 통합을 추구하는 존재로 보며, 현재의 상황에 대한 자각에 초점을 둔다.

42
게슈탈트 이론에 관한 설명으로 옳은 것을 모두 고른 것은?
20년 3회, 14년 3회 기출

> ㄱ. 지금 여기서 무엇을 어떻게 경험하느냐와 각성을 중요시한다.
> ㄴ. 성격은 생물학적 요구 및 충동에 의해 결정된다.
> ㄷ. 인간은 신체, 정서, 사고, 감각, 지각 등 모든 부분이 서로 관련을 갖고 있는 전체로서 완성되려는 경향이 있다.
> ㄹ. 인간의 행동은 외부의 환경조건에 의해 좌우된다.

① ㄱ, ㄴ
② ㄱ, ㄷ
③ ㄱ, ㄴ, ㄷ
④ ㄴ, ㄷ, ㄹ

만점 해설
ㄴ. 인간의 성격이 생물학적 요구(욕구) 및 충동과 함께 생의 초기경험에 의해 결정된다고 주장하는 대표적인 이론은 '정신분석이론'이다.
ㄹ. 인간의 행동이 자신의 심리적 역동성에 의해 지배를 받는 것이 아닌 외부의 환경조건 및 학습에 의해 영향을 받는다고 주장하는 대표적인 이론은 '행동주의이론'이다.

43
Perls의 형태주의 상담이론에서 제시한 기본 가정으로 옳은 것은?
19년 2회 기출

① 인간은 전체로서 현상적 장을 경험하고 지각한다.
② 인간의 행동은 행동이 일어난 상황과 관련해서 의미 있게 이해될 수 있다.
③ 인간은 자기의 환경조건과 아동기의 조건을 개선할 수 있는 능력이 있다.
④ 인간은 결코 고정되어 있지 않으며 계속적으로 재창조한다.

만점 해설
형태주의 상담이론의 인간에 대한 기본 가정(Perls)
· 인간은 완성을 추구하는 경향이 있다.
· 인간은 자신의 현재의 욕구에 따라 게슈탈트를 완성한다.
· 인간의 행동은 그것을 구성하는 구체적인 구성요소인 부분의 합보다 큰 전체이다.
· 인간의 행동은 행동이 일어난 상황과 관련해서 의미 있게 이해될 수 있다.(②)
· 인간은 전경과 배경의 원리에 따라 세상을 경험한다.

정답 40 ② 41 ① 42 ② 43 ②

44
게슈탈트 상담에서 인간의 분노, 격분, 증오, 고통, 불안, 슬픔, 죄의식, 포기 등과 같은 표현되지 못한 감정을 포함하는 개념은?
15년 1회 기출

① 미해결 과제
② 미성숙 과제
③ 정서결핍 과제
④ 구조적 과제

만점 해설

미해결 과제(Unfinished Business)
- 완결되지 않은 게슈탈트(Gestalt)를 의미하는 것으로서, 인간의 분노, 격분, 증오, 고통, 불안, 슬픔, 죄의식, 포기 등과 같은 표현되지 못한 감정을 포함한다.
- 표현되지 못한 감정은 개인의 의식 배후에 자리하여 다른 사람과 효율적으로 접촉하는 것을 방해한다.

45
형태주의 상담에서 Perls가 제안한 신경증의 층 중 개인이 자신의 고유한 모습으로 살아가지 않고 부모나 주위환경의 기대역할에 따라 행동하며 살아가는 단계는?
17년 2회 기출

① 피상층
② 곤경층
③ 공포층
④ 내파층

만점 해설

신경증의 층(Neurotic Layers)

피상층 (허위층)	진실성이 없이 상투적으로 대하는 거짓된 상태로서, 개인은 형식적·의례적인 규범에 따라 피상적인 만남을 한다.
공포층 (연기층)	개인은 자신의 고유한 모습으로 살아가지 못한 채 부모나 주위환경의 기대에 따라 역할을 수행한다.
곤경층 (교착층)	개인은 자신이 했던 역할연기를 자각하게 되면서 더 이상 같은 역할을 지속적으로 수행하는 데 대해 곤경과 허탈감, 무력감을 경험하게 된다.
내파층 (내적 파열층)	개인은 그동안 억압해 온 자신의 욕구와 감정을 알아차리게 되지만 이를 겉으로 드러내지 못한 채 안으로 억제한다.
폭발층 (외적 파열층)	개인은 자신의 진정한 욕구와 감정을 더 이상 억압 또는 억제하지 않은 채 외부로 표출하게 된다.

46
게슈탈트 상담이론에서 주장하는 접촉-경계의 혼란을 일으키는 현상에 대한 설명으로 옳지 않은 것은?
20년 4회 기출

① 투사(Projection)는 자신의 생각이나 요구, 감정 등을 타인의 것으로 지각하는 것을 말한다.
② 반전(Retroflection)은 다른 사람이나 환경에 대하여 하고 싶은 행동을 자기 자신에게 하는 것을 말한다.
③ 융합(Confluence)은 밀접한 관계에 있는 사람들이 어떤 갈등이나 불일치도 용납하지 않는 의존적 관계를 말한다.
④ 편향(Deflection)은 외고집으로 다른 사람의 의견을 전혀 받아들이지 않고 자기 틀에서만 사고하고 행동하는 것을 말한다.

만점 해설

④ 편향(Deflection)은 감당하기 힘든 내적 갈등이나 환경 자극에 노출될 때, 이에 압도당하지 않으려고 자신의 감각을 둔화시켜서 환경과의 접촉을 피하거나 약화시키는 것을 말한다.

47
형태주의적 상담이론에 관한 설명으로 옳은 것은?
18년 1회 기출

① 융합 : 자신의 요구나 감정 혹은 생각 등을 타인의 것으로 왜곡하여 지각
② 내사 : 부모나 사회의 영향을 받거나 스스로의 경험에 의해 형성
③ 투사 : 중요한 타인과 자신과의 경계를 짓지 못하고 의존적인 관계를 형성
④ 편향 : 외부의 타인에게 표출할 행동을 자신을 대상으로 하는 것

만점 해설

① 투사(Projection), ③ 융합(Confluence), ④ 반전(Retroflection)

48
상담이론과 상담목표가 잘못 짝지어진 것은?
20년 3회 기출

① 행동주의 상담이론 – 내담자의 문제행동을 증가시켜 왔던 강화요인을 탐색하고 제거한다.
② 인지행동주의 상담이론 – 내담자가 가지고 있는 비합리적 신념을 확인하고 이를 수정한다.
③ 현실치료이론 – 내담자가 원하는 것이 무엇인지 확인하고 이를 달성할 수 있는 적절한 방법을 탐색한다.
④ 게슈탈트 상담이론 – 내담자의 생활양식을 확인하고 바람직한 방향으로 생활양식을 바꾸도록 한다.

만점 해설
④ 개인주의 상담이론(개인심리학적 상담이론)의 상담목표에 해당한다. 참고로 게슈탈트 상담이론은 자각에 의한 성숙과 통합의 성취, 자신에 대한 책임감, 잠재력의 실현에 따른 변화와 성장 등을 주요 상담목표로 한다.

49
상담이론과 그와 관련된 상담기법을 바르게 짝지은 것은?
21년 2회, 10년 4회 기출

① 정신분석적 상담 – 인지적 재구성
② 행동치료 – 저항의 해석
③ 인지적 상담 – 이완기법
④ 형태치료 – 역할연기, 감정에 머무르기

만점 해설
④ '역할연기'는 내담자로 하여금 과거 혹은 미래의 어떤 장면을 현재에 벌어지는 장면으로 상상하여 실제 행동으로 연출해 보도록 하는 것이다. 또한 '감정에 머무르기(머물러 있기)'는 내담자에게 미해결 감정들을 회피하지 않고 견뎌내도록 함으로써 이를 해소하도록 돕는 것이다.
① '인지적 재구성'은 인지행동적 상담의 주요 기법에 해당한다.
② '저항의 해석'은 정신분석적 상담의 주요 기법에 해당한다.
③ '이완기법'은 행동적 상담(행동치료)의 주요 기법에 해당한다.

50
다음 중 형태주의 상담기법과 가장 거리가 먼 것은?
18년 2회 기출

① 꿈 작업
② 빈 의자 기법
③ 과장하기
④ 탈중심화

만점 해설
④ 탈중심화(Decentering)는 다른 사람들의 관심이 자신에게 집중되어 있다고 믿는 내담자의 부적절한 신념을 수정하기 위한 것으로, 주로 인지치료나 인지행동적 상담에서 사용하는 인지적 치료기술에 해당한다.

51
내담자가 빈 의자를 앞에 놓고 어떤 사람이 실제 앉아 있는 것처럼 상상하면서 이야기를 하는 치료기법을 사용하는 상담이론은?
19년 1회, 10년 2회 기출

① 게슈탈트 상담
② 현실요법적 상담
③ 동양적 상담
④ 역설적 상담

만점 해설
① 현재 상담장면에 없는 사람과 상호작용할 필요가 있는 경우 내담자에게 그 인물이 맞은 편 빈 의자에 앉아 있다고 상상하도록 하여 그 사람에게 하고 싶은 말과 행동을 하도록 유도하는 것은 '빈 의자 기법'으로, 이는 게슈탈트(형태주의) 상담의 주요 기법에 해당한다.

52
게슈탈트 상담의 상담기법으로 적절하지 않은 것은?
18년 1회 기출

① 꿈을 이용한 작업
② 자기 부분들과의 대화를 통한 자각
③ 자각을 증가시키기 위한 숙제의 사용
④ 상담사–내담자 사이에 드러나는 전이의 분석

만점 해설
④ 전이의 분석은 정신분석적 상담의 상담기법에 해당한다.

53
다음 중 상담이론에 대한 설명으로 틀린 것은?

07년 1회 기출

① 정신분석적 상담에서는 인간을 비합리적이고 결정론적이며, 생물학적 충동과 본능을 만족시키려는 욕망에 의해 동기화된 존재로 가정한다.
② 내담자중심 상담은 로저스(Rogers)의 상담경험에서 비롯된 이론으로서 학자에 따라서는 비지시적 또는 사람 중심의 방법이라고도 하며, 대표적인 인본주의적 접근방법이다.
③ 교류분석적 상담은 인간의 본성에 대한 관념주의적 철학과 인본주의적 관점의 토대 위에 '지금－여기'에 대한 자각과 주변 환경의 책임을 강조한다.
④ 행동주의 상담은 학습이론에 바탕을 두고 체계적인 관찰, 철저한 통제, 자료의 계량화, 결과의 반복이라는 과학적 방법을 강조한다.

만점 해설

③ 게슈탈트(형태주의) 상담은 인간의 본성에 대한 실존주의적 철학과 인본주의적 관점의 토대 위에 '지금－여기'에 대한 자각과 개인적 책임을 강조한다.

54
다음은 어떤 상담기법과 관련이 있는가?

08년 1회, 06년 1회 기출

- Berne
- 부모자아 상태
- 스크립트 분석

① 교류분석적 상담   ② 정신분석적 상담
③ 내담자중심적 상담   ④ 특성－요인적 상담

만점 해설

교류분석적 상담(TA ; Transactional Analysis)
- 번(Berne)은 과거의 전제나 신념들이 한때 인간의 생존욕구를 충족시키는 데 적합했지만, 현재에는 적합하지 않은 것일 수 있으므로 문제를 경험하게 된다고 보았다.
- 어릴 적 부모로부터 부정적 명령 혹은 금지명령을 받고 자란 아이들은 잘못된 초기결정으로 인해 타인과의 진실하지 못한 상호작용 방식을 형성하게 되므로, 이른바 각본분석(Script Analysis)을 통해 내담자의 자기제한적 각본신념을 변화시킬 필요가 있다고 본다.

55
교류분석적 상담에 관한 설명으로 틀린 것은?

16년 3회 기출

① 대부분의 다른 이론과는 달리 계약적이고 의사결정적이다.
② 새로운 결정을 내릴 수 있는 개인의 능력을 강조한다.
③ 현재를 온전히 음미하고 경험하는 학습을 강조한다.
④ 개인 간 그리고 개인 내부의 상호작용을 분석하기 위한 구조를 제공한다.

만점 해설

③ 형태주의(게슈탈트) 상담의 내용에 해당한다. 형태주의 상담은 내담자로 하여금 '여기－지금'의 현실에서 자신이 무엇을 어떻게 보고 느끼는지, 무엇이 경험을 방해하는지 '자각 또는 각성(Awareness)'하도록 돕는 것을 목적으로 한다.

56
다음 중 교류분석(Transactional Analysis)에서 주로 사용되는 개념은?

18년 3회, 09년 2회 기출

① 집단무의식
② 자아상태(부모－성인－아동)
③ 전경과 배경
④ 비합리적 신념

만점 해설

② 교류분석 상담(TA)에서는 내담자의 사고, 감정, 행동을 세 가지 자아상태, 즉 부모 자아, 성인(어른) 자아, 아동(어린이) 자아와 결부시켜 자아상태에 대한 이해 및 적절한 활용을 돕기 위해 구조분석을 실시한다.

57
교류분석에서 사용하는 대표적인 성격 자아상태가 아닌 것은? 10년 2회 기출

① 부모 자아(Parent Ego)
② 성인 자아(Adult Ego)
③ 청년 자아(Youth Ego)
④ 아동 자아(Child Ego)

만점 해설

① 부모 자아(P)는 어릴 때 부모로부터 받은 영향을 그대로 재현하는 상태로서 개인의 가치, 도덕, 신념 등을 나타낸다.
② 성인 자아(A)는 현실을 합리적이고 객관적으로 판단하며, 문제에 대한 적절한 해결책을 찾는 자아상태이다.
④ 아동 자아(C)는 어린아이처럼 행동하거나 어린아이의 감정을 그대로 표현하는 자아상태이다.

58
교류분석 상담의 상담 과정에서 내담자 자신의 부모 자아, 성인 자아, 어린이 자아의 내용이나 기능을 이해하는 방법은? 21년 3회, 17년 2회 기출

① 구조분석
② 의사교류분석
③ 게임분석
④ 생활각본분석

만점 해설

② (의사)교류분석은 두 사람 간의 의사소통 과정에서 나타나는 세 가지 교류 유형, 즉 상보교류, 교차교류, 이면교류를 파악하여 효율적인 교류가 이루어지도록 돕는다.
③ 라켓 및 게임 분석은 부적응적 · 비효율적인 라켓 감정과 함께 이를 유발하는 게임을 파악하여 긍정적인 자아상태에서 원활한 의사소통이 이루어지도록 돕는다.
④ (생활)각본분석은 내담자의 자율성을 저해하는 자기제한적 각본신념을 변화시켜 효율적인 신념으로 대체하도록 돕는다.

59
다음 대화는 교류분석이론의 어떤 유형에 해당하는가? 19년 3회 기출

> A : 철수야, 우리 눈썰매 타러 갈래?
> B : 나이에 맞는 행동 좀 해라. 난 그런 쓸데없는 짓으로 낭비할 시간이 없어!

① 암시적 교류
② 직접적 교류
③ 이차적 교류
④ 교차적 교류

만점 해설

교류분석(의사교류분석)의 교류 유형
• 상보적 교류 : 두 자아상태가 상호 지지하고 있는 교류로서, 발신자가 기대하는 대로 수신자가 반응한다.
• 교차적 교류 : 두 사람 사이에 복수의 자아상태가 개입되어 상호 충돌함으로써 서로 기대하고 있는 발신과 수신이 이루어지지 않는다.
• 이면적(암시적) 교류 : 현재적 교류와 잠재적 교류가 동시에 작용하는 것으로서, 대화 속에 숨어있는 의사를 교류한다.

60
교류분석적 상담에서 피부접촉, 표정, 태도, 감정, 언어, 기타 여러 형태의 행동을 통해 상대방에 대한 반응을 알리는 인간인식의 기본 단위는? 14년 2회 기출

① 스트로크(Stroke)
② 교류(Transaction)
③ 각본(Script)
④ 라켓(Racket)

만점 해설

① '스트로크(Stroke)'는 친밀한 신체적 접촉이라는 일반적 용어가 확대되어 다른 사람에 대한 존재의 인정을 뜻하는 모든 행위를 포함하는 개념이다.
② '교류(Transaction)'는 두 사람의 자아 상태 사이에서 이루어지는 자극과 그에 관련된 반응으로서 의사소통의 단위이다.
③ '각본(Script)'은 본래 연극의 줄거리를 의미하는 것으로서, 어릴 때부터 형성하기 시작한 무의식적인 인생계획이다.
④ '라켓(Racket)'은 라켓 감정에 이르는 조작된 행동을 의미하며, '라켓 감정(Racket Feelings)'은 자신의 진정한 감정 대신 부모가 허용한 감정을 표현하는 것이다.

정답 57 ③ 58 ① 59 ④ 60 ①

61
교류분석(TA)에 대한 설명으로 가장 적합한 것은?
15년 3회 기출

① 어린 시절의 결단에 기초한 삶의 계획을 생활양식이라 한다.
② 의사교류에서 교차적 의사교류가 가장 건강하다고 할 수 있다.
③ 사람들은 애정이나 인정 자극(Stroke)을 얻기 위해 게임을 한다.
④ 개인 내부에서 이루어지는 다양한 자아들 간의 상호작용을 의사교류라 한다.

만점 해설
③ 교류분석 상담에서는 사람들이 숨겨진 동기를 가지고 이면교류를 하는 것을 '게임(Game)'이라고 한다. 이러한 게임은 반복적이고 무의식적으로 이루어지며, 보통 교류 당사자들 간에 좋지 않은 결과를 초래한다.
① '각본(Script)'에 해당한다.
② 의사교류에서 상보적 의사교류가 가장 건강하다고 할 수 있다.
④ '의사교류(Transaction)'는 두 사람의 자아 상태 사이에서 이루어지는 자극과 그에 관련된 반응으로서 의사소통의 단위이다.

62
상담이론과 심리적 문제의 의미가 잘못 짝지어진 것은?
15년 1회, 12년 3회 기출

① 정신분석적 접근 - 무의식적 충동에 대처하기 위한 증상 형성
② 내담자중심 접근 - 자기와 경험의 불일치
③ 행동주의적 접근 - 충동적인 욕구에 의한 부적응적인 행동
④ 인지적 접근 - 비합리적이고 부적응적인 사고방식

만점 해설
③ 행동주의적 접근은 내담자의 문제를 학습 과정을 통해 습득된 부적응 행동으로 보고, 상담 과정을 통해 부적절한 행동을 밝혀서 제거하고, 보다 적절한 새로운 행동을 학습하도록 한다.

63
행동수정에서 상담자의 역할은?
21년 2회 기출

① 내담자가 사랑하고, 일하고, 노는 자유를 획득하도록 돕는다.
② 내담자의 가족 구성에 대한 정보를 수집한다.
③ 내담자의 주관적 세계를 이해하여 새로운 이해나 선택을 할 수 있도록 돕는다.
④ 내담자의 상황적 단서와 문제행동, 그 결과에 대한 정보를 얻기 위하여 노력한다.

만점 해설
행동치료 혹은 행동수정에서 상담자(치료자)의 역할(Corey)
• 내담자의 상황적 단서와 문제행동, 그 결과에 대한 정보를 얻기 위하여 노력한다.(④)
• 내담자의 문제를 명료화한다(내담자와 함께).
• 표적행동을 정한다.
• 심리상담(치료)을 위한 목표를 세운다(내담자와 함께).
• 현재 상황을 확인한다.
• 변화계획을 수행한다.
• 변화계획의 성공을 평가한다.
• 사후평가를 한다.

64
다음에서 사용된 상담기법은?
22년 2회 기출

> A는 저조한 성적으로 인해 학교생활에 어려움을 겪고 있다. 상담사는 A가 평소 PC 게임하는 것을 매우 좋아한다는 사실을 알고 A가 계획한 일일 학습량을 달성하는 경우, PC 게임을 1시간 동안 하도록 개입하였다.

① 프리맥의 원리, 정적 강화
② 정적 강화, 자기교수훈련
③ 체계적 둔감법, 자기교수훈련
④ 부적 강화, 자극통제

만점 해설
행동주의 상담기법으로서 프리맥의 원리와 정적 강화
• 프리맥의 원리 : 높은 빈도의 행동(→ 선호하는 활동)은 낮은 빈도의 행동(→ 덜 선호하는 활동)에 대해 효과적인 강화인자가 될 수 있다.
• 정적 강화 : 바람직한 행동을 할 때마다 보상을 주어 그 행동을 강화할 수 있다.

65
다음 중 행동수정방법에 대한 설명으로 틀린 것은?

09년 2회 기출

① 정적 강화의 효과를 높이려면 내담자가 바람직한 행동을 할 때 즉각적으로 강화해 주어야 한다.
② 부적 강화는 내담자가 어떤 행동을 할 때 혐오적인 성질을 띤 부적 강화물을 제공하는 것을 말한다.
③ 내담자가 한 번도 해 본 적이 없는 새로운 행동을 가르치는 데에는 행동형성(Shaping, 조성)의 방법이 효과적이다.
④ 어떤 행동을 유지시키기 위해서는 일반적으로 연속강화보다 부분강화(간헐강화)가 더 많이 사용된다.

만점 해설
② 부적 강화는 부적 강화물을 제거함으로써 특정 행동의 빈도를 증가시키는 것이다. 예를 들어, 발표자에 대한 보충수업 면제를 통보하여 학생들의 발표를 유도할 수 있다.

66
강화계획 중 자동차 영업사원이 판매 대수에 따라 일정한 성과급을 받는 것은?

17년 1회, 12년 3회 기출

① 고정간격　　② 고정비율
③ 변동간격　　④ 변동비율

만점 해설
② 고정비율계획은 일정한 횟수의 바람직한 반응이 나타난 다음에 강화를 부여한다.
① 고정간격계획은 요구되는 행동의 발생빈도에 상관없이 일정한 시간 간격에 따라 강화를 부여한다.
③ 변동간격계획은 일정한 시간 간격을 두지 않은 채 평균적으로 확인할 수 있는 시간 간격이 지난 후에 강화를 부여한다.
④ 변동비율계획은 반응행동에 변동적인 비율을 적용하여 불규칙한 횟수의 바람직한 행동이 나타난 후에 강화를 부여한다.

67
내담자의 부적절한 행동을 변화하는 데 자주 사용하는 체계적 둔감화의 주요 원리는?

20년 1 · 2회 기출

① 상호억제　　② 변별과 일반화
③ 소 거　　　④ 조 성

만점 해설
상호억제 또는 상호제지(Reciprocal Inhibition)
제거 대상 반응(예 불안 혹은 공포 반응)과 양립할 수 없는 반응(예 신체적 이완)을 함께 제시함으로써 이들 간의 상호 방해로 인해 두 가지 연상 중 하나를 기억할 수 없도록 하는 원리이다.

68
상호제지(Reciprocal Inhibition)의 원리를 사용한 행동치료기법은?

18년 3회 기출

① 행동계약법　　② 체계적 둔감법
③ 자기교시법　　④ 자기통제법

만점 해설
② 체계적 둔감법은 병존할 수 없는 새로운 반응(예 신체적 이완)을 통해 부적응적 반응(예 불안 혹은 공포 반응)을 제지(억제)하는 상호제지 혹은 상호억제의 원리를 사용한다.

69
단계적 둔감화에 대한 설명으로 틀린 것은?

08년 3회 기출

① 불안한 공포증이 있는 내담자에게 효과가 있다.
② 조작적 조건형성 원리를 이용한 방법이다.
③ 근육의 긴장을 이완시키는 과정이 포함된다.
④ 불안위계목록을 10~20개 정도로 자세하게 작성한다.

만점 해설
② 단계적 둔감화(체계적 둔감화)는 고전적 조건형성의 원리를 반영한 것으로, 그중에서도 상호억제(상호제지)의 원리에 근거한다. 고전적 조건형성의 원리는 무조건 자극과 조건 자극이 연합되어 조건 반응을 일으킨다는 점을 설명한다.

70
행동주의적 상담(행동치료)에서 고전적 조건형성의 원리를 반영한 것으로, 특정 대상에 대한 공포증상을 치료하는 데 효과적인 기법은? 15년 2회 기출

① 토큰기법
② 체계적 둔감법
③ 조형기법
④ 타임아웃기법

만점 해설
② 체계적 둔감법(체계적 둔감화)은 고전적 조건형성의 원리를 반영한 것으로, 그중에서도 상호억제(상호제지)의 원리에 근거한다.

71
행동주의 상담의 모델링 기법에 관한 설명으로 틀린 것은? 19년 1회 기출

① 적응적 행동이 어떤 것인지 가르칠 수 있다.
② 적응적 행동을 실제로 행하도록 촉진할 수 있다.
③ 내담자가 두려워하는 행동을 하는 모델을 관찰함으로써 불안이 감소될 수 있다.
④ 문제행동에서 벗어나도록 둔감화를 적용할 수 있다.

만점 해설
④ 모델링(Modeling)의 주요 기능 중 '억제 또는 낙담시키기(Discouraging)'는 내담자로 하여금 문제행동을 하지 않도록 단념시키는 것이다.

72
행동주의적 접근의 상담기법 중 공포와 불안이 원인이 되는 부적응행동이나 회피행동을 치료하는 데 가장 효과적인 기법은? 22년 1회, 15년 1회 기출

① 타임아웃 기법
② 모델링 기법
③ 체계적 둔감법
④ 행동조성법

만점 해설
체계적 둔감법(Systematic Desensitization)
혐오스런 느낌이나 불안한 자극에 대한 위계목록을 작성한 다음, 낮은 수준의 자극에서 높은 수준의 자극으로 상상을 유도함으로써 불안이나 공포에서 서서히 벗어나도록 하는 불안감소기법이다.

73
행동주의 상담기법 중 내담자가 긍정적 강화를 받을 기회를 박탈시키는 것은? 19년 3회 기출

① 타임아웃
② 혐오치료
③ 자극통제
④ 토큰경제

만점 해설
② 혐오치료(Aversion Therapy)는 바람직하지 않은 행동을 부정적 경험과 연합시켜 행동변화가 일어나게 하는 방법이다.
③ 자극통제(Stimulus Control)는 내담자로 하여금 환경을 수정하여 자극을 통제하도록 돕는 방법이다.
④ 토큰경제(Token Economy)는 내담자가 바람직한 행동을 했을 때 토큰을 나누어 주어 나중에 내담자가 원하는 물건이나 권리와 바꿀 수 있도록 한 방법이다.

74
내담자가 자기지시적인 삶을 영위하고 상담사에게 의존하지 않게 하기 위해 상담사가 내담자와 지식을 공유하며 자기강화기법을 적극적으로 활용하는 행동주의 상담기법은? 21년 3회, 17년 1회 기출

① 모델링
② 과잉교정
③ 내현적 가감법
④ 자기관리 프로그램

만점 해설
① 모델링(Modeling)은 다른 사람의 행동을 보고 들으면서 그 행동을 따라하는 것으로 관찰학습을 의미한다.
② 과잉교정(Overcorrection)은 잘못된 행동이 과도한 양상을 보이는 경우 또는 강화로 제공될 대안행동이 거의 없거나 효과적인 강화인자가 없는 경우 유용한 기법으로, 파괴적이고 폭력적인 행동을 치료하는 데 효과적이다.
③ 내현적 가감법(Covert Sensitization)은 원하지 않는 행동과 그로 인해 나타날 수 있는 불쾌한 결과를 함께 상상하도록 함으로써 부적응행동을 방지하기 위한 것이다.

75
행동주의 상담에서 문제행동에 대한 대안행동이 거의 없거나 효과적인 강화인자가 없을 때 유용한 기법으로서 파괴적이고 폭력적인 행동을 수정하는 데 효과적인 것은?
16년 1회, 12년 2회 기출

① 과잉교정
② 모델링
③ 반응가
④ 자기지시기법

만점 해설
② 모델링(Modeling)은 다른 사람의 행동을 보고 들으면서 그 행동을 따라하는 것으로 관찰학습을 의미한다.
③ 반응가(Response-cost)는 강화인자가 부적절한 경우 또는 행동이 바람직하지 않은 방향으로 전개되는 경우 부여하는 일종의 벌에 해당한다.
④ 자기지시기법(Self-instruction)은 자신의 내면의 소리를 듣는 기술을 배움으로써 자기탐지, 목표선택, 목표행동 등의 과정을 통해 자신이 변화시키고자 하는 행동에 대해 계획을 세우도록 하는 것이다.

76
다음은 행동주의 상담기법 중 무슨 기법에 해당하는가?
10년 3회 기출

- 불안을 역제지하는 방법으로 사용한다.
- 대인관계에서 오는 불안제거에 효과적이다.
- 이 기법의 목표는 내담자로 하여금 광범위한 대인관계의 상황을 효과적으로 다루기 위해 필요한 기술과 태도를 갖추게 하는 데 있다.

① 모델링
② 주장훈련
③ 자기관리 프로그램
④ 행동계약

만점 해설
① 모델링(Modeling)은 다른 사람의 행동을 보고 들으면서 그 행동을 따라하는 것으로 관찰학습을 의미한다.
③ 자기관리 프로그램(Self-management Program)은 내담자가 자기지시적인 삶을 영위하고 상담자에게 의존하지 않도록 하기 위해 상담자가 내담자의 지식을 공유하면서 자기강화기법을 적극적으로 활용하는 것이다.
④ 행동계약(Behavioral Contract)은 두 사람이나 그 이상의 사람들이 정해진 기간 내에 각자가 해야 할 행동을 분명하게 정해 놓은 후 그 내용을 서로가 지키기로 계약을 맺는 것이다.

77
행동주의 상담에서 내적인 행동변화를 촉진시키는 방법이 아닌 것은?
17년 1회, 09년 3회 기출

① 체계적 둔감법
② 근육이완훈련
③ 인지적 모델링과 사고정지
④ 상표제도

만점 해설
행동주의 상담(행동치료)의 치료기술

내적 행동변화 촉진	• 체계적 둔감법 • 근육이완훈련 • 인지적 모델링 • 인지적 재구조화 • 사고중지(사고정지) • 정서적 심상법(정서적 상상) • 스트레스 접종 등
외적 행동변화 촉진	• 상표제도(토큰경제) • 모델링(대리학습) • 주장훈련(주장적 훈련) • 역할연기 • 행동계약 • 자기관리 프로그램 • 혐오치료 • 바이오피드백(Biofeedback) 등

78
행동주의 상담에서 외적인 행동변화를 촉진시키는 방법은?
19년 2회, 10년 4회 기출

① 체계적 둔감법
② 근육이완훈련
③ 인지적 모델링과 사고정지
④ 상표제도

만점 해설
①·②·③ 내적인 행동변화를 촉진시키는 방법에 해당한다.

79
행동주의 상담에서 외적인 행동변화를 촉진시키는 방법이 아닌 것은?　　12년 1회, 09년 1회 기출

① 주장훈련
② 자기관리 프로그램
③ 행동계약
④ 인지적 재구조화

만점 해설
④ 내적인 행동변화를 촉진시키는 방법에 해당한다.

80
다음에서 설명하는 상담이론은?　　07년 3회 기출

> Ellis에 의해 발전된 이론으로, 인간은 합리적인 사고를 할 수 있는 동시에 비합리적인 사고의 가능성도 가지고 있는 존재이며, 따라서 내담자의 모든 행동적·정서적 문제는 경험적으로 타당성이 없는 비논리적이고 비합리적인 사고로 인해 발생한 것이라고 보았다.

① 인지·정서적 상담
② 교류분석적 상담
③ 형태주의 상담
④ 정신분석적 상담

만점 해설
인지·정서적 상담(RET) 또는 합리적·정서적 행동치료(REBT)
내담자의 행동적·정서적 문제를 야기한 비논리적인 사고를 논리적이고 합리적인 사고에 입각한 행동으로 대치하도록 도움을 주는 과정이다. 따라서 상담(치료)의 목표는 비논리적이고 비합리적인 신념체계와 가치체계를 합리적인 것으로 대치함으로써 행동적·정서적 문제를 해결하는 것이 된다.

*참고 : 엘리스(Ellis)의 RET(Rational-Emotive Therapy)는 본래 '합리적·정서적 치료', REBT(Rational-Emotive Behavior Therapy)는 '합리적·정서적 행동치료'로 번역하는 것이 정확하나, 일반적으로 그의 상담 혹은 치료이론을 '인지적·정서적 치료', '인지·정서·행동적 상담' 등 다양한 명칭으로 부르고 있습니다.

81
다음 설명에 해당하는 상담이론은?　　19년 1회 기출

> 인간은 합리적인 사고를 할 수 있는 동시에 비합리적인 사고의 가능성도 가지고 있는 존재이며, 따라서 내담자의 모든 행동적/정서적 문제는 경험적으로 타당성이 없는 비논리적이고 비합리적인 사고로 인해 발생한 것이라고 보았다.

① 합리적 정서행동 상담
② 현실치료적 상담
③ 형태주의 상담
④ 정신분석적 상담

만점 해설
② 현실치료적 상담은 내담자로 하여금 책임감과 자율성 성취를 통해 스스로 독립된 인격체로서 자립하는 동시에 성공적인 정체감에 이를 수 있도록 돕는 것을 목표로 한다.
③ 형태주의 상담은 내담자로 하여금 '여기-지금'의 현실에서 자신이 무엇을 어떻게 보고 느끼는지, 무엇이 경험을 방해하는지 '자각(각성)'하도록 돕는 것을 목표로 한다.
④ 정신분석적 상담은 자유연상, 꿈의 분석, 전이의 분석, 저항의 분석 등을 통해 내담자로 하여금 무의식의 세계에 있는 것들을 의식의 세계로 끌어올리도록 함으로써 과거의 갈등을 해소할 기회를 제공하는 동시에 자신에 대한 통찰력을 얻도록 돕는 것을 목표로 한다.

82
인지적-정서적 상담에 관한 설명으로 틀린 것은?　　22년 1회, 10년 1회 기출

① Ellis에 의해 개발되었다.
② 모든 내담자의 행동적-정서적 문제는 비논리적이고 비합리적인 사고에서 발생한 것이다.
③ 성격 자아상태 분석을 실시한다.
④ A-B-C 이론을 적용한다.

만점 해설
③ 상담 과정에서 내담자의 성격 자아상태 분석을 실시하는 것은 교류분석적 상담의 특징에 해당한다.

83
Ellis의 비합리적 신념 유형이 아닌 것은? 11년 2회 기출

① 다른 사람에게 의지해야 하고 의지할 수 있는 누군가가 있어야 한다.
② 인간의 문제에는 완전한 해결책이 있다.
③ 세상은 반드시 공평해야 하며 정의는 반드시 승리한다.
④ 자신이 가치 있다고 인정받으려면 한 가지 영역에서만 완벽한 능력이 있고 성공하면 된다.

만점 해설
④ 엘리스(Ellis)는 "인간은 자신이 가치 있다고 인정받으려면 모든 영역에서 반드시 유능하고 성취적이어야 한다"를 비합리적 신념의 유형으로 제시한 바 있다.

84
엘리스(Ellis)가 개발한 인지적-정서적 상담에서 정서적이고 행동적인 결과를 야기하는 것은?
21년 1회, 13년 2회 기출

① 선행사건　　② 논 박
③ 신 념　　　④ 효 과

만점 해설
인지적·정서적 상담의 ABCDE(ABCDEF) 모델(Ellis)
- A(Activating Event ; 선행사건) : 내담자의 정서나 행동에 영향을 미치는 사건
- B(Belief System ; 비합리적 신념체계) : 해당 사건에 대한 비합리적 신념
- C(Consequence ; 결과) : 부적응적인 정서적·행동적 결과
- D(Dispute ; 논박) : 비합리적 신념을 논리성·실용성·현실성에 비추어 반박하는 것
- E(Effect ; 효과) : 논박으로 인해 비합리적 신념이 합리적 신념으로 대체되는 것
- F(Feeling ; 감정) : 자신에 대한 수용적인 태도와 긍정적인 감정을 가지게 되는 것

85
인지적-정서적 상담(RET)의 기본 모델에 대한 설명으로 옳은 것은? 09년 1회 기출

① 선행사건 → 비합리적 신념체계 → 정서적/행동적 결과 → 효과 → 논박
② 선행사건 → 정서적/행동적 결과 → 비합리적 신념체계 → 논박 → 효과
③ 선행사건 → 비합리적 신념체계 → 논박 → 정서적/행동적 결과 → 효과
④ 선행사건 → 비합리적 신념체계 → 정서적/행동적 결과 → 논박 → 효과

만점 해설
인지적·정서적 상담의 ABCDE 모델(Ellis)
선행사건 → 비합리적 신념체계 → 정서적/행동적 결과 → 논박 → 효과

86
인지·정서·행동치료(REBT)의 상담기법 중 정서기법에 해당하지 않는 것은? 21년 3회 기출

① 역할연기
② 수치공격 연습
③ 자기관리
④ 무조건적 수용

만점 해설
③ 자기관리는 인지·정서·행동치료(REBT)의 상담기법 중 행동기법에 해당한다.

87
Ellis의 합리적 정서치료의 정신건강 기준에 관한 설명으로 옳은 것은? 18년 3회 기출

① 사회적 관심 : 자신의 삶에 책임감이 있고 독립적이다.
② 관용 : 변화에 대해 수긍하고 타인에게 편협한 견해를 갖지 않는다.
③ 몰입 : 실수하는 사람들을 비난하지 않는다.
④ 과학적 사고 : 깊게 느끼고 구체적으로 행동할 수 있다.

만점 해설
① 사회적 관심 : 집단 속에서 유리되지 않은 채 관계의 맥락 속에서 인간에 대한 관심을 지니고 있다.
② 관용 : 타인의 실수에 대해 관용적이며, 실수하는 사람들을 비난하지 않는다.
③ 몰두(몰입) 또는 이행 : 자신의 외부세계에 대해 중대하게 몰두할 수 있는 능력이 있다.

88
왜곡된 사고체계나 신념체계를 가진 내담자에게 실시하면 효과적인 상담기법은?
22년 2회, 06년 1회, 04년 1회 기출

① 내담자중심 상담 ② 인지치료
③ 정신분석 ④ 행동요법

만점 해설
② 인지치료는 내담자의 역기능적이고 자동적인 사고 및 스키마, 신념, 가정의 대인관계 행동에서의 영향력을 강조하며, 이를 수정하여 내담자의 정서나 행동을 변화시키는 데 역점을 둔다.

89
Beck의 인지치료이론에 관한 설명으로 옳은 것은? 12년 3회 기출

① ABCDE 모형에 기초하여 문제를 해결해 나간다.
② 인간의 사고와 행동은 서로 밀접한 연관이 있다.
③ 인지적 오류에는 억압, 합리화, 퇴행, 투사 등이 있다.
④ 인간의 행동은 환경적 조건에 따라 결정된다.

만점 해설
① 엘리스(Ellis)의 인지·정서적 상담(RET) 또는 합리적·정서적 행동치료(REBT)의 내용에 해당한다.
③ 억압, 합리화, 퇴행, 투사 등은 정신분석적 상담이론의 주요 개념으로서 방어기제의 종류에 해당한다.
④ 인간의 행동이 환경에서 제공되는 강화 형태와 빈도에 의해 결정된다는 것은 행동주의 상담이론의 인간관에 해당한다.

90
상담이론과 직업상담사의 역할의 연결이 바르지 않은 것은? 21년 3회, 17년 1회, 13년 2회 기출

① 인지상담 - 수동적이고 수용적인 태도
② 정신분석적 상담 - 텅 빈 스크린
③ 내담자 중심의 상담 - 촉진적인 관계형성 분위기 조성
④ 행동주의 상담 - 능동적이고 지시적인 역할

만점 해설
① 인지상담 혹은 인지치료의 상담(치료) 과정은 보통 단기적·한시적이고 구조화되어 있으며, 상담자(치료자)는 내담자에 대한 보다 적극적이고 교육적인 치료를 수행한다.

91
인지상담에서 주장하는 인지적 오류를 모두 고른 것은? 17년 3회 기출

> ㄱ. 자동적 사고
> ㄴ. 흑백논리
> ㄷ. 자극 일반화
> ㄹ. 임의적 추론
> ㅁ. 선택적 추상화

① ㄱ, ㄴ, ㄷ
② ㄱ, ㄴ, ㅁ
③ ㄱ, ㄷ, ㄹ
④ ㄴ, ㄹ, ㅁ

만점 해설
ㄴ. 흑백논리(이분법적 사고)는 모든 경험을 한두 개의 범주로만 이해하고 중간지대가 없이 흑백논리로써 현실을 파악하는 것이다.
ㄹ. 임의적 추론(자의적 추론)은 어떤 결론을 지지하는 증거가 없거나 그 증거가 결론에 위배됨에도 불구하고 그와 같은 결론을 내리는 것이다.
ㅁ. 선택적 추상(선택적 추상화)은 다른 중요한 요소들은 무시한 채 사소한 부분에 초점을 맞추고, 그 부분적인 것에 근거하여 전체 경험을 이해하는 것이다.

92
인지치료에서 다루는 인지적 오류와 그 사례로 옳은 것은? 18년 1회 기출

① 선택적 추론 – "90%의 성공도 나에게는 실패야"
② 양분법적 논리 – "돌다리도 두들겨 보고 건너자"
③ 과일반화 – "영어시험을 망쳤으니 이번 시험은 완전히 망칠 거야"
④ 과소평가 – "나는 이번 시험에 꼭 합격해야 해"

만점 해설
① 이분법적 사고 또는 흑백논리(양분법적 논리)
② 완벽주의
④ 당위적 사고

93
Beck의 인지행동 상담에서 사용하는 주된 상담기법이 아닌 것은? 17년 1회 기출

① 정서적 기법
② 반응적 기법
③ 언어적 기법
④ 행동적 기법

만점 해설
인지행동 상담(인지치료적 접근)의 주요 상담기법
- 정서적 기법 : 정서 경험 이야기하기, 심상기법, 역할연기 등을 통해 내담자의 자동적 사고를 파악한다.
- 언어적 기법 : 소크라테스식 질문을 통해 내담자로 하여금 자동적 사고의 타당성을 평가하도록 한다.
- 행동적 기법 : 내담자의 인지 변화를 목적으로 행동실험을 수행한다.

94
다음 중 현실치료의 특징으로만 짝지어진 것은? 11년 1회, 03년 1회 기출

> ㄱ. 책임감에 대한 강조
> ㄴ. 과거 경험에 대한 체계적인 탐색
> ㄷ. 자율적이고 합리적인 모습 강조
> ㄹ. 내담자 스스로 계획수립 및 수행평가

① ㄱ, ㄴ, ㄷ
② ㄴ, ㄷ, ㄹ
③ ㄱ, ㄷ, ㄹ
④ ㄱ, ㄴ, ㄹ

만점 해설
ㄴ. 과거 경험, 즉 초기 아동기 경험의 중요성과 그에 대한 체계적인 탐색을 강조한 대표적인 상담(치료)방법으로 정신분석적 상담을 들 수 있다.

정답 91 ④ 92 ③ 93 ② 94 ③

95
현실치료적 집단상담의 절차와 가장 거리가 먼 것은? 20년 3회 기출

① 숙련된 질문의 사용
② 유머의 사용
③ 개인적인 성장계획을 위한 자기조력
④ 조작기법의 사용

만점 해설
현실치료적 집단상담의 절차(Wubbolding)
- 숙련된 질문의 사용
- 개인적인 성장계획을 위한 자기조력
- 유머의 사용
- 역설기법의 사용(④)

02절 특성-요인 직업상담

01
특성-요인 상담의 특징으로 옳지 않은 것은?
21년 1회, 14년 2회, 10년 4회, 08년 3회 기출

① 상담자 중심의 상담방법이다.
② 문제의 객관적 이해보다는 내담자에 대한 정서적 이해에 중점을 둔다.
③ 내담자에게 정보를 제공하고 학습기술과 사회적 적응기술을 알려주는 것을 중요시한다.
④ 사례연구를 상담의 중요한 자료로 삼는다.

만점 해설
② 특성-요인 상담은 내담자에 대한 정서적 이해보다 문제의 객관적 이해에 중점을 두고, 내담자에 대한 자료를 과학적으로 수집 및 분석하기 위해 흥미, 지능, 적성, 성격 등 표준화 검사의 실시와 결과의 해석을 강조하는 상담방법이다.

02
특성-요인 상담에서 Strong과 Schmidt가 중요하게 생각한 상담사의 특성과 거리가 가장 먼 것은?
18년 1회 기출

① 신 뢰   ② 전문성
③ 매 력   ④ 공 감

만점 해설
특성-요인 상담에서 상담자의 특성 또는 자질(Strong & Schmidt)
- 전문성 : 상담자는 개인에 대한 분석과 직업세계에 대한 이해에 있어서 전문가이어야 한다.
- 신뢰 : 상담자는 내담자에게 신뢰감을 줄 수 있어야 한다.
- 매력 : 상담자는 내담자가 믿고 따를 수 있을 만큼 매력이 있어야 한다.

03
특성-요인 상담의 목표가 아닌 것은? 17년 2회 기출

① 내담자가 잠재적인 모든 개성을 발달시키는 데 주력한다.
② 내담자가 자기 자신의 가능성을 확인하고 그 가능성을 활용할 수 있게 한다.
③ 내담자가 자신이 필요로 하는 정보를 수집, 분석, 종합할 수 있도록 한다.
④ 내담자가 자신의 문제를 해결하도록 한다.

만점 해설
① 내담자로 하여금 자신의 잠재적인 개성을 최대한 발휘하도록 함으로써 자기실현(자아실현)을 촉진하는 것을 목표로 하는 것은 내담자중심(인간중심) 상담에 해당한다.

04

직업상담에서 특성-요인이론에 관한 설명으로 옳은 것은? 22년 2회, 18년 2회, 13년 1회, 06년 1회 기출

① 대부분의 사람들은 여섯 가지 유형으로 성격 특성을 분류할 수 있다.
② 각각의 개인은 신뢰할 만하고 타당하게 측정될 수 있는 고유한 특성의 집합이다.
③ 개인은 일을 통해 개인적 욕구를 성취하도록 동기화되어 있다.
④ 직업적 선택은 개인의 발달적 특성이다.

만점 해설

② 특성-요인이론을 제안한 파슨스(Parsons)는 각 개인을 신뢰롭고 타당하게 측정될 수 있는 고유한 특성의 집합체로 보았다.
① 홀랜드(Holland)의 직업적 성격유형론(인성이론)과 연관된다.
③ 맥클리랜드(McClelland)의 성취동기이론과 연관된다.
④ 직업선택을 개인의 발달적 특성과 밀접하게 결부시킨 대표적인 학자로서 긴즈버그(Ginzberg)와 수퍼(Super) 등을 예로 들 수 있다.

05

특성-요인 직업상담에서 상담사가 지켜야 할 상담 원칙으로 틀린 것은? 21년 2회 기출

① 내담자에게 강의하려 하거나 거만한 자세로 말하지 않는다.
② 전문적인 어휘를 사용하고, 상담 초기에는 내담자에게 제공하는 정보를 비교적 큰 범위로 확대한다.
③ 어떤 정보나 해답을 제공하기 전에 내담자가 정말로 그것을 알고 싶어 하는지 확인한다.
④ 상담사는 자신이 내담자가 지니고 있는 여러 가지 태도를 제대로 파악하고 있는지 확인한다.

만점 해설

② 상담자는 간단한 어휘를 사용하며, 특히 상담 초기에 내담자에게 제공하는 정보를 비교적 적은 범위로 한정시킨다.

06

특성-요인이론에서 파슨스(Parsons)가 구체화한 3요소 직업지도모델에 포함되지 않는 것은? 15년 2회, 12년 2회, 07년 3회 기출

① 내담자 특성의 객관적인 분석
② 직업세계의 분석
③ 과학적 조언을 통한 매칭(Matching)
④ 주변 환경의 분석

만점 해설

특성-요인이론의 3가지 요소(Parsons)
• 자신(개인)에 대한 이해 – 내담자 특성의 객관적인 분석
• 직업세계에 대한 이해 – 직업세계의 분석
• 자신과 직업의 합리적 연결 – 과학적 조언을 통한 매칭(Matching)

07

특성-요인 직업상담의 과정을 순서대로 바르게 나열한 것은? 22년 1회 기출

ㄱ. 분석	ㄴ. 종합
ㄷ. 진단	ㄹ. 예측
ㅁ. 상담	

① ㄱ → ㄴ → ㄷ → ㄹ → ㅁ
② ㄱ → ㄴ → ㄷ → ㅁ → ㄹ
③ ㄱ → ㅁ → ㄷ → ㄹ → ㄴ
④ ㄷ → ㄱ → ㄴ → ㄹ → ㅁ

만점 해설

특성-요인 직업(진로)상담의 과정(Williamson)
• 제1단계 : 분석
• 제2단계 : 종합
• 제3단계 : 진단
• 제4단계 : 예측(예후) 또는 처방
• 제5단계 : 상담 또는 치료
• 제6단계 : 추수지도 또는 사후지도

정답 04 ② 05 ② 06 ④ 07 ①

08

Williamson의 특성-요인 직업상담의 단계를 바르게 나열한 것은? 21년 3회, 18년 3회 기출

ㄱ. 분 석	ㄴ. 종 합
ㄷ. 진 단	ㄹ. 예 측
ㅁ. 상 담	ㅂ. 추수지도

① ㄱ → ㄴ → ㄷ → ㄹ → ㅁ → ㅂ
② ㄷ → ㄱ → ㄴ → ㅁ → ㄹ → ㅂ
③ ㄴ → ㄱ → ㄹ → ㄷ → ㅁ → ㅂ
④ ㄱ → ㄷ → ㅁ → ㄴ → ㄹ → ㅂ

만점 해설

특성-요인 직업(진로)상담의 과정(Williamson)
분석 → 종합 → 진단 → 예측(예후) → 상담(치료) → 추수지도(사후지도)

09

특성-요인 직업상담 과정의 단계를 순서대로 나열한 것은? 19년 2회 기출

ㄱ. 종 합	ㄴ. 진 단
ㄷ. 분 석	ㄹ. 상담 또는 치료
ㅁ. 사후지도	ㅂ. 예 측

① ㄷ → ㄱ → ㄴ → ㅂ → ㄹ → ㅁ
② ㄷ → ㄴ → ㅂ → ㄱ → ㄹ → ㅁ
③ ㄷ → ㄹ → ㄴ → ㄱ → ㅂ → ㅁ
④ ㄷ → ㅂ → ㄴ → ㄱ → ㄹ → ㅁ

만점 해설

특성-요인 직업(진로)상담의 과정(Williamson)
분석 → 종합 → 진단 → 예측(예후) → 상담(치료) → 추수지도(사후지도)

10

Williamson이 분류한 임상적 상담 과정을 바르게 나열한 것은? 18년 1회, 13년 1회 기출

① 분석 → 종합 → 진단 → 예후 → 상담 → 추수
② 분석 → 진단 → 종합 → 상담 → 예후 → 추수
③ 진단 → 분석 → 종합 → 예후 → 상담 → 추수
④ 진단 → 종합 → 분석 → 상담 → 예후 → 추수

만점 해설

특성-요인 직업(진로)상담의 과정(Williamson)
분석 → 종합 → 진단 → 예후(예측) → 상담(치료) → 추수지도(사후지도)

11

Williamson이 구분한 특성-요인 상담 과정 중 (A)에 대한 설명으로 옳은 것은? 11년 2회 기출

분석 → 종합 → (A) → 예후 → 상담 → 추수지도

① 문제를 사실적으로 확인하고 원인을 발견한다.
② 상담에서 학습했던 것을 일상생활에서 적용할 때 이루어지는 행동을 강화, 재평가, 점검한다.
③ 내담자의 다양한 측면들을 정리 재배열하여 전체적인 모습을 그려본다.
④ 일반화된 방식으로 생활 전체를 다루는 것을 학습하는 단계이다.

만점 해설

① A는 '진단'으로, 문제의 원인들을 탐색하며, 내담자의 문제를 해결할 수 있는 다양한 방법들을 검토하는 단계이다.

12

특성-요인 직업상담의 과정에서 내담자가 능동적으로 참여하는 단계는? 12년 1회 기출

① 상담 또는 치료 단계   ② 분석 단계
③ 진단 단계   ④ 종합 단계

만점 해설

① 상담 또는 치료 단계에서 상담자는 내담자로 하여금 미래에 혹은 현재에 바람직한 적응을 위해 무엇을 해야 하는가에 대해 내담자와 함께 협동적·능동적으로 상의한다.

13
Williamson이 제시한 상담단계에서 활용할 수 있는 상담기술이 아닌 것은? 　　12년 2회 기출

① 촉진적 관계형성
② 직업에 대한 이해
③ 행동계획의 권고와 설계
④ 계획의 수행

만점 해설

특성-요인 직업상담의 상담기술(Williamson)
- 촉진적 관계형성(①)
- 자기이해의 신장
- 행동계획의 권고와 설계(③)
- 계획의 수행(④)
- 위임 또는 의뢰

14
특성-요인 직업상담에서 윌리암슨(Williamson)이 검사의 해석단계에서 이용할 수 있다고 제시한 상담기법이 아닌 것은? 　　11년 3회 기출

① 직접충고　　② 해 석
③ 설 득　　　④ 설 명

만점 해설

특성-요인 직업상담의 검사 해석단계에서 이용할 수 있는 상담기법(Williamson)
- 직접충고 : 검사결과를 토대로 상담자가 내담자에게 자신의 견해를 솔직하게 표명하는 것이다.
- 설득 : 상담자가 내담자에게 합리적이고 논리적인 방법으로 검사자료를 제시하는 것이다.
- 설명 : 상담자가 검사자료 및 비검사자료들을 해석하여 내담자의 진로선택을 돕는 것이다.

15
Williamson의 특성-요인 직업상담에서 검사의 해석단계에 이용할 수 있다고 제시한 상담기법은? 　　19년 3회 기출

① 가 정　　② 반 영
③ 변 명　　④ 설 명

만점 해설

특성-요인 직업상담의 검사 해석단계에서 이용할 수 있는 상담기법(Williamson)
- 직접충고
- 설 득
- 설 명

03절　내담자중심 직업상담(인간중심 직업상담)

01
비지시적 상담을 원칙으로 자아와 일에 대한 정보 부족 혹은 왜곡에 초점을 맞춘 직업상담은? 　　18년 2회, 14년 3회, 03년 3회 기출

① 정신분석 직업상담
② 내담자중심 직업상담
③ 행동적 직업상담
④ 발달적 직업상담

만점 해설

② 내담자중심 직업상담은 로저스(Rogers)의 상담 경험에서 비롯된 것으로, '비지시적 상담' 또는 '인간중심 상담'으로도 불린다.
① 정신분석 직업상담은 직업선택에 있어서 심리학적 요인을 중시하며, 내담자의 동기유발과 방어기제에 초점을 둔다.
③ 행동적 직업상담은 내담자의 비정상적·부적응적인 행동이 무의식적 충동에 의해서가 아닌 학습에 의해 획득·유지된 것으로 보며, 이를 수정하기 위해 학습의 원리를 적용한다.
④ 발달적 직업상담은 내담자의 생애단계를 통한 진로발달의 측면을 중시한다.

02
다음은 어떤 직업상담 접근방법에 관한 설명인가?
21년 1회, 09년 3회 기출

> 모든 내담자는 공통적으로 자기와 경험의 불일치로 인해서 고통을 받고 있기 때문에 직업상담 과정에서 내담자가 지니고 있는 직업문제를 진단하는 것 자체가 불필요하다고 본다.

① 내담자중심 직업상담
② 특성-요인 직업상담
③ 정신역동적 직업상담
④ 행동주의 직업상담

만점 해설
내담자중심 접근법에서 심리적 문제의 해결
내담자중심 접근법은 내담자가 유기체적 경험을 왜곡 없이 지각하여 이를 자기개념으로 통합할 수 있도록 환경조건이 마련된다면, 내담자는 자신의 내면적인 힘으로 자신이 직면한 문제를 해결하고 자신의 삶을 긍정적으로 변화시킴으로써 성장해 나갈 수 있다고 본다.

03
인간중심 진로상담의 개념에 관한 설명으로 옳지 않은 것은?
21년 2회, 13년 3회 기출

① 일의 세계 및 자아와 관련된 정보의 부족에 관심을 둔다.
② 자아 및 직업과 관련된 정보를 거부하거나 왜곡하는 문제를 찾고자 한다.
③ 진로선택과 관련된 내담자의 불안을 줄이고 자기의 책임을 수용하도록 한다.
④ 상담자의 객관적 이해를 내담자에 대한 자아 명료화의 근거로 삼는다.

만점 해설
④ 인간중심 진로상담은 내담자의 주관적인 경험을 감지하고 내담자의 마음속으로 들어감으로써 내담자로 하여금 자신의 감정을 더욱 강렬하게 경험하는 동시에 내부의 불일치를 인식하도록 돕는 것을 목표로 한다.

04
인간중심(내담자중심) 직업상담을 할 때 직업상담자가 갖추어야 할 세 가지 기본 태도가 아닌 것은?
08년 3회, 05년 1회 기출

① 일치성/진실성
② 해석능력
③ 공감적 이해
④ 수용

만점 해설
직업상담사가 갖추어야 할 세 가지 기본 태도
- 일치성과 진실성(진솔성)
- 공감적 이해
- 무조건적 수용

05
내담자중심 직업상담에서 상담자가 지녀야 할 태도 중 내담자로 하여금 개방적 자기탐색을 촉진하여 그가 지금-여기에서 경험하는 감정을 자각하도록 하는 요인은?
16년 1회 기출

① 일치성
② 일관성
③ 공감적 이해
④ 무조건적 수용

만점 해설
① 일치성(진솔성)은 상담자가 자신의 감정을 솔직하게 인정함으로써 내담자의 진솔한 감정 표현을 유도하는 요인이 된다.

06
내담자중심 직업상담에서 Snyder가 제시한 상담자가 보일 수 있는 반응 중 다음은 어떤 반응에 해당하는가?
17년 3회 기출

> 상담자가 내담자의 생각을 변화시키려 시도하거나 내담자의 생각에 상담자의 가치를 주입하려 하는 범주

① 안내를 수반하는 범주
② 지시적 상담범주
③ 감정에 대한 비지시적 상담범주
④ 감정에 대한 준지시적 상담범주

만점 해설

반응 범주화(Snyder)
- 안내를 수반하는 범주 : 면접의 방향을 결정짓는 범주
- 감정에 대한 비지시적 반응범주 : 해석이나 충고, 비평이나 제안 없이 내담자가 표현하는 감정을 재진술하는 범주
- 감정에 대한 준지시적 반응범주 : 내담자의 감정에 대해 해석하는 범주
- 지시적 상담범주 : 상담자가 내담자의 생각을 변화시키려 시도하거나 내담자의 생각에 상담자의 가치를 주입하려 하는 범주

07
내담자중심 상담이론에 관한 설명으로 틀린 것은?
18년 1회 기출

① 다양한 진로 관련 검사 결과에 기초하여 상담을 진행한다.
② Rogers는 직업과 관련된 의사결정에 대해 구체적으로 언급하지 않았다.
③ 몇몇 내담자중심 상담사들은 일반적 적응과 직업적 적응 사이에 관련성이 크지 않다고 보았다.
④ 직업정보는 내담자의 입장에서 필요할 때에만 상담 과정에 도입한다.

만점 해설
① 내담자중심 상담이론을 주창한 로저스(Rogers)는 기본적으로 검사의 사용이 내담자의 방어적 태도를 증가시키고 자아수용 및 책임을 감소시키며, 상담자에 대한 의존성을 높인다는 이유로 검사 사용에 대해 반대의 입장을 취하였다.

*참고 : 로저스(Roger)는 검사의 사용이 내담자의 방어적 태도를 증가시키고 자기수용과 책임을 감소시키며, 상담자에 대한 의존성을 높인다는 이유로 반대하였습니다. 그러나 패터슨(Patterson) 등 몇몇 내담자 중심 직업상담가들은 내담자에 대한 객관적인 이해의 목적이 아닌 내담자의 자기 명료화를 위해 검사의 사용이 필요하다고 제안하였습니다.

08
내담자중심 상담에서 상담자가 심리검사를 사용할 때의 활동원칙이 아닌 것은?
17년 2회, 10년 3회 기출

① 검사 결과의 해석에 내담자가 참여하도록 한다.
② 검사 결과를 명확하게 전달하기 위해 평가적인 언어를 사용한다.
③ 내담자가 알고자 하는 정보와 관련된 검사의 가치와 제한점을 설명한다.
④ 검사 결과를 입증하기 위한 더 많은 자료가 수집될 때까지는 시험적인 태도로 조심스럽게 제시되어야 한다.

만점 해설
② 검사 결과를 전할 때 평가적인 말투를 사용해서는 안 되며, 항상 중립성을 지켜야 한다.

09
내담자중심의 상담 과정에서 직업정보 제공 시의 유의사항으로 틀린 것은?
12년 2회, 07년 1회 기출

① 내담자 스스로 얻도록 격려한다.
② 내담자의 입장에서 필요할 때 제공되어야 한다.
③ 직업과 일에 대한 내담자의 감정과 태도가 자유롭게 표현되어야 한다.
④ 내담자에게 직접적인 영향을 주거나 조작을 위하여 사용되어야 한다.

만점 해설
④ 내담자에게 직접적인 영향을 주거나 내담자를 조작하기 위해 사용하지 않는다.

10
많은 상담기법들은 내담자를 상담하기 이전에 그의 문제점을 알아보기 위한 진단이 필요하다고 본다. 다음 중 상담 이전에 심리진단이 필요하지 않다고 보는 입장은? 03년 1회 기출

① 정신분석적 상담
② 내담자중심 상담
③ 형태주의 상담
④ 교류분석적 상담

만점 해설
② 특성-요인 접근법에서는 진단 자체가 상담의 중심을 이루는 반면, 내담자중심 접근법에서는 기본적으로 심리진단이 불필요하다는 입장을 취한다.

04절 정신역동적 직업상담

01
다음은 직업상담모형 중 어떤 직업상담에 관한 설명인가? 20년 1·2회 기출

- 직업선택에 미치는 내적 요인의 영향을 강조한다.
- 특성-요인 접근법과 마찬가지로 "사람과 직업을 연결시키는 것"에 기초를 두고 있다.
- 상담과 검사해석의 기법들은 내담자중심 접근을 많이 따르고 있지만 비지시적 및 반영적 태도 외에도 다양한 접근방법들을 포함하고 있다.

① 정신역동적 직업상담
② 포괄적 직업상담
③ 발달적 직업상담
④ 행동주의 직업상담

만점 해설
② 포괄적 직업상담은 여러 직업상담 이론들과 일반상담 이론들이 갖는 장점들을 서로 절충하고 단점들을 보완하여 일관성 있는 체계로 통합시키기 위해 제안된 상담모형이다.
③ 발달적 직업상담은 발달의 의사결정적 측면을 강조한 정신역동적 직업상담과 달리, 내담자의 직업 의사결정 문제와 직업성숙도 사이의 일치성에 초점을 두는 상담모형이다.
④ 행동주의 직업상담은 내담자의 문제행동을 학습된 부적응행동으로 보고, 다양한 방법에 의해 내담자의 부적응 행동을 바람직한 새로운 행동으로 대치시키는 데 초점을 두는 상담모형이다.

02
정신역동적 직업상담을 구체화한 Bordin이 제시한 직업상담의 3단계 과정이 아닌 것은? 19년 2회, 09년 3회 기출

① 관계설정
② 탐색과 계약설정
③ 핵심결정
④ 변화를 위한 노력

만점 해설
보딘(Bordin)의 정신역동적 직업상담 3단계 과정
- 제1단계 : 탐색과 계약설정(계약체결)
- 제2단계 : 핵심결정(중대한 결정)
- 제3단계 : 변화를 위한 노력

03
Bordin의 정신역동적 진로상담기법과 가장 거리가 먼 것은? 19년 3회 기출

① 비교
② 순수성
③ 명료화
④ 소망-방어체계에 대한 해석

만점 해설
보딘(Bordin)의 정신역동적 진로상담기법
- 명료화 : 내담자의 문제와 관련된 생각이 어떤 것인지 언어적 표현에 초점을 두고 요약해 준다.
- 비교 : 두 가지 또는 그 이상의 주제들의 역동적 현상들 사이의 유사성이나 차이점들을 보다 분명하게 부각시키기 위해 대비시킨다.
- 소망-방어체계에 대한 해석 : 상담자는 내담자의 내적 동기 상태와 진로결정 과정 사이의 관계를 내담자로 하여금 자각하도록 시도한다.

04
정신역동적 직업상담에서 Bordin이 제시한 상담자의 반응범주에 해당하지 않는 것은?

21년 1회, 17년 3회 기출

① 소망 – 방어체계 ② 비 교
③ 명료화 ④ 진 단

만점 해설

보딘(Bordin)의 정신역동적 직업상담기법
- 명료화
- 비 교
- 소망 – 방어체계에 대한 해석

05
Bordin의 정신역동적 직업상담에서 사용하는 기법이 아닌 것은?

17년 1회, 13년 1회, 12년 3회 기출

① 명료화 ② 비 교
③ 소망 – 방어체계 ④ 반응 범주화

만점 해설

④ 내담자중심 직업상담과 관련된 개념이다. 스나이더(Snyder)는 상담자가 상담 동안 나타내 보일 수 있는 반응들을 '안내를 수반하는 범주', '감정에 대한 비지시적 반응범주', '감정에 대한 준지시적 반응범주', '지시적 상담범주' 등 4가지 범주들로 구분하였다.

06
Bordin의 정신역동적 직업상담에서 사용하는 기법이 아닌 것은?

11년 2회, 09년 3회, 04년 1회 기출

① 명료화
② 비 교
③ 소망 – 방어체계에 대한 해석
④ 감정에 대한 준지시적 반응 범주화

만점 해설

④ 내담자중심 직업상담과 관련된 개념이다.

07
정신역동적 집단상담의 장점이 아닌 것은?

16년 3회 기출

① 자신의 방어와 저항에 대해 좀 더 극적인 통찰을 얻을 수 있다.
② 다른 집단원이나 상담자에게 전이감정을 느끼며 훈습할 기회가 많아 자기 이해를 증진할 수 있다.
③ 다른 집단원의 작업을 관찰함으로써 자신이 의식하지 못했던 감정을 가지고 있음을 이해하게 된다.
④ 집단상담자의 분석은 상담자와 집단원의 독점적 관계에서 전이적 소망을 충족시켜 주므로 치료를 촉진시킨다.

만점 해설

④ 집단에서의 분석은 상담자와 독점적 관계를 가질 것이라는 집단성원의 이상적인 기대에 즉각 직면하도록 한다. 다른 사람을 지지해 주고 보편적인 갈등을 경험함으로써 개인치료보다 더 폭넓은 반응을 하도록 격려한다.

05절 발달적 직업상담

01
Super의 진로발달이론에 대한 설명으로 틀린 것은?

20년 1·2회 기출

① 진로발달은 성장기, 탐색기, 확립기, 유지기, 쇠퇴기를 거쳐 이루어진다.
② 진로선택은 자아개념의 실현과정이다.
③ 진로발달에 있어서 환경의 영향보다는 개인의 흥미, 적성, 가치가 더 중요하다.
④ 자아개념은 직업적 선호와 환경과의 상호작용을 통해 계속 변화한다.

만점 해설

③ 수퍼(Super)는 진로선택을 타협과 선택이 상호작용하는 일련의 적응 과정으로 보고, 진로발달을 개인과 환경과의 상호작용에 의한 적응 과정이라 강조하였다.

02

발달적 직업상담에서 Super가 제시한 평가의 종류 중 내담자가 겪고 있는 어려움이나 직업상담에 대한 내담자의 기대를 평가하는 것은? 16년 1회 기출

① 문제평가 ② 현실평가
③ 일차평가 ④ 내용평가

만점 해설

발달적 직업상담의 평가 종류(Super)
- 문제의 평가 : 내담자가 겪고 있는 어려움이나 직업상담에 대한 내담자의 기대를 평가한다.
- 개인의 평가 : 내담자의 신체적·심리적·사회적 상태에 대한 통계자료 및 사례연구로 분석이 이루어진다.
- 예언평가(예후평가) : 내담자에 대한 직업적·개인적 평가를 토대로 내담자가 성공하고 만족할 수 있는 것에 대한 예언이 이루어진다.

03

수퍼(Super)가 제시한 발달적 직업상담 단계를 바르게 나열한 것은? 15년 1회, 12년 2회, 09년 3회 기출

ㄱ. 문제 탐색 및 자아개념 묘사
ㄴ. 현실검증
ㄷ. 자아수용 및 자아통찰
ㄹ. 심층적 탐색
ㅁ. 태도와 감정의 탐색과 처리
ㅂ. 의사결정

① ㄱ → ㄴ → ㄷ → ㄹ → ㅁ → ㅂ
② ㄱ → ㄹ → ㄷ → ㄴ → ㅁ → ㅂ
③ ㄱ → ㄷ → ㄴ → ㄹ → ㅁ → ㅂ
④ ㄱ → ㄴ → ㄹ → ㄷ → ㅁ → ㅂ

만점 해설

수퍼(Super)의 발달적 직업상담 단계
- 제1단계 : 문제 탐색 및 자아(자기)개념 묘사
- 제2단계 : 심층적 탐색
- 제3단계 : 자아수용 및 자아통찰
- 제4단계 : 현실검증
- 제5단계 : 태도와 감정의 탐색과 처리
- 제6단계 : 의사결정

04

Super가 제시한 발달적 직업상담 단계에서 다음 (　　)에 알맞은 것은? 19년 2회, 16년 3회 기출

1단계 : 문제 탐색 및 자아개념 묘사
2단계 : 심층적 탐색
3단계 : (ㄱ)
4단계 : (ㄴ)
5단계 : (ㄷ)
6단계 : 의사결정

① ㄱ : 태도와 감정의 탐색과 처리
   ㄴ : 현실검증
   ㄷ : 자아수용 및 자아통찰
② ㄱ : 현실검증
   ㄴ : 태도와 감정의 탐색과 처리
   ㄷ : 자아수용 및 자아통찰
③ ㄱ : 현실검증
   ㄴ : 자아수용 및 자아통찰
   ㄷ : 태도와 감정의 탐색과 처리
④ ㄱ : 자아수용 및 자아통찰
   ㄴ : 현실검증
   ㄷ : 태도와 감정의 탐색과 처리

만점 해설

수퍼(Super)의 발달적 직업상담 단계
- 제1단계 : 문제 탐색 및 자아(자기)개념 묘사
- 제2단계 : 심층적 탐색
- 제3단계 : 자아수용 및 자아통찰
- 제4단계 : 현실검증
- 제5단계 : 태도와 감정의 탐색과 처리
- 제6단계 : 의사결정

05
수퍼(Super)의 발달적 직업상담에서 의사결정에 이르는 단계를 바르게 나열한 것은?

20년 3회, 13년 1회, 10년 3회 기출

> ㄱ. 문제 탐색
> ㄴ. 태도와 감정의 탐색과 처리
> ㄷ. 심층적 탐색
> ㄹ. 현실검증
> ㅁ. 자아수용
> ㅂ. 의사결정

① ㄱ → ㄴ → ㄷ → ㄹ → ㅂ → ㅁ
② ㄱ → ㄷ → ㄴ → ㄹ → ㅂ → ㅁ
③ ㄱ → ㄷ → ㅁ → ㄹ → ㄴ → ㅂ
④ ㄱ → ㄷ → ㄹ → ㅁ → ㄴ → ㅂ

만점 해설

수퍼(Super)의 발달적 직업상담 단계
- 제1단계 : 문제 탐색 및 자아(자기)개념 묘사
- 제2단계 : 심층적 탐색
- 제3단계 : 자아수용 및 자아통찰
- 제4단계 : 현실검증
- 제5단계 : 태도와 감정의 탐색과 처리
- 제6단계 : 의사결정

06
발달적 직업상담에서 직업정보가 갖추어야 할 조건이 아닌 것은?

22년 2회, 17년 3회 기출

① 부모와 개인의 직업적 수준과 그 차이, 그리고 그들의 적성, 흥미, 가치들 간의 관계
② 사회경제적 측면에서 수준별 직업의 유형 및 그러한 직업들의 특성
③ 근로자의 이직 시 직업의 이동 방향과 비율을 결정하는 요인에 대한 정보
④ 특정 직업분야의 접근가능성과 개인의 적성, 가치관, 성격특성 등의 요인들 간의 관계

만점 해설

③ 사람들이 주로 어떤 직업에서 어떤 직업으로 옮겨가고 있는지, 그 비율은 어느 정도인지, 이러한 직업의 이동 방향과 비율을 결정하는 요인에는 어떤 것들이 있는지에 대한 정보[주의 : 직업 이동의 일반적인 양상에 관한 정보를 포함하여야 하는 것이지, 근로자의 이직 양상에 관한 정보를 포함하여야 하는 것은 아님]

07
발달적 직업상담에 관한 설명으로 틀린 것은?

21년 1회 기출

① 내담자의 직업 의사결정문제와 직업성숙도 사이의 일치성에 초점을 둔다.
② 내담자의 진로발달과 함께 일반적 발달 모두를 향상시키는 것을 목표로 하고 있다.
③ 정밀검사는 특성-요인 직업상담처럼 직업상담의 초기에 내담자에게 종합진단을 실시하는 것이다.
④ 직업상담사가 사용할 수 있는 기법에는 진로자서전과 의사결정일기가 있다.

만점 해설

발달적 직업상담에서 집중검사와 정밀검사

집중검사	특성-요인 직업상담처럼 직업상담의 초기에 내담자에게 종합진단을 실시하는 것이다.
정밀검사	직업상담이 진행되는 과정 중에 내담자의 직업발달 과정과 유형을 개별검사들을 통해 평가하는 것이다.

06절 행동주의 직업상담

01
다음은 무엇에 관한 설명인가? 21년 1회, 11년 1회 기출

> 행동주의 직업상담에서 내담자가 직업선택에 대해서 무력감을 느끼게 되고, 그로 인해 발생된 불안 때문에 직업결정을 못하게 되는 것

① 무결단성
② 우유부단
③ 미결정성
④ 부적응성

만점 해설

행동주의 직업상담에서 직업선택의 우유부단과 무결단성

우유부단 (Indecision)	내담자의 제한된 경험과 세계에 대한 정보의 부족에 기인한 것으로, 내담자는 자신의 직업발달이 성숙되어 있지 못한 것에 대해 불안을 느끼게 된다.
무결단성 (Indecisiveness)	내담자가 부모의 강압이나 지시에 의해 직업을 선택하는 등 자신의 직업선택에 대한 무력감을 경험함에 따라 직업선택에 대한 불안이 오래 지속된다.

02
직업선택에 대해 내담자들이 보이는 우유부단함의 일반적인 이유와 가장 거리가 먼 것은? 13년 3회 기출

① 자신이 선택하려는 직업영역에서의 다재다능함
② 자신의 선택이 중요한 다른 사람에게 나쁜 결과를 줄 것이라는 죄의식
③ 자신이 선택하려는 직업 중에 좋은 직업이 없음
④ 실수 영역을 예견하고 그에 대비하는 융통성

만점 해설

④ 융통성 없는 완벽추구의 욕구가 우유부단함을 야기한다.

03
행동수정 프로그램의 절차를 바르게 나열한 것은? 18년 2회, 14년 2회 기출

> ㄱ. 행동의 일반화
> ㄴ. 목표 행동의 정의
> ㄷ. 행동의 기초선 측정
> ㄹ. 행동수정 결과의 검증
> ㅁ. 적응행동 강화와 부적응행동의 약화

① ㄴ → ㄷ → ㅁ → ㄹ → ㄱ
② ㄴ → ㄹ → ㄷ → ㅁ → ㄱ
③ ㄷ → ㄱ → ㄹ → ㅁ → ㄴ
④ ㄷ → ㅁ → ㄹ → ㄴ → ㄱ

만점 해설

행동수정 프로그램의 절차
- 제1단계 : 목표 행동의 정의
- 제2단계 : 행동의 기초선 측정
- 제3단계 : 기법의 적용(적응행동 강화와 부적응행동의 약화)
- 제4단계 : 행동수정 결과(효과)의 검증
- 제5단계 : 행동의 일반화

04
체계적 둔감화를 주로 사용하는 상담기법은? 20년 3회, 12년 3회 기출

① 정신역동적 직업상담
② 특성-요인 직업상담
③ 발달적 직업상담
④ 행동주의 직업상담

만점 해설

체계적 둔감화 또는 체계적 둔감법(Systematic Desensitization)

행동적 상담기법 중 불안감소기법으로, 혐오스런 느낌이나 불안한 자극에 대한 위계목록을 작성한 다음, 낮은 수준의 자극에서 높은 수준의 자극으로 상상을 유도함으로써 불안이나 공포에서 서서히 벗어나도록 한다.

05
행동주의 상담에서 부적응행동을 감소시키는 데 주로 사용되는 기법은?
20년 1·2회 기출

① 행동조성법
② 모델링
③ 노출법
④ 토큰법

만점 해설

행동주의 상담에서 적응행동 증진 및 부적응행동 감소를 위한 기법

적응행동 증진	부적응행동 감소
• 행동조성법(①) • 모델링(②) • 활동계획 세우기 • 생활기술훈련 • 자기지시훈련 • 토큰법(④) 등	• 소거 • 혐오적 조건형성 • 노출법(③) • 체계적 둔감법 등

06
행동주의 상담기법에 해당되지 않는 것은?
17년 2회 기출

① 조형법
② 역전기법
③ 혐오치료법
④ 긍정적 강화법

만점 해설

② 역전기법(반대로 하기)은 게슈탈트(형태주의) 상담의 상담기법으로서, 내담자에게 평소 행동과 반대되는 행동을 해 보도록 요구함으로써 이를 통해 자신의 다른 측면을 접촉하고 통합할 수 있도록 한다.

07
다음 중 행동주의적 직업상담에서 사용하는 기법이 아닌 것은?
10년 1회 기출

① 체계적 둔감화
② 역조건형성
③ 사회적 모델링
④ 충고와 설득

만점 해설

④ 충고(직접충고), 설득, 설명은 특성-요인 직업상담에서 윌리암슨(Williamson)이 검사의 해석단계에서 이용할 수 있다고 제시한 상담기법에 해당한다.

08
행동주의 직업상담에서 불안을 감소시키기 위해 내담자에게 어떠한 추가적 강화 없이 충분히 불안을 일으킬 만한 단서를 반복적으로 제시함으로써 결국 불안반응을 제거하는 기법은?
11년 3회 기출

① 체계적 둔감법
② 변별학습
③ 금지적 조건형성
④ 역조건형성

만점 해설

① 체계적 둔감법(Systematic Desensitization)은 혐오스런 느낌이나 불안한 자극에 대한 위계목록을 작성한 다음, 낮은 수준의 자극에서 높은 수준의 자극으로 상상을 유도함으로써 불안이나 공포에서 서서히 벗어나도록 하는 것이다.
② 변별학습(Discrimination Learning)은 유사한 자극에서 나타나는 조그만 차이에 따라 서로 다른 반응을 보이도록 유도하는 것이다.
④ 역조건형성 또는 반조건형성(Counterconditioning)은 조건 자극과 새로운 자극(조건 자극과 조건 반응과의 연합을 방해하는 자극)을 함께 제시함으로써 불안을 감소시키는 것이다.

09
행동적 상담기법 중 불안을 감소시키는 방법으로 이완법과 함께 쓰이는 것은?
20년 4회, 18년 1회, 14년 3회 기출

① 강화
② 변별학습
③ 사회적 모델링
④ 체계적 둔감화

만점 해설

① 강화(Reinforcement)는 내담자의 행동에 개입하여 보상교환 등의 긍정적인 피드백을 제공함으로써 정적 행동을 유도하거나 특정 행동을 조장하는 학습촉진기법이다.
② 변별학습(Discrimination Learning)은 유사한 자극에서 나타나는 조그만 차이에 따라 서로 다른 반응을 보이도록 유도하는 학습촉진기법이다.
③ 사회적 모델링(Modeling) 또는 대리학습(Vicarious Learning)은 타인의 행동에 대한 관찰 및 모방에 의한 학습을 통해 내담자로 하여금 문제행동을 수정하거나 학습을 촉진하는 기법이다.

10
행동주의적 상담기법 중 학습촉진기법이 아닌 것은?
22년 2회, 16년 2회, 13년 2회, 05년 1회 기출

① 강 화
② 변별학습
③ 대리학습
④ 체계적 둔감화

만점 해설
행동주의적 상담기법으로서 학습촉진기법과 불안감소기법

학습촉진 기법	강화, 변별학습, 사회적 모델링과 대리학습, 행동조성(조형), 토큰경제(상표제도) 등
불안감소 기법	체계적 둔감화, 금지조건형성(내적 금지), 반조건형성(역조건형성), 홍수법, 혐오치료, 주장훈련(주장적 훈련), 자기표현훈련 등

11
행동주의 직업상담 기법 중 새로운 학습을 돕는 학습촉진기법에 해당하지 않는 것은?
12년 2회 기출

① 강 화
② 금지조건형성
③ 대리학습
④ 변별학습

만점 해설
② 금지조건형성(내적 금지)은 불안감소기법에 해당한다.

12
행동주의 직업상담에서 사용되는 학습촉진기법과 가장 거리가 먼 것은?
18년 2회, 13년 1회 기출

① 강 화
② 내적 금지
③ 사회적 모델링과 대리학습
④ 변별학습

만점 해설
② 금지조건형성(내적 금지)은 불안감소기법에 해당한다.

13
다음에서 진우 엄마가 사용하고 있는 기법은?
16년 3회 기출

> 책을 전혀 읽지 않는 진우를 위해 진우 엄마는 방에 동화책을 가득 늘어놓았다. 방안 가득 쌓인 책을 진우가 만지면 "그 책은 …..에 대한 이야기다"라고 설명해 주고, 흥미를 보이면 한 페이지씩 읽어주었다. 함께 쇼핑을 할 때에도 서점 근처에 가면 칭찬해 주고, 진우가 서점에 들어가자고 했을 때는 진우가 좋아하는 만화책을 사주었으며, 책을 한 페이지라도 읽으면 원하는 장난감을 사게 했다. 장난감을 사는 재미에 얇은 책을 읽기 시작한 진우는 차츰 책읽기에 재미를 붙이기 시작했다.

① 조형법
② 토큰법
③ 타임아웃
④ 변별적 강화

만점 해설
조형법 또는 행동조성(Shaping)
행동을 구체적으로 세분화하여 단계별로 구분한 후 각 단계마다 강화를 제공함으로써 내담자가 단번에 수행하기 어렵거나 그 반응을 촉진하기 어려운 행동 또는 복잡한 행동 등을 학습하도록 한다.

14
행동주의 직업상담 기법에 관한 설명으로 틀린 것은?
12년 1회 기출

① 체계적 둔감화는 불안반응을 제거시키기 위해 개발된 행동수정의 기법이다.
② 증상행동에 상반되는 바람직한 행동을 강화함으로써 증상행동이 없어지거나 약화되는 방법을 쓴다.
③ 체계적 둔감화는 근육의 긴장이완, 불안위계표의 작성, 체계적 둔감의 3단계로 시행된다.
④ 변별학습은 다른 사람들의 진로결정 행동이나 결과를 관찰함으로써 의사결정의 학습을 촉진시킨다.

만점 해설
④ '사회적 모델링 또는 대리학습'의 내용에 해당한다.

15
행동주의 직업상담 프로그램의 문제점에 해당하는 것은?   19년 2회, 09년 1회 기출

① 직업결정 문제의 원인으로 불안에 대한 이해와 불안을 규명하는 방법이 결여되어 있다.
② 진학상담과 취업상담에 적합하지만 취업 후 직업적응 문제들을 깊이 있게 다루지 못하고 있다.
③ 직업선택에 미치는 내적 요인의 영향을 지나치게 강조한 나머지 외적 요인의 영향에 대해서는 충분하게 고려하고 있지 못하다.
④ 직업상담사가 교훈적 역할이나 내담자의 자아를 명료화하고 자아실현을 시킬 수 있는 적극적 태도를 취하지 않는다면 내담자에게 직업에 대한 정보를 효과적으로 알려줄 수 없다.

만점 해설
② 포괄적 직업상담의 부정적 평가에 해당한다.
③ 정신역동적 직업상담의 부정적 평가에 해당한다.
④ 내담자중심 직업상담의 부정적 평가에 해당한다.

07절 포괄적 직업상담

01
다음과 같은 직업상담에 대한 견해를 제시한 학자는?   18년 2회 기출

> 직업상담의 과정에는 진단, 문제분류, 문제구체화, 문제해결의 단계 등이 포함되어야 하며, 직업상담의 목적에는 직업선택, 의사결정기술의 습득, 일반적 적응의 고양 등이 포함되어야 한다.

① Maola   ② Gysbers
③ Crites   ④ Krivatsy

만점 해설
크라이티스(Crites)의 직업상담에 대한 견해
크라이티스는 직업상담의 과정에 '진단 → 문제분류 → 문제구체화 → 문제해결'의 단계가 포함된다고 보았다. 또한 직업상담의 목적에 '진로선택(직업선택), 의사결정기술의 습득, 일반적 적응의 고양' 등이 포함된다고 보았다. 그리고 이와 같은 목적을 달성하기 위해 직업상담 과정에 '면담기법, 검사해석, 직업정보' 등이 포함되어야 한다고 강조하였다.

*참고 : 'Crites'는 교재에 따라 '크리츠', '크릿츠', '크라이티스'로도 제시되고 있으며, 직업상담사 시험에서도 이들 명칭이 혼용되고 있습니다.

02
직업상담의 과정을 진단, 문제분류, 문제구체화, 문제해결의 단계로 구분한 학자는?   17년 2회 기출

① Crites   ② Krumboltz
③ Super   ④ Gysbers

만점 해설
크라이티스(Crites)가 제시한 직업상담 과정
진단 → 문제분류 → 문제구체화 → 문제해결

03
Crites가 제시한 직업상담 과정에 포함되지 않는 것은?　　　　　　　　　　　　　　19년 3회 기출

① 진 단
② 문제분류
③ 정보제공
④ 문제구체화

만점 해설

크라이티스(Crites)가 제시한 직업상담 과정
진단 → 문제분류 → 문제구체화 → 문제해결

04
포괄적 직업상담 과정에 대한 설명으로 틀린 것은?　　　　　　　　　　　　　　19년 3회 기출

① 내담자가 직업선택에서 가졌던 문제들을 상담한다.
② 내담자가 자신의 내부와 주변에서 일어나는 일들을 충분히 자각하게 한다.
③ 직업심리검사를 통해 내담자의 문제를 명료화한다.
④ 상담과 검사를 통해 얻어진 자료를 바탕으로 직업정보를 제공한다.

만점 해설

② 자각(Awareness)에 의한 성숙과 통합의 성취는 게슈탈트(형태주의) 상담의 목표에 해당한다.

05
포괄적 직업상담에서 초기, 중간, 마지막 단계 중 중간 단계에서 주로 사용하는 접근법은?
　　　　　　　　　　　21년 2회, 17년 3회 기출

① 발달적 접근법
② 정신역동적 접근법
③ 내담자중심 접근법
④ 행동주의적 접근법

만점 해설

포괄적 직업상담의 기법(단계별 주요 접근법)

상담 초기 단계	발달적 접근법과 내담자중심 접근법을 통해 내담자에 대한 탐색 및 문제의 원인에 대한 토론을 촉진시킨다.
상담 중간 단계	정신역동적 접근법을 통해 내담자의 문제에서 원인이 되는 요인을 명료히 밝혀 이를 제거한다.
상담 마지막 단계	특성-요인적 접근법과 행동주의적 접근법을 통해 상담자가 보다 능동적·지시적인 태도로 내담자의 문제해결에 개입하게 된다.

06
포괄적 직업상담에 관한 설명으로 틀린 것은?
　　　　　　　　　　　　　　21년 1회 기출

① 논리적인 것과 경험적인 것을 의미있게 절충시킨 모형이다.
② 진단은 변별적이고 역동적인 성격을 가지고 있다.
③ 상담의 진단단계에서는 주로 특성-요인이론과 행동주의이론으로 접근한다.
④ 문제해결 단계에서는 도구적(조작적) 학습에 초점을 맞춘다.

만점 해설

③ 내담자에 대한 탐색적 진단이 이루어지는 상담 초기 단계에서는 발달적 접근법과 내담자중심 접근법을 주로 활용한다.

07

포괄적 직업상담에서 내담자가 지닌 직업상의 문제를 가려내기 위해 실시하는 변별적 진단검사와 가장 거리가 먼 것은? 20년 4회, 13년 3회, 11년 2회 기출

① 직업성숙도검사
② 직업적성검사
③ 직업흥미검사
④ 경력개발검사

만점 해설

포괄적 직업상담에서 진단검사의 유형
- 변별적 진단검사 : 직업성숙도검사, 직업적성검사, 직업흥미검사 등을 실시하여 직업상의 문제를 가려낸다.
- 역동적 진단검사 : 상담자와 내담자의 상호작용을 통해 상담자에 의한 주관적 오류를 보완하며, 상담 과정에서 얻은 다양한 자료들을 통해 심리측정 자료에 의한 통계적인 오류를 보완한다.
- 결정적 진단검사 : 직업선택 및 의사결정의 과정에서 나타나는 내담자의 다양한 문제를 체계적으로 분석한다.

08

포괄적 직업상담 프로그램은 여러 직업상담 이론들과 일반상담 이론들이 갖는 장점들을 서로 절충하고 단점들을 보완하여 일관성 있는 체계로 통합시키기 위하여 Crites가 제안한 프로그램이다. 이 포괄적 직업상담 프로그램의 문제점은?

12년 2회, 11년 3회, 10년 2회, 09년 1회, 09년 3회 기출

① 직업결정 문제의 원인으로 불안에 대한 이해와 불안을 규명하는 방법이 결여되어 있다.
② 직업상담의 문제 중 진학상담과 취업상담에 적합할 뿐 취업 후 직업적응 문제들을 깊이 있게 다루지 못하고 있다.
③ 직업선택에 미치는 내적 요인의 영향을 지나치게 강조한 나머지 외적 요인의 영향에 대해서는 충분하게 고려하고 있지 못하다.
④ 직업상담사가 교훈적 역할이나 내담자의 자아를 명료화하고 자아실현을 시킬 수 있는 적극적 태도를 취하지 않는다면 내담자에게 직업에 대한 정보를 효과적으로 알려줄 수 없다.

만점 해설

① 행동주의 직업상담의 부정적 평가에 해당한다.
③ 정신역동적 직업상담의 부정적 평가에 해당한다.
④ 내담자중심 직업상담의 부정적 평가에 해당한다.

CHAPTER 03 직업상담의 실제

01절 진로상담

01
다음 중 진로탐색에서 전형적으로 다루는 문제영역과 가장 거리가 먼 것은? 적중 예상

① 직업탐색 기술
② 직무개발 기술
③ 직업유지 기술
④ 직업적 또는 일반적 기술 발달

만점 해설

진로탐색에서 전형적으로 다루는 문제영역
- 진로탐색과 의사결정
- 직업적 또는 일반적 기술 발달
- 직업탐색 기술
- 직업유지 기술

02
진로상담의 몰입 모델에 따르면 몰입 경험의 두 가지 구조에 따라 진로문제의 성격 및 대처방안이 달라질 수 있다. 다음 중 일상의 몰입 경험은 높지만 삶의 의미가 낮은 집단에 해당하는 것은? 적중 예상

① 통합·분화 발달 집단
② 통합·분화 미발달 집단
③ 통합 미발달, 분화 발달 집단
④ 통합 발달, 분화 미발달 집단

만점 해설

몰입 경험에 따른 진로문제 유형
- 통합·분화 발달 집단 : 일상의 몰입 경험과 삶의 의미가 모두 높은 집단이다.
- 통합 미발달, 분화 발달 집단 : 일상의 몰입 경험은 높지만 삶의 의미가 낮은 집단이다.
- 통합 발달, 분화 미발달 집단 : 일상의 몰입 경험은 낮지만 삶의 의미가 높은 집단이다.
- 통합·분화 미발달 집단 : 일상의 몰입 경험과 삶의 의미가 모두 낮은 집단이다.

03
다음 중 피터슨과 셀리그만(Peterson & Seligman)이 제시한 강점 분류체계에서 핵심 덕목에 해당하는 것을 올바르게 모두 고른 것은? 적중 예상

```
ㄱ. 지혜 및 지식(Wisdom & Knowledge)
ㄴ. 절제(Temperance)
ㄷ. 개방성(Open-Mindedness)
ㄹ. 리더십(Leadership)
ㅁ. 정의(Justice)
ㅂ. 자애(Humanity)
```

① ㄱ, ㄷ, ㅁ
② ㄱ, ㄴ, ㄹ
③ ㄱ, ㄴ, ㅁ, ㅂ
④ ㄴ, ㄷ, ㄹ, ㅁ, ㅂ

만점 해설

강점 분류체계의 6가지 핵심 덕목(Peterson & Seligman)
- 지혜 및 지식(Wisdom & Knowledge)(ㄱ)
- 용기(Courage)
- 자애(Humanity)(ㅂ)
- 절제(Temperance)(ㄴ)
- 정의(Justice)(ㅁ)
- 초월성(Transcendence)

04

다음 중 개인자원목록 작성을 위한 SWOT 분석의 요소로 옳지 않은 것은? 적중 예상

① 강점(Strength)
② 약점(Weakness)
③ 기회(Opportunity)
④ 근심(Trouble)

만점 해설

④ '근심(Trouble)'이 아닌 '위협(Threat)'이 옳다.

05

다음 중 진로 SWOT 분석에서 외부 환경의 기회를 활용하여 분석 대상의 약점을 보완하는 전략으로 옳은 것은? 적중 예상

① WO 전략
② SO 전략
③ WT 전략
④ ST 전략

만점 해설

① WO 전략(약점·기회 전략)은 외부 환경의 기회를 활용하여 분석 대상의 약점을 보완한다.
② SO 전략(강점·기회 전략)은 분석 대상의 강점을 활용하여 외부 환경의 기회 요소들을 살린다.
③ WT 전략(약점·위협 전략)은 분석 대상의 약점을 보완하여 외부 환경의 위협 요소들을 최소화한다.
④ ST 전략(강점·위협 전략)은 분석 대상의 강점을 활용하여 외부 환경의 위협 요소들을 최소화한다.

06

다음 중 직업선택의 의사결정 과정을 순서대로 올바르게 나열한 것은? 적중 예상

> ㄱ. 직업선택의 인식
> ㄴ. 개인의 직업특성 평가
> ㄷ. 선택 직업의 결정
> ㄹ. 적합한 직업의 목록화
> ㅁ. 선택 직업 진입을 위한 실천행동
> ㅂ. 직업목록에 관한 직업정보 수집

① ㄱ → ㄴ → ㄹ → ㅂ → ㄷ → ㅁ
② ㄱ → ㄴ → ㄹ → ㄷ → ㅁ → ㅂ
③ ㄹ → ㄱ → ㅂ → ㄷ → ㅁ → ㄴ
④ ㄹ → ㅂ → ㄴ → ㄱ → ㄷ → ㅁ

만점 해설

직업선택 의사결정 과정(Joann)
- 제1단계 : 직업선택의 인식(ㄱ)
- 제2단계 : 개인의 직업특성 평가(ㄴ)
- 제3단계 : 적합한 직업의 목록화(ㄹ)
- 제4단계 : 직업목록에 관한 직업정보 수집(ㅂ)
- 제5단계 : 선택 직업의 결정(ㄷ)
- 제6단계 : 선택 직업 진입을 위한 실천행동(ㅁ)

07

내담자에 대한 상담목표의 특성이 아닌 것은? 22년 1회, 16년 2회 기출

① 구체적이어야 한다.
② 내담자가 원하고 바라는 것이어야 한다.
③ 실현가능해야 한다.
④ 인격성장을 도와야 한다.

만점 해설

상담의 바람직한 목표설정 방향
- 목표는 구체적이어야 한다.
- 목표는 실현가능해야 한다.
- 목표는 내담자가 원하고 바라는 것이어야 한다.
- 내담자의 목표는 상담자의 기술과 양립 가능해야 한다.
- 목표는 내담자의 문제에 대해 내담자와 함께 설정해야 한다.

08
직업상담을 할 경우 적절한 내담자의 목표가 갖는 중요한 특성이 아닌 것은? 08년 3회, 04년 1회 기출

① 상담자가 바라는 것이어야 한다.
② 구체적이어야 한다.
③ 실현가능해야 한다.
④ 상담자의 기술과 양립 가능해야 한다.

만점 해설
① 목표는 내담자가 원하고 바라는 것이어야 한다.

09
성공적인 상담결과를 위한 상담목표의 특징으로 옳지 않은 것은? 21년 1회, 14년 2회, 11년 1회 기출

① 변화될 수 없으며 구체적이어야 한다.
② 실현가능해야 한다.
③ 내담자가 원하고 바라는 것이어야 한다.
④ 상담자의 기술과 양립 가능해야만 한다.

만점 해설
① 상담목표는 변화되거나 수정될 수 있다.

10
직업상담의 상담목표에 관한 설명으로 틀린 것은? 17년 1회, 13년 1회 기출

① 상담목표 설정은 상담전략 및 개입의 선택과 관련이 있다.
② 하위목표들은 보편적으로 이해되는 수준이면 된다.
③ 내담자의 기대나 가치를 반영하여야 한다.
④ 상담목표는 가능한 현실적이고 실현가능해야 한다.

만점 해설
② 하위목표들을 명확히 하여 가능한 한 구체적으로 설정해야 한다.

11
다음 중 상담자가 상담목표를 설정할 때 고려해야 할 사항으로 가장 적합한 것은? 18년 3회, 13년 2회 기출

① 달성하기 어렵더라도 이상적인 관점에서 상담목표를 세운다.
② 내담자가 바라는 구체적이고 긍정적인 변화를 상담목표로 삼는다.
③ 상담의 방향성을 내담자와 공유하기 위해 추상적인 상담목표를 세운다.
④ 내담자의 문제를 가장 잘 파악하고 있는 부모와 함께 상담목표를 설정한다.

만점 해설
① 상담목표는 내담자의 능력 및 통제력을 고려하여 현실적인 것이어야 한다.
③ 상담목표는 검증이 가능하며, 구체적인 행동으로 이어질 수 있는 것이어야 한다.
④ 상담목표는 상담자와 내담자가 함께 설정한다.

12
상담의 목표설정 과정에 관한 설명으로 틀린 것은? 17년 2회, 10년 1회 기출

① 전반적인 목표는 내담자의 욕구들에 의해 결정된다.
② 현존하는 문제를 평가하고 나서 목표설정 과정으로 들어간다.
③ 상담자는 목표설정에 개입하지 않는다.
④ 내담자의 목표를 끌어내기 위한 기법에는 면접 안내가 있다.

만점 해설
③ 상담의 전반적인 목표는 내담자의 욕구들에 의해 결정되지만, 내담자로 하여금 명확하고 구체적인 목표를 설정하도록 돕기 위해 상담자의 개입이 필요하다. 따라서 목표설정은 내담자와 상담자 간의 협조적 과정이라 할 수 있다.

13
진로상담에서 내담자의 목표가 현실적으로 가능한지를 묻는 '목표실현가능성'에 관한 상담자의 질문으로 적절하지 않은 것은? 21년 2회 기출

① 목표를 성취하기 위해 현재 처한 상황을 당신은 얼마나 통제할 수 있나요?
② 당신이 이 목표를 성취하지 못하도록 방해하는 것은 무엇인가요?
③ 언제까지 목표를 성취해야 한다고 느끼며, 마음속에 어떤 시간계획을 가지고 있나요?
④ 당신이 목표하는 직업에서 의사결정은 어디서 누가 내리나요?

만점 해설

목표의 실현가능성 결정을 위한 상담자의 질문
- 목표를 성취하기 위해 현재 처한 상황을 당신은 얼마나 통제할 수 있나요?(①)
- 이 목표에 도달하기 위해서 당신이 해야 할 것은 무엇인가요?
- 이 목표는 당신이 달성 가능한 목표인가요?
- 당신이 이 목표를 성취하지 못하도록 방해하는 것은 무엇인가요?(②)
- 언제까지 목표를 성취해야 한다고 느끼며, 마음속에 어떤 시간계획을 가지고 있나요?(③)

14
진로상담에서 내담자의 목표 몰입도를 평가하기 위한 상담사의 언어반응으로 적절하지 않은 것은? 18년 1회 기출

① "목표 도달을 위해 몇 가지 작업을 할 것입니다. 당신은 필요한 작업을 하는 데 기꺼이 응할 수 있나요?"
② "이런 목표로 상담할 때 당신의 동기에 방해가 될 만한 것이 무엇인가요?"
③ "우리는 당신의 목표와 행위목표를 구체화시켜 볼 것입니다. 이런 목표를 구체화하는 데 서면계약이 도움이 될 것 같네요."
④ "목표를 성취해야 한다고 느끼는 시기는 언제이며, 마음속에 어떤 시간계획을 가지고 있나요?"

만점 해설

내담자의 목표 몰입도 평가를 위한 상담사의 언어적 반응
- 목표 도달을 위해 몇 가지 작업을 할 것입니다. 당신은 필요한 작업을 하는 데 기꺼이 응할 수 있나요?
- 이런 목표로 상담할 때 당신의 동기에 방해가 될 만한 것이 무엇인가요?
- 우리는 당신의 목표와 행위목표를 구체화시켜 볼 것입니다. 이런 목표를 구체화하는 데 서면계약이 도움이 될 것 같네요.
- 당신의 서명은 이런 목적을 위해 기꺼이 참여할 것임을 의미하며, 제 서명은 당신을 돕는 데 최선을 다할 것임을 의미합니다.

15
일반적인 직업정보 수집과정을 바르게 나열한 것은? 09년 3회 기출

ㄱ. 직업분류 제시하기
ㄴ. 대안 만들기
ㄷ. 목록 줄이기
ㄹ. 직업정보 수집하기

① ㄱ → ㄴ → ㄷ → ㄹ
② ㄴ → ㄱ → ㄹ → ㄷ
③ ㄹ → ㄷ → ㄴ → ㄱ
④ ㄷ → ㄴ → ㄱ → ㄹ

만점 해설

직업정보 수집 및 대안개발의 4단계
직업분류 제시하기 → 대안 만들기 → 목록 줄이기 → 직업정보 수집하기

16
내담자가 수집한 직업목록의 내용이 실현 불가능할 때, 상담사의 개입 방안으로 옳지 않은 것은?
19년 1회 기출

① 브레인스토밍 과정을 통해 내담자의 부적절한 직업목록 내용을 명확히 한다.
② 최종 의사결정은 내담자가 해야 함을 확실히 한다.
③ 내담자가 그 직업들을 시도해 본 후 어려움을 겪게 되면 개입한다.
④ 객관적인 증거나 논리로 추출한 것에 대해서 대화해야 한다.

만점 해설
③ 내담자의 직업들 대부분이 어떤 식으로든 실현 불가능한 것으로 여겨질 경우, 상담자는 내담자로 하여금 그와 같은 직업들에 정서적 열정을 소모하기 전에 신속히 개입하는 것이 중요하다.

17
내담자가 수집한 대안목록의 직업들이 실현 불가능할 때 사용하는 상담전략으로 가장 적합한 것은?
15년 3회 기출

① 직업상담사의 개인적 경험을 적극 활용한다.
② 내담자에게 가장 알맞아 보이는 직업을 골라준다.
③ 브레인스토밍 과정을 통해 내담자의 대안직업 대다수가 부적절한 것임을 명확히 한다.
④ 내담자가 그 직업들을 시도해 본 후 어려움을 겪게 되면 개입한다.

만점 해설
① 상담자의 견해는 자기 자신의 편견이나 부정적 경험의 결과가 아닌 내담자의 상황을 토대로 한 것이어야 한다.
② 최종 의사결정은 내담자의 몫이라는 점을 확실히 하며, 상담자는 내담자가 어떤 선택을 하던 이를 지지한다.
④ 내담자의 직업들 대부분이 어떤 식으로든 실현 불가능한 것으로 여겨질 경우, 상담자는 내담자로 하여금 그와 같은 직업들에 정서적 열정을 소모하기 전에 신속히 개입하는 것이 중요하다.

18
인간의 의사결정모형 중 대안을 모색해서 각각의 대안을 의사결정기준에 따라 평가하는 과정은?
06년 1회 기출

① 탐색 과정
② 선택 과정
③ 설계 과정
④ 구현 과정

만점 해설
의사결정의 4단계 과정(Simon)
• 탐색 또는 인텔리전스(Intelligence) : 문제의 탐색 및 환경요인 평가
• 설계(Design) : 대안의 모색, 개발, 분석 및 평가
• 선택(Choice) : 합리적인 대안의 선택
• 수행 또는 구현(Implementation) : 선택된 대안의 실행 및 효과성 검토

19
직업선택을 위한 마지막 과정인 선택할 직업에 대한 평가과정 중 요스트(Yost)가 제시한 방법이 아닌 것은?
21년 2회, 18년 2회, 14년 3회 기출

① 원하는 성과연습
② 확률추정연습
③ 대차대조표연습
④ 동기추정연습

만점 해설
선택할 직업에 대한 평가과정으로서 요스트(Yost)의 기법
• 원하는 성과연습
• 찬반연습
• 대차대조표연습
• 확률추정연습
• 미래를 내다보는 연습

20

대안개발과 의사결정 시 사용하는 인지적 기법으로 다음 설명에 해당하는 인지치료 과정의 단계는?

21년 1회, 17년 1회 기출

> 상담자는 두 부분의 개입을 하게 된다. 첫 번째는 낡은 사고에 대한 평가이며, 두 번째는 낡은 사고나 새로운 사고의 적절성을 검증하는 실험을 해 보는 것이다. 의문문 형태의 개입은 상담자가 정답을 제시하기보다는 내담자 스스로 해결방법에 다가가도록 유도한다.

① 2단계 ② 3단계
③ 4단계 ④ 5단계

만점 해설

대안개발과 의사결정 시 사용하는 인지치료의 과정(Yost, Beutler, Corbishley & Allender)
- 제1단계 : 내담자가 느끼는 감정의 속성이 무엇인지 확인한다.
- 제2단계 : 내담자의 감정과 연합된 사고, 신념, 태도 등을 확인한다.
- 제3단계 : 내담자의 사고 등을 한두 가지의 문장으로 요약·정리한다.
- 제4단계 : 내담자를 도와 현실과 사고를 조사해 보도록 개입한다.
- 제5단계 : 내담자에게 과제를 부여하여 사고와 신념들의 적절성을 검증한다.

21

다음은 직업상담기법 중 무엇에 대한 설명인가?

09년 1회, 06년 1회 기출

> 상담자는 두 부분의 개입을 하게 된다. 첫 번째는 낡은 사고에 대한 평가이며, 두 번째는 낡은 사고나 새로운 사고의 적절성을 검증하는 실험을 해 보는 것이다. 의문의 형태의 개입은 상담자가 정답을 제시하기보다는 내담자 스스로 해결방법에 다가가도록 유도한다.

① 실제적 기법
② 심리측정 도구 사용기법
③ 인지적 기법
④ 논리적 기법

만점 해설

③ 보기의 내용은 대안개발과 의사결정을 위한 인지치료의 과정에서 사용하는 인지적 기법에 해당한다.

22

Gelatt가 제시한 의사결정 과정을 순서대로 바르게 나열한 것은?

16년 3회 기출

> ㄱ. 목적의식
> ㄴ. 대안의 결과 예측
> ㄷ. 정보수집
> ㄹ. 의사결정
> ㅁ. 대안열거
> ㅂ. 평가 및 재투입
> ㅅ. 가치평가
> ㅇ. 대안의 실현 가능성 예측

① ㄱ → ㄷ → ㅁ → ㄴ → ㅇ → ㅅ → ㄹ → ㅂ
② ㄱ → ㄷ → ㅅ → ㅇ → ㄴ → ㅁ → ㄹ → ㅂ
③ ㄱ → ㄷ → ㅁ → ㅅ → ㄴ → ㅇ → ㄹ → ㅂ
④ ㄱ → ㄷ → ㅇ → ㅁ → ㅅ → ㄴ → ㄹ → ㅂ

만점 해설

진로의사결정의 과정(Gelatt)
목적(목표)의식 → 정보수집 → 대안열거 → 대안의 결과 예측 → 대안의 실현 가능성 예측 → 가치평가 → 의사결정 → 평가 및 재투입

23
직업선택 결정모형을 기술적 직업결정 모형과 처방적 직업결정 모형으로 분류할 때 기술적 직업결정 모형에 해당하지 않는 것은? 20년 4회, 09년 2회 기출

① 브룸(Vroom)의 모형
② 플레처(Fletcher)의 모형
③ 겔라트(Gelatt)의 모형
④ 타이드만과 오하라(Tiedeman & O'Hara)의 모형

만점 해설

직업선택 결정모형 분류

기술적 직업결정 모형	사람들의 일반적인 직업결정 방식을 나타내고자 시도한 이론모형이다. 예 타이드만과 오하라(Tiedeman & O'Hara), 힐튼(Hilton), 브룸(Vroom), 슈(Hsu), 플레처(Fletcher) 등
처방적 직업결정 모형	사람들로 하여금 직업을 결정하는 데 있어서 실수를 감소시키고 보다 나은 직업선택을 할 수 있도록 도우려는 의도에서 시도된 이론모형이다. 예 카츠(Katz), 겔라트(Gelatt), 칼도와 쥐토우스키(Kaldor & Zytowski) 등

24
자기정체감을 지속적으로 구별해 내고 발달과제를 처리하는 과정으로 진로발달단계를 설명하며, 이를 시간의 틀 내에서 개념화한 학자는? 13년 2회, 12년 3회 기출

① Super
② Holland
③ Tiedeman
④ Gottfredson

만점 해설

기술적 직업결정 모형으로서 타이드만과 오하라(Tiedeman & O'Hara)의 모형
- 진로발달을 개인의 자기정체감(자아정체감) 분화, 발달과업 수행, 심리사회적 위기 해결의 지속적인 과정으로 보았다.
- 직업선택을 결정하는 기간에 대해 연구하였으며, 이를 크게 '기대의 기간(예상기)'과 '실행 및 조정의 기간(실천기)'으로 구분하였다.

25
인간이 복잡한 정보에 접근하게 되는 구조에 근거를 둔 이론으로 직업선택결정 단계를 전제단계, 계획단계, 인지부조화 단계로 구분한 직업결정 모형은? 21년 2회, 16년 1회, 10년 3회 기출

① 타이드만과 오하라(Tiedeman & O'Hara)의 모형
② 힐튼(Hilton)의 모형
③ 브룸(Vroom)의 모형
④ 수(Hsu)의 모형

만점 해설

힐튼(Hilton)의 직업선택결정 단계
- 전제단계 : 직업을 선택하기 이전의 주변세계에 대해 조사하는 시기
- 계획단계 : 특정 직업에서 요구하는 행동을 상상하는 시기
- 인지부조화 단계 : 자신이 가지고 있는 특성과 반대되는 직업을 갖게 됨으로써 생겨나는 행동을 시험해 보는 시기

26
직업선택 결정모형 중 처방적 직업결정 모형은? 10년 1회, 06년 1회 기출

① 타이드만과 오하라(Tiedeman & O'Hara)의 모형
② 힐튼(Hilton)의 모형
③ 브룸(Vroom)의 모형
④ 카츠(Katz)의 모형

만점 해설

①·②·③ 기술적 직업결정 모형에 해당한다.

27
정보체계를 예언적 체계, 가치체계, 결정준거 등으로 설명한 모형은? 07년 3회, 04년 3회 기출

① Kaldor & Zytowski의 모형
② Vroom의 모형
③ Fletcher의 모형
④ Gelatt의 모형

만점 해설

겔라트(Gelatt)의 모형
직업선택의 결과보다는 그 선택 과정을 중시하였다. 특히 직업정보를 3차원으로 분리·조직하고 훌륭한 선택결정은 3차원의 정보체계, 즉 예언적 체계, 가치체계, 결정준거에서 각 체계마다 정보를 입수함으로써 가능하다고 보았다.

28
6개의 생각하는 모자(Six Thinking Hats)는 직업상담의 중재와 관련된 단계들 중 무엇을 위한 것인가?
20년 4회, 16년 2회, 12년 1회, 10년 4회, 09년 3회 기출

① 직업정보의 수집
② 의사결정의 촉진
③ 보유기술의 파악
④ 시간관의 개선

만점 해설
6개의 생각하는 모자(Six Thinking Hats)
창의적 사고의 대가인 에드워드 드 보노(Edward de Bono)에 의해 개발된 것으로, 의사결정 시 사고양상 즉, 감정, 논리, 정보, 독창성 등을 분류하여 한 번에 한 가지만을 사고하도록 함으로써 의사결정에 도움이 되도록 사고를 체계화하는 데 목적이 있다.

29
6개의 생각하는 모자(Six Thinking Hats) 기법은 무엇을 위한 것인가?
17년 2회, 10년 3회 기출

① 직업정보의 수집
② 시간관념의 개선
③ 보유기술의 파악
④ 의사결정의 촉진

만점 해설
④ '6개의 생각하는 모자'는 측면 의사결정법에 해당한다. 측면 의사결정법은 창의적으로 정보를 탐색함으로써 이용 가능한 정보의 양과 질을 확장시키고, 현재로서는 만족할만한 직무조건이라 할지라도 이를 새로운 방향에서 다시 생각해 보도록 하기 위해 설계된 것이다.

30
6개의 생각하는 모자(Six Thinking Hats) 기법에서 사용하는 모자 색깔이 아닌 것은?
20년 3회, 18년 2회, 14년 1회 기출

① 갈 색
② 녹 색
③ 청 색
④ 흑 색

만점 해설
6개의 생각하는 모자의 색상별 역할
- 백색(하양) : 본인과 직업들에 대한 사실들만을 고려한다.
- 적색(빨강) : 직관에 의존하고, 직감에 따라 행동한다.
- 흑색(검정) : 비관적·비판적이며, 모든 일이 잘 안될 것이라고 생각한다.
- 황색(노랑) : 낙관적이며, 모든 일이 잘될 것이라고 생각한다.
- 녹색(초록) : 새로운 대안들을 찾으려 노력하고, 문제들을 다른 각도에서 바라본다.
- 청색(파랑) : 합리적으로 생각한다(사회자로서의 역할 반영).

31
6개의 생각하는 모자(Six Thinking Hats) 기법에서 모자의 색상별 역할에 관한 설명으로 옳은 것은?
21년 3회, 17년 3회 기출

① 청색 – 낙관적이며, 모든 일이 잘 될 것이라고 생각한다.
② 적색 – 직관에 의존하고, 직감에 따라 행동한다.
③ 흑색 – 본인과 직업들에 대한 사실들만을 고려한다.
④ 황색 – 새로운 대안들을 찾으려 노력하고, 문제들을 다른 각도에서 바라본다.

만점 해설
① 황색(노랑), ③ 백색(하양), ④ 녹색(초록)

32
다음 중 의사결정의 촉진을 위한 "6개의 생각하는 모자(Six Thinking Hats)" 기법의 모자 색상별 역할에 관한 설명으로 옳은 것은? 11년 2회, 09년 2회 기출

① 청색 – 낙관적이며, 모든 일이 잘 될 것이라고 생각한다.
② 백색 – 본인과 직업들에 대한 사실들만을 고려한다.
③ 흑색 – 직관에 의존하고, 직감에 따라 행동한다.
④ 황색 – 새로운 대안들을 찾으려 노력하고, 문제들을 다른 각도에서 바라본다.

만점 해설
① 황색(노랑), ③ 적색(빨강), ④ 녹색(초록)

33
다음 중 의사결정 상황에서 제공되는 충고, 조언, 지도 등과 연관된 사회적 지지의 유형으로 옳은 것은? 적중 예상

① 평가적 지지
② 정서적 지지
③ 정보적 지지
④ 물질적 지지

만점 해설
사회적 지지의 유형
- 정서적 지지 : 인간의 기본적인 사회정서 욕구를 충족시켜 주는 지지(예 사랑, 이해, 격려 등)
- 평가적 지지 : 자신의 행위를 인정해 주거나 부정하는 등 자기평가와 관련된 정보를 전달하는 지지(예 칭찬, 소질 인정, 인격 존중 등)
- 정보적 지지 : 개인이 문제에 대처하는 데 이용할 수 있는 정보를 제공하는 지지(예 충고, 조언, 지도 등)
- 물질적 지지 : 물질적인 도움을 직접적으로 제공하는 지지(예 일을 대신해 줌, 돈, 물건 등)

34
다음 중 진로역량 개발을 위한 GROW 코칭 모델의 요소에 해당하지 않는 것은? 적중 예상

① 목표(Goal)
② 현실(Realty)
③ 기회(Opportunity)
④ 실행의지(Will)

만점 해설
③ '기회(Opportunity)'가 아닌 '대안(Option)'이 옳다.

35
다음 중 론돈(London)의 진로동기 모델에서 진로동기의 요소에 해당하지 않는 것은? 적중 예상

① 진로효능감(Career Efficacy)
② 진로통찰력(Career Insight)
③ 진로탄력성(Career Resilience)
④ 진로정체감(Career Identity)

만점 해설
진로동기 모델에서 진로동기의 요소(London)
- 진로탄력성(Career Resilience) : 진로동기를 유지하는 요소
- 진로통찰력(Career Insight) : 진로동기를 촉발하는 요소
- 진로정체감(Career Identity) : 진로동기의 방향성을 결정하는 요소

36
다음 중 보기의 내용과 연관된 진로탄력성(Career Resilience)의 하위 요소로 옳은 것은? 적중 예상

> 진로목표 달성을 위해 지속적으로 학습하며, 새로운 기술과 훈련을 주도적으로 계획하여 직무기술을 향상시킨다.

① 성취 열망
② 변화 대처
③ 자기 신뢰
④ 진로 자립

만점 해설
① '성취 열망'은 어려운 상황에서도 자신의 미래를 낙관적으로 보고 인내와 끈기로 더 높은 목표를 달성하고자 하는 것이다.
② '변화 대처'는 진로목표 달성 과정에서 예기치 못한 사건으로 인한 실패를 두려워하지 않으며, 부정적인 결과에서도 긍정적인 요소를 찾아내어 적절히 대처하는 것이다.
③ '자기 신뢰'는 어려운 상황이나 스트레스에도 불구하고 자신을 믿고 확신하며 자기 긍정성을 발휘하는 것이다.

37
다음 중 보기의 내용과 연관된 진로적응성 요인으로 가장 적절한 것은? 적중 예상

> 신입사원 A는 직장동료들과 다양한 의견을 교환하면서 이를 편견 없이 수용하고 활용하려는 모습을 보이고 있다. 또한 불확실한 상황에서도 편안한 마음을 유지하고 있다.

① 긍정적 태도 ② 개방성
③ 주도성 ④ 대인관계

만점 해설
② '개방성'은 개인이 호기심이 많고 반성적이며, 창의적·독립적·비관습적이고 다양성을 수용하는 정도를 광범위하게 반영한다.
① '긍정적 태도'는 미래에 좋은 일이 많이 일어나고 나쁜 일은 적게 일어날 것이라는 일반화된 기대로서 낙관성(Optimism)을 의미한다.
③ '주도성'은 현 상황을 개선하거나 새로운 상황을 창조하기 위해 솔선해서 행동함으로써 현 상태를 변화시키는 것이다.
④ '대인관계'는 업무를 수행하는 과정에서 접촉하게 되는 사람들과 원만하게 지내는 능력이다.

38
릭우드(Rickwood)는 급변하는 업무환경에 처한 내담자를 돕기 위해 진로탄력성 틀(Career Resiliency Framework)을 고안하였다. 다음 중 진로탄력성 틀 모델에 따른 진로탄력성 증진의 평가요소에 대한 설명으로 옳지 않은 것은? 적중 예상

① 주제 수용 - 내담자가 현실에서 꿈을 실현하기 위하여 진로장벽을 극복하도록 돕는다.
② 자기인식 돕기 - 내담자가 자신의 핵심 가치와 흥미에 대한 이해를 발달시키도록 돕는다.
③ 전환 - 내담자의 내적 동기를 찾는 행동계획을 세움으로써 진로 상황을 분명히 한다.
④ 관계성 - 내담자가 다른 사람들과 의미있는 상호작용을 하도록 촉진한다.

만점 해설
① 주제 수용 - 조직의 관리자나 정책을 통해 탄력적 특성과 관련된 직업발달을 적극적으로 촉진하는 환경을 만든다.

02절 취업상담

01
다음 중 구직자의 구직의욕을 파악하기 위한 질문 문항과 가장 거리가 먼 것은? 적중 예상

① 희망하는 직업이 있습니까?
② 현재 일할 의향이 있으십니까?
③ 희망직업과 관련한 경력 및 경험을 가지고 있습니까?
④ 취업조건이 만족스럽지 않더라도 일자리가 있으면 취업할 생각이 있습니까?

만점 해설
③ 구직자의 구직능력(주의 : '구직의욕'이 아님)을 파악하기 위한 질문 문항에 해당한다.

02
다음 중 저능력·고의욕을 가진 구직자에게 가장 적합한 서비스는? 적중 예상

① 직업정보 제공 및 취업알선
② 심층상담 등 밀착 서비스 제공
③ 집단상담 프로그램 등 의욕 증진 서비스 제공
④ 직업훈련, 취업특강 등 구직기술 향상 서비스 제공

만점 해설
① 고능력·고의욕을 가진 구직자에게 가장 적합한 서비스이다.
② 저능력·저의욕을 가진 구직자에게 가장 적합한 서비스이다.
③ 고능력·저의욕을 가진 구직자에게 가장 적합한 서비스이다.

정답 37 ② 38 ① // 01 ③ 02 ④

03

구직역량은 구직 지식군, 구직 기술군, 구직 태도군, 직무 적응군으로 구성된다. 다음 중 구직 기술군의 하위 역량과 가장 거리가 먼 것은? **적중 예상**

① 구직 의사결정 능력
② 현장 직무수행 능력
③ 구직 정보탐색 능력
④ 인적 네트워크 활용 능력

만점 해설
② 구직역량의 역량군 중 '직무 적응군'의 하위 역량에 해당한다.

04

자기효능감에 영향을 미치는 요인과 가장 거리가 먼 것은? **17년 2회 기출**

① 대리경험
② 설 득
③ 성취경험
④ 사회경제적 여건

만점 해설
자기효능감에 영향을 미치는 요인(Lent, Brown & Hackett)
- 개인적 수행성취(성취경험)
- 간접경험(대리경험)
- 사회적 설득(언어적 설득)
- 생리적 상태와 반응(정서적 안정)

05

다음 중 취업효능감 프로그램의 구성요소에 해당하지 않는 것은? **적중 예상**

① 직업대안 규명
② 언어적 설득
③ 수행성취
④ 정서적 안정

만점 해설
자기효능감에 영향을 미치는 요인(Lent, Brown & Hackett)
- 개인적 수행성취(성취경험)
- 간접경험(대리경험)
- 사회적 설득(언어적 설득)
- 생리적 상태와 반응(정서적 안정)

06

다음 중 취업활동 계획 수립 시 고려해야 할 사항으로 옳지 않은 것은? **적중 예상**

① 개인별 취업활동 계획 수립을 위한 일련의 과정과 내용을 공유한다.
② 참여자의 욕구와 특성을 최대한 반영한다.
③ 참여자의 불합리한 요구라도 일단 수용한다.
④ 집중 취업알선 기간을 최소 3개월 이상 확보할 수 있도록 취업활동 계획 상세 일정을 수립한다.

만점 해설
③ 참여자의 욕구와 특성을 최대한 반영하되, 불합리한 주장이나 요구를 수용하는 것은 지양한다.

07

다음 중 구인처 확보 과정을 순서대로 올바르게 나열한 것은? **적중 예상**

> ㄱ. 취업 조건 확인
> ㄴ. 업체정보 수집
> ㄷ. 채용정보 탐색
> ㄹ. 목표 달성 여부 확인

① ㄱ → ㄴ → ㄷ → ㄹ
② ㄷ → ㄱ → ㄴ → ㄹ
③ ㄷ → ㄴ → ㄱ → ㄹ
④ ㄱ → ㄷ → ㄴ → ㄹ

만점 해설
구인처 확보 과정
채용정보 탐색 → 업체정보 수집 → 취업 조건 확인 → 목표 달성 여부 확인

08
다음 중 이력서 작성 시 주의사항으로 가장 옳은 것은? 적중 예상

① 개인적 경험을 약간 과장하여 기재한다.
② 가급적 빈칸이 없도록 내용을 채운다.
③ 지원 분야를 확정하여 기재하지 않는다.
④ 해당 사항이 없더라도 해당 부분을 삭제하지 않는다.

만점 해설
① 이력서는 객관적 자료이므로 사실대로 정확하게 기재한다.
③ 지원 분야를 반드시 기재한다.
④ 해당 사항이 없는 경우에는 가능한 경우 해당 부분을 삭제하는 것이 좋다.

09
다음 중 자기소개서 작성 시 주의사항으로 옳지 않은 것은? 적중 예상

① 성장과정에서는 조직 적합성에 부합하는 인성의 형성 과정을 표현한다.
② 성격에 대해서는 자신의 장점만을 크게 부각시킨다.
③ 학교생활에 대해서는 지원 직무와의 연관성에 초점을 둔다.
④ 입사 후 포부에서는 지원 분야에 대한 구체적인 계획과 실천력을 표현한다.

만점 해설
② 성격의 장단점을 모두 기재한다. 다만, 성격의 단점을 기재할 때는 직무역량과 관련 없는 큰 과오가 안 되는 단점을 적도록 하며, 이를 극복하기 위한 실천방안을 제시한다.

10
다음 중 면접 유형별 특성에 대한 설명으로 옳지 않은 것은? 적중 예상

① 인성 면접 – 지원자의 기본 품성, 조직 적합성 등을 평가한다.
② PT 면접 – 지원자의 구조화 능력 및 발표력 등을 평가한다.
③ 역량 면접 – 지원자의 역량을 평가하기 위해 꼬리 물기식 질문을 사용한다.
④ 토론 면접 – 과정보다는 결과를 통해 문제의 정답을 맞혔는지를 평가한다.

만점 해설
④ 토론 면접은 문제에 대한 답을 구하는 것이 아닌 서로의 의견을 주고받는 과정을 평가하는 면접이다. 즉, 자신의 역할을 수행하면서 타인의 의견을 수용하고 발전시키는 모습, 합의된 결과물을 도출하는 과정 등을 평가한다.

11
다음 중 AI 면접(AI 역량검사)의 일반적인 진행순서를 올바르게 나열한 것은? 적중 예상

ㄱ. 기본 면접
ㄴ. 성향 분석
ㄷ. 상황 대처
ㄹ. 보상 선호
ㅁ. AI 게임
ㅂ. 심층 면접

① ㄱ → ㄴ → ㄷ → ㄹ → ㅁ → ㅂ
② ㄷ → ㄱ → ㄴ → ㅁ → ㄹ → ㅂ
③ ㄴ → ㄱ → ㄹ → ㄷ → ㅁ → ㅂ
④ ㄱ → ㄷ → ㅁ → ㄴ → ㄹ → ㅂ

만점 해설
AI 면접(AI 역량검사)의 구성(진행순서)
기본 면접 → 성향 분석 → 상황 대처 → 보상 선호 → AI 게임(전략 게임) → 심층 면접

12
다음 중 내담자 사후관리 수행 방법에 대한 설명으로 가장 옳지 않은 것은? 적중 예상

① 구직자 출근 전 사전교육을 실시한다.
② 구직자 출근 후 일주일 뒤 사후관리를 실시한다.
③ 직무 만족에 대해 수시로 점검한다.
④ 직장 적응에 실패한 경우 구인처에 근로환경 개선을 요구한다.

만점 해설
④ 직장 적응에 실패한 경우 전직 프로그램을 안내한다.

03절 직업복귀상담

01
다음 중 모린과 카도레트(Morin & Cadorette)가 제시한 직업전환의 3단계 과정을 순서대로 올바르게 나열한 것은? 적중 예상

① 탐색 → 새로운 시작 → 종료
② 탐색 → 종료 → 새로운 시작
③ 종료 → 탐색 → 새로운 시작
④ 새로운 시작 → 탐색 → 종료

만점 해설
직업전환의 3단계 과정(Morin & Cadorette)
종료 → 탐색 → 새로운 시작

02
다음 중 구직자의 진로준비 행동을 파악하기 위한 요소와 가장 거리가 먼 것은? 적중 예상

① 직업세계로의 이행을 위해 필요한 정보의 획득
② 진로나 직업을 갖기 위해 필요한 도구의 획득
③ 진로상담에 대한 폭넓은 이해력
④ 설정한 목표 달성을 위한 실행력

만점 해설
진로준비 행동의 주요 요소
- 정보수집 : 구직자 자신에 대한 주관적 및 객관적 정보, 직업세계로의 이행을 위해 필요한 정보를 획득하는 것이다.
- 도구 획득 : 진로나 직업을 갖기 위해 필요한 도구를 마련함으로써 전반적인 준비를 하는 것이다.
- 실행력 : 설정한 목표를 달성하기 위해 시간과 노력을 적극적으로 투입하는 것이다.

03
김동규(2014)는 진로단절여성을 위한 신 직업 유형으로 '여성유망형', '블루오션형', '여성도전형', '미래개척형'을 제안하였다. 다음 중 블루오션형의 특징으로 옳은 것은? 적중 예상

① 여성 적합성은 높으나, 직업정착 가능성은 보통인 유형
② 여성 적합성은 보통이나, 직업정착 가능성이 높은 유형
③ 여성 적합성도 보통이고, 직업정착 가능성도 보통인 유형
④ 여성 적합성도 높고, 직업정착 가능성도 높은 유형

만점 해설
① 여성도전형, ③ 미래개척형, ④ 여성유망형

04
하렌(V. Harren)의 진로의사결정 유형에 해당하는 것은? 22년 2회 기출

① 운명론적 – 계획적 – 지연적
② 합리적 – 의존적 – 직관적
③ 주장적 – 소극적 – 공격적
④ 계획적 – 직관적 – 순응적

만점 해설

하렌(Harren)의 진로의사결정 유형
- 합리적 유형(Rational Style)
- 직관적 유형(Intuitive Style)
- 의존적 유형(Dependent Style)

05
Harren이 제시한 진로의사결정 유형 중 의사결정에 대한 개인적 책임을 부정하고 외부로 책임을 돌리는 경향이 높은 유형은? 19년 2회 기출

① 합리적 유형
② 투사적 유형
③ 직관적 유형
④ 의존적 유형

만점 해설

하렌(Harren)의 진로의사결정 유형

합리적 유형	자신과 상황에 대해 정확한 정보를 수집하고, 신중하면서 논리적으로 의사결정을 수행해 나가며, 의사결정에 대한 책임을 자신이 진다.
직관적 유형	의사결정의 기초로 상상을 사용하며, 현재의 감정에 주의를 기울이면서 정서적 자각을 사용한다.
의존적 유형	합리적 유형 및 직관적 유형과 달리 의사결정에 대한 개인적 책임을 부정하고 그 책임을 외부로 돌리는 경향이 있다.

06
김병숙(2009)은 의사결정 기법을 체득하기 위한 훈련 과정을 5단계로 구분하였다. 다음 보기에서 의사결정 기법의 5단계를 순서대로 올바르게 나열한 것은? 적중 예상

> ㄱ. 상황을 명확히 한다.
> ㄴ. 계획을 수립하고 그대로 추진한다.
> ㄷ. 대안을 탐색해 본다.
> ㄹ. 기준을 확인한다.
> ㅁ. 대안을 평가하고 결정을 내린다.

① ㄱ → ㄷ → ㄹ → ㅁ → ㄴ
② ㄱ → ㄹ → ㄷ → ㄴ → ㅁ
③ ㄷ → ㄱ → ㄹ → ㅁ → ㄴ
④ ㄷ → ㄹ → ㄱ → ㄴ → ㅁ

만점 해설

의사결정 기법의 5단계(김병숙)
- 제1단계 : 상황을 명확히 한다.
- 제2단계 : 대안을 탐색해 본다.
- 제3단계 : 기준을 확인한다.
- 제4단계 : 대안을 평가하고 결정을 내린다.
- 제5단계 : 계획을 수립하고 그대로 추진한다.

07
다음 중 드필리피(Defillippi) 등이 제안한 진로자본의 핵심역량에 해당하지 않는 것은? 적중 예상

① 기본지식역량(Knowing – What)
② 인적관계역량(Knowing – Who)
③ 전문지식역량(Knowing – How)
④ 진로성숙역량(Knowing – Why)

만점 해설

진로자본의 3가지 핵심역량(Defillippi et al.)
- 진로성숙역량(Knowing–Why)
- 전문지식역량(Knowing–How)
- 인적관계역량(Knowing–Who)

08

진로자본은 '문화적 자본', '사회적 자본', '경제적 자본'으로 구성된다. 다음 중 문화적 자본에 대한 의미와 가장 가까운 것은?　　　　　적중 예상

① 내가 가지고 있는 것(What I possess)
② 내가 알고 있는 것(What I know)
③ 내가 할 수 있는 것(What I can)
④ 내가 아는 사람과 나에 대해 아는 사람(Whom know and who knows about me)

만점 해설

진로자본의 주요 구성(Iellatchitch, Mayrhofer & Meyer)
- 문화적 자본 : 개인적 역량으로서 "내가 할 수 있는 것(What I can)"을 의미한다.
- 사회적 자본 : 사회적 관계망으로서 "내가 아는 사람과 나에 대해 아는 사람(Whom know and who knows about me)"을 의미한다.
- 경제적 자본 : 축적된 부 혹은 경제활동 능력으로서 "내가 가지고 있는 것(What I possess)"을 의미한다.

09

다음 중 테일러와 베츠(Taylor & Betz)가 제시한 진로결정 자기효능감을 측정할 수 있는 하위요인에 해당하지 않는 것은?　　　　　적중 예상

① 정보수집 효능감
② 외부평가 효능감
③ 진로계획 효능감
④ 목표설정 효능감

만점 해설

진로결정 자기효능감을 측정할 수 있는 하위요인(Taylor & Betz)
- 정보수집 효능감(①)
- 목표설정 효능감(④)
- 진로계획 효능감(③)
- 문제해결 효능감
- 자기평가 효능감

10

다음 중 진로단절여성에게 요구되는 구직역량 혹은 직무수행역량으로 옳은 것을 모두 고른 것은?　　　　　적중 예상

```
ㄱ. 공적인 의사소통 기술
ㄴ. 정보기술 활용 기술
ㄷ. 글로벌 역량
ㄹ. 사회적 대인관계 기술
```

① ㄱ, ㄷ
② ㄱ, ㄴ, ㄹ
③ ㄴ, ㄷ, ㄹ
④ ㄱ, ㄴ, ㄷ, ㄹ

만점 해설

진로단절여성에게 요구되는 구직역량 혹은 직무수행역량
- 사회적 대인관계 기술
- 공적인 의사소통 기술
- 정보기술 활용 기술
- 글로벌 역량 등

11

다음 중 오리아레이(O'Leary)가 제시한 여성의 진로포부 달성을 가로막는 내적 장벽과 가장 거리가 먼 것은?　　　　　적중 예상

① 실패에 대한 두려움
② 결과기대와 관련된 유인가
③ 사회적 성역할에 대한 고정관념
④ 직업적 승진에서 지각된 결과들

만점 해설

③ 여성의 진로포부 달성을 가로막는 외적 장벽(외적 요인)에 해당한다.

12
다음 중 내담자로 하여금 진로장벽을 극복하도록 하기 위한 방안으로 옳지 않은 것은? 적중 예상

① 내담자의 적응 유연성(Resilience)을 증진시킨다.
② 내담자가 진로장벽의 의미를 파악하는 데 시간을 소요하지 않도록 주의한다.
③ 내담자가 진로장벽에 대해 객관적인 평가를 할 수 있도록 안내한다.
④ 내담자와 함께 진로장벽을 극복하기 위한 적합한 대안에 대해 고민한다.

만점 해설
② 내담자가 진로장벽에 대한 의미를 정확히 파악할 수 있도록 안내한다.

04절 직업훈련상담

01
다음 중 인적자원 개발의 특성에 대한 설명으로 가장 옳은 것은? 적중 예상

① 개인보다는 조직의 가능성을 증대시켜야 한다.
② 우연히 습득한 것도 인적자원 개발에 포함된다.
③ 조직의 과거 직무와 관련이 있어야 한다.
④ 학습은 제한된 특정 기간 내에 이루어져야 한다.

만점 해설
① 개인과 조직의 가능성을 증대시켜야 한다.
② 반드시 의도적이고 계획적이며, 조직적인 학습이어야 한다.
③ 조직의 현재 또는 미래의 직무와 관련이 있어야 한다.

02
다음 중 직업훈련(Vocational Training)에 대한 설명으로 옳지 않은 것은? 적중 예상

① 인간 성장을 위한 교육의 보편성이 조직이라는 특수성 속에서 행해지는 활동이다.
② 직업을 갖고자 하는 사람에게는 산업사회에 적응하기 위한 능력을 갖추도록 필요한 기능, 지식, 태도 등을 함양하도록 돕는 활동이다.
③ 취업한 사람에게는 기술혁신과 산업변화에 대처하기 위한 능력을 향상시켜 자기실현을 성취하도록 돕는 활동이다.
④ 공공직업훈련, 인정직업훈련, 사업 내 직업훈련 등의 형태로 이루어진다.

만점 해설
① '인적자원 개발(HRD ; Human Resource Development)'에 대한 설명에 해당한다. 인적자원 개발은 산업체에만 국한된 것은 아니며, 조직 구성원의 성장과 발달을 돕는 모든 활동을 포괄한다.

03

다음 중 직업훈련과정 선택 시 고려사항으로 옳지 않은 것은? 　　　　　　　　　　　적중 예상

① 내담자의 직무역량을 고려한다.
② 미래사회에서의 직업변화를 고려한다.
③ 선택한 훈련직종의 미래 성장 가능성을 고려한다.
④ 내담자에게 고소득을 보장할 수 있는지를 고려한다.

만점 해설

직업훈련과정 선택 시 고려사항
- 선택한 훈련직종의 미래 성장 가능성을 고려한다.
- 내담자의 직무역량, 적합한 분야 및 전공을 고려한다.
- 미래사회에서의 직업변화를 고려한다.

04

다음 중 훈련기관의 기능으로 옳지 않은 것은? 　　　　　　　　　　　적중 예상

① 훈련계획서를 작성한다.
② 훈련생에 대한 개인, 진로, 현장 적응 등에 대한 상담을 한다.
③ 기업체의 새로운 직무개발을 주도한다.
④ 기업체를 섭외하고 훈련을 홍보한다.

만점 해설

③ 훈련기관은 기업체의 새로운 직무개발을 주도하는 것이 아닌 기업체의 관련 직무분석을 토대로 기업주가 요구하는 훈련 내용을 선정하여 훈련과정을 운영한다.

05

다음 중 훈련기관의 훈련목표 달성 촉진을 위한 노력으로 옳지 않은 것은? 　　　　　　　　　　　적중 예상

① 취업상담은 훈련 시작 전에 실시한다.
② 관련 자격증 취득을 위한 커뮤니티 참여를 지원한다.
③ 훈련 참여자와 협의하여 훈련목표를 단계별로 점검한다.
④ 변화 유지 계획을 수립하도록 하여 행동 변화를 촉진한다.

만점 해설

① 본격적인 훈련에 앞서 훈련생 개인 및 진로에 대한 상담을 실시하며, 훈련 종료 후 취업상담으로 연계한다.

CHAPTER 04 프로그램 운영 및 행정

01절 집단상담 및 사이버 상담 프로그램 운영

01
다음 중 집단역동의 요소에 해당하는 것을 올바르게 모두 고른 것은?
적중 예상

> ㄱ. 집단의 배경
> ㄴ. 집단의 참여 형태
> ㄷ. 의사소통의 형태
> ㄹ. 집단의 응집성
> ㅁ. 주제의 회피
> ㅂ. 숨겨진 안건

① ㄱ, ㄴ, ㄷ
② ㄱ, ㄷ, ㄹ, ㅁ
③ ㄴ, ㄹ, ㅁ, ㅂ
④ ㄱ, ㄴ, ㄷ, ㄹ, ㅁ, ㅂ

만점 해설

집단역동의 요소
- 집단의 배경(ㄱ)
- 집단의 참여 형태(ㄴ)
- 의사소통의 형태(ㄷ)
- 집단의 응집성(ㄹ)
- 집단의 분위기
- 집단행동의 규준
- 집단성원의 사회적 관계유형
- 하위집단의 형성
- 주제의 회피(ㅁ)
- 지도성의 경쟁
- 숨겨진 안건(ㅂ)
- 제안의 묵살
- 신뢰 수준 등

02
다음 중 집단상담의 주제로 가장 적절한 것은?
적중 예상

① 내밀한 개인적 과거사가 노출되는 주제
② 개인적인 성장과 적응에 관한 논점
③ 중대한 정서적 문제에 관한 논점
④ 비밀보장이 요구되는 주제

만점 해설

집단상담에 적절한 주제
- 개인적인 성장과 적응(②)
- 경미한 정서적 논점
- 자기 탐색 및 이해
- 직무역량의 확장 및 자기계발
- 미래시간 전망 및 비전
- 문제해결 능력 및 대인관계 능력 향상 등

03
비구조화 집단에 관한 설명으로 틀린 것은?
21년 3회 기출

① 감수성 훈련, T집단이 해당된다.
② 폭넓고 깊은 상호작용이 이루어질 수 있다.
③ 구조화 집단보다 지도자의 전문성이 더욱 요구된다.
④ 비구조화가 중요하기에 지도자가 어떤 계획을 세울 필요는 없다.

만점 해설

④ 비구조화 집단은 사전에 정해진 구체적인 활동계획은 없으나, 큰 틀에서의 계획(예 집단활동의 촉진 등)은 가지고 있다.

04
집단상담의 특징에 관한 설명으로 틀린 것은?
22년 2회, 09년 1회 기출

① 집단상담은 상담사들이 제한된 시간 내에 적은 비용으로 보다 많은 내담자들에게 접근하는 것을 가능하게 한다.
② 효과적인 집단에는 언제나 직접적인 대인적 교류가 있으며 이것이 개인적 탐색을 도와 개인의 성장과 발달을 촉진시킨다.
③ 집단은 집단과정의 다양한 문제에 많은 시간을 사용하게 되어 내담자의 개인적인 문제를 등한시할 수 있다.
④ 집단에서는 구성원 각자의 사적인 경험을 구성원 모두가 공유하지 않기 때문에 비밀유지가 쉽다.

만점 해설
④ 집단 내 개별성원의 사적인 경험을 집단성원 모두가 공유하게 되므로 비밀유지가 어렵다.

05
집단상담의 장점과 가장 거리가 먼 것은?
07년 3회 기출

① 시간과 경제적인 측면에서 효율적이다.
② 타인과 상호교류를 할 수 있는 능력이 개발된다.
③ 개인상담보다 심층적인 내면의 심리를 다루기에 더 효율적이다.
④ 내담자들이 개인상담보다 더 쉽게 받아들이는 경향이 있다.

만점 해설
③ 집단상담은 내담자의 개인적인 문제를 등한시할 수 있으므로 심층적인 내면의 심리를 다루기에 적합하지 않다.

06
집단상담에 대한 설명으로 틀린 것은?
11년 1회 기출

① 집단상담의 최대 장점은 한 상담자가 동시에 많은 내담자를 도울 수 있다는 효율적인 점이다.
② 집단상담에서는 특정 개인의 문제가 충분히 다루어지지 않을 가능성이 높은 제한점이 있다.
③ 집단상담 구성원들은 개인적인 조언보다 주변 사람들의 공통 의견을 더 잘 받아들이는 경향이 있다.
④ 다양한 발달단계의 이질집단이 동질집단에 비해 자극이 되고 새로운 것을 받아들이는 데 더 효과적이다.

만점 해설
④ 다양한 발달단계의 이질집단이 동질집단에 비해 자극이 될 수는 있어도 새로운 것을 받아들이는 데 효과적이지 못할 수도 있다. 예를 들어, 대학생들과 고등학교 중퇴자들을 한 집단에 편성할 경우 서로의 요구가 다를 수 있으므로 바람직하지 못하다.

07
Tolbert가 제시한 집단직업상담의 요소에 대한 설명으로 옳은 것은?
18년 2회 기출

① 일정 : 가능한 모임의 횟수를 늘려야 한다.
② 집단구성 : 2~4명 정도의 소규모 집단에서 구성원들 간의 상호작용과 피드백이 촉진된다.
③ 과정 : 집단직업상담의 과정은 5가지 유형의 활동으로 이루어진다.
④ 리더 : 집단의 리더는 상담의 목표가 달성되었는지 평가하고 구성원에게 피드백한다.

만점 해설
① 일정 : 가능한 모임의 횟수를 최소화하여야 한다.
② 집단구성 : 집단성원들 간의 상호작용 및 피드백을 촉진하고, 어느 정도의 이질성과 함께 구성원의 참여가 원활히 이루어지도록 대략 6~10명 정도의 집단으로 구성한다.
④ 리더 : 집단상담과 직업정보에 대해 잘 알고 있는 사람이어야 한다.

08
다음 중 집단직업상담에 관한 설명으로 틀린 것은?
10년 1회 기출

① 각 구성원은 집단직업상담 과정에서 이루어진 토의 내용에 대한 비밀을 유지해야 한다.
② 집단의 리더는 집단상담과 직업정보에 대해 잘 알고 있는 사람이어야 한다.
③ 6명에서 10명 정도의 인원이 이상적이다.
④ 가능한 모임의 횟수를 최대화하여야 한다.

만점 해설
④ 가능한 모임의 횟수를 최소화하여야 한다.

09
다음 중 집단상담 목표설정의 유의점으로 옳지 않은 것은?
적중 예상

① 하나의 프로그램으로 둘 이상의 목표 달성을 원칙으로 한다.
② 목표는 범위가 좁고 구체적이어야 한다.
③ 목표는 대상의 요구도를 잘 반영하고 있어야 한다.
④ 목표는 이해하기 쉽고 명확해야 한다.

만점 해설
① 하나의 프로그램에는 하나의 목표 달성을 원칙으로 한다.

10
다음 행동특성을 모두 포함하는 집단상담자의 자질은?
13년 2회 기출

- 내면에 대한 깊이 있는 반성
- 사소한 실수에도 낙심하지 않음
- 집단구성원들에게 자신의 약한 부분과 한계를 기꺼이 드러냄

① 타인의 복지에 대한 관심
② 자기수용
③ 개방적 소양
④ 공감적 이해 능력

만점 해설
② 자기수용은 자기 자신을 있는 그대로 받아들이고 인정하는 것이다.
① 타인의 복지에 대한 관심은 다른 사람의 복지에 대해 깊은 관심을 가지는 것이다.
③ 개방적 소양은 어떠한 새로운 경험이나 자신의 것과 다른 유형의 삶의 가치를 기꺼이 수용하는 것이다.
④ 공감적 이해 능력은 상대방의 감정을 함께 경험하고 나누는 것이다.

11
집단의 발달단계는 '초기 단계', '과도기 단계', '작업 단계', '종결 단계'의 순서로 전개된다. 다음 중 '작업 단계'의 특징으로 옳은 것은?
적중 예상

① 참여자들 간에 적절한 상호작용과 개방적인 의사소통이 이루어진다.
② 참여자들은 기대감을 가지고 집단의 기능과 참여 방식을 배운다.
③ 집단상담에 대한 평가 작업을 하며, 추수상담에 대해 논의한다.
④ 집단상담자가 신뢰할 만한 존재인지 탐색하며, 다른 성원들을 시험해 본다.

만점 해설
② 초기 단계, ③ 종결 단계, ④ 과도기 단계

12
Butcher가 제시한 집단직업상담을 위한 3단계 모델에 해당하지 않는 것은?
20년 1·2회, 15년 3회 기출

① 탐색단계
② 전환단계
③ 평가단계
④ 행동단계

만점 해설
부처(Butcher)의 집단직업상담을 위한 3단계 모델(모형)
탐색단계 → 전환단계 → 행동단계

13
다음 중 부처(Butcher)가 제안한 집단직업상담을 위한 3단계 모형에 해당하지 않는 것은?
20년 4회, 16년 3회 기출

① 탐색단계 ② 계획단계
③ 전환단계 ④ 행동단계

만점 해설
부처(Butcher)의 집단직업상담을 위한 3단계 모델(모형)
탐색단계 → 전환단계 → 행동단계

14
Butcher가 제시한 집단직업상담의 3단계를 바르게 나열한 것은?
10년 3회, 05년 3회 기출

① 탐색 → 행동 → 유지
② 탐색 → 전환 → 행동
③ 유지 → 전환 → 행동
④ 전환 → 탐색 → 유지

만점 해설
부처(Butcher)의 집단직업상담을 위한 3단계 모델(모형)
탐색단계 → 전환단계 → 행동단계

15
Butcher의 집단직업상담을 위한 3단계 모델 중 전환단계의 내용으로 옳은 것은?
19년 2회 기출

① 흥미와 적성에 대한 측정
② 내담자의 자아상과 피드백 간의 불일치의 해결
③ 목표달성 촉진을 위한 자원의 탐색
④ 자기 지식과 직업세계의 연결

만점 해설
①・② 탐색단계, ③ 행동단계

16
효과적인 집단상담을 위해 고려해야 할 사항이 아닌 것은?
17년 3회, 07년 1회 기출

① 집단발달 과정 자체를 촉진시켜 주기 위하여 의도적으로 게임을 활용할 수 있다.
② 매 회기가 끝난 후 각 집단 구성원에게 경험보고서를 쓰게 할 수 있다.
③ 집단 내의 리더십을 확보하기 위해 집단상담자는 반드시 1인이어야 한다.
④ 집단상담 장소는 가능하면 신체활동이 자유로운 크기가 좋다.

만점 해설
③ 집단 내의 리더십을 확보하기 위해 집단상담자가 반드시 1인일 필요는 없다. 상황에 따라 복수의 집단상담자를 두는 것이 보다 효율적인 경우도 있다.

17
집단직업상담에 관한 설명으로 가장 적합하지 않은 것은?
13년 3회, 10년 2회 기출

① 집단직업상담은 개인직업상담보다 일반적으로 직업성숙도가 높은 사람들에게 더 효과적이다.
② 가능한 모임의 횟수를 최소화해야 한다.
③ 남성과 여성은 집단직업상담에 임할 때의 목표가 서로 다를 수 있으므로 성별을 고려해야 한다.
④ Butcher는 집단직업상담의 3단계로 탐색단계, 전환단계, 행동단계를 제시하였다.

만점 해설
① 집단직업상담은 일반적으로 직업성숙도가 낮고 많은 도움을 빠른 시간 내에 필요로 하는 사람들에게 더욱 효과적이다.

18
진로개발프로그램을 운영하는 방법의 하나인 집단 진로상담에 관한 설명으로 옳은 것은? 17년 2회 기출

① 참여하고자 하는 학생들 중 사전조사를 통해서 책임의식이 있는 학생들로 선발한다.
② 참여하는 학생들은 목표와 기대가 동일하기 때문에 개인차를 고려하지 않는다.
③ 프로그램 단계별로 나타나는 집단의 역동성은 문제를 복잡하게 만들기 때문에 무시하는 것이 좋다.
④ 다양한 정보습득과 경험을 해야 하기 때문에 참여 학생들은 진로발달상 이질적일수록 좋다.

만점 해설
② 참여하는 학생들은 목표와 기대가 서로 다르므로 개인차를 고려하여야 한다.
③ 집단을 이끌고 나가기 위해서는 프로그램 단계별로 나타나는 집단의 역동성을 이해하는 것이 중요하다.
④ 집단상담에 참여한 학생들은 서로 비슷한 수준의 발달단계에 있는 것이 중요하다.

19
다음 중 집단상담 프로그램의 사후관리 방법에 대한 설명으로 옳지 않은 것은? 적중 예상

① 추수 집단 회기 – 집단성원들이 진술한 목표를 얼마만큼 수행했는지 평가한다.
② 개별 추수면담 – 구조화된 방식이나 비구조화된 방식으로 진행할 수 있다.
③ 동호인 모임 – 유사한 목표와 관심을 갖는 사람들 간에 관계망 확장을 가져올 수 있다.
④ 온라인 네트워크 – 집단성원 간 정서적 교류와 친밀성, 강화 차원에서 효과적이다.

만점 해설
④ 집단성원 간 정서적 교류와 친밀성, 강화 차원에서 효과적인 것은 오프라인 회합이다. 반면, 온라인 네트워크는 시간과 비용 측면에서 유리하다.

20
사이버 직업상담 기법으로 적합하지 않은 것은? 21년 3회, 14년 1회, 12년 1회 기출

① 질문내용 구상하기
② 핵심 진로논점 분석하기
③ 진로논점 유형 정하기
④ 직업정보 가공하기

만점 해설
사이버 직업상담의 기법
- 주요 진로논점 파악하기
- 핵심 진로논점 분석하기(②)
- 진로논점 유형 정하기(③)
- 답변내용 구상하기(①)
- 직업정보 가공하기(④)
- 답변 작성하기

21
다음 중 사이버 직업상담의 장점과 가장 거리가 먼 것은? 13년 2회, 11년 3회 기출

① 개인의 지위, 연령, 신분, 권력 등을 짐작할 수 있는 사회적 단서가 제공되지 않으므로 전달되는 내용 자체에 많은 주의를 기울이고 의미를 부여할 수 있다.
② 내담자의 자발적 참여로 상담이 진행되는 경우가 대면 상담에 비해 압도적으로 많으므로 내담자들의 문제해결에 대한 동기가 높다고 할 수 있다.
③ 내담자 자신의 정보를 선택적으로 공개할 수 있고 언제든지 상담을 중단할 수 있어 매우 편리하다.
④ 상담자와 직접 얼굴을 마주하지 않기 때문에 자신의 행동이나 감정에 대한 즉각적인 판단이나 비판을 염려하지 않아도 된다.

만점 해설
③ 사이버 직업상담의 단점에 해당한다.

정답 18 ① 19 ④ 20 ① 21 ③

22
사이버 직업상담에서 답변을 작성할 때 고려해야 할 사항으로 가장 거리가 먼 것은? 20년 3회 기출

① 추수상담의 가능성과 전문기관에 대한 안내를 한다.
② 친숙한 표현으로 답변을 작성하여 내담자가 친근감을 느끼게 한다.
③ 답변은 장시간이 소요되더라도 정확하게 하도록 노력한다.
④ 청소년이라 할지라도 반드시 존칭을 사용하여 호칭한다.

만점 해설
③ 답변은 가급적 신속하게 하도록 노력한다.

23
전화상담의 장점이 아닌 것은?
16년 2회, 12년 3회, 10년 1회 기출

① 상담관계가 안정적이다.
② 응급상황에 있는 내담자에게 도움이 된다.
③ 청소년의 성문제 같은 사적인 문제를 상담하는 데 좋다.
④ 익명성이 보장되어 신분노출을 꺼리는 내담자에게 적합하다.

만점 해설
① 전화상담은 보통 일회적으로 끝나는 경우가 대부분이며, 단일매체로서 내담자의 음성에 의존하므로 상담관계가 안정적이지 못하다.

24
다음 중 단기상담을 진행하기에 가장 적합한 내담자는? 18년 3회, 14년 3회 기출

① 잦은 가출로 어머니가 상담을 의뢰한 17세의 고등학생
② 성격장애의 경향성을 보이는 19세의 고등학교 중도탈락자
③ 중학교 이후 학교 부적응과 우울을 겪고 있는 18세의 고등학생
④ 이성친구를 사귀는 데 도움을 받기 위해 상담을 신청한 15세의 중학생

만점 해설
①·②·③ 내담자의 상담에 대한 동기가 결여되어 있는 경우, 비현실적인 기대를 가지고 있는 경우, 정신병이나 성격장애, 중독 등과 같은 심각한 장애를 가진 경우, 문제가 다양한 영역에 걸쳐 복잡한 양상을 보이는 경우 등은 단기상담에 적합하지 않다.

25
위기상담 시 상담내용에 관한 설명으로 틀린 것은?
18년 1회 기출

① 정서적 지원을 제공한다.
② 정서 발산을 자제하게 한다.
③ 희망과 낙관적인 태도를 전달한다.
④ 위기 문제에 집중하도록 선택적인 경청을 한다.

만점 해설
② 정서적 발산기회를 제공한다.

02절 직업상담 협업 및 행정

01
협업은 관계의 집중도에 따라 단계별로 구분된다. 다음 중 관계의 집중도가 약한 것에서 강한 것으로 순서대로 올바르게 나열한 것은? 적중 예상

```
ㄱ. 협력(Cooperation)
ㄴ. 의사소통(Communication)
ㄷ. 융합(Convergence)
ㄹ. 조정(Coordination)
ㅁ. 협업(Collaboration)
ㅂ. 통합(Consolidation)
```

① ㄱ → ㄴ → ㄷ → ㄹ → ㅁ → ㅂ
② ㄴ → ㄱ → ㄷ → ㅁ → ㄹ → ㅂ
③ ㄴ → ㄱ → ㄹ → ㅁ → ㄷ → ㅂ
④ ㄱ → ㄷ → ㅁ → ㄴ → ㄹ → ㅂ

만점 해설
협업의 수준

02
다음 중 협업에 대한 설명으로 옳은 것은? 적중 예상

① 협업은 그 자체가 목적이 될 수 있다.
② 부정적 효과가 예측되더라도 협업을 추진하여야 한다.
③ 성공적인 협업을 위해 협약기관의 독립성을 인정해서는 안 된다.
④ 협업의 비용이 편익을 초과하는 경우 협업은 바람직하지 않다.

만점 해설
① 협업은 그 자체가 목적이 될 수 없고 하나의 수단일 뿐이다.
② 협업은 성과 달성, 비용 절감, 효율성 증대 등 긍정적 효과가 예측될 때 추진하여야 한다.
③ 성공적인 협업을 위해 협약기관의 독립성을 인정하여야 한다.

03
다음 중 보기의 내용과 연관된 네트워크 구축 방법으로 옳은 것은? 적중 예상

```
구인기업과 구직자가 현장에서 회사 홍보 및 면접을 통해 채용 결정이 이루어지거나 취업과 관련된 정보를 제공한다.
```

① 취업박람회(Job Fair)
② 컨퍼런스(Conference)
③ 워크숍(Workshop)
④ 세미나(Seminar)

만점 해설
② 컨퍼런스(Conference)는 진로, 취업, 직업상담 등의 주제와 관련하여 사람들을 모아 협의하는 회의로, 이벤트, 전시 등을 동반한다.
③ 워크숍(Workshop)은 참가자가 자율적·주도적으로 특정 주제를 가지고 운영 및 활동하는 연구모임이다.
④ 세미나(Seminar)는 진로, 취업, 직업상담 등의 주제에 관심을 가진 사람들이 모여 연구발표나 토론을 통해 함께 연구한다.

04
다음 중 비공식적 네트워크의 특징으로 옳지 않은 것은? 적중 예상

① 자연발생적 조직이다.
② 전체적 질서를 추구한다.
③ 수평적 관계를 지향한다.
④ 의사결정에서 개인적 요구와 동기를 중시한다.

만점 해설
② 비공식적 네트워크는 부분적 질서를 추구한다.

05
다음 중 카츠(Katz)가 제시한 직업상담 행정의 기술로서 구상적 기술에 대한 설명으로 옳은 것은? 적중 예상

① 직업상담 관련 문서를 작성하고 보관한다.
② 조직 구성원이나 집단 참여자들 간 원활히 일을 수행한다.
③ 상담기관 전체 내지 상담프로그램 전반을 포괄적으로 파악한다.
④ 상담기관의 재정 및 회계 관련 업무를 처리한다.

만점 해설
직업상담 행정의 기술(Katz)
- 사무처리기술 : 직업상담 관련 문서의 작성 및 보관, 재정 및 회계 등의 업무와 관련된 기술이다.
- 인화적 기술 : 상담기관이라는 조직 내에서 개인과 개인 간은 물론 집단성원들과 다른 사람들 간 원활하게 일을 할 수 있도록 하는 기술이다.
- 구상적 기술 : 상담기관 전체 내지 상담프로그램 전반을 포괄적으로 파악하는 상황파악적 기술이다.

06
다음 중 직업상담의 행정에서 사무 관리의 목적으로 가장 옳은 것은? 적중 예상

① 직업상담 과정에서 생산되는 정보를 효율적으로 관리한다.
② 조직 구성원 간 협동적인 업무수행이 이루어지도록 지원한다.
③ 직업상담의 실적 결과물들을 체계적으로 보관·관리·평가한다.
④ 내담자에 대한 정보보호를 위한 시스템을 구축한다.

만점 해설
② 인력 관리, ③ 실적 관리, ④ 전산망 관리

07
다음 중 직업상담 행정의 사무 관리로서 문서 처리의 원칙과 가장 거리가 먼 것은? 적중 예상

① 그날로 처리해야 하는 것은 그날로 처리한다.
② 정해진 업무분장에 따라 책임을 지고 신속·정확하게 처리한다.
③ 일정한 형식과 요건을 갖추고 권한 있는 자에 의해 처리되어야 한다.
④ 실적의 내용들을 목적별로 문서철을 하여 보관하거나 전자문서로 데이터베이스화한다.

만점 해설
④ 직업상담 행정의 실적 관리와 연관된 내용이다.
① 즉일 처리 원칙, ② 책임 처리 원칙, ③ 적법성의 원칙

08
다음 중 직업상담 행정의 전산망 관리에서 강조되는 정보보안의 원칙으로서 무결성(Integrity)의 원칙에 부합하는 것은? 적중 예상

① 허락되지 않은 이용자가 정보의 내용을 알 수 없도록 하였다.
② 허락되지 않은 이용자가 정보를 함부로 수정할 수 없도록 하였다.
③ 허락된 이용자가 필요로 하는 때에 정보에 접근할 수 있도록 하였다.
④ 서비스 거부 공격(DoS 공격)에 대한 사전 조치로 서비스가 원활히 이루어지도록 하였다.

만점 해설

정보보안의 원칙
- 기밀성(Confidentiality) : 허락되지 않은 이용자 또는 객체가 정보의 내용을 알 수 없도록 해야 한다.
- 무결성(Integrity) : 허락되지 않은 이용자 또는 객체가 정보를 함부로 수정할 수 없도록 해야 한다.
- 가용성(Availability) : 허락된 이용자 또는 객체가 정보에 접근하고자 할 때 방해받지 않도록 해야 한다.

09
다음 중 보기의 내용과 연관된 행사 운영조직에 해당하는 것은? 적중 예상

- 기능의 세분화에 따라 각 부서가 서로 다른 업무를 수행하는 조직이다.
- 전문성과 창의성을 극대화할 수 있으나, 부서 간 책임분산이나 갈등발생의 문제가 제기될 수 있다.

① 프로그램 중심 조직
② 프로젝트팀 조직
③ 네트워크 조직
④ 기능조직

만점 해설

① '프로그램 중심 조직'은 프로그램 간 관련성이 적으며, 프로그램이 독립된 장소에서 산발적으로 개최되는 경우에 적합한 조직이다.
② '프로젝트팀 조직'은 대규모 행사에 대응하기 위해 임시적으로 구성하는 조직이다.
③ '네트워크 조직'은 외부 위탁이나 전략적 제휴 등 외부 전문가에게 맡기는 조직이다.

10
다음 행사 홍보의 방법 중 바이럴 마케팅(Viral Marketing)에 대한 설명으로 옳은 것은? 적중 예상

① 전단지 및 각종 준비물품을 배포하는 방식이다.
② 입소문 등 인적 네트워크를 이용하는 방식이다.
③ 예상고객에게 우편을 통해 직접 전달하는 방식이다.
④ 배너광고, 검색광고, 스플래시 스크린 등 다양한 방식으로 이루어진다.

만점 해설

① 거리홍보, ③ DM(Direct Mail), ④ 인터넷광고

11
다음 중 온라인 홍보의 특징에 대한 설명으로 옳지 않은 것은? 적중 예상

① 일방향 커뮤니케이션만 가능하다.
② 시간과 공간의 제약 없이 홍보가 가능하다.
③ 홍보 내용을 실시간으로 변경할 수 있다.
④ 홍보 효과를 실시간으로 측정할 수 있다.

만점 해설

① 온라인 홍보는 실시간으로 쌍방향 커뮤니케이션을 할 수 있다.

12
다음 중 행사 운영을 위한 리허설 유형에 대한 설명으로 옳지 않은 것은? 적중 예상

① 리딩 리허설 – 작가와 연출자가 참여대본을 읽어봄으로써 연출 의지를 출연진, 스태프에게 인지시킨다.
② 드레스 리허설 – 화장, 의상, 조명, 음향 등 모든 조건을 완비하고 실제와 동일하게 실시한다.
③ 카메라 리허설 – 실제 촬영을 하듯이 카메라 위치나 동선, 그 밖에 기술적인 문제 등을 점검한다.
④ 런 스루 리허설 – 카메라를 작동한 상태에서 실제와 같이 마지막으로 진행한다.

만점 해설
④ 런 스루 리허설(Run Through Rehearsal)은 카메라를 작동하지 않은 상태에서 실제와 같이 마지막으로 진행하는 리허설이다.

13
다음 중 행사 운영에서 위기상황 대응 전략에 대한 설명으로 옳은 것은? 적중 예상

① 부인전략 – 비난은 받아들이면서도 최소화 등의 방법으로 사건의 심각성을 인정하지 않는다.
② 사건의 공격성 축소 전략 – 사건이 행사와 무관하다고 주장하거나 사고를 은폐한다.
③ 교정행위 – 비난을 받아들이면서 차후 재발 방지를 위한 노력을 약속한다.
④ 사과 – 사건에 대한 책임은 인정하나, 피해보상에 대한 책임은 수용하지 않는다.

만점 해설
① '사건의 공격성 축소 전략'의 내용에 해당한다.
② '부인전략'의 내용에 해당한다.
④ '사과'는 모든 책임을 인정하고 사과하며, 피해보상에 대한 책임도 마다하지 않는다.

14
다음 중 행사 실행단계 분석 방법으로서 기획서 평가가 갖추어야 할 사항에 해당하지 않는 것은? 적중 예상

① 기획서는 이해하기 쉽게 작성되었는가?
② 기획서는 이행 약속을 확실히 뒷받침하고 있는가?
③ 기획서는 최대한 많은 프로그램들을 포함하고 있는가?
④ 기획서는 행사전략을 중심으로 핵심적 전달사항이 제시되었는가?

만점 해설
기획서 평가가 갖추어야 할 사항
• 행사전략을 중심으로 핵심적 전달사항이 제시되었는지 여부
• 확실한 이행 약속과 이를 뒷받침하고 있는지 여부
• 이해하기 쉬운지 여부

15
다음 중 행사결과 분석에서 정성적 평가의 예에 해당하는 것을 올바르게 모두 고른 것은? 적중 예상

ㄱ. 행사 참가자 및 진행요원들의 의견
ㄴ. 각 프로그램별 참여자 수
ㄷ. 참여 구인업체 수
ㄹ. 공간 활용 분석

① ㄱ, ㄷ
② ㄱ, ㄹ
③ ㄴ, ㄷ
④ ㄴ, ㄹ

만점 해설
ㄱ·ㄹ. 행사관계자 및 참여자 의견 등을 수렴하여 분석하는 정성적 평가의 예에 해당한다.
ㄴ·ㄷ. 구체적인 성과를 통계로 확인할 수 있도록 최대한 세세하게 분석하는 정량적 평가의 예에 해당한다.

제3과목

직업정보

CHAPTER 01	직업 및 산업분류의 활용
CHAPTER 02	직업정보 수집
CHAPTER 03	직업정보 제공

※ '3과목 직업정보'는 다양한 형태의 고용정보들을 다루고 있는 만큼 관련 정부 부처 혹은 기관의 정책이나 법령 개정, 웹사이트 개편 등에 따라 주요 내용들이 변경될 수 있습니다.

합격의 공식 시대에듀

끝까지 책임진다! 시대에듀!

QR코드를 통해 도서 출간 이후 발견된 오류나 개정법령, 변경된 시험 정보, 최신기출문제, 도서 업데이트 자료 등이 있는지 확인해 보세요! **시대에듀 합격 스마트 앱**을 통해서도 알려 드리고 있으니 구글 플레이나 앱 스토어에서 다운받아 사용하세요. 또한, 파본 도서인 경우에는 구입하신 곳에서 교환해 드립니다.

CHAPTER 01 직업 및 산업분류의 활용

01절 한국표준직업분류(KSCO)

*참고 : 한국표준직업분류(KSCO) 제8차 개정이 2025년 1월 1일부터 시행됩니다. 본 교재에서는 최신 개정 내용을 반영하여 일부 기출문제의 지문을 약간 변형하였습니다.

01
다음 중 한국표준직업분류(제8차)의 주요 개정 방향에 대한 설명으로 옳지 않은 것은? **적중 예상**

① 지난 개정 이후 시간 경과를 고려하여 전면 개정 방식으로 추진하되, 중분류 이하 분류 체계를 중심으로 개정을 추진하였다.
② 보건 및 관련 서비스와 사회복지 서비스 분야의 직업을 확충하였다.
③ 자동화·직무 전환 등에 따른 노동시장 확대로 기능직 및 기계 조작직 분류를 세분하였다.
④ 직업분류 체계의 정합성 확보를 위해 사무 종사자의 과대 분류항목을 재분류하였다.

만점 해설
③ 자동화·직무 전환 등에 따른 노동시장 축소로 기능직 및 기계 조작직 분류를 통합하였다.

02
다음 중 한국표준직업분류(제8차)의 개정 특징에 대한 설명으로 옳지 않은 것은? **적중 예상**

① 보건·사회복지 및 종교 관련직에서 보건 전문가 및 관련직으로 중분류를 분리하였다.
② 돌봄서비스 일자리와 관련한 돌봄 및 보건 서비스직을 통합하였다.
③ 의료진료전문가와 별도로 수의사를 소분류로 분리하였다.
④ 플랫폼 노동 확대로 택배원과 별도로 늘찬배달원을 신설하였다.

만점 해설
② 돌봄서비스 일자리와 관련한 돌봄 및 보건 서비스직을 중분류로 분리·신설하였다.

정답 01 ③ 02 ②

03

다음 중 한국표준직업분류(제8차)의 대분류별 주요 개정 내용으로 옳지 않은 것은? **적중 예상**

① 대분류 1 – 공공기관 임원을 '기업 대표 및 기업 고위 임원'에 통합하였다.
② 대분류 2 – 소분류 데이터 및 네트워크 관련 전문가를 '네트워크 및 정보 보안 전문가'와 '데이터 전문가'로 분리·신설하였다.
③ 대분류 4 – 중분류 돌봄·보건 및 개인 생활 서비스직을 중분류 '돌봄 및 보건 서비스직'과 '개인 생활 서비스직'으로 분리·신설하였다.
④ 대분류 7 – 소분류 금속 성형 관련 기능 종사자를 소분류 '금형·주조 및 단조원', '제관원 및 판금원', '용접원'으로 분리하였다.

만점 해설

④ 대분류 7 – 소분류 금형·주조 및 단조원, 제관원 및 판금원, 용접원을 소분류 '금속 성형 관련 기능 종사자'로 통합하였다.

04

다음 중 한국표준직업분류(제8차) 개정에 따라 신설된 분류항목을 올바르게 모두 고른 것은? **적중 예상**

> ㄱ. 신재생에너지 관련 관리자
> ㄴ. 전기 자동차 조립원
> ㄷ. 데이터 전문가
> ㄹ. 반려동물 미용 및 관리 종사원

① ㄱ, ㄴ
② ㄱ, ㄴ, ㄷ
③ ㄴ, ㄷ, ㄹ
④ ㄱ, ㄴ, ㄷ, ㄹ

만점 해설

ㄷ. '데이터 전문가'는 기존 세분류에서 소분류로 상향된 분류항목이다.
ㄹ. '반려동물 미용 및 관리 종사원'은 한국표준직업분류(KSCO) 제7차 개정에서 신설된 분류항목으로, 제8차 개정에서는 소분류 '동물 관련 서비스 종사자'가 신설되어 세분류 '수의사 보조원', '반려동물 훈련사 및 행동 상담사', '반려동물 관리 종사원'으로 재구성되었다.

05

한국표준직업분류(제8차)의 대분류 9에 해당하는 것은? **20년 3회, 13년 3회, 11년 2회 기출변형**

① 사무 종사자
② 단순 노무 종사자
③ 서비스 종사자
④ 기능원 및 관련 기능 종사자

만점 해설

한국표준직업분류(KSCO) 제8차 개정(2024)의 대분류
- 대분류 1 : 관리자
- 대분류 2 : 전문가 및 관련 종사자
- 대분류 3 : 사무 종사자
- 대분류 4 : 서비스 종사자
- 대분류 5 : 판매 종사자
- 대분류 6 : 농림어업 숙련 종사자
- 대분류 7 : 기능원 및 관련 기능 종사자
- 대분류 8 : 장치·기계 조작 및 조립 종사자
- 대분류 9 : 단순 노무 종사자
- 대분류 A : 군인

*참고 : 한국표준직업분류(KSCO) 제8차 개정은 고시연도와 시행연도에 차이가 있는 만큼 직업상담사 시험에서 '한국표준직업분류(2024)' 혹은 '한국표준직업분류(2025)'로 제시될 수 있으나, 이는 동일한 '제8차 개정'을 가리키는 것이므로 이점 혼동하지 않도록 주의하세요.

06

한국표준직업분류(제8차) 개정 시 대분류 3 "사무 종사자"에 신설된 것은? **21년 2회 기출변형**

① 자원봉사 관리원
② 신용카드 모집인
③ 로봇공학 기술자 및 연구원
④ 문화 관광 및 숲·자연환경 해설사

만점 해설

② 한국표준직업분류(제7차) 개정 시 '대분류 5 판매 종사자'에 신설된 항목이다.
③ 한국표준직업분류(제7차) 개정 시 '대분류 2 전문가 및 관련 종사자'에 신설된 항목이다.
④ 한국표준직업분류(제7차) 개정 시 '대분류 4 서비스 종사자'에 신설된 항목이다.

07
한국표준직업분류(제8차)에서 다음 중분류를 포괄하는 대분류에 해당하는 것은? 17년 3회 기출변형

- 과학 전문가 및 관련직
- 정보 통신 전문가 및 기술직
- 공학 전문가 및 기술직
- 보건 전문가 및 관련직
- 사회복지 · 종교 전문가 및 관련직
- 교육 전문가 및 관련직
- 법률 및 행정 전문직
- 경영 · 금융 전문가 및 관련직
- 문화 · 예술 · 스포츠 · 기타 전문가 및 관련직

① 서비스 종사자
② 기술공 및 준전문가
③ 전문가 및 관련 종사자
④ 기능원 및 관련 기능 종사자

만점 해설
한국표준직업분류(제8차)의 '대분류 2 전문가 및 관련 종사자'
- 특정 분야의 전문지식과 경험을 바탕으로 개념과 이론을 이용하여 해당 분야에 대한 연구 · 개발, 자문, 지도(교수) 등 전문 서비스를 제공한다.
- 이 대분류의 직업은 9개 중분류로 구성되어 있다.

08
한국표준직업분류에서 대분류 5 판매 종사자에 속하는 직업은? 13년 2회 기출

① 간병인
② 치료사 보조원
③ 주차 단속원
④ 행사 및 홍보 도우미

만점 해설
④ 행사 및 홍보 도우미(51051)는 '대분류 5 판매 종사자', '중분류 51 영업직'에 속한다.
① 간병인(42220)은 '대분류 4 서비스 종사자', '중분류 42 돌봄 및 보건 서비스직'에 속한다.
② 치료사 보조원(42902)은 '대분류 4 서비스 종사자', '중분류 42 돌봄 및 보건 서비스직'에 속한다.
③ 주차 단속원(41292)은 '대분류 4 서비스 종사자', '중분류 41 경찰 · 소방 및 보안 관련 서비스직'에 속한다.

09
한국표준직업분류의 "대분류 2 전문가 및 관련 종사자"에 속하지 않는 직업은? 15년 3회 기출

① 기상 예보관
② 경찰관
③ 웹 마스터
④ 운동경기 코치

만점 해설
② 분류번호 '4111 경찰관 및 수사관'은 '대분류 4 서비스 종사자'에 속하며, '41111 해양 경찰관 및 수사관'과 '41112 일반 경찰관 및 수사관'의 세세분류로 구성된다.
① 분류번호 '21124 지구 및 기상 과학 연구원'의 예시 직업에 포함된다.
③ 분류번호 '22520 웹 운영자'로 분류된다.
④ 분류번호 '29612 스포츠 코치'로 분류된다.

10
한국표준직업분류상 다음 개념에 해당하는 대분류는? 15년 2회, 12년 2회 기출

주로 간단한 수공구의 사용과 단순하고 일상적이며, 어떤 경우에는 상당한 육체적 노력이 요구되고, 거의 제한된 창의와 판단만을 필요로 하는 업무를 수행한다. 몇 시간 혹은 몇 십 분의 직무훈련(On the Job Training)으로 업무수행이 충분히 가능한 직업이 대부분이다. 직능수준이 낮으므로 내부에서의 직업 이동은 상대적으로 매우 용이한 편이라고 할 수 있다.

① 단순 노무 종사자
② 장치 · 기계 조작 및 조립 종사자
③ 기능원 및 관련 기능 종사자
④ 판매 종사자

정답 07 ③ 08 ④ 09 ② 10 ①

만점 해설

② '대분류 8 장치·기계 조작 및 조립 종사자'는 장치·기계를 조작하여 제품을 생산하거나 대규모의 고도로 자동화된 산업용 기계 및 장비를 조작하고, 부품품을 가지고 제품을 조립하는 업무로 구성된다.
③ '대분류 7 기능원 및 관련 기능 종사자'는 광업, 제조업, 정보통신업 분야에서 관련된 지식과 기술을 응용하여 금속을 성형하고 각종 기계를 설치 및 정비한다. 섬유, 수공예 제품과 목재, 금속 및 기타 제품을 가공하며, 건설업 분야에서 건축물이나 구조물을 가공 및 건립, 설치한다.
④ '대분류 5 판매 종사자'는 영업활동을 통해 상품이나 서비스를 판매하거나 인터넷 등 통신을 이용하거나, 상점이나 거리 등에서 상품을 판매 및 임대하며, 상품을 광고하거나 상품의 품질과 기능을 선전하는 등의 활동을 수행하고, 매장에서 계산하는 활동도 수행한다.

11
한국표준직업분류에서 다음이 의미하는 것은?

10년 1회, 09년 2회 기출

> 자영업을 포함하여 특정한 고용주를 위하여 개별 종사자들이 수행하거나 또는 수행해야 할 일련의 업무와 과업

① 직 군
② 직 렬
③ 직 업
④ 직 무

만점 해설

한국표준직업분류(KSCO)에서 직무와 직업

직 무 (Job)	자영업을 포함하여 특정한 고용주를 위하여 개별 종사자들이 수행하거나 또는 수행해야 할 일련의 업무와 과업
직 업 (Occupation)	유사한 직무, 즉 주어진 업무와 과업이 매우 높은 유사성을 갖는 것의 집합

12
한국표준직업분류상 일의 계속성에 대한 설명으로 틀린 것은?

15년 2회 기출

① 매일, 매주, 매월 등 주기적으로 행하는 것
② 계절적으로 행해지는 것
③ 명확한 주기는 없으나 계속적으로 행해지는 것
④ 취업한 후 계속적으로 행할 의지와 가능성이 있는 것

만점 해설

④ 현재 하고 있는 일을 계속적으로 행할 의지와 가능성이 있는 것(주의 : 취업한 후의 일이 아님)

13
직업 성립의 일반요건과 가장 거리가 먼 것은?

21년 3회, 18년 3회, 16년 2회, 13년 2회 기출

① 윤리성
② 경제성
③ 계속성
④ 사회보장성

만점 해설

직업(활동) 성립의 일반요건
- 계속성 : 계속해서 하는 일이어야 한다.
- 경제성 : 노동의 대가로 그에 따른 수입이 있어야 한다.
- 윤리성 : 비윤리적인 직업이 아니어야 한다.
- 사회성 : 사회적으로 가치 있고 쓸모 있는 일이어야 한다.

14
한국표준직업분류에서 직업의 성립조건에 해당하지 않는 것은?

17년 2회 기출

① 경제성
② 윤리성
③ 사회성
④ 우연성

만점 해설

직업(활동) 성립의 일반요건
- 계속성
- 경제성
- 윤리성
- 사회성

15
다음 중 직업의 성립요건에 해당되지 않는 것은?

12년 1회 기출

① 계속성　　　　② 윤리성
③ 사회성　　　　④ 동일성

만점 해설

직업(활동) 성립의 일반요건
- 계속성
- 경제성
- 윤리성
- 사회성

16
한국표준직업분류에서 직업으로 보지 않는 활동을 모두 고른 것은?

19년 2회 기출

> ㄱ. 이자, 주식배당 등과 같은 자산 수입이 있는 경우
> ㄴ. 예·적금 인출, 보험금 수취, 차용 또는 토지나 금융자산을 매각하여 수입이 있는 경우
> ㄷ. 사회복지시설 수용자의 시설 내 경제활동
> ㄹ. 수형자의 활동과 같이 법률에 의한 강제노동을 하는 경우

① ㄱ, ㄷ　　　　② ㄴ, ㄹ
③ ㄱ, ㄴ, ㄷ　　　④ ㄱ, ㄴ, ㄷ, ㄹ

만점 해설

직업으로 보지 않는 활동[출처 : 한국표준직업분류(제8차)]
- 이자, 주식배당, 임대료(전세금, 월세) 등과 같은 자산 수입이 있는 경우(ㄱ)
- 연금법, 국민기초생활보장법, 국민연금법 및 고용보험법 등의 사회보장이나 민간보험에 의한 수입이 있는 경우
- 경마, 경륜, 경정, 복권 등에 의한 배당금이나 주식투자에 의한 시세차익이 있는 경우
- 예·적금 인출, 보험금 수취, 차용 또는 토지·금융자산을 매각하여 수입이 있는 경우(ㄴ)
- 자기 집의 가사 활동에 전념하는 경우
- 교육기관에 재학하며 학습에만 전념하는 경우
- 시민봉사활동 등에 의한 무급 봉사적인 일에 종사하는 경우
- 사회복지시설 수용자의 시설 내 경제활동(ㄷ)
- 수형자의 활동과 같이 법률에 의한 강제노동을 하는 경우(ㄹ)
- 도박, 강도, 절도, 사기, 매춘, 밀수와 같은 불법적인 활동

17
한국표준직업분류상 직업 활동에 해당하는 경우는?

15년 3회, 10년 3회, 09년 1회 기출

① 명확한 주기는 없으나 계속적으로 동일한 형태의 일을 하여 수입이 있는 경우
② 연금법, 생활보호법, 국민연금법, 고용보험법 등의 사회보장에 의한 수입이 있는 경우
③ 이자, 주식배당, 임대료(전세금, 월세금) 등과 같은 자산 수입이 있는 경우
④ 예금 인출, 보험금 수취, 차용 또는 토지나 금융자산을 매각하여 수입이 있는 경우

만점 해설

① 직업(활동) 성립의 일반요건 중 '계속성'과 연관된다.
②·③·④ 직업으로 보지 않는 활동에 해당한다.

18
한국표준직업분류에서 직업의 성립조건에 대한 설명으로 옳은 것은?

20년 4회 기출

① 사회복지시설 수용자의 시설 내 경제활동은 직업으로 보지 않는다.
② 이자나 주식배당으로 자산 수입이 있는 경우는 직업으로 본다.
③ 자기 집의 가사 활동도 직업으로 본다.
④ 속박된 상태에서의 제반활동이 경제성이나 계속성이 있으면 직업으로 본다.

만점 해설

②·③ 직업으로 보지 않는 활동에 해당한다.
④ 속박된 상태에서의 제반활동은 경제성이나 계속성의 여부와 상관없이 직업으로 보지 않는다.

정답　15 ④　16 ④　17 ①　18 ①

19
다음 중 한국표준직업분류에서 직업으로 보는 활동은?
06년 1회 기출

① 주식배당 등과 같은 재산 수입이 있는 경우
② 경마, 경륜 등에 의한 배당금 수입이 있는 경우
③ 토지나 금융자산을 매각하여 수입이 있는 경우
④ 계절적으로 행해지는 생산활동에 의해 수입이 있는 경우

만점 해설
① · ② · ③ 직업으로 보지 않는 활동에 해당한다.

20
한국표준직업분류상 직업으로 볼 수 있는 활동은?
16년 1회 기출

① 주식투자에 의한 시세차익이 있는 경우
② 자기 집의 가사 활동에 전념하는 경우
③ 사회복지시설 수용자의 시설 내 경제활동
④ 의무복무가 아닌 부사관

만점 해설
④ 군인은 특정 직종으로서 '대분류 A 군인'으로 분류된다. 참고로 한국표준직업분류(KSCO) 제7차 개정(2018)부터 의무복무 중인 사병 및 장교도 직업 활동에 포함하여 모든 군인을 직업분류 범위 안에 포괄하고 있다.

21
한국표준직업분류에서 직업분류의 목적이 아닌 것은?
21년 3회 기출

① 각종 사회 · 경제통계조사의 직업단위 기준으로 활용
② 취업알선을 위한 구인 · 구직안내 기준으로 활용
③ 직종별 급여 및 수당지급 결정 기준으로 활용
④ 산업활동 유형을 분류하는 기준으로 활용

만점 해설
한국표준직업분류(KSCO)의 직업분류 목적[출처 : 한국표준직업분류(제8차)]
- 각종 사회 · 경제통계조사의 직업단위 기준으로 활용
- 취업알선을 위한 구인 · 구직안내 기준으로 활용
- 직종별 급여 및 수당지급 결정 기준으로 활용
- 직종별 특정질병의 이환율, 사망률과 생명표 작성 기준으로 활용
- 산재보험요율, 생명보험요율 또는 산재보상액, 교통사고 보상액 등의 결정 기준으로 활용

22
한국표준직업분류에서 직업을 분류하는 기준은?
09년 3회, 05년 1회 기출

① 직무와 직종
② 직무와 직능
③ 직무와 자격
④ 직능과 직종

만점 해설
② 한국표준직업분류는 주어진 직무의 업무와 과업을 수행하는 능력인 직능(Skill)을 근거로 편제되며, 직능수준과 직능유형을 고려하고 있다.

23
한국표준직업분류에서 다음은 무엇에 대한 설명인가? 15년 2회 기출

> 직무수행능력의 높낮이를 말하는 것으로 정규교육, 직업훈련, 직업경험 그리고 선천적 능력과 사회문화적 환경 등에 의해 결정된다.

① 직능수준
② 직업수준
③ 직무수준
④ 과업수준

만점 해설
한국표준직업분류(KSCO)에서 직능수준과 직능유형

직능수준 (Skill Level)	직무수행능력의 높낮이를 말하는 것으로 정규교육, 직업훈련, 직업경험 그리고 선천적 능력과 사회문화적 환경 등에 의해 결정된다.
직능유형 (Skill Specialization)	직무수행에 요구되는 지식의 분야, 사용하는 도구 및 장비, 투입되는 원재료, 생산된 재화나 서비스의 종류와 관련된다.

24
한국표준직업분류의 개념과 기준에 관한 설명으로 틀린 것은? 12년 2회 기출

① 수입(경제활동)을 위해 개인이 하고 있는 일을 그 수행되는 일의 형태에 따라 체계적으로 유형화 한 직업분류를 우리나라 직업구조 및 실태에 맞도록 표준화한 것이다.
② 주어진 직무의 업무와 과업을 수행하는 능력인 직능(Skill)을 근거로 제시되었다.
③ 직무수행에 요구되는 지식의 분야, 사용하는 도구 및 장비, 투입되는 원재료, 생산된 재화나 서비스의 종류와 관련되는 직능수준(Skill Level)을 고려한다.
④ 직무 유사성의 기준에는 해당 직무를 수행하는 사람에게 필요한 지식, 경험, 기능(Skill)과 함께 직무수행자가 입직을 하기 위해서 필요한 요건(Skill Requirements) 등이 있다.

만점 해설
③ 직무수행에 요구되는 지식의 분야, 사용하는 도구 및 장비, 투입되는 원재료, 생산된 재화나 서비스의 종류와 관련되는 직능유형(Skill Specialization)을 고려한다.

25
한국표준직업분류에서 직업분류의 개념과 기준에 관한 설명이다. ( ) 안에 알맞은 직업분류 단위는? 21년 3회 기출

> • 직무 범주화 기준에는 직무별 고용의 크기 또한 현실적인 기준이 된다.
> • 한국표준직업분류에서는 ( ) 단위에서 최소 1,000명의 고용을 기준으로 설정하였다.

① 대분류
② 중분류
③ 소분류
④ 세분류

만점 해설
한국표준직업분류(KSCO)의 직무 범주화 기준[출처 : 한국표준직업분류(제8차)]
• 직무 범주화 기준에는 직무별 고용의 크기 또한 현실적인 기준이 된다.
• 한국표준직업분류에서는 세분류 단위에서 최소 1,000명의 고용을 기준으로 설정하였으며, 고용자 수가 많은 세분류에는 5,000~10,000명이 분포되어 있을 것으로 판단된다.

정답 23 ① 24 ③ 25 ④

26
한국표준직업분류상 다음 개념에 해당하는 대분류는? 20년 1·2회 기출

- 일반적으로 단순하고 반복적이며 때로는 육체적인 힘을 요하는 과업을 수행한다.
- 간단한 수작업 공구나 진공청소기, 전기장비들을 이용한다.
- 제1직능 수준의 일부 직업에서는 초등교육이나 기초적인 교육(ISCED 수준 1)을 필요로 한다.

① 단순 노무 종사자
② 장치·기계 조작 및 조립 종사자
③ 기능원 및 관련 기능 종사자
④ 판매 종사자

만점 해설
① 보기의 내용은 '제1직능수준'의 개념에 해당한다. 한국표준직업분류(제8차)의 대분류별 직능수준에서 제1직능수준을 필요로 하는 것은 '대분류 9 단순 노무 종사자'이다.

27
한국표준직업분류에서 "일반적으로 완벽하게 읽고 쓸 수 있는 능력과 정확한 계산능력, 그리고 상당한 정도의 의사소통 능력을 필요로 한다"고 설명하는 직능수준은? 14년 3회 기출

① 제1직능수준
② 제2직능수준
③ 제3직능수준
④ 제4직능수준

만점 해설
① '제1직능수준'은 일반적으로 단순하고 반복적이며 때로는 육체적인 힘을 요하는 과업을 수행한다.
③ '제3직능수준'은 복잡한 과업과 실제적인 업무를 수행할 정도의 전문적인 지식을 보유하고 수리계산이나 의사소통 능력이 상당히 높아야 한다.
④ '제4직능수준'은 매우 높은 수준의 이해력과 창의력 및 의사소통 능력이 필요하다.

28
한국표준직업분류에서 다음에 해당되는 직능수준은? 16년 2회 기출

복잡한 과업과 실제적인 업무를 수행할 정도의 전문적인 지식을 보유하고 수리계산이나 의사소통 능력이 상당히 높아야 한다. 이러한 수준의 직업에 종사하는 자는 일정한 보충적 직무훈련 및 실습과정이 요구될 수 있으며, 정규훈련 과정의 일부를 대체할 수도 있다.

① 제1직능수준
② 제2직능수준
③ 제3직능수준
④ 제4직능수준

만점 해설
① '제1직능수준'은 일반적으로 단순하고 반복적이며 때로는 육체적인 힘을 요하는 과업을 수행한다.
② '제2직능수준'은 일반적으로 완벽하게 읽고 쓸 수 있는 능력과 정확한 계산능력, 그리고 상당한 정도의 의사소통 능력을 필요로 한다.
④ '제4직능수준'은 매우 높은 수준의 이해력과 창의력 및 의사소통 능력이 필요하다.

29
다음은 한국표준직업분류의 어떤 직능수준에 해당하는 설명인가? 17년 3회 기출변형

일반적으로 중등교육을 마치고 1~3년 정도의 추가적인 교육과정(ISCED 수준 5) 정도의 정규교육 또는 직업훈련을 필요로 한다.

① 제1직능수준
② 제2직능수준
③ 제3직능수준
④ 제4직능수준

만점 해설
한국표준직업분류(KSCO)의 직능수준별 국제표준교육분류(ISCED-11)상 교육과정 수준
- 제1직능수준 : ISCED 수준 1
- 제2직능수준 : ISCED 수준 2, 수준 3(일부 직업의 경우 수준4)
- 제3직능수준 : ISCED 수준 5
- 제4직능수준 : ISCED 수준 6 혹은 그 이상

*참고 : 한국표준직업분류 제7차 개정(2018)부터 개정된 국제표준교육분류(ISCED-11)를 적용하고 있으며, 그에 따라 제3직능수준의 경우 기존 'ISCED 수준 5b'에서 'ISCED 수준 5'로, 제4직능수준의 경우 기존 'ISCED 수준 5a 혹은 그 이상'에서 'ISCED 수준 6 혹은 그 이상'으로 변경되었습니다.

30
한국표준직업분류의 대분류 항목과 직능수준과의 관계가 올바르게 연결된 것은?

22년 2회, 15년 3회, 10년 4회 기출

① 전문가 및 관련 종사자 – 제4직능수준 혹은 제3직능수준 필요
② 사무 종사자 – 제3직능수준 필요
③ 단순 노무 종사자 – 제2직능수준 필요
④ 군인 – 제1직능수준 필요

만점 해설

한국표준직업분류(제8차)의 대분류별 직능수준

대분류	대분류 항목	직능수준
1	관리자	제4직능수준 혹은 제3직능수준 필요
2	전문가 및 관련 종사자	제4직능수준 혹은 제3직능수준 필요
3	사무 종사자	제2직능수준 필요
4	서비스 종사자	제2직능수준 필요
5	판매 종사자	제2직능수준 필요
6	농림어업 숙련 종사자	제2직능수준 필요
7	기능원 및 관련 기능 종사자	제2직능수준 필요
8	장치·기계 조작 및 조립 종사자	제2직능수준 필요
9	단순 노무 종사자	제1직능수준 필요
A	군 인	제2직능수준 이상 필요

31
한국표준직업분류에서 표준직업분류와 직능수준과의 관계가 옳지 않은 것은?

21년 1회 기출

① 관리자 : 제4직능수준 혹은 제3직능수준 필요
② 전문가 및 관련 종사자 : 제4직능수준 혹은 제3직능수준 필요
③ 군인 : 제1직능수준 이상 필요
④ 단순 노무 종사자 : 제1직능수준 필요

만점 해설

③ 군인 : 제2직능수준 이상 필요

32
한국표준직업분류의 대분류에서 제4직능수준 혹은 제3직능수준을 필요로 하는 것은?

17년 2회, 15년 1회 기출

① 관리자
② 사무 종사자
③ 서비스 종사자
④ 기능원 및 관련 기능 종사자

만점 해설

② · ③ · ④ 제2직능수준이 요구되는 대분류에 해당한다.

33
한국표준직업분류의 직무능력수준 중 제2직능수준이 요구되는 대분류는?

20년 1·2회, 07년 1회 기출

① 관리자
② 전문가 및 관련 종사자
③ 단순 노무 종사자
④ 농림어업 숙련 종사자

만점 해설

① · ② 제4직능수준 혹은 제3직능수준이 요구되는 대분류에 해당한다.
③ 제1직능수준이 요구되는 대분류에 해당한다.

34
다음은 한국표준직업분류에서 직업분류의 일반원칙이다. ( )에 알맞은 것은? 22년 2회, 16년 2회 기출

> 동일하거나 유사한 직무는 어느 경우에든 같은 단위직업으로 분류되어야 한다는 점이다. 하나의 직무가 동일한 직업단위 수준에서 2개 혹은 그 이상의 직업으로 분류될 수 있다면 ( )의 원칙을 위반한 것이라 할 수 있다.

① 단일성 ② 배타성
③ 포괄성 ④ 경제성

만점 해설

한국표준직업분류(KSCO)에서 직업분류의 일반원칙
- 포괄성의 원칙 : 우리나라에 존재하는 모든 직무는 어떤 수준에서든지 분류에 포괄되어야 한다.
- 배타성의 원칙 : 동일하거나 유사한 직무는 어느 경우에든 같은 단위직업으로 분류되어야 한다.

35
한국표준직업분류에서 포괄적인 업무에 대한 직업분류 원칙에 해당하는 것은? 21년 1회, 16년 3회 기출

① 최상급 직능수준 우선 원칙
② 포괄성의 원칙
③ 취업시간 우선의 원칙
④ 조사 시 최근의 직업 원칙

만점 해설

직업분류 원칙[출처 : 한국표준직업분류(제8차)]

일반원칙	· 포괄성의 원칙(②) · 배타성의 원칙
순서배열 원칙	· 한국표준산업분류(KSIC) · 특수-일반분류 · 고용자 수와 직능수준, 직능유형 고려
포괄적인 업무의 분류적용 원칙	· 주된 직무 우선 원칙 · 최상급 직능수준 우선 원칙(①) · 생산업무 우선 원칙
다수 직업 종사자의 분류적용 원칙	· 취업시간 우선의 원칙(③) · 수입 우선의 원칙 · 조사 시 최근의 직업 원칙(④)

*참고 : 한국표준직업분류(제8차)에서는 기존 '포괄적인 업무에 대한 직업분류 원칙'을 '포괄적인 업무의 분류적용 원칙'으로, '다수 직업 종사자의 분류원칙'을 '다수 직업 종사자의 분류적용 원칙'으로 부르고 있습니다.

36
한국표준직업분류의 포괄적인 업무에 대한 직업분류 원칙에 해당되지 않는 것은? 20년 1·2회, 09년 1회 기출

① 주된 직무 우선 원칙
② 최상급 직능수준 우선 원칙
③ 생산업무 우선 원칙
④ 수입 우선의 원칙

만점 해설

④ '다수 직업 종사자의 분류적용 원칙'에 해당한다.

37
한국표준직업분류의 포괄적인 업무에 대한 직업분류 원칙에 해당되지 않는 것은? 19년 1회 기출

① 주된 직무 우선 원칙
② 최상급 직능수준 우선 원칙
③ 생산업무 우선 원칙
④ 조사 시 최근의 직업 원칙

만점 해설

④ '다수 직업 종사자의 분류적용 원칙'에 해당한다.

38
한국표준직업분류의 포괄적인 업무에 대한 직업분류 원칙에 해당하지 않는 것은? 13년 3회, 11년 1회 기출

① 주된 직무 우선 원칙
② 취업시간 우선 원칙
③ 최상급 직능수준 우선 원칙
④ 생산업무 우선 원칙

만점 해설

② '다수 직업 종사자의 분류적용 원칙'에 해당한다.

39
한국표준직업분류에서 포괄적인 업무에 대해 적용하는 직업분류 원칙을 순서대로 나열한 것은?

20년 3회, 10년 4회 기출

① 주된 직무 → 최상급 직능수준 → 생산업무
② 최상급 직능수준 → 주된 직무 → 생산업무
③ 최상급 직능수준 → 생산업무 → 주된 직무
④ 생산업무 → 최상급 직능수준 → 주된 직무

만점 해설
포괄적인 업무의 분류적용 원칙의 순서
주된 직무 → 최상급 직능수준 → 생산업무

40
한국표준직업분류의 직업분류 원칙에 대한 설명으로 틀린 것은?

18년 3회 기출변형

① 동일하거나 유사한 직무는 어느 경우에든 같은 단위직업으로 분류한다.
② 2개 이상의 연관된 직무를 수행하는 경우는 실제 직무내용과 관련 분류 항목에 명시된 직무내용을 비교·평가하여 관련 직무 내용상의 상관성이 가장 많은 항목에 분류한다.
③ 수행된 직무가 상이한 수준의 훈련과 경험을 통해서 얻어지는 직무능력을 필요로 한다면, 가장 높은 수준의 직무능력을 필요로 하는 일에 분류한다.
④ 재화의 생산과 공급이 같이 이루어지는 경우는 공급단계에 관련된 업무를 우선적으로 분류한다.

만점 해설
④ 재화의 생산과 공급이 같이 이루어지는 경우는 생산단계에 관련된 업무를 우선적으로 분류한다(→ 포괄적인 업무의 분류적용 원칙 중 '생산업무 우선 원칙').
① 직업분류의 일반원칙 중 '배타성의 원칙'에 해당한다.
② 포괄적인 업무의 분류적용 원칙 중 '주된 직무 우선 원칙'에 해당한다.
③ 포괄적인 업무의 분류적용 원칙 중 '최상급 직능수준 우선 원칙'에 해당한다.

41
한국표준직업분류에서 다음에 해당하는 직업분류 원칙은?

19년 3회 기출

> 교육과 진료를 겸하는 의과대학 교수는 강의, 평가, 연구 등과 진료, 처치, 환자상담 등의 직무내용을 파악하여 관련 항목이 많은 분야로 분류한다.

① 취업시간 우선 원칙
② 최상급 직능수준 우선 원칙
③ 조사 시 최근의 직업 원칙
④ 주된 직무 우선 원칙

만점 해설
④ 2개 이상의 연관된 직무를 수행하는 경우는 실제 직무내용과 관련 분류 항목에 명시된 직무내용을 비교·평가하여 관련 직무 내용상의 상관성이 가장 많은 항목에 분류한다.

42
한국표준직업분류의 직업분류 원칙 중 다수 직업 종사자의 분류원칙에 해당하지 않는 것은?

20년 4회 기출

① 수입 우선의 원칙
② 취업시간 우선의 원칙
③ 조사 시 최근의 직업 원칙
④ 생산업무 우선 원칙

만점 해설
④ '포괄적인 업무의 분류적용 원칙'에 해당한다.

정답 39 ① 40 ④ 41 ④ 42 ④

43
한국표준직업분류에서 한 사람이 전혀 상관성이 없는 두 가지 이상의 직업에 종사할 경우에 그 직업을 결정하는 일반적 원칙이 아닌 것은? 18년 1회 기출

① 더 높은 직위에 있는 직업으로 결정한다.
② 수입(소득이나 임금)이 많은 직업으로 결정한다.
③ 조사시점을 기준으로 최근에 종사한 직업으로 결정한다.
④ 분야별로 취업시간을 고려하여 보다 긴 시간을 투자하는 직업으로 결정한다.

만점 해설

다수 직업 종사자의 분류적용 원칙[출처 : 한국표준직업분류(제8차)]
- 취업시간 우선의 원칙 : 가장 먼저 분야별로 취업시간을 고려하여 보다 긴 시간을 투자하는 직업으로 결정한다.
- 수입 우선의 원칙 : 위의 경우로 분별하기 어려운 경우는 수입(소득이나 임금)이 많은 직업으로 결정한다.
- 조사 시 최근의 직업 원칙 : 위의 두 가지 경우로 판단할 수 없는 경우에는 조사시점을 기준으로 최근에 종사한 직업으로 결정한다.

44
낮에는 제조업체에서 금형공으로 일하고, 밤에는 대리운전을 하는 경우, 한국표준직업분류에서 직업을 결정하는 일반적 원칙이 아닌 것은? 18년 2회 기출

① 주된 직무 우선 원칙
② 취업시간 우선의 원칙
③ 수입 우선의 원칙
④ 조사 시 최근의 직업 원칙

만점 해설

① '포괄적인 업무의 분류적용 원칙'에 해당한다.
②·③·④ 한 사람이 전혀 상관성이 없는 두 가지 이상의 직업(예 금형원과 대리운전원)에 종사하는 경우이므로, '다수 직업 종사자의 분류적용 원칙'에 따른다.

45
한국표준직업분류에서 다수 직업 종사자에 대한 분류원칙을 바르게 나열한 것은? 10년 2회 기출

> ㄱ. 수입 우선의 원칙
> ㄴ. 취업시간 우선의 원칙
> ㄷ. 조사 시 최근의 직업 원칙

① ㄱ → ㄴ → ㄷ
② ㄴ → ㄱ → ㄷ
③ ㄴ → ㄷ → ㄱ
④ ㄷ → ㄱ → ㄴ

만점 해설

다수 직업 종사자의 분류적용 원칙의 순서
취업시간 우선의 원칙 → 수입 우선의 원칙 → 조사 시 최근의 직업 원칙

46
한국표준직업분류에서 분류원칙에 대한 설명으로 틀린 것은? 14년 3회 기출

① 포괄적인 업무의 경우에는 직무 내용상 상관성이 많은 항목에 분류한다.
② 다수 직업 종사자의 경우에는 취업시간이 많은 직업을 택한다.
③ 포괄적인 업무의 경우에는 높은 수준의 직무능력을 필요로 하는 항목에 따라서 분류한다.
④ 재화의 생산 및 공급과정의 상이한 단계에 연관된 업무인 경우에는 공급과정에 관련된 업무에 따라 분류한다.

만점 해설

④ 재화의 생산과 공급이 같이 이루어지는 경우는 생산단계에 관련된 업무를 우선적으로 분류한다(포괄적인 업무의 분류적용 원칙 중 '생산업무 우선 원칙').
① 포괄적인 업무의 분류적용 원칙 중 '주된 직무 우선 원칙'에 해당한다.
② 다수 직업 종사자의 분류적용 원칙 중 '취업시간 우선의 원칙'에 해당한다.
③ 포괄적인 업무의 분류적용 원칙 중 '최상급 직능수준 우선 원칙'에 해당한다.

47
한국표준직업분류의 특정 직종의 분류요령에 관한 설명으로 틀린 것은? 22년 1회 기출

① 행정 관리 및 입법기능을 수행하는 자는 '대분류 1 관리자'에 분류된다.
② 자영업주 및 고용주는 수행되는 일의 형태나 직무내용에 따라 정의된 개념이다.
③ 연구 및 개발업무 종사자는 '대분류 2 전문가 및 관련 종사자'에서 그 전문 분야에 따라 분류된다.
④ 군인은 별도로 '대분류 A 군인'에 분류된다.

만점 해설
② 자영업주 및 고용주는 수행되는 일의 형태나 직무내용에 따른 정의가 아니라 고용형태 또는 종사상 지위에 따라 정의된 개념이다.

48
한국고용직업분류(KECO)에 대한 설명으로 틀린 것은? 18년 2회 기출

① 10진법 중심의 분류이다.
② 직능유형(Skill Type) 중심이다.
③ 대분류보다는 중분류 중심체계이다.
④ 직업분류의 기본 원칙인 포괄성과 배타성을 고려하여 분류하였다.

만점 해설
③ 한국고용직업분류(2018)는 기존 중분류 중심체계였던 한국고용직업분류(2007)와 달리 사용자가 직관적으로 쉽게 직업을 분류할 수 있도록 대분류 10개 항목 중심 분류체계로 간소화하였다.

49
한국고용직업분류(2018)의 개정방향 및 주요 개정 내용에 대한 설명으로 틀린 것은? 18년 3회 기출

① 대분류 및 중분류 단위는 직능수준을 우선적으로 고려하였으며, 직능유형은 소분류 단위에서 고려되었다.
② 기존 24개의 중분류 중심 분류체계에서 10개의 실질적인 대분류 중심 체계로 전환하였다.
③ 대분류, 중분류 단위의 직업명은 직업묶음이라는 의미로서의 '~직'으로 통일하여 사용하였다.
④ 우선적으로 널리 통용되는 직업 명칭을 사용하였으며, 의미전달이라는 언어수단 본래의 목적에 부합되도록 가능한 한 간명한 직업명을 사용하였다.

만점 해설
① 한국고용직업분류(2018)는 누구나 쉽게 이해하여 적용할 수 있도록 직능유형에 따른 분류원칙을 견지하였다. 대분류 및 중분류 단위는 직능유형을 우선적으로 고려하였으며, 직능수준은 소분류 단위에서 고려하였다.

50
한국고용직업분류(2018)의 대분류에 해당하지 않는 것은? 19년 2회 기출

① 군 인
② 건설·채굴직
③ 설치·정비·생산직
④ 연구직 및 공학 기술직

만점 해설
한국고용직업분류(2018)의 대분류
0 경영·사무·금융·보험직
1 연구직 및 공학 기술직
2 교육·법률·사회복지·경찰·소방직 및 군인
3 보건·의료직
4 예술·디자인·방송·스포츠직
5 미용·여행·숙박·음식·경비·청소직
6 영업·판매·운전·운송직
7 건설·채굴직
8 설치·정비·생산직
9 농림어업직

정답 47 ② 48 ③ 49 ① 50 ①

02절 한국표준직업분류(KSCO)

*참고 : 한국표준산업분류(KSIC) 제11차 개정이 2024년 7월 1일부터 시행되고 있습니다. 본 교재에서는 최신 개정 내용을 반영하여 일부 기출문제의 지문을 약간 변형하였습니다.

01
한국표준산업분류(KSIC 11)의 대분류에 해당하지 않는 것은? 17년 1회 기출변형

① A 농업, 임업 및 어업
② D 전기, 가스, 증기 및 공기 조절 공급업
③ L 부동산업
④ R 기타 공공, 수리 및 개인서비스업

만점 해설

한국표준산업분류(KSIC) 제11차 개정(2024)의 대분류 항목

대분류	명칭	대분류	명칭
A	농업, 임업 및 어업	L	부동산업
B	광업	M	전문, 과학 및 기술 서비스업
C	제조업	N	사업시설 관리, 사업 지원 및 임대 서비스업
D	전기, 가스, 증기 및 공기 조절 공급업	O	공공 행정, 국방 및 사회보장 행정
E	수도, 하수 및 폐기물 처리, 원료 재생업	P	교육 서비스업
F	건설업	Q	보건업 및 사회복지 서비스업
G	도매 및 소매업	R	예술, 스포츠 및 여가관련 서비스업
H	운수 및 창고업	S	협회 및 단체, 수리 및 기타 개인 서비스업
I	숙박 및 음식점업	T	가구 내 고용활동 및 달리 분류되지 않은 자가 소비 생산활동
J	정보통신업	U	국제 및 외국기관
K	금융 및 보험업	–	–

02
다음 중 한국표준산업분류(제11차)의 개정 특징에 대한 설명으로 옳지 않은 것은? 적중 예상

① 수소, 이차전지 등 미래·성장산업의 분류를 신설·세분하였다.
② 수상 운송, 복사업 등 상대적 비중 감소 산업의 분류를 통합하였다.
③ 생물의약품 제조, 치과기공물 제조 등 개정 수요를 반영하여 분류를 신설·세분하였다.
④ 국제기준을 반영하여 사회보장보험업 및 연금업을 '대분류 O'에서 '대분류 K'로 이동하였다.

만점 해설

④ 국제기준을 반영하여 사회보장보험업 및 연금업을 '대분류 K 금융 및 보험업'에서 '대분류 O 공공 행정, 국방 및 사회보장 행정'으로 이동하였다.

03
다음 중 한국표준산업분류(제11차)의 대분류별 개정 내용으로 옳지 않은 것은? 적중 예상

① A 농업, 임업 및 어업 : 콩나물 재배업은 기타 시설작물 재배업으로 통합하였다.
② C 제조업 : 축전지 제조업은 운송장비용 이차전지 제조업과 기타 이차전지 제조업으로 세분하였다.
③ D 전기, 가스, 증기 및 공기 조절 공급업 : 풍력 발전업은 기타 발전업으로 통합하였다.
④ L 부동산업 : 부동산 중개 및 대리업은 부동산 중개 및 대리업과 부동산 분양 대행업으로 세분하였다.

만점 해설

③ D 전기, 가스, 증기 및 공기 조절 공급업 : 기타 발전업은 풍력 발전업과 기타 발전업으로 세분하였다.

04

다음 중 한국표준산업분류(제11차)의 대분류별 개정 내용으로 옳지 않은 것은? 　　　　　적중 예상

① C 제조업 : 사진기, 영사기 및 관련 장비 제조업과 기타 광학기기 제조업은 기타 광학기기 및 사진기 제조업으로 통합하였다.
② F 건설업 : 승강설비 설치 공사업은 건물용 기계·장비 설치 공사업으로 통합하였다.
③ G 도매 및 소매업 : 운송장비용 가스 충전업은 운송장비용 수소 충전업과 운송장비용 기타 가스 충전업으로 세분하였다.
④ S 협회 및 단체, 수리 및 기타 개인 서비스업 : 애완동물장묘 및 보호 서비스업은 반려동물 장묘 및 보호 서비스업으로 명칭을 변경하였다.

만점 해설

② F 건설업 : 건물용 기계·장비 설치 공사업은 건물용 기계·장비 설치 공사업과 승강설비 설치 공사업으로 세분하였다.

05

다음 중 한국표준산업분류(제11차)에서 성장산업으로 분류항목이 신설 또는 세분된 산업에 해당하는 것은? 　　　　　적중 예상

① 타이어 재생업
② 동주물 주조업
③ 체외 진단 시약 제조업
④ 펄프 및 종이 가공용 기계 제조업

만점 해설

① 타이어 재생업은 타이어 및 튜브 제조업과 함께 고무 타이어 및 튜브 제조업으로 통합하였다.
② 동주물 주조업은 기타 비철금속 주조업으로 통합하였다.
④ 펄프 및 종이 가공용 기계 제조업은 그 외 기타 특수목적용 기계 제조업으로 통합하였다.

06

다음 중 한국표준산업분류(제11차)에서 상대적 비중 감소 산업으로 분류항목이 통합된 산업에 해당하는 것은? 　　　　　적중 예상

① 연탄 및 기타 석탄 가공품 제조업
② 반려동물용 사료 제조업
③ 가상자산 매매 및 중개업
④ 야영장업

만점 해설

① 연탄 및 기타 석탄 가공품 제조업은 코크스 및 관련제품 제조업과 함께 코크스 및 연탄 제조업으로 통합하였다.
② 배합 사료 제조업은 반려동물용 사료 제조업과 배합 사료 제조업으로 세분하였다.
③ 그 외 기타 정보 서비스업은 가상자산 매매 및 중개업과 그 외 기타 정보 서비스업으로 세분하였다.
④ 기타 일반 및 생활 숙박시설 운영업은 야영장업과 기타 일반 및 생활 숙박시설 운영업으로 세분하였다.

07

다음은 한국표준산업분류 중 어떤 산업분류에 관한 설명인가? 　　　　　20년 1·2회 기출변형

> 작물 재배활동과 축산활동을 복합적으로 수행하면서 그중 한 편의 전문화율이 66% 이하인 경우

① 작물재배업
② 축산업
③ 작물재배 및 축산 복합농업
④ 작물재배 및 축산 관련 서비스업

만점 해설

① 작물재배업은 노지 또는 특정 시설 내에서 식량작물, 과실, 음료용 및 향신용 작물, 채소 및 화훼작물, 공예작물 등의 각종 농작물을 재배하여 생산하는 산업활동을 말한다.
② 축산업은 가축, 가금, 꿀벌, 누에 및 기타 육지동물을 각종 목적으로 사육·번식·증식하는 산업활동을 말한다.
④ 작물재배 및 축산 관련 서비스업은 수수료 또는 계약에 의하여 작물재배 및 축산관련 서비스를 주로 제공하는 산업활동을 말한다.

08
한국표준산업분류의 "A 농업, 임업 및 어업" 분야 분류 시 유의사항으로 틀린 것은? 　21년 3회 기출

① 구입한 농·임·수산물을 가공하여 특정 제품을 제조하는 경우에는 제조업으로 분류
② 농·임·수산업 관련 조합은 각각의 사업 부문별로 그 주된 활동에 따라 분류
③ 농업생산성을 높이기 위한 지도·조언 등을 수행하는 정부기관은 "경영 컨설팅업"에 분류
④ 수상오락 목적의 낚시장 및 관련시설 운영활동은 "낚시장 운영업"에 분류

만점 해설

③ 농업생산성을 높이기 위한 지도·조언·감독 등의 활동을 수행하는 정부기관은 "84 공공행정, 국방 및 사회보장 행정"의 적합한 항목에 분류하며, 수수료 및 계약에 의하여 기타 기관에서 농업 경영상담 및 관련서비스를 제공하는 경우는 "71531 경영 컨설팅업"에 분류한다.

09
한국표준산업분류의 대분류 중 제조업 정의에 관한 설명으로 틀린 것은? 　20년 3회 기출

① 원재료(물질 또는 구성요소)에 물리적, 화학적 작용을 가하여 투입된 원재료를 성질이 다른 새로운 제품으로 전환시키는 산업활동이다.
② 단순히 상품을 선별·정리·분할·포장·재포장하는 경우 등과 같이 그 상품의 본질적 성질을 변화시키지 않는 처리활동은 제조활동으로 보지 않는다.
③ 제조활동은 공장이나 가내에서 동력기계 및 수공으로 이루어질 수 있으며, 생산된 제품은 도매나 소매 형태로 판매될 수도 있다.
④ 자본재(고정자본 형성)로 사용되는 산업용 기계와 장비를 전문적으로 수리하는 경우는 수리업으로 분류한다.

만점 해설

④ 자본재(고정자본 형성)로 사용되는 산업용 기계와 장비를 전문적으로 수리하는 경우도 제조업으로 분류한다. 단, 컴퓨터 및 주변기기, 개인 및 가정용품 등과 자동차를 수리하는 경우는 수리업(95)으로 분류한다.

10
다음은 무엇에 관한 정의인가? 　19년 1회, 16년 2회, 12년 2회 기출

> 유사한 성질을 갖는 산업활동에 주로 종사하는 생산단위의 집합

① 직 업　　② 산 업
③ 일(Task)　　④ 요소작업

만점 해설

① '직업(Occupation)'은 개인이 계속적으로 수행하는 경제활동 및 사회활동의 종류로서, 주어진 업무와 과업이 매우 높은 유사성을 가지는 직무(Job)들의 집합이다.
③ '일 또는 과업(Task)'은 어떤 특정한 목적을 달성하기 위해 신체적·정신적인 노력을 기울이는 활동을 말한다. 작업자가 수행하는 작업 속에 논리적이고 필요한 방법을 구성하는 특정한 활동을 가리키는 것으로서, 하나 또는 그 이상의 요소작업(Element)이 하나의 일을 구성한다.
④ '요소작업(Element)'은 직무분석에서 기록되는 작업활동 중 가장 세밀한 수준에 위치하는 것으로서, 어떤 직무와 연관된 구분동작, 움직임, 정신적 과정 등 더 이상 나뉠 수 없는 최소단위의 작업을 말한다.

11
다음은 한국표준산업분류의 분류 정의 중 무엇에 관한 설명인가? 　22년 1회 기출

> 각 생산단위가 노동, 자본, 원료 등 자원을 투입하여, 재화 또는 서비스를 생산 또는 제공하는 일련의 활동과정

① 산 업　　② 산업활동
③ 생산활동　　④ 산업분류

만점 해설

산업, 산업활동, 산업분류의 정의[출처 : 한국표준산업분류(제11차)]
- 산업 : 유사한 성질을 갖는 산업활동에 주로 종사하는 생산단위의 집합이다.
- 산업활동 : 각 생산단위가 노동, 자본, 원료 등 자원을 투입하여, 재화 또는 서비스를 생산 또는 제공하는 일련의 활동과정이다.
- 산업분류 : 생산단위(사업체단위, 기업체단위 등)가 주로 수행하는 산업활동을 그 유사성에 따라 체계적으로 유형화 한 것이다.

12
한국표준산업분류의 분류 정의가 틀린 것은?

21년 2회 기출

① 산업은 유사한 성질을 갖는 산업활동에 주로 종사하는 생산단위의 집합이다.
② 각 생산단위가 노동, 자본, 원료 등 자원을 투입하여, 재화 또는 서비스를 생산 또는 제공하는 일련의 활동과정은 산업활동이다.
③ 산업활동 범위에는 영리적, 비영리적 활동이 모두 포함되며, 가정 내 가사 활동도 포함된다.
④ 산업분류는 생산단위가 주로 수행하는 산업활동을 분류 기준과 원칙에 맞춰 그 유사성에 따라 체계적으로 유형화 한 것이다.

만점 해설
③ 산업활동의 범위에는 영리적, 비영리적 활동이 모두 포함되나, 가정 내의 가사 활동은 제외된다.

13
한국표준산업분류에 관한 설명으로 틀린 것은?

15년 1회, 12년 2회, 07년 3회 기출

① 산업활동의 범위에는 영리적, 비영리적 활동 및 가정 내의 가사 활동 등을 모두 포함한다.
② 한국표준산업분류는 통계 목적 이외에도 일반 행정 및 산업정책 관련 법령에서 적용대상 산업영역을 한정하는 기준으로 준용되고 있다.
③ 산업분류는 산출물·투입물의 특성, 생산활동의 일반적인 결합형태와 같은 기준에 의하여 분류된다.
④ 사업체 단위는 공장, 광산, 상점, 사무소 등으로 산업활동과 지리적 장소의 양면에서 가장 동질성이 있는 통계단위이다.

만점 해설
① 산업활동의 범위에는 영리적, 비영리적 활동이 모두 포함되나, 가정 내의 가사 활동은 제외된다.

14
한국표준산업분류의 분류 목적에 해당하지 않는 것은?

21년 2회 기출

① 기본적으로 산업활동 관련 통계 자료 수집, 제표, 분석 등을 위해서 활동 분류 및 범위를 제공하기 위한 것
② 산업 관련 통계자료 정확성, 비교성을 확보하기 위하여 모든 통계작성기관은 한국표준산업분류를 의무적으로 사용하도록 규정
③ 일반 행정 및 산업정책 관련 다수 법령에서 적용대상 산업영역을 규정하는 기준으로 준용
④ 취업알선을 위한 구인·구직안내 기준

만점 해설
④ 취업알선을 위한 구인·구직안내 기준으로 사용되는 것은 한국표준직업분류(KSCO)에 해당한다.

15
한국표준산업분류의 분류 기준이 아닌 것은?

20년 4회, 18년 3회 기출

① 산출물의 특성
② 투입물의 특성
③ 생산단위의 활동형태
④ 생산활동의 일반적인 결합형태

만점 해설
한국표준산업분류(제11차)의 분류 기준
- 산출물(생산된 재화 또는 제공된 서비스)의 특성
  - 산출물의 물리적 구성 및 가공 단계
  - 산출물의 수요처
  - 산출물의 기능 및 용도
- 투입물의 특성 : 원재료, 생산 공정, 생산기술 및 시설 등
- 생산활동의 일반적인 결합형태

16
한국표준산업분류의 분류 기준으로 틀린 것은?

14년 3회 기출

① 산출물의 특성
② 투입물의 특성
③ 소비활동의 일반적인 결합형태
④ 생산된 재화의 특성

만점 해설

한국표준산업분류(제11차)의 분류 기준
• 산출물(생산된 재화 또는 제공된 서비스)의 특성
• 투입물의 특성
• 생산활동의 일반적인 결합형태

17
한국표준산업분류의 산업 분류 기준에 해당되지 않는 것은?

11년 3회, 10년 3회, 09년 1회, 06년 3회 기출

① 투입물의 특성
② 생산활동의 일반적인 결합형태
③ 생산된 재화 또는 제공된 서비스의 특성
④ 생산단위가 수행하는 산업활동의 차별성

만점 해설

한국표준산업분류(제11차)의 분류 기준
• 산출물(생산된 재화 또는 제공된 서비스)의 특성
• 투입물의 특성
• 생산활동의 일반적인 결합형태

18
한국표준산업분류의 통계단위는 생산활동과 장소의 동질성의 차이에 따라 다음과 같이 구분된다. ( )에 알맞은 것은?

21년 3회, 19년 1회, 14년 2회, 11년 3회, 10년 3회 기출

구 분	하나 이상 장소	단일 장소
하나 이상 산업활동	XXX	XXX
	XXX	
단일 산업활동	( )	XXX

① 기업집단 단위
② 지역 단위
③ 기업체 단위
④ 활동유형 단위

만점 해설

통계단위[출처 : 한국표준산업분류(제11차)]

구 분	하나 이상 장소	단일 장소
하나 이상 산업활동	기업집단 단위	지역 단위
	기업체 단위	
단일 산업활동	활동유형 단위	사업체 단위

19
한국표준산업분류에서 하나 이상의 장소에서 이루어지는 단일 산업활동의 통계단위는?

19년 2회, 16년 2회, 13년 1회, 10년 1회, 09년 1회 기출

① 기업집단 단위
② 기업체 단위
③ 활동유형 단위
④ 지역 단위

만점 해설

통계단위[출처 : 한국표준산업분류(제11차)]

구 분	하나 이상 장소	단일 장소
하나 이상 산업활동	기업집단 단위	지역 단위
	기업체 단위	
단일 산업활동	활동유형 단위	사업체 단위

20
한국표준산업분류상 단일 장소에서 이루어지는 단일 산업활동의 통계단위는?

18년 2회, 15년 3회, 11년 2회, 09년 3회 기출

① 기업집단 단위
② 사업체 단위
③ 활동유형 단위
④ 지역 단위

만점 해설

통계단위[출처 : 한국표준산업분류(제11차)]

구 분	하나 이상 장소	단일 장소
하나 이상 산업활동	기업집단 단위	지역 단위
	기업체 단위	
단일 산업활동	활동유형 단위	사업체 단위

21
한국표준산업분류의 통계단위 개념에 대한 다음 표에서 ( ) 안에 들어갈 말을 순서대로 바르게 짝지은 것은?

15년 2회 기출변형

구 분	하나 이상 장소	단일 장소
하나 이상 산업활동	기업집단 단위	지역 단위
	(ㄱ)	
단일 산업활동	활동유형 단위	(ㄴ)

* 하나의 기업체 또는 기업집단을 전제함

① ㄱ : 산업체 단위, ㄴ : 기업체 단위
② ㄱ : 사업체 단위, ㄴ : 기업체 단위
③ ㄱ : 기업체 단위, ㄴ : 사업체 단위
④ ㄱ : 기업체 단위, ㄴ : 산업체 단위

만점 해설

통계단위[출처 : 한국표준산업분류(제11차)]

구 분	하나 이상 장소	단일 장소
하나 이상 산업활동	기업집단 단위	지역 단위
	기업체 단위	
단일 산업활동	활동유형 단위	사업체 단위

22
다음 한국표준산업분류에서 통계단위를 구분하는 표의 ( )에 알맞은 것은?

17년 2회 기출변형

구 분	하나 이상 장소	단일 장소
하나 이상 산업활동	(ㄱ)	지역 단위
	기업체 단위	
단일 산업활동	활동유형 단위	(ㄴ)

① ㄱ : 사업집단 단위, ㄴ : 기업체 단위
② ㄱ : 경영집단 단위, ㄴ : 활동체 단위
③ ㄱ : 기업집단 단위, ㄴ : 기업체 단위
④ ㄱ : 기업집단 단위, ㄴ : 사업체 단위

만점 해설

통계단위[출처 : 한국표준산업분류(제11차)]

구 분	하나 이상 장소	단일 장소
하나 이상 산업활동	기업집단 단위	지역 단위
	기업체 단위	
단일 산업활동	활동유형 단위	사업체 단위

23
다음에서 설명하고 있는 것은?

19년 3회, 16년 1회 기출

> 한국표준산업분류상 통계단위 중 하나로 "재화 및 서비스를 생산하는 법적 또는 제도적 단위의 최소 결합체로서 자원 배분에 관한 의사결정에서 자율성을 갖고 있으며, 재무관련 통계작성에 가장 유용하다."

① 산 업
② 기업체
③ 산업활동
④ 사업체

만점 해설

한국표준산업분류상 사업체 단위와 기업체 단위[출처 : 한국표준산업분류(제11차)]

사업체 단위	공장, 광산, 상점, 사무소 등과 같이 산업활동과 지리적 장소의 양면에서 가장 동질성이 있는 통계단위이다.
기업체 단위	재화 및 서비스를 생산하는 법적 또는 제도적 단위의 최소 결합체로서 자원 배분에 관한 의사결정에서 자율성을 갖고 있다.

24
한국표준산업분류에서 생산단위의 활동 형태에 관한 설명으로 틀린 것은? 17년 3회, 13년 2회, 06년 1회 기출

① 모 생산단위의 생산품을 포장하기 위한 캔, 상자 및 유사 제품의 생산은 보조단위로 본다.
② 주된 산업활동이란 산업활동이 복합 형태로 이루어질 경우 생산된 재화 또는 제공된 서비스 중 부가가치(액)가 가장 큰 활동을 의미한다.
③ 부차적 산업활동은 주된 산업활동 이외의 재화 생산 및 서비스 제공 활동을 의미한다.
④ 보조활동에는 회계, 운송, 구매, 판매 촉진, 수리 서비스 등이 포함된다.

만점 해설
① 모 생산단위가 생산하는 생산품의 구성 부품이 되는 재화를 생산하는 경우, 예를 들면 모 생산단위의 생산품을 포장하기 위한 캔, 상자 및 유사 제품의 생산활동은 보조단위가 아닌 별개의 활동으로 간주하여 그 자체활동에 따라 분류하여야 한다.

25
한국표준산업분류의 산업 결정 방법에 대한 설명으로 틀린 것은? 19년 2회, 15년 1회 기출

① 생산단위의 산업활동은 그 생산단위가 수행하는 주된 산업활동(판매 또는 제공되는 재화 및 서비스)의 종류에 따라 결정된다.
② 생산단위가 수행하는 주된 산업활동에 따라 결정하는 것이 적합하지 않을 경우에는 그 해당 활동의 종업원 수 및 노동시간, 임금 및 급여액 또는 설비의 정도에 의하여 결정한다.
③ 계절에 따라 정기적으로 산업을 달리하는 사업체의 경우에는 조사시점에서 경영하는 사업에서 산출액이 많았던 활동에 의하여 분류된다.
④ 휴업 중 또는 자산을 청산 중인 사업체의 산업은 영업 중 또는 청산을 시작하기 이전의 산업활동에 의하여 결정하며, 설립 중인 사업체는 개시하는 산업활동에 따라 결정한다.

만점 해설
③ 계절에 따라 정기적으로 산업을 달리하는 사업체의 경우에는 조사시점에서 경영하는 사업과는 관계없이 조사대상 기간 중 산출액이 많았던 활동에 의하여 분류한다.

26
한국표준산업분류의 산업 결정 방법에 관한 설명으로 틀린 것은? 17년 2회, 11년 3회, 09년 2회 기출

① 생산단위의 산업활동은 그 생산단위가 수행하는 주된 산업활동의 종류에 따라 결정된다.
② 계절에 따라 정기적으로 산업을 달리하는 사업체의 경우에는 조사시점의 경영하는 산업에 의해 결정된다.
③ 휴업 중 또는 자산을 청산 중인 사업체의 산업은 영업 중 또는 청산을 시작하기 전의 산업활동에 의해 결정된다.
④ 설립 중인 사업체의 산업은 개시하는 산업활동에 따라 결정한다.

만점 해설
② 계절에 따라 정기적으로 산업을 달리하는 사업체의 경우에는 조사시점에서 경영하는 사업과는 관계없이 조사대상 기간 중 산출액이 많았던 활동에 의하여 분류한다.

27
다음은 한국표준산업분류에서 산업분류 결정방법이다. ( )에 알맞은 것은? 22년 2회 기출

> 계절에 따라 정기적으로 산업을 달리하는 사업체의 경우에는 조사시점에서 경영하는 사업과 관계없이 조사대상 기간 중 ( )이 많았던 활동에 의하여 분류

① 급여액
② 근로소득세액
③ 산출액
④ 부가가치액

만점 해설
계절에 따라 정기적으로 산업을 달리하는 사업체의 산업분류 결정방법
계절에 따라 정기적으로 산업을 달리하는 사업체의 경우에는 조사시점에서 경영하는 사업과는 관계없이 조사대상 기간 중 산출액이 많았던 활동에 의하여 분류한다.

24 ① 25 ③ 26 ② 27 ③ **정답**

28
한국표준산업분류의 산업 결정 방법에 관한 설명으로 틀린 것은? 21년 1회, 17년 3회, 13년 3회, 11년 1회 기출

① 생산단위의 산업활동은 그 생산단위가 수행하는 주된 산업활동의 종류에 따라 결정된다.
② 계절에 따라 정기적으로 산업을 달리하는 사업체의 경우에는 조사시점에 경영하는 사업과는 관계없이 조사대상 기간 중 산출액이 많았던 활동에 의하여 분류된다.
③ 단일사업체의 보조단위는 그 사업체의 일개 부서로 포함하지 않고 별도의 사업체로 처리한다.
④ 휴업 중 또는 자산을 청산 중인 사업체의 산업은 영업 중 또는 청산을 시작하기 이전의 산업활동에 의하여 결정한다.

만점 해설
③ 단일사업체의 보조단위는 그 사업체의 일개 부서로 포함하며, 여러 사업체를 관리하는 중앙 보조단위(본부, 본사 등)는 별도의 사업체로 처리한다.

29
한국표준산업분류의 산업분류 결정방법에 관한 설명으로 틀린 것은? 21년 2회 기출

① 생산단위 산업활동은 그 생산단위가 수행하는 주된 산업활동 종류에 따라 결정
② 계절에 따라 정기적으로 산업활동을 달리하는 사업체의 경우엔 조사대상 기간 중 산출액이 많았던 활동에 의하여 분류
③ 설립 중인 사업체는 개시하는 산업활동에 따라 결정
④ 단일사업체 보조단위는 별도의 사업체로 처리

만점 해설
④ 단일사업체의 보조단위는 그 사업체의 일개 부서로 포함하며, 여러 사업체를 관리하는 중앙 보조단위(본부, 본사 등)는 별도의 사업체로 처리한다.

30
한국표준산업분류의 적용원칙에 대한 설명으로 옳은 것은? 18년 3회 기출

① 생산단위는 투입물과 생산공정을 배제한 산출물만을 고려하여 그들의 활동을 가장 정확하게 설명된 항목에 분류하여야 한다.
② 복합적인 활동단위는 우선적으로 세세분류를 정확히 결정하고, 순차적으로 세ㆍ소ㆍ중ㆍ대분류 단계 항목을 결정하여야 한다.
③ 산업활동이 결합되어 있는 경우에는 그 활동단위의 주된 활동에 따라서 분류하여야 한다.
④ 수수료 또는 계약에 의하여 활동을 수행하는 단위는 동일한 산업활동을 자기계정과 자기책임 하에서 생산하는 단위와 다른 항목에 분류하여야 한다.

만점 해설
① 생산단위는 산출물뿐만 아니라 투입물과 생산공정 등을 함께 고려하여 그들의 활동을 가장 정확하게 설명된 항목에 분류해야 한다.
② 복합적인 활동단위는 우선적으로 최상급 분류단계(대분류)를 정확히 결정하고, 순차적으로 중ㆍ소ㆍ세ㆍ세세분류 단계 항목을 결정하여야 한다.
④ 수수료 또는 계약에 의하여 활동을 수행하는 단위는 동일한 산업활동을 자기계정과 자기책임 하에서 생산하는 단위와 같은 항목에 분류하여야 한다.

31
한국표준산업분류의 산업분류 적용원칙에 관한 설명으로 틀린 것은?
16년 2회, 12년 1회, 10년 4회, 08년 3회 기출

① 생산단위는 투입물과 생산공정을 제외한 산출물을 고려하여 그들의 활동을 가장 정확하게 설명된 항목에 분류해야 한다.
② 복합적인 활동단위는 우선적으로 최상급 분류단계를 정확히 결정하고, 순차적으로 중, 소, 세, 세세분류 단계 항목을 결정하여야 한다.
③ 산업활동이 결합되어 있는 경우에는 그 활동단위의 주된 활동에 따라서 분류하여야 한다.
④ 수수료 또는 계약에 의하여 활동을 수행하는 단위는 자기계정과 자기책임 하에서 생산하는 단위와 동일 항목에 분류되어야 한다.

만점 해설
① 생산단위는 산출물뿐만 아니라 투입물과 생산공정 등을 함께 고려하여 그들의 활동을 가장 정확하게 설명된 항목에 분류해야 한다.

32
한국표준산업분류에서 산업분류의 적용원칙에 관한 설명으로 틀린 것은?
16년 3회, 14년 1회 기출변형

① 생산단위는 산출물뿐만 아니라 투입물과 생산공정 등을 함께 고려하여 그들의 활동을 가장 정확하게 설명된 항목에 분류해야 한다.
② 복합적인 활동단위는 우선적으로 세세분류 단계를 정확히 결정하고, 순차적으로 세, 소, 중 단계 항목을 결정하여야 한다.
③ 동일 단위에서 제조한 재화의 소매활동은 별개 활동으로 분류하지 않고 제조활동으로 분류되어야 한다. 그러나 자기가 생산한 재화와 구입한 재화를 함께 판매한다면 그 주된 활동에 따라 분류한다.
④ "공공행정 및 국방, 사회보장 사무, 의무가입 성격의 연금 업무" 이외의 다른 산업활동을 수행하는 정부기관은 그 활동의 성질에 따라 분류하여야 한다.

만점 해설
② 복합적인 활동단위는 우선적으로 최상급 분류단계(대분류)를 정확히 결정하고, 순차적으로 중·소·세·세세분류 단계 항목을 결정하여야 한다.

33
한국표준산업분류의 적용원칙에 관한 설명으로 틀린 것은? 20년 3회, 17년 2회, 17년 1회, 13년 1회, 10년 1회 기출

① 생산단위는 산출물뿐만 아니라 투입물과 생산공정 등을 함께 고려하여 그들의 활동을 가장 정확하게 설명된 항목에 분류해야 한다.
② 복합적인 활동단위는 우선적으로 최상급 분류단계(대분류)를 정확히 결정하고, 순차적으로 중, 소, 세, 세세분류 단계 항목을 결정하여야 한다.
③ 산업활동이 결합되어 있는 경우에는 그 활동단위의 주된 활동에 따라서 분류하여야 한다.
④ 수수료 또는 계약에 의하여 활동을 수행하는 단위는 자기계정과 자기책임 하에서 생산하는 단위와 다른 항목에 분류되어야 한다.

만점 해설
④ 수수료 또는 계약에 의하여 활동을 수행하는 단위는 동일한 산업활동을 자기계정과 자기책임 하에서 생산하는 단위와 같은 항목에 분류하여야 한다.

34
한국표준산업분류의 적용원칙으로 틀린 것은?
11년 1회, 09년 3회 기출

① 생산단위는 산출물뿐만 아니라 투입물과 생산공정 등을 함께 고려하여 그들의 활동을 가장 정확하게 설명된 항목에 분류해야 한다.
② 복합적인 활동단위는 우선적으로 최상급 분류단계(대분류)를 정확히 결정하고 순차적으로 중, 소, 세, 세세분류 단계 항목을 결정해야 한다.
③ 수수료 또는 계약에 의하여 활동을 수행하는 단위는 자기계정과 자기책임 하에서 생산하는 단위와 동일 항목에 분류되어야 한다.
④ 동일 단위에서 제조한 재화의 소매활동은 별개 활동으로 파악하여 그 주된 활동에 따라 분류되어야 한다. 그러나 자기가 생산한 재화와 구입한 재화를 함께 판매한다면 제조활동으로 분류한다.

만점 해설
④ 동일 단위에서 제조한 재화의 소매활동은 별개 활동으로 분류하지 않고 제조활동으로 분류되어야 한다. 그러나 자기가 생산한 재화와 구입한 재화를 함께 판매한다면 그 주된 활동에 따라 분류한다.

35
한국표준산업분류의 적용원칙으로 틀린 것은?
22년 1회, 19년 1회 기출

① 생산단위는 산출물뿐만 아니라 투입물과 생산공정 등을 함께 고려하여 그들의 활동을 가장 정확하게 설명된 항목에 분류해야 한다.
② 산업활동이 결합되어 있는 경우에는 그 활동단위의 주된 활동에 따라서 분류해야 한다.
③ 수수료 또는 계약에 의하여 활동을 수행하는 단위는 동일한 산업활동을 자기계정과 자기책임 하에서 생산하는 단위와 같은 항목에 분류해야 한다.
④ 공식적 생산물과 비공식적 생산물, 합법적 생산물과 불법적인 생산물을 달리 분류해야 한다.

만점 해설
④ 공식적 생산물과 비공식적 생산물, 합법적 생산물과 불법적 생산물을 달리 분류하지 않는다.

36
한국표준산업분류의 산업분류 적용원칙에 관한 설명으로 틀린 것은?
20년 1·2회 기출

① 생산단위는 산출물뿐만 아니라 투입물과 생산공정 등을 함께 고려하여 그들의 활동을 가장 정확하게 설명한 항목에 분류
② 생산단위 소유 형태, 법적 조직 유형 또는 운영 방식도 산업분류에 영향을 미침
③ 산업활동이 결합되어 있는 경우에는 그 활동단위의 주된 활동에 따라 분류
④ 공식적·비공식적 생산물, 합법적·불법적인 생산은 달리 분류하지 않음

만점 해설
② 생산단위의 소유 형태, 법적 조직 유형 또는 운영 방식은 산업분류에 영향을 미치지 않는다. 이런 기준은 경제활동 자체의 특징과 관련이 없기 때문이다. 즉, 동일 산업활동에 종사하는 경우, 법인, 개인사업자 또는 정부기업, 외국계 기업 등인지에 관계없이 동일한 산업으로 분류한다.

37
한국표준산업분류의 산업분류 적용원칙으로 틀린 것은?
22년 2회 기출

① 자본재로 주로 사용되는 산업용 기계 및 장비의 전문적인 수리활동은 경상적인 유지·수리를 포함하여 "95개인 및 소비용품 수리업"으로 분류
② 생산단위는 산출물뿐만 아니라 투입물과 생산공정 등을 함께 고려하여 그들의 활동을 가장 정확하게 설명한 항목에 분류
③ 산업활동이 결합되어 있는 경우에는 그 활동단위의 주된 활동에 따라 분류
④ 공식적인 생산물과 비공식적 생산물, 합법적 생산물과 불법적인 생산물을 달리 분류하지 않음

만점 해설
① 자본재로 주로 사용되는 산업용 기계 및 장비의 전문적인 수리활동은 경상적인 유지·수리를 포함하여 "34 : 산업용 기계 및 장비 수리업"으로 분류한다.

38
한국표준산업분류의 분류구조 및 부호체계에 대한 설명으로 틀린 것은?
22년 1회, 18년 2회 기출

① 분류구조는 대분류(알파벳 문자 사용), 중분류(2자리 숫자 사용), 소분류(3자리 숫자 사용), 세분류(4자리 숫자 사용)의 4단계로 구성된다.
② 부호 처리를 할 경우에는 아라비아 숫자만을 사용토록 했다.
③ 권고된 국제분류 ISIC Rev.4를 기본체계로 하였으나, 국내 실정을 고려하여 국제분류의 각 단계 항목을 분할, 통합 또는 재그룹화하여 독자적으로 분류 항목과 분류 부호를 설정하였다.
④ 중분류의 번호는 01부터 99까지 부여하였으며, 대분류별 중분류 추가여지를 남겨놓기 위하여 대분류 사이에 번호 여백을 두었다.

만점 해설
① 분류구조는 대분류(알파벳 문자 사용/Section), 중분류(2자리 숫자 사용/Division), 소분류(3자리 숫자 사용/Group), 세분류(4자리 숫자 사용/Class), 세세분류(5자리 숫자 사용/Sub-Class) 5단계로 구성된다.

39
한국표준산업분류의 분류구조 및 부호체계에 관한 설명으로 옳은 것은?

18년 3회, 16년 1회, 13년 3회, 11년 1회 기출

① 부호 처리를 할 경우에는 알파벳 문자와 아라비아 숫자를 함께 사용토록 했다.
② 권고된 국제분류 ISIC Rev.4를 기본체계로 하였으나, 국내 실정을 고려하여 독자적으로 분류 항목과 분류 부호를 설정하였다.
③ 중분류의 번호는 001부터 999까지 부여하였으며, 대분류별 중분류 추가여지를 남겨놓기 위하여 대분류 사이에 번호 여백을 두었다.
④ 소분류 이하 모든 분류의 끝자리 숫자는 01에서 시작하여 99에서 끝나도록 하였다.

만점 해설

② 권고된 국제분류 ISIC Rev.4를 기본체계로 하였으나, 국내 실정을 고려하여 국제분류의 각 단계 항목을 분할, 통합 또는 재그룹화하여 독자적으로 분류 항목과 분류 부호를 설정하였다.
① 부호 처리를 할 경우에는 아라비아 숫자만을 사용하도록 했다.
③ 중분류의 번호는 01부터 99까지 부여하였으며, 대분류별 중분류 추가여지를 남겨놓기 위하여 대분류 사이에 번호 여백을 두었다.
④ 소분류 이하 모든 분류의 끝자리 숫자는 "0"에서 시작하여 "9"에서 끝나도록 하였다.

40
한국표준산업분류의 분류구조 및 부호체계에 대한 설명으로 틀린 것은?

19년 3회 기출

① 부호 처리를 할 경우에는 아라비아 숫자만을 사용하도록 했다.
② 권고된 국제분류 ISIC Rev.4를 기본체계로 하였으나, 국내 실정을 고려하여 국제분류의 각 단계 항목을 분할, 통합 또는 재그룹화하여 독자적으로 분류 항목과 분류 부호를 설정하였다.
③ 분류 항목 간에 산업 내용의 이동을 가능한 억제하였으나 일부 이동 내용에 대한 연계분석 및 시계열 연계를 위하여 부록에 수록된 신구 연계표를 활용하도록 하였다.
④ 중분류의 번호는 001부터 999까지 부여하였으며, 대분류별 중분류 추가여지를 남겨놓기 위하여 대분류 사이에 번호 여백을 두었다.

만점 해설

④ 중분류의 번호는 01부터 99까지 부여하였으며, 대분류별 중분류 추가여지를 남겨놓기 위하여 대분류 사이에 번호 여백을 두었다.

CHAPTER 02 직업정보 수집

01절 직업정보의 이해

01
직업정보를 사용하는 목적과 가장 거리가 먼 것은?

20년 4회, 18년 1회 기출

① 직업정보를 통해 근로생애를 설계할 수 있다.
② 직업정보를 통해 전에 알지 못했던 직업세계와 직업비전에 대해 인식할 수 있다.
③ 직업정보를 통해 과거의 직업탐색, 은퇴 후 취미활동 등에 필요한 정보를 얻을 수 있다.
④ 직업정보를 통해 일을 하려는 동기를 부여받을 수 있다.

만점 해설
③ 직업정보의 사용목적은 개인으로 하여금 직업을 통해 현재와 미래에 자신의 생애설계를 할 수 있도록 돕는 데 있다.

02
직업상담 시 제공하는 직업정보의 기능과 역할에 대한 설명으로 틀린 것은?

20년 3회, 18년 2회, 14년 1회 기출

① 여러 가지 직업적 대안들의 정보를 제공한다.
② 내담자의 흥미, 적성, 가치 등을 파악하는 것이 직업정보의 주기능이다.
③ 경험이 부족한 내담자에게 다양한 직업들을 간접적으로 접할 기회를 제공한다.
④ 내담자가 자신의 선택이 현실에 비추어 부적당한 선택이었는지를 점검하고 재조정해 볼 수 있는 기초를 제공한다.

만점 해설
② 내담자의 흥미, 적성, 가치 등을 파악하는 것은 심리검사의 주된 기능에 해당한다. 반면, 직업정보는 내담자로 하여금 진로 및 직업선택의 의사결정을 돕고, 직업선택에 관한 지식을 증가시키는 것을 주된 기능으로 한다.

03
Brayfield가 제시한 직업정보의 기능에 해당하지 않는 것은?

18년 1회 기출

① 정보적 기능   ② 재조정 기능
③ 동기화 기능   ④ 결정화 기능

만점 해설
브레이필드(Brayfield)의 직업정보의 기능
- 정보적 기능(정보제공 기능) : 직업정보 제공을 통해 내담자의 의사결정을 돕고, 직업선택에 관한 지식을 증가시킨다.
- 재조정 기능 : 자신의 선택이 현실에 비추어 부적절한 선택이었는지를 점검 및 재조정해 보도록 한다.
- 동기화 기능 : 내담자를 의사결정 과정에 적극적으로 참여시킴으로써 자신의 선택에 대해 책임감을 가지도록 한다.

04
브레이필드(Brayfield)가 직업상담에서 직업정보가 가지는 3가지 기능으로 지적한 것이 아닌 것은?

15년 1회 기출

① 정보적 기능   ② 설득적 기능
③ 재조정 기능   ④ 동기화 기능

만점 해설
브레이필드(Brayfield)의 직업정보의 기능
- 정보적 기능(정보제공 기능)
- 재조정 기능
- 동기화 기능

05
다음 중 Brayfield의 직업정보 세 가지 기능에 해당하지 않는 것은? 07년 3회 기출

① 정보적 기능
② 재조정 기능
③ 동기화 기능
④ 평가적 기능

만점 해설
브레이필드(Brayfield)의 직업정보의 기능
- 정보적 기능(정보제공 기능)
- 재조정 기능
- 동기화 기능

06
효율적인 직업정보의 특징과 가장 거리가 먼 것은? 17년 2회 기출

① 정보의 정확성
② 성별이나 종교 등에 편파적이지 않은 정보
③ 대상 연령에 구분 없는 보편적 용어의 사용
④ 분명하고 구체적이며 흥미를 높이는 정보

만점 해설
③ 직업정보는 수요자가 이해할 수 있도록 제공되어야 하며, 이를 위해 사용하는 용어가 사용자의 수준에 적합해야 하고, 또한 정보는 구체적이고 상세해야 한다.

07
직업정보의 종류는 미래사회, 직업세계, 개인 등에서 요구되는 정보로 분류할 수 있다. 다음 중 미래사회에 대한 정보와 가장 거리가 먼 것은? 적중 예상

① 사업체 특성 및 지역별 분포
② 인구구조 변화에 의한 직업상담 대상별 특성
③ 인공지능(AI)에 의해 대체될 일자리 형태
④ 미래의 변화와 직업시장에 미칠 영향의 평가

만점 해설
① 직업세계에 대한 정보에 해당한다.

08
한국고용정보원(www.keis.or.kr)에서 제공하는 통계간행물이 아닌 것은? 14년 1회 기출

① 직업능력개발통계연보
② 고용보험통계현황
③ 워크넷 구인·구직 및 취업동향
④ 고용동향 분석

만점 해설
④ 「고용동향 분석」은 기획재정부 경제구조개혁국과 고용노동부 고용정책실에서 고용관련 통계자료에 대한 분석을 토대로 매월 작성·발간하고 있다.

*참고 : 경제활동인구조사의 「고용동향」은 별개의 조사로, 통계청 사회통계국에서 매월 작성·발간하고 있습니다.

09
다음 중 '노동'을 주제로 하는 통계가 아닌 것은? 16년 2회 기출변형

① 경제활동인구조사
② 한국노동패널조사
③ ICT인력동향실태조사
④ 사업체기간제근로자현황조사

만점 해설
③ ICT인력동향실태조사는 과거 '고용'(→ 현행 '노동')을 주제로 하는 통계로 분류되었으나, 현재는 '정보통신'을 주제로 하는 통계로 분류되고 있다.

정답 05 ④ 06 ③ 07 ① 08 ④ 09 ③

10
고용노동통계조사의 각 항목별 조사주기의 연결이 틀린 것은? 21년 2회 기출

① 사업체노동력조사 : 연 1회
② 시도별 임금 및 근로시간조사 : 연 1회
③ 지역별사업체노동력조사 : 연 2회
④ 기업체노동비용조사 : 연 1회

만점 해설

① 「사업체노동력조사」는 매월 노동수요 측(사업체)의 관점에서 근로자 수, 입직자 및 이직자 수와 임금 및 근로시간에 관한 사항을 조사하여 노동정책의 기초자료 활용 및 경기전망 등을 위한 경기지표를 생산한다.
② 「시도별 임금 및 근로시간조사」는 사업체노동력조사의 부가조사로 연 1회 실시하여 시도별 임금 및 근로시간 현황을 제공하고 있다.
③ 「지역별사업체노동력조사」는 사업체노동력조사의 부가조사로 연 2회 실시하여 시군구별 종사자 및 입·이직자 현황을 제공하고 있다.
④ 「기업체노동비용조사」는 연 1회, 매 회계연도를 기준으로 기업체에서 상용근로자를 고용하면서 발생하는 비용을 유형별로 파악하여 기업 활동 및 근로자 복지 증진 등 고용노동여건 개선을 위한 정책 수립 기초자료로 제공하고 있다.

11
고용노동통계조사의 각 항목별 조사대상의 연결이 틀린 것은? 22년 1회 기출변형

① 시도별 임금 및 근로시간조사 : 상용 1인 이상 사업체
② 임금체계, 정년제, 임금피크제조사 : 상용 1인 이상 사업체
③ 직종별사업체노동력조사 : 근로자 1인 이상 33천개 사업체
④ 지역별사업체노동력조사 : 종사자 1인 이상 200천개 사업체

만점 해설

③ 「직종별사업체노동력조사」는 종사자 1인 이상 약 72천개 사업체를 조사대상으로 한다.

* 참고 : 고용노동부, 통계청 등에서 실시하는 각종 통계조사의 조사대상, 조사항목, 조사시기, 작성주기 등은 관련 부처 혹은 기관의 고시 개정 등에 따라 변경될 수 있으므로, 이점 감안하여 학습하시기 바랍니다. 참고로 사업체노동력조사의 부가조사인 「시도별 임금 및 근로시간조사」의 조사대상 규모가 2024년 9월 26일 통계청 고시에 따라 기존 "상용근로자 5인 이상 약 13천개 사업체"에서 "상용근로자 1인 이상 약 16천개 사업체"로 변경되었습니다.

12
서울시 마포구 주민 중 일부를 사전에 조사대상으로 선정하고, 이들을 대상으로 6개월 혹은 1년 단위로 고용현황 등 직업정보를 반복하여 수집하는 조사방법은? 18년 2회 기출

① 코호트조사
② 횡단조사
③ 패널조사
④ 사례조사

만점 해설

③ 패널조사(Panel Study)는 '패널(Panel)'이라 불리는 특정 응답자 집단을 정해 놓고 그들로부터 비교적 긴 시간 동안 지속적으로 연구자가 필요로 하는 정보를 획득하는 방법이다.
① 코호트조사(Cohort Study)는 특정 경험을 같이 하는 사람들이 가지는 특성들에 대해 두 번 이상의 다른 시기에 걸쳐서 비교·연구하는 방법이다.
② 횡단조사(Cross-sectional Study)는 일정 시점을 기준으로 모든 관련 변수에 대한 자료를 수집하는 정태적 조사이다.
④ 사례조사(Case Study)는 특정 사례를 조사하여 문제를 종합적으로 파악하고, 그에 대한 실증적인 분석을 실행하는 조사이다.

13
통계청 경제활동인구조사의 주요 용어에 관한 설명으로 틀린 것은? 20년 4회, 16년 3회 기출

① 경제활동인구 : 만 15세 이상 인구 중 취업자와 실업자를 말한다.
② 육아 : 조사대상주간에 주로 미취학자녀(초등학교 입학 전)를 돌보기 위하여 집에 있는 경우가 해당된다.
③ 취업준비 : 학교나 학원에 가지 않고 혼자 집이나 도서실에서 취업을 준비하는 경우가 해당된다.
④ 자영업자 : 고용원이 없는 자영업자를 제외한 고용원이 있는 자영업자를 말한다.

만점 해설
④ 자영업자는 고용원이 있는 자영업자와 고용원이 없는 자영업자를 합친 개념이다.

14
다음 중 경제활동인구조사에서 사용하는 용어에 관한 설명으로 틀린 것은? 10년 1회 기출

① 15세 이상 인구 : 매월 15일 현재 만 15세 이상인 자
② 경제활동인구 : 만 15세 이상 인구 중 취업자와 실업자
③ 취업자 : 조사대상주간 중 수입을 목적으로 5시간 이상 일한 자
④ 자영업자 : 고용원이 있는 자영업자 및 고용원이 없는 자영업자를 합친 개념

만점 해설
취업자의 분류(출처 : 2024 경제활동인구조사 지침서)
• 조사대상기간에 수입을 목적으로 1시간 이상 일한 자
• 동일가구 내 가구원이 운영하는 농장이나 사업체의 수입을 위하여 주당 18시간 이상 일한 무급가족종사자
• 직업 또는 사업체를 가지고 있으나 일시적인 병 또는 사고, 연가, 교육, 노사분규 등의 사유로 일하지 못한 일시휴직자

＊참고 : '조사대상기간'과 '조사대상주간'은 동일한 의미이나, 이는 '조사기간' 혹은 '조사주간'과는 다른 개념입니다. 즉, 조사기간(조사주간)은 조사대상기간(조사대상주간)의 다음 주 1주간을 말합니다.

15
통계청 경제활동인구조사에서 사용하는 용어에 관한 설명으로 틀린 것은? 18년 1회 기출

① 잠재취업가능자 : 비경제활동인구 중에서 지난 4주간 구직활동을 하였으나, 조사대상주간에 취업이 가능하지 않은 자
② 고용률 : 만 15세 이상 인구 중 취업자가 차지하는 비율
③ 취업자 : 조사대상주간 중 수입을 목적으로 18시간 이상 일한 자
④ 자영업자 : 고용원이 있는 자영업자 및 고용원이 없는 자영업자를 합친 개념

만점 해설
③ 취업자 : 조사대상기간(조사대상주간)에 수입을 목적으로 1시간 이상 일한 자

16
다음 중 비경제활동인구에 해당하는 것은? 21년 3회, 15년 1회, 08년 1회, 05년 1회 기출

① 수입목적으로 1시간 일한 자
② 일시휴직자
③ 신규실업자
④ 전업학생

만점 해설
비경제활동인구(Economically Inactive Population)
만 15세 이상 인구 중 조사대상기간에 취업도 실업도 아닌 상태에 있는 사람을 말한다. 주로 가사 또는 육아를 전담하는 주부, 학교에 다니는 학생, 일을 할 수 없는 연로자 및 심신장애인, 자발적으로 자선사업이나 종교단체에 관여하는 자 등이 해당된다.

17
비경제활동인구에 포함되지 않는 사람은?
14년 3회, 09년 3회 기출

① 일기불순이나 노동재해 등의 이유로 인한 일시 휴직자
② 가사를 돌보는 가정주부
③ 초·중·고등학교에 재학 중인 학생
④ 심신장애자

만점 해설
① 경제활동인구로서 취업자에 해당한다.

18
경제활동인구조사에서 고등학교 3학년 학생이 단과학원에서 칠판청소를 해 주고 영어, 수학을 무료로 수강하는 경우 경제활동상태는?
04년 3회 기출

① 취업자이다.
② 비경제활동인구에 속한다.
③ 구직준비자로 보아야 한다.
④ 조사대상이 아니다.

만점 해설
① 고등학교 3학년 학생은 만 15세 이상으로, 학원비를 대신하여 수입(경제활동) 있는 일을 하는 것이므로 경제활동인구로서 취업자에 해당한다.

19
경제활동인구조사에서 취업자로 분류되는 사람은?
12년 1회 기출

① 명예퇴직을 하여 연금을 받고 있는 전직 공무원
② 하루 3시간씩 구직활동을 하고 있는 전직 은행원
③ 하루 1시간씩 학교 부근 식당에서 아르바이트를 하고 있는 대학생
④ 하루 2시간씩 남편의 상점에서 무급으로 일하는 기혼여성

만점 해설
③ 조사대상기간에 수입을 목적으로 1시간 이상 일하였으므로 취업자로 분류된다.

20
우리나라에서는 통계청에서 매달 실시하는 경제활동인구조사를 통해 고용통계를 작성하고 있다. 올해 봄에 막내를 초등학교에 입학시킨 주부 A씨는 조사대상이 되는 4주일의 기간 중 동네의 할인매장에서 단 이틀 동안 하루 두 시간씩 급여를 받고 근무한 후 그 일을 그만둔 것으로 조사되었다. A씨는 다음 중 어디에 해당하는 것으로 분류되는가?
13년 3회 기출

① 취업자
② 실업자
③ 비경제활동인구
④ 위의 어느 것에도 해당되지 않음

만점 해설
① 조사대상기간에 수입을 목적으로 1시간 이상 일하였으므로 취업자로 분류된다.

21
통계상 실업자에 포함되지 않는 사람은?
15년 2회 기출

① 대학 재학생으로 시간제 근무를 찾고 있는 사람
② 재학 중인 16세의 소녀 가장으로 시간제 일자리를 찾고 있는 사람
③ 부모가 운영하는 가게에서 매일 4시간 이상 무급으로 일하면서 다른 직장을 찾고 있는 고교 졸업자
④ 현재 사회봉사 활동을 하면서 수입이 있는 일자리를 찾고 있는 성인

만점 해설
③ 동일가구 내 가구원이 운영하는 농장이나 사업체의 수입을 위하여 주당 18시간 이상 일한 무급가족종사자는 취업자로 분류된다.

22
통계청의 경제활동인구조사에서 취업자에 대한 설명으로 틀린 것은? 10년 2회, 09년 1회 기출

① 임시근로자 – 고용계약기간이 1개월 이상 1년 미만인 자
② 일용근로자 – 임금 또는 봉급을 받고 고용되어 있으나 고용계약기간이 1개월 미만인 자
③ 자영업자 – 사업규모에 상관없이 한 사람 이상의 유급 고용원을 두거나(고용주), 유급 종업원 없이 자기 혼자 또는 무급가족종사자와 함께 일을 하는 자(자영자)
④ 무급가족종사자 – 자기가족의 일원이 경영하는 사업체에서 일정한 보수 없이 주당 30시간 이상 일한 자

만점 해설
④ 무급가족종사자 – 동일가구 내 가족이 경영하는 사업체, 농장에서 무보수로 일하는 사람을 말하며, 조사대상기간(조사대상주간)에 18시간 이상 일한 사람은 취업자로 분류한다.

23
경제활동인구조사에서 종사상 지위별 취업자 분류에 해당하지 않은 것은? 17년 1회 기출

① 자영업자
② 무급가족종사자
③ 임시근로자
④ 관리자

만점 해설
종사상 지위(Status of Worker)
상용근로자, 임시근로자, 일용근로자, 고용원이 있는 자영업자, 고용원이 없는 자영업자, 무급가족종사자 등과 같이 일한 사람이 직무를 수행한 직장(일)과의 관계를 의미하는 것으로, 특히 취업자가 실제로 일하고 있는 신분 내지 지위 상태를 말한다.

24
경제활동인구조사에서 종사상 지위로 고용계약기간이 1개월 미만인 임금근로자는? 17년 2회, 14년 3회 기출

① 임시근로자
② 계약직근로자
③ 고용직근로자
④ 일용근로자

만점 해설
임금근로자의 구분

상용근로자	• 고용계약 설정자는 고용계약기간이 1년 이상인 경우 • 고용계약 미설정자는 소정의 채용절차에 의해 입사하여 인사관리 규정을 적용받거나 상여금 및 퇴직금 등 각종 수혜를 받는 경우
임시근로자	• 고용계약 설정자는 고용계약기간이 1개월 이상 1년 미만인 경우 • 고용계약 미설정자는 일정한 사업(완료 1년 미만)의 필요에 의해 고용된 경우
일용근로자	• 고용계약기간이 1개월 미만인 경우 • 매일매일 고용되어 근로의 대가로 일급 또는 일당제 급여를 받고 일하는 경우

25
종사상의 지위로 고용계약기간이 1개월 미만인 임금근로자를 통계청에서 분류하는 명칭은? 04년 3회 기출

① 임시근로자
② 일일종사자
③ 일시근로자
④ 일용근로자

만점 해설
④ 임금근로자로서 고용계약기간이 1개월 미만이므로 '일용근로자'로 분류된다.

26
종사상의 지위로 고용계약기간이 1개월 이상 1년 미만인 임금근로자를 통계청에서 분류하는 명칭은?

06년 3회 기출

① 임시근로자
② 일일종사자
③ 일시근로자
④ 일용근로자

만점 해설

① 임금근로자로서 고용계약기간이 1개월 이상 1년 미만이므로 '임시근로자'로 분류된다.

27
경제활동인구조사에서 비정규직 근로자에 해당하지 않는 근로자는?

12년 3회 기출

① 한시적 근로자
② 비전형 근로자
③ 시간제 근로자
④ 단순노무 근로자

만점 해설

경제활동인구조사에서 비정규직 근로자

한시적 근로자	근로계약기간을 정한 근로자(→ 기간제근로자) 또는 정하지 않았으나 계약의 반복갱신으로 계속 일할 수 있는 근로자와 비자발적 사유로 계속 근무를 기대할 수 없는 근로자(→ 비기간제근로자)를 포함한다.
시간제 근로자	직장(일)에서 근무하도록 정해진 소정의 근로시간이 동일 사업장에서 동일한 종류의 업무를 수행하는 근로자의 소정 근로시간보다 1시간이라도 짧은 근로자로, 평소 1주에 36시간 미만 일하기로 정해져 있는 경우가 해당된다.
비전형 근로자	파견근로자, 용역근로자, 특수형태근로종사자, 가정 내(재택, 가내) 근로자, 일일(단기)근로자 등을 포함한다.

28
우리나라의 생산가능인구는 만 몇 세 이상인가?

12년 3회 기출

① 14세
② 15세
③ 16세
④ 17세

만점 해설

② 생산가능인구는 국가별로 차이가 있으나, 우리나라의 경우 만 15세 이상 인구를 생산가능인구의 기준연령으로 본다.

29
경제활동인구조사의 주요 산식으로 틀린 것은?

22년 1회 기출

① 잠재경제활동인구=잠재취업가능자+잠재구직자
② 경제활동참가율=(경제활동인구÷15세 이상 인구)×100
③ 고용률=(취업자÷15세 이상 인구)×100
④ 실업률=(실업자÷15세 이상 인구)×100

만점 해설

실업률의 공식

$$실업률(\%) = \frac{실업자 \ 수}{경제활동인구 \ 수} \times 100$$

*참고 : 고용통계용어 및 그와 관련된 다양한 계산문제는 '3과목 직업정보'와 '4과목 노동시장'에서 공통적으로 출제되고 있습니다. 본 교재에서는 내용의 연속성을 고려하여 주로 '3과목 직업정보'에서 관련 내용을 수록합니다.

30

A국의 취업자가 200만명, 실업자가 10만명, 비경제활동인구가 100만명이라고 할 때, A국의 경제활동참가율은? 22년 2회, 19년 2회, 11년 2회 기출

① 약 66.7%
② 약 67.7%
③ 약 69.2%
④ 약 70.4%

만점 해설

경제활동참가율은 다음의 공식으로 나타낼 수 있다.

$$경제활동참가율(\%) = \frac{경제활동인구\ 수^*}{15세\ 이상\ 인구\ 수^*} \times 100$$

* 경제활동인구 수
  = 15세 이상 인구 수 − 비경제활동인구 수
  = 취업자 수 + 실업자 수
* 15세 이상 인구 수
  = 경제활동인구 수 + 비경제활동인구 수

- 경제활동인구 수 : 200(만명) + 10(만명) = 210(만명)
- 15세 이상 인구 수 : 210(만명) + 100(만명) = 310(만명)
- 경제활동참가율(%) = $\frac{210(만명)}{310(만명)} \times 100 ≒ 67.7(\%)$

∴ 약 67.7%

31

A국의 생산가능인구는 500만명, 취업자 수는 285만명, 실업률이 5%일 때 A국의 경제활동참가율은? 18년 2회 기출

① 48%
② 50%
③ 57%
④ 60%

만점 해설

경제활동참가율은 다음의 공식으로 나타낼 수 있다.

$$경제활동참가율(\%) = \frac{경제활동인구\ 수^*}{15세\ 이상\ 인구\ 수^*} \times 100$$

* 경제활동인구 수 = 취업자 수 + 실업자 수
* '15세 이상 인구'는 '생산가능인구'를 말함(단, 군인이나 제소자 등은 제외)

문제상에서 실업률이 5%로 주어졌으므로, 취업자 수 285만명은 취업률 95%에 해당한다. 이를 토대로 실업자 수(x)를 산정하면,
2,850,000 : 0.95 = x : 0.05
0.95x = 142,500 x = 150,000(명)
즉, 실업자 수는 15만명이 되며, 이를 앞선 경제활동참가율의 공식에 대입하면,

$$경제활동참가율(\%) = \frac{2,850,000(명) + 150,000(명)}{5,000,000(명)} \times 100$$

$$= \frac{3,000,000(명)}{5,000,000(명)} \times 100 = 60(\%)$$

따라서 A국의 경제활동참가율은 60%이다.

32

다음 표에서 실업률은? 20년 3회, 17년 1회, 12년 2회 기출

총 인구	생산가능인구	취업자	실업자
100만명	60만명	36만명	4만명

① 4.0%
② 6.7%
③ 10.0%
④ 12.5%

만점 해설

실업률은 다음의 공식으로 나타낼 수 있다.

$$실업률(\%) = \frac{실업자\ 수^*}{경제활동인구\ 수^*} \times 100$$

* 경제활동인구 수 = 취업자 수 + 실업자 수
* 실업자 수 = 경제활동인구 수 + 취업자 수

$x = \frac{4만명}{36만명 + 4만명} \times 100 = \frac{4만명}{40만명} \times 100 = 10.0(\%)$

∴ 10.0%

정답 30 ② 31 ④ 32 ③

33

다음 표를 이용하여 실업률을 계산하면 약 얼마인가?

18년 3회, 14년 1회 기출

(단위 : 만명)

총 인구	15세 미만 인구	비경제활동 인구	취업자 수
5,000	1,000	800	3,000

① 5.00%
② 6.25%
③ 6.33%
④ 6.67%

만점 해설

실업률은 다음의 공식으로 나타낼 수 있다.

$$실업률(\%) = \frac{실업자\ 수^*}{경제활동인구\ 수^*} \times 100$$

* 경제활동인구 수
  = 15세 이상 인구 수 − 비경제활동인구 수
* 실업자 수
  = 경제활동인구 수 + 취업자 수

- 경제활동인구 수 = 5,000(만명) − 1,000(만명) − 800(만명)
  = 3,200(만명)
- 실업자 수 = 3,200(만명) − 3,000(만명) = 200(만명)
- 실업률(%) = $\frac{200(만명)}{3,200(만명)} \times 100 = 6.25(\%)$ ∴ 6.25%

34

A국가의 경제활동참가율은 50%이고, 생산가능인구와 취업자가 각각 100만명, 40만명이라고 할 때, 이 국가의 실업률은?

22년 1회, 18년 1회 기출

① 5%
② 10%
③ 15%
④ 20%

만점 해설

경제활동참가율은 다음의 공식으로 나타낼 수 있다.

$$경제활동참가율(\%) = \frac{경제활동인구\ 수}{생산가능인구\ 수^*} \times 100$$

* '생산가능인구'는 '15세 이상 인구'를 말함(단, 군인이나 제소자 등은 제외)

경제활동참가율은 50%이고 생산가능인구 수는 100만명이므로,

$$50(\%) = \frac{경제활동인구\ 수}{1,000,000(명)} \times 100$$

∴ 경제활동인구 수는 50만명

실업률을 산출하기 위해 우선 실업자 수를 구하면,

$$실업자\ 수 = 경제활동인구\ 수 − 취업자\ 수$$

실업자 수 = 500,000(명) − 400,000(명)
∴ 실업자 수는 10만명

경제활동인구 수와 실업자 수를 다음의 실업률 공식에 대입하면,

$$실업률(\%) = \frac{실업자\ 수}{경제활동인구\ 수} \times 100$$

실업률(%) = $\frac{100,000(명)}{500,000(명)} \times 100$ ∴ 실업률은 20%

35
어느 국가의 생산가능인구의 구성비가 다음과 같을 때 이 국가의 실업률은? 19년 1회, 16년 1회, 12년 1회 기출

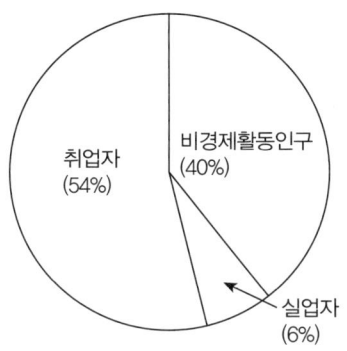

① 6.0% ② 10.0%
③ 11.1% ④ 13.2%

만점 해설

실업률은 다음의 공식으로 나타낼 수 있다.

$$실업률(\%) = \frac{실업자\ 수^*}{경제활동인구\ 수^*} \times 100$$

* 경제활동인구 수 = 취업자 수 + 실업자 수
* 실업자 수 = 경제활동인구 수 − 취업자 수

$$실업률(\%) = \frac{6(\%)}{54(\%)+6(\%)} \times 100 = \frac{6(\%)}{60(\%)} \times 100 = 10.0(\%)$$

∴ 10.0%

36
A국가의 전체 인구 5,000만명 중 은퇴한 노년층과 15세 미만 유년층이 각각 1,000만명이다. 또한, 취업자가 1,500만명이고 실업자는 500만명이라고 한다. 이 국가의 실업률(ㄱ)과 경제활동참가율(ㄴ)은?
16년 2회, 10년 2회 기출

① ㄱ - 25%, ㄴ - 40%
② ㄱ - 25%, ㄴ - 50%
③ ㄱ - 33%, ㄴ - 40%
④ ㄱ - 33%, ㄴ - 50%

만점 해설

실업률과 경제활동참가율
- 경제활동인구 수 = 취업자 수 + 실업자 수
  = 1,500만명 + 500만명 = 2,000만명
- $실업률(\%) = \dfrac{실업자\ 수}{경제활동인구\ 수} \times 100$
  $= \dfrac{500만명}{2,000만명} \times 100 = 25(\%)$
- $경제활동참가율(\%) = \dfrac{경제활동인구\ 수}{15세\ 이상\ 인구\ 수} \times 100$
  $= \dfrac{2,000만명}{5,000만명 - 1,000만명} \times 100 = 50(\%)$

∴ 실업률(ㄱ)은 25%, 경제활동참가율(ㄴ)은 50%

37
고용동향관련 주요 개념으로 틀린 것은? 14년 2회 기출

① 취업자라 함은 조사대상기간 중 수입 있는 일에 한 시간 이상 종사한 자를 말한다.
② 경제활동인구라 함은 15세 이상 인구 중 취업자 또는 실업자를 말한다.
③ 고용률은 경제활동인구를 15세 이상 인구로 나누어 계산한다.
④ 실업자란 일할 능력과 의사를 갖고 있으면서 조사대상기간 중 수입 있는 일에 전혀 종사하지 못한 자를 말한다.

만점 해설

고용률
만 15세 이상 인구 중 취업자가 차지하는 비율을 말한다.

$$고용률(\%) = \frac{취업자\ 수}{15세\ 이상\ 인구\ 수} \times 100$$

38
충족률의 개념으로 옳은 것은? 15년 2회, 04년 3회 기출

① (취업건수/신규구직자 수)×100
② (알선건수/신규구직자 수)×100
③ (알선건수/신규구인인원)×100
④ (취업건수/신규구인인원)×100

만점 해설

충족률
각 업체가 구인하려는 사람의 충족 여부의 비율

$$충족률(\%) = \frac{취업건수}{신규구인인원} \times 100$$

39
일정 기간 동안 구인신청이 들어온 모집인원 중 해당 월말 현재 알선 가능한 인원수의 합을 무엇이라 하는가? 09년 1회, 05년 3회, 03년 3회 기출

① 구인인원
② 유효구인인원
③ 신규구인인원
④ 유효구인배율

만점 해설

유효구인인원
일정 기간 동안 구인신청이 들어온 모집인원 중 해당 월말 알선 가능한 인원수의 합

$$유효구인인원 = 모집인원 수 - 채용인원 수$$

40
다음 각 용어의 설명으로 맞는 것은? 08년 1회 기출

① 실업률=(실업자 수/국민총인구)×100
② 취업률=(취업건수/신규구직자 수)×100
③ 충족률=(취업건수/유효구인인원)×100
④ 알선율=(취업건수/신규구직자 수)×100

만점 해설

① 실업률=(실업자 수/경제활동인구 수)×100
③ 충족률=(취업건수/신규구인인원)×100
④ 알선율=(알선건수/신규구직자 수)×100

41
고용정보의 주요 용어해설의 설명으로 틀린 것은? 08년 3회, 07년 1회 기출변형

① 알선건수 : 해당 기간 동안 알선처리한 건수의 합
② 구인배수 : 신규구인인원/신규구직인원
③ 알선율 : (신규구인인원/알선건수)×100
④ 유효구직자 수 : 구직신청자 중 해당 월말 현재 알선 가능한 인원수의 합

만점 해설

알선율
구직신청자 중 알선이 이루어진 건수의 비율

$$알선율(\%) = \frac{알선건수}{신규구직자 수} \times 100$$

42
「고용행정 통계로 본 노동시장 동향」의 워크넷 구인·구직 현황에서 사용하는 구인배수의 정의로 옳은 것은? 11년 3회, 08년 1회 기출변형

① (신규구인인원÷신규구직인원)×100
② (유효구인인원÷유효구직자 수)×100
③ 신규구인인원÷신규구직인원
④ 유효구인인원÷유효구직자 수

만점 해설

③ 구인배수는 구직자 1명에 대한 구인 수(일자리 수)를 나타내는 것으로, 이를 통해 취업의 용이성이나 구인난 등을 판단할 수 있다.

*참고 : 한국고용정보원이 구인·구직 통계의 목적으로 작성한 「워크넷 구인·구직 및 취업동향」이 2024년 4월 '고용행정통계(EIS)'에 통합되어 현재 고용노동부의 「고용행정 통계로 본 노동시장 동향」을 통해 관련 정보를 제공하고 있습니다.

43

「고용행정 통계로 본 노동시장 동향」의 워크넷 구인·구직 현황에서 신규구인인원 420명, 신규구직인원 800명, 취업건수가 210건이라면 구인배수는? (단, 소수 3째 자리에서 반올림) *17년 1회 기출변형*

① 0.53
② 0.79
③ 1.50
④ 3.81

만점 해설

구인배수는 다음의 공식으로 나타낼 수 있다.

$$구인배수 = \frac{신규구인인원}{신규구직인원} \times 100$$

$$구인배수 = \frac{420(명)}{800(명)} = 0.525$$

∴ 약 0.53(소수 3째 자리에서 반올림)

44

구인·구직 통계가 다음과 같을 때 구인배수는? *19년 1회 기출변형*

구 분	신규구인인원	신규구직인원	취업건수
2018년 5월	210,000	324,000	143,000

① 0.44
② 0.65
③ 1.54
④ 3.73

만점 해설

구인배수는 다음의 공식으로 나타낼 수 있다.

$$구인배수 = \frac{신규구인인원}{신규구직인원}$$

$$구인배수 = \frac{210,000(명)}{324,000(명)} ≒ 0.648$$

∴ 약 0.65(소수 3째 자리에서 반올림)

45

'워크넷 구인·구직 현황'에 대한 설명으로 틀린 것은? *16년 2회, 15년 3회, 11년 3회 기출변형*

① 수록된 통계는 전국 고용센터, 한국산업인력공단, 시·군·구 등에서 입력한 자료를 워크넷 DB로 집계한 것이다.
② 공공고용안정기관의 취업지원서비스를 통해 산출되는 구인·구직 통계를 제공하여, 취업지원사업 등의 국가 고용정책사업 수행을 위한 기초자료를 제공하는 데 목적이 있다.
③ 통계표에 수록된 단위가 반올림되어 표기되어 전체 수치와 표내의 합계가 일치하지 않을 수 있다.
④ 워크넷을 이용한 구인·구직자들만을 대상으로 하므로, 통계자료가 노동시장 전체의 수급상황과 정확히 일치한다.

만점 해설

④ 「고용행정 통계로 본 노동시장 동향」의 워크넷 구인·구직 현황은 워크넷을 이용한 구인·구직자들만을 대상으로 하므로, 통계자료가 노동시장 전체의 수급상황과 일치하지 않을 수도 있으니 이점에 유의하여 통계를 사용해야 한다.

*참고: 「고용행정 통계로 본 노동시장 동향」의 '워크넷 구인·구직 현황'은 기존 「워크넷 구인·구직 및 취업동향」의 구인·구직에 관한 통계자료를 계속해서 제공합니다.

02절 직업정보 수집 계획

01
다음 중 직업정보 수집 계획에 대한 설명으로 옳지 않은 것은? 적중 예상

① 직업정보는 다양한 목적을 갖고 수집하여야 하며, 그 범위도 넓힐 수 있어야 한다.
② 직업정보의 신뢰성을 위해 출처가 명확한 정보를 수집한다.
③ 직업정보는 연간, 월간, 주간 계획과 특정한 수집 필요성에 따라 수집된다.
④ 직업정보는 면담, 관찰, 체험 등의 방법으로 수집할 수 있다.

만점 해설
① 직업정보는 매우 방대하며, 관련된 정보라 하더라도 다 생명이 있는 것은 아니다. 따라서 직업정보는 구체적인 목적을 갖고 수집하여야 하며, 그 범위도 좁힐 수 있어야 한다.

02
직업정보의 수집방법 중 기존 자료에 의한 수집방법이 아닌 것은? 15년 2회, 10년 1회, 08년 3회, 07년 1회 기출

① 각종 통계조사, 업무통계
② 신문 등 보도기사
③ 구직표 · 구인표
④ 직업안정기관 이용자로부터의 수집

만점 해설
기존 정보자료의 수집 · 정리에 의한 방법
- 구인신청서 · 구직신청서(구인표 · 구직표)(③)
- 각종 통계조사 · 업무통계(①)
- 조사연구자료 및 보고서
- 신문 · 잡지 · 관계기관지 등의 기사(②)
- 은행 · 민간신용기관이 공표하는 정보지 등

03
직업정보의 수집방법 중 직접수집법에 해당하는 것은? 05년 3회 기출

① 전화통화에 의한 수집
② 구직표
③ 각종 통계조사
④ 신문 등 보도기사

만점 해설
② · ③ · ④ 기존 정보자료의 수집 · 정리에 의한 방법에 해당한다.

04
직업정보 수집 시 2차 자료(Secondary Data) 유형을 모두 고른 것은? 19년 2회 기출변형

> ㄱ. 한국고용정보원에서 발행하는 직종별 직업사전
> ㄴ. 통계청에서 실시한 지역별 고용조사 결과
> ㄷ. 한국산업인력공단에서 제공하는 국가기술자격통계연보
> ㄹ. 고용24(워크넷)에서 제공하는 취업동향 자료

① ㄱ, ㄷ
② ㄱ, ㄴ, ㄹ
③ ㄴ, ㄷ, ㄹ
④ ㄱ, ㄴ, ㄷ, ㄹ

만점 해설
직업정보 수집 시 가공 여부에 따른 자료의 분류

1차 자료	정보를 조사하는 사람이 직접 자료를 수집 · 분석 · 가공한 자료로, 설문조사를 통한 직접조사나 특정 그룹이나 사물을 관찰하고 경험하는 경험자료 등이 해당한다.
2차 자료	이미 누군가에 의해 자료가 수집 · 분석 · 가공된 자료로, 사전, 편람, 데이터베이스 자료를 비롯하여 각종 책, 잡지, 인쇄된 전단지 등 대부분의 자료들이 해당한다.

05
직업정보 수집 시 2차 자료의 원천에 해당하지 않는 것은?   21년 3회 기출

① 대중매체
② 공문서와 공식기록
③ 직접 수행한 심층면접자료
④ 민간부문 문서

만점 해설

2차 자료의 원천
- 공문서와 공식기록
- 민간부문 문서
- 대중매체
- 물리적·비언어적 자료
- 기존의 축적된 사회과학 분야 수집자료 등

06
직업정보 수집방법으로서 면접법에 관한 설명으로 가장 적합하지 않은 것은?   21년 1회, 16년 2회, 13년 3회 기출

① 표준화 면접은 비표준화 면접보다 타당도가 높다.
② 면접법은 질문지법보다 응답범주의 표준화가 어렵다.
③ 면접법은 질문지법보다 제3자의 영향을 배제할 수 있다.
④ 표준화 면접에는 개방형 및 폐쇄형 질문을 모두 사용할 수 있다.

만점 해설

① 표준화 면접은 비표준화 면접에 비해 응답 결과에 있어서 상대적으로 신뢰도가 높지만 타당도는 낮다.

07
다음 중 면접을 통한 직업정보 수집 시 개방형 질문(Open-ended Questions)을 이용하기에 적합하지 못한 경우는?   17년 3회 기출

① 응답자에 대한 사전지식의 부족으로 응답을 예측할 수 없는 경우
② 특정 행동에 대한 동기조성과 같은 깊이 있는 내용을 다루고자 하는 경우
③ 숙련된 전문 면접자보다 자원봉사자에 의존하여 면접을 실시하는 경우
④ 응답자들의 지식수준이 높아 면접자의 도움 없이 독자적으로 응답할 수 있는 경우

만점 해설

③ 개방형 질문은 응답자료가 개인별로 표준화되어 있지 않으므로 비교나 통계분석이 어렵다. 또한 면접 후 분류 과정에서 자의적인 구분이 일어날 가능성도 있다. 따라서 성공적인 조사를 위해 숙련된 면접자를 필요로 한다.

08
질문지를 활용한 면접조사를 통해 직업정보를 수집할 때, 면접자가 지켜야 할 일반적 원칙으로 틀린 것은?   22년 2회, 18년 1회, 12년 1회 기출

① 질문지를 숙지하고 있어야 한다.
② 응답자와 친숙한 분위기를 형성해야 한다.
③ 개방형 질문인 경우에는 응답내용을 해석·요약하여 기록해야 한다.
④ 면접자는 응답자가 이질감을 느끼지 않도록 복장이나 언어사용에 유의해야 한다.

만점 해설

③ 개방형 질문인 경우에는 응답내용을 해석하고 요약하여 기록하기보다는 대화내용을 있는 그대로 기록하여 면접자가 일관성 있게 정리하는 것이 중요하다. 특히 개방형 질문에 대한 응답을 이끌어 내기 위해 "다른 것은 없습니까?", "그것은 어떻습니까?" 등과 같이 응답자에게 재질문할 수 있다. 다만, 이 경우 응답자에게 부담을 주어서는 안 된다.

정답 05 ③ 06 ① 07 ③ 08 ③

09
직업정보 조사를 위한 설문지 작성법과 거리가 가장 먼 것은? 21년 1회, 14년 1회 기출

① 이중질문은 피한다.
② 조사주체와 직접 관련이 없는 문항은 줄인다.
③ 응답률을 높이기 위해 민감한 질문은 앞에 배치한다.
④ 응답의 고정반응을 피하도록 질문형식을 다양화한다.

만점 해설
③ 민감한 질문이나 개방형 질문은 가급적 질문지의 후반부에 배치한다.

10
직업정보 수집을 위해 질문지를 마련할 때 문항 작성 및 배열의 원칙과 가장 거리가 먼 것은? 17년 2회 기출

① 개인 사생활에 관한 질문과 같이 민감한 질문은 가급적 뒤로 배치하는 것이 좋다.
② 질문 내용은 가급적 구체적인 용어로 표현하는 것이 좋다.
③ 특수한 것을 먼저 묻고 그 다음에 일반적인 것을 질문하도록 하는 것이 좋다.
④ 질문은 논리적인 순서에 따라 자연스럽게 배치하는 것이 좋다.

만점 해설
③ 특별한 질문은 일반질문 뒤에 놓는다.

11
질문지를 사용한 조사를 통해 직업정보를 수집하고자 한다. 질문지 문항 작성방법에 대한 설명으로 틀린 것은? 22년 1회, 19년 1회 기출

① 객관식 문항의 응답 항목은 상호배타적이어야 한다.
② 응답하기 쉬운 문항일수록 설문지의 앞에 배치하는 것이 좋다.
③ 신뢰도 측정을 위해 짝(Pair)으로 된 문항들은 함께 배치하는 것이 좋다.
④ 이중(Double-barreled)질문과 유도질문은 피하는 것이 좋다.

만점 해설
③ 한 질문지(설문지) 내에 표현은 각기 다르지만 동일한 질문 목적을 가진 문항 짝(Pair)들을 배치하는 경우가 있는데, 이는 신뢰도를 측정하기 위한 것이다. 이와 같이 응답의 신뢰도를 묻는 질문 문항들은 분리시켜야 한다.

12
직업정보 수집을 위한 설문지 작성에 관한 설명으로 틀린 것은? 19년 3회 기출

① 폐쇄형 질문의 응답범주는 포괄적(Exhaustive)이어야 한다.
② 응답자의 이해능력을 고려하여 설문문항이 작성되어야 한다.
③ 폐쇄형 질문의 응답범주는 상호배타적(Mutually Exclusive)이지 않아야 된다.
④ 이중질문(Double-barreled Question)은 배제되어야 한다.

만점 해설
③ 폐쇄형 질문의 응답범주는 상호배타적(Mutually Exclusive)이어야 한다. 이는 응답자로 하여금 각 문항에 대해 하나 이상의 답을 선택해야 한다고 느끼지 않도록 해야 한다는 것이다. 이 경우 한 개의 최선의 답을 선택하라는 지시문(예 "가장 ~하는")을 포함시키는 것도 한 가지 방법일 수 있다.

13
다음 중 질문지법의 장점이 아닌 것은? 20년 4회 기출

① 부가적인 정보를 얻을 수 있다.
② 시간과 비용이 적게 든다.
③ 다수의 응답자가 참여할 수 있다.
④ 자료 수집이 용이하다.

만점 해설
① 질문지법(설문지법)은 응답자의 비언어적 행위나 개인적인 특성에 관한 자료를 수집하기 어렵다. 또한 응답자가 응답할 의사를 가지고 있고, 응답할 수 있는 부분에 대해서만 자료를 수집할 수 있다.

14
직업정보 수집을 위한 서베이 조사에 관한 설명으로 틀린 것은? 21년 3회, 19년 2회 기출

① 면접조사는 우편조사에 비해 비언어적 행위의 관찰이 가능하다.
② 일반적으로 전화조사는 면접조사에 비해 면접시간이 길다.
③ 질문의 순서는 응답률에 영향을 줄 수 있다.
④ 폐쇄형 질문의 응답범주는 상호배타적이어야 한다.

만점 해설
② 일반적으로 전화조사는 질문의 길이와 내용에 있어서 제한을 받으므로 면접조사에 비해 면접시간이 짧다.

15
다음은 직업정보 수집을 위한 자료수집방법을 비교한 표이다. ( )에 알맞은 것은? 20년 4회, 18년 3회 기출

기준	(ㄱ)	(ㄴ)	(ㄷ)
비용	높음	보통	보통
응답자료의 정확성	높음	보통	낮음
응답률	높음	보통	낮음
대규모 표본 관리	곤란	보통	용이

① ㄱ : 전화조사, ㄴ : 우편조사, ㄷ : 면접조사
② ㄱ : 면접조사, ㄴ : 우편조사, ㄷ : 전화조사
③ ㄱ : 면접조사, ㄴ : 전화조사, ㄷ : 우편조사
④ ㄱ : 전화조사, ㄴ : 면접조사, ㄷ : 우편조사

만점 해설
자료수집방법의 비교

기준	면접조사	전화조사	우편조사
비용	높음	보통	보통
응답자료의 정확성	높음	보통	낮음
응답률	높음	보통	낮음
대규모 표본 관리	곤란	보통	용이
조사의 유연성	높음	보통	낮음

16
내용분석법을 통해 직업정보를 수집할 때의 장점이 아닌 것은? 20년 1·2회, 16년 3회, 13년 3회 기출

① 정보제공자의 반응성이 높다.
② 장기간의 종단연구가 가능하다.
③ 필요한 경우 재조사가 가능하다.
④ 역사연구 등 소급조사가 가능하다.

만점 해설
① 내용분석법은 조사자의 비관여적인 접근을 통해 조사대상자(정보제공자)의 반응성을 유발하지 않는 장점이 있다.

17
다음 중 직업정보 수집 결과의 점검 기준으로 옳지 않은 것은? *적중 예상*

① 수집된 직업정보는 출처가 명확한가?
② 수집된 직업정보는 신뢰할 수 있는가?
③ 직업정보는 합법적으로 수집하였는가?
④ 수집된 직업정보의 결과물이 상담자의 요구에 부합되는가?

만점 해설
④ 수집된 직업정보의 결과물이 내담자의 요구에 부합되는가?

18
다음 중 직업정보 수집과 관련하여 내담자의 입장을 고려한 점검 사항으로 가장 옳지 않은 것은? *적중 예상*

① 내담자는 제공받은 정보를 어떻게 사용할 것으로 기대되는가?
② 내담자가 이 주제에 대한 한 가지 견해만을 수용할 수 있는가?
③ 다른 이해관계자들은 이슈에 대해 어떤 관점을 가지고 있는가?
④ 내담자에게 자료를 체계적으로 정리하여 보여주기 위한 기법들과 부합되는가?

만점 해설
② 내담자가 이 주제에 대한 다른 견해를 요청할 수 있는가?

03절 직업정보제공원

01
한국직업사전에 대한 설명으로 틀린 것은? *19년 2회 기출*

① 수록된 직업들은 직무분석을 바탕으로 조사된 정보들로서 유사한 직무를 기준으로 분류한 것이다.
② 본 직업정보는 직업코드, 본직업명, 직무개요, 수행직무 등이 해당한다.
③ 수록된 각종 정보는 사업체 표본조사를 통해 조사된 내용으로 근로자의 직업(직무)평가 자료로서의 절대적 기준을 제시한다.
④ 급속한 과학기술 발전과 산업구조 변화 등에 따라 변동하는 직업세계를 체계적으로 조사·분석하여 표준화된 직업명과 기초직업정보를 제공할 목적으로 발간된다.

만점 해설
③ 직업세계 및 노동환경은 기술진보, 경제성장변화 그리고 정부의 정책 등에 따라 달라질 수 있기 때문에 『한국직업사전』에 수록된 직업정보 역시 절대적인 자료가 될 수 없다.

> *참고 : 한국고용정보원(KEIS)은 1986년부터 우리나라 전체 직업에 대한 표준화된 직업명과 수행직무 등 기초 직업정보를 수록한 『한국직업사전』을 발간하고 있습니다. 참고로 본 교재에 수록된 '한국직업사전' 관련 내용은 통합본 제5판 『2020 한국직업사전』을 기준으로 합니다.

02
직업, 훈련, 자격 정보를 제공하는 사이트 또는 정보서와 제공 내용이 틀리게 연결된 것은?
19년 3회 기출변형

① 한국직업사전 – 직업별 제시임금과 희망임금 정보
② 고용24(워크넷) – 직업심리검사 실시
③ 한국직업전망 – 직업별 적성 및 흥미 정보
④ 자격정보시스템(Q-Net) – 국가기술자격별 합격률 정보

만점 해설
① 한국직업사전에서는 직업별 임금관련 정보를 제공하지 않는다.

*참고 : 문제의 지문 ②번은 출제 당시 '워크넷'으로 제시되었으나, 2024년 9월 워크넷의 취업지원서비스가 '고용24'로 이관됨에 따라 이를 변경하였습니다.

03
직업, 자격 정보를 제공하는 정보서 또는 인터넷 사이트와 제공 내용이 틀리게 짝지어진 것은?
17년 1회 기출

① 한국직업사전 – 직업별 평균임금
② 한국직업전망 – 직업별 향후 일자리 수 전망
③ Q-Net(q-net.or.kr) – 자격종목별 합격률
④ 민간자격정보서비스(pqi.or.kr) – 자격별 발급기관

만점 해설
① 한국직업사전에서는 직업별 임금관련 정보를 제공하지 않는다.

04
다음 중 한국직업사전에서 알 수 있는 직업관련 정보가 아닌 것은?
07년 3회, 04년 3회 기출

① 작업강도
② 직무개요
③ 수행직무
④ 임금수준

만점 해설
④ 한국직업사전에서는 직업별 임금관련 정보를 제공하지 않는다.

05
한국직업사전에서 알 수 있는 직업관련 정보가 아닌 것은?
16년 2회 기출

① 표준산업분류 코드
② 직무개요
③ 수행직무
④ 임금수준

만점 해설
④ 한국직업사전에서는 직업별 임금관련 정보를 제공하지 않는다.

06
다음 중 한국직업사전에서 알 수 없는 자료는?
10년 4회, 09년 2회 기출

① 해당 직업이 주로 존재하는 산업명, 해당 직무를 수행하는 데 필요한 일반적인 지식 정도
② 유사직업명, 작업장소의 환경과 제약조건
③ 수행하는 직무기술, 수행하는 작업에 필요한 힘의 강도 및 신체적 제반동작
④ 노동시간, 해당 직무를 수행하는 데 필요한 직무지식

만점 해설
④ 한국직업사전에서는 직업별 노동시간에 관한 정보를 제공하지 않는다.

07
한국직업사전의 부가 직업정보에 해당하는 것은?
15년 1회 기출

① 직업코드 ② 수행직무
③ 본 직업명칭 ④ 정규교육

만점 해설
한국직업사전의 본 직업정보(출처 : 2020 한국직업사전)
- 직업코드
- 본직업명(본 직업명칭)
- 직무개요
- 수행직무

08
한국직업사전의 부가 직업정보에 해당되지 않는 것은?
17년 1회, 10년 1회 기출

① 직무기능(DPT) ② 숙련기간
③ 자격·면허 ④ 직무개요

만점 해설
한국직업사전의 부가 직업정보(출처 : 2020 한국직업사전)
- 정규교육
- 숙련기간(②)
- 직무기능(①)
- 작업강도
- 육체활동
- 작업장소
- 작업환경
- 유사명칭
- 관련직업
- 자격·면허(③)
- 한국표준산업분류 코드
- 한국표준직업분류 코드
- 조사연도

09
한국직업사전의 부가 직업정보에 해당하지 않는 것은?
12년 2회 기출

① 정규교육 ② 숙련기간
③ 직무개요 ④ 작업강도

만점 해설
③ 직무개요는 직업코드, 본직업명, 수행직무와 함께 한국직업사전의 '본 직업정보'에 해당한다.

10
한국직업사전의 직업코드 기준은?
15년 3회 기출

① 한국고용직업분류의 대분류
② 한국고용직업분류의 중분류
③ 한국고용직업분류의 소분류
④ 한국고용직업분류의 세분류

만점 해설
한국직업사전의 직업코드 기준(출처 : 2020 한국직업사전)
특정 직업을 구분해 주는 단위로서 『한국고용직업분류(KECO)』의 세분류 4자리 숫자로 표기하였다. 직업코드 4자리에서 첫 번째는 대분류, 두 번째는 중분류, 세 번째 숫자는 소분류, 네 번째 숫자는 세분류를 나타낸다.

11
한국직업사전에 수록된 직업정보는 크게 5가지 항목으로 구분할 수 있다. 이에 대한 설명으로 틀린 것은?
15년 2회 기출

① 본직업명 – 산업현장에서 일반적으로 해당 직업으로 알려진 명칭 혹은 그 직무가 통상적으로 호칭되는 것으로 '한국직업사전'에 그 직무내용이 기술된 명칭이다.
② 직업코드 – 특정 직업을 구분해 주는 단위로서 '한국고용직업분류'의 세분류 5자리 숫자로 표기하였다.
③ 수행직무 – 직무담당자가 직무의 목적을 완수하기 위하여 수행하는 구체적인 작업 내용을 작업순서에 따라 서술한 것이다.
④ 부가 직업정보 – 정규교육, 숙련기간, 직무기능, 작업강도, 육체활동 등을 포함한다.

만점 해설
② 직업코드 – 특정 직업을 구분해 주는 단위로서 『한국고용직업분류(KECO)』의 세분류 4자리 숫자로 표기하였다.

12

한국직업사전에서 제공하는 부가 직업정보에 대한 설명으로 틀린 것은? 　　　　　17년 2회 기출

① 정규교육은 해당 직업의 직무를 수행하는 데 필요한 일반적인 정규교육수준을 의미하는 것으로 해당 직업 종사자의 평균 학력을 나타낸다.
② 숙련기간은 정규교육과정을 이수한 후 해당 직업의 직무를 평균적인 수준으로 스스로 수행하기 위하여 필요한 각종 교육기간, 훈련기간 등을 의미한다.
③ 작업강도는 해당 직업의 직무를 수행하는 데 필요한 육체적 힘의 강도를 나타내며, 심리적·정신적 노동강도는 고려하지 않았다.
④ 관련직업은 본직업명과 기본적인 직무에 있어서 공통점이 있으나 직무의 범위, 대상 등에 따라 나누어지는 직업이다.

만점 해설
① 정규교육은 해당 직업의 직무를 수행하는 데 필요한 일반적인 정규교육수준을 의미하는 것으로, 해당 직업 종사자의 평균 학력을 나타내는 것은 아니다.

13

한국직업사전의 부가 직업정보에서 정규교육에 관한 설명으로 틀린 것은?
　　　　　14년 3회, 08년 3회, 04년 3회 기출

① 해당 직업의 직무를 수행하는 데 필요한 일반적인 정규교육수준을 의미한다.
② 현행 우리나라 정규교육과정의 연한을 고려하여 그 수준은 6개로 분류된다.
③ 해당 직업 종사자의 평균 학력을 나타낸 것이다.
④ 독학, 검정고시 등을 통해 정규교육과정을 이수하였다고 판단되는 기간도 포함된다.

만점 해설
③ 정규교육은 해당 직업의 직무를 수행하는 데 필요한 일반적인 정규교육수준을 의미하는 것으로, 해당 직업 종사자의 평균 학력을 나타내는 것은 아니다.

14

한국직업사전(2020)의 부가 직업정보 중 정규교육에 관한 설명으로 틀린 것은? 　　　　　22년 1회 기출

① 우리나라 정규교육과정의 연한을 고려하여 6단계로 분류하였다.
② 4수준은 12년 초과~14년 이하(전문대졸 정도)이다.
③ 독학, 검정고시 등을 통해 정규교육과정을 이수하였다고 판단되는 기간도 포함된다.
④ 해당 직업 종사자의 평균 학력을 나타내는 것이다.

만점 해설
④ 정규교육은 해당 직업의 직무를 수행하는 데 필요한 일반적인 정규교육수준을 의미하는 것으로, 해당 직업 종사자의 평균 학력을 나타내는 것은 아니다.

15

다음은 한국직업사전에서 해당 직업의 직무를 수행하는 데 필요한 일반적인 정규교육수준에 대한 설명이다. (　　)에 알맞은 것은? 　　　19년 1회 기출

> (ㄱ) : 9년 초과~12년 이하(고졸 정도)
> (ㄴ) : 14년 초과~16년 이하(대졸 정도)

① ㄱ : 수준 2, ㄴ : 수준 4
② ㄱ : 수준 3, ㄴ : 수준 5
③ ㄱ : 수준 4, ㄴ : 수준 6
④ ㄱ : 수준 5, ㄴ : 수준 7

만점 해설
한국직업사전의 부가 직업정보 중 정규교육의 6단계 수준 (출처 : 2020 한국직업사전)

수준	교육정도
1	6년 이하(초졸 정도)
2	6년 초과~9년 이하(중졸 정도)
3	9년 초과~12년 이하(고졸 정도)
4	12년 초과~14년 이하(전문대졸 정도)
5	14년 초과~16년 이하(대졸 정도)
6	16년 초과(대학원 이상)

16

한국직업사전의 숙련기간에 대한 설명으로 틀린 것은? 　　　　　　　　　　　　　　　　16년 1회 기출

① 정규교육과정을 이수한 후 해당 직업의 직무를 평균적인 수준으로 스스로 수행하기 위하여 필요한 각종 교육, 훈련, 숙련기간을 의미한다.
② 해당 직업에 필요한 자격·면허를 취득하는 취업 전 교육 및 훈련기간이 해당되며, 취업 후에 이루어지는 관련 자격·면허 취득 교육 및 훈련기간은 포함되지 않는다.
③ 해당 직무를 평균적으로 수행하기 위한 각종 교육·훈련기간, 수습교육, 기타 사내교육, 현장훈련 등이 포함된다.
④ 해당 직무를 평균적인 수준 이상으로 수행하기 위한 향상훈련은 숙련기간에 포함되지 않는다.

만점 해설
② 해당 직업에 필요한 자격·면허를 취득하는 취업 전 교육 및 훈련기간뿐만 아니라 취업 후에 이루어지는 관련 자격·면허 취득 교육 및 훈련기간도 포함된다.

17

한국직업사전의 부가 직업정보 중 숙련기간에 포함되지 않는 것은? 　　　　　　　　　　18년 1회 기출

① 해당 직업에 필요한 자격·면허를 취득하는 취업 전 교육 및 훈련 기간
② 취업 후에 이루어지는 관련 자격·면허 취득 교육 및 훈련 기간
③ 해당 직무를 평균적으로 수행하기 위한 각종 교육·훈련, 수습교육 등의 기간
④ 해당 직무를 평균적인 수준 이상으로 수행하기 위한 향상훈련 기간

만점 해설
④ 해당 직무를 평균적으로 수행하기 위한 각종 교육·훈련기간, 수습교육, 기타 사내교육, 현장훈련 등이 포함되지만, 해당 직무를 평균적인 수준 이상으로 수행하기 위한 향상훈련(Further Training)은 숙련기간에 포함되지 않는다.

18

한국직업사전의 부가 직업정보 중 '수준 4'에 해당하는 숙련기간은? 　　　　　　　　18년 2회 기출

① 시범 후 30일 이하
② 3개월 초과~6개월 이하
③ 1년 초과~2년 이하
④ 4년 초과~10년 이하

만점 해설

한국직업사전의 부가 직업정보 중 숙련기간(출처 : 2020 한국직업사전)

수 준	숙련기간
1	약간의 시범정도
2	시범 후 30일 이하
3	1개월 초과~3개월 이하
4	3개월 초과~6개월 이하
5	6개월 초과~1년 이하
6	1년 초과~2년 이하
7	2년 초과~4년 이하
8	4년 초과~10년 이하
9	10년 초과

19

한국직업사전의 부가 직업정보 중 숙련기간의 수준과 숙련기간이 바르게 짝지어진 것은? 　11년 3회 기출

① 수준 2 : 시범 후 30일 이하
② 수준 5 : 3개월 초과~6개월 이하
③ 수준 7 : 1년 초과~2년 이하
④ 수준 9 : 4년 초과~10년 이하

만점 해설
② 수준 5 : 6개월 초과~1년 이하
③ 수준 7 : 2년 초과~4년 이하
④ 수준 9 : 10년 초과

16 ② 17 ④ 18 ② 19 ①

20
한국직업사전의 부가 직업정보 중 숙련기간에 대한 설명으로 틀린 것은? 19년 3회 기출

① 정규교육과정을 이수한 후 해당 직업의 직무를 평균적인 수준으로 스스로 수행하기 위하여 필요한 각종 교육기간, 훈련기간 등을 의미한다.
② 해당 직업에 필요한 자격·면허를 취득하는 취업 전 교육 및 훈련기간뿐만 아니라 취업 후에 이루어지는 관련 자격·면허 취득 교육 및 훈련기간도 포함된다.
③ 자격·면허가 요구되는 직업은 아니지만 해당 직무를 평균적으로 수행하기 위한 각종 교육·훈련, 수습교육, 기타 사내교육, 현장훈련 등의 기간이 포함된다.
④ 5수준의 숙련기간은 4년 초과~10년 이하이다.

만점 해설
④ 5수준의 숙련기간은 6개월 초과~1년 이하이다.

21
한국직업사전의 직무기능에 해당하지 않는 것은? 15년 1회 기출

① 환 경
② 자 료
③ 사 물
④ 사 람

만점 해설
한국직업사전의 부가 직업정보 중 직무기능
해당 직업 종사자가 직무를 수행하는 과정에서 '자료(Data)', '사람(People)', '사물(Thing)'과 맺는 관련된 특성을 나타낸다.

22
한국직업사전 부가 직업정보의 직무기능에 대한 설명에서 ( ) 안에 공통적으로 들어갈 말은? 15년 2회 기출

> ( )와/과 관련된 기능은 위계적 관계가 없거나 희박하다. 서비스 제공이 일반적으로 덜 복잡한 ( ) 관련 기능이며, 나머지 기능들은 기능의 수준을 의미하는 것은 아니다.

① 시스템
② 사 물
③ 자 료
④ 사 람

만점 해설
한국직업사전의 부가 직업정보 중 직무기능(출처 : 2020 한국직업사전)

자 료 (Data)	자료와 관련된 기능은 정보, 지식, 개념 등 세 가지 종류의 활동으로 배열되어 있는데, 어떤 것은 광범위하며, 어떤 것은 범위가 협소하다. 또한 각 활동은 상당히 중첩되어 배열 간의 복잡성이 존재한다.
사 람 (People)	사람과 관련된 기능은 위계적 관계가 없거나 희박하다. 서비스 제공이 일반적으로 덜 복잡한 사람 관련 기능이며, 나머지 기능들은 기능의 수준을 의미하는 것은 아니다.
사 물 (Thing)	사물과 관련된 기능은 작업자가 기계와 장비를 가지고 작업하는지 혹은 기계가 아닌 도구나 보조구를 가지고 작업하는지에 기초하여 분류된다. 또한 작업자의 업무에 따라 사물과 관련되어 요구되는 활동수준이 달라진다.

23

한국직업사전의 제공 정보 중 직무기능(DPT)에 대한 설명으로 틀린 것은? 14년 1회 기출

① 직무기능은 해당 직업 종사자가 직무를 수행하는 과정에서 자료(Data), 사람(People), 사물(Thing)과 맺는 관련된 특성을 나타낸다.
② 사람(People)의 기능은 자문, 협의, 교육, 감독, 오락제공, 설득, 말하기 – 신호, 서비스 제공 등을 포함하여 위계적 관계가 명확한 활동이다.
③ 사물(Thing)의 기능은 작업자가 기계와 장비를 가지고 작업하는지 혹은 기계와 관련 없는 도구와 작업보조구를 가지고 작업하는지를 기초로 하여 분류한다.
④ 자료(Data)와 관련된 기능은 정보, 지식, 개념 등 세 가지 종류의 활동으로 배열되어 있다.

만점 해설
② 사람(People)의 기능은 위계적 관계가 없거나 희박하다.

24

한국직업사전의 직무기능 자료(Data) 항목 중 무엇에 관한 설명인가? 20년 1·2회 기출

- 데이터의 분석에 기초하여 시간, 장소, 작업순서, 활동 등을 결정한다.
- 결정을 실행하거나 상황을 보고한다.

① 종 합
② 조 정
③ 계 산
④ 수 집

만점 해설
한국직업사전(2020)의 직무기능 자료(Data) 항목
- 종합(Synthesizing) : 사실을 발견하고 지식개념 또는 해석을 개발하기 위해 자료를 종합적으로 분석한다.
- 조정(Coordinating) : 데이터의 분석에 기초하여 시간, 장소, 작업순서, 활동 등을 결정한다. 결정을 실행하거나 상황을 보고한다.
- 분석(Analyzing) : 조사하고 평가한다. 평가와 관련된 대안적 행위의 제시가 빈번하게 포함된다.
- 수집(Compiling) : 자료, 사람, 사물에 관한 정보를 수집·대조·분류한다. 정보와 관련한 규정된 활동의 수행 및 보고가 자주 포함된다.
- 계산(Computing) : 사칙연산을 실시하고 사칙연산과 관련하여 규정된 활동을 수행하거나 보고한다. 수를 세는 것은 포함되지 않는다.
- 기록(Copying) : 데이터를 옮겨 적거나 입력하거나 표시한다.
- 비교(Comparing) : 자료, 사람, 사물의 쉽게 관찰되는 기능적·구조적·조합적 특성을 (유사성 또는 표준과의 차이) 판단한다.

25

한국직업사전(2020)의 부가정보 중 "자료"에 관한 설명으로 틀린 것은? 21년 1회 기출

① 종합 : 사실을 발견하고 지식개념 또는 해석을 개발하기 위해 자료를 종합적으로 분석한다.
② 분석 : 조사하고 평가한다. 평가와 관련된 대안적 행위의 제시가 빈번하게 포함된다.
③ 계산 : 사칙연산을 실시하고 사칙연산과 관련하여 규정된 활동을 수행하거나 보고한다. 수를 세는 것도 포함된다.
④ 기록 : 데이터를 옮겨 적거나 입력하거나 표시한다.

만점 해설
③ 계산 : 사칙연산을 실시하고 사칙연산과 관련하여 규정된 활동을 수행하거나 보고한다. 수를 세는 것은 포함되지 않는다.

26
한국직업사전의 직업명세 중 자료(Data)와 관련된 직무기능에 관한 설명으로 틀린 것은?
10년 4회, 09년 1회 기출

① 종합 – 사실을 발견하고 지식개념 또는 해석을 개발하기 위해 자료를 종합적으로 분석한다.
② 조정 – 데이터의 분석에 기초하여 시간, 장소, 작업순서, 활동 등을 결정한다.
③ 계산 – 수를 세거나 사칙연산을 실시하고 사칙연산과 관련하여 규정된 활동을 수행하거나 보고한다.
④ 수집 – 자료, 사람, 사물에 관한 정보를 수집·대조·분류한다.

만점 해설
③ 계산 – 사칙연산을 실시하고 사칙연산과 관련하여 규정된 활동을 수행하거나 보고한다. 수를 세는 것은 포함되지 않는다.

27
한국직업사전에서 사람과 관련된 직무기능 중 "정책을 수립하거나 의사결정을 하기 위해 생각이나 정보, 의견 등을 교환한다"와 관련 있는 것은?
20년 4회 기출

① 자 문
② 협 의
③ 설 득
④ 감 독

만점 해설
① 자문 : 법률적으로나 과학적, 임상적, 종교적, 기타 전문적인 방식에 따라 사람들의 전인격적인 문제를 상담하고 조언하며 해결책을 제시한다.
③ 설득 : 상품이나 서비스 등을 구매하도록 권유하고 설득한다.
④ 감독 : 작업절차를 결정하거나 작업자들에게 개별 업무를 적절하게 부여하여 작업의 효율성을 높인다.

28
한국직업사전에서 "정책을 수립하거나 의사결정을 하기 위해 생각이나 정보, 의견 등을 교환한다"가 관련되는 직무기능은?
12년 2회 기출

① 자 료
② 사 람
③ 사 물
④ 조 정

만점 해설
② 한국직업사전에서 사람(People)과 관련된 직무기능 중 '협의(Negotiating)'의 내용에 해당한다.

29
한국직업사전의 직무기능 중 사물(T)에 해당하는 것은?
12년 3회 기출

① 조작운전
② 분 석
③ 계 산
④ 자 문

만점 해설
②·③ 자료(Data), ④ 사람(People)

30

다음은 한국직업사전(2020) 직무기능 "사물" 항목 중 무엇에 관한 설명인가? 21년 2회 기출

> 다양한 목적을 수행하고자 사물 또는 사람의 움직임을 통제하는 데 있어 일정한 경로를 따라 조작되고 안내되어야 하는 기계 또는 설비를 시동, 정지하고 그 움직임을 제어한다.

① 조작운전
② 정밀작업
③ 제어조작
④ 수동조작

만점 해설

② 정밀작업 : 설정된 표준치를 달성하기 위하여 궁극적인 책임이 존재하는 상황 하에서 신체부위, 공구, 작업도구를 사용하여 가공물 또는 재료를 가공, 조종, 이동, 안내하거나 또는 정위치시킨다. 그리고 도구, 가공물 또는 원료를 선정하고 작업에 알맞게 공구를 조정한다.
③ 제어조작 : 기계 또는 설비를 시동, 정지, 제어하고 작업이 진행되고 있는 기계나 설비를 조정한다.
④ 수동조작 : 기계, 설비 또는 재료를 가공, 조정, 이동 또는 위치할 수 있도록 신체부위, 공구 또는 특수장치를 사용한다. 정확도 달성 및 적합한 공구, 기계, 설비 또는 원료를 산정하는 데 있어서 어느 정도의 판단력이 요구된다.

31

한국직업사전에서 제공하는 정보 중 직무기능(DPT)은 해당 직무를 수행하는 작업자가 자료, 사람, 사물과 맺는 관계를 나타내는 것이다. 다음 표의 ( ) 안에 들어갈 알맞은 것은? 11년 2회 기출

수준	자료(Data)	사람(People)	사물(Thing)
0	종합	자문	설치
1	(A)	협의	정밀작업
2	분석	(B)	제어조작
3	수집	감독	(C)
4	계산	오락제공	수동조작

① A : 조정, B : 교육, C : 조작운전
② A : 기록, B : 설득, C : 유지
③ A : 비교, B : 말하기-신호, C : 투입-인출
④ A : 관련없음, B : 서비스 제공, C : 단순작업

만점 해설

한국직업사전(2020)의 부가 직업정보 중 직무기능(DPT)

수준	자료(Data)	사람(People)	사물(Thing)
0	종합	자문	설치
1	조정	협의	정밀작업
2	분석	교육	제어조작
3	수집	감독	조작운전
4	계산	오락제공	수동조작
5	기록	설득	유지
6	비교	말하기-신호	투입-인출
7	-	서비스 제공	단순작업
8	관련없음	관련없음	관련없음

32

한국직업사전의 부가 직업정보 중 직무기능(DPT)에서 자료(Data)의 수준과 내용이 바르게 짝지어진 것은? 11년 1회 기출

① 1 - 분석
② 2 - 수집
③ 3 - 조건
④ 4 - 계산

만점 해설

① 1 - 조정, ② 2 - 분석, ③ 3 - 수집

33

한국직업사전의 직무기능(DPT) 내용을 의미하는 [조정-자문-정밀작업]에 해당하는 수준들의 합은? 12년 3회 기출

① 2
② 3
③ 4
④ 5

만점 해설

① 조정(1)+자문(0)+정밀작업(1)=2

34
한국직업사전의 부가 직업정보 중 작업강도에 대한 설명으로 옳은 것은? 11년 1회 기출

① 작업강도는 5단계로 분류된다.
② 작업강도는 심리적, 정신적 노동강도를 고려하여 구분한다.
③ 보통 작업은 최고 8kg의 물건을 들어 올리고, 4kg 정도의 물건을 빈번히 들어 올리거나 운반한다.
④ 힘든 작업은 최고 20kg의 물건을 들어 올리고, 10kg 정도의 물건을 빈번히 들어 올리거나 운반한다.

만점 해설
① 작업강도는 '아주 가벼운 작업', '가벼운 작업', '보통 작업', '힘든 작업', '아주 힘든 작업' 등 5단계로 분류된다.
② 작업강도는 심리적·정신적 노동강도는 고려하지 않았다.
③ '보통 작업'은 최고 20kg의 물건을 들어 올리고, 10kg 정도의 물건을 빈번히 들어 올리거나 운반한다.
④ '힘든 작업'은 최고 40kg의 물건을 들어 올리고, 20kg 정도의 물건을 빈번히 들어 올리거나 운반한다.

35
한국직업사전의 부가 직업정보 중 작업강도에 관한 설명으로 옳은 것은? 16년 2회, 05년 3회 기출

① 작업강도는 해당 직업의 직무를 수행하는 데 필요한 육체적 힘의 강도를 나타낸 것으로 3단계로 분류하였다.
② 작업강도는 심리적·정신적 노동강도는 고려하지 않았다.
③ 보통 작업은 최고 40kg의 물건을 들어 올리고, 20kg 정도의 물건을 빈번히 들어 올리거나 운반한다.
④ 운반이란 물체를 주어진 높이에서 다른 높이로 올리거나 내리는 작업을 의미한다.

만점 해설
① 작업강도는 해당 직업의 직무를 수행하는 데 필요한 육체적 힘의 강도를 나타낸 것으로 5단계로 분류하였다.
③ '보통 작업'은 최고 20kg의 물건을 들어 올리고, 10kg 정도의 물건을 빈번히 들어 올리거나 운반한다.
④ '운반'이란 손에 들거나 팔에 걸거나 어깨에 메고 물체를 한 장소에서 다른 장소로 옮기는 작업을 의미한다.

36
한국직업사전(2020)의 작업강도 중 무엇에 관한 설명인가? 22년 2회, 13년 3회 기출

> 최고 20kg의 물건을 들어 올리고, 10kg 정도의 물건을 빈번히 들어 올리거나 운반한다.

① 가벼운 작업
② 보통 작업
③ 힘든 작업
④ 아주 힘든 작업

만점 해설
작업강도(출처 : 2020 한국직업사전)
• 아주 가벼운 작업 : 최고 4kg의 물건을 들어 올리고, 때때로 장부, 소도구 등을 들어 올리거나 운반한다.
• 가벼운 작업 : 최고 8kg의 물건을 들어 올리고, 4kg 정도의 물건을 빈번히 들어 올리거나 운반한다.
• 보통 작업 : 최고 20kg의 물건을 들어 올리고, 10kg 정도의 물건을 빈번히 들어 올리거나 운반한다.
• 힘든 작업 : 최고 40kg의 물건을 들어 올리고, 20kg 정도의 물건을 빈번히 들어 올리거나 운반한다.
• 아주 힘든 작업 : 40kg 이상의 물건을 들어 올리고, 20kg 이상의 물건을 빈번히 들어 올리거나 운반한다.

37
한국직업사전의 작업강도 중 '보통 작업'에 대한 설명으로 옳은 것은? 15년 3회, 10년 1회 기출

① 최고 4kg의 물건을 들어 올리고, 때때로 장부, 소도구 등을 들어 올리거나 운반한다.
② 최고 8kg의 물건을 들어 올리고, 4kg 정도의 물건을 빈번히 들어 올리거나 운반한다.
③ 최고 20kg의 물건을 들어 올리고, 10kg 정도의 물건을 빈번히 들어 올리거나 운반한다.
④ 최고 40kg의 물건을 들어 올리고, 20kg 정도의 물건을 빈번히 들어 올리거나 운반한다.

만점 해설
① 아주 가벼운 작업, ② 가벼운 작업, ④ 힘든 작업

정답 34 ① 35 ② 36 ② 37 ③

38
한국직업사전에서 다음에 해당하는 작업강도는?
18년 1회 기출

> 최고 40kg의 물건을 들어 올리고, 20kg 정도의 물건을 빈번히 들어 올리거나 운반한다.

① 가벼운 작업
② 보통 작업
③ 힘든 작업
④ 아주 힘든 작업

만점 해설

작업강도의 주요 특징
- 아주 가벼운 작업 : 최고 4kg
- 가벼운 작업 : 최고 8kg, 운반 4kg
- 보통 작업 : 최고 20kg, 운반 10kg
- 힘든 작업 : 최고 40kg, 운반 20kg
- 아주 힘든 작업 : 40kg 이상, 운반 20kg 이상

39
한국직업사전의 부가 직업정보에서 작업강도에 대한 설명으로 틀린 것은?
11년 2회 기출

① 아주 가벼운 작업 - 최고 4kg의 물건을 들어 올리고, 때때로 장부, 소도구 등을 들어 올리거나 운반한다.
② 가벼운 작업 - 최고 8kg의 물건을 들어 올리고, 4kg 정도의 물건을 빈번히 들어 올리거나 운반한다.
③ 힘든 작업 - 최고 20kg의 물건을 들어 올리고, 10kg 정도의 물건을 빈번히 들어 올리거나 운반한다.
④ 아주 힘든 작업 - 40kg 이상의 물건을 들어 올리고, 20kg 이상의 물건을 빈번히 들어 올리거나 운반한다.

만점 해설

③ 힘든 작업 - 최고 40kg의 물건을 들어 올리고, 20kg 정도의 물건을 빈번히 들어 올리거나 운반한다.

40
다음의 설명에 해당하는 한국직업사전에서의 작업강도는?
10년 2회, 09년 1회 기출

> - 최고 8kg의 물건을 들어 올리고, 4kg 정도의 물건을 빈번히 들어 올리거나 운반한다.
> - 걷거나 서서하는 작업이 대부분일 때 또는 앉아서 하는 작업일지라도 팔과 다리로 밀고 당기는 작업을 수반할 때에는 무게가 매우 적을지라도 이 작업에 포함된다.

① 아주 가벼운 작업　② 가벼운 작업
③ 보통 작업　　　　　④ 힘든 작업

만점 해설

② '가벼운 작업'은 최고 8kg의 물건을 들어 올리고, 4kg 정도의 물건을 빈번히 들어 올리거나 운반한다.

41
한국직업사전의 작업강도에 대한 설명에서 손에 들거나 팔에 걸거나 어깨에 메고 물체를 한 장소에서 다른 장소로 옮기는 작업은?
14년 3회 기출

① 들어올림　　　② 운 반
③ 밈　　　　　　④ 이 동

만점 해설

한국직업사전(2020)의 부가 직업정보 중 작업강도의 결정기준

들어올림	물체를 주어진 높이에서 다른 높이로 올리거나 내리는 작업
운 반	손에 들거나 팔에 걸거나 어깨에 메고 물체를 한 장소에서 다른 장소로 옮기는 작업
밈	물체에 힘을 가하여 힘을 가한 쪽으로 움직이게 하는 작업 예 때리고, 치고, 발로차고, 페달을 밟는 일도 포함
당 김	물체에 힘을 가하여 힘을 가한 반대쪽으로 움직이게 하는 작업 예 물체에 힘을 가하여 자기쪽으로 일정한 방향으로 가까이 오게 하는 작업

42

한국직업사전(2020)의 부가 직업정보 중 작업환경에 대한 설명으로 틀린 것은? 21년 3회 기출

① 작업환경은 해당 직업의 직무를 수행하는 작업원에게 직접적으로 물리적, 신체적 영향을 미치는 작업장의 환경요인을 나타낸 것이다.
② 작업환경의 측정은 작업자의 반응을 배제하고 조사자가 느끼는 신체적 반응으로 판단한다.
③ 작업환경은 저온·고온, 다습, 소음·진동, 위험내재, 대기환경미흡으로 구분한다.
④ 작업환경은 산업체 및 작업장에 따라 달라질 수 있으므로 절대적인 기준이 될 수 없다.

만점 해설
② 작업자의 작업환경을 조사하는 담당자는 일시적으로 방문하고 또한 정확한 측정기구를 가지고 있지 못한 경우가 일반적이기 때문에 조사 당시에 조사자가 느끼는 신체적 반응 및 작업자의 반응을 듣고 판단한다.

43

한국직업사전의 부가 직업정보 중 작업환경에 대한 설명으로 틀린 것은? 15년 1회 기출

① 작업환경은 해당 직업의 직무를 수행하는 작업자에게 직접적으로 물리적, 신체적 영향을 미치는 작업장의 환경요인을 나타낸 것이다.
② 작업환경의 측정은 조사자가 느끼는 신체적 반응 및 작업자의 반응을 듣고 판단한다.
③ 작업환경은 사업체의 규모와 특성에 따라 달라질 수 있으나 동일사업체의 경우에는 작업장마다 절대적인 기준이 된다.
④ 작업환경에는 저온, 고온, 다습, 소음·진동, 위험내재, 대기환경미흡 등이 있다.

만점 해설
③ 작업환경은 산업체 및 작업장에 따라 달라질 수 있으므로 절대적인 기준이 될 수 없다.

44

한국직업사전에는 각 직업별로 환경조건을 분석하여 제시한다. 다음의 직업명세 항목 가운데 작업환경에 해당하는 것은? 14년 2회 기출

① 작업강도
② 손사용
③ 위험내재
④ 정밀작업

만점 해설
한국직업사전(2020)의 부가 직업정보 중 작업환경의 항목
- 저온
- 고온
- 다습
- 소음·진동
- 위험내재
- 대기환경미흡

45

한국직업사전에 수록되어 있는 정보 중 유사명칭에 대한 설명으로 틀린 것은? 17년 3회 기출

① 직업 수 집계에서 제외된다.
② 본직업명을 명칭만 다르게 해서 부르는 것이다.
③ 한국직업사전의 부가 직업정보에 해당한다.
④ 본직업명을 직무의 범위, 대상 등에 따라 나눈 것이다.

만점 해설
④ '유사명칭'은 현장에서 본직업명을 명칭만 다르게 부르는 것으로 본직업명과 사실상 동일하다. 따라서 직업 수 집계에서 제외된다.

정답 42 ② 43 ③ 44 ③ 45 ④

46
한국직업사전의 부가 직업정보에 대한 설명으로 옳은 것은? 19년 2회 기출

① 정규교육 : 해당 직업 종사자의 평균 학력을 나타낸다.
② 조사연도 : 해당 직업의 직무조사가 실시된 연도를 나타낸다.
③ 작업강도 : 해당 직업의 직무를 수행하는 데 필요한 육체적·심리적·정신적 힘의 강도를 나타낸다.
④ 유사명칭 : 본직업명과 기본적인 직무에 있어서 공통점이 있으나 직무의 범위, 대상 등에 따라 나누어지는 직업이다.

만점 해설
① '정규교육'은 해당 직업의 직무를 수행하는 데 필요한 일반적인 정규교육수준을 의미하는 것으로, 해당 직업 종사자의 평균 학력을 나타내는 것은 아니다.
③ '작업강도'는 해당 직업의 직무를 수행하는 데 필요한 육체적 힘의 강도를 나타낸 것으로, 심리적·정신적 노동강도는 고려하지 않았다.
④ '유사명칭'은 현장에서 본직업명을 명칭만 다르게 부르는 것으로 본직업명과 사실상 동일하다.

47
다음은 한국직업사전(2020)에 수록된 어떤 직업에 관한 설명인가? 22년 2회, 13년 1회 기출

- 직무개요 : 기업을 구성하는 여러 요소(재무, 회계, 인사, 미래비전, 유통 등)에 대한 분석을 통하여 기업이 당면한 문제점과 해결방안을 제시한다.
- 직무기능 : 자료(분석) / 사람(자문) / 사물(관련 없음)

① 직무분석가
② 시장조사분석가
③ 환경영향평가원
④ 경영컨설턴트

만점 해설
① 직무분석가는 조직적인 인사관리, 합리적인 직무평가, 과학적인 교육훈련 등을 목적으로 사업체 및 공공기관 등에서 수행되는 업무의 내용, 수행요건, 근로조건 등과 같은 기술적인 정보를 조사·분석·평가한다.
② 시장조사분석가는 마케팅계획 수립 등을 위해 시장규모, 미래현황, 유통채널, 소비자, 경쟁업체 등에 관한 조사를 수행하고 분석·평가한다.
③ 환경영향평가원은 환경영향평가 대상 사업의 계획을 수립하는 데 당해 사업의 시행으로 인하여 자연환경, 생활환경, 사회·경제 환경에 미치는 해로운 영향을 미리 예측·분석하여 환경영향을 줄이는 방안을 강구하고 제안한다.

48
한국직업전망에 관한 설명으로 옳은 것은? 18년 1회 기출

① 한국직업전망은 2001년부터 발간하기 시작하였다.
② 한국직업전망의 수록 직업 선정 기준은 한국표준직업분류의 세분류에 근거한다.
③ 직업에 대한 고용전망은 감소, 다소 감소, 다소 증가, 증가 등 4개 구간으로 구분하여 제시한다.
④ 해당 직업 종사자의 일반적인 근무시간, 근무형태, 육체적·정신적 스트레스 정도 등을 근무환경으로 서술한다.

만점 해설

④ 해당 직업 종사자의 일반적인 근무시간, 근무형태(교대근무, 야간근무 등), 근무장소, 육체적·정신적 스트레스 정도, 산업안전 등을 업무 환경(근무 환경)으로 서술한다.
① 한국직업전망은 1999년부터 발간하기 시작하였다.
② 한국직업전망의 수록 직업 선정은 한국고용직업분류(KECO)의 세분류(4-digits) 직업에 기초하여 종사자 수가 일정 규모(3만명) 이상인 경우를 원칙으로 하였다.
③ 고용전망(일자리 전망) 결과는 향후 10년간의 연평균 고용증감률을 감소(-2% 미만), 다소 감소(-2% 이상 -1% 이하), 현 상태 유지(-1% 초과 1% 미만), 다소 증가(1% 이상 2% 이하), 증가(2% 초과) 등 5개 구간으로 구분하여 제시한다.

*참고 : '한국직업전망'은 1999년부터 격년으로 발간되었으나, 『2021 한국직업전망』부터 급변하는 직업세계의 환경 변화에 능동적으로 대처하고 직업 및 진로 개발을 돕기 위해 주요 직종을 나누어서 매년 발간하고 있습니다. 참고로 본 교재에 수록된 '한국직업전망' 관련 내용은 『2021~2023 한국직업전망 : 일자리 전망 통합본』을 기준으로 하며, 『2021 한국직업전망』, 『2022 한국직업전망』 및 『2023 한국직업전망』을 참고하였습니다.

49
한국직업전망의 수록 직업 선정에 관한 설명으로 틀린 것은? 17년 2회 기출

① 수록 직업은 한국표준직업분류의 중분류 직업에 기초하여 종사자 수가 일정 규모 이상인 경우를 원칙으로 선정하였다.
② 청소년 및 구직자의 관심이 높거나 직업정보를 제공할 가치가 있다고 판단되는 직업을 추가 선정하였다.
③ 직업 선정 시 KECO의 세분류 직업 429개 중 승진을 통해 진입하게 되는 관리직은 제외하였다.
④ 직무가 유사한 직업들은 하나로 통합하거나 소분류(3-digits) 수준에서 통합하였다.

만점 해설

① 한국직업전망의 수록 직업 선정은 한국고용직업분류(KECO)의 세분류(4-digits) 직업에 기초하여 종사자 수가 일정 규모(3만명) 이상인 경우를 원칙으로 하였다.

50
다음 중 '2021~2023 한국직업전망(일자리 전망 통합본)'의 직업별 내용에 포함되지 않는 것은? 적중 예상

① 직업명
② 직업 코드(Code)
③ 산업전망
④ 일자리 전망

만점 해설

'2021~2023 한국직업전망(일자리 전망 통합본)'의 직업별 내용
• 직업명 : 한국고용직업분류(KECO)에서 사용하는 명칭을 준용함
• 직업 코드(Code) : 6-digits으로 구성함[한국고용직업분류(KECO) 코드 4자리+한국직업정보(KNOW)에 등재된 직업들을 관리하기 위한 일련번호 2자리]
• 일자리 전망 : 향후 10년간 해당 직업의 일자리(고용) 증감을 전망함('증가/다소 증가/현 상태 유지/다소 감소/감소' 등 5개 구간으로 구분)

51
한국직업전망에서 정의한 고용변동 요인 중 불확실성 요인에 해당하는 것은? 19년 2회 기출

① 인구구조 및 노동인구 변화
② 정부정책 및 법·제도 변화
③ 과학기술 발전
④ 가치관과 라이프스타일 변화

만점 해설

한국직업전망에서 정의한 고용변동 요인

확실성 요인	• 인구구조의 변화(예 저출산, 고령화 등) • 노동인구의 변화(예 외국인 근로자의 증가 등) • 산업특성 및 산업구조의 변화 • 과학기술의 발전 • 환경과 에너지·자원(예 기후변화 및 환경오염 대응 등) • 가치관과 라이프스타일의 변화
불확실성 요인	• 국내외 경기 변화(대내외 경제 상황 변화) • 기업의 경영전략 변화 • 법·제도 및 정부정책(정부정책 및 법·제도 변화)(②)

정답 49 ① 50 ③ 51 ②

52

'2021~2023 한국직업전망(일자리 전망 통합본)'의 향후 10년간 직업별 일자리 전망 결과 '증가'가 예상되는 직업에 해당하지 않는 것은? 20년 3회 기출변형

① 어업 종사자
② 사회복지사
③ 간병인
④ 간호사

만점 해설

'2021~2023 한국직업전망(일자리 전망 통합본)'의 직업별 일자리 전망 결과 '증가'가 예상되는 주요 직업
- 변호사
- 사회복지사(②)
- 심리상담전문가
- 성형외과의사
- 수의사
- 간호사(④)
- 반려동물미용사
- 요양보호사 및 간병인(③)
- 로봇공학기술자
- 의약품공학기술자 및 연구원
- 항공기조종사
- 응용소프트웨어개발자
- 웹개발자(웹프로그래머)
- 산업안전원 및 위험관리원 등

*참고 : 한국직업전망의 직업별(직종별) 일자리 전망 결과는 지면 관계상 일부만을 제시한 것입니다. 또한 관련 내용은 수시로 변경되는 경향이 있으므로, 이점 감안하여 학습하시기 바랍니다. '어업 종사자'의 일자리 전망 결과는 '2019 한국직업전망'에서 '감소'로 분류된 바 있으나, '2021~2023 한국직업전망(일자리 전망 통합본)'에서는 '양식원'과 '어부 및 해녀'로 구분되어 '다소 감소'로 분류되고 있습니다.

53

'2021~2023 한국직업전망(일자리 전망 통합본)'에서 세분류 수준의 일자리 전망 결과가 '증가' 및 '다소 증가'에 해당하는 직업명을 모두 고른 것은? 19년 3회 기출변형

ㄱ. 연예인매니저
ㄴ. 간병인
ㄷ. 네트워크시스템개발자
ㄹ. 보육교사
ㅁ. 임상심리사
ㅂ. 택배원

① ㄱ, ㄴ, ㄷ, ㅁ, ㅂ
② ㄴ, ㄹ, ㅂ
③ ㄱ, ㄷ, ㄹ, ㅁ
④ ㄱ, ㄴ, ㄷ, ㄹ, ㅁ, ㅂ

만점 해설

ㄱ·ㄷ·ㅁ·ㅂ. 다소 증가, ㄴ. 증가, ㄹ. 현 상태 유지

*참고 : '보육교사'의 일자리 전망 결과는 '2019 한국직업전망'에서 '다소 증가'로 분류되었으므로 문제 출제 당시 정답은 ④번이었으나, 현행 '2021~2023 한국직업전망(일자리 전망 통합본)'에서는 '현 상태 유지'로 분류되고 있으므로, 개정된 내용에 따르면 정답은 ①번입니다.

54

'2021~2023 한국직업전망(일자리 전망 통합본)'의 직업별 일자리 전망 결과에서 '다소 증가'로 전망되지 않은 것은? 20년 4회 기출변형

① 항공기조종사
② 경찰관
③ 방송기자
④ 손해사정사

만점 해설

① '항공기조종사'는 '2021~2023 한국직업전망(일자리 전망 통합본)'의 직업별 일자리 전망 결과에서 '증가'로 전망되는 직업이다.

04절 직업훈련에 대한 정보

01
국가직무능력표준(NCS)에 관한 설명으로 틀린 것은?
22년 1회 기출변형

① 산업현장에서 직무를 수행하기 위해 요구되는 지식·기술·태도 등의 내용을 국가가 표준화한 것이다.
② 한국고용직업분류 등을 참고하여 분류하였으며, 대분류 → 중분류 → 소분류 → 세분류 순으로 구성되어 있다.
③ 능력단위는 NCS 분류의 하위단위로서 능력단위요소, 직업기초능력 등으로 구성되어 있다.
④ NCS 선정은 중분류 단위를 원칙으로 하되 소분류나 세분류 단위로 선정할 수 있다.

만점 해설

④ NCS 선정은 세분류 단위를 원칙으로 하되 중분류나 소분류 단위로 선정할 수 있다.

*참고 : 「NCS 개발·개선 매뉴얼」이 2023년 4월 14일부로 전부개정 되었습니다. 개정 전 매뉴얼에서는 NCS를 '세분류(직무)'로 표기하였으나, NCS 개념과 범위에 대한 혼란을 해소하기 위해 'NCS'로 변경하였습니다.

02
국가직무능력표준에 대한 설명과 가장 거리가 먼 것은?
14년 3회 기출변형

① 능력단위요소는 적용범위 및 작업상황으로 구성된다.
② NCS의 하위구성요소는 능력단위이다.
③ 직무능력표준이란 직무를 수행하기 위하여 요구되는 지식, 기술, 소양 등의 내용을 국가가 산업부문별, 수준별로 체계화한 것이다.
④ 능력단위별로 평가지침과 직업기초능력을 규정한다.

만점 해설

① 능력단위(주의 : 능력단위요소가 아님)는 NCS 기본 구성요소로 복수의 능력단위요소, 적용범위 및 작업상황, 평가지침, 직업기초능력 등의 정보로 구성된다.

03
국가직무능력표준(NCS)에 대한 설명으로 틀린 것은?
18년 2회 기출

① 국가직무능력표준은 산업현장에서 직무를 수행하기 위해 요구되는 지식, 기술, 태도 등의 내용을 국가가 체계화한 것이다.
② 국가직무능력표준 분류는 직무의 유형(Type)을 중심으로 단계적으로 구성하였다.
③ 국가직무능력표준을 활용하여 교육·훈련 프로그램 및 자격종목을 설계할 수 있다.
④ 국가직무능력표준의 수준체계는 1수준~5수준의 5단계로 구성된다.

만점 해설

④ 국가직무능력표준의 수준체계는 1수준~8수준의 8단계로 구성된다.

04
다음에 해당하는 NCS 수준체계는? 19년 3회 기출변형

- 정의 : 독립적인 권한 내에서 해당 분야의 이론 및 지식을 자유롭게 활용하고, 일반적인 숙련으로 다양한 과업을 수행하고, 타인에게 해당 분야 지식 및 노하우를 전달할 수 있는 수준
- 지식기술 : 해당 분야의 이론 및 지식을 자유롭게 활용할 수 있는 수준 / 일반적인 숙련으로 다양한 과업을 수행할 수 있는 수준
- 역량 : 타인에게 해당 분야의 지식 및 노하우를 전달할 수 있는 수준 / 독립적인 권한 내에서 과업을 수행할 수 있는 수준

① 8수준 ② 7수준
③ 6수준 ④ 5수준

만점 해설

NCS 수준체계

수 준	정 의
8수준	해당 분야에 대한 최고도의 이론 및 지식을 활용하여 새로운 이론을 창조할 수 있고, 최고도의 숙련으로 광범위한 기술적 작업을 수행할 수 있으며, 조직 및 업무 전반에 대한 권한과 책임이 부여된 수준
7수준	해당 분야의 전문화된 이론 및 지식을 활용하여 고도의 숙련으로 광범위한 작업을 수행할 수 있으며, 타인의 결과에 대하여 의무와 책임이 필요한 수준
6수준	독립적인 권한 내에서 해당 분야의 이론 및 지식을 자유롭게 활용하고, 일반적인 숙련으로 다양한 과업을 수행하며, 타인에게 해당 분야의 지식 및 노하우를 전달할 수 있는 수준
5수준	포괄적인 권한 내에서 해당 분야의 이론 및 지식을 사용하여 매우 복잡하고 비일상적인 과업을 수행하고, 타인에게 해당 분야의 지식을 전달할 수 있는 수준
4수준	일반적인 권한 내에서 해당 분야의 이론 및 지식을 제한적으로 사용하여 복잡하고 다양한 과업을 수행하는 수준
3수준	제한된 권한 내에서 해당 분야의 기초이론 및 일반지식을 사용하여 다소 복잡한 과업을 수행하는 수준
2수준	일반적인 지시 및 감독 하에 해당 분야의 일반지식을 사용하여 절차화되고 일상적인 과업을 수행하는 수준
1수준	구체적인 지시 및 철저한 감독 하에 문자이해, 계산능력 등 기초적인 일반지식을 사용하여 단순하고 반복적인 과업을 수행하는 수준

05
다음 중 국민취업지원제도에 대한 설명으로 옳지 않은 것은? 적중 예상

① 취업취약계층을 대상으로 하는 '한국형 실업부조' 제도이다.
②「국민 평생 직업능력 개발법」에 근거한다.
③ 연령, 소득, 재산 등 요건 충족 여부에 따라 Ⅰ·Ⅱ유형으로 구분하여 지원한다.
④ Ⅰ유형 참여자에게 구직촉진수당을 지급한다.

만점 해설

② 국민취업지원제도의 근거가 되는 법률은 「구직자 취업촉진 및 생활안정지원에 관한 법률」이다. 참고로 국민내일배움카드가 「국민 평생 직업능력 개발법」에 근거한다.

06
국민취업지원제도 Ⅱ유형의 특정 계층에 해당하지 않는 것은? 21년 3회 기출변형

① 구직단념청년(니트족)
② 북한이탈주민
③ 생계급여 수급자
④ 실업급여 수급자

만점 해설

국민취업지원제도 Ⅱ유형의 특정 계층(일부)
- 생계급여 수급자(③)
- 북한이탈주민(②)
- 결혼이민자
- 구직단념청년(①)
- 미혼모(부)·한부모
- 저소득 노무제공자
- 노숙인 등 비주택 거주자
- 신용회복지원자
- 위기청소년
- 여성가구주
- 건설일용직
- 영세자영업자 등

*참고 : 위의 해설 내용은 국민취업지원제도 Ⅱ유형의 특정 계층 중 일부를 제시한 것입니다. 참고로 이 문제는 "취업성공패키지 Ⅰ에 해당하지 않는 것은?"으로 출제되었는데, 기존 취업성공패키지 사업이 국민취업지원제도로 통합되어 국민취업지원제도 Ⅱ유형으로 운영되고 있습니다.

07

저소득 구직자 등 취업취약계층을 대상으로 일정한 금액을 지원하여 그 범위 이내에서 직업능력개발훈련에 참여할 수 있도록 하고, 훈련이력 등을 개인별로 통합관리하는 제도는?

15년 3회 기출변형

① 훈련계좌발급제
② 직업능력훈련제도
③ 국민내일배움카드
④ 직업능력카드

만점 해설

국민내일배움카드
급격한 기술발전에 적응하고 노동시장 변화에 대응하는 사회안전망 차원에서 생애에 걸친 역량개발 향상 등을 위해 국민 스스로 직업능력개발훈련을 실시할 수 있도록 훈련비 등을 지원하는 제도이다.

08

국민내일배움카드 제도를 지원받을 수 있는 자는?

22년 2회 기출

① 만 65세인 사람
② 「사립학교교직원 연금법」을 적용받고 현재 재직 중인 사람
③ 「군인연금법」을 적용받고 현재 재직 중인 사람
④ 지방자치단체로부터 훈련비를 지원받는 훈련에 참여하는 사람

만점 해설

① 국민내일배움카드 제도의 지원제외 대상연령이 만 75세 이상이므로, 만 65세인 사람은 국민내일배움카드 제도를 지원받을 수 있다(국민내일배움카드 운영규정 제4조 제2항 참조).

*참고 : 국민내일배움카드 제도 관련 내용은 수시로 변경되는 경향이 있으므로, 개정 여부를 반드시 확인하시기 바랍니다. 참고로 「군인연금법」을 적용받는 현직 군인은 원칙적으로 지원제외대상이나, 중·장기복무 제대군인으로서 국가보훈부장관의 추천을 받아 직업능력개발훈련을 받는 사람과 5년 미만 단기복무로 6개월 이내 전역 예정인 군간부는 지원대상에 포함됩니다.

09

국민내일배움카드의 지원대상에 해당하지 않는 것은?

21년 1회 기출

① 「한부모가족지원법」에 따른 지원대상자
② 「고용보험법 시행령」에 따른 기간제근로자인 피보험자
③ 「수산업·어촌 발전 기본법」에 따른 어업인으로서 어업 이외의 직업에 취업하려는 사람
④ 만 75세 이상인 사람

만점 해설

④ 만 75세 이상인 사람은 국민내일배움카드 제도의 지원 제외대상이다(국민내일배움카드 운영규정 제4조 제2항 제2호).

10

국민내일배움카드의 적용을 받는 자에 해당하는 것은?

22년 1회 기출변형

① 「공무원연금법」을 적용받고 현재 재직 중인 사람
② 만 75세인 사람
③ 중앙행정기관으로부터 훈련비를 지원받는 훈련에 참여하는 사람
④ 대학교 4학년에 재학 중인 졸업예정자

만점 해설

④ 「고등교육법」에 따른 학교의 재학생으로서 졸업까지 남은 수업연한이 2년 이내인 사람은 국민내일배움카드의 적용대상(지원대상)에 해당한다(국민내일배움카드 운영규정 제4조 제2항 참조).

정답 07 ③ 08 ① 09 ④ 10 ④

11

다음 ( )에 알맞은 것은? 18년 1회, 13년 2회 기출변형

> 일반계좌제 훈련과정으로서 실업자를 대상으로 한 집체훈련이 적합훈련과정으로 인정받으려면 원칙적으로 소정훈련일수가 (ㄱ)일 이상이고 소정훈련시간이 (ㄴ)시간 이상이어야 한다.

① ㄱ : 10, ㄴ : 40
② ㄱ : 15, ㄴ : 40
③ ㄱ : 10, ㄴ : 65
④ ㄱ : 15, ㄴ : 120

만점 해설

일반계좌제 훈련과정으로서 집체훈련의 인정요건(국민내일배움카드 운영규정 제19조 제2항 및 별표2 참조)

실업자	소정훈련일수가 10일 이상이고 소정훈련시간이 40시간 이상일 것
재직자	훈련일수가 2일 이상이고 훈련시간이 16시간 이상일 것

12

국민내일배움카드제의 직업능력개발계좌에 대한 설명으로 틀린 것은? 16년 2회, 13년 1회 기출변형

① 단위기간이란 훈련개시일로부터 매 1개월을 단위로 하는 기간을 말한다.
② 집체훈련과정에서 수료란 원칙적으로 소정훈련일수의 80퍼센트 이상을 출석한 경우를 말한다.
③ 계좌의 유효기간은 계좌발급일로부터 5년으로 한다.
④ 일반계좌제 훈련과정으로서 실업자 대상 집체훈련의 인정요건은 훈련기간과 훈련시간이 각각 15일 이상이고 60시간 이상이어야 한다.

만점 해설

④ 일반계좌제 훈련과정으로서 실업자 대상 집체훈련의 인정요건은 소정훈련일수가 10일 이상이고 소정훈련시간이 40시간 이상이어야 한다(국민내일배움카드 운영규정 제19조 제2항 및 별표2 참조).

13

국민내일배움카드 훈련과정으로 인정받을 수 있는 것은? 14년 3회 기출변형

① 공인노무사
② 변리사
③ 재직자 집체훈련 외국어훈련과정
④ 공인중개사

만점 해설

①·②·④ 변호사·변리사·공인중개사·공인노무사 등의 자격시험 및 공무원 공채시험과 관련된 과정 등 지원의 필요성이 적은 과정은 국민내일배움카드 훈련과정으로 인정받을 수 없다(국민내일배움카드 운영규정 제19조 제5항 참조).

14

평생학습계좌제(www.all.go.kr)에 관한 설명으로 틀린 것은? 21년 2회, 19년 2회 기출

① 개인의 다양한 학습경험을 온라인 학습이력관리 시스템에 누적·관리하여 체계적인 학습설계를 지원한다.
② 개인의 학습결과를 학력이나 자격인정과 연계하거나 고용정보로 활용할 수 있게 한다.
③ 전 국민을 대상으로 실시하는 제도로서, 원하는 누구나 이용이 가능하다.
④ 온라인으로 계좌개설이 가능하며 방문신청은 전국 고용센터에 방문하여 개설한다.

만점 해설

④ 학습계좌개설은 개인이 평생학습계좌제의 학습이력관리시스템 접속을 통하여 직접 신청하는 '온라인 신청'을 통한 개설과 국가평생교육진흥원 '방문 신청'을 통한 개설이 가능하다.

05절 자격제도에 대한 정보

01
다음은 국가기술자격 검정의 기준 중 어떤 등급에 관한 설명인가? 22년 2회, 19년 3회, 13년 3회, 11년 2회 기출

> 해당 국가기술자격의 종목에 관한 고도의 전문지식과 실무경험에 입각한 계획, 연구, 설계, 분석, 조사, 시험, 시공, 감리, 평가, 진단, 사업관리, 기술관리 등의 업무를 수행할 수 있는 능력 보유

① 기술사
② 기 사
③ 산업기사
④ 기능장

만점 해설

국가기술자격 검정의 기준(국가기술자격법 시행령 제14조 제1항 및 별표3 참조)
- 기술사 : 해당 국가기술자격의 종목에 관한 고도의 전문지식과 실무경험에 입각한 계획·연구·설계·분석·조사·시험·시공·감리·평가·진단·사업관리·기술관리 등의 업무를 수행할 수 있는 능력 보유
- 기능장 : 해당 국가기술자격의 종목에 관한 최상급 숙련기능을 가지고 산업현장에서 작업관리, 소속 기능인력의 지도 및 감독, 현장훈련, 경영자와 기능인력을 유기적으로 연계시켜 주는 현장관리 등의 업무를 수행할 수 있는 능력 보유
- 기사 : 해당 국가기술자격의 종목에 관한 공학적 기술이론 지식을 가지고 설계·시공·분석 등의 업무를 수행할 수 있는 능력 보유
- 산업기사 : 해당 국가기술자격의 종목에 관한 기술기초이론 지식 또는 숙련기능을 바탕으로 복합적인 기초기술 및 기능업무를 수행할 수 있는 능력 보유
- 기능사 : 해당 국가기술자격의 종목에 관한 숙련기능을 가지고 제작·제조·조작·운전·보수·정비·채취·검사 또는 작업관리 및 이에 관련되는 업무를 수행할 수 있는 능력 보유

02
다음 국가기술자격 검정의 기준은 어느 등급에 해당하는가? 18년 2회 기출

> 해당 국가기술자격의 종목에 관한 최상급 숙련기능을 가지고 산업현장에서 작업관리, 소속 기능인력의 지도 및 감독, 현장훈련, 경영자와 기능인력을 유기적으로 연계시켜 주는 현장관리 등의 업무를 수행할 수 있는 능력 보유

① 기술사
② 기능장
③ 기 사
④ 산업기사

만점 해설

국가기술자격 검정의 주요 기준
- 기술사 : 고도의 전문지식
- 기능장 : 최상급 숙련기능
- 기사 : 공학적 기술이론
- 산업기사 : 기술기초이론+숙련기능
- 기능사 : 숙련기능

03
다음은 어떤 국가기술자격 등급의 검정기준에 해당하는가? 21년 1회, 16년 2회, 13년 2회 기출

> 해당 국가기술자격의 종목에 관한 공학적 기술이론 지식을 가지고 설계·시공·분석 등의 업무를 수행할 수 있는 능력의 유무

① 기능장
② 기 사
③ 산업기사
④ 기능사

만점 해설

국가기술자격 검정의 주요 기준
- 기술사 : 고도의 전문지식
- 기능장 : 최상급 숙련기능
- 기사 : 공학적 기술이론
- 산업기사 : 기술기초이론+숙련기능
- 기능사 : 숙련기능

정답 01 ① 02 ② 03 ②

04
기술기초이론 지식 또는 숙련기능을 바탕으로 복합적인 기초기술 및 기능업무를 수행할 수 있는 능력의 보유 여부를 검정기준으로 하는 국가기술자격 등급은?
18년 3회, 12년 1회 기출

① 기능장
② 기 사
③ 산업기사
④ 기능사

만점 해설

국가기술자격 검정의 주요 기준
- 기술사 : 고도의 전문지식
- 기능장 : 최상급 숙련기능
- 기사 : 공학적 기술이론
- 산업기사 : 기술기초이론+숙련기능
- 기능사 : 숙련기능

05
다음은 국가기술자격 중 어떤 등급의 검정기준에 해당하는가?
21년 2회, 14년 1회 기출

> 해당 국가기술자격의 종목에 관한 숙련기능을 가지고 제작·제조·조작·운전·보수·정비·채취·검사 또는 작업관리 및 이에 관련되는 업무를 수행할 수 있는 능력 보유

① 기능사
② 산업기사
③ 기 사
④ 기능장

만점 해설

국가기술자격 검정의 주요 기준
- 기술사 : 고도의 전문지식
- 기능장 : 최상급 숙련기능
- 기사 : 공학적 기술이론
- 산업기사 : 기술기초이론+숙련기능
- 기능사 : 숙련기능

06
서비스 분야 국가기술자격의 단일등급에 해당하지 않는 직종은?
17년 2회 기출

① 스포츠경영관리사
② 텔레마케팅관리사
③ 게임그래픽전문가
④ 전자상거래관리사

만점 해설

④ 전자상거래관리사는 1급과 2급으로 구분된다.

07
국가기술자격 검정의 방법으로 사실과 다른 것은?
14년 2회 기출

① 기술사 - 단답형 필기시험 또는 주관식 논문형 필기시험, 구술형 면접
② 기능장 - 단답형 필기시험, 작업형 실기시험
③ 기사 - 객관식 필기시험, 주관식 필기시험 또는 작업형 실기시험
④ 산업기사 - 객관식 필기시험, 주관식 필기시험 또는 작업형 실기시험

만점 해설

국가기술자격(기술·기능 분야) 검정의 방법(국가기술자격법 시행령 제14조 제2항 및 별표4 참조)

자격 등급	검정 방법	
	필기시험	면접시험 또는 실기시험
기술사	단답형 또는 주관식 논문형	구술형 면접시험
기능장	객관식	작업형 실기시험
기 사	객관식	작업형 실기시험
산업기사	객관식	작업형 실기시험
기능사	객관식	작업형 실기시험

※ 고용노동부령으로 정하는 국가기술자격의 종목은 작업형 실기시험을 주관식 필기시험 또는 주관식 필기와 실기를 병합한 시험으로 갈음할 수 있다.
※ 고용노동부령으로 정하는 국가기술자격의 종목은 실기시험만 시행할 수 있다.

08

국가기술자격 기능장 등급의 응시자격으로 틀린 것은?
　　　　　　　　　　　　　　　　　19년 2회 기출변형

① 응시하려는 종목이 속하는 동일 및 유사 직무분야의 산업기사 또는 기능사 자격을 취득한 후 「국민 평생 직업능력 개발법」에 따라 설립된 기능대학의 기능장 과정을 마친 이수자 또는 그 이수예정자
② 산업기사 등급 이상의 자격을 취득한 후 응시하려는 종목이 속하는 동일 및 유사 직무분야에서 7년 이상 실무에 종사한 사람
③ 응시하려는 종목이 속하는 동일 및 유사 직무분야에서 9년 이상 실무에 종사한 사람
④ 응시하려는 종목이 속하는 동일 및 유사 직무분야의 다른 종목의 기능장 등급의 자격을 취득한 사람

만점 해설

② 산업기사 등급 이상의 자격을 취득한 후 응시하려는 종목이 속하는 동일 및 유사 직무분야에서 5년 이상 실무에 종사한 사람

*참고 : 「근로자직업능력 개발법」이 법 개정에 따라 2022년 2월 18일부로 「국민 평생 직업능력 개발법」으로 제명이 변경되었습니다.

09

국가기술자격 기사 등급의 자격시험에 응시하기 위해서는 기능사 자격 취득 후 응시하려는 종목이 속하는 동일 및 유사 직무분야에서 몇 년의 실무경력이 필요한가?
　　　　　　　　　　　　　　　　　17년 2회 기출

① 2년
② 3년
③ 4년
④ 5년

만점 해설

국가기술자격 기사의 응시자격(국가기술자격법 시행령 제14조 제7항 및 별표4의2 참조)
- 산업기사 등급 이상의 자격을 취득한 후 응시하려는 종목이 속하는 동일 및 유사 직무분야에서 1년 이상 실무에 종사한 사람
- 기능사 자격을 취득한 후 응시하려는 종목이 속하는 동일 및 유사 직무분야에서 3년 이상 실무에 종사한 사람(②)
- 응시하려는 종목이 속하는 동일 및 유사 직무분야의 다른 종목의 기사 등급 이상의 자격을 취득한 사람
- 관련학과의 대학졸업자 등 또는 그 졸업예정자
- 3년제 전문대학 관련학과 졸업자 등으로서 졸업 후 응시하려는 종목이 속하는 동일 및 유사 직무분야에서 1년 이상 실무에 종사한 사람
- 2년제 전문대학 관련학과 졸업자 등으로서 졸업 후 응시하려는 종목이 속하는 동일 및 유사 직무분야에서 2년 이상 실무에 종사한 사람
- 동일 및 유사 직무분야의 기사 수준 기술훈련과정 이수자 또는 그 이수예정자
- 동일 및 유사 직무분야의 산업기사 수준 기술훈련과정 이수자로서 이수 후 응시하려는 종목이 속하는 동일 및 유사 직무분야에서 2년 이상 실무에 종사한 사람
- 응시하려는 종목이 속하는 동일 및 유사 직무분야에서 4년 이상 실무에 종사한 사람
- 외국에서 동일한 종목에 해당하는 자격을 취득한 사람

10
국가기술자격 기사 등급의 응시자격으로 틀린 것은? *19년 1회 기출*

① 응시하려는 종목이 속하는 동일 및 유사 직무분야에서 4년 이상 실무에 종사한 사람
② 동일 및 유사 직무분야의 기사 수준 기술훈련과정 이수자 또는 그 이수예정자
③ 응시하려는 종목이 속하는 동일 및 유사 직무분야의 다른 종목의 기사 등급 이상의 자격을 취득한 사람
④ 기능사 자격을 취득한 후 응시하려는 종목이 속하는 동일 및 유사 직무분야에서 2년 이상 실무에 종사한 사람

만점 해설
④ 기능사 자격을 취득한 후 응시하려는 종목이 속하는 동일 및 유사 직무분야에서 3년 이상 실무에 종사한 사람

11
국가기술자격 기사의 응시자격 기준으로 틀린 것은? *15년 3회, 12년 2회 기출*

① 기능사 자격을 취득한 후 응시하려는 종목이 속하는 동일 및 유사 직무분야에서 2년 이상 실무에 종사한 사람
② 산업기사 등급 이상의 자격을 취득한 후 응시하려는 종목이 속하는 동일 및 유사 직무분야에서 1년 이상 실무에 종사한 사람
③ 응시하려는 종목이 속하는 동일 및 유사 직무분야의 다른 종목의 기사 등급 이상의 자격을 취득한 사람
④ 응시하려는 종목이 속하는 동일 및 유사 직무분야에서 4년 이상 실무에 종사한 사람

만점 해설
① 기능사 자격을 취득한 후 응시하려는 종목이 속하는 동일 및 유사 직무분야에서 3년 이상 실무에 종사한 사람

12
국가기술자격의 기사 응시자격으로 가장 거리가 먼 것은? *14년 2회 기출*

① 산업기사 등급 이상의 자격을 취득한 후 응시하려는 종목이 속하는 동일 및 유사 직무분야에서 1년 이상 실무에 종사한 사람
② 기능사 자격을 취득한 후 응시하려는 종목이 속하는 동일 및 유사 직무분야에서 3년 이상 실무에 종사한 사람
③ 2년제 전문대학 관련학과 졸업자 등으로서 졸업 후 응시하려는 종목이 속하는 동일 및 유사 직무분야에서 1년 이상 실무에 종사한 사람
④ 응시하려는 종목이 속하는 동일 및 유사 직무분야에서 4년 이상 실무에 종사한 사람

만점 해설
③ 2년제 전문대학 관련학과 졸업자 등으로서 졸업 후 응시하려는 종목이 속하는 동일 및 유사 직무분야에서 2년 이상 실무에 종사한 사람

13
국가기술자격 산업기사 등급의 응시자격 기준으로 틀린 것은? *22년 1회, 18년 3회 기출*

① 고용노동부령으로 정하는 기능경기대회 입상자
② 동일 및 유사 직무분야의 산업기사 수준 기술훈련과정 이수자 또는 그 이수예정자
③ 응시하려는 종목이 속하는 동일 및 유사 직무분야의 다른 종목의 산업기사 등급 이상의 자격을 취득한 사람
④ 응시하려는 종목이 속하는 동일 및 유사 직무분야에서 1년 이상 실무에 종사한 사람

정답 10 ④ 11 ① 12 ③ 13 ④

만점 해설

국가기술자격 산업기사 등급의 응시자격(국가기술자격법 시행령 제14조 제7항 및 별표4의2 참조)
- 기능사 등급 이상의 자격을 취득한 후 응시하려는 종목이 속하는 동일 및 유사 직무분야에 1년 이상 실무에 종사한 사람
- 응시하려는 종목이 속하는 동일 및 유사 직무분야의 다른 종목의 산업기사 등급 이상의 자격을 취득한 사람(③)
- 관련학과의 2년제 또는 3년제 전문대학졸업자 등 또는 그 졸업예정자
- 관련학과의 대학졸업자 등 또는 그 졸업예정자
- 동일 및 유사 직무분야의 산업기사 수준 기술훈련과정 이수자 또는 그 이수예정자(②)
- 응시하려는 종목이 속하는 동일 및 유사 직무분야에서 2년 이상 실무에 종사한 사람(④)
- 고용노동부령으로 정하는 기능경기대회 입상자(①)
- 외국에서 동일한 종목에 해당하는 자격을 취득한 사람

14
국가기술자격 산업기사의 응시요건으로 틀린 것은?
20년 1·2회, 14년 1회 기출

① 응시하려는 종목이 속하는 동일 및 유사 직무분야에서 1년 이상 실무에 종사한 사람
② 관련학과의 2년제 또는 3년제 전문대학졸업자 등 또는 그 졸업예정자
③ 고용노동부령이 정하는 기능경기대회 입상자
④ 응시하려는 종목이 속하는 동일 및 유사 직무분야의 다른 종목의 산업기사 등급 이상의 자격을 취득한 사람

만점 해설

① 응시하려는 종목이 속하는 동일 및 유사 직무분야에서 2년 이상 실무에 종사한 사람

15
다음 ( ) 안에 들어갈 알맞은 것은? (단, 실무경력에 의한 경우에 한함)
11년 3회 기출

> 기능사 등급 자격을 취득한 후, 산업기사 등급을 취득하기 위해서는 응시하려는 종목이 속하는 동일 및 유사 직무분야에 (A)년, 기사 등급을 취득하기 위해서는 (B)년 이상 종사해야 응시자격이 주어진다.

① A – 1, B – 2
② A – 1, B – 3
③ A – 2, B – 3
④ A – 2, B – 4

만점 해설

기능사 자격 취득 후 산업기사 및 기사 등급의 응시요건
- 기능사 → 산업기사 : 동일 및 유사 직무분야 1년 이상 실무경력
- 기능사 → 기사 : 동일 및 유사 직무분야 3년 이상 실무경력

16
국가기술자격 직업상담사 1급 응시자격으로 옳은 것은?
21년 1회, 13년 2회 기출

① 해당 실무에 2년 이상 종사한 사람
② 해당 실무에 3년 이상 종사한 사람
③ 관련학과 대학졸업자 및 졸업예정자
④ 해당 종목의 2급 자격을 취득한 후 해당 실무에 1년 이상 종사한 사람

만점 해설

직업상담사의 응시자격(국가기술자격법 시행규칙 제10조의2 제3항 및 별표11의4 참조)

1급	다음의 어느 하나에 해당하는 사람 • 해당 종목의 2급 자격을 취득한 후 해당 실무에 2년 이상 종사한 사람 • 해당 실무에 3년 이상 종사한 사람
2급	제한 없음

*참고 : 서비스 분야 국가기술자격 종목 중 직업상담사 1·2급, 사회조사분석사 1·2급, 전자상거래관리사 1·2급은 응시자격이 동일합니다.

정답 14 ① 15 ② 16 ②

17

국가기술자격 중 전문사무분야인 사회조사분석사 1급의 응시자격은? 15년 3회 기출

① 해당 종목의 2급 자격 취득 후 해당 실무에 2년 이상 종사한 자
② 해당 실무에 4년 이상 종사한 자
③ 대학졸업자 등으로서 졸업 후 해당 실무에 2년 이상 종사한 자
④ 전문대학 졸업자 등으로서 졸업 후 해당 실무에 3년 이상 종사한 자

만점 해설

사회조사분석사의 응시자격(국가기술자격법 시행규칙 제10조의2 제3항 및 별표11의4 참조)

1급	다음의 어느 하나에 해당하는 사람 • 해당 종목의 2급 자격을 취득한 후 해당 실무에 2년 이상 종사한 사람 • 해당 실무에 3년 이상 종사한 사람
2급	제한 없음

18

국가기술자격 소비자전문상담사 1급의 응시자격이 아닌 것은? 12년 3회 기출

① 해당 종목의 2급 자격 취득 후 소비자상담 실무경력 2년 이상인 사람
② 소비자상담 관련 실무경력 3년 이상인 사람
③ 대학졸업자 등으로서 졸업 후 응시하고자 하는 종목이 속하는 동일 직무분야에서 2년 이상 종사한 자
④ 외국에서 동일한 종목에 해당하는 자격을 취득한 사람

만점 해설

소비자전문상담사의 응시자격(국가기술자격법 시행규칙 제10조의2 제3항 및 별표11의4 참조)

1급	다음의 어느 하나에 해당하는 사람 • 해당 종목의 2급 자격 취득 후 소비자상담 실무경력 2년 이상인 사람 • 소비자상담 관련 실무경력 3년 이상인 사람 • 외국에서 동일한 종목에 해당하는 자격을 취득한 사람
2급	제한 없음

19

국가기술자격 국제의료관광코디네이터의 응시자격으로 틀린 것은? (단, 공인어학성적 기준요건을 충족한 것으로 가정한다) 20년 4회 기출

① 보건의료 또는 관광분야의 관련 학과로서 대학졸업자 또는 졸업예정자
② 2년제 전문대학 관련학과 졸업자 등으로서 졸업 후 보건의료 또는 관광분야에서 2년 이상 실무에 종사한 사람
③ 관련 자격증(의사, 간호사, 보건교육사, 관광통역안내사, 컨벤션기획사 1·2급)을 취득한 사람
④ 보건의료 또는 관광분야에서 3년 이상 실무에 종사한 사람

만점 해설

국제의료관광코디네이터의 응시자격
공인어학성적 기준요건을 충족하고, 다음의 어느 하나에 해당하는 사람
• 보건의료 또는 관광분야의 학과로서 고용노동부장관이 정하는 관련학과의 대학졸업자 또는 졸업예정자(①)
• 2년제 전문대학 관련학과 졸업자 등으로서 졸업 후 보건의료 또는 관광분야에서 2년 이상 실무에 종사한 사람(②)
• 3년제 전문대학 관련학과 졸업자 등으로서 졸업 후 보건의료 또는 관광분야에서 1년 이상 실무에 종사한 사람
• 보건의료 또는 관광분야에서 4년 이상 실무에 종사한 사람(④)
• 관련자격증(의사, 간호사, 보건교육사, 관광통역안내사, 컨벤션기획사 1·2급)을 취득한 사람(③)

20

국가기술자격 서비스 분야 응시자격 기준으로 옳은 것은?   11년 1회 기출

① 직업상담사 1급 - 해당 실무에 3년 이상 종사한 사람
② 사회조사분석사 1급 - 해당 종목의 2급 자격을 취득한 후 해당 실무에 1년 이상 종사한 사람
③ 소비자전문상담사 1급 - 소비자상담 관련 실무 경력 2년 이상인 사람
④ 임상심리사 2급 - 제한 없음

만점 해설
② 사회조사분석사 1급 - 해당 종목의 2급 자격을 취득한 후 해당 실무에 2년 이상 종사한 사람
③ 소비자전문상담사 1급 - 소비자상담 관련 실무경력 3년 이상인 사람
④ 임상심리사 2급 - 임상심리분야에서 1년 이상의 실습수련을 받은 경력이 있는 사람으로서 대학졸업자 및 그 졸업예정자 / 임상심리분야에서 2년 이상의 실무에 종사한 경력이 있는 사람으로서 대학졸업자 및 그 졸업예정자 / 외국에서 동일한 종목에 해당하는 자격을 취득한 사람

21

서비스 분야 국가기술자격 종목별 응시자격 기준으로 틀린 것은?   16년 1회 기출

① 직업상담사 1급 - 해당 실무에 5년 이상 종사한 사람
② 컨벤션기획사 1급 - 동일 및 유사 직무분야에서 4년 이상 실무에 종사한 사람
③ 소비자전문상담사 1급 - 해당 종목의 2급 자격 취득 후 소비자상담 실무경력 2년 이상인 사람
④ 직업상담사 2급 - 제한 없음

만점 해설
① 직업상담사 1급 - 해당 실무에 3년 이상 종사한 사람

22

국가기술자격 서비스 분야 종목 중 응시자격에 제한이 없는 것으로만 짝지어진 것은?   21년 3회, 19년 1회 기출

① 직업상담사 2급 - 임상심리사 2급 - 스포츠경영관리사
② 사회조사분석사 2급 - 소비자전문상담사 2급 - 텔레마케팅관리사
③ 직업상담사 2급 - 컨벤션기획사 2급 - 국제의료관광코디네이터
④ 컨벤션기획사 2급 - 스포츠경영관리사 - 국제의료관광코디네이터

만점 해설
응시자격에 제한이 없는 서비스 분야 국가기술자격 종목(국가기술자격법 시행규칙 제10조의2 및 별표11의4 참조)
- 사회조사분석사 2급
- 전자상거래관리사 2급
- 직업상담사 2급
- 소비자전문상담사 2급
- 컨벤션기획사 2급
- 게임그래픽전문가
- 게임기획전문가
- 게임프로그래밍전문가
- 멀티미디어콘텐츠제작전문가
- 비서 1·2·3급
- 스포츠경영관리사
- 워드프로세서
- 전자상거래운용사
- 전산회계운용사 1·2·3급
- 컴퓨터활용능력 1·2급
- 텔레마케팅관리사
- 한글속기 1·2·3급
- 이러닝운영관리사
- 경영정보시각화능력

정답 20 ① 21 ① 22 ②

23
국가기술자격 중 응시자격의 제한이 없는 서비스 분야는? 20년 3회, 17년 1회 기출

① 스포츠경영관리사
② 임상심리사 2급
③ 컨벤션기획사 1급
④ 국제의료관광코디네이터

만점 해설
②·③·④ 응시자격의 제한이 있는 서비스 분야 국가기술자격 종목에 해당한다.

24
다음 국가기술자격 종목 중 응시자격에 제한이 있는 것은? 13년 1회 기출

① 스포츠경영관리사
② 국제의료관광코디네이터
③ 사회조사분석사 2급
④ 소비자전문상담사 2급

만점 해설
①·③·④ 응시자격에 제한이 없는 서비스 분야 국가기술자격 종목에 해당한다.

25
국가기술자격 서비스 분야 등급에서 응시자격의 제한이 없는 종목을 모두 고른 것은? 18년 1회 기출

> ㄱ. 사회조사분석사 2급
> ㄴ. 스포츠경영관리사
> ㄷ. 소비자전문상담사 2급
> ㄹ. 임상심리사 2급
> ㅁ. 텔레마케팅관리사

① ㄱ, ㄷ, ㄹ
② ㄱ, ㄴ, ㄷ, ㅁ
③ ㄴ, ㄹ, ㅁ
④ ㄱ, ㄴ, ㄷ, ㄹ, ㅁ

만점 해설
임상심리사 2급의 응시자격
다음의 어느 하나에 해당하는 사람
- 임상심리분야에서 1년 이상의 실습수련을 받은 경력이 있는 사람으로서 대학졸업자 및 그 졸업예정자
- 임상심리분야에서 2년 이상의 실무에 종사한 경력이 있는 사람으로서 대학졸업자 및 그 졸업예정자
- 외국에서 동일한 종목에 해당하는 자격을 취득한 사람

26
건설기계설비기사, 공조냉동기계기사, 승강기기사 자격이 공통으로 해당되는 직무분야는? 20년 3회, 12년 1회 기출

① 건설분야
② 재료분야
③ 기계분야
④ 안전관리분야

만점 해설
③ 건설기계설비기사, 공조냉동기계기사, 승강기기사는 직무분야 중 '16 기계', 중직무분야 중 '162 기계장비설비·설치'에 해당한다.
① 직무분야로서 '14 건설'에는 '141 건축', '142 토목', '143 조경', '144 도시·교통', '145 건설 배관', '146 건설기계운전' 등의 중직무분야에 해당하는 국가기술자격 종목들이 포함된다.
② 직무분야로서 '17 재료'에는 '171 금속·재료', '172 판금·제관·새시', '173 단조·주조', '174 용접', '175 도장·도금' 등의 중직무분야에 해당하는 국가기술자격 종목들이 포함된다.
④ 직무분야로서 '25 안전관리'에는 '251 안전관리', '252 비파괴검사' 등의 중직무분야에 해당하는 국가기술자격 종목들이 포함된다.

27
응용지질기사, 조경기사, 지적기사 자격이 공통으로 해당되는 직무분야는? 12년 2회 기출

① 건설분야
② 환경·에너지분야
③ 안전관리분야
④ 화학분야

만점 해설
① 응용지질기사와 지적기사는 '14 건설' 직무분야 중 '142 토목', 조경기사는 '14 건설' 직무분야 중 '143 조경'에 해당한다.
② 직무분야로서 '26 환경·에너지'에는 '261 환경', '262 에너지·기상' 등의 중직무분야에 해당하는 국가기술자격 종목들이 포함된다.
③ 직무분야로서 '25 안전관리'에는 '251 안전관리', '252 비파괴검사' 등의 중직무분야에 해당하는 국가기술자격 종목들이 포함된다.
④ 직무분야로서 '18 화학'에는 '181 화공', '182 위험물' 등의 중직무분야에 해당하는 국가기술자격 종목들이 포함된다.

28
국가기술자격 종목 중 임산가공기사, 임업종묘기사, 산림기사가 공통으로 해당하는 직무분야는? 19년 2회 기출

① 농림어업
② 건설
③ 안전관리
④ 환경·에너지

만점 해설
① 임산가공기사, 임업종묘기사, 산림기사는 직무분야 중 '24 농림어업', 중직무분야 중 '243 임업'에 해당한다.
② 직무분야로서 '14 건설'에는 '141 건축', '142 토목', '143 조경', '144 도시·교통', '145 건설 배관', '146 건설기계운전' 등의 중직무분야에 해당하는 국가기술자격 종목들이 포함된다.
③ 직무분야로서 '25 안전관리'에는 '251 안전관리', '252 비파괴검사' 등의 중직무분야에 해당하는 국가기술자격 종목들이 포함된다.
④ 직무분야로서 '26 환경·에너지'에는 '261 환경', '262 에너지·기상' 등의 중직무분야에 해당하는 국가기술자격 종목들이 포함된다.

29
다음 국가기술자격 종목이 공통으로 해당되는 직무분야는? 18년 3회 기출

- 광학기사
- 반도체설계기사
- 3D프린터운용기능사

① 보건·의료
② 안전관리
③ 환경·에너지
④ 전기·전자

만점 해설
'20 전기·전자' 직무분야의 기술·기능 분야

중직무분야	기술·기능 분야
201 전기	· 건축전기설비 · 발송배전 · 전기 · 전기공사 · 전기응용 · 전기철도 · 철도신호 · 철도전기신호
202 전자	· 광학 · 광학기기 · 로봇기구개발 · 로봇소프트웨어개발 · 로봇하드웨어개발 · 반도체설계 · 산업계측제어 · 의공 · 의료전자 · 전자계산기 · 전자계산기제어 · 전자 · 임베디드 · 전자응용 · 전자캐드 · 3D프린터개발 · 3D프린터운용

정답 27 ① 28 ① 29 ④

30

다음 국가기술자격 종목이 공통으로 해당하는 직무분야는?　17년 3회 기출

- 산업위생관리기사
- 가스기사
- 와전류비파괴검사기사
- 인간공학기사

① 안전관리
② 환경 · 에너지
③ 기 계
④ 재 료

만점 해설

'25 안전관리' 직무분야의 기술 · 기능 분야

중직무분야	기술 · 기능 분야	
251 안전관리	• 가 스 • 기계안전 • 산업위생관리 • 소방설비(기계) • 인간공학 • 화공안전 • 농작업안전보건	• 건설안전 • 산업안전 • 소 방 • 소방설비(전기) • 전기안전 • 화재감식평가 • 방 재
252 비파괴검사	• 비파괴검사 • 방사선비파괴검사 • 자기비파괴검사 • 침투비파괴검사	• 누설비파괴검사 • 와전류비파괴검사 • 초음파비파괴검사

31

국가기술자격 종목과 그 직무분야의 연결이 틀린 것은?　21년 3회 기출

① 가스산업기사 - 환경 · 에너지
② 건설안전산업기사 - 안전관리
③ 광학기기산업기사 - 전기 · 전자
④ 방수산업기사 - 건설

만점 해설

① 가스산업기사는 직무분야 중 '25 안전관리', 중직무분야 중 '251 안전관리'에 해당한다.

32

국가기술자격 종목과 그 직무분야의 연결이 틀린 것은?　21년 1회 기출

① 직업상담사 2급 - 사회복지 · 종교
② 소비자전문상담사 2급 - 경영 · 회계 · 사무
③ 임상심리사 2급 - 보건 · 의료
④ 컨벤션기획사 2급 - 이용 · 숙박 · 여행 · 오락 · 스포츠

만점 해설

④ 컨벤션기획사 1 · 2급은 직무분야 중 '경영 · 회계 · 사무'에 해당한다.

33

국가기술자격 종목과 해당 직무분야 연결이 옳지 않은 것은?　20년 4회, 12년 1회 기출

① 임상심리사 1급 - 보건 · 의료
② 텔레마케팅관리사 - 경영 · 회계 · 사무
③ 직업상담사 1급 - 사회복지 · 종교
④ 어로산업기사 - 농림어업

만점 해설

② 텔레마케팅관리사는 직무분야 중 '영업 · 판매'에 해당한다.

34
실기능력이 중요하여 고용노동부령이 정하는 필기시험이 면제되는 기능사 종목이 아닌 것은?

21년 3회 기출

① 측량기능사
② 도화기능사
③ 도배기능사
④ 방수기능사

만점 해설

실기시험만 시행할 수 있는 국가기술자격 종목(국가기술자격법 시행규칙 제9조 및 별표10 참조)

직무분야	중직무분야	자격종목
02 경영 · 회계 · 사무	023 사무	한글속기 1 · 2 · 3급
14 건설	141 건축	• 거푸집기능사 • 건축도장기능사 • 건축목공기능사 • 도배기능사 • 미장기능사 • 방수기능사 • 비계기능사 • 온수온돌기능사 • 유리시공기능사 • 조적기능사 • 철근기능사 • 타일기능사
14 건설	142 토목	• 도화기능사 • 석공기능사 • 지도제작기능사 • 항공사진기능사
17 재료	172 판금 · 제관 · 새시	금속재창호기능사

*참고: "실기능력이 중요하여 필기시험이 면제되는 국가기술자격 종목"이란 국가기술자격법령상 "실기시험만 시행할 수 있는 국가기술자격 종목"을 의미합니다.

35
실기능력이 중요하여 고용노동부령이 정하는 필기시험이 면제되는 기능사 종목이 아닌 것은?

15년 1회, 12년 2회 기출

① 정보처리기능사
② 도화기능사
③ 도배기능사
④ 방수기능사

만점 해설

① 정보처리기능사는 전자계산기일반, 패키지활용, PC운영체제, 정보통신일반 관련 과목에 대한 필기시험을 치른다.

36
실기능력이 중요하여 필기시험이 면제되는 국가기술자격 기능사 종목이 아닌 것은?

16년 1회, 11년 3회, 10년 1회 기출

① 조적기능사
② 건축도장기능사
③ 도배기능사
④ 미용사(피부)

만점 해설

④ 미용사(피부)는 피부미용이론, 해부생리학, 피부미용기기학, 화장품학, 공중위생관리학 등 과목에 대한 필기시험을 치른다.

37
실기능력이 중요하여 고용노동부령으로 정하는 필기시험이 면제되는 기능사 종목이 아닌 것은?

19년 1회 기출

① 도화기능사
② 항공사진기능사
③ 유리시공기능사
④ 사진기능사

만점 해설

④ 사진기능사(주의 : '항공사진기능사'가 아님)는 사진촬영 및 이미지 프로세싱 관련 과목에 대한 필기시험을 치른다.

정답 34 ① 35 ① 36 ④ 37 ④

38
실기능력이 중요하여 고용노동부령이 정하는 필기시험이 면제되는 국가기술자격 기능사 종목이 아닌 것은? 15년 2회, 10년 2회 기출

① 석공기능사
② 항공사진기능사
③ 한복기능사
④ 조적기능사

만점 해설
③ 한복기능사는 한복 디자인 자료수집 및 제작, 상품판매관리 관련 과목에 대한 필기시험을 치른다.

39
국가기술자격 중 실기시험만 시행할 수 있는 종목이 아닌 것은? 20년 1·2회, 16년 3회 기출

① 금속재창호기능사
② 항공사진기능사
③ 로더운전기능사
④ 미장기능사

만점 해설
③ 로더운전기능사는 로더 조종, 점검 및 안전관리 관련 과목에 대한 필기시험을 치른다.

40
다음 중 국가기술자격 종목을 모두 고른 것은? 19년 2회 기출변형

> ㄱ. 전산회계운용사 1급
> ㄴ. 감정평가사
> ㄷ. 국제의료관광코디네이터
> ㄹ. 국가유산수리기능자

① ㄱ, ㄴ, ㄹ
② ㄱ, ㄷ
③ ㄴ
④ ㄷ, ㄹ

만점 해설
ㄱ·ㄷ. 서비스 분야 국가기술자격 종목에 해당한다.
ㄴ·ㄹ. 국가전문자격 종목에 해당한다.

*참고 : 국가기술자격은 「국가기술자격법」에 의해 운영되는 자격으로 크게 '기술·기능 분야(기술사/기능장/기사/산업기사/기능사)'와 '서비스 분야(1급/2급/3급/단일등급)'로 구성되어 있습니다. 반면, 국가전문자격은 정부 부처별 소관 법령에 의해 운영되는 자격으로 의사, 변호사, 공인노무사, 감정평가사, 사회복지사, 국가유산수리기술자, 주택관리사보 등의 자격이 있습니다.

41
다음 중 국가기술자격이 아닌 것은? 16년 2회 기출변형

① 화재감식평가기사
② 국제의료관광코디네이터
③ 기상감정기사
④ 국가유산수리기술자

만점 해설
④ 국가유산수리기술자(구 문화재수리기술자)는 국가기술자격이 아닌 국가전문자격 종목에 해당한다.
①·③ 기술·기능 분야 국가기술자격 종목에 해당한다.
② 서비스 분야 국가기술자격 종목에 해당한다.

*참고 : 문화재청이 '국가유산청'으로 개편됨에 따라 종전 문화재수리기능자는 '국가유산수리기능자'로, 문화재수리기술자는 '국가유산수리기술자'로 명칭이 변경되었습니다.

42
국가기술자격에 해당하지 않는 자격종목은?

16년 3회 기출

① 기업리스크관리사
② 멀티미디어콘텐츠제작전문가
③ 텔레마케팅관리사
④ 국제의료관광코디네이터

만점 해설

① ㈜한국기업교육강사협회에서 운영하는 등록민간자격 종목에 해당한다.
②·③·④ 서비스 분야 국가기술자격 종목에 해당한다.

43
다음 중 국가기술자격 종목에 해당하지 않는 것은?

21년 2회, 17년 3회 기출

① 임상심리사 2급
② 컨벤션기획사 2급
③ 그린전동자동차기사
④ 자동차관리사 2급

만점 해설

④ 한국자동차관리사협회 등에서 운영하는 등록민간자격 종목에 해당한다.
①·② 서비스 분야 국가기술자격 종목에 해당한다.
③ 기술·기능 분야 국가기술자격 종목에 해당한다.

44
국가기술자격법에 의한 국가기술자격 종목이 아닌 것은?

19년 3회 기출

① 제강기능사
② 주택관리사보
③ 사회조사분석사 1급
④ 스포츠경영관리사

만점 해설

② 주택관리사보는 「공동주택관리법」에 따라 국토교통부장관이 시행(한국산업인력공단에 위탁)하는 국가전문자격 종목에 해당한다.

45
국가기술자격 중 한국산업인력공단에서 시행하지 않는 것은?

22년 1회 기출

① 3D프린터개발산업기사
② 빅데이터분석기사
③ 로봇기구개발기사
④ 반도체설계산업기사

만점 해설

② 국가기술자격 빅데이터분석기사는 한국데이터산업진흥원에서 시행하고 있다.

46
2024년도에 신설되어 시행되는 국가기술자격 종목은?

22년 1회 기출변형

① 방재기사
② 신발산업기사
③ 보석감정산업기사
④ 경영정보시각화능력

만점 해설

④ '경영정보시각화능력(BI Specialist)'은 2024년에 신설된 서비스 분야 국가기술자격 종목이다.

06절 고용정보시스템

*참고 : 우리나라의 대표적인 고용정보시스템으로서 직업상담사 2급 시험에서 주로 다루던 '워크넷'이 2024년 9월 정식 오픈한 '고용24'에 통합되었습니다. '고용24'는 디지털 고용서비스 이용자의 서비스 접근성 제고를 위해 워크넷, 고용보험, HRD-Net, 취업이룸(국민취업지원제도), EPS(외국인고용관리시스템), 청년일자리, 청년내일채움공제, 중소기업청년직무체험, 청년도전지원 등 9개로 분산된 온라인 고용서비스를 하나로 통합하고 있습니다. 2024년 3월부터 시범운영을 실시하면서 업무 분야별 단계적 서비스 오픈이 이루어졌는데, 워크넷 등 9개 온라인 고용서비스의 방대한 데이터들을 모두 이관하는 것이 불가능한 만큼 민원(구직 및 구인신청 등) 서비스를 중심으로 각종 취업지원 서비스에 대해 통합이 이루어질 것으로 보였으나, 2024년 9월 정식 오픈 이후 워크넷 등 기존 사이트들을 사실상 폐쇄하여 수험생들의 혼란을 유발하고 있습니다. 워크넷은 직업상담사 2급 시험의 주요 출제영역인 데다가 2025년부터 적용되는 새로운 출제기준에도 명시되어 있는 만큼, 실제 시험에서는 '고용24'의 방대한 서비스 내용을 모두 다루기보다는 기존 워크넷 관련 부분을 중심으로 출제가 이루어질 것으로 보입니다. 다행히 '고용24'에서는 워크넷의 주요 페이지들을 거의 그대로 이관한 양상을 보이는데, 따라서 본 교재는 기존 기출문제에서 "워크넷"을 "고용24(워크넷)"로 병기하고, 변경된 내용을 반영하여 일부 문제를 적절히 변형하였습니다.

01
다음 중 '고용24'에서 개인 서비스의 검색 범주에 해당하지 않는 것은? 적중 예상

① 채용정보
② 직업 능력 개발
③ 확인 및 신고
④ 출산휴가 · 육아휴직

만점 해설

'고용24'의 서비스 검색 범주

개인 서비스	• 채용정보 • 취업지원 • 실업급여 • 직업 능력 개발 • 출산휴가 · 육아휴직
기업 서비스	• 채용지원 • 직업 능력 개발 • 기업지원금 • 확인 및 신고

02
다음 중 '고용24'에서 개인 이용자를 대상으로 제공하는 민원 관련 서비스에 해당하는 것을 올바르게 모두 고른 것은? 적중 예상

> ㄱ. 구직신청
> ㄴ. 실업급여 신청
> ㄷ. 출산휴가 급여 신청
> ㄹ. 국민내일배움카드 신청

① ㄱ, ㄴ
② ㄱ, ㄷ, ㄹ
③ ㄴ, ㄷ, ㄹ
④ ㄱ, ㄴ, ㄷ, ㄹ

만점 해설

'고용24'에서 제공하는 민원 관련 주요 서비스

개인	일자리 검색, 구직신청(이력서 등록), 실업급여 신청, 출산휴가 급여 신청, 국민내일배움카드 신청 등
기업	구인신청, 인재 검색, 근로자 직업훈련 신청, 정부지원금 신청, 이직확인서 및 출산휴가 확인서 작성 등

03
고용24(워크넷)에 대한 설명으로 틀린 것은?
21년 3회, 18년 1회 기출

① 직업심리검사, 취업가이드, 취업지원프로그램 등 각종 취업지원서비스를 제공한다.
② 기업회원은 허위구인 방지를 위해 고용센터에 방문하여 구인신청서를 작성해야 한다.
③ 청년친화강소기업, 공공기관, 시간선택제 일자리, 기업공채 등의 채용정보를 제공한다.
④ 직종별, 근무지역별, 기업형태별 채용정보를 제공한다.

만점 해설
② 기업회원의 구인신청서 작성은 고용24(워크넷)의 '채용지원'을 통해 이루어진다.

04
'고용24(워크넷) 직업 · 진로'에서 제공하는 정보가 아닌 것은?
21년 1회 기출

① 학과정보
② 직업 동영상
③ 직업심리검사
④ 국가직무능력표준(NCS)

만점 해설
④ 국가직무능력표준(NCS)에 관한 정보는 국가직무능력표준 홈페이지(www.ncs.go.kr)에서 제공한다.

05
'고용24(워크넷) 직업 · 진로'에서 제공하는 정보가 아닌 것은?
16년 3회 기출변형

① 학과정보
② 직업 동영상
③ 신직업 · 미래직업
④ 국가직무능력표준(NCS)

만점 해설
④ 국가직무능력표준(NCS)에 관한 정보는 국가직무능력표준 홈페이지(www.ncs.go.kr)에서 제공한다.

06
고용24(워크넷)에서 채용정보 상세검색에 관한 설명으로 틀린 것은?
22년 2회 기출

① 최대 10개의 직종 선택이 가능하다.
② 연령별 채용정보를 검색할 수 있다.
③ 재택근무 가능 여부를 검색할 수 있다.
④ 희망임금은 연봉, 월급, 일급, 시급별로 입력할 수 있다.

만점 해설
② '고용상 연령차별금지 및 고령자고용촉진에 관한 법률'이 시행됨에 따라 채용정보에서 연령이 삭제되었다.

07
고용24(워크넷)의 채용정보 검색조건에 해당하지 않는 것은?
21년 3회, 19년 2회, 16년 2회 기출

① 희망임금
② 학 력
③ 경 력
④ 연 령

만점 해설
④ '고용상 연령차별금지 및 고령자고용촉진에 관한 법률'이 시행됨에 따라 채용정보에서 연령이 삭제되었다.

08
고용24(워크넷)에서 채용정보 검색조건에 해당하지 않는 것은?
17년 3회 기출

① 소정근로시간
② 고용형태
③ 희망직종
④ 희망임금

만점 해설
① 고용24(워크넷) 채용정보 검색조건에는 시간(선택)제 일자리나 근로시간단축 여부를 선택할 수 있는 검색항목이 있으나, 소정근로시간을 지정할 수 있는 검색항목은 마련되어 있지 않다.

09
고용24(워크넷)에서 채용정보 상세검색 시 선택할 수 있는 기업형태가 아닌 것은? 22년 1회, 19년 3회 기출

① 대기업
② 일학습병행기업
③ 가족친화인증기업
④ 다문화가정지원기업

만점 해설

고용24(워크넷) 채용정보 중 기업형태별 검색
- 대기업(①)
- 강소기업
- 중견기업
- 일학습병행기업(②)
- 청년친화강소기업
- 공무원/공기업/공공기관
- 코스피/코스닥
- 외국계기업
- 벤처기업
- 가족친화인증기업(③)

10
고용24(워크넷)에서 제공하는 채용정보 중 기업형태별 검색에 해당하지 않는 것은? 21년 2회, 19년 1회 기출

① 벤처기업
② 외국계기업
③ 환경친화기업
④ 일학습병행기업

만점 해설

고용24(워크넷) 채용정보 중 기업형태별 검색
- 대기업
- 강소기업
- 중견기업
- 일학습병행기업(④)
- 청년친화강소기업
- 공무원/공기업/공공기관
- 코스피/코스닥
- 외국계기업(②)
- 벤처기업(①)
- 가족친화인증기업

11
고용24(워크넷)에서 제공하는 채용정보 중 기업형태별 검색에 해당하지 않는 것은? 20년 3회, 18년 2회 기출

① 대기업
② 가족친화인증기업
③ 외국계기업
④ 금융권기업

만점 해설

고용24(워크넷) 채용정보 중 기업형태별 검색
- 대기업(①)
- 강소기업
- 중견기업
- 일학습병행기업
- 청년친화강소기업
- 공무원/공기업/공공기관
- 코스피/코스닥
- 외국계기업(③)
- 벤처기업
- 가족친화인증기업(②)

12
고용24(워크넷)에서 제공하는 채용정보 중 기업형태별 검색에 해당하지 않는 것은? 11년 2회 기출

① 강소기업
② 공무원/공기업/공공기관
③ 외국계기업
④ 금융권기업

만점 해설

고용24(워크넷) 채용정보 중 기업형태별 검색
- 대기업
- 공무원/공기업/공공기관(②)
- 강소기업(①)
- 코스피/코스닥
- 중견기업
- 외국계기업(③)
- 일학습병행기업
- 벤처기업
- 청년친화강소기업
- 가족친화인증기업

13
고용24(워크넷)에서 제공하는 채용정보 중 기업형태별 검색에 해당하지 않는 것은? 13년 3회 기출

① 강소기업
② 대기업
③ 중소기업
④ 벤처기업

만점 해설
고용24(워크넷) 채용정보 중 기업형태별 검색
- 대기업(②)
- 강소기업(①)
- 중견기업
- 일학습병행기업
- 청년친화강소기업
- 공무원/공기업/공공기관
- 코스피/코스닥
- 외국계기업
- 벤처기업(④)
- 가족친화인증기업

14
'고용24(워크넷) 직업 · 진로'에서 제공하는 직업선호도검사 L형과 S형의 공통적인 하위검사는?
18년 3회, 14년 2회, 09년 1회 기출

① 흥미검사
② 성격검사
③ 생활사검사
④ 구직동기검사

만점 해설
① 고용24(워크넷) 제공 직업선호도검사는 L(Long)형과 S(Short)형이 있다. L형은 수검자가 어느 정도 시간적인 여유가 있는 상태에서 보다 상세한 정보를 얻고자 할 때 사용되는 반면, S형은 시간적인 여유가 없을 때 또는 필요한 정보만을 얻고자 할 때 사용된다. L형은 (직업)흥미검사, 성격검사, 생활사검사로 구성되는 반면, S형은 진로 및 직업상담 장면에서 가장 많이 활용되는 홀랜드(Holland)의 흥미이론을 기초로 한 흥미검사만으로 구성되어 있다. 일반적으로 직업선호도검사는 L형을 말한다.

15
고용24(워크넷)에서 제공하는 직업선호도검사 L형의 하위검사가 아닌 것은? 22년 1회 기출

① 흥미검사
② 성격검사
③ 생활사검사
④ 문제해결능력검사

만점 해설
④ 문제해결능력검사는 고용24(워크넷)에서 제공하는 성인용 직업적성검사의 하위검사에 해당한다.

16
고용24(워크넷)에서 제공하는 직업선호도검사 L형의 하위검사가 아닌 것은?
18년 1회, 15년 3회, 13년 2회, 09년 3회 기출

① 흥미검사
② 성격검사
③ 생활사검사
④ 구직취약성적응도검사

만점 해설
④ 구직취약성적응도검사는 고용24(워크넷)에서 제공하는 구직준비도검사의 하위검사에 해당한다.

17

다음은 고용24(워크넷)에서 제공하는 성인 대상 심리검사 중 무엇에 관한 설명인가? 20년 1·2회 기출

- 검사대상 : 만 18세 이상
- 주요 내용 : 개인의 흥미유형 및 적합직업 탐색
- 측정요인 : 현실형, 탐구형, 예술형, 사회형, 진취형, 관습형

① 구직준비도검사
② 직업가치관검사
③ 직업선호도검사 S형
④ 성인용 직업적성검사

만점 해설

① 구직준비도검사는 성인 구직자(고등학교 졸업예정자 포함)를 대상으로, 구직활동과 관련한 특성을 측정하여 실직자에게 구직활동에 유용한 정보를 제공한다.
② 직업가치관검사는 만 18세 이상을 대상으로, 직업선택 시 중요하게 생각하는 직업가치관을 측정하여 자신의 직업가치를 확인하고 그에 적합한 직업분야를 안내한다.
④ 성인용 직업적성검사는 만 18세 이상을 대상으로, 직업선택 시 중요한 능력과 적성을 토대로 적합한 직업을 선택할 수 있도록 돕는다.

18

다음은 고용24(워크넷)에서 제공하는 성인을 위한 직업적응검사 중 무엇에 관한 설명인가?

20년 3회 기출

- 개발년도 : 2013년
- 실시시간 : 20분
- 측정내용 : 문제해결능력 등 12개 요인
- 실시방법 : 인터넷/지필

① 구직준비도검사
② 직업전환검사
③ 중장년 직업역량검사
④ 창업적성검사

만점 해설

④ 창업적성검사는 사업지향성, 문제해결, 효율적 처리, 주도성, 자신감, 목표설정, 설득력, 대인관계, 자기개발노력, 책임감수, 업무완결성, 성실성 등 12개 요인을 측정한다.
① 구직준비도검사는 구직활동관련 3개의 하위검사와 13개의 하위척도로 구성되어 있다.
② 직업전환검사*는 추천직종과 비교차원(6개 성격차원), 상담을 위한 참고차원(2개 성격차원)으로 구성되어 있다.
③ 중장년 직업역량검사는 경력활동, 직무태도, 직무능력, 개인특성, 기초자산 등 5개 하위척도로 구성되어 있다.

* 참고 : '직업전환검사'는 현재 고용24(워크넷)를 통해 서비스를 제공하고 있지 않습니다.

19

고용24(워크넷)에서 제공하는 성인용 직업적성검사의 적성요인과 하위검사의 연결로 틀린 것은?

22년 2회 기출

① 언어력 - 어휘력 검사, 문장독해력 검사
② 수리력 - 계산능력 검사, 자료해석력 검사
③ 추리력 - 수열추리력 1, 2 검사, 도형추리력 검사
④ 사물지각력 - 조각맞추기 검사, 그림맞추기 검사

만점 해설

고용24(워크넷) 제공 성인용 직업적성검사의 적성요인과 하위검사
- 언어력 : 어휘력 검사, 문장독해력 검사
- 수리력 : 계산능력 검사, 자료해석력 검사
- 추리력 : 수열추리력 1·2 검사, 도형추리력 검사
- 공간지각력 : 조각맞추기 검사, 그림맞추기 검사
- 사물지각력 : 사물지각력 검사(지각속도 검사)
- 상황판단력 : 상황판단력 검사
- 기계능력 : 기계능력 검사
- 집중력 : 집중력 검사
- 색채지각력 : 색혼합 검사, 색구분 검사
- 문제해결능력 : 문제해결능력 검사
- 사고유창력 : 사고유창력 검사

20

고용24(워크넷)에서 제공하는 성인용 직업적성검사의 적성요인과 하위검사를 짝지은 것으로 틀린 것은?
14년 3회 기출

① 언어력 - 어휘력 검사, 문장독해력 검사
② 수리력 - 계산능력 검사, 자료해석력 검사
③ 추리력 - 수열추리력 1, 2 검사, 도형추리력 검사
④ 사물지각력 - 지각속도 검사, 기호쓰기 검사

만점 해설
④ 기호쓰기 검사는 고용24(워크넷) 제공 성인용 직업적성검사의 개정 전 버전에 포함되어 있었던 '협응능력'의 적성요인을 검출하기 위한 하위검사로 사용되었다.

21

고용24(워크넷)의 청소년 대상 심리검사의 종류 중 지필방법으로 실시할 수 없는 것은?
20년 4회, 17년 2회 기출변형

① 청소년 직업흥미검사
② 직업흥미탐색검사(간편형)
③ 고등학생 적성검사
④ 고등학생 진로발달검사

만점 해설
② 직업흥미탐색검사(간편형)은 인터넷을 이용한 온라인 방법으로만 실시 가능하다.

22

고용24(워크넷)에서 제공하는 청소년 직업흥미검사의 하위척도가 아닌 것은?
21년 1회, 17년 3회, 15년 2회, 13년 1회 기출

① 활동척도
② 자신감척도
③ 직업척도
④ 가치관척도

만점 해설
고용24(워크넷) 제공 청소년 직업흥미검사의 하위척도
- 활동척도 : 다양한 직업 및 일상생활 활동을 묘사하는 문항들로 구성되어 있으며, 해당 문항의 활동을 얼마나 좋아하는지 혹은 싫어하는지의 선호를 측정한다.
- 자신감척도 : 활동척도와 동일하게 직업 및 일상생활 활동을 묘사하는 문항들로 구성되어 있으며, 다양한 문항의 활동들에 대해서 개인이 얼마나 잘 할 수 있다고 느끼는지의 자신감 정도를 측정한다.
- 직업척도 : 다양한 직업명의 문항들로 구성되어 있으며, 각 문항의 직업명에는 해당 직업에서 수행하는 일에 관한 설명이 함께 제시된다.

23

고용24(워크넷)에서 제공하는 청소년 직업흥미검사의 하위척도가 아닌 것은?
10년 3회, 09년 2회 기출

① 활 동
② 자신감
③ 직 업
④ 봉 사

만점 해설
고용24(워크넷) 제공 청소년 직업흥미검사의 하위척도
활동척도, 자신감척도, 직업척도

정답 20 ④ 21 ② 22 ④ 23 ④

24

한국직업정보시스템[고용24(워크넷) 직업·진로]의 직업정보 찾기 중 조건별 검색의 검색항목으로 옳은 것은? 20년 1·2회, 13년 1회 기출

① 평균학력, 근로시간
② 근로시간, 평균연봉
③ 평균연봉, 직업전망
④ 직업전망, 평균학력

만점 해설

한국직업정보시스템[고용24(워크넷) 직업·진로]의 조건별 검색

평균연봉	직업전망
• 3,000만원 미만 • 3,000~4,000만원 미만 • 4,000~5,000만원 미만 • 5,000만원 이상	• 매우 밝음(상위 10% 이상) • 밝음(상위 20% 이상) • 보통(중간 이상) • 전망 안 좋음(감소예상직업)

25

다음 ( ) 안에 알맞은 것은? 17년 2회, 12년 2회 기출

> 한국직업정보시스템[고용24(워크넷)/직업·진로]에서 직업의 전망조건을 '매우 밝음'으로 선택하여 직업정보를 검색하면 직업전망이 상위 ( ) 이상인 직업만 검색된다.

① 10%
② 15%
③ 20%
④ 25%

만점 해설

한국직업정보시스템[고용24(워크넷) 직업·진로]의 조건별 검색 중 직업전망 항목
• 매우 밝음(상위 10% 이상)
• 밝음(상위 20% 이상)
• 보통(중간 이상)
• 전망 안 좋음(감소예상직업)

26

한국직업정보시스템[고용24(워크넷)/직업·진로]에서 백분위 점수의 중요도 형태로 제공되지 않는 정보는? 12년 1회 기출

① 평균임금
② 직업가치관
③ 업무수행능력
④ 성 격

만점 해설

① 한국직업정보시스템[고용24(워크넷) 직업·진로]의 임금정보는 직업당 평균 30명의 재직자를 대상으로 실시한 자기보고 설문조사 결과의 통계치로서, 하위(25%), 중위값, 상위(25%)로 구분하여 제공한다.

27

한국직업정보시스템[고용24(워크넷)/직업·진로]에서 '내게 맞는 직업 찾기' 방법이 아닌 것은? 16년 1회, 13년 2회 기출변형

① 지식별 찾기
② 업무수행능력별 찾기
③ 학력수준별 찾기
④ 통합 찾기

만점 해설

한국직업정보시스템[고용24(워크넷) 직업·진로]의 '내게 맞는 직업 찾기' 방법
• 통합 찾기
• 지식별 찾기
• 업무수행능력별 찾기

28

'고용24(워크넷) 직업·진로'의 한국직업정보시스템에서 '내게 맞는 직업 찾기'의 하위 메뉴가 아닌 것은? 16년 3회 기출변형

① 지식별 찾기
② 업무수행능력별 찾기
③ 통합 찾기
④ 지역별 찾기

만점 해설

한국직업정보시스템[고용24(워크넷) 직업·진로]의 '내게 맞는 직업 찾기' 방법
• 통합 찾기
• 지식별 찾기
• 업무수행능력별 찾기

29
'고용24(워크넷) 직업 · 진로'의 다양한 직업세계에서 '이색직업'의 분류가 아닌 것은? 12년 3회 기출변형

① 미용/여행/음식
② 과학/공학/IT
③ 스포츠/동물
④ 차세대융합기술

만점 해설

'고용24(워크넷) 직업 · 진로'의 다양한 직업세계에서 이색직업별 찾기
- 경영/기획/금융
- 공공/안전
- 보건/의료
- 사회복지/교육
- 과학/공학/IT(②)
- 문화/예술
- 디자인/방송
- 미용/여행/음식(①)
- 스포츠/동물(③)

30
한국직업정보시스템에서 제공하는 학과정보가 아닌 것은? 11년 2회 기출

① 주요 교과목
② 개설대학
③ 진출직업
④ 졸업자 평균연봉

만점 해설

한국직업정보시스템[고용24(워크넷) 직업 · 진로]에서 제공하는 학과정보
- 학과소개 : 학과의 전반적인 개요, 적성 및 흥미, 관련학과, 교과목, 취득자격면허(국가자격/민간자격)
- 개설대학 : 해당 학과 및 관련 학과가 개설되어있는 전국의 대학, 전문대학(홈페이지 링크 연결)
- 모집현황 : 학과별 모집현황(입학정원, 입학지원자, 졸업자)
- 진출가능직업 : 학과 졸업 후 진출 가능한 직업, 통계로 보는 학과별 진출직업 정보

31
'고용24(워크넷) 직업 · 진로'에서 학과정보를 계열별로 검색하고자 할 때 선택할 수 있는 계열이 아닌 것은? 21년 3회, 18년 3회, 13년 3회 기출

① 문화관광계열
② 교육계열
③ 자연계열
④ 예체능계열

만점 해설

'고용24(워크넷) 직업 · 진로'의 학과정보 계열별 검색
- 인문계열
- 사회계열
- 교육계열(②)
- 자연계열(③)
- 공학계열
- 의약계열
- 예체능계열(④)

32
한국직업정보시스템[고용24(워크넷) 직업 · 진로]에서 제공하는 학과정보 중 사회계열에 해당하지 않는 학과는? 16년 2회 기출

① 경제학과
② 정치외교학과
③ 문헌정보학과
④ 신문방송학과

만점 해설

③ '문헌정보학과'는 인문계열에 해당한다.

33
고용24(워크넷)에서 제공하는 학과정보 중 사회계열에 해당하지 않는 학과는? 22년 2회 기출

① 경찰행정학과
② 국제학부
③ 문헌정보학과
④ 지리학과

만점 해설

③ '문헌정보학과'는 인문계열에 해당한다.

정답 29 ④ 30 ④ 31 ① 32 ③ 33 ③

34
한국직업정보시스템에서 제공하는 학과정보 중 사회계열에 해당하지 않는 학과는? 10년 1회 기출

① 경영정보학과
② 유통학과
③ 종교학과
④ 지리학과

만점 해설
③ '종교학과'는 인문계열에 해당한다.

35
고용24(워크넷)에서 제공하는 학과정보 중 자연계열에 해당하지 않는 것은? 20년 1·2회 기출

① 안경광학과
② 생명과학과
③ 수학과
④ 지구과학과

만점 해설
① '안경광학과'는 공학계열에 해당한다.

36
고용24(워크넷)에서 제공하는 학과정보 중 공학계열에 해당하는 것은? 20년 3회 기출

① 생명과학과
② 조경학과
③ 통계학과
④ 응용물리학과

만점 해설
①·③·④ 공학계열이 아닌 자연계열에 해당한다.

37
고용24(워크넷)에서 제공하는 학과정보 중 공학계열에 해당하는 학과가 아닌 것은? 22년 1회 기출

① 생명공학과
② 건축학과
③ 안경광학과
④ 해양공학과

만점 해설
① '생명공학과'는 자연계열에 해당한다.

38
한국직업정보시스템에서 제공하는 학과정보 중 공학계열에 해당하는 학과가 아닌 것은? 09년 1회 기출

① 천문우주학과
② 건축설비학과
③ 조경학과
④ 메카트로닉스공학과

만점 해설
① '천문우주학과'는 자연계열에 해당한다.

39
다음의 한국직업정보시스템에서 제공하는 학과정보 중 공학계열에 해당하지 않는 것은? 10년 3회 기출

① 조경학과
② 안경광학과
③ 교통공학과
④ 임산공학과

만점 해설
④ '임산공학과'는 자연계열에 해당한다.

40
한국직업정보시스템에서 제공하는 학과정보 중 공학계열에 해당하는 학과가 아닌 것은? 11년 1회 기출

① 해양공학과
② 식품공학과
③ 자동차공학과
④ 안경광학과

만점 해설
② '식품공학과'는 자연계열에 해당한다.

41
한국직업정보시스템에서 제공하는 학과정보 중 의약계열에 해당하지 않는 것은? 10년 4회 기출

① 의료공학과
② 치기공과
③ 생명과학과
④ 응급구조과

만점 해설
③ '생명과학과'는 자연계열에 해당한다.

42
분야별 고용정책 중 일자리창출 정책과 가장 거리가 먼 것은? 22년 2회 기출변형

① 고용유지지원금
② 실업크레딧 지원
③ 일자리함께하기 지원
④ 사회적기업 육성

만점 해설
② 고용안전망 확충을 위한 정책으로서 '고용안전망 구축'에 해당한다.
①·③·④ 일자리창출을 위한 정책으로서 '사업주 지원'에 해당한다.

*참고 : 고용노동부의 주요 정책 및 세부적인 사업 내용은 수시로 변경되는 경향이 있으므로, 이점 감안하여 학습하시기 바랍니다. 참고로 '일자리함께하기 지원', '국내복귀기업 고용지원', '신중년 적합직무 고용지원', '정규직 전환 지원' 등은 2024년부로 신규 지원이 종료되었습니다.

43
고용정책 중 일자리창출을 위한 정책과 가장 거리가 먼 것은? 17년 3회 기출변형

① 고용유지지원금
② 실업크레딧 지원
③ 워라밸일자리 장려금
④ 사회적기업 육성

만점 해설
② 고용안전망 확충을 위한 정책으로서 '고용안전망 구축'에 해당한다.
①·③·④ 일자리창출을 위한 정책으로서 '사업주 지원'에 해당한다.

*참고 : '시간선택제 전환 지원'이 '워라밸일자리 장려금'으로 변경되었습니다.

44
다음에 해당하는 고용관련 지원제도는? 20년 4회, 17년 2회 기출변형

- 전일제 근로자의 소정근로시간 단축을 허용
- 기업 전반의 실근로시간을 2시간 이상 단축한 경우
- 재택근무, 원격근무, 선택근무, 시차출퇴근 등 유연근로를 활용
- 출산육아기 근로자의 고용안정을 위한 조치를 하여 기존 근로자의 고용을 안정시킨 사업주에게 지원

① 고용창출장려금
② 고용안정장려금
③ 고용유지지원금
④ 고용환경개선지원

만점 해설
고용안정장려금의 사업 내용(2024년도 기준)
- 워라밸일자리 장려금(소정근로시간 단축) 지원
- 워라밸일자리 장려금(실근로시간 단축) 지원
- 일·가정 양립 환경개선 지원
- 출산육아기 고용안정장려금 지원

정답 40 ② 41 ③ 42 ② 43 ② 44 ②

45
구직자 등 직업훈련이 필요한 국민에게 일정한 금액을 지원하여 그 범위 이내에서 직업능력개발훈련에 참여할 수 있도록 하고, 훈련이력 등을 개인별로 통합관리하는 제도는?
20년 4회 기출변형

① 사업주훈련
② 일학습병행제
③ 국민내일배움카드
④ 청년도전지원사업

만점 해설

③ 국민내일배움카드는 급격한 기술발전에 적응하고 노동시장 변화에 대응하는 사회안전망 차원에서 생애에 걸친 역량개발 향상 등을 위해 국민 스스로 직업능력개발훈련을 실시할 수 있도록 훈련비 등을 지원하는 제도이다.
① 사업주훈련(사업주 직업능력개발 지원)은 사업주가 근로자 등을 대상으로 직업능력개발훈련을 실시할 경우 소요비용을 지원함으로써 인적자원개발 및 기업 경쟁력 제고를 도모하는 제도이다.
② 일학습병행제는 기업이 청년 등을 선 채용 후 NCS 기반 현장훈련을 실시하고, 학교·공동훈련센터의 보완적 이론교육을 통해 숙련형성 및 자격취득까지 연계하는 현장 중심의 교육훈련제도이다.
④ 청년도전지원사업은 구직단념청년 등을 발굴하고 구직의욕 고취 및 자신감 강화를 위한 맞춤형 프로그램을 제공하여 노동시장 참여 및 취업 촉진을 지원한다.

46
다음은 어떤 직업훈련지원제도에 관한 설명인가?
21년 2회 기출

> 급격한 기술발전에 적응하고 노동시장 변화에 대응하는 사회안전망 차원에서 생애에 걸친 역량개발 향상 등을 위해 국민 스스로 직업능력개발훈련을 실시할 수 있도록 훈련비 등을 지원

① 국가기간·전략산업직종 훈련
② 사업주 직업능력개발훈련
③ 국민내일배움카드
④ 일학습병행

만점 해설

① 국가기간·전략산업직종 훈련은 국가의 기간산업 및 전략산업 등의 산업분야에서 부족하거나 수요가 증가할 것으로 예상되는 직종에 대한 직업능력개발훈련을 실시하여 기업에서 필요로 하는 기술·기능 인력을 양성·공급하는 제도이다.
② 사업주 직업능력개발훈련(사업주 직업능력개발 지원)은 사업주가 근로자 등을 대상으로 직업능력개발훈련을 실시할 경우 소요비용을 지원함으로써 인적자원개발 및 기업 경쟁력 제고를 도모하는 제도이다.
④ 일학습병행은 기업이 청년 등을 선 채용 후 NCS 기반 현장훈련을 실시하고, 학교·공동훈련센터의 보완적 이론교육을 통해 숙련형성 및 자격취득까지 연계하는 현장 중심의 교육훈련제도이다.

47
다음 설명에 해당하는 직업훈련지원제도는?
21년 3회, 19년 1회 기출

> 훈련인프라 부족 등으로 인해 자체적으로 직업훈련을 실시하기 어려운 중소기업들을 위해, 대기업 등이 자체 보유한 우수 훈련 인프라를 활용하여 중소기업이 필요로 하는 기술인력을 양성·공급하고 중소기업 재직자의 직무능력향상을 지원하는 제도이다.

① 국가인적자원개발컨소시엄
② 사업주지원훈련
③ 국가기간·전략산업직종 훈련
④ 청년취업아카데미

만점 해설

국가인적자원개발컨소시엄
기업·사업주단체 등이 상대적으로 훈련기회가 적은 중소기업과 훈련 컨소시엄을 구성하여 재직자 및 채용예정자를 대상으로 훈련을 제공하는 경우 공동훈련센터에 훈련시설·장비비, 운영비 등을 지원한다.

48

다음의 주요 업무를 수행하는 사업주 직업능력개발 훈련기관은? 20년 4회 기출

- 훈련과정인정
- 실시신고 접수 및 수료자 확정
- 비용신청서 접수 및 지원
- 훈련과정 모니터링

① 전국고용센터
② 한국고용정보원
③ 근로복지공단
④ 한국산업인력공단

만점 해설

사업주 직업능력개발훈련 수행기관 및 주요 수행업무

수행기관	주요 수행업무
한국산업인력공단	• 훈련과정인정 • 실시신고 접수 및 수료자 확정 • 비용신청서 접수 및 지원 • 훈련과정 모니터링
전국 고용센터	• 고용24(HRD-Net 관련) 사용인증 • 지정 훈련 시설 인·지정 • 고용24(HRD-Net 관련) 회원가입 승인 • 훈련과정 지도·점검 • 행정처분, 부정수급액 반환·징수
한국고용정보원	고용24(HRD-Net 관련) 시스템 운영 및 관리
한국기술교육대학교 직업능력심사평가원	• 위탁훈련(상시심사 제외) 과정 심사 • 원격훈련과정 심사 • 훈련기관(위탁훈련기관) 평가
근로복지공단	• 기업규모 결정(대규모기업, 우선지원대상기업) • 보험료 부과(징수는 국민건강보험공단)

49

사업주 직업능력개발훈련 수행기관 중 '전국 고용센터'의 업무에 해당하지 않는 것은? 20년 3회 기출변형

① 고용24 사용인증
② 지정 훈련 시설 인·지정
③ 훈련과정 지도·점검
④ 위탁훈련(상시심사 제외) 과정 심사

만점 해설

④ 한국기술교육대학교 직업능력심사평가원의 업무에 해당한다.

50

Q-Net에서 제공하는 자격정보에 관한 설명으로 틀린 것은? 17년 2회 기출

① 국가자격정보는 한국산업인력공단에서 시행하는 자격정보만을 제공한다.
② 국가공인민간자격 정보를 민간자격정보서비스(www.pqi.or.kr)와 연계하여 제공한다.
③ 국가기술자격 통계연보를 제공한다.
④ 미국, 호주, 독일 등 외국의 자격제도 운영현황 정보를 제공한다.

만점 해설

Q-Net의 자격정보
Q-Net에서 제공하는 국가자격정보는 한국산업인력공단에서 시행하는 자격정보는 물론 대한상공회의소, 영화진흥위원회, 한국광해광업공단, 한국데이터산업진흥원, 한국디자인진흥원, 한국방송통신전파진흥원, 한국원자력안전기술원, 한국콘텐츠진흥원 등 공공기관을 비롯하여 보건복지부, 고용노동부, 국토교통부 등 다양한 정부부처 및 산하기관 혹은 단체에서 시행하는 자격종목에 관한 정보를 제공한다.

*참고 : 2024년 10월 기존의 큐넷(Q-Net)이 차세대 자격정보시스템으로 전환되었습니다. 이는 국가자격 서비스를 고도화하기 위한 것으로, 클라우드 서비스, 블록체인, 인공지능(AI) 기술 등 다양한 신기술을 활용하여 이용객의 편의를 도모하고 있습니다.

51
Q-Net에서 제공하는 자격정보가 아닌 것은?

12년 3회 기출

① 과정이수형자격 종목별 상세정보
② 국가기술자격 종목별 상세정보
③ 민간자격 국가공인제도
④ 외국의 국가별 자격제도

만점 해설

Q-Net에서 제공하는 자격정보
- 국가자격 : 국가기술자격 제도정보, 국가기술자격 면제정보, 국가자격 종목별 상세정보(국가기술자격, 국가전문자격), 비상대비 자원관리종목, 자격종목 변천일람표
- 민간자격 : 민간자격 상세정보(국가공인민간자격), 민간자격 등록제도, 민간자격 국가공인제도
- 외국자격 : 국가별 자격제도 운영현황(일본, 독일, 영국, 호주, 미국, 프랑스)

*참고 : 위의 해설은 큐넷(Q-Net)의 차세대 자격정보시스템 전환에 따라 개편된 내용을 반영한 것입니다.

52
Q-Net(www.q-net.or.kr)에서 제공하는 국가별 자격제도 정보가 아닌 것은?

22년 2회, 12년 1회 기출

① 영국의 자격제도
② 프랑스의 자격제도
③ 호주의 자격제도
④ 스위스의 자격제도

만점 해설

Q-Net 제공 국가별 자격제도 정보
- 일본의 자격제도
- 독일의 자격제도
- 영국의 자격제도(①)
- 호주의 자격제도(③)
- 미국의 자격제도
- 프랑스이 자격제도(②)

53
Q-Net(www.q-net.or.kr)에서 제공하는 국가기술자격 종목별 정보를 모두 고른 것은?

21년 2회, 18년 3회 기출

> ㄱ. 자격취득자에 대한 법령상 우대현황
> ㄴ. 수험자 동향(응시목적별, 연령별 등)
> ㄷ. 연도별 검정현황(응시자 수, 합격률 등)
> ㄹ. 시험정보(수수료, 취득방법 등)

① ㄱ, ㄴ
② ㄷ, ㄹ
③ ㄱ, ㄴ, ㄹ
④ ㄱ, ㄴ, ㄷ, ㄹ

만점 해설

국가기술자격 종목별 상세정보

시험정보	검정형 자격 시험일정, 검정형 자격 시험정보(시험수수료, 출제경향, 취득방법, 출제기준), 과정평가형 자격 취득정보
기본정보	기본정보(자격개요, 수행직무, 실시기관 홈페이지, 실시기관명, 진로 및 전망), 종목별 검정현황(연도별 응시자 수/합격자 수/합격률)
우대현황	자격취득자에 대한 법령상 우대현황
일자리정보	경력, 학력, 지역, 기타 상세조건(임금형태, 근무형태, 근무시간, 우대사항, 키워드검색)
수험자 동향	성별, 연령별, 직업별, 응시목적별, 시험준비 경로별, 시험준비기간별 등

54
직업정보 제공과 관련된 인터넷사이트 연결이 틀린 것은?

19년 2회 기출변형

① 직업훈련정보 : 고용24(work24.go.kr)
② 자격정보 : Q-Net(q-net.or.kr)
③ 외국인고용관리정보 : EI넷(ei.go.kr)
④ 해외취업정보 : 월드잡플러스(worldjob.or.kr)

만점 해설

③ 외국인고용관리정보는 외국인고용관리시스템(eps.go.kr)을 통해 서비스가 제공되었으며, 티넷(ei.go.kr)은 고용보험 홈페이지에 해당한다. 이러한 온라인 고용서비스들은 직업훈련포털⁺(HRD-Net) 등과 함께 2024년 9월 정식 오픈한 '고용24(work24.go.kr)'에 통합되었다.

55

다음 중 등록민간자격의 상세한 종목별 자격정보를 제공하는 정보망은? 18년 1회, 12년 3회 기출

① hrd.go.kr
② pqi.or.kr
③ ilmoa.go.kr
④ career.or.kr

> **만점 해설**
> ② '민간자격정보서비스(pqi.or.kr)'는 한국직업능력연구원(구 한국직업능력개발원)이 민간자격제도의 관리 및 운영의 효율성을 도모하기 위해 자격연구센터를 통해 운영하고 있다.
> ① '직업훈련포털⁺ 또는 직업능력지식포털⁺(hrd.go.kr)'은 국가 직업훈련에 관한 정보를 검색할 수 있는 정보망으로, 최근 고용24(work24.go.kr)에 통합되었다.
> ③ '일모아(ilmoa.go.kr)'는 정부 및 지방자치단체에서 추진하는 일자리 사업 및 참여자 선발의 체계적 관리 지원을 위한 업무지원시스템이다.
>
> *참고 : 문제의 지문 ④번 'career.or.kr'은 현재 존재하지 않는 사이트이며, 이와 유사한 'career.go.kr'은 한국직업능력연구원(구 한국직업능력개발원)이 국가진로교육연구센터를 통해 운영하는 진로정보망 커리어넷에 해당합니다.

56

다음 중 국가공인 민간자격은? 14년 3회 기출

① 심리상담사
② ITQ
③ 청소년지도사
④ 노인사회복지사

> **만점 해설**
> ② 정보기술자격(ITQ)시험은 한국생산성본부에서 주관하는 국가공인 민간자격에 해당한다.
> ① 심리상담사는 비공인 등록 민간자격으로서, 한국심리상담사협회, 한국상담심리치료협회 등 다양한 단체에서 시행하고 있다.
> ③ 1·2·3급 청소년지도사는 여성가족부 소관의 국가전문자격에 해당한다.
> ④ 노인사회복지사는 현재 국가자격이나 민간자격으로 등록되어 있지 않다.

57

해외취업·창업·인턴·봉사 등의 해외진출 관련 정보를 통합하여 제공하는 사이트는? 16년 2회 기출

① 월드잡플러스(worldjob.or.kr)
② 일모아사이트(ilmoa.go.kr)
③ 커리어넷(career.go.kr)
④ 빅데이터(data.go.kr)

> **만점 해설**
> ① '월드잡플러스(WORLDJOB⁺)'는 청년들의 도전적인 해외진출을 지원하는 국정과제 'K-MOVE' 사업의 일환으로서, 흩어져있는 해외취업·창업·인턴·봉사 등의 해외진출 관련 정보들을 통합적으로 제공하는 해외통합정보망이다.
> ② '일모아(ILMOA)'는 정부 및 지방자치단체에서 추진하는 일자리 사업 및 참여자 선발의 체계적 관리 지원을 위한 업무지원시스템이다.
> ③ 커리어넷(CareerNet)은 국민의 진로개발을 지원하기 위해 한국직업능력연구원(구 한국직업능력개발원)이 국가진로교육연구센터를 통해 운영하는 진로정보망이다.
> ④ 공공데이터포털(DATA)은 공공기관이 생성 또는 취득하여 관리하고 있는 공공데이터를 한 곳에서 제공하는 통합 창구이다.

58

직업 관련 주요 정보망과 운영기관이 바르게 짝지어진 것은? 12년 1회 기출변형

> ㄱ. 고용24 - 한국직업능력연구원
> ㄴ. 민간자격정보서비스(pqi) - 한국고용정보원
> ㄷ. 해외취업정보서비스(WORLDJOB⁺) - 한국산업인력공단

① ㄱ
② ㄴ
③ ㄷ
④ ㄱ, ㄴ, ㄷ

> **만점 해설**
> ㄱ. '고용24'는 한국고용정보원이 운영한다.
> ㄴ. '민간자격정보서비스(pqi)'는 한국직업능력연구원*이 운영한다.
>
> *참고 : 「정부출연연구기관 등의 설립·운영 및 육성에 관한 법률」이 개정됨에 따라 '한국직업능력개발원'이 '한국직업능력연구원'으로 명칭이 변경되었습니다.

CHAPTER 03 직업정보 제공

01절 직업정보의 축적

01
직업안정법령상 직업안정기관의 장이 수집 · 제공하여야 할 고용정보에 해당하지 않는 것은?
20년 1 · 2회 기출

① 직무분석의 방법과 절차
② 경제 및 산업동향
③ 구인 · 구직에 관한 정보
④ 직업에 관한 정보

만점 해설
직업안정기관의 장이 수집 · 제공하여야 할 고용정보(직업안정법 시행령 제12조 제1항 참조)
• 경제 및 산업동향(②)
• 노동시장, 고용 · 실업동향
• 임금, 근로시간 등 근로조건
• 직업에 관한 정보(④)
• 채용 · 승진 등 고용관리에 관한 정보
• 직업능력개발훈련에 관한 정보
• 고용관련 각종지원 및 보조제도
• 구인 · 구직에 관한 정보(③)

02
공공직업안정기관이 수집 · 제공하여야 할 고용정보와 거리가 먼 것은?
04년 3회 기출

① 경제 및 산업동향
② 취업보호제도
③ 근로조건
④ 고용관리에 관한 정보

만점 해설
② '고용관련 긱종지원 및 보조제도'가 옳다.

03
신규취업자의 노동력 수급상황, 채용, 구인 및 이직 상황은 어떤 고용정보에 속하는가?
10년 3회, 09년 1회, 06년 3회, 03년 3회 기출

① 경제 및 산업동향에 관한 정보
② 노동시장, 고용 및 실업동향에 관한 정보
③ 근로조건에 관한 정보
④ 고용관리에 관한 정보

만점 해설
① 경제 및 산업동향에 관한 정보 : 산업 · 업종별 생산 · 판매 등 사업활동상황, 관내 산업의 호 · 불황 등 경기동향, 고용조정 등 고용동향 및 산업특성별 고용의 특징에 관한 정보
③ 근로조건에 관한 정보 : 기본급 · 각종수당 · 특별급여 · 최저임금 · 퇴직금 등 임금에 관한 정보, 근로시간, 교대제 근무, 휴일 · 휴가에 관한 정보, 기숙사 기타 복리후생 및 정년제 등에 관한 정보
④ 고용관리에 관한 정보 : 사업체의 채용계획 및 장애인 · 고령자의 고용상황 등 채용관리에 관한 정보, 배치 · 전보 · 승진 등 적정배치관리에 관한 정보, 임금 등 근로조건의 개선사례 · 인간관계 및 복리후생관리에 관한 정보, 정년연장 · 재고용 · 근무연장 등 퇴직관리 등에 관한 정보

04

민간직업정보와 공공직업정보의 일반적 특성에 대한 설명으로 틀린 것은? 18년 3회 기출

① 민간직업정보와 공공직업정보는 모두 유료로 구매하여 활용해야 한다.
② 민간직업정보는 불연속적이고 단기적이며, 공공직업정보는 연속적이고 장기적이다.
③ 민간직업정보는 다른 정보와의 연계 및 비교 가능성이 낮고, 공공직업정보는 다른 정보와의 연계 및 비교 가능성이 높다.
④ 민간직업정보에 조사·수록되는 직업의 범위는 제한적인 경우가 많으나, 공공직업정보는 전 산업이나 직종에 걸쳐 포괄적인 경우가 많다.

만점 해설

민간직업정보와 공공직업정보의 주요 차이점

구 분	민간직업정보	공공직업정보
정보제공 속성	한시적	지속적
직업 분류·구분	생산자의 자의성	기준에 의한 객관성
조사 직업 범위	제한적	포괄적
정보의 구성	완결적 정보체계	기초적 정보체계
타 정보와의 관계	관련성 낮음	관련성 높음
비 용	보통 유료	보통 무료

05

공공직업정보와 비교하여 민간직업정보의 특성에 관한 설명으로 옳은 것은? 17년 2회, 14년 2회, 11년 1회 기출

① 정보생산자의 임의적 기준이나 관심 위주로 직업을 분류한다.
② 특정 시기에 국한하지 않고 전체 산업 및 업종에 걸쳐진 직종을 대상으로 한다.
③ 국내 또는 국제적으로 인정된 분류체계에 근거한다.
④ 광범위한 이용가능성에 따라 직접적이고 객관적인 평가가 가능하다.

만점 해설

① · ③ 공공직업정보가 국내 또는 국제적으로 인정된 객관적인 분류체계(예 국제표준직업분류 및 한국표준직업분류 등)에 근거하여 직업을 분류하는 반면, 민간직업정보는 정보생산자의 임의적 기준이나 관심 위주로 직업을 분류한다.
② 공공직업정보가 특정 시기에 국한하지 않고 전체 산업 및 업종에 걸쳐진 직종을 대상으로 하는 반면, 민간직업정보는 필요한 시기에 최대한 활용되도록 한시적으로 신속하게 생산되어 운영된다.
④ 공공직업정보가 광범위한 이용가능성에 따라 공공직업정보체계에 대한 직접적이고 객관적인 평가가 가능한 반면, 민간직업정보는 객관적이고 공통적인 기준에 따라 분류되지 않으므로 다른 직업정보와의 비교가 적고 활용성이 낮다.

06

공공직업정보와 비교한 민간직업정보의 일반적 특성에 관한 설명으로 틀린 것은? 21년 1회, 17년 1회, 12년 1회, 10년 2회, 08년 3회 기출

① 필요한 시기에 최대한 활용되도록 한시적으로 신속하게 생산되어 운영된다.
② 국제적으로 인정되는 객관적인 기준에 근거하여 직업을 분류한다.
③ 특정한 목적에 맞게 해당 분야 및 직종을 제한적으로 선택한다.
④ 시사적인 관심이나 흥미를 유도할 수 있도록 해당 직업을 분류한다.

만점 해설

② 공공직업정보의 일반적인 특성에 해당한다.

07

민간직업정보의 일반적인 특성에 관한 설명으로 옳은 것은? 19년 2회 기출

① 특정한 목적에 맞게 해당 분야 및 직종을 제한적으로 제시하는 경향이 있다.
② 특정 시기에 국한되지 않고 지속적으로 제공된다.
③ 무료로 제공된다.
④ 다른 정보에 미치는 영향이 크며 연관성이 높은 편이다.

만점 해설
② · ③ · ④ 공공직업정보의 일반적인 특성에 해당한다.

08

민간직업정보의 일반적인 특징과 가장 거리가 먼 것은? 22년 1회, 16년 3회, 14년 1회, 11년 2회 기출

① 한시적으로 정보가 수집 및 가공되어 제공된다.
② 객관적인 기준을 가지고 전체 직업에 관한 일반적인 정보를 제공한다.
③ 직업정보 제공자의 특정한 목적에 따라 직업을 분류한다.
④ 통상적으로 직업정보를 유료로 제공한다.

만점 해설
② 공공직업정보의 일반적인 특성에 해당한다.

09

민간직업정보와 비교한 공공직업정보의 특성에 관한 설명과 가장 거리가 먼 것은?
21년 2회, 17년 3회, 14년 3회, 11년 3회, 10년 1회, 07년 1회 기출

① 필요한 시기에 최대한 활용되도록 한시적으로 신속하게 생산 및 운영된다.
② 광범위한 이용가능성에 따라 공공직업정보체계에 대한 직접적이며 객관적인 평가가 가능하다.
③ 특정 분야 및 대상에 국한되지 않고 전체 산업 및 업종에 걸친 직종 등을 대상으로 한다.
④ 직업별로 특정한 정보만을 강조하지 않고 보편적인 항목으로 이루어진 기초적인 직업정보체계로 구성되어 있다.

만점 해설
① 민간직업정보의 일반적인 특성에 해당한다.

10

공공직업정보의 일반적인 특성에 해당되는 것은?
20년 4회, 18년 1회, 15년 3회, 13년 3회 기출

① 필요한 시기에 최대한 활용되도록 한시적으로 신속하게 생산 · 제공된다.
② 특정 분야 및 대상에 국한되지 않고 전체 산업의 직종을 대상으로 한다.
③ 정보생산자의 임의적 기준에 따라 관심이나 흥미를 유도할 수 있도록 해당 직업을 분류한다.
④ 유료로 제공된다.

만점 해설
① · ③ · ④ 민간직업정보의 일반적인 특성에 해당한다.

11
공공직업정보의 일반적인 특성에 대한 설명으로 틀린 것은?   20년 3회, 18년 2회, 13년 1회 기출

① 전 산업 및 직종을 대상으로 지속적으로 조사·분석한다.
② 보편적 항목으로 이루어진 기초정보가 많다.
③ 관련 직업 간 비교가 용이하다.
④ 단시간에 조사하고 특정 목적에 맞게 직종을 제한적으로 선택한다.

만점 해설

④ 민간직업정보의 일반적인 특성에 해당한다.

12
직업정보를 정보의 생산 및 운영 주체에 따라 민간직업정보와 공공직업정보로 구분할 때 공공직업정보의 특성이 아닌 것은?   19년 3회, 10년 4회 기출

① 전체 산업 및 업종에 걸친 직종을 대상으로 한다.
② 조사 분석 및 정리, 제공에 상당한 시간 및 비용이 소요되므로 유료제공의 원칙이 적용된다.
③ 지속적으로 조사·분석하여 제공되며 장기적인 계획 및 목표에 따라 정보체계의 개선작업 수행이 가능하다.
④ 직업별로 특정한 정보만을 강조하지 않고 보편적인 항목으로 이루어진 기초적인 직업정보체계로 구성된다.

만점 해설

② 민간직업정보의 일반적인 특성에 해당한다.

13
공공직업정보의 일반적인 특성을 모두 고른 것은?   21년 3회, 19년 1회 기출

> ㄱ. 필요한 시기에 최대한 활용되도록 한시적으로 신속하게 생산되어 운영한다.
> ㄴ. 특정 분야 및 대상에 국한하지 않고 전체 산업 및 업종에 걸친 직종을 대상으로 한다.
> ㄷ. 특정 시기에 국한하지 않고 지속적으로 조사·분석하여 제공된다.
> ㄹ. 관련 직업정보 간의 비교·활용이 용이하다.

① ㄱ, ㄴ, ㄷ
② ㄱ, ㄴ, ㄹ
③ ㄱ, ㄷ, ㄹ
④ ㄴ, ㄷ, ㄹ

만점 해설

ㄱ. 민간직업정보의 일반적인 특성에 해당한다.

14

직업정보를 제공하는 유형별 방식의 설명이다. ( )에 가장 알맞은 것은?

22년 1회, 21년 1회, 17년 3회, 15년 3회 기출

종류	비용	학습자 참여도	접근성
인쇄물	(A)	수동	용이
면접	저	(B)	제한적
직업경험	고	적극	(C)

① A : 고, B : 적극, C : 용이
② A : 고, B : 수동, C : 제한적
③ A : 저, B : 적극, C : 제한적
④ A : 저, B : 수동, C : 용이

만점 해설

직업정보의 주요 유형별 특징

유형(종류)	비용	학습자 참여도	접근성
인쇄물	저	수동	용이
시청각자료	고	수동	제한적
면접	저	적극	제한적
관찰	고	수동	제한적
직업경험	고	적극	제한적
직업체험	고	적극	제한적

15

직업정보를 전달하는 유형별 특징에 관한 다음 표의 ( )에 알맞은 것은?

19년 1회, 14년 1회 기출

유형	비용	학습자 참여도	접근성
인쇄물	저	(ㄱ)	용이
시청각자료	(ㄴ)	수동	제한
직업경험	고	적극	(ㄷ)

① ㄱ - 수동, ㄴ - 고, ㄷ - 제한
② ㄱ - 수동, ㄴ - 고, ㄷ - 적극
③ ㄱ - 적극, ㄴ - 저, ㄷ - 제한
④ ㄱ - 적극, ㄴ - 저, ㄷ - 적극

만점 해설

직업정보의 주요 유형별 특징

유형(종류)	비용	학습자 참여도	접근성
인쇄물	저	수동	용이
시청각자료	고	수동	제한적
면접	저	적극	제한적
관찰	고	수동	제한적
직업경험	고	적극	제한적
직업체험	고	적극	제한적

16

다음 직업정보 유형별 특징에 관한 표의 (   ) 안에 들어갈 알맞은 것은? 14년 2회, 10년 1회 기출

종류	비용	학습자 참여도	접근성
인쇄물	(A)	수동	용이
면접	저	(B)	제한적
직업경험	(C)	적극	제한적
직업체험	고	적극	(D)

① A - 고, B - 적극, C - 고, D - 용이
② A - 고, B - 수동, C - 저, D - 제한적
③ A - 저, B - 적극, C - 고, D - 제한적
④ A - 저, B - 수동, C - 저, D - 용이

만점 해설

직업정보의 주요 유형별 특징

유형(종류)	비용	학습자 참여도	접근성
인쇄물	저	수동	용이
시청각자료	고	수동	제한적
면접	저	적극	제한적
관찰	고	수동	제한적
직업경험	고	적극	제한적
직업체험	고	적극	제한적

17

직업정보를 전달하는 유형별 특징에 관한 다음 표의 (   )에 들어갈 것으로 알맞은 것은? 11년 1회 기출

유형	비용	학습자 참여도	접근성
인쇄물	저	(A)	용이
시청각자료	(B)	수동	제한적
면접	저	(C)	제한적
직업경험	고	적극	(D)

① A - 수동, B - 고, C - 적극, D - 제한
② A - 수동, B - 고, C - 제한, D - 적극
③ A - 적극, B - 저, C - 제한, D - 제한
④ A - 적극, B - 저, C - 적극, D - 적극

만점 해설

직업정보의 주요 유형별 특징

유형(종류)	비용	학습자 참여도	접근성
인쇄물	저	수동	용이
시청각자료	고	수동	제한적
면접	저	적극	제한적
관찰	고	수동	제한적
직업경험	고	적극	제한적
직업체험	고	적극	제한적

18
직업정보에 대한 설명으로 틀린 것은? 18년 2회 기출

① 현재 고려 중인 직업 선택의 수를 줄이기 위해서 사용할 수 있다.
② 직업정보를 제공하는 인쇄매체는 직업체험보다 학습자 참여도가 수동적이다.
③ 직업정보를 수집할 때는 항상 최신의 자료인가 확인한다.
④ 직업정보 수집을 목적으로 할 때 직업체험은 인쇄매체보다 접근성이 우수하다.

만점 해설
④ 직업정보 수집을 목적으로 할 때 직업체험은 인쇄매체보다 접근성이 떨어진다.

19
직업정보에 대한 설명으로 틀린 것은?
22년 1회, 16년 2회 기출

① 직업정보는 경험이 부족한 내담자들에게 다양한 직업을 접할 기회를 제공한다.
② 직업정보는 수집 → 체계화 → 분석 → 가공 → 제공 → 축적 → 평가 등의 단계를 거쳐 처리된다.
③ 직업정보를 수집할 때는 항상 최신의 자료인지 확인한다.
④ 동일한 정보라 할지라도 다각적인 분석을 시도하여 해석을 풍부하게 한다.

만점 해설
직업정보 처리단계(직업정보시스템의 정보관리 순서)
수집 → 분석 → 가공 → 체계화 → 제공 → 축적 → 평가

20
직업정보의 처리단계를 옳게 나열한 것은?
21년 1회 기출

① 분석 → 가공 → 수집 → 체계화 → 제공 → 축적 → 평가
② 수집 → 분석 → 체계화 → 가공 → 축적 → 제공 → 평가
③ 분석 → 수집 → 가공 → 체계화 → 축적 → 제공 → 평가
④ 수집 → 분석 → 가공 → 체계화 → 제공 → 축적 → 평가

만점 해설
직업정보 처리단계(직업정보시스템의 정보관리 순서)
수집 → 분석 → 가공 → 체계화 → 제공 → 축적 → 평가

21
직업정보의 일반적인 정보관리 순서로 가장 적합한 것은?
20년 3회, 17년 3회 기출

① 수집 - 분석 - 가공 - 체계화 - 제공 - 평가
② 수집 - 제공 - 분석 - 가공 - 평가 - 체계화
③ 수집 - 분석 - 평가 - 가공 - 제공 - 체계화
④ 수집 - 분석 - 체계화 - 제공 - 가공 - 평가

만점 해설
직업정보 처리단계(직입정보시스템의 정보관리 순서)
수집 → 분석 → 가공 → 체계화 → 제공 → 축적 → 평가

22
일반적인 직업정보 처리과정을 바르게 나열한 것은? 19년 2회, 17년 1회, 13년 1회 기출

① 수집 → 제공 → 분석 → 가공 → 평가
② 수집 → 가공 → 제공 → 분석 → 평가
③ 수집 → 평가 → 가공 → 제공 → 분석
④ 수집 → 분석 → 가공 → 제공 → 평가

만점 해설
직업정보 처리단계(직업정보시스템의 정보관리 순서)
수집 → 분석 → 가공 → 체계화 → 제공 → 축적 → 평가

23
직업정보의 수집 이후 일반적인 처리과정을 바르게 나열한 것은? 19년 3회 기출

ㄱ. 분석
ㄴ. 체계화
ㄷ. 가공
ㄹ. 제공
ㅁ. 축적
ㅂ. 평가

① ㄱ → ㄴ → ㄷ → ㄹ → ㅁ → ㅂ
② ㄱ → ㄷ → ㄴ → ㄹ → ㅁ → ㅂ
③ ㄴ → ㄷ → ㅁ → ㄱ → ㄹ → ㅂ
④ ㄴ → ㄹ → ㄷ → ㄱ → ㅁ → ㅂ

만점 해설
직업정보 처리단계(직업정보시스템의 정보관리 순서)
수집 → 분석 → 가공 → 체계화 → 제공 → 축적 → 평가

24
직업정보로서 갖추어야 할 요건에 대한 설명으로 틀린 것은? 22년 2회, 17년 3회 기출

① 직업정보는 객관성이 담보되어야 한다.
② 직업정보 활용의 효율성 측면에서 이용대상자의 진로발달단계나 수준, 이용 목적에 적합한 직업정보를 개발하여 제공되는 것이 바람직하다.
③ 우연히 획득되거나 출처가 불명확한 직업정보라도 내용이 풍부하다면 직업정보로서 가치가 있다고 판단한다.
④ 직업정보는 개발년도를 명시하여 부적절한 과거의 직업세계나 노동시장 정보가 구직자나 청소년에게 제공되지 않도록 하는 것이 바람직하다.

만점 해설
③ 정보는 가치를 가지나, 모든 자료가 정보로서 가치를 가지는 것은 아니다. 불확실성을 줄이고 의사소통의 오류를 통제할 수 있어야 비로소 생명력을 갖는 정보라 할 수 있다. 따라서 직업정보는 조직적이고 계획적으로 수집하여야 하며, 이를 위해 직업정보 제공원을 파악하고 연결되는 관계 속에서 직업정보가 수집되도록 흐름을 정해야 한다.

25
직업정보 수집 시의 유의점으로 틀린 것은? 08년 1회, 06년 3회 기출

① 명확한 목표를 세운다.
② 직업정보는 계획적으로 수집하여야 한다.
③ 수집한 정보는 항상 유효하기 때문에 불필요한 자료라도 별도 보관하여 활용하도록 한다.
④ 자료를 수집하면 자료의 출처와 저자, 발행연도와 수집일자를 기입해야 한다.

만점 해설
③ 수집한 정보는 수시로 변화하므로 그 모든 자료들이 언제나 유효한 것은 아니다. 따라서 불필요한 자료는 폐기하고 새로운 자료는 보완하는 작업을 지속적으로 진행하여 항상 최신의 상태를 유지하도록 노력해야 한다.

26
직업정보 수집 시 유의사항으로 옳은 것은?

06년 1회, 03년 3회 기출

① 자료의 출처와 저자, 발행연도를 반드시 명기하여야 하나 수집자는 기입하지 않아도 된다.
② 수집된 정보라 할지라도 항상 유효하지 않기 때문에 지속적인 정보의 보완이 필요하다.
③ 직업정보를 수집하기 위해서는 옮겨 쓰기, 오려 붙이기, 녹음, 입력, 재구성하기 등이 필요하다.
④ 우연히 발견한 것과 외부로부터 자료를 모아두는 것도 직업정보의 수집이다.

만점 해설
① 수집자도 기입하여야 한다.
③ 재구성하기는 바람직하지 않다.
④ 우연히 발견한 것과 단순히 외부로부터 자료를 모아두는 것은 직업정보의 수집으로 볼 수 없다.

27
직업정보 분석 시 유의점으로 틀린 것은?

21년 2회, 19년 2회, 16년 3회, 12년 1회 기출

① 전문적인 시각에서 분석한다.
② 직업정보원과 제공원에 대해 제시한다.
③ 동일한 정보에 대해서는 한 가지 측면으로만 분석한다.
④ 원자료의 생산일, 자료표집방법, 대상 등을 검토해야 한다.

만점 해설
③ 동일한 정보라 할지라도 다각적이고 종합적인 분석을 시도하여 해석을 풍부히 한다.

28
직업정보 분석 시 유의사항이 아닌 것은?

17년 2회 기출

① 직업정보원과 제공원을 제시한다.
② 동일한 정보도 다각적인 분석을 시도하여 해석을 풍부하게 한다.
③ 전문지식이 없는 개인을 위해 비전문적인 시각에서 분석한다.
④ 분석과 해석은 원자료의 생산일, 자료표집방법, 대상, 자료의 양 등을 검토해야 한다.

만점 해설
③ 직업정보의 신뢰성, 객관성, 정확성, 효용성 등을 확보하기 위해 전문가나 전문적인 시각에서 분석한다.

29
직업정보 분석에 관한 설명으로 틀린 것은?

11년 2회 기출

① 직업정보는 직업전문가에 의해 분석되어야 한다.
② 수집된 정보에 대하여는 목적에 맞도록 몇 번이고 분석하여 가장 최신의 객관적이며 정확한 자료를 선정한다.
③ 동일한 정보라 할지라도 다각적인 분석을 시도하여 해석을 풍부하게 한다.
④ 직업정보원과 제공원에 관한 정보는 일반적으로 생략한다.

만점 해설
④ 직업정보원과 제공원에 대하여 제시한다.

30
고용정보의 가공·분석에 관한 설명으로 틀린 것은?   16년 3회, 13년 3회, 06년 1회 기출

① 정보의 가공 및 분석 목적을 명확히 해야 한다.
② 변화 동향에 유의해야 한다.
③ 숫자로 표현할 수 없는 정보는 배제해야 한다.
④ 다른 통계와의 관련성 및 여러 측면을 고려해야 한다.

만점 해설
③ 숫자로 표현할 수 없는 정보라고 하여 이를 무조건 배제하기보다는 과학적·전문적인 시각에서 체계적이고 유효적절하게 수용하는 것이 바람직하다.

31
직업정보를 가공할 때 유의해야 할 사항으로 틀린 것은?   20년 3회, 08년 3회, 06년 3회 기출

① 시청각적 효과를 첨가한다.
② 직업에 대한 장·단점을 편견 없이 제공한다.
③ 가장 최신의 자료를 활용하되, 표준화된 정보를 활용한다.
④ 직업은 전문적인 것이므로 가능하면 전문적인 용어를 사용하여 가공한다.

만점 해설
④ 직업정보의 공유방법을 강구하는 과정이므로 이용자의 수준에 부합하는 언어로 가공한다.

32
직업정보 가공 시 유의사항으로 틀린 것은?   11년 1회, 09년 3회, 05년 3회 기출

① 직업은 그 분야에서 매우 전문적이므로, 전문적인 지식이 없어도 이해할 수 있는 언어로 가공한다.
② 직업에 대한 장·단점을 편견 없이 제공한다.
③ 현황은 가장 최신의 자료를 활용하되, 표준화된 정보를 활용한다.
④ 시청각 효과를 부여하면 혼란이 발생되기 때문에 가급적 삼간다.

만점 해설
④ 효율적인 정보제공을 위해 시각적(시청각) 효과를 부가한다.

33
직업정보의 가공에 대한 설명으로 틀린 것은?   21년 2회, 07년 1회 기출

① 정보를 공유하는 방법을 강구하는 단계이다.
② 정보의 생명력을 측정하여 활용방법을 선정하고 이용자에게 동기를 부여할 수 있도록 구상한다.
③ 정보를 제공하는 것은 긍정적인 입장에서 출발하여야 한다.
④ 시각적 효과를 부가한다.

만점 해설
③ 직업에 대한 장단점을 편견 없이 제공한다.

34
직업정보의 가공에 대한 설명으로 가장 적합하지 않은 것은? 20년 1·2회, 17년 1회 기출

① 효율적인 정보제공을 위해 시각적 효과를 부가한다.
② 정보를 공유하는 방법과도 연관되어 있다.
③ 긍정적인 정보를 제공하는 입장에서 출발해야 한다.
④ 정보의 생명력을 측정하여 활용방법을 선정하고 이용자에게 동기를 부여할 수 있도록 구상한다.

만점 해설
③ 직업에 대한 장단점을 편견 없이 제공한다.

35
직업정보 가공 시의 유의점에 대한 설명으로 틀린 것은? 18년 3회 기출

① 직업정보의 이용자는 일반인이므로 이용자의 수준에 맞는 언어로 가공한다.
② 직업에 대한 장점만 제공하여 이용자들이 직업에 대한 비전을 갖도록 해야 한다.
③ 가장 최신의 자료를 활용하되 표준화된 정보를 활용한다.
④ 객관성이 없는 정보는 활용하지 않도록 한다.

만점 해설
② 직업에 대한 장단점을 편견 없이 제공한다.

36
직업정보의 처리에 대한 설명으로 틀린 것은? 22년 2회, 18년 1회 기출

① 직업정보는 전문가가 분석해야 한다.
② 직업정보 제공 시에는 이용자의 수준에 맞게 한다.
③ 직업정보 수집 시에는 명확한 목표를 세운다.
④ 직업정보 제공 시에는 직업의 장점만을 최대한 부각해서 제공한다.

만점 해설
④ 직업에 대한 장단점을 편견 없이 제공한다.

37
직업정보의 관리 과정에 대한 설명으로 틀린 것은? 19년 3회, 17년 2회, 13년 2회 기출

① 직업정보 수집 시에는 명확한 목표를 세운다.
② 직업정보 분석 시에는 하나의 항목에 초점을 맞춰 집중적으로 분석해야 한다.
③ 직업정보 가공 시에는 전문적인 지식이 없어도 이해할 수 있도록 가공해야 한다.
④ 직업정보 가공 시에는 직업이 가지고 있는 장·단점을 편견 없이 제공해야 한다.

만점 해설
② 직업정보의 분석은 직업전문가에 의해 전문적인 시각에서 이루어져야 한다. 다양한 정보를 충분히 검토하여 가장 효율적으로 검색·활용할 수 있는 방법으로 분류해야 하며, 동일한 정보일지라도 다각이고 종합적인 분석을 시도함으로써 해석을 풍부히 해야 한다.

38
직업정보 수집·제공 시 고려해야 할 사항과 가장 거리가 먼 것은? 21년 1회, 14년 3회 기출

① 명확한 목표를 가지고 계획적으로 수집한다.
② 최신의 자료를 수집한다.
③ 자료를 수집할 때 자료출처와 일자를 기록한다.
④ 직업정보는 전문성이 있으므로 전문용어를 사용하여 제공한다.

만점 해설
④ 직업정보의 용어는 목적대상의 수준에 적합해야 한다. 따라서 전문용어 및 기술용어는 가급적 삼가며, 필요할 경우 해당 용어에 대해 자세히 설명해야 한다. 특히 은어나 비속어를 사용해서는 안 된다.

39
직업정보 제공에 관한 설명으로 옳은 것은? 20년 3회, 17년 2회 기출

① 모든 내담자에게 직업정보를 우선적으로 제공한다.
② 직업상담사는 다양한 직업정보를 제공하기 위해 지속적으로 노력한다.
③ 진로정보 제공은 직업상담의 초기단계에서 이루어지며, 이 경우 내담자의 피드백은 고려하지 않는다.
④ 내담자가 속한 가족, 문화보다는 표준화된 정보를 우선적으로 고려하여 정보를 제공한다.

만점 해설
① 직업정보의 본래적 기능과 정보 활용의 효율성을 위해 내담자의 필요와 자발적 의사를 고려하여 직업정보를 제공한다.
③ 진로정보(직업정보) 제공 후 작업과 일에 대한 내담자의 태도 및 감정을 자유롭게 표현할 수 있도록 하며, 그에 대한 피드백을 상담에 효과적으로 활용한다.
④ 내담자 개인은 물론 내담자의 직업선택에 영향을 미칠 수 있는 환경에 대해서도 충분히 고려하여 내담자의 흥미와 적성에 부합하는 직업정보를 제공한다.

40
직업정보관리에 관한 설명으로 틀린 것은? 22년 2회 기출

① 직업정보의 범위는 개인, 직업, 미래에 대한 정보 등으로 구성되어 있다.
② 직업정보원은 정부부처, 정부투자출연기관, 단체 및 협회, 연구소, 기업과 개인 등이 있다.
③ 직업정보 가공 시 전문적인 지식이 없어도 이해할 수 있도록 가급적 평이한 언어로 제공하여야 한다.
④ 개인의 정보는 보호되어야 하기 때문에 구직 시 연령, 학력 및 경력 등의 취업과 관련된 정보는 제한적으로 제공되어야 한다.

만점 해설
④ 직업정보관리에 있어서 개인이 자신의 신상정보를 제공하는 것에는 주의를 기울일 필요가 있다. 다만, 구직 시 개인은 주요 신상정보인 성명, 연락처, 학력사항, 경력사항, 희망직종, 그 외 자기소개 등을 기재함으로써 효율적인 정보관리가 이루어질 수 있도록 해야 한다.

02절 직업정보의 평가 및 환류

01
직업정보의 일반적인 평가 기준과 가장 거리가 먼 것은? 21년 2회, 18년 3회, 16년 1회, 13년 3회 기출

① 어떤 목적으로 만든 것인가
② 얼마나 비싼 정보인가
③ 누가 만든 것인가
④ 언제 만들어진 것인가

만점 해설
직업정보의 일반적인 평가 기준(Hoppock)
• 언제 만들어진 것인가?(④)
• 어느 곳을 대상으로 한 것인가?
• 누가 만든 것인가?(③)
• 어떤 목적으로 만든 것인가?(①)
• 자료를 어떤 방식으로 수집하고 제시했는가?

02
다음 중 직업정보의 평가 항목으로 가장 적절한 것은? *적중 예상*

① 직업정보의 내용은 직업정보 매체의 형식에 적합하도록 제시되는가?
② 직업 관련 인쇄물은 전문가들의 읽기 수준에 부합하는가?
③ 직업정보는 특정 사회적 집단의 이해관계를 충분히 반영하고 있는가?
④ 직업정보는 이용자들에 의해 타당성과 정당성을 부여받고 있는가?

만점 해설
② 직업 관련 인쇄물은 이용자들의 읽기 수준에 부합하는가?
③ 직업정보는 성별, 종교, 민족적 배경 또는 사회적 집단 등의 편견으로부터 자유로운가?
④ 직업정보는 인정받은 권위자나 조사연구들에 의해 타당성과 정당성을 부여받고 있는가?

03
Andrus가 제시한 정보의 효용에 해당되지 않는 것은? *10년 4회, 03년 1회 기출*

① 장소효용
② 형태효용
③ 시간효용
④ 통제효용

만점 해설
효용의 관점에 의한 직업정보의 평가(Andrus)
- 형태효용(Form Utility)
- 시간효용(Time Utility)
- 장소효용(Place Utility)
- 소유효용(Possession Utility)

04
다음 중 보기의 내용과 연관된 인지편향에 해당하는 것은? *적중 예상*

> 사람들은 가용성의 법칙에 따라 보다 빈번히 일어나는 사건, 보다 상상하기 쉬운 것을 높이 평가한다.

① 확률 추정의 편향
② 증거 평가의 편향
③ 사후편향
④ 인과관계 인식의 편향

만점 해설
② 증거 평가의 편향(증거편향)은 생생하고 구체적이며 개인적인 정보가 추상적인 정보보다 더 많은 영향을 미친다는 것이다.
③ 사후편향은 사람들이 후견지명으로 사건의 예측 가능성을 높이 평가한다는 것이다.
④ 인과관계 인식의 편향은 사람들이 내적 요인의 역할을 과대평가하는 반면, 외적 요인의 역할을 과소평가한다는 것이다.

05
다음 중 직업정보 평가 결과의 환류에 대한 설명으로 옳지 않은 것은? *적중 예상*

① 면접 결과지를 분석하여 그 결과를 환류함으로써 면담지를 수정·보완할 수 있다.
② 내담자의 직업정보 취향에 대한 분석 결과를 환류함으로써 다른 상담자와 그 내용을 공유할 수 있다.
③ 유사한 오류가 반복되지 않도록 가설 설정에서 나타난 오류는 직업정보 시스템에 환류하지 않는다.
④ 이용자나 내담자의 주요 평가를 토대로 환류의 타당성을 확인할 수 있다.

만점 해설
③ 상담자는 가설 설정에서 나타난 오류를 직업정보 시스템에 환류함으로써 그와 유사한 사례에 대해 의사결정 개입을 할 수 있다.

제4과목
노동시장

CHAPTER 01 노동시장의 이해
CHAPTER 02 임금의 제개념
CHAPTER 03 실업의 제개념

끝까지 책임진다! 시대에듀!

QR코드를 통해 도서 출간 이후 발견된 오류나 개정법령, 변경된 시험 정보, 최신기출문제, 도서 업데이트 자료 등이 있는지 확인해 보세요! **시대에듀 합격 스마트 앱**을 통해서도 알려 드리고 있으니 구글 플레이나 앱 스토어에서 다운받아 사용하세요. 또한, 파본 도서인 경우에는 구입하신 곳에서 교환해 드립니다.

CHAPTER 01 노동시장의 이해

01절 노동의 수요

01
다음 중 노동수요의 특성에 대한 설명으로 틀린 것은?
08년 1회 기출

① 유발수요이다.
② 결합수요이다.
③ 유량의 개념이다.
④ 저량의 개념이다.

만점 해설
④ 노동수요는 일반적으로 일정 시점에서가 아닌 일정 기간 동안 기업에서 고용하고자 하는 노동의 양을 의미한다는 측면에서 '유량(Flow)'의 개념에 속하는 것으로 볼 수 있다.

02
다음 중 노동수요의 특징이 아닌 것은?
13년 1회, 04년 3회 기출

① 유발수요
② 파생수요
③ 결합수요
④ 가수요

만점 해설
④ 가수요는 실수요에 대응하는 개념으로서, 특히 가격이 항상 불안정하고 공급에 비해 수요가 많은 시장상황에서 투기를 목적으로 한 비정상적인 수요가 이루어지는 것을 말한다. 따라서 가수요는 노동수요의 일반적인 특징으로 볼 수 없다.

03
최종생산물이 수요자에 의하여 수요되기 때문에 그 최종생산물을 생산하는 데 투입되는 노동이 수요된다고 할 때 이러한 수요를 무엇이라 하는가?
20년 3회, 10년 2회, 03년 1회 기출

① 유효수요
② 잠재수요
③ 파생수요
④ 실질수요

만점 해설
노동수요의 특징으로서 파생수요 또는 유발수요(Derived Demand)
노동의 수요주체인 기업에서는 노동을 수요함에 있어서 항상 상품시장에서의 최종생산물의 판매와 결부시켜 노동을 수요하려고 하기 때문에 기업의 노동에 대한 수요는 기업에서 생산된 상품에 대한 소비자들의 수요에 크게 영향을 받게 된다. 이와 같이 노동의 수요가 소비자들의 상품에 대한 수요에 의해 파생 혹은 유발된다는 의미에서 '파생수요' 또는 '유발수요'라고 하는 것이다.

04
생산요소에 대한 수요를 파생수요(Derived Demand)라 부르는 이유로 가장 적합한 것은?
15년 3회, 10년 3회 기출

① 생산요소의 수요곡선은 이윤극대화에서 파생되기 때문이다.
② 정부의 요소수요는 민간의 수요를 보완하기 때문이다.
③ 생산요소에 대한 수요는 그들이 생산한 생산물에 대한 수요에 의존하기 때문이다.
④ 생산자들은 저렴한 생산요소로 늘 대체하기 때문이다.

만점 해설
③ 최종생산물이 수요자에 의하여 수요되기 때문에 그 최종생산물을 생산하는 데 투입되는 생산요소(예 노동)가 수요된다는 원리에서 비롯된다.

정답 01 ④ 02 ④ 03 ③ 04 ③

05
다음 중 노동에 대한 수요가 유발수요(Derived Demand)인 것을 가장 잘 나타내는 것은?

18년 1회 기출

① 사무자동화로 사무직에 대한 수요가 감소하고 있다.
② 자동차회사 노동자의 임금상승은 자동차 조립라인에서의 로봇에 대한 수요를 증가시킨다.
③ 휘발유 가격의 상승은 경소형차에 대한 수요를 증가시킨다.
④ 자동차 생산을 증가시킨다는 경영진의 결정은 자동차공장 노동자에 대한 수요를 증가시킨다.

만점 해설
④ 기업의 노동에 대한 수요는 기업에서 생산된 상품에 대한 소비자들의 수요에 크게 영향을 받게 된다.

06
노동수요를 결정하는 요인과 가장 거리가 먼 것은?

18년 2회 기출

① 개인의 여가에 대한 태도
② 시장임금의 크기
③ 자본서비스의 가격
④ 노동을 이용하여 생산된 상품에 대한 소비자의 수요

만점 해설
노동수요의 결정요인
- 노동의 가격(임금)(②)
- 상품(서비스)에 대한 소비자의 수요(④)
- 다른 생산요소(예 자본)의 가격변화(③)
- 노동생산성의 변화
- 생산기술의 진보

07
다음 중 노동수요의 결정요인으로 옳은 것은?

10년 1회 기출

① 노동과 관련된 타 생산요소의 가격변화
② 인구의 규모와 구조
③ 노동에 대한 노력의 강도
④ 임금지불방식

만점 해설
노동수요의 결정요인
- 노동의 가격(임금)
- 상품(서비스)에 대한 소비자의 수요
- 다른 생산요소(예 자본)의 가격변화(①)
- 노동생산성의 변화
- 생산기술의 진보

08
기업에서 단기 노동수요를 증가시키는 요인으로 가장 적합한 것은?

14년 3회, 07년 1회, 04년 3회 기출

① 상품 수요의 증가
② 실업의 감소
③ 노동생산성의 체감
④ 고용보험료의 인상

만점 해설
① 해당 노동을 이용하여 생산하는 상품(서비스)에 대한 수요가 클수록 유발수요인 노동수요는 증가한다.

09
노동시장이 생산물시장과 다른 점에 대한 설명으로 틀린 것은?

18년 1회 기출

① 노동시장에서 거래되는 노동력 상품은 노동자와 분리가 될 수 없기 때문에 노동시장에서는 노동조건을 둘러싼 노사관계 등 사회적 관계가 개입된다.
② 노동은 사용자의 입장에서 보면 생산요소이며 노동자의 입장에서 보면 소득의 원천이 되는 한편, 국민경제적 관점에서는 인적자원이 된다.
③ 일반상품과 달리 노동력 상품은 비교적 동질적이며 따라서 노동시장은 단일한 시장으로 존재하는 경우가 많다.
④ 노동력은 인적자원이기 때문에 화폐소득 이외의 사용되는 장소, 일의 성격 등에 의하여 노동공급이 영향을 받는다.

만점 해설
③ 노동시장은 노동자의 질과 수에 따라 여러 가지 노동시장으로 특징지어진다. 즉, 단일한 시장으로 존재하는 것이 아닌 상호 관련 있는 여러 가지 유형의 노동시장이 존재한다.

10
다음 노동수요곡선에 대한 설명으로 틀린 것은?

16년 1회 기출

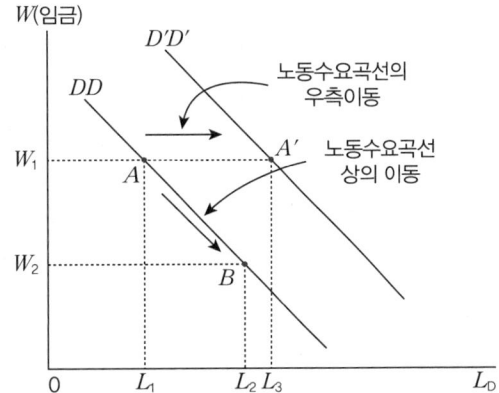

① 임금이 하락하면 고용량이 증가하고 임금이 상승하면 고용량이 감소함을 DD처럼 표시할 수 있다.
② 임금이 W_1일 때 노동수요량은 L_1이며 임금이 W_2로 하락할 때 노동수요량은 L_2로 증가한다.
③ 수요곡선인 DD는 임금과 기업의 고용량 간에 정의 관계가 성립함을 의미하는 것이다.
④ 기업 판매상품의 수요가 증대하면 노동수요곡선 전체가 우측으로 이동한다.

만점 해설
③ 수요곡선 DD는 임금이 하락하면 고용량이 증가하고 임금이 상승하면 고용량이 감소함을 나타낸다. 즉, 임금과 기업의 고용량 간에 부(-)의 관계가 성립함을 의미한다.

11
노동수요에 대한 설명으로 틀린 것은? 08년 3회 기출

① 재화가격이 상승하면 노동수요곡선이 우측으로 이동한다.
② 장기에는 노동수요곡선이 단기보다 더 완만해진다.
③ 기술혁신이 이루어지면 노동수요곡선이 우측으로 이동한다.
④ 임금이 하락하면 노동수요곡선이 우측으로 이동한다.

만점 해설
④ 임금이 하락하면 노동수요곡선 자체가 이동하는 것이 아닌 노동수요곡선상의 수요점 이동이 나타난다(☞ 10번 문제의 그래프에서 'A → B'로의 이동).

12
개별기업수준에서 노동에 대한 수요곡선을 이동시키는 요인을 모두 고른 것은? 22년 2회 기출

> ㄱ. 기술의 변화
> ㄴ. 임금의 변화
> ㄷ. 최종생산물가격의 변화
> ㄹ. 자본의 가격 변화

① ㄱ, ㄴ, ㄷ
② ㄱ, ㄴ, ㄹ
③ ㄱ, ㄷ, ㄹ
④ ㄴ, ㄷ, ㄹ

만점 해설
ㄴ. 임금의 변화는 노동수요의 결정요인이기는 하나 노동수요곡선을 이동(Shift)시키는 것이 아닌 노동수요곡선상의 이동으로 나타난다.

13
개별기업수준에서 노동에 대한 수요곡선을 이동시키는 요인이 아닌 것은? 11년 2회, 08년 1회 기출

① 기술의 변화
② 임금의 변화
③ 최종생산물가격의 변화
④ 노동 이외 타 생산요소의 가격 변화

만점 해설
② 임금의 변화는 노동수요의 결정요인이기는 하나 노동수요곡선을 이동(Shift)시키는 것이 아닌 노동수요곡선상의 이동으로 나타난다.

14
노동수요곡선을 이동(Shift)시키는 요인이 아닌 것은? 19년 3회, 12년 2회 기출

① 임금의 변화
② 생산성의 변화
③ 제품 생산기술의 발전
④ 최종상품에 대한 수요의 변화

만점 해설
① 임금의 변화는 노동수요의 결정요인이기는 하나 노동수요곡선을 이동(Shift)시키는 것이 아닌 노동수요곡선상의 이동으로 나타난다.

15
생산요소인 노동의 수요곡선을 이동(Shift)시키는 요인이 아닌 것은? 13년 3회, 10년 2회, 07년 3회 기출

① 임금의 변화
② 노동을 투입하여 생산한 생산물의 가격변화
③ 노동생산성의 변화
④ 자본의 생산성 변화

만점 해설
① 임금의 변화는 노동수요의 결정요인이기는 하나 노동수요곡선을 이동(Shift)시키는 것이 아닌 노동수요곡선상의 이동으로 나타난다.

16
노동수요곡선이 이동하는 이유가 아닌 것은?

22년 1회, 14년 2회 기출

① 임금수준의 변화
② 생산방법의 변화
③ 자본의 가격 변화
④ 생산물에 대한 수요의 변화

만점 해설

① 임금의 변화는 노동수요의 결정요인이기는 하나 노동수요곡선을 이동(Shift)시키는 것이 아닌 노동수요곡선상의 이동으로 나타난다.

17
노동수요곡선 자체를 이동시키는 요인이 아닌 것은?

17년 2회 기출

① 산출물 가격
② 기술진보
③ 다른 요소 공급의 변화
④ 임금의 상승

만점 해설

④ 임금의 변화는 노동수요의 결정요인이기는 하나 노동수요곡선을 이동(Shift)시키는 것이 아닌 노동수요곡선상의 이동으로 나타난다.

18
다음 중 생산성을 향상시키는 요인과 가장 거리가 먼 것은?

20년 4회, 14년 1회 기출

① 노동조합 조합원 수의 증가
② 자본절약적 기술혁신
③ 자본의 질적 증가
④ 노동의 질적 향상

만점 해설

① 자본이나 노동 등의 생산요소를 질적으로 증가 또는 향상시키는 것은 생산성 향상에 보다 직접적인 영향을 미친다. 그러나 노동조합의 조합원 수를 늘리는 것은 생산성 향상에 긍정적인 영향을 미칠 수도, 부정적인 영향을 미칠 수도 있다.

19
노동과 자본만이 생산요소이고 두 생산요소가 서로 보완재인 경우, 자본의 가격이 하락할 때 노동수요의 변화를 나타낸 그래프는?

15년 3회 기출

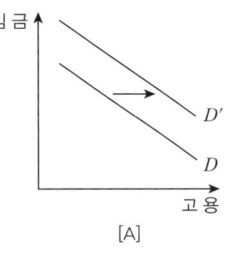
[A]

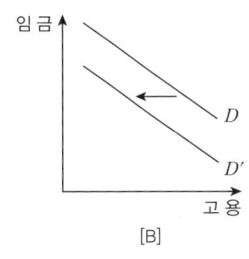
[B]

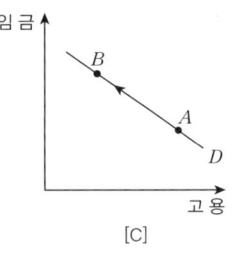
[C]

① 그래프 - A
② 그래프 - B
③ 그래프 - C
④ 그래프 - A, B, C

만점 해설

생산요소의 관계에 따른 노동수요곡선의 변화

보완재 관계	노동과 자본만이 생산요소이고 두 생산요소가 서로 보완재인 경우, 자본의 가격이 하락할 때 노동수요가 증가하여 노동수요곡선이 오른쪽으로 이동하게 된다.
대체재 관계	노동과 자본만이 생산요소이고 두 생산요소가 서로 대체재인 경우, 자본의 가격이 하락할 때 노동수요가 감소하여 노동수요곡선이 왼쪽으로 이동하게 된다.

20
노동과 자본만이 생산요소이고 두 생산요소가 서로 대체요소인 경우, 자본의 가격이 하락할 때 노동수요의 변화는 어떤 형태로 나타나는가? 12년 1회 기출

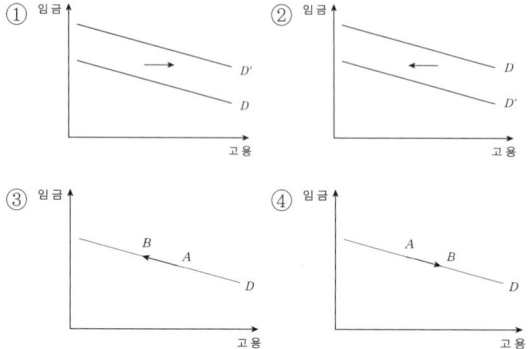

만점 해설

② 노동과 자본이 대체재 관계인 경우, 자본의 가격이 하락하면 노동의 수요는 감소하게 된다.

21
기술발전과 노동이 보완재라고 할 때 기술발전이 노동수요에 미치는 효과로 옳은 것은? (단, 노동공급곡선은 우상향함) 11년 2회 기출

① 시장균형 고용수준 상승, 균형임금 상승
② 시장균형 고용수준 상승, 균형임금 하락
③ 시장균형 고용수준 하락, 균형임금 상승
④ 시장균형 고용수준 하락, 균형임금 하락

만점 해설

① 기술발전과 노동이 보완재 관계인 경우, 기술이 발전할수록 더 많은 노동력을 필요로 하게 되므로 시장균형 고용수준과 균형임금을 상승시킨다.

22
기술발전과 노동이 대체생산요소라고 할 때 기술발전이 노동시장 균형에 미치는 효과로 옳은 것은? (단, 다른 조건은 일정하며 노동공급곡선은 우상향함) 12년 1회 기출

① 균형 고용수준 상승, 균형임금 상승
② 균형 고용수준 상승, 균형임금 하락
③ 균형 고용수준 하락, 균형임금 상승
④ 균형 고용수준 하락, 균형임금 하락

만점 해설

④ 기술발전과 노동이 대체재 관계인 경우, 기술이 발전할수록 더 적은 노동력을 필요로 하게 되므로 시장균형 고용수준과 균형임금을 하락시킨다.

23
노동자 7명의 평균생산량이 20단위일 때, 노동자를 추가로 1명 더 고용하여 평균생산량이 18단위로 감소하였다면, 이때 추가로 고용된 노동자의 한계생산량은? 21년 3회, 18년 3회, 14년 3회 기출

① 4단위   ② 5단위
③ 6단위   ④ 7단위

만점 해설

노동의 평균생산량과 노동의 한계생산량
노동의 평균생산량(AP_L)과 노동의 한계생산량(MP_L)의 공식은 다음과 같다.

- 노동의 평균생산량(AP_L) = $\dfrac{총생산량(TP)}{노동투입량(L)}$
- 노동의 한계생산량(MP_L) = $\dfrac{총생산량의\ 증가분(\Delta TP)}{노동투입량의\ 증가분(\Delta L)}$

- 노동자(L) 7명의 평균생산량(AP_L)이 20단위이므로 이때 총생산량(TP)은,
  총생산량(TP) = 노동투입량(L) × 노동의 평균생산량(AP_L)
  = 7 × 20 = 140   ∴ 140단위
- 노동자(L) 8명의 평균생산량(AP_L)이 18단위이므로 이때 총생산량(TP)은,
  총생산량(TP) = 노동투입량(L) × 노동의 평균생산량(AP_L)
  = 8 × 18 = 144   ∴ 144단위
- 따라서 추가로 고용된 노동자의 한계생산량은,
  노동의 한계생산량(MP_L) = $\dfrac{144-140}{8-7} = \dfrac{4}{1} = 4$ ∴ 4단위

24

이윤극대화를 추구하는 어떤 커피숍 종업원의 임금은 시간당 6,000원이고, 커피 1잔의 가격은 3,000원일 때 이 종업원의 한계생산은?

21년 1회, 17년 3회 기출

① 커피 1잔
② 커피 2잔
③ 커피 3잔
④ 커피 4잔

만점 해설

이윤극대화 노동수요의 조건
기업은 노동을 1단위 추가로 고용했을 때 얻게 되는 노동의 한계생산물가치(VMP_L)와 기업이 노동자에게 지급하는 한계비용으로서의 임금률(W)이 같아질 때까지 고용량을 증가시킬 때 이윤을 극대화할 수 있다. 이를 공식으로 나타내면 다음과 같다.

> 노동의 한계생산물가치($VMP_L = P \cdot MP_L$) = 임금률(W)
> (단, P는 생산물가격, MP_L은 노동의 한계생산량)

문제상에서 커피숍 종업원의 시간당 임금이 6,000원이고, 커피 1잔의 가격이 3,000원이므로,

$$\text{노동의 한계생산량}(MP_L) = \frac{\text{임금률}(W)}{\text{생산물가격}(P)}$$
$$= \frac{6,000(원)}{3,000(원)} = 2(개)$$

∴ 커피 2잔

25

경쟁시장에서 이윤을 극대화하는 어느 기업은 노동자에게 하루에 50,000원의 임금을 지급하고 있으며, 현재 14명을 고용하고 있다. 이 회사 제품은 개당 100원에 팔리고 있다고 하면, 14번째 노동자는 하루에 몇 개를 생산해야 하는가?

17년 2회, 14년 3회 기출

① 50개
② 500개
③ 1,000개
④ 주어진 정보로는 알 수 없다.

만점 해설

이윤극대화 노동수요의 조건
기업은 노동을 1단위 추가로 고용했을 때 얻게 되는 노동의 한계생산물가치(VMP_L)와 기업이 노동자에게 지급하는 한계비용으로서의 임금률(W)이 같아질 때까지 고용량을 증가시킬 때 이윤을 극대화할 수 있다. 이를 공식으로 나타내면 다음과 같다.

> 노동의 한계생산물가치($VMP_L = P \cdot MP_L$) = 임금률(W)
> (단, P는 생산물가격, MP_L은 노동의 한계생산량)

문제상에서 최종적으로 고용된 14번째 노동자의 하루 임금(W)이 50,000원이고 제품의 생산물가격(P)이 100원이므로, 최종적으로 고용된 14번째 노동자가 생산해야 할 생산량으로서 노동의 한계생산량(MP_L)은

$$\text{노동의 한계생산량}(MP_L) = \frac{\text{임금률}(W)}{\text{생산물가격}(P)} = \frac{50,000(원)}{100(원)}$$

∴ 500개

26

완전경쟁시장의 치킨매장에서 치킨 1마리를 14,000원에 팔고 있다. 그리고 종업원을 시간당 7,000원에 고용하고 있다. 이 매장이 이윤을 극대화하기 위해서는 노동의 한계생산이 무엇과 같아질 때까지 고용을 늘려야 하는가?

20년 4회 기출

① 시간당 치킨 1/2마리
② 시간당 치킨 1마리
③ 시간당 치킨 2마리
④ 시간당 치킨 4마리

만점 해설

이윤극대화 노동수요의 조건

> 노동의 한계생산물가치($VMP_L = P \cdot MP_L$) = 임금률(W)
> (단, P는 생산물가격, MP_L은 노동의 한계생산량)

문제상에서 치킨 1마리의 가격(P)이 14,000원, 시간당 임금(W)이 7,000원이므로,

$$\text{노동의 한계생산량}(MP_L) = \frac{\text{임금률}(W)}{\text{생산물가격}(P)}$$
$$= \frac{7,000(원)}{14,000(원)} = 0.5(개)$$

∴ 시간당 치킨 1/2마리

27

생산물시장과 노동시장이 완전경쟁일 때 노동의 한계생산량이 10개이고, 생산물가격이 500원이며 시간당 임금이 4,000원이라면 이윤을 극대화하기 위한 기업의 반응으로 옳은 것은?

20년 1·2회, 17년 2회, 10년 3회, 09년 1회 기출

① 임금을 올린다.
② 노동을 자본으로 대체한다.
③ 노동의 고용량을 증대시킨다.
④ 고용량을 줄이고 생산을 감축한다.

만점 해설

이윤극대화 노동수요의 조건

> 노동의 한계생산물가치($VMP_L = P \cdot MP_L$) = 임금률(W)
> (단, P는 생산물가격, MP_L은 노동의 한계생산량)

문제상에서 생산물가격(P)이 500원, 노동의 한계생산량(MP_L)이 10개이므로, 노동의 한계생산물가치(VMP_L)는 5,000원이다. 이는 시간당 임금 4,000원보다 높은 금액이므로, 노동의 고용량을 증대시킴으로써 이윤을 극대화할 수 있다.

28

생산물시장과 노동시장이 완전경쟁이고, A기업의 시간당 임금은 3,000원이다. A기업에서 생산된 제품의 가격은 500원이고, 현 고용수준에서 최종적으로 고용된 근로자가 생산하는 제품의 수는 시간당 5개라 할 때 A기업의 이윤극대화를 위한 고용수준의 결정은?

14년 2회 기출

① 고용량을 감소시킬 것이다.
② 고용량을 증대시킬 것이다.
③ 고용량을 현 수준에서 동결시킬 것이다.
④ 기업의 이윤극대화는 고용량과는 관련이 없다.

만점 해설

이윤극대화 노동수요의 조건

> 노동의 한계생산물가치($VMP_L = P \cdot MP_L$) = 임금률(W)
> (단, P는 생산물가격, MP_L은 노동의 한계생산량)

문제상에서 생산물가격(P)이 500원, 노동의 한계생산량(MP_L)이 5개이므로, 노동의 한계생산물가치(VMP_L)는 2,500원이다. 이는 시간당 임금(W) 3,000원보다 낮은 금액이므로, 노동의 고용량을 감소시킴으로써 이윤을 극대화할 수 있다.

29

경쟁시장에서 아이스크림 가게를 운영하는 A씨는 5명을 고용하여 1개당 2,000원에 판매하고 있으며, 시간당 12,000원을 임금으로 지급하면서 이윤을 극대화하고 있다. 만일 아이스크림 가격이 3,000원으로 오른다면 현재의 고용수준에서 노동의 한계생산물가치는 시간당 얼마이며, 이때 A씨는 노동의 투입량을 어떻게 변화시킬까?

15년 3회, 08년 1회, 03년 1회 기출

① 9,000원, 증가시킨다.
② 18,000원, 증가시킨다.
③ 9,000원, 감소시킨다.
④ 18,000원, 감소시킨다.

만점 해설

이윤극대화 노동수요의 조건

> 노동의 한계생산물가치($VMP_L = P \cdot MP_L$) = 임금률(W)
> (단, P는 생산물가격, MP_L은 노동의 한계생산량)

위의 공식을 이용하여 노동의 한계생산량(MP_L)을 구하면,

노동의 한계생산량(MP_L) = $\dfrac{\text{임금률}(W)}{\text{생산물가격}(P)}$

$= \dfrac{12,000(원)}{2,000(원)} = 6(개)$

만일 현재의 고용수준에서 아이스크림 가격이 3,000원으로 오를 경우 노동의 한계생산물가치(VMP_L)는,
노동의 한계생산물가치(VMP_L) = 생산물가격(P) · 노동의 한계생산량(MP_L) = 3,000 · 6 = 18,000(원)
이는 시간당 임금 12,000원보다 높은 금액이므로, 노동의 투입량을 증가시킴으로써 이윤을 극대화할 수 있다.

30

K회사는 4번째 직원을 채용할 때 모든 근로자의 시간당 임금을 8천원에서 9천원으로 인상할 것이다. 만약 4번째 직원의 시간당 한계수입생산이 1만원이라면 K기업이 4번째 직원을 새로 고용함에 따라 얻을 수 있는 시간당 이윤은? 21년 2회, 16년 3회 기출

① 1천원 증가
② 2천원 증가
③ 1천원 감소
④ 2천원 감소

만점 해설

노동의 한계비용(Marginal Cost of Labor)
노동의 한계비용(MC_L)은 기업이 노동을 한 단위 추가할 때 드는 총노동비용의 변화분(증가분)을 나타내는 것으로 단위 노동당 임금과 같다. 이를 공식으로 나타내면 다음과 같다.

$$MC_L = \frac{\Delta C}{\Delta L}$$

단, ΔC는 총노동비용의 증가분, ΔL는 노동투입량의 증가분

노동투입량을 단위로 제시할 때, 근로자 수를 3명(3단위)에서 4명(4단위)으로 증원하면 노동투입량은 1단위 증가하게 되며, 이때 근로자 수 증원에 따른 임금(노동비용) 변화분을 위의 공식에 반영하면 다음과 같다.

$$MC_L = \frac{\Delta C}{\Delta L} = \frac{(4명 \times 9{,}000원) - (3명 \times 8{,}000원)}{4단위 - 3단위}$$
$$= \frac{36{,}000 - 24{,}000원}{1단위} = 12{,}000(원)$$

이와 같이 노동의 한계비용(MC_L)이 시간당 12,000원인데 반해, 노동의 한계수입생산물(MRP_L)이 10,000원이므로, 시간당 이윤은 2,000원 감소한다.

31

다음은 근로자의 노동투입량, 시간당 임금 및 노동의 한계수입생산을 나타낸 것이다. 기업이 노동투입량을 5,000시간에서 6,000시간으로 증가시킬 때 노동의 한계비용은? 19년 1회, 13년 2회 기출

노동투입량(시간)	시간당 임금(원)	한계수입생산(원)
3,000	4,000	20,000
4,000	5,000	18,000
5,000	6,000	17,000
6,000	7,000	15,000
7,000	8,000	14,000
8,000	9,000	12,000
9,000	10,000	11,000

① 42,000원
② 12,000원
③ 6,000원
④ 2,800원

만점 해설

노동의 한계비용(Marginal Cost of Labor)
노동의 한계비용(MC_L)은 기업이 노동을 한 단위 추가할 때 드는 총노동비용의 변화분(증가분)을 나타내는 것으로 단위 노동당 임금과 같다. 이를 공식으로 나타내면 다음과 같다.

$$MC_L = \frac{\Delta C}{\Delta L}$$

단, ΔC는 총노동비용의 증가분, ΔL는 노동투입량의 증가분

$$MC_L = \frac{\Delta C}{\Delta L} = \frac{(6{,}000시간 \times 7{,}000원) - (5{,}000시간 \times 6{,}000원)}{6{,}000단위 - 5{,}000단위}$$
$$= \frac{42{,}000{,}000원 - 30{,}000{,}000원}{1{,}000단위}$$
$$= \frac{12{,}000{,}000원}{1{,}000단위} = 12{,}000(원)$$

∴ 12,000원

32

우리나라에 10개의 야구공 생산업체가 있다. 야구공은 개당 1,000원에 거래되고 있다. 각 기업의 야구공 생산함수와 노동의 한계생산은 다음과 같다. 우리나라에 야구공을 만드는 기술을 가진 근로자가 500명 있으며, 이들의 노동공급이 완전비탄력적이고 야구공의 가격은 일정하다고 할 때, 균형임금 수준은 얼마인가?

20년 3회, 16년 3회 기출

[다 음]
$Q = 600L - 3L^2$, $MP_L = 600 - 6L$
(단, Q는 야구공 생산량, L은 근로자의 수, MP_L은 노동의 한계생산이다)

① 100,000원
② 200,000원
③ 300,000원
④ 400,000원

만점 해설

균형임금 수준의 결정
우리나라에 10개의 야구공 생산업체가 있고, 야구공을 만드는 기술을 가진 근로자가 통틀어 500명 있다는 것은 1개의 야구공 생산업체에서 평균적으로 50명의 기술자를 고용하고 있음을 의미한다. 또한 노동공급이 완전비탄력적이라는 것은 임금의 변화에도 불구하고 고용량에는 큰 변화가 없음을 의미한다.
요컨대, 균형임금은 노동의 한계생산물가치(VMP_L)의 크기에 의해 좌우되고, 노동의 한계생산물가치(VMP_L)는 노동의 한계생산량(MP_L)에 의해 좌우된다. 이는 개별기업의 이윤극대화 조건으로서 다음의 공식에서도 나타난다.

> 노동의 한계생산물가치($VMP_L = P \cdot MP_L$)=임금률(W)
> [(단, P는 생산물가격, MP_L은 노동의 한계생산(량)]

문제상에서 주어진 생산물가격(야구공 가격=1,000원)과 노동의 한계생산량($MP_L = 600 - 6L$), 그리고 야구공 생산업체가 고용하는 평균 근로자 수(50명)를 위의 공식에 대입하면,
임금률(W) = 1,000 × [600 − (6 × 50)] = 1,000 × 300 = 300,000(원)
따라서 야구공을 만드는 기술을 가진 근로자들의 균형임금 수준은 300,000원이다.

33

일반적으로 노동시장이 경쟁적으로 작동하면 근로자의 한계생산물과 임금이 일치한다. 다음 중 임금이 한계생산물과 일치하지 않을 가능성이 가장 큰 경우는?

05년 3회 기출

① 건설현장의 미숙련근로자
② 개수제 임금이 시행되는 제조업근로자
③ 여성의 최소 채용비율이 정해져 있는 공무원
④ 사설 직업훈련기관에서 훈련을 받은 자동차산업의 근로자

만점 해설

③ 한계생산력설에서는 임금이 노동시장의 수요와 공급에 의해 결정된다고 본다. 그 결정된 수준의 임금을 보면서 개별기업은 자신의 한계생산물가치곡선, 즉 노동수요곡선의 높이가 노동시장에서 주어진 임금수준과 같은 곳에서 고용량을 결정하게 된다. 그러나 만약 최소 채용비율이 정해져 있다면, 근로자의 한계생산물이 임금에 미치지 못하더라도 근로자를 채용할 수밖에 없는 상황에 놓이게 되므로, 임금이 한계생산물과 일치하지 않을 가능성이 높다.

* 참고 : 지문 ②번의 '개수제 임금'은 생산(혹은 판매) 개수에 따라 지급되는 임금, 즉 실적에 따라 지급되는 임금을 말합니다.

34
완전경쟁기업의 단기 노동수요곡선은 다음 중 어느 곡선의 일부인가? 14년 2회 기출

① 평균수입(AR) 곡선
② 한계수입(MR) 곡선
③ 평균수입생산물(ARP) 곡선
④ 한계생산물가치(VMP) 곡선

만점 해설

노동의 한계생산물가치(VMP_L) 곡선
- 완전경쟁하의 기업은 시장에서 수요공급에 의해 결정되는 생산물의 판매가격을 수용할 수밖에 없다. 그로 인해 추가적인 노동의 고용에 따른 한계생산량과 시장에서 결정된 가격이라는 두 가지 정보를 토대로 한계생산물가치(VMP_L)를 모든 노동의 고용 수준에 대해 알 수 있게 된다.
- 이는 다음의 그래프로 나타낼 수 있는데, 추가적인 노동의 고용에 따라 생산량이 체감하는 단기 생산함수에서의 우하향 곡선이 한계생산물가치(VMP_L) 곡선에 해당하며, 바로 이 한계생산물가치(VMP_L) 곡선이 기업의 단기 노동수요곡선이 된다.

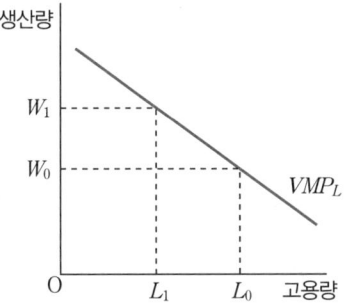

35
완전경쟁하에서 노동의 수요곡선을 우하향하게 하는 주된 요인은 무엇인가? 19년 1회, 09년 1회 기출

① 노동의 한계생산력
② 노동의 가격
③ 생산물의 가격
④ 한계비용

만점 해설

① 완전경쟁하에서 자본을 고정되어 있는 것으로 가정하는 단기 생산함수에서는 노동의 투입이 증가함에 따라 점차적으로 한계생산물이 체감한다고 보며, 이러한 현상을 '한계생산물체감의 법칙' 또는 '수확체감의 법칙'으로 설명한다. 이는 주어진 자본과 생산기술에서 단위당 노동력을 증가시킬수록 노동의 한계생산력이 줄어든다는 의미이다.

36
독점 상품시장과 완전경쟁 노동시장에서 기업의 균형 고용 조건은? 14년 1회 기출

① 임금과 총수입이 일치한다.
② 임금과 총비용이 일치한다.
③ 임금과 한계수입생산이 일치한다.
④ 임금과 한계생산물가치가 일치한다.

만점 해설

기업의 균형 고용 조건
- 완전경쟁시장에서 기업의 균형 고용 조건, 즉 이윤극대화 노동수요 조건은 노동의 한계생산물가치(VMP_L)와 임금률(W)이 일치하는 수준에 해당한다. 이때 노동의 한계생산물가치(VMP_L)는 넓은 의미에서 노동의 한계수입생산(물)(MRP_L)으로도 볼 수 있다.
- 다만, 완전경쟁시장에서는 한계수입(MR)이 생산물가격(P)과 같지만, 독과점시장의 경우 한계수입(MR)이 생산물가격(P)과 같지 않으므로 이를 노동의 한계생산물가치(VMP_L)로 나타내지 않는다. 이는 독점 상태하의 기업의 경우 일정불변의 가격을 가지고 있는 것이 아니고 생산공급량의 변화에 따라 변화하는 가격을 가지며, 그때그때 상품 판매에 따라 발생하는 추가적 수입으로서 한계수입(MR)이 각각 달라지기 때문이다.

37
한계수입생산물(Marginal Revenue Product)은?

12년 3회 기출

① 한계수입 × 한계생산물
② 한계수입 × 생산물가격
③ 총수입 × 한계생산물
④ 한계수입 × 생산량

만점 해설

① 생산요소 한 단위와 관련된 한계소득은 생산된 실물 산출량의 변화량, 즉 한계생산량(MP)과 실물 산출량 한 단위당 발생하는 수입, 즉 한계수입(MR)을 곱한 것이 된다.

38
독과점시장하에서의 기업의 노동수요곡선은?

06년 1회 기출

① 노동의 한계수입생산물 곡선
② 노동의 한계생산물가치 곡선
③ 노동의 한계생산물 곡선
④ 노동의 평균생산물 곡선

만점 해설

노동의 한계수입생산물(MRP_L) 곡선
독과점시장하의 기업은 일정불변의 가격을 가지고 있는 것이 아니고 생산 공급량의 변화에 따라 변화하는 가격을 가지며, 그때그때 상품 판매에 따라 발생하는 추가적 수입으로서 한계수입(MR)이 각각 달라진다. 따라서 완전경쟁시장하에서 기업의 노동수요곡선이 노동의 한계생산물가치(VMP_L) 곡선인 것과 달리, 독과점시장하에서 기업의 노동수요곡선은 노동의 한계수입생산물(MRP_L) 곡선이 된다.

39
다음 그림에서 노동시장이 수요독점인 경우 임금과 고용량은? (단, D와 S는 각각 노동의 수요곡선과 공급곡선, 그리고 MFC는 한계요소비용으로 노동의 한계비용을 의미한다)

14년 1회, 06년 3회 기출

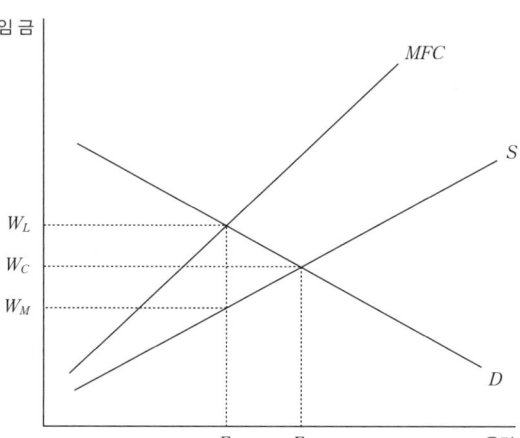

① W_L, E_L
② W_C, E_C
③ W_L, E_C
④ W_M, E_L

만점 해설

수요독점의 노동시장
노동시장이 수요독점 상태인 경우 수요독점기업이 임의로 시장임금을 조정할 수 있을 것이며, 이러한 조건하에서 고용량은 수요곡선과 공급곡선에 의해 결정되는 것이 아닌 노동의 한계비용, 즉 한계요소비용(MFC)과 수요독점기업의 노동수요(D)에 해당하는 노동의 한계수입생산물(MRP_L)이 일치하는 수준(→ E_L)에서 결정된다. 이때 기업은 결정된 고용량 수준에 해당하는 공급곡선(S)의 높이만큼 임금을 지불하게 된다(→ W_M).

40
노동시장이 완전경쟁인 경우와 수요독점인 경우의 비교로 옳은 것은?   13년 1회, 04년 1회 기출

① 수요독점인 경우가 완전경쟁인 경우에 비해 임금수준은 높게 되고 고용수준은 낮게 된다.
② 수요독점인 경우가 완전경쟁인 경우에 비해 임금수준은 낮게 되고 고용수준은 높게 된다.
③ 수요독점인 경우가 완전정쟁인 경우에 비해 임금수준과 고용수준 모두 높게 된다.
④ 수요독점인 경우가 완전경쟁인 경우에 비해 임금수준과 고용수준 모두 낮게 된다.

만점 해설
④ 노동시장에서 수요독점이란 노동의 공급자는 다수인데 비해 이를 수요하는 수요자로서 기업은 하나뿐인 경우를 말한다. 예를 들어, 작은 소도시에 비교적 큰 규모의 기업이 하나 있고, 그 기업이 대부분의 마을사람들을 고용한다고 가정할 때, 그 기업은 근로자인 마을사람들의 임금에 영향을 미칠 수 있으며, 이를 자기에게 유리한 방향으로 사용할 것이다. 이와 같은 수요독점기업은 완전경쟁기업에 비해 고용량을 감소시키는 동시에 임금수준을 낮춤으로써 이윤을 증대시킬 것이다.

41
노동시장에 관한 설명으로 틀린 것은?   22년 1회 기출

① 재화시장은 불완전경쟁이더라도 노동시장이 완전경쟁이면 개별기업의 한계요소비용은 일정하다.
② 재화시장과 노동시장이 모두 완전경쟁일 때 재화가격이 상승하면 노동수요곡선이 오른쪽으로 이동한다.
③ 재화시장과 노동시장이 모두 완전경쟁일 때 임금이 하락하면 노동수요량은 장기에 더 크게 증가한다.
④ 재화시장이 불완전경쟁이고 노동시장이 완전경쟁일 때 임금은 한계생산수입보다 낮은 수준으로 결정된다.

만점 해설
④ 재화시장이 불완전경쟁이고 노동시장이 완전경쟁일 때 임금은 노동의 한계생산물가치(VMP_L)보다 낮은 수준으로 결정된다[주의 : 노동의 한계생산수입 또는 노동의 한계수입생산(MRP_L)이 아님].

42
정부가 임금을 인상시킬 때 오히려 고용이 증대되는 경우는?   21년 3회, 08년 1회 기출

① 공급독점의 노동시장
② 수요독점의 노동시장
③ 완전경쟁의 노동시장
④ 복점의 노동시장

만점 해설
수요독점의 노동시장
노동시장이 수요독점인 상태에서 정부에 의해 강제적인 최저임금법이 시행되는 경우, 기업은 최저임금 이하로 시장임금을 내리지 못할 것이며, 그렇다고 해서 무작정 고용량을 감소시키지도 않을 것이다. 그 이유는 기업의 경우 이윤의 극대화를 위해 노동의 한계수입생산물(MRP_L)과 노동의 한계비용으로서 한계요소비용(MFC)이 일치하는 지점까지 노동을 수요할 것이기 때문이다. 이는 최저임금의 인상에도 불구하고 고용이 오히려 증가할 수 있음을 시사한다.

43
최저임금제의 도입이 근로자에게 유리하게 될 가능성이 높은 경우는?

16년 2회, 13년 3회, 09년 2회, 07년 1회 기출

① 노동시장이 수요독점 상태일 경우
② 최저임금과 한계요소비용이 일치할 경우
③ 최저임금이 시장균형임금 수준보다 낮을 경우
④ 노동시장이 완전경쟁상태일 경우

만점 해설
수요독점의 노동시장
노동시장이 수요독점인 상태에서 정부에 의해 강제적인 최저임금법이 시행되는 경우, 기업은 최저임금 이하로 시장임금을 내리지 못할 것이며, 그렇다고 해서 무작정 고용량을 감소시키지도 않을 것이다. 그 이유는 기업의 경우 이윤의 극대화를 위해 노동의 한계수입생산물(MRP_L)과 노동의 한계비용으로서 한계요소비용(MFC)이 일치하는 지점까지 노동을 수요할 것이기 때문이다. 이는 최저임금의 인상에도 불구하고 고용이 오히려 증가할 수 있음을 시사한다.

44
최저임금의 인상이 고용을 증가시킬 수 있는 경우는?

11년 1회 기출

① 노동공급곡선이 우상향할 때 높아진 임금에 노동공급이 증가할 경우
② 노동공급곡선이 우상향할 때 최저임금 인상과 별개로 노동수요가 동시에 크게 증가할 경우
③ 최저임금이 시장균형임금 수준보다 낮을 경우
④ 노동공급곡선이 수직인 경우

만점 해설
② 수요독점의 노동시장에서 기업은 이윤극대화를 위해 최저임금 인상과 별개로 노동수요를 증가시킬 수 있다.

45
준고정적 노동비용에 해당하지 않는 것은?

20년 4회, 06년 1회 기출

① 퇴직금
② 건강보험
③ 유급휴가
④ 초과근무수당

만점 해설
④ 초과근무수당은 임금노동비용에 해당한다.

46
퇴직금, 사회보장비, 복리후생비 등 노동시간과 직접적인 관계없이 지불되는 비용을 준고정비용이라고 한다. 준고정비용이 증가하면 기업의 고용, 근로시간은 어떻게 변할까?

05년 3회 기출

① 고용은 증가하고 1인당 근로시간은 감소할 것이다.
② 고용은 감소하고 1인당 근로시간은 증가할 것이다.
③ 고용과 1인당 근로시간 모두 증가할 것이다.
④ 고용과 1인당 근로시간 모두 감소할 것이다.

만점 해설
② 비임금노동비용으로서 준고정비용은 노동자의 신규채용 및 초과근로에 대한 사용자들의 의사결정에 상당한 영향을 미친다. 준고정비용이 증가하는 경우 사용자는 비용을 절감하기 위해 고용을 감소하며, 그로 인해 1인당 근로시간은 증가할 수 있다.

47

노동의 준고정비용(Quasi-fixed Cost)의 증가가 기업의 고용 수준과 소속 근로자의 초과근로시간에 미치는 효과는? 17년 2회, 11년 3회 기출

① 고용 수준은 증가하지만 초과근로시간은 감소한다.
② 고용 수준은 감소하지만 초과근로시간은 증가한다.
③ 고용 수준과 초과근로시간 모두 증가한다.
④ 고용 수준과 초과근로시간 모두 감소한다.

만점 해설
② 준고정비용이 증가하는 경우 사용자는 비용을 절감하기 위해 고용을 감소하며, 그로 인해 1인당 근로시간은 증가할 수 있다.

48

단시간근로자(파트타임근로자)에 대한 의료보험 가입을 법적으로 강제할 경우 발생하는 경제적 효과로 옳은 것은? 13년 2회 기출

① 단시간근로자의 고용 증가와 전일제근무자의 초과근로 시간 증가
② 단시간근로자의 고용 증가와 전일제근무자의 초과근로 시간 감소
③ 단시간근로자의 고용 감소와 전일제근무자의 초과근로 시간 증가
④ 단시간근로자의 고용 감소와 전일제근무자의 초과근로 시간 감소

만점 해설
③ 정부가 비정규직의 보호 및 차별 시정을 명목으로 의료보험 가입 등의 근로조건을 법적으로 강제할 경우 기업의 비정규직 고용에 대한 유인이 감소함에 따라 비정규직의 고용은 감소할 것이며, 정규직의 근로를 확대하는 방식으로 대체하게 될 것이다.

49

장·단기 노동수요곡선에 관한 설명으로 옳은 것은? 13년 3회 기출

① 장기가 단기에 비해 더욱 탄력적이다.
② 장기가 단기에 비해 더욱 비탄력적이다.
③ 장기와 단기의 탄력성은 같다.
④ 노동공급곡선의 탄력성과 비교해야 알 수 있다.

만점 해설
① 장기(Long Run)에 기업은 노동뿐만 아니라 자본 투입의 통제가 가능하다. 즉, 장기 노동수요는 노동만을 가변요소로 하는 단기 노동수요보다 더욱 탄력적이 된다.

50

임금이 하락할 경우 장기 노동수요곡선에 대한 설명으로 옳은 것을 모두 고른 것은? 16년 2회 기출

> ㄱ. 장기 노동수요곡선은 단기 노동수요곡선에 비해 비탄력적이다.
> ㄴ. 장기에는 대체효과 외에 추가 자본투입에 의한 산출량 효과로 인해 추가적으로 노동수요가 증가한다.
> ㄷ. 장기에는 대체효과 및 소득효과로 인해 노동수요가 증가한다.

① ㄱ
② ㄴ
③ ㄱ, ㄴ
④ ㄱ, ㄴ, ㄷ

만점 해설
ㄴ. 규모효과(산출량 효과)는 임금의 상승 또는 하락에 의해 생산비와 생산량, 그로 인한 노동수요가 증가 또는 감소하는 효과를 말한다. 만약 장기에 임금이 하락할 경우 한계비용(MC)이 감소하게 되고, 이는 이윤극대화를 위한 생산량 수준의 증가를 유도하게 되어 추가적인 자본 투입과 함께 노동수요의 증가를 유발한다.
ㄱ. 장기 노동수요곡선은 단기 노동수요곡선에 비해 탄력적이다.
ㄷ. 장기 노동수요곡선은 대체효과와 규모효과(산출량 효과)의 결합으로 유도된다(주의 : 대체효과와 소득효과가 아님).

정답 47 ② 48 ③ 49 ① 50 ②

51
다음 중 장기 노동수요에 대한 설명이 아닌 것은?

06년 1회 기출

① 단기에서보다 장기에서 임금률이 높으므로 기업에서의 노동수요량은 더욱 하락한다.
② 노동의 수요가 단기보다 장기에서 더욱 탄력적이다.
③ 기업의 장기 노동수요곡선은 대체효과와 소득효과의 결합으로 유도된다.
④ 장기 노동수요는 노동 이외의 다른 생산요소를 함께 변화시켜 가면서 고용량을 조정한다.

만점 해설
③ 기업의 장기 노동수요곡선은 대체효과와 규모효과(산출량 효과)의 결합으로 유도된다(주의 : 대체효과와 소득효과가 아님).

52
다음 (   ) 안에 들어갈 알맞은 것은?

11년 3회, 08년 3회 기출

> 우하향하는 기울기를 갖는 등량곡선이 근본적으로 보여주는 바는 (   )의 원리이다. 이는 일정한 산출량 수준을 유지하는 데 있어서 한 투입요소를 더 이용하면 기업은 다른 투입요소를 줄여야 함을 의미한다.

① 대 체
② 상 쇄
③ 보 완
④ 교 차

만점 해설
등량곡선과 한계기술대체율
- 등량곡선은 주로 노동과 자본을 변수로 하는 좌표평면에서 볼 수 있는 것으로, 생산자이론에서 산출량의 극대화에 이르는 점을 찾기 위해 사용한다.
- 한계기술대체율은 등량곡선에서 두 투입요소(노동과 자본) 가운데 하나의 투입요소가 한 단위 증가함에 따라 대체되는 다른 투입요소 간의 비율을 말한다.

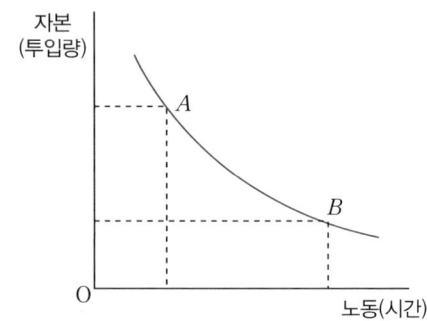

53
다음 중 기업이 이윤을 극대화하기 위해 장기 노동수요를 감소시켜야 하는 경우는?

16년 2회, 12년 2회 기출

① 1원당 노동의 한계생산이 1원당 자본의 한계생산보다 작을 경우
② 1원당 노동의 한계생산이 1원당 자본의 한계생산과 일치할 경우
③ 노동의 한계생산물가치가 명목임금보다 클 경우
④ 노동의 한계생산량이 실질임금보다 클 경우

만점 해설
① 기업은 1원당 노동의 한계생산이 1원당 자본의 한계생산보다 작을 경우 장기 노동수요를 감소시키거나 자본투입량을 증가시킴으로써 이윤을 극대화할 수 있다.

54
노동수요의 탄력성에 관한 설명으로 옳은 것은?
09년 1회 기출

① 노동수요의 변화율에 대한 임금의 변화율이다.
② 노동수요의 변화율에 대한 제품수요의 변화율이다.
③ 임금의 변화율에 대한 노동수요량의 변화율이다.
④ 임금의 변화율에 대한 제품수요의 변화율이다.

만점 해설
노동수요의 (임금)탄력성*
독립변수인 임금률이 1% 변화할 때 그에 의해 유발되는 종속변수로서 노동수요량의 변화율을 말한다.

> *참고 : '노동수요의 탄력성'은 '노동수요의 임금탄력성'으로 부르는 것이 보다 정확한 표현입니다. 그 이유는 임금의 변화에 따른 노동수요의 변화를 나타내는 것이기 때문입니다.

55
노동수요의 탄력성의 값이 0이면 완전비탄력적인 경우를 말하고 노동수요곡선의 형태는 수직이 된다. 이때 임금의 변화에 대한 노동수요량의 변화에 대한 설명 중 옳은 것은?
04년 1회 기출

① 임금의 변화에 대한 노동수요량의 변화가 작다는 것을 의미한다.
② 임금의 변화율보다 노동수요량의 변화가 더 크다는 것을 의미한다.
③ 임금의 변화에 대한 노동수요량의 변화가 0이라는 것을 나타낸다.
④ 임금의 미세한 변화에도 불구하고 노동수요량이 매우 민감하게 반응한다는 것을 의미한다.

만점 해설
③ 노동수요의 임금탄력성이 '1'보다 작으면 수요는 '비탄력적'이라고 하며, 이때 임금의 1% 상승은 1%보다 작은 고용의 감소를 초래한다. 또한 탄력성의 값이 '0'이면 '완전비탄력적'인 경우를 말하고, 노동수요곡선의 형태는 수직이 된다. 이는 임금의 변화에 대한 노동수요량의 변화가 '0'임을 나타낸다.

56
다음 중 노동수요의 임금탄력성을 바르게 설명한 것은?
04년 3회 기출

① 노동수요의 임금탄력성이란 수요가 1% 변할 때 임금은 몇 % 증가하는지를 말한다.
② 탄력성이 1보다 크면 임금 상승은 근로자의 총 근로소득을 감소시킨다.
③ 장기보다는 단기에 탄력성의 효과가 크다.
④ 탄력성이 1인 것이 바람직하다.

만점 해설
② 노동수요의 임금탄력성이 1보다 크다면 임금의 1% 증가는 1% 이상의 고용 감소를 가져오므로, 결과적으로 근로자의 총 근로소득을 감소시킨다.

57
임금이 10% 상승할 때 노동수요량이 20% 하락했다면 노동수요의 탄력성은?
18년 2회, 10년 1회, 08년 3회 기출

① 0.5
② 1.0
③ 1.5
④ 2.0

만점 해설
노동수요의 (임금)탄력성은 다음의 공식으로 나타낼 수 있다.

$$\text{노동수요의 (임금)탄력성} = \frac{\text{노동수요량의 변화율(\%)}}{\text{임금의 변화율(\%)}}$$

임금의 변화율이 10(%)이고 노동수요량의 변화율이 20(%)이므로,

노동수요의 임금탄력성 = $\frac{20(\%)}{10(\%)}$ = 2.0   ∴ 2.0

58
노동의 수요탄력성이 0.5이고 다른 조건이 일정할 때 임금이 5% 상승한다면 고용량의 변화는?

22년 1회, 17년 3회, 09년 2회 기출

① 0.5% 감소한다.
② 2.5% 감소한다.
③ 5% 감소한다.
④ 5.5% 감소한다.

만점 해설

노동수요의 (임금)탄력성은 다음의 공식으로 나타낼 수 있다.

$$\text{노동수요의 (임금)탄력성} = \frac{\text{노동수요량의 변화율(\%)}}{\text{임금의 변화율(\%)}}$$

즉, $0.5 = \frac{x}{5(\%)}$ (단, x는 노동수요량의 변화율)

$x = 0.5 \times 5(\%) = 2.5(\%)$

∴ 2.5% 감소한다(→ 임금 상승 시 노동수요는 감소).

59
외국인 노동자들의 모든 근로가 합법화되었을 때 외국인 노동수요의 임금탄력성이 0.6이고 임금이 15% 상승하면, 외국인 노동자들에 대한 수요는 몇 % 감소하는가?

20년 4회, 16년 2회, 13년 2회 기출

① 6%
② 9%
③ 12%
④ 15%

만점 해설

노동수요의 (임금)탄력성은 다음의 공식으로 나타낼 수 있다.

$$\text{노동수요의 (임금)탄력성} = \frac{\text{노동수요량의 변화율(\%)}}{\text{임금의 변화율(\%)}}$$

즉, $0.6 = \frac{x}{15(\%)}$ (단, x는 노동수요량의 변화율)

$x = 0.6 \times 15(\%) = 9(\%)$

∴ 9% 감소한다.

60
임금이 10,000원에서 12,000원으로 증가할 때 고용량이 120명에서 108명으로 감소한 경우 노동수요의 탄력성은?

21년 2회, 15년 1회 기출

① 0.06
② 0.5
③ 1.0
④ 2.0

만점 해설

노동수요의 (임금)탄력성은 다음의 공식으로 나타낼 수 있다.

$$\text{노동수요의 (임금)탄력성} = \frac{\text{노동수요량의 변화율(\%)}}{\text{임금의 변화율(\%)}}$$

- 노동수요량의 변화율(%) = $\frac{120-108}{120} \times 100 = 10(\%)$
- 임금의 변화율(%) = $\frac{12,000-10,000}{10,000} \times 100 = 20(\%)$
- 노동수요의 임금탄력성 = $\frac{10(\%)}{20(\%)} = 0.5$ ∴ 0.5

61
시간당 임금이 5,000원에서 6,000원으로 인상될 때, 노동수요량이 10,000에서 9,000으로 감소한다면 노동수요의 임금탄력성은? (단, 노동수요의 임금탄력성은 절댓값이다)

20년 1·2회 기출

① 0.2
② 0.5
③ 1
④ 2

만점 해설

노동수요의 (임금)탄력성은 다음의 공식으로 나타낼 수 있다.

$$\text{노동수요의 (임금)탄력성} = \frac{\text{노동수요량의 변화율(\%)}}{\text{임금의 변화율(\%)}}$$

- 노동수요량의 변화율(%) = $\frac{10,000-9,000}{10,000} \times 100 = 10(\%)$
- 임금의 변화율(%) = $\frac{6,000-5,000}{5,000} \times 100 = 20(\%)$
- 노동수요의 임금탄력성 = $\frac{10(\%)}{20(\%)} = 0.5$ ∴ 0.5

62
노조가 임금인상 투쟁을 벌일 때, 고용량 감소효과가 가장 적게 나타나는 경우는?

22년 2회, 16년 1회, 08년 1회, 05년 3회 기출

① 노동수요의 임금탄력성이 0.1일 때
② 노동수요의 임금탄력성이 1일 때
③ 노동수요의 임금탄력성이 2일 때
④ 노동수요의 임금탄력성이 5일 때

만점 해설
① 노동조합의 임금교섭력은 노동수요의 임금탄력성과 밀접하게 연관된다. 즉, 노동수요의 임금탄력성이 커지면 노동조합의 임금교섭력은 약화되는 반면, 임금탄력성이 작아지면 임금교섭력은 커지게 된다.

63
노동수요의 탄력성 결정요인이 아닌 것은?

20년 3회, 05년 3회 기출

① 다른 요소와의 대체가능성
② 총생산비에 대한 노동비용의 비중
③ 다른 생산요소의 수요의 가격탄력성
④ 상품에 대한 수요의 탄력성

만점 해설
노동수요의 (임금)탄력성 결정요인
- 생산물 수요의 탄력성(가격탄력성) : 생산물(상품)의 수요가 탄력적일수록 노동수요는 더 탄력적이 된다.
- 총생산비에 대한 노동비용의 비중 : 총생산비에서 차지하는 노동비용의 비중(비율)이 클수록 노동수요는 더 탄력적이 된다.
- 노동의 대체가능성(대체곤란성) : 노동과 다른 생산요소 간의 대체가 용이할수록 노동수요는 더 탄력적이 된다.
- 노동 이외의 생산요소의 공급탄력성 : 노동 이외의 생산요소의 공급탄력성이 클수록 노동수요는 더 탄력적이 된다.

64
노동수요 탄력성의 크기에 영향을 미치는 요인과 거리가 가장 먼 것은?

21년 3회, 18년 1회 기출

① 생산물 수요의 가격탄력성
② 총생산비에 대한 노동비용의 비중
③ 노동의 대체곤란성
④ 대체생산요소의 수요탄력성

만점 해설
④ 대체생산요소(노동 이외의 생산요소)의 수요탄력성이 아닌 공급탄력성이 노동수요 임금탄력성의 크기에 영향을 미친다.

65
다음 중 노동수요 탄력성의 크기에 영향을 미치는 요인과 가장 거리가 먼 것은?

11년 3회 기출

① 생산물 수요의 가격탄력성 크기
② 총비용에서 노동이 차지하는 비중
③ 다른 생산요소로의 대체용이성
④ 대체생산요소의 수요탄력성

만점 해설
④ 대체생산요소(노동 이외의 생산요소)의 수요탄력성이 아닌 공급탄력성이 노동수요 임금탄력성의 크기에 영향을 미친다.

66
다음 중 노동수요의 탄력성 결정요인이 아닌 것은?

16년 3회, 04년 1회 기출

① 노동자에 의해 생산된 상품의 수요탄력성
② 총생산비에서 차지하는 노동비용의 비율
③ 노동의 다른 생산요소로의 대체가능성
④ 노동이동의 가능성

만점 해설
④ 노동이동의 용이성 정도는 노동공급의 (임금)탄력성 결정요인에 해당한다.

67
노동수요의 탄력성에 관한 설명으로 틀린 것은?

17년 1회, 11년 1회 기출

① 생산물에 대한 수요가 탄력적일수록 노동수요도 탄력적으로 된다.
② 총생산비에 대한 노동비용의 비중이 클수록 노동수요는 비탄력적으로 된다.
③ 노동을 다른 생산요소로 대체하는 것이 용이할수록 노동수요는 탄력적으로 된다.
④ 노동 이외 생산요소의 공급탄력성이 작을수록 노동수요는 비탄력적으로 된다.

만점 해설
② 총생산비에 대한 노동비용의 비중이 클수록 노동수요는 탄력적으로 된다. 총생산비 중에서 노동비용이 차지하는 비중이 낮다면 임금이 상승하더라도 상품의 가격에 미치는 영향이 상대적으로 적으므로 노동수요에 대한 영향 또한 적을 것이다.

68
다음 중 노동수요가 상대적으로 탄력적인 경우는?

10년 4회, 05년 1회 기출

① 기업이 이윤을 극대화하는 경우
② 기업의 생산비용 중 노동비용이 증가하는 경우
③ 노동 이외의 생산요소의 공급곡선이 비탄력적인 경우
④ 노동의 공급곡선이 수직인 경우

만점 해설
② 총생산비에서 차지하는 노동비용의 비중(비율)이 클수록 노동수요는 더 탄력석이 된다.

69
다음 중 노동수요의 탄력성에 관한 설명으로 옳은 것은?

08년 3회 기출

① 생산물 수요의 탄력성이 낮을수록 노동수요의 탄력성은 크다.
② 총생산비 중 노동비용의 비중이 낮을수록 노동수요의 탄력성은 크다.
③ 노동 외의 생산요소와 대체가 어려울 경우 노동수요의 탄력성은 작다.
④ 노동 이외 생산요소의 공급탄력성이 클수록 노동수요의 탄력성은 작다.

만점 해설
① 생산물 수요의 탄력성이 낮을수록 노동수요의 탄력성은 작다.
② 총생산비 중 노동비용의 비중이 낮을수록 노동수요의 탄력성은 작다.
④ 노동 이외 생산요소의 공급탄력성이 클수록 노동수요의 탄력성은 크다.

70
힉스-마샬 법칙에 관한 설명으로 틀린 것은?

16년 1회, 07년 3회 기출

① 최종생산물에 대한 수요가 탄력적일수록, 노동에 대한 수요는 탄력적이 된다.
② 다른 요소와의 대체가능성이 높을수록 노동에 대한 탄력성은 작게 된다.
③ 다른 생산요소의 공급탄력성이 작을수록 노동을 다른 생산요소(자본)로 대체하기가 어렵게 되기 때문에 노동수요의 탄력성은 작아진다.
④ 총생산비에서 차지하는 노동비용의 비중이 높을수록 노동에 대한 수요탄력성은 크게 된다.

만점 해설
② 노동과 다른 생산요소 간의 대체가능성이 높을수록, 즉 대체가 용이할수록 노동수요는 더 탄력적이 된다. 임금이 상승하였을 때 기업은 다른 생산요소에 대한 수요를 늘리는 반면, 노동에 대한 수요를 줄일 것이다.

02절 노동의 공급

01
다음 중 노동공급의 결정요인을 모두 짝지은 것은?

12년 1회 기출

> ㄱ. 인구 수
> ㄴ. 경제활동참가율
> ㄷ. 노동시간
> ㄹ. 일에 대한 노력의 강도
> ㅁ. 노동인구의 교육정도

① ㄱ, ㄴ
② ㄱ, ㄴ, ㄷ
③ ㄱ, ㄴ, ㄷ, ㄹ
④ ㄱ, ㄴ, ㄷ, ㄹ, ㅁ

만점 해설

노동공급의 주요 결정요인
- 인구 또는 생산가능인구의 크기(인구 수)(ㄱ)
- 경제활동참가율(ㄴ)
- 노동시간(노동공급시간)(ㄷ)
- 노동력의 질(노동인구의 교육정도)(ㅁ)
- 일에 대한 노력의 강도(ㄹ)
- 임금지불방식
- 동기부여와 사기

02
다음 중 노동공급의 결정요인이 아닌 것은?

10년 3회 기출

① 인구의 규모와 구조
② 노동생산성의 변화
③ 임금지불방식
④ 동기부여와 사기

만점 해설

② 노동수요의 결정요인에 해당한다.

03
개인의 가용시간이 일정할 때 작업장까지의 통근시간 증가가 경제활동참가율과 총 근로시간에 미치는 효과로 옳은 것은?

19년 1회, 12년 2회 기출

① 경제활동참가율 증가, 총 근로시간 증가
② 경제활동참가율 감소, 총 근로시간 증가
③ 경제활동참가율 증가, 총 근로시간 감소
④ 경제활동참가율 감소, 총 근로시간 감소

만점 해설

④ 경제활동참가 예정자가 육아 또는 통근시간에 많은 시간을 필요로 할수록 그만큼 경제활동참가율은 낮아질 가능성이 커진다. 또한 육아에 소요되는 시간이나 통근시간에 소요되는 시간만큼은 노동시장에 공급될 수 있는 시간 중에서 제외되어야 하므로 총 근로시간은 감소하게 된다.

04
다음 중 경제활동참가에 영향을 주는 요인을 모두 고른 것은?

19년 2회 기출

> ㄱ. 여가에 대한 상대적 가치
> ㄴ. 비근로소득의 발생
> ㄷ. 단시간 노동의 기회

① ㄱ, ㄴ
② ㄱ, ㄷ
③ ㄴ, ㄷ
④ ㄱ, ㄴ, ㄷ

만점 해설

ㄱ. 임금의 상승은 여가의 기회비용을 상승시켜서 여가를 덜 소비하는 대신 노동공급을 늘리도록 하는데, 이와 같은 대체효과로 경제활동참가가 증가한다.
ㄴ. 동일한 노동시장의 임금조건하에서 비근로소득 내지 타 가구원의 소득이 발생하거나 커질수록 노동시장에 대한 참가에 소극적이 되어 경제활동참가가 감소한다.
ㄷ. 고용시장의 유연화로 기업의 노동시간이 신축적이 되고 단시간 노동의 기회가 많아질수록 특히 여성의 경제활동참가가 증가한다.

05

다음 중 노동의 수요·공급에 대한 설명으로 틀린 것은?

13년 1회, 04년 1회 기출

① 총비용 중 노동비용(임금)의 비중이 클수록 노동수요의 탄력성은 커진다.
② 완전경쟁시장에서 노동수요를 결정하는 것은 노동의 한계생산물가치이다.
③ 임금 상승은 여가의 기회비용을 낮춤으로써 여가에 대한 선호를 증대시켜 노동공급을 감소시킨다.
④ 자본소득, 주소득자 외 다른 가족구성원의 소득이 증가하게 되면 노동공급시간이 감소하는 경향이 있다.

만점 해설

③ 임금이 상승한다는 가정에서 여가의 가격은 곧 임금으로 볼 수 있다. 예를 들어, 내가 한 시간 여가를 즐기면, 나는 그 한 시간에 해당하는 임금을 포기하게 되는 것이다. 그것이 곧 '여가의 기회비용'이다. 따라서 임금의 상승은 여가의 기회비용을 상승시켜서 여가를 덜 소비하는 대신 노동공급을 증가시키게 된다. 다만, 임금 소득이 매우 높은 수준으로 상승하는 경우 오히려 노동공급이 감소될 수도 있다.

06

기혼여성의 경제활동참가율은 60%이고 실업률은 20%일 때, 기혼여성의 고용률은?

21년 1회, 18년 1회, 15년 2회, 12년 2회 기출

① 12%
② 48%
③ 56%
④ 86%

만점 해설

실업률과 고용률
실업률과 고용률은 다음의 공식으로 나타낼 수 있다.

- 실업률(%) = $\dfrac{\text{실업자 수}}{\text{경제활동인구 수}} \times 100$
- 고용률(%) = $\dfrac{\text{취업자 수}}{\text{15세 이상 인구 수}} \times 100$

기혼여성의 경제활동참가율이 60%라고 하는 것은 15세 이상 인구 수(생산가능인구 수)를 100%에 해당하는 100명으로 가정할 때 60%에 해당하는 60명이 경제활동인구에 해당하는 것을 의미한다. 여기서 경제활동인구 중 실업률이 20%라고 하였으므로,

$20(\%) = \dfrac{x}{60(\text{명})} \times 100$ ∴ 실업자 수(x) = 12(명)

실업자 수가 12명이 되며, 반대로 취업자 수는 60명에서 12명을 제외한 48명이 된다. 따라서 고용률을 계산하기 위한 공식에 대입하는 경우,

고용률(%) = $\dfrac{48(\text{명})}{100(\text{명})} \times 100 = 48(\%)$

즉, 기혼여성의 고용률은 48%에 해당한다.

07

기혼여성의 경제활동참가율은 70%이고, 실업률은 20%일 때, 기혼여성의 고용률은? 11년 2회 기출

① 50%
② 56%
③ 80%
④ 86%

만점 해설

실업률과 고용률
실업률과 고용률은 다음의 공식으로 나타낼 수 있다.

- 실업률(%) = $\dfrac{\text{실업자 수}}{\text{경제활동인구 수}} \times 100$
- 고용률(%) = $\dfrac{\text{취업자 수}}{\text{15세 이상 인구 수}} \times 100$

기혼여성의 경제활동참가율이 70%라고 하는 것은 15세 이상 인구 수(생산가능인구 수)를 100%에 해당하는 100명으로 가정할 때 70%에 해당하는 70명이 경제활동인구에 해당하는 것을 의미한다. 여기서 경제활동인구 중 실업률이 20%라고 하였으므로,

$20(\%) = \dfrac{x}{70(\text{명})} \times 100$ ∴ 실업자 수(x)=14(명)

실업자 수가 14명이 되며, 반대로 취업자 수는 70명에서 14명을 제외한 56명이 된다. 따라서 고용률을 계산하기 위한 공식에 대입하는 경우,

고용률(%) = $\dfrac{56(\text{명})}{100(\text{명})} \times 100 = 56(\%)$

즉, 기혼여성의 고용률은 56%에 해당한다.

08

기혼여성의 경제활동참가율을 높이는 요인과 가장 거리가 먼 것은? 18년 2회, 12년 2회 기출

① 가사노동 대체비용의 하락
② 남편의 소득 증가
③ 출산율 저하
④ 시간제근무 기회 확대

만점 해설

기혼여성의 경제활동참가율을 높이는 요인
- 법적·제도적 장치의 확충(육아 및 유아교육시설의 증설)
- 시장임금의 상승
- 남편(배우자) 소득의 감소(②)
- 자녀수의 감소(출산율 저하)
- 가계생산기술의 향상(노동절약적 가계생산기술의 향상)
- 고용시장의 유연화(시간제근무 또는 단시간근무 기회의 확대)
- 여성의 높은 교육수준

09

기혼여성의 경제활동참가율을 높이는 요인과 가장 거리가 먼 것은? 17년 2회, 13년 2회 기출

① 시장임금의 상승
② 노동절약적 가계생산기술의 향상
③ 배우자의 소득 증가
④ 육아 및 유아교육시설의 증설

만점 해설

③ 배우자의 소득 증가가 아닌 소득 감소가 옳다.

10
기혼여성의 경제활동참가율에 관한 설명으로 틀린 것은?　　　10년 2회, 07년 1회 기출

① 남편의 소득이 높을수록 경제활동참가율은 하락한다.
② 가계생산의 기술이 향상될수록 경제활동참가율은 하락한다.
③ 교육수준이 높을수록 경제활동참가율은 상승한다.
④ 자녀의 연령이 높을수록 경제활동참가율은 상승한다.

만점 해설
② 가계생산의 기술이 향상될수록 기혼여성의 경제활동참가율은 상승한다.

11
여성의 경제활동참가를 결정하는 요인에 대한 설명으로 틀린 것은?　　　08년 1회, 06년 3회 기출

① 남편의 소득이 낮을수록, 자녀의 수가 적을수록 여성의 경제활동이 증가한다.
② 가계생산의 기술(Household Technology)이 향상될수록 여성의 경제활동참가율은 높아진다.
③ 파트타임 고용시장의 미발달은 30대 기혼여성의 경제활동참가를 낮추는 요인으로 작용한다.
④ 도시화의 진전은 여가활동에서 시간집약적 여가활동에 의존하게 되어 시장노동의 가능성을 넓혀준다.

만점 해설
④ 과거 농업생산 위주의 사회에서는 자녀가 하나의 생산력으로서의 가치를 가졌지만, 도시화의 진전은 그러한 측면보다는 오히려 양육비 및 교육비의 증대에 따른 비용의 측면이 강조된다. 특히 선진국에서 기혼여성의 경제활동참가가 높은 양상을 보이는 것은 출산과 자녀양육에 따른 기회비용이 높아진 것과도 연관된다.

12
경제활동참가 또는 노동공급을 결정하는 요인에 대한 설명으로 사실과 가장 거리가 먼 것은?　　　17년 1회, 10년 4회, 09년 3회 기출

① 비근로소득이 클수록 경제활동참가는 낮아진다.
② 취학 전 자녀수가 많을수록 경제활동참가는 낮아진다.
③ 교육수준이 높아질수록 경제활동참가는 증가한다.
④ 기업의 노동시간이 신축적일수록 노동공급이 감소한다.

만점 해설
④ 기업의 노동시간이 신축적일수록, 즉 고용시장의 유연화가 이루어질수록 경제활동참가(노동공급)가 증가한다.

13
다음 중 노동공급의 감소로 발생되는 현상은?　　　21년 2회, 03년 1회 기출

① 사용자의 경쟁심화로 임금수준의 하락을 초래한다.
② 고용수준의 증가를 가져온다.
③ 임금수준의 상승을 초래한다.
④ 일시적인 초과 노동공급현상을 유발한다.

만점 해설
인구 변화가 노동시장에 미치는 영향
• 다른 여건이 일정하다면, 인구의 증가는 노동공급을 증대시킨다. 만약 인구의 증가로 시장에 대한 노동공급이 증대한다면, 수요조건이 일정한 한 그 결과는 임금수준의 하락으로 나타난다.
• 다른 여건이 일정하다면, 인구의 감소는 노동공급을 감소시킨다. 만약 인구의 감소로 시장에 대한 노동공급이 감소한다면, 수요조건이 일정한 한 그 결과는 임금수준의 상승으로 나타난다.

14
개인이 노동시장에서의 노동공급을 포기하는 경우에 관한 설명으로 틀린 것은?

21년 2회, 15년 1회, 08년 1회 기출

① 개인의 여가-소득 간의 무차별곡선이 수평에 가까운 경우이다.
② 개인의 여가-소득 간의 무차별곡선과 예산제약선 간의 접점이 존재하지 않거나, X축 코너(Corner)점에서만 접점이 이루어질 경우이다.
③ 일정 수준의 효용을 유지하기 위해 1시간 추가적으로 더 일하는 것을 보상하는 데 요구되는 소득이 시장임금률보다 더 큰 경우이다.
④ 소득에 비해 여가의 효용이 매우 큰 경우이다.

만점 해설

① 개인의 여가-소득 간의 무차별곡선이 수직에 가까울 때 노동공급을 포기할 가능성이 높다. 즉, 무차별곡선의 기울기가 시장임금률선($W-L$)의 기울기보다 더 가파른 경우 노동공급을 포기한 채 경제활동에 참가하지 않는 반면, 그 기울기가 시장임금률선의 기울기보다 완만한 경우 노동공급을 통해 경제활동에 참가하게 된다.

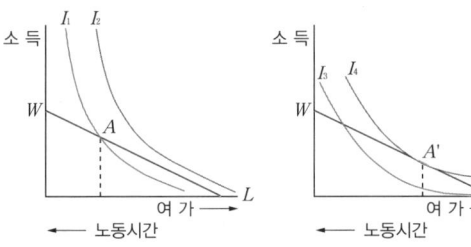

15
임금 상승이 한 개인의 여가와 노동시간에 미치는 효과 중 소득효과가 대체효과보다 클 경우 나타나는 것은?

21년 2회, 03년 3회 기출

① 여가시간은 감소하지만 노동시간이 증가한다.
② 여가시간과 노동시간이 함께 증가한다.
③ 여가시간과 노동시간이 함께 감소한다.
④ 여가시간은 증가하지만 노동시간은 감소한다.

만점 해설

노동공급의 대체효과와 소득효과
- 대체효과 : 임금 상승 시 여가시간은 감소하지만 노동시간은 증가하는 효과
- 소득효과 : 임금 상승 시 여가시간은 증가하지만 노동시간은 감소하는 효과

16
다음 사례에 해당하는 것은?

17년 3회 기출

> A는 대형마트에서 주당 20시간 근무하고 있는 단시간근로자(파트타임근로자)이다. 시간당 임금이 7천원에서 9천원으로 인상되어 A는 주당 근로시간을 30시간으로 확대하기로 하였다.

① 수요효과
② 공급효과
③ 소득효과
④ 대체효과

만점 해설

노동공급의 대체효과와 소득효과
- 대체효과 : 임금 상승 시 여가시간은 감소하지만 노동시간은 증가하는 효과
- 소득효과 : 임금 상승 시 여가시간은 증가하지만 노동시간은 감소하는 효과

17
다른 조건이 일정할 때 비노동소득의 발생이 노동공급에 미치는 영향은? 　12년 1회 기출

① 소득효과가 대체효과보다 더 크기 때문에 노동공급이 증가한다.
② 대체효과가 소득효과보다 더 크기 때문에 노동공급이 증가한다.
③ 대체효과만 있기 때문에 노동공급이 증가한다.
④ 소득효과만 있기 때문에 노동공급이 감소한다.

만점 해설

④ 다른 조건이 일정할 때 이자, 배당, 임대, 상속, 증여, 복권당첨 등에 따른 비노동소득(비근로소득)이 증가하는 경우 소득효과만 있으므로 노동공급을 감소시키게 된다.

18
근로소득세의 인상이 노동공급에 미치는 효과에 대한 설명으로 가장 적합한 것은? 　10년 1회, 05년 1회 기출

① 소득이 감소하므로 노동공급이 증가한다.
② 소득효과와 대체효과의 크기를 알 수 없으므로 노동공급의 증감을 알 수 없다.
③ 일반적으로 소득효과가 크므로 노동공급이 증가한다.
④ 여가의 상대적 가격이 상승하므로 노동공급이 감소한다.

만점 해설

② 근로소득세의 부과 혹은 세율인상이 노동공급시간에 어떤 영향을 미칠 것인가는 소득효과와 대체효과의 크기에 달려있다. 다만, 이 두 가지 효과 중 어느 것이 더 클 것인지를 사전에 알 수 없으므로 노동공급의 증감 여부를 단정 지을 수 없다.

19
연장근로 등 일정량 이상의 노동을 기피하는 풍조가 확산된다면, 이 현상에 대한 분석도구로 가장 적합한 것은? 　19년 3회, 10년 2회, 03년 3회 기출

① 최저임금제
② 후방굴절형 노동공급곡선
③ 화폐적 환상
④ 노동의 수요독점

만점 해설

대체효과와 소득효과에 따른 노동공급곡선의 변화
대체효과는 임금 상승에 따라 근로자가 여가시간을 줄이는 동시에 노동시간을 늘리는 것인 반면, 소득효과는 임금 상승에 따라 근로자가 노동시간을 줄이는 동시에 여가시간과 소비재 구입을 늘리는 것이다. 따라서 대체효과가 소득효과보다 클 경우 임금의 상승은 노동공급의 증가를 유발하며, 그에 따라 노동공급곡선이 우상향하는 양상을 보이게 된다. 그러나 소득효과가 대체효과보다 클 경우 임금의 상승은 노동공급의 감소를 유발하며, 그에 따라 노동공급곡선이 후방굴절하는 양상을 보이게 된다.

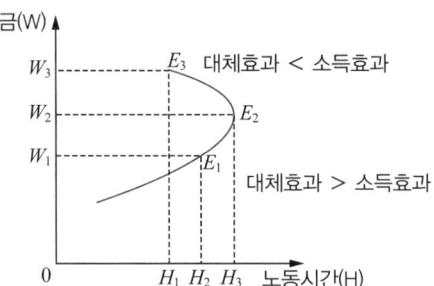

20
다음의 현상을 설명하는 개념은?

20년 3회, 14년 3회 기출

> 경제성장과 더불어 시간외 근무수당이 증가함에도 불구하고 근로자들이 휴일근무나 잔업처리 등을 기피하는 현상이 늘고 있다.

① 임금의 하방경직성
② 후방굴절형 노동공급곡선
③ 노동의 이력현상(Hysteresis)
④ 임금의 화폐적 현상

만점 해설
② 보기의 내용은 임금 상승에 따른 노동시간의 효과와 관련하여 소득효과가 대체효과보다 큰 경우에 해당한다. 이때 임금의 상승은 노동공급의 감소를 유발하며, 그에 따라 노동공급곡선이 후방굴절하는 양상을 보이게 된다.

21
후방굴절형 노동공급곡선이 의미하는 것은?

14년 2회 기출

① 최저생계비 이하에서는 임금 하락이 오히려 노동공급을 증가시킬 수 있다.
② 후방굴절 부분에서는 임금 인상이 노동공급의 대체효과만으로 결정된다.
③ 개인의 노동공급은 임금 상승의 대체효과가 소득효과보다 클 때 증가한다.
④ 경기회복 시에는 노동공급이 증가하고 경기후퇴 시에는 노동공급이 감소한다.

만점 해설
후방굴절형 노동공급곡선과 개인의 노동공급
- 개인의 노동공급은 임금 상승의 대체효과가 소득효과보다 클 때 증가한다.
- 개인의 노동공급은 임금 상승의 소득효과가 대체효과보다 클 때 감소한다.

22
후방굴절형 노동공급곡선에 대한 설명으로 옳은 것은?

18년 2회, 10년 3회, 08년 3회 기출

① 임금이 일정 수준 이상으로 오르면 임금이 오를수록 노동공급이 감소하게 된다.
② 임금변화의 대체효과가 소득효과보다 클 때 임금과 노동시간 사이에 부의 관계가 나타나는 것을 말한다.
③ 노동공급의 변화율을 노동가격의 변화율로 나눈 값이 점차 감소하는 현상을 그래프로 나타낸 것을 말한다.
④ 인구가 일정 규모 이상이 되면 임금이 오를수록 노동공급이 감소하는 것을 그래프로 나타낸 것을 말한다.

만점 해설
① 임금 상승이 매우 높은 수준에 도달하는 경우 소득효과에 의해 노동시간을 무작정 늘리기보다는 현재의 임금으로 충분하다는 생각으로 인해 점차 노동시간을 줄임으로써 노동공급을 감소시킨다.

23
임금 상승의 소득효과가 대체효과보다 클 경우, 노동공급곡선의 형태는?

20년 4회 기출

① 우상승한다.
② 수평이다.
③ 좌상승한다.
④ 변함없다.

만점 해설
③ 효용극대화에 기초한 노동공급모형에서 소득효과가 대체효과보다 클 경우 임금의 상승은 노동공급을 감소시키고 노동공급곡선은 후방으로 굴절(좌상승)된다.

24
노동공급곡선이 그림과 같을 때 임금이 W_0 이상으로 상승한 경우의 설명으로 옳은 것은?

21년 3회, 15년 1회, 03년 3회 기출

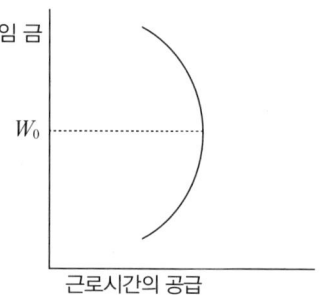

① 대체효과가 소득효과를 압도한다.
② 소득효과가 대체효과를 압도한다.
③ 대체효과가 규모효과를 압도한다.
④ 규모효과가 대체효과를 압도한다.

만점 해설
② 후방굴절형 노동공급곡선의 상단부분에서 좌상향으로 굽어지는 지점은 소득효과가 대체효과를 압도한 결과이다.

25
개인의 후방굴절형(상단부분에서 좌상향으로 굽어짐) 노동공급곡선에 대한 설명으로 옳은 것은?

22년 1회, 06년 1회 기출

① 임금이 상승함에 따라 노동시간을 증가시키려고 한다.
② 소득-여가 간의 선호체계 분석에서 소득효과가 대체효과를 압도한 결과이다.
③ 소득-여가 간의 선호체계 분석에서 대체효과가 소득효과를 압도한 결과이다.
④ 임금이 하락함에 따라 노동시간을 줄이려는 의지를 강력하게 표현하고 있다.

만점 해설
② 후방굴절형 노동공급곡선의 상단부분에서 좌상향으로 굽어지는 지점은 소득효과가 대체효과를 압도한 결과이다.

26
다음은 후방굴절형의 노동공급곡선을 나타낸 것이다. 이때 노동공급곡선상의 a, b구간에 대한 설명으로 옳은 것은?

20년 1·2회, 06년 3회 기출

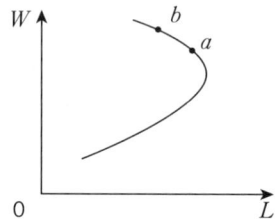

① 소득효과 = 0
② 대체효과 = 0
③ 소득효과 < 대체효과
④ 소득효과 > 대체효과

만점 해설
④ 후방굴절형 노동공급곡선에서 후방으로 굴절된 부분은 소득효과가 대체효과보다 큰 부분이다.

27
후방굴절형(Backward-bending) 노동공급곡선에서 후방으로 굴절된 부분은?

18년 1회 기출

① 임금변동에 따른 대체효과만이 존재하는 부분이다.
② 임금변동에 따른 소득효과만이 존재하는 부분이다.
③ 임금변동에 따른 대체효과가 소득효과보다 큰 부분이다.
④ 임금변동에 따른 소득효과가 대체효과보다 큰 부분이다.

만점 해설
④ 후방굴절형 노동공급곡선에서 후방으로 굴절된 부분은 소득효과가 대체효과보다 큰 부분이다.

28
노동의 공급곡선에 대한 설명 중 틀린 것은?
20년 4회, 07년 3회 기출

① 일정 임금수준 이상이 될 때 노동의 공급곡선은 후방굴절부분을 가진다.
② 임금과 노동시간 사이에 음(-)의 관계가 존재할 경우 임금률의 변화 시 소득효과가 대체효과보다 작다.
③ 임금과 노동시간과의 관계이다.
④ 노동공급의 증가율이 임금상승률보다 높다면 노동공급은 탄력적이다.

만점 해설
② 임금과 노동시간 사이에 음(-)의 관계가 존재한다는 것은 임금이 증가할 때 노동시간이 감소한다는 의미이다. 이는 임금률의 변화 시 소득효과가 대체효과보다 큰 경우에 해당한다.

30
만일 여가(Leisure)가 열등재라면, 임금이 증가할 때 노동공급은 어떻게 변하는가?
21년 1회, 07년 1회 기출

① 임금수준에 상관없이 임금이 증가할 때 노동공급은 감소한다.
② 임금수준에 상관없이 임금이 증가할 때 노동공급은 증가한다.
③ 낮은 임금수준에서 임금이 증가할 때는 노동공급이 증가하다가 임금수준이 높아지면 임금증가는 노동공급을 감소시킨다.
④ 낮은 임금수준에서 임금이 증가할 때는 노동공급이 감소하다가 임금수준이 높아지면 임금증가는 노동공급을 증가시킨다.

만점 해설
② 예외적인 경우로서 여가를 열등재로 간주할 때 노동공급은 임금수준에 상관없이 임금소득의 증가에 따라 노동공급을 늘리는 방향으로 나아간다.

29
여가가 정상재일 때, 노동공급의 소득효과에 관한 설명으로 옳은 것은?
13년 2회 기출

① 임금 이외 소득의 증가로 노동공급량 증가
② 임금소득 증가로 여가 증가 및 노동공급량 감소
③ 임금소득 증가로 노동공급량 증가
④ 노동의 소득효과가 대체효과보다 크면 노동공급곡선 우상향

만점 해설
② 일반적인 경우로서 여가를 정상재로 간주할 때 노동공급의 소득효과는 임금소득의 증가에 따라 여가소비를 늘리는 반면, 노동공급을 줄이는 방향으로 나아간다.

31
만일 여가가 열등재라면 개인의 노동공급곡선의 형태는?
20년 1·2회, 07년 3회 기출

① 후방굴절한다.
② 완전비탄력적이다.
③ 완전탄력적이다.
④ 우상향한다.

만점 해설
④ 여가가 정상재가 아닌 열등재인 경우, 임금 상승의 대체효과가 소득효과를 압도하게 되어 개인의 노동공급곡선은 후방굴절하는 것이 아니라 임금수준과 무관하게 우상향한다.

정답 28 ② 29 ② 30 ② 31 ④

32

가계생산(Household Production)과 가계소비(Household Consumption)에 관한 설명으로 틀린 것은? 17년 3회, 13년 1회 기출

① 가계생산함수에서는 남편과 아내의 소비에 대한 효용이 결합적으로 도출된다고 가정한다.
② 가계생산함수에서는 가족들이 소비하는 재화의 많은 부분은 가족 내에서 생산된다고 가정한다.
③ 기혼남성의 임금이 오를 경우 시간 집약적 상품의 소비를 줄이게 된다.
④ 기혼여성의 임금이 오를 경우 생산과 소비 양면에서 소득효과가 발생한다.

만점 해설

기혼여성의 임금 상승으로 인한 효과
- 기혼여성의 임금이 상승할 경우 가계생산에 투입된 시간의 가격이 상승하므로, 가사일을 하는 데 드는 시간을 시장재로 대체하려고 할 것이다. 즉, 기혼여성의 임금 상승은 시간 집약적 상품에서 재화 집약적 상품으로 소비대체를 일으키게 된다.
- 기혼여성의 임금 상승 결과로 발생한 생산과 소비에서의 이와 같은 대체는 기혼여성으로 하여금 가계생산 및 가계소비에 투입된 시간을 줄이고 시장활동에 투입된 시간을 증대시키도록 한다.

33

노동공급에 관한 설명으로 틀린 것은? 20년 3회 기출

① 노동공급의 임금탄력성은 $\frac{\text{노동공급량의 변화율}}{\text{임금의 변화율}}$ 이다.
② 노동공급을 결정하는 요인으로서 인구는 양적인 규모뿐만 아니라 연령별, 지역별, 질적 구조도 중요한 의미를 갖는다.
③ 효용극대화에 기초한 노동공급모형에서 대체효과가 소득효과보다 클 경우 임금의 상승은 노동공급을 감소시키고 노동공급곡선은 후방으로 굴절된다.
④ 사회보장급여의 수준이 지나치게 높을 경우 노동공급에 대한 동기유발이 저해되어 총노동공급이 감소된다.

만점 해설

③ 효용극대화에 기초한 노동공급모형에서 소득효과가 대체효과보다 클 경우 임금의 상승은 노동공급을 감소시키고 노동공급곡선은 후방으로 굴절(좌상승)된다.

34

어느 지역의 노동공급 상태를 조사해 본 결과 시간당 임금이 3,000원일 때 노동공급량은 270이었고, 임금이 5,000원으로 상승했을 때 노동공급량은 540이었다. 이때 노동공급의 탄력성은?

19년 2회, 12년 2회 기출

① 1.28
② 1.50
③ 1.00
④ 0.82

만점 해설

노동공급의 (임금)탄력성은 다음의 공식으로 나타낼 수 있다.

$$\text{노동공급의 (임금)탄력성} = \frac{\text{노동공급량의 변화율(\%)}}{\text{임금의 변화율(\%)}}$$

- 노동공급량의 변화율(%) = $\frac{540-270}{270} \times 100 = 100(\%)$
- 임금의 변화율(%) = $\frac{5,000-3,000}{3,000} \times 100 ≒ 66.7(\%)$
- 노동공급의 임금탄력성 = $\frac{100(\%)}{66.7(\%)} ≒ 1.50$ ∴ 1.50

35
다음 중 노동공급에 관한 설명으로 틀린 것은?
13년 3회 기출

① 노동공급의 임금탄력성이 0이면 임금이 100% 상승하더라도 노동공급은 변화하지 않는다.
② 시간당 임금이 상승하더라도 개별 노동공급이 반드시 증가하는 것은 아니다.
③ 임금이 10% 상승할 때 노동공급이 5% 상승하면 노동공급의 임금탄력성은 2이다.
④ 노동공급곡선이 수평선이면 노동공급은 임금에 대해 완전탄력적이다.

만점 해설

노동공급의 (임금)탄력성은 다음의 공식으로 나타낼 수 있다.

$$노동공급의\ (임금)탄력성 = \frac{노동공급량의\ 변화율(\%)}{임금의\ 변화율(\%)}$$

임금의 변화율이 10%이고 노동공급량의 변화율이 5%이므로,

$$노동공급의\ (임금)탄력성 = \frac{5(\%)}{10(\%)} = 0.5 \quad \therefore\ 0.5$$

36
노동공급 탄력성이 무한대인 경우 노동공급곡선 형태는?
21년 3회 기출

① 수평이다.
② 수직이다.
③ 우상향이다.
④ 우하향이다.

만점 해설

① 노동공급의 임금탄력성 값이 '무한대(∞)'인 경우 노동공급곡선의 형태는 '수평'이며, 이는 완전탄력적인 노동공급이 이루어지고 있음을 나타낸다.

37
노동공급의 탄력성 값이 0인 경우 노동공급곡선의 형태는?
19년 1회, 11년 1회, 09년 2회 기출

① 수평이다.
② 수직이다.
③ 우상향이다.
④ 후방굴절형이다.

만점 해설

② 노동공급의 임금탄력성 값이 '0'인 경우 노동공급곡선의 형태는 '수직'이며, 이는 완전비탄력적인 노동공급이 이루어지고 있음을 나타낸다.

38
다음 중 노동공급 탄력성에 영향을 미치는 요인을 모두 짝지은 것은?
14년 1회 기출

> ㄱ. 경제활동참가 결정요인
> ㄴ. 노동시간 결정요인
> ㄷ. 노동의 이동 결정요인
> ㄹ. 노조의 단체교섭력

① ㄱ, ㄴ
② ㄱ, ㄴ, ㄷ
③ ㄴ, ㄷ, ㄹ
④ ㄱ, ㄴ, ㄷ, ㄹ

만점 해설

노동공급의 임금탄력성 결정요인
- 인구 수
- 노동조합의 결성과 교섭력의 정도(노조의 단체교섭력)
- 여성취업기회의 창출 가능성 여부(경제활동참가 결정요인)
- 파트타임 근무제도의 보급 정도(노동시간 결정요인)
- 노동이동의 용이성 정도(노동의 이동 결정요인)
- 고용제도의 개선 정도
- 산업구조의 변화 등

39
노동공급의 탄력성 결정요인이 아닌 것은?

19년 3회, 16년 2회 기출

① 산업구조의 변화
② 노동이동의 용이성 정도
③ 여성취업기회의 창출 가능성 여부
④ 다른 생산요소로의 노동의 대체가능성

만점 해설
④ 노동수요의 (임금)탄력성 결정요인에 해당한다.

40
다음 중 노동력의 지역 간 이동 이론에서 도시 공식부문과 비공식부문의 개념을 도입한 것은?

10년 4회 기출

① 농민층분해론
② 루이스(A. Lewis) 모형
③ 페티(W. Petty) - 클라크(C. C. Clark) 법칙
④ 토다로(M. P. Todaro) 모형

만점 해설
토다로(Todaro)의 농촌·도시 간 노동력 이동에 관한 분석
개발도상국은 농업을 중심으로 한 전통부문과 제조업을 중심으로 한 근대화부문이 공존하는 양상을 보인다. 농촌의 노동력은 도시의 전통부문에 해당하는 비공식부문에 먼저 이동을 하게 되며, 그곳에서 도시생활에 점차 익숙해지고 취업의 준비를 갖추게 될 때 도시의 공식부문에 취업을 하게 된다.

41
다음 ( )에 알맞은 것은?

13년 1회 기출

> 도시와 농촌 간 노동이동을 설명하는 모형에서 ( )의 노동공급곡선은 수평이다.

① A. Marshall
② J. R. Hicks
③ W. A. Lewis
④ A. Smith

만점 해설
무제한 노동공급이론(Lewis)
전통부문(농촌)은 자본이나 토지에 비해 많은 인구를 보유하고 있으므로 상대적으로 높은 잠재실업을 보이는데, 어떤 경제가 전환점에 이르기까지는 전통부문의 미숙련 노동력이 근대화부문(도시)에 거의 무제한적으로 공급될 수 있다. 결국 전통부문(농촌)과 근대화부문(도시)의 이중구조가 완전탄력적(→ 노동공급곡선은 수평) 노동공급 양상을 보이게 된다.

42
노동시장이 초과공급을 경험하고 있을 때 나타나는 현상은?

19년 1회, 05년 1회 기출

① 임금이 하락압력을 받는다.
② 임금상승으로 공급량은 증가한다.
③ 최종 산출물가격은 상승한다.
④ 노동에 대한 수요는 감소한다.

만점 해설
① 노동시장이 초과공급을 경험하고 있을 때 임금이 하락압력을 받는 반면, 초과수요를 경험하고 있을 때 임금이 상승압력을 받는다.

43

다른 조건이 동일한 상태에서 만약 여성의 경제활동참가가 높아진다면 노동시장에서 균형임금과 균형고용량은 어떻게 달라지는가? 17년 2회 기출

① 균형임금 상승, 균형고용량 증가
② 균형임금 상승, 균형고용량 하락
③ 균형임금 하락, 균형고용량 증가
④ 균형임금 하락, 균형고용량 하락

만점 해설

노동시장의 균형

- 노동시장은 노동수요곡선(D)과 노동공급곡선(S)으로 묘사되며, 이 두 곡선이 만나는 지점(E)에서 균형임금(W_0)과 균형고용량(L_0)이 결정된다.
- 만약 가구원 노동소득의 감소 등으로 여성의 경제활동참가가 높아진다면, 노동공급곡선은 이동(S')하여 E' 지점에서 새롭게 균형을 이루게 되며, 이에 대응하는 임금은 W_1, 고용량은 L_1이 된다.
- 결국 해당 직종에 대한 노동공급량의 증가는 다른 조건이 동일한 상태임을 가정할 때 균형임금의 하락($W_0 - W_1$), 균형고용량의 증가($L_0 - L_1$)를 초래하게 되는 것이다.

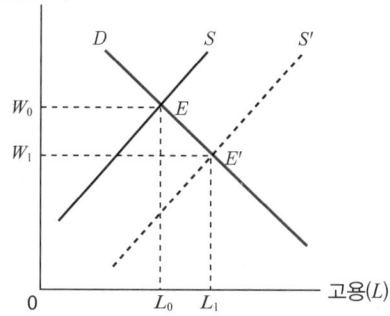

44

완전경쟁적인 노동시장에서 노동의 한계생산을 증가시키는 기술진보와 함께 보다 많은 노동자들이 노동시장에 참여하는 변화가 발생할 때 노동시장에서 발생하는 변화로 옳은 것은? (단, 다른 조건들은 일정하다고 가정한다) 22년 1회 기출

① 균형노동고용량은 반드시 증가하지만 균형임금의 변화는 불명확하다.
② 균형임금은 반드시 상승하지만 균형노동고용량의 변화는 불명확하다.
③ 임금과 균형노동고용량 모두 반드시 증가한다.
④ 임금과 균형노동고용량의 변화는 모두 불명확하다.

만점 해설

① 노동의 한계생산을 증가시키는 기술진보로 인해 노동수요곡선이 우측으로 이동하게 되고, 많은 노동자들이 노동시장에 참여하는 변화로 인해 노동공급곡선 또한 우측으로 이동하게 된다. 따라서 균형노동고용량(균형고용량)은 반드시 증가하겠지만, 균형임금이 상승할지 혹은 하락할지는 두 곡선의 이동 크기에 따라 달라진다.

45

일국(一國)의 경제에서 최적 인적자원배분이 이루어졌다고 하는 때는 언제인가?

11년 3회, 10년 1회, 08년 1회 기출

① 동일노동에 대해 동일임금이 지급될 때
② 완전고용을 이루었을 때
③ 자연실업률 상태에 도달하였을 때
④ 경제원칙이 달성되었을 때

만점 해설

① 하나의 국민경제에서 최적 인적자원배분이 이루어졌을 때는 동일노동에 대해 동일임금이 지급될 때이다. 동일노동에 대한 동일임금은 노동의 각 부문 간 '배분의 효율성(Allocative Efficiency)'을 달성하게 되는데, 이는 자원배분이 가장 효율적으로 이루어진 상태로서 '파레토 최적(Pareto Optimality)'과 연관된다.

46

사용자의 부당해고로부터 근로자 보호를 강화하는 정책을 실시할 때 발생되는 효과로 옳은 것은?

21년 3회, 13년 3회 기출

① 고용수준 감소, 근로시간 증가
② 고용수준 증가, 근로시간 감소
③ 고용수준 증가, 근로시간 증가
④ 고용수준 감소, 근로시간 감소

만점 해설

① 정부가 근로자 보호를 강화하는 정책을 실시하는 경우 일반적으로 기업의 신규 고용수준은 감소하는 반면, 정규직 근로자 또는 전일제근무자의 근로시간은 증가하는 경향이 있다.

47

근로기준법에 경영상 이유에 의한 해고, 탄력적 근로시간제 등의 조항이 등장하고 파견근로자 보호 등에 관한 법률이 제정된 이유로 가장 타당한 것은?

20년 4회, 14년 3회 기출

① 획일화되는 사회에 적응하기 위함이다.
② 노동조합의 전투성을 진정시키기 위함이다.
③ 외부자보다는 내부자를 보호하기 위함이다.
④ 불확실한 시장상황에 기업이 신속하게 대응할 수 있도록 하기 위함이다.

만점 해설

④ 긴박한 경영상의 필요에 따라 근로자의 정리해고 절차를 유연화하는 것, 일정 기간의 근로시간을 연장시키는 대신 다른 근로일의 근로시간을 단축시킴으로써 일정 기간의 평균근로시간을 기준근로시간 이내로 설정하는 탄력적 근로시간제를 도입하는 것, 파견근로자에 관한 법제화를 통해 파견근로자를 보호하는 한편 사용자의 인력확보를 용이하게 하는 것 등은 공통적으로 노동시장의 유연성을 위한 방안에 해당한다.

48

기업이 인력운영의 유연성을 확보하기 위하여 채택하는 인적자원관리정책이 아닌 것은?

18년 1회, 12년 2회 기출

① 성과급제와 연봉제의 도입
② 정규직 중심의 인력채용
③ 사내직업훈련의 강화
④ 고용형태의 다양화

만점 해설

② 기업은 계약근로·재택근로·파트타임 등과 같이 고용형태를 다양화하거나, 하청, 외주, 파견근로자 사용 등과 같이 외부화를 통해 인력운영의 유연성을 확보할 수 있다.

49

다음 중 노동시장 유연성(Labor Market Flexibility)에 관한 설명으로 틀린 것은?

16년 2회, 10년 1회 기출

① 노동시장 유연성이란 일반적으로 외부환경 변화에 인적자원이 신속하고 효율적으로 재배분되는 노동시장의 능력을 지칭한다.
② 외부적·수량적 유연성이란 해고를 좀 더 자유롭게 하고 다양한 형태의 파트타임직을 확장시키는 것을 포함한다.
③ 외부적·수량적 유연성의 예로는 변형시간근로제, 탄력적 근무시간제 등이 있다.
④ 기능적 유연성이란 생산과정 변화에 대한 근로자의 적응력을 높이는 것을 의미한다.

만점 해설

③ 변형시간근로제(변형근로시간제), 탄력적 근무시간제(탄력적 근로시간제) 등은 근로자 수의 조정 없이 고용을 유지하되 작업을 공유하거나 근로시간을 조절하는 방식으로서 내부적·수량적 유연성의 예에 해당한다.

50
노동시장의 유연성에 대한 설명과 가장 거리가 먼 것은? 14년 3회, 06년 3회 기출

① 노동시장의 유연성이란 일반적으로 외부환경 변화에 인적자원이 신속하고 효율적으로 배분되는 노동시장의 능력을 지칭한다.
② 다기능공화, 배치전환, 작업장 간 노동이동 등을 통해 생산과정 변화에 대한 근로자의 적응력을 높이는 것을 기능적 유연성이라 한다.
③ 작업을 하청의 형태로 외부에 주거나 용역업체에 의해 노동자를 고용하는 것은 노동시장의 유연성이라 할 수 없다.
④ 일시휴업이나 휴가증가, 주휴 2일제 등은 노동시장 유연성의 유형 중 하나이다.

만점 해설
③ 노동시장의 유연성을 확보하기 위한 인적자원관리정책으로서 작업의 외부화(Externalization)는 근로자의 권리를 우선시하는 노동법상의 고용계약 대신 쌍방의 동등한 권리를 강조하는 계약의 형태로 대체하는 것이다. 이는 하청, 외주, 인재파견회사 혹은 용역업체로부터 파견근로자의 사용 및 자영업자의 사용 등으로 달성될 수 있다.

51
노동시장의 유연성을 높일 수 있는 방안과 가장 거리가 먼 것은? 17년 1회 기출

① 신속한 고용조정능력을 갖춘다.
② 전직실업자의 신속한 재취업능력을 높인다.
③ 국제노동기구와의 연대를 모색한다.
④ 노동수요 측면의 능력위주 인사관행을 확립한다.

만점 해설
③ 국제노동기구(ILO)와의 연대 모색은 고용의 안정성을 높일 수 있는 방안으로 볼 수 있다.

52
다음 중 기업들이 기업 내의 승진정체에 대응하여 도입하고 있는 제도와 가장 거리가 먼 것은? 20년 3회, 16년 3회, 09년 3회, 04년 1회 기출

① 정년단축
② 자회사에의 파견
③ 조기퇴직 유도
④ 연봉제의 강화

만점 해설
기업 내의 승진정체에 대응하여 도입하고 있는 주요 제도
- 정년단축(①)
- 조기퇴직(명예퇴직) 유도(③)
- 자회사에의 파견(②)
- 팀장제도
- 발탁승진제도
- 임금피크제
- 직급정년제 등

03절 인적자본에 대한 투자

01
다음 중 인적자본 투자대상을 모두 고른 것은?

15년 3회 기출

ㄱ. 교 육
ㄴ. 직장훈련
ㄷ. 노동의 이동
ㄹ. 정보의 획득
ㅁ. 건 강

① ㄱ, ㄴ, ㄷ
② ㄱ, ㄴ, ㄹ, ㅁ
③ ㄱ, ㄴ, ㄷ, ㅁ
④ ㄱ, ㄴ, ㄷ, ㄹ, ㅁ

만점 해설

인적자본의 주요 투자대상(투자범위)
- 정규교육 또는 기타 학교교육(ㄱ)
- 현장훈련(OJT)(ㄴ)
- 이주 또는 노동의 이동(Migration)(ㄷ)
- 건강(Health)(ㅁ)
- 정보(Information)(ㄹ)
- 비공식 학습(Non-formal Learning)*
- 무형식 학습(Informal Learning)*

* 참고 : 비공식 학습과 무형식 학습은 정규학교교육 밖에서 이루어지는 구조화된 학습활동이라는 점에서 공통적이지만, 비공식 학습이 계획화·체계화·조직화된 교수과정을 포함하는 반면, 무형식 학습은 주로 자기학습의 과정으로 전개된다는 점에서 차이가 있습니다.

02
기업특수적 인적자본형성의 원인이 아닌 것은?

21년 1회, 16년 2회, 07년 1회, 04년 3회 기출

① 기업 간 차별화된 제품생산
② 생산공정의 특유성
③ 생산장비의 특유성
④ 일반적 직업훈련의 차이

만점 해설

④ 일반적 직업훈련의 차이가 아닌 해당 기업 특유의 직업훈련에 의해 기업특수적 인적자본형성이 발생한다.

03
다음 사례에서 기업의 해고에 대한 설명으로 옳은 것은? (단, 주어진 조건 외에는 고려하지 않는다)

17년 3회 기출

A기업은 기업에 특화된 훈련(Firm-specific Training)에 더 많은 투자를 하고, B기업은 모든 기업들에 필요한 일반훈련(General Training)에 더 많은 투자를 한 상태에서, A기업과 B기업이 생산하는 상품의 수요가 감소하였다.

① A기업이 B기업보다 해고 가능성이 높다.
② B기업이 A기업보다 해고 가능성이 높다.
③ A기업, B기업 모두 동일하게 해고시킨다.
④ A기업, B기업 모두 동일하게 해고 가능성이 낮다.

만점 해설

일반훈련과 기업특수적 훈련
일반훈련에 소요되는 비용은 근로자가 부담하며, 근로자는 훈련이 끝난 후 높아진 임금을 받음으로써 훈련투자에 대한 회수를 하게 된다. 반면, 기업특수적 훈련에 소요되는 비용은 전적으로 기업이 부담하게 되며, 기업은 훈련투자로부터 생기는 생산성의 향상분을 회수하게 된다. 특히 기업특수적 훈련은 기업으로 하여금 비용투입에 따른 투자회수기간이 필요하므로 해당 근로자를 가급적 해고시키지 않는 등 다르게 취급하게 된다.

04
교육투자에 관한 설명으로 틀린 것은?

12년 1회 기출

① 사적 수익률은 교육연수 증가에 따른 개인근로소득의 증가율을 의미한다.
② 교육투자의 사회적 수익률이 실물자본투자의 사회적 수익률에 비해 크다면 교육투자는 사회적으로도 바람직한 자원배분이다.
③ 학력이 간판으로서의 기능을 하고, 기업이 학력을 선발기준으로 삼는 고용관행이 고착화되면 고학력에 대한 민간부문의 수요는 과도하게 높아질 수 있다.
④ 정부는 사적 수익률을 높이는 데 초점을 맞추어야 한다.

만점 해설
④ 정부는 사적 수익률보다는 사회적 수익률을 높이는 데 초점을 맞추어야 한다.

05
인적자본론의 노동이동에 관한 설명으로 틀린 것은? 12년 1회, 07년 1회 기출

① 사직률과 해고율은 기업특수적 인적자본과 음(-)의 상관관계를 갖는다.
② 인적자본론에서는 장기근속자일수록 기업특수적 인적자본량이 많아져 해고율이 낮아진다고 주장한다.
③ 임금률이 높을수록 해고율은 높다.
④ 사직률과 해고율은 경기변동에 따라 상반되는 관련성을 갖고 있다.

만점 해설
인적자본론의 노동이동
기업의 입장에서 인적자본은 교육 및 훈련을 통한 근로자의 생산성 향상 과정이다. 따라서 기업특수적 인적자본을 다방면에 걸쳐 오랜 기간 동안 축적한 근로자는 기업의 입장에서 생산성 향상을 위한 중요한 요인이 되며, 그로 인해 높은 임금률에도 불구하고 해고율은 상대적으로 낮게 나타난다.

06
인적자본이론에 관한 설명으로 가장 거리가 먼 것은? 16년 1회 기출

① 일반적으로 능력이 높은 사람일수록 인적자본투자를 더 많이 한다.
② 부모가 부자일수록 자녀의 인적자본투자가 많아진다.
③ 교육과 훈련이 생산성 증대를 가져오고, 이것이 보다 높은 노동이익을 가져온다는 점이 실증적으로 입증되었다.
④ 인적자본투자량은 내부수익률과 시장이자율의 비교에 의해 결정된다.

만점 해설
③ 인적자본이론에 대한 가장 결정적인 비판점은 교육과 훈련이 실제로 생산성 증대로 이어지는가에 관한 인과관계의 실증적 근거가 불분명하다는 것이다. 다만, 교육과 훈련을 많이 받은 사람이 일반적으로 보다 높은 노동수익을 가져온다는 것만을 입증하고 있을 뿐이다.

07
선별가설(Screening Hypothesis)에 대한 설명과 가장 거리가 먼 것은? 22년 2회, 15년 2회 기출

① 교육훈련이 생산성을 직접 높이는 것은 아니고 유망한 근로자를 식별해 주는 역할을 한다.
② 빈곤 문제 해결을 위해서는 교육훈련 기회를 확대하는 것이 중요하다.
③ 학력이 높은 사람이 소득이 높은 것은 교육 때문이 아니고 원래 능력이 우수하기 때문이다.
④ 근로자들은 자신의 능력과 재능을 보여주기 위해 교육에 투자한다.

만점 해설
교육훈련에 대한 관점의 대비

인적자본이론	• 교육훈련은 보다 높은 노동수익의 직접적인 원인이다. • 저소득층의 교육수준을 향상시키는 정책을 통해 그들의 빈곤 문제를 해결할 수 있다.
선별가설	• 교육훈련 자체가 보다 높은 노동소득을 얻게 하는 직접적인 원인은 아니다. • 빈곤 문제 해결을 위한 교육기회의 평등화정책은 크게 성공하지 못할 것이다.

08

인적자본론과 선별가설의 주장으로 옳은 것을 모두 짝지은 것은? 　　　　　　　　　　12년 1회 기출

> ㄱ. 인적자본론에 의하면 교육은 생산성을 증가시키는 역할을 한다.
> ㄴ. 선별가설에 의하면 교육은 단지 생산성의 신호이다.
> ㄷ. 인적자본론과 선별가설 모두 교육투자는 높은 임금을 보장한다고 주장한다.

① ㄱ
② ㄴ
③ ㄱ, ㄴ
④ ㄱ, ㄴ, ㄷ

만점 해설

ㄱ·ㄴ. 인적자본론은 교육훈련이 생산성 증대를 가져온다고 주장하는 반면, 선별가설은 교육훈련이 생산성을 직접 높이는 것은 아니고 유망한 근로자를 식별해 주는 역할을 한다고 주장한다.
ㄷ. 선별가설도 인적자본론과 마찬가지로 교육투자가 높은 임금을 보장한다고 주장하나, 이는 생산성 증가에 기인한 것이 아닌 선별조건 향상에 따른 것이다.

09

다음은 무엇에 관한 설명인가? 　　　　　　20년 1·2회, 12년 2회 기출

> 경제학자 Spencer는 고학력자의 임금이 높은 것은 교육이 생산성을 높이는 역할을 하는 것이 아니라 처음부터 생산성이 높다는 것을 교육을 통해 보여주는 것이라는 견해를 제시했다.

① 인적자본이론
② 혼잡가설
③ 고학력자의 맹목적 우대
④ 교육의 신호모형

만점 해설

교육의 신호모형(신호이론)
사용자는 신규채용 근로자의 실제적인 생산성이 어떻게 나타날지에 대해 확실히 알 수 없다. 다만 생산성과 상관관계가 있다고 볼 수 있는 몇 가지 지표만을 관찰할 수 있을 뿐이다. 이와 같이 교육의 신호모형은 교육이 생산성을 향상시키는 것이 아닌 단지 신호기능을 한다는 점을 강조한다.

*참고 : 문제상에서 신호모형의 주창자로 '경제학자 Spencer'라고 제시하고 있으나 이는 오류에 해당합니다. 경제학에 신호의 개념을 도입한 경제학자는 미국 하버드대학교 출신으로 2001년 노벨경제학상 수상자이기도 한 '마이클 스펜스(Michael Spence)'입니다.

10

다음 사례에서 기업의 채용 이유에 해당하는 것은? 　　　　　　　　　　17년 3회 기출

> 국내 시장만을 상대하는 어떤 내수기업에서 영어에 능통한 A를 채용했다. 그런데 A의 업무는 영어를 전혀 필요로 하지 않는다. 그러나 이 회사는 A가 영어에 능통하다는 사실이 그만큼 A가 성실하고 유능하다는 것을 의미한다고 보고 채용한 것이다.

① 보상적 임금격차
② 임금경쟁원리
③ 신호기능
④ 효율임금

만점 해설

교육의 신호모형(신호이론)
경제학자 스펜스(Spence)는 고학력자의 임금이 높은 것은 교육이 생산성을 높이는 역할을 하는 것이 아니라 처음부터 생산성이 높다는 것을 교육을 통해 보여주는 것이라는 견해를 제시하였다. 즉, 교육이 생산성을 향상시키는 것이 아닌 단지 신호기능을 한다는 것이다.

04절 노동시장의 구조

01
노동력의 동질성을 가정하고 있는 이론은?

20년 1·2회 기출

① 신고전학파이론
② 직무경쟁론
③ 내부노동시장론
④ 이중노동시장론

만점 해설

신고전학파이론
- 임금과 고용의 결정에 있어서 시장의 기능을 중시한 이론으로 경쟁노동시장가설(경쟁시장가설)을 제안한다.
- 단일노동시장구조, 완전경쟁, 완전정보, 노동력의 동질성 및 대체 가능성을 가정하며, 노동시장의 비구조적 특성을 강조한다. 즉, 동일한 지역 내에서 동질의 노동력이 경쟁적인 하나의 시장을 형성하게 된다고 본다.

02
경쟁노동시장 경제모형의 기본 가정과 가장 거리가 먼 것은?

18년 2회 기출

① 내부노동시장은 존재하지 않는다.
② 노동자와 고용주는 완전정보를 갖는다.
③ 노동자는 능력이나 숙련도의 차이가 있다.
④ 노동자 개인이나 개별고용주는 시장임금에 아무런 영향을 행사할 수 없다.

만점 해설

경쟁노동시장 경제모형의 기본 가정
- 노동자 개인이나 개별고용주는 시장임금에 아무런 영향력을 행사할 수 없다.(④)
- 노동시장의 진입과 퇴출이 자유롭다.
- 노사의 단체(단결조직)가 없으며, 정부의 임금규제도 없다.
- 노동자와 고용주는 완전정보를 갖는다.(②)
- 직무의 성격은 모두 동일하며, 임금의 차이만 존재한다.
- 모든 노동자는 동질적(숙련 및 노력에서)이다.(③)
- 모든 직무의 공석은 외부노동시장을 통해서 채워진다.(①)

03
다음 중 경쟁노동시장 경제모형의 기본 가정과 가장 거리가 먼 것은?

18년 3회, 12년 1회 기출

① 노동자와 고용주는 자유로이 시장에 진입하거나 시장을 떠나거나 한다.
② 노동자와 고용주는 완전정보를 갖는다.
③ 사용자의 단결조직은 없고 노동자의 단결조직은 있다.
④ 직무의 성격은 모두 동일하며 임금의 차이만 존재한다.

만점 해설

③ 사용자의 단결조직도, 노동자의 단결조직도 없다.

04
다음 중 경쟁노동시장모형의 가정으로 틀린 것은?

10년 3회, 08년 3회, 05년 3회 기출

① 노동자 개인이나 개별고용주는 시장임금에 아무런 영향력을 행사할 수 없다.
② 노동자의 단결조직과 사용자의 단결조직은 없다.
③ 모든 직무의 공석은 내부노동시장을 통해서 채워진다.
④ 노동자와 고용주는 완전정보를 갖는다.

만점 해설

③ 모든 직무의 공석은 외부노동시장을 통해서 채워진다.

05
노동시장에 관한 신고전학파의 주장이 아닌 것은?

19년 3회, 12년 3회 기출

① 경쟁적 노동시장
② 노동시장의 분단
③ 동일노동 – 동일임금
④ 노동의 자유로운 이동

만점 해설
② 분단노동시장가설은 역사적 관찰과 실증적 연구에 의해 신고전학파의 경쟁노동시장가설을 비판한 제도학파의 노동시장 구조에 관한 이론이다. 노동시장은 하나의 연속적이고 경쟁적인 시장으로 볼 수 없으며, 상당히 다른 속성을 가진 근로자들이 분단된 상태의 노동시장에서 상호 간에 이동이나 교류가 거의 단절된 상태에 있고 임금이나 근로조건에 있어서도 그 차이가 현저하다는 것이다.

06
분단노동시장(Segmented Labor Market) 가설의 출현배경과 가장 거리가 먼 것은?

20년 4회, 16년 3회, 10년 4회 기출

① 능력분포와 소득분포의 상이
② 교육개선에 의한 빈곤퇴치 실패
③ 소수인종에 대한 현실적 차별
④ 동질의 노동에 동일한 임금

만점 해설
④ '동일노동 – 동일임금'은 노동시장에 관한 신고전학파의 주장에 해당한다.

07
다음 중 분단노동시장이론과 가장 거리가 먼 것은?

21년 1회, 03년 1회 기출

① 빈곤퇴치를 위한 정책적인 노력이 쉽게 성공하지 못하고 있다.
② 내부노동시장과 외부노동시장은 현격하게 다른 특성을 갖는다.
③ 근로자는 임금을 중심으로 경쟁하는 것이 아니라 직무를 중심으로 경쟁하기도 한다.
④ 고학력 실업자가 증가하면 단순노무직의 임금도 하락한다.

만점 해설
④ 분단노동시장이론(분단노동시장가설)은 노동시장의 분단을 주장한다. 노동시장은 이중구조를 보일 수 있으며, 양 시장은 상당한 의미에서 서로 독립적이어서 서로 다른 조건하에서 고용과 임금 등이 결정되기에 이른다.

08
노동시장 분석이론 중 분단노동시장이론에 해당하지 않는 것은?

04년 3회 기출

① 비경쟁집단이론
② 직무경쟁이론
③ 내부노동시장이론
④ 인적자본이론

만점 해설
분단노동시장가설의 주요 이론들
- 비경쟁집단이론
- 직무경쟁이론
- 급진파이론
- 이중노동시장이론
- 내부노동시장이론 등

09
다음 중 분단노동시장가설이 암시하는 정책적 시사점과 가장 거리가 먼 것은?
20년 1·2회, 10년 3회, 06년 3회 기출

① 노동시장의 공급측면에 대한 정부개입 또는 지원을 지나치게 강조하는 것에 대해 부정적이다.
② 공공적인 고용기회의 확대나 임금보조, 차별대우 철폐를 주장한다.
③ 외부노동시장의 중요성을 강조한다.
④ 노동의 인간화를 도모하기 위한 의식적인 정책 노력이 필요하다.

만점 해설
③ 분단노동시장가설은 인적자본 투자계획이나 직업탐색에 대한 지원 등과 같은 노동시장의 공급측면에 대한 정부의 개입 또는 지원을 지나치게 강조하는 것에 대해 부정적인 반면, 공공적인 고용기회의 확대나 임금보조, 차별대우 철폐 등을 주장하면서 노동시장의 수요측면에 초점을 둔다. 이는 분단노동시장가설의 이론가들이 내부노동시장의 중요성을 강조한다는 점을 시사한다.

10
다음 중 1차 노동시장의 특성과 가장 거리가 먼 것은?
17년 3회, 09년 2회 기출

① 고용의 안정성
② 승진 기회의 평등
③ 자유로운 직업 간 이동 보장
④ 고임금

만점 해설
1차 노동시장의 특징
• 고임금(④)
• 고용의 안정성(①)
• 승진 및 승급 기회의 평등(공평성)(②)
• 양호한 근로조건
• 합리적인 노무관리 등

11
2차 노동시장의 특징에 해당되는 것은?
22년 2회, 10년 1회, 05년 3회 기출

① 높은 임금
② 높은 안정성
③ 높은 이직률
④ 높은 승진률

만점 해설
2차 노동시장의 특징
• 저임금
• 고용의 불안정성(높은 노동이동)(③)
• 승진 및 승급 기회의 결여
• 열악한 근로조건
• 자의적인 관리감독 등

12
이중노동시장에서 2차 노동시장의 특징으로 가장 적합한 것은?
16년 1회, 07년 3회 기출

① 기업 내부의 승진가능성이 높다.
② 종사자의 결근율이 낮다.
③ 종사자의 고용기간이 짧다.
④ 자신의 인적자본을 높이려는 열의가 강하다.

만점 해설
③ 2차 노동시장은 고용의 불안정성으로 인해 노동이동이 빈번히 발생한다.

13
다음 중 내부노동시장의 특징과 가장 거리가 먼 것은? 20년 3회, 10년 1회 기출

① 제1차 노동자로 구성된다.
② 장기근로자로 구성된다.
③ 승진제도가 중요한 역할을 한다.
④ 고용계약 형태가 다양하다.

만점 해설
④ 외부노동시장의 특징에 해당한다.

14
다음 중 내부노동시장의 특징에 관한 설명으로 옳은 것은? 21년 2회, 11년 1회 기출

① 신규채용이나 복직 그리고 능력 있는 자의 초빙 시에만 외부노동시장과 연결된다.
② 승진이나 직무배치 그리고 임금 등은 외부노동시장과 연계하여 결정된다.
③ 임금은 근로자의 단기적 생산성과 관련된다.
④ 내부와 외부노동시장 간에 임금격차가 없다.

만점 해설
내부노동시장의 일반적인 특징
내부노동시장은 기업특수적 교육훈련과 장기적 고용관계의 결합에 의해 형성된 연공서열형 임금제도와 내부승진제도를 특징으로 한다. 특히 신규채용이나 복직 그리고 능력 있는 자의 초빙 시에만 외부노동시장과 연결된다.

15
내부노동시장에 대한 설명으로 틀린 것은? 18년 2회 기출

① 근로자의 단기적 생산성과 임금이 연관된다.
② 기업비용부담으로 기업차원의 교육훈련이 체계적으로 실시된다.
③ 내부승진이 많다.
④ 장기적 고용관계로 직장안정성이 높다.

만점 해설
① 개별노동자는 정년제에서 일정 기간 동안 한계생산물가치 이하의 임금을 지급받다가 일정한 근속연수에 도달하여 정년퇴임에 이를 때까지 한계생산물가치 이상의 임금을 지급받게 됨으로써 장기근속과 고임금을 특징으로 하는 내부노동시장을 유지하게 된다.

16
다음 중 내부노동시장이 강화될 가능성이 가장 높은 상황은? 14년 1회, 10년 2회 기출

① 고용형태가 다양화되고 있다.
② 구조조정이 급속히 이루어지고 있다.
③ 기업특수적 인적자본의 형성이 중시된다.
④ 급속한 기술변화로 제품의 수명이 단축되고 수요가 안정적이지 않다.

만점 해설
③ 기업의 고유한 숙련은 기록이나 문서로 전수가 불가능하며, 기업 내의 내부노동력에 의해 시간이 흐를수록 축적된다.

17
내부노동시장의 형성요인과 가장 거리가 먼 것은?
22년 2회, 16년 3회, 12년 2회 기출

① 관 습
② 현장훈련
③ 임금수준
④ 숙련의 특수성

만점 해설
내부노동시장의 형성요인
- 숙련의 특수성(기능의 특수성)
- 현장훈련
- 기업 내의 관습(위계적 직무서열)
- 장기근속과 기업의 규모(장기근속 가능성)

18
내부노동시장이 형성되는 요인과 가장 거리가 먼 것은?
18년 1회, 08년 3회, 06년 3회, 03년 1회 기출

① 숙련의 특수성
② 교육수준
③ 현장훈련
④ 관 습

만점 해설
내부노동시장의 형성요인
- 숙련의 특수성(기능의 특수성)
- 현장훈련
- 기업 내의 관습(위계적 직무서열)
- 장기근속과 기업의 규모(장기근속 가능성)

19
기업 내부노동시장의 형성요인과 가장 거리가 먼 것은?
19년 2회, 10년 3회, 09년 2회 기출

① 노동조합의 존재
② 기업 특수적 숙련기능
③ 직장 내 훈련
④ 노동관련 관습

만점 해설
내부노동시장의 형성요인
- 숙련의 특수성(기능의 특수성)
- 현장훈련
- 기업 내의 관습(위계적 직무서열)
- 장기근속과 기업의 규모(장기근속 가능성)

20
내부노동시장의 형성요인이 아닌 것은?
20년 4회, 15년 3회 기출

① 기술변화에 따른 산업구조 변화
② 장기근속 가능성
③ 위계적 직무서열
④ 기능의 특수성

만점 해설
내부노동시장의 형성요인
- 숙련의 특수성(기능의 특수성)
- 현장훈련
- 기업 내의 관습(위계적 직무서열)
- 장기근속과 기업의 규모(장기근속 가능성)

21
다음 중 내부노동시장이 갖는 장점이 아닌 것은?
09년 1회, 05년 1회 기출

① 내부승진이 많다.
② 장기적인 고용관계가 성립한다.
③ 기업의 특수한 인적자원 육성에 유리하다.
④ 임금비용이 경기변화에 유연하게 움직인다.

만점 해설
④ 내부노동시장은 인력의 경직성과 높은 임금비용(노동비용)으로 인해 경기변화에 유연하게 움직이지 못하는 단점이 있다.

정답 17 ③ 18 ② 19 ① 20 ① 21 ④

22
다음 중 자발적 노동이동(Voluntary Mobility)에 따른 순수익의 현재가치(Present Value)를 결정해 주는 요인이 아닌 것은? 11년 1회 기출

① 새로운 직장의 고용규모
② 새로운 직장에서의 예상근속연수
③ 장래의 기대되는 수익과 현 직장에서의 수익의 차를 현재가치로 할인해 주는 할인율
④ 노동이동에 따른 직접비용

만점 해설
자발적 노동이동에 따른 순수익의 현재가치를 결정해 주는 요인
- 구 직장과 신 직장 간의 효용 내지 수익의 차
- 새로운 직장에서의 예상근속연수
- 장래의 기대되는 수익과 현 직장에서의 수익의 차를 현재가치로 할인해 주는 할인율
- 노동이동에 따라 발생하는 직접비용 및 심리적 비용 등

23
근로자의 귀책사유 없이 기업의 가동률 저하로 인하여 근로자가 기업으로부터 떠나는 것으로 미국 등에서 잘 발달되어 있는 제도는? 19년 2회, 15년 1회 기출

① 사직(Quits)
② 해고(Discharges)
③ 이직(Separations)
④ 일시해고(Layoffs)

만점 해설
① 사직(Quits)은 '자진사퇴' 또는 '자진이직'이라고도 하며, 정년퇴직이나 군입대, 동일기업 내 타사업장으로의 배치전환 등의 이유가 아닌 다른 사유로 근로자가 자신의 희망에 따라 스스로의 주도하에 이직하는 경우를 말한다.
② 해고(Discharges)는 회사의 규칙을 위반한 근로자 등을 기업이 정당한 사유에 의해 면직시키는 경우를 말한다.
③ 이직(Separations)은 근로자가 기업에서 떠나는 경우를 포괄적으로 지칭하는 것으로서, 군복무, 정년퇴직, 신체장애, 사망 등 다양한 사유에 의해 이루어진다.

24
내국인들이 취업하기를 기피하는 3D직종에 대해, 외국인력의 수입 또는 불법이민이 국내 내국인 노동시장에 미치는 영향으로 옳은 것은? 21년 1회, 07년 3회 기출

① 임금과 고용이 높아진다.
② 임금과 고용이 낮아진다.
③ 임금은 높아지고 고용은 낮아진다.
④ 임금과 고용의 변화가 없다.

만점 해설
외국인 노동자 유입에 따른 3D직종의 노동시장
- 다음은 외국인 노동자 유입에 따른 노동시장의 양상을 나타낸 것으로, 그래프상에서 L_S^1은 국내노동공급을, L_S^2는 외국인 노동자의 유입(불법이주 외국인 노동자 포함)에 따른 총노동공급을, L_d는 노동수요를 의미한다.

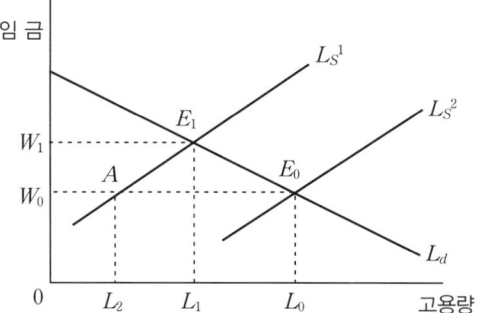

- 만약 3D직종의 노동시장에 $A-E_0$ 만큼 외국인 노동자가 유입된다면, 총노동공급의 증가로 노동공급곡선이 L_S^1에서 L_S^2로 이동하여 임금은 W_0로 하락하고, 고용량은 L_0로 증가한다.
- 외국인 노동자 유입으로 내국인 노동자의 임금이 W_0로 하락함에 따라 내국인 노동자의 노동공급은 OL_2가 된다. 결국 국내 내국인 노동시장은 임금 하락($W_1 \to W_0$), 고용 감소($L_1 \to L_2$) 현상이 나타나게 된다.

25
숙련 노동시장과 비숙련 노동시장이 완전히 단절되어 있다고 할 때 비숙련 외국근로자의 유입에 따라 가장 큰 피해를 입는 집단은?

21년 1회, 09년 2회 기출

① 국내 소비자
② 국내 비숙련공
③ 노동집약적 기업주
④ 기술집약적 기업주

만점 해설

② 단순직 비숙련 외국인 노동자의 유입은 자국의 단순직 비숙련 노동자에게 부정적인 영향을 미친다. 다만, 전문직 숙련 노동자에게는 보완적인 요소로 작용하여 자국의 숙련 노동자의 임금을 상승시킬 수 있다.

02
우리나라 여성의 연령별 경제활동참가율은 남성과 달리 자녀의 출산·육아기에 현저한 차이를 보인다. 이를 잘 설명할 수 있는 형태는?

15년 1회 기출

① U자형
② 역U자형
③ M자형
④ W자형

만점 해설

③ 우리나라 여성의 경제활동참가율은 20대 후반부터 30대에 이르기까지 현저히 함몰되는 M자형 곡선의 형태를 취하고 있다. 이는 여성이 결혼, 출산 및 자녀양육 부담이 집중되는 시기에 경제활동을 포기하게 됨을 의미한다.

05절 우리나라의 노동시장

01
우리나라의 연령별, 성별 고용구조에 대한 설명으로 옳은 것은?

14년 2회 기출

① 우리나라도 산업사회로 진입하면서 출산율이 둔화되고 노동력의 고령화 추세가 나타난다.
② 우리나라 청년층의 경제활동참가율은 선진국보다 높은 편이다.
③ 여성의 경제활동참가율은 연령계층별로 살펴보면 20대 후반과 30대 초반 연령에서 경제활동참가율이 크게 함몰된 M자형 곡선으로 나타난다. 이는 여성의 생애경력의 단절에 기인하므로 선진국에서도 동일하게 나타나는 현상이다.
④ 우리나라 노년층의 경제활동참가율은 사회보장제도가 잘 되어 있는 선진국보다 낮은 편이다.

만점 해설

② 우리나라 청년층의 경제활동참가율은 다른 선진국들에 비해 낮은 편이다.
③ 스웨덴, 독일, 프랑스 등의 선진국들은 역U자형 곡선에 근접한 형태를 취하고 있다.
④ 우리나라 노년층의 경제활동참가율은 다른 선진국들에 비해 높은 편이다.

03
1998~1999년의 경제위기 기간에 나타난 우리 노동시장의 특징과 가장 거리가 먼 것은?

21년 2회, 13년 1회, 03년 3회 기출

① 해고분쟁의 증가
② 외국인 노동자 대량유입
③ 근로자의 평균근속기간 감소
④ 임시직·일용직 고용비중의 증가

만점 해설

② 외국인 노동자 수는 경제위기의 광풍이 휩쓴 1998년 일시적으로 급감했다가, 경제위기의 극복에 대한 낙관적 전망이 불던 1999년 가을 이후 서서히 증가하는 양상을 보였다.

04

1997년 IMF 경제위기 이후 한국의 노동시장에 나타난 변화와 가장 거리가 먼 것은? 12년 2회 기출

① 비정규직 노동의 증가
② 노동조합 조직률의 상승
③ 노동시장 유연화의 진행
④ 대량실업

만점 해설

② IMF 경제위기 이후 대규모 구조조정이 단행되면서 노동조합 조직률이 하락하였다. 참고로 노동운동이 활발히 이루어졌던 1989년 당시 19.8%였던 노동조합 조직률이 1999년에 이르러 11.9%로 급락하였다.

05

노동수요 측면에서 비정규직 증가의 원인과 가장 거리가 먼 것은? 21년 1회, 17년 1회 기출

① 세계화에 따른 기업 간 경쟁 환경의 변화
② 정규직 근로자 해고의 어려움
③ 고학력 취업자의 증가
④ 정규노동자 고용비용의 증가

만점 해설

③ 비정규직의 확대가 고학력 비정규취업자를 증가시키는 것이지, 고학력 취업자의 증가가 비정규직을 증가시키는 직접적인 원인이라 할 수 없다.

CHAPTER 02 임금의 제개념

01절 임금의 이해

01
임금의 법적 성격에 관한 학설의 하나인 노동대가설로 설명할 수 있는 임금은?

20년 1·2회, 15년 1회, 09년 3회 기출

① 직무수당
② 휴업수당
③ 휴직수당
④ 가족수당

만점 해설

노동대가설
- 임금을 근로자가 사용자의 지휘·명령을 받으면서 구체적으로 노동을 제공한 것에 대해 지급되는 대가로 본다.
- 직무수당과 직능급과 같이 노동이 직접적으로 제공되는 임금에 대해 설명이 가능하다.

02
임금 학설에 관한 설명으로 틀린 것은?

16년 3회, 10년 4회 기출

① 임금생존비설은 임금 상승이 노동절약적 기계도입에 따른 기술적 실업의 발생으로 산업예비군을 증가시켜 다시 임금을 생존비 수준으로 저하시킨다는 학설이다.
② 임금기금설은 어느 한 시점에 근로자의 임금으로 지불될 수 있는 부의 총액 또는 기금은 정해져 있고, 이 기금은 시간이 지남에 따라 변화될 수 있다는 학설이다.
③ 임금교섭력설은 고용기회나 노동공급량에 불리한 영향을 미치지 않으면서도 일정한 범위 내에서 임금이 교섭력 강도에 따라 변화할 수 있다는 학설이다.
④ 임금철칙설은 노동자의 임금이 생활비에 귀착되며, 생활비를 중심으로 약간 변동이 있더라도 궁극적으로는 임금이 생활비에 일치된다는 학설이다.

만점 해설

① 노동가치설(노동력재생산비설)의 내용에 해당한다.

03
임금기금설(Wage-fund Theory)에 관한 설명으로 틀린 것은? 18년 3회, 10년 1회 기출

① 임금기금의 규모는 일정하므로 시장임금의 크기는 임금기금을 노동자의 수로 나눈 값이 된다.
② 임금기금설은 노동공급측면의 역할을 중시한 노동의 장기적인 자연가격결정론에 해당된다.
③ 임금기금설은 고임금이 고실업률을 야기한다고 하여 고용이론에 영향을 주었다.
④ 임금기금설에 따라 노동조합의 교섭력을 통한 임금의 인상이 불가능하다는 노동조합 무용론이 제기되었다.

만점 해설

② 노동공급측면의 역할을 중시한 것은 임금생존비설이다. 임금생존비설은 자본주의 사회에서 임금이 장기적으로 근로자의 최저생존비 수준에 머무를 수밖에 없다고 주장하였다. 그러나 상당한 시간이 경과하면서 임금수준이 생존의 최저수준에 머물러 있지 않다는 사실이 인식됨에 따라 학자들의 관심은 노동수요측면으로 전환하게 되었는데, 그 과정에서 임금기금설이 제기되었다.

04
임금-물가 악순환설, 지불능력설, 한계생산력설 등에 영향을 미친 임금결정이론은?
21년 1회, 17년 3회, 13년 1회, 10년 4회, 03년 1회 기출

① 임금생존비설
② 임금철칙설
③ 노동가치설
④ 임금기금설

만점 해설

①·② 임금생존비설은 임금이 노동자 및 그 가족의 생활을 유지할 수 있을 정도의 수준에서 결정된다는 이론이다. 특히 자본주의 사회에서 임금이 장기적으로 근로자의 최저생존비 수준에 머무를 수밖에 없다는 의미에서 임금의 철과 같은 잔혹한 법칙, 즉 '임금철칙설'이라고도 한다.
③ 노동가치설은 노동수요가 자본가의 자본축적과 생산확대에 의해 증가하게 되지만, 자본가는 그로 인해 야기되는 임금 상승과 잉여가치의 감소를 막고자 노동절약적 기계를 도입함으로써 임금 인하를 유발한다는 이론이다.

05
고전학파의 임금론인 임금생존비설과 마르크스의 노동력재생산비설의 유사점은? 19년 3회, 13년 2회 기출

① 노동수요 측면의 역할을 중요시한다는 점
② 임금수준은 노동자와 그 가족의 생활필수품의 가치에 의해 결정된다는 점
③ 맬더스의 인구법칙에 따른 인구의 증감에 의해 임금이 생존비 수준에 수렴한다는 점
④ 임금의 상대적 저하 경향과 자본에 의한 노동의 착취를 설명한다는 점

만점 해설

② 마르크스(Marx)는 임금생존비설과 마찬가지로 실질임금수준이 생존비 수준에 수렴된다는 아이디어를 수용하여 노동력재생산비설(노동가치설)을 제안하였다. 즉, 임금이 노동자와 그 가족의 생활을 유지할 수 있을 정도의 수준에서 결정된다고 본 것이다.

06
임금의 경제적 기능에 대한 설명으로 틀린 것은?
09년 2회 기출

① 임금결정에서 기업주는 동일노동 동일임금을 선호하고 노동자는 동일노동 차등임금을 선호한다.
② 기업주에게는 명목임금이 중요성을 가지나 노동자에게는 실질임금이 중요하다.
③ 기업주에서 본 임금과 노동자 입장에서 본 임금의 성격상 상호배반적인 관계를 갖는다.
④ 임금은 인적자본에 대한 투자수요결정의 변수로서 중요한 역할을 한다.

만점 해설

① 기업주는 노동자들이 담합이나 태업을 하지 않고 경쟁적으로 열심히 일하도록 하기 위해 선천적 또는 후천적 특징을 기준으로 노동자 간 임금의 차이를 두는 관리방안을 선호하는 반면, 노동자는 경쟁을 피하고 단결을 보다 용이하게 하는 '동일노동 동일임금'을 선호하는 경향이 있다.

*참고 : 2020년 4회 시험에서는 지문 ②번을 "기업주에게는 실질임금이 중요성을 가지나 노동자에게는 명목임금이 중요하다"로 제시하였으며, 이를 옳은 내용으로 간주하여 논란이 되었습니다. 그러나 이는 사실상 출제오류로, 이와 관련하여 '김유배 저, 『노동경제학』, 박영사 刊'에서는 관련 내용을 다음과 같이 기술하고 있습니다.

"기업주에게는 임금이 비용으로 간주되기 때문에 화폐임금(명목임금)이 중요한 반면, 노동자에게는 생계의 수단이기 때문에 구매력을 나타내는 실질임금이 중요하게 된다."

07
다음 중 임금수준의 결정원칙이 아닌 것은?

21년 2회, 07년 1회 기출

① 사회적 균형의 원칙
② 생계비 보장의 원칙
③ 소비욕구 반영의 원칙
④ 기업 지불 능력의 원칙

만점 해설

임금수준의 결정원칙

08
임금에 대한 설명으로 틀린 것은?

22년 2회, 07년 1회 기출

① 산업사회에서 사회적 신분의 기준이 되기도 한다.
② 임금수준은 인적자원의 효율적 배분과는 무관하다.
③ 가장 중요한 소득원천 중의 하나이다.
④ 유효수요에 영향을 미쳐 경제의 안정과 성장에 밀접한 관련이 있다.

만점 해설

② 임금수준은 일정 기간 동안 한 기업 내의 모든 종업원에게 지급되는 평균임금을 의미하는 것으로, 기업의 전체적인 임금수준을 결정하는 총액 인건비와 관련된다. 임금수준관리는 적정성의 원칙이 강조되는데, 이는 유능한 인재의 확보 측면은 물론 유능한 인재의 유출 방지 측면에서 중요한 의미를 가진다.

09
임금관리의 주요 구성요소와 가장 거리가 먼 것은?

21년 3회, 17년 1회 기출

① 기본급과 수당 등의 임금체계
② 임금지급 시기
③ 노동생산성 수준에 따른 임금수준
④ 고정급제와 성과급제 등의 임금형태

만점 해설

임금관리의 주요 구성요소

임금수준	일정 기간 동안 한 기업 내의 모든 종업원에게 지급되는 평균임금을 의미하는 것으로, 기업의 전체적인 임금수준을 결정하는 총액 인건비관리와 관련된다.
임금체계	개별 종업원의 임금결정기준을 의미하는 것으로, 전체 임금을 종업원 개개인에게 어떠한 항목으로 어떤 기준에 의해 공정하게 배분하는가의 개별 인건비관리와 관련된다(예 연공급, 직능급, 직무급 등).
임금형태	임금의 계산 및 지불방법과 관련된다(예 시간급제 또는 고정급제, 능률급제 또는 성과급제, 연봉제 등).

10
다음 중 고정적 임금의 구성으로 가장 적합한 것은?

18년 2회 기출

① 기본급+성과급
② 기본급+초과급여+고정적 상여금
③ 기본급+제수당+고정적 상여금
④ 기본급+초과급여+성과급

만점 해설

③ 고정적 임금은 매월 정해진 금액이 지급되는 고정적 · 안정적인 임금으로서 정액급여를 말한다. 기본적으로 기본급과 고정적 제수당(예 가족수당, 직책수당, 정근수당 등)이 포함되며, 전 근로자에게 관례적으로 지급되는 고정적 상여금 또한 고정적 임금으로 간주한다.

11
다음 중 통상임금에 포함되지 않는 것은?

21년 3회 기출

① 기본급
② 직급수당
③ 직무수당
④ 특별급여

만점 해설
④ 통상임금에는 기본급, 직무관련 직책, 직급, 직무수당을 포함하며, 초과급여, 특별급여, 부정기적으로 지급되는 업적수당과 생활보조수당은 통상임금 산정에서 제외된다.

12
우리나라 임금체계에 대한 설명과 가장 거리가 먼 것은?

15년 2회 기출

① 소정근로시간과 관련된 정액급여는 기본급과 제수당으로 나누어진다.
② 통상임금의 산정에서 초과급여, 특별급여, 업적수당, 생활보조수당을 포함한다.
③ 평균임금은 퇴직금, 휴업수당, 산재보상 등의 산출기준임금이며, 고용기간 중에서 근로자가 지급받고 있던 평균적인 임금수준을 말한다.
④ 노동법에서 기준임금이 통상임금과 평균임금으로 이원화되어 있어 기업에서의 임금관리가 어려운 측면이 있다.

만점 해설
② 통상임금에는 기본급, 직무관련 직책, 직급, 직무수당을 포함하며, 초과급여, 특별급여, 부정기적으로 지급되는 업적수당과 생활보조수당은 통상임금 산정에서 제외된다.

13
임금에 대한 설명으로 틀린 것은?

14년 3회, 04년 3회 기출

① 실질임금은 명목임금을 물가수준으로 나눈 것이다.
② 특별급여는 초과급여의 일부분이다.
③ 기본급은 정액급여에 속한다.
④ 월 일정액의 제수당은 정액급여에 포함된다.

만점 해설
② 특별급여에는 상여금, 성과급 등이 포함되며, 이는 시간외·야간·휴일근로에 의한 초과근무수당 등의 초과급여와 구분된다.

14
통상임금과 평균임금에 관한 설명으로 틀린 것은?

21년 2회 기출

① 통상임금에는 기본급, 직무관련 직책, 직급, 직무수당을 포함한다.
② 초과급여, 특별급여 등은 통상임금 산정에서 제외된다.
③ 평균임금은 고용기간 중에서 근로자가 지급받고 있던 평균적인 임금수준을 말한다.
④ 평균임금은 연장근로, 야간근로, 휴일근로 등의 산출 기준 임금이다.

만점 해설
④ 통상임금은 소정근로에 대하여 지급할 것으로 약정되어 있는 임금으로, 연장근로, 야간근로, 휴일근로, 해고예고수당 등의 산출 기준 임금이다.

15
실질임금의 정의로 옳은 것은? 14년 2회, 03년 3회 기출

① 한 가구의 총 임금을 말한다.
② 물가수준을 반영하여 구매력으로 평가한 임금을 말한다.
③ 세금공제 후 노동자가 실제 지급받는 임금을 말한다.
④ 작업시간과 작업의 난이도를 반영한 임금을 말한다.

만점 해설

실질임금(Real Wages)
기준연도와 비교연도 사이에 소비자물가가 상승한 경우 물가 상승의 효과를 제거한 실질적인 임금액 또는 임금의 실질적인 구매력으로 평가한 것이다.

16
실질임금 상승률을 계산하는 데 적합한 방식은?
15년 3회 기출

① 명목임금 상승률 ÷ 노동생산성 상승률
② 명목임금 상승률 ÷ 단위당 노동비용 상승률
③ 명목임금 상승률 ÷ 근로소득세 증가율
④ 명목임금 상승률 ÷ 소비자물가 상승률

만점 해설

실질임금과 실질임금 상승률

- 실질임금 = $\dfrac{명목임금}{소비자물가지수} \times 100$
- 실질임금 상승률 = $\dfrac{명목임금 \ 상승률}{소비자물가 \ 상승률}$

17
다음 표에서 어떤 도시근로자의 실질임금을 구할 경우 ㄱ, ㄴ, ㄷ, ㄹ의 크기를 바르게 나타낸 것은?
19년 3회, 10년 2회 기출

구 분	'09년	'12년	'15년	'18년
도매물가지수	95	100	100	120
소비자물가지수	90	100	115	125
명목임금(만원)	130	140	160	180
실질임금(만원)	ㄱ	ㄴ	ㄷ	ㄹ

① ㄱ > ㄷ > ㄴ > ㄹ
② ㄱ > ㄹ > ㄴ > ㄷ
③ ㄹ > ㄷ > ㄱ > ㄴ
④ ㄹ > ㄴ > ㄷ > ㄱ

만점 해설

실질임금의 산출 공식은 다음과 같다.

$$실질임금 = \dfrac{명목임금}{소비자물가지수} \times 100$$

ㄱ. '09년 실질임금 = $\dfrac{130(만원)}{90} \times 100 ≒ 144.4(만원)$

ㄴ. '12년 실질임금 = $\dfrac{140(만원)}{100} \times 100 ≒ 140.0(만원)$

ㄷ. '15년 실질임금 = $\dfrac{160(만원)}{115} \times 100 ≒ 139.1(만원)$

ㄹ. '18년 실질임금 = $\dfrac{180(만원)}{125} \times 100 ≒ 144.0(만원)$

18
유보임금(Reservation Wage)에 관한 설명으로 옳은 것을 모두 고른 것은?
22년 1회, 18년 2회, 15년 2회, 11년 2회 기출

> ㄱ. 유보임금의 상승은 실업기간을 연장한다.
> ㄴ. 유보임금의 상승은 기대임금을 하락시킨다.
> ㄷ. 유보임금은 기업이 근로자에게 제시한 최고의 임금이다.
> ㄹ. 유보임금은 근로자가 받고자 하는 최저의 임금이다.

① ㄱ, ㄷ
② ㄱ, ㄹ
③ ㄴ, ㄷ
④ ㄴ, ㄹ

만점 해설

유보임금(Reservation Wage)
- '의중임금, 보상요구임금, 희망임금 또는 눈높이임금'이라고도 하며, 노동을 시장에 공급하기 위해 노동자가 요구하는 최소한의 주관적 요구임금 수준을 말한다(ㄷ·ㄹ).
- 유보임금의 상승은 곧 기대임금의 상승으로 이어져서 구직자로 하여금 직장을 구하는 것을 더욱 어렵게 하여 실업기간을 연장시킨다(ㄱ·ㄴ).

19
노동자가 기꺼이 일하려고 하는 최저한의 주관적 요구임금 수준은?
13년 3회 기출

① 의중임금
② 통상임금
③ 최소임금
④ 최저임금

만점 해설

① 의중임금(유보임금)은 노동을 시장에 공급하기 위해 노동자가 요구하는 최소한의 주관적 요구임금 수준을 말한다.

20
보상요구임금(Reservation Wage)에 관한 설명으로 틀린 것은?
09년 2회, 07년 3회 기출

① 노동을 시장에 공급하기 위해 노동자가 요구하는 최소한의 주관적 요구임금 수준이다.
② 의중임금 또는 눈높이임금으로 불린다.
③ 시장에 참가하여 효용극대화를 달성하는 근로자의 의중임금은 실제임금과 일치한다.
④ 전업주부의 의중임금은 실제임금보다 낮다.

만점 해설

④ 일반적으로 전업주부의 의중임금은 실제임금보다 높다. 만약 전업주부의 의중임금이 실제임금보다 낮다면 취업을 위해 노력할 것이다.

02절 임금체계

01
임금체계의 공평성(Equity)에 관한 설명으로 옳은 것은?
20년 3회, 16년 3회 기출

① 승자일체 취득의 원칙을 말한다.
② 최저생활을 보장해 주는 임금원칙을 말한다.
③ 근로자의 공헌도에 비례하여 임금을 지급한다.
④ 연령, 근속년수가 같으면 동일한 임금을 지급한다.

만점 해설

임금체계 결정의 원칙

균등성 (Equality)	투입한 노력 여부에 관계없이 받는 보수가 비교 대상자(동일직급, 유사업무 등) 간에 같아야 공정하다고 본다(→ 생활보장원칙).
공평성 (Equity)	자신이 투입한 노력과 보수의 비율이 자기와 비교 대상이 되는 사람과 동일하면 공정하다고 본다(→ 공헌도 원칙).

02
다음 중 기본급 임금체계의 유형으로 볼 수 없는 것은?
10년 4회, 03년 3회 기출

① 연공급
② 부가급
③ 직능급
④ 직무급

만점 해설
② 부가급은 기준 외 보수로서 기본급을 보완해 주는 부가적 급여를 말하는 것으로, 일반적으로 '수당(手當)'이라고 한다.

03
근로자의 근속연수에 따라 임금을 결정하는 임금체계는?
21년 2회, 13년 3회 기출

① 연공급
② 직무급
③ 직능급
④ 성과급

만점 해설
① 연공급은 주로 근로자에게 지급되는 기본급의 수준이 개인의 근속연수에 의해 결정되는 임금체계이다. 즉, 장기고용과 장기근속을 전제로 근속연수, 학력, 연령, 성별 등 완전한 속인적 요소를 기준으로 개인 간의 임금격차가 결정되는 임금체계이다.
② 직무급은 직무분석과 직무평가를 기초로 하여 직무의 중요성과 난이도 등 직무의 상대적 가치에 따라 개별임금을 결정하는 임금체계이다.
③ 직능급은 근로자의 능력을 직능고과(능력고과)에 의해 평가하고 그 결과에 따라 임금을 결정하는 임금체계이다.
④ 성과급은 기본적으로 종업원의 업적 향상을 보수와 연관시킴으로써 근로의 능률을 자극하려는 능률급제 임금형태에 해당한다.

04
임금체계에 관한 설명으로 틀린 것은?
19년 2회, 12년 3회 기출

① 직능급은 개인의 직무수행능력을 고려하여 임금을 관리하는 체계이다.
② 속인급은 연령, 근속, 학력에 따라 임금을 결정하는 체계이다.
③ 직무급은 직무분석과 직무평가를 기초로 직무의 상대적 가치에 따라 임금을 결정하는 체계이다.
④ 연공급은 근로자의 생산성에 바탕을 둔 임금체계이다.

만점 해설
④ 연공급은 주로 근로자에게 지급되는 기본급의 수준이 개인의 근속연수에 의해 결정되는 임금체계이다.

05
임금체계 중 연령, 근속, 학력, 남녀별 등의 요소에 따라 임금을 결정하는 임금체계는?
05년 3회 기출

① 연공급 임금체계
② 직무급 임금체계
③ 직능급 임금체계
④ 성과급 임금체계

만점 해설
① 연공급은 장기고용과 장기근속을 전제로 근속연수, 학력, 연령, 성별 등 완전한 속인적 요소를 기준으로 개인 간의 임금격차가 결정되는 임금체계이다.

06
속인급 체계에 대한 설명으로 틀린 것은?

15년 3회 기출

① 연령이나 학력, 경력, 근속년수 등을 기준으로 임금의 개인 배분을 결정한다.
② 직무급이 속인급 체계에 해당한다.
③ 근속년수가 늘어갈수록 숙련도가 향상되고 생활비도 많이 필요해진다는 점에서 속인급의 합리성을 확인할 수 있다.
④ 선진산업사회에서는 속인급의 영향력이 낮다.

만점 해설
② 속인급 체계에 해당하는 것은 연공급이다. 반면, 직무급이나 직능급은 업무급 체계에 해당한다.

07
연공급의 특징과 가장 거리가 먼 것은?

22년 2회, 17년 2회, 13년 2회 기출

① 기업에 대한 귀속의식 제고
② 전문기술인력 확보 곤란
③ 근로자에 대한 교육훈련의 효과 제고
④ 인건비 부담의 감소

만점 해설
④ 연공급은 경직적인 임금인상으로 인해 기업의 인건비 부담을 가중시킨다.

08
연공급(Seniority-based Pay)의 장점이 아닌 것은?

17년 1회, 13년 1회 기출

① 정기승급을 실시함에 따라 생활의 안정감과 장래에 대한 기대를 가질 수 있다.
② 위계질서의 확립이 용이하다.
③ 동기부여 효과가 강하다.
④ 근로자에 대한 교육훈련의 효과를 높일 수 있다.

만점 해설
③ 연공급은 직무가치와 업무능력에 따른 유연한 임금조정이 어려우므로 근로의욕 및 동기부여 효과가 미약하다.

09
다음 중 연공임금제도의 장점과 가장 거리가 먼 것은?

18년 1회 기출

① 고용안정을 달성할 수 있다.
② 전문기술인력의 확보가 용이하다.
③ 폐쇄적인 노동시장에서 인력관리가 용이하다.
④ 근로자의 기업에 대한 귀속의식을 고양시킬 수 있다.

만점 해설
② 연공급은 전문기술인력의 확보를 어렵게 한다.

10
임금체계의 유형 중 연공급의 단점에 대한 설명으로 틀린 것은?

16년 2회, 11년 2회, 10년 1회, 08년 3회 기출

① 위계질서의 확립이 어렵다.
② 동기부여 효과가 미약하다.
③ 비합리적인 인건비 지출을 하게 된다.
④ 능력·업무와의 연계성이 미약하다.

만점 해설
① 연공급은 임금이 근속연수, 학력, 연령 등 인적요소 기준에 따라 변화하므로 위계질서의 확립 및 사기 유지에 유리하다.

11
임금체계에 대한 설명으로 틀린 것은?

21년 1회, 16년 1회 기출

① 직무급은 조직의 안정화에 따른 위계질서 확립이 용이하다는 장점이 있다.
② 연공급의 단점 중 하나는 직무성과와 관련 없는 비합리적인 인건비 지출이 생긴다는 점이다.
③ 직능급은 직무수행능력을 기준으로 하여 각 근로자의 임금을 결정하는 임금체계이다.
④ 연공급의 기본적인 구조는 연령, 근속, 학력, 남녀별 요소에 따라 임금을 결정하는 것으로 정기 승급의 축적에 따라 연령별로 필요생계비를 보장해 주는 원리에 기초하고 있다.

만점 해설

① 조직의 안정화에 따른 위계질서 확립이 용이한 것은 연공급의 장점에 해당한다.

12
근로자의 직무수행능력을 기준으로 하여 각 근로자의 임금을 결정하는 임금체계는?

18년 2회, 04년 1회 기출

① 직무급
② 직능급
③ 부가급
④ 성과배분급

만점 해설

직능급(Capability-based Pay)
- 개인의 직무수행능력을 고려하여 임금을 관리하는 능력 중심의 임금체계이다.
- 근로자의 능력을 직능고과(능력고과)에 의해 평가하고 그 결과에 따라 임금을 결정한다.

13
직능급 임금체계의 특징에 관한 설명으로 옳은 것은?

19년 3회, 13년 2회, 10년 3회 기출

① 조직의 안정화에 따른 위계질서 확립이 용이하다.
② 직무에 상응하는 임금을 지급한다.
③ 학력과 직종에 관계없이 능력에 따라 임금을 지급한다.
④ 무사안일주의 및 적당주의를 초래할 수 있다.

만점 해설

③ 직능급은 직무수행능력을 기준으로 하여 각 근로자의 임금을 결정하는 임금체계로서, 동일능력 · 동일임금이라는 능력주의적인 의미를 가진다. 즉, 학력과 직종에 관계없이 능력에 따라 임금을 지급한다.
① · ④ 연공급의 특징에 해당한다.
② 직무급의 특징에 해당한다.

14
다음 중 직능급에 관한 설명으로 틀린 것은?

09년 3회 기출

① 동기부여의 효과가 미약하다.
② 근속에 따른 동일한 직능자격 등급을 부여받을 수 있어 노사공동체 형성에 기여할 수 있다.
③ 직능파악과 평가방법에 어려움이 많다.
④ 제도운용에 미숙할 경우 연공본위가 될 우려가 있다.

만점 해설

① 동기부여의 효과가 미약한 것은 연공급의 단점에 해당한다.

15
직무분석과 직무평가를 기초로 하여 직무의 중요성과 난이도 등 직무의 상대적 가치에 따라 개별임금을 결정하는 것은?
15년 3회, 09년 1회 기출

① 연공급
② 직무급
③ 직능급
④ 기본급

만점 해설

직무급(Job-based Pay)
- 근로자가 담당하는 직무를 객관적으로 분석·평가하여 결정하는 직무중심의 임금체계이다.
- 동일한 직무에 대해 동일한 임금을 지급한다는 '동일직무(동일가치노동)·동일임금'의 원칙을 기준으로 한다.

16
직무급 임금체계에 관한 설명으로 가장 적합한 것은?
22년 2회, 19년 1회, 07년 1회 기출

① 정기승급에 의한 생활안정으로 근로자의 기업에 대한 귀속의식을 고양시킨다.
② 기업풍토, 업무내용 등에서 보수성이 강한 기업에 적합하다.
③ 근로자의 능력을 직능고과의 평가결과에 따라 임금을 결정한다.
④ 노동의 양뿐만 아니라 노동의 질을 동시에 평가하는 임금결정방식이다.

만점 해설

④ 직무급은 직무의 가치와 어떤 직무를 담당하느냐에 따라 임금이 결정되므로 담당직무에 따라 개인의 임금도 달라진다.
①·② 연공급의 특징에 해당한다.
③ 직능급의 특징에 해당한다.

17
직무급을 도입하기 위한 전제조건과 가장 거리가 먼 것은?
16년 1회 기출

① 직무의 표준화와 전문화가 이루어져야 한다.
② 노동조합의 허가가 있어야 한다.
③ 인사·노무관리가 발전되어야 한다.
④ 직종 간 고용의 유동성이 있어야 한다.

만점 해설

② 직무급의 도입을 위해 노동조합의 허가나 동의를 필요로 하는 것은 아니다. 다만, 노사 모두가 직무급을 공평하고 타당한 임금제도로 수용할 수 있는 합리적인 의식을 가지고 있어야 한다.

18
다음 중 직무급 임금체계의 장점이 아닌 것은?
22년 1회, 18년 3회, 12년 2회, 04년 3회 기출

① 개인별 임금격차에 대한 불만 해소
② 연공급에 비해 실시가 용이
③ 인건비의 효율적 관리
④ 능력위주의 인사풍토 조성

만점 해설

② 직무급은 직무의 표준화와 전문화, 직무가치의 객관적인 평가가 선행되어야 하고, 직무중심의 합리적인 채용과 평가제도가 확립되어야 하는 등 그 도입을 위한 전제조건이 있다. 직무급은 사실상 완전한 형태로 실시하기 어려우므로, 수정된 방식이나 혼합된 방식으로 사용한다.

19
다음 중 직무급의 장점과 가장 거리가 먼 것은?
17년 3회, 04년 3회 기출

① 직무에 상응하는 임금지급이 가능하다.
② 직무가치의 객관성 확보가 가능하다.
③ 배치전환이 용이하다.
④ 능력위주의 인사관리가 가능하다.

만점 해설

③ 배치전환이 용이한 것은 연공급의 장점에 해당한다.

20
합리적인 임금체계가 갖추어야 할 기능과 가장 거리가 먼 것은? 20년 3회 기출

① 종업원에 대한 동기유발 기능
② 유능한 인재확보 기능
③ 보상의 공정성 기능
④ 생존권보장 기능

만점 해설
합리적인 임금체계가 갖추어야 할 기능
- 보상의 공정성 기능(③)
- 유능한 인재를 확보하는 기능(②)
- 종업원에 대한 동기유발 기능(①)
- 종업원을 효과적으로 활용하는 기능
- 안정적 기능
- 질서유지 기능 등

03절 임금형태

01
임금형태에 관한 설명 중 잘못된 것은? 14년 2회 기출

① 임금형태는 경영이 안정 지향적이냐 혹은 성과 지향적이냐에 따라 고정급과 성과급으로 구분된다.
② 성과급은 노동능률이나 업적을 지급기준으로 하는 임금제도로 능률급 혹은 업적급이라 한다.
③ 일반적으로 성과급의 도입은 제품의 질을 향상시켜 품질관리에 필요한 비용을 절감시킨다.
④ 성과를 측정하는 도구로서는 생산량, 생산액, 이윤액, 원가절감액 등이 있다.

만점 해설
③ 성과급은 기본적으로 종업원의 업적 향상을 보수와 연관시킴으로써 근로의 능률을 자극하려는 능률급제 임금형태에 해당한다. 이러한 성과급 제도는 근로자의 동기유발은 물론 보상의 형평성을 기할 수 있는 장점이 있다. 그러나 근로자가 임금액을 올리고자 무리하게 노동한 결과 심신의 과로를 가져오기 쉬우며, 작업량에만 치중하여 제품 품질이 조악해지는 단점도 있다.

02
고정급제 임금형태가 아닌 것은? 19년 3회, 16년 3회, 14년 2회 기출

① 시급제
② 연봉제
③ 성과급제
④ 일당제

만점 해설
③ 능률급제 임금형태에 해당한다.

03
다음 중 성과급 제도의 장점에 해당하는 것은?
21년 1회, 20년 4회, 18년 3회, 14년 3회, 12년 3회, 10년 2회, 08년 1회, 05년 3회, 03년 1회 기출

① 직원 간 화합이 용이하다.
② 근로의 능률을 자극할 수 있다.
③ 임금의 계산이 간편하다.
④ 확정적 임금이 보장된다.

만점 해설
① · ③ · ④ 고정급 제도의 장점에 해당한다.

04
성과급 제도를 채택하기 어려운 경우는? 20년 1·2회, 06년 1회 기출

① 근로자의 노력과 생산량과의 관계가 명확한 경우
② 생산원가 중에서 노동비용에 대한 통제가 필요하지 않는 경우
③ 생산물의 질(Quality)이 일정한 경우
④ 생산량이 객관적으로 측정 가능한 경우

만점 해설
성과급 제도의 도입요건
- 생산량(생산단위)이 객관적으로 측정 가능한 경우(④)
- 근로자(작업자)의 노력과 생산량과의 관계가 명확한 경우(①)
- 직무가 표준화되어 있고 작업의 흐름이 정규적인 경우
- 생산물의 질(Quality)이 생산량보다 덜 중요하거나 그 질이 일정한 경우(③)
- 각 작업자에 대한 감독을 철저히 할 수 있는 경우
- 사전에 단위생산비 중 노무비가 결정되어 있는 경우

정답 20 ④ // 01 ③ 02 ③ 03 ② 04 ②

05

다음은 어떤 형태의 능률급인가?

19년 1회, 16년 2회, 13년 1회, 10년 2회 기출

- 1886년 미국의 토웬(Henry R. Towen)이 제창
- 경영활동에 의해 발생한 이익을 그 이익에 관여한 정도에 따라 배분하는 제도
- 기본취지는 작업비용으로 달성된 이익을 노동자에게 환원하자는 것

① 표준시간제　② 이익분배제
③ 할시제　④ 테일러제

만점 해설

② 이익분배제(이윤참가제)는 기업에 이윤이 발생하는 경우 노사의 교섭에 의해 정해진 방식에 따라 이윤을 종업원에게 분배하는 제도이다.
① 표준시간제는 사전에 설정된 과업단위당 시간기준에 따라 시간급을 지급하는 장려금 성격의 시간급제를 말한다.
③ 할시제(할시할증제)는 과거의 경험을 통해 정한 표준작업시간보다 시간을 단축하여 작업을 완수하는 경우 절약된 시간만큼 시간당 일정비율의 임률을 적용하여 임금을 추가로 지급하는 제도이다.
④ 테일러제(테일러식 차별적 성과급제)는 종업원이 표준 성과기준 이상의 과업수행실적을 나타내는 경우 정상적인 임률보다 높은 임률을 적용하는 반면, 그에 미치지 못하는 저조한 과업수행실적을 나타내는 경우 낮은 임률을 적용하여 임금을 지급하는 제도이다.

06

최근 우리나라 기업에서 그 경향이 강화되고 있는 것은?

15년 1회, 07년 1회 기출

① 연봉제　② 종신고용제
③ 연공서열제　④ 호봉제

만점 해설

① 최근 우리나라 기업들은 노동시장의 유연성을 강조하면서 고용조정 및 임금조정이 신속히 이루어질 수 있는 환경을 조성하고자 노력하고 있다. 특히 기존의 연공급이나 직무급에 의해 결정되던 임금구조를 변경하여 개인 또는 집단(팀)의 능력이나 성과에 따른 성과급제나 연봉제를 널리 도입하고 있다.

07

연봉제 성공을 위한 조건과 가장 거리가 먼 것은?

20년 1·2회 기출

① 직무분석　② 인사고과
③ 목표관리제도　④ 품질관리제도

만점 해설

연봉제 성공을 위한 주요 조건
- 직무분석 : 연봉제 도입에 있어서 직무분석이 이를 뒷받침하지 못할 때 직원들로부터 공감대를 얻기 어렵다.
- 인사고과 : 합리적인 연봉 결정을 위해서는 명확한 고과기준이 필요하다. 또한 고과자의 고과 능력 향상과 고과결과의 피드백 등 공정한 인사고과가 요구된다.
- 목표관리제도 : 기업의 경영전략과 직원의 목표가 서로 부합해야 한다. 또한 과제를 설정하고 이를 지속적으로 관리하여 효과적인 목표 달성을 이룰 수 있도록 해야 한다.

08

다음 중 연봉제의 장점과 가장 거리가 먼 것은?

19년 2회 기출

① 능력주의, 성과주의를 실현할 수 있다.
② 과감한 인재기용에 용이하다.
③ 종업원 상호 간의 협조성이 높아진다.
④ 종업원들의 동기를 부여할 수 있다.

만점 해설

③ 연봉제는 종업원 상호 간의 불필요한 경쟁심이나 위화감을 조성하며, 불안감을 증대하는 등의 문제점이 있다.

09

연봉제의 장점과 가장 거리가 먼 것은?

22년 1회, 15년 2회, 11년 3회, 05년 1회 기출

① 전문성의 촉진
② 개인의 능력에 기초한 생산성 향상
③ 구성원 상호 간의 친밀감 증진
④ 임금 관리 용이

만점 해설

③ 연봉제는 종업원 상호 간의 불필요한 경쟁심이나 위화감을 조성하며, 불안감을 증대하는 등의 문제점이 있다.

10
다음 중 연봉제 도입의 장점과 거리가 먼 것은?

10년 2회 기출

① 능력과 실적이 임금과 직결되므로 능력주의, 실적주의로 종업원들에게 동기부여를 주고 근무의 욕을 고취한다.
② 과감한 인재등용이 용이하다.
③ 임금체계와 임금지급구조가 단순화되어 임금관리의 효율성이 높아진다.
④ 경영공동체의 형성을 적극적으로 조장할 수 있다.

만점 해설
④ 경영공동체는 기업의 노사공동체를 일컫는 것으로, 노사 간 협동관계 및 동반자관계를 강조한다. 그러나 연봉제는 종업원 상호 간의 불필요한 경쟁심이나 위화감을 조성하고, 평가결과의 객관성과 공정성에 대한 시비가 제기될 수 있으며, 연봉액이 삭감될 경우 사기가 저하되는 등 조직 내 갈등을 부추길 수 있다.

04절 부가급여와 생산성 임금제

01
노동비용을 현금급여와 부가급여로 구분할 때 일반적으로 부가급여와 가장 거리가 먼 것은?

17년 2회 기출

① 초과급여
② 퇴직금
③ 교육훈련비
④ 사업주가 부담하는 사회보험료

만점 해설
① 초과급여는 경상화폐임금으로서 변동적 임금에 해당한다.

02
사용자의 부가급여 선호 이유가 아닌 것은?

17년 1회 기출

① 절세(節稅)효과
② 근로자 유치
③ 장기근속 유도
④ 퇴직금 부담 감소

만점 해설
사용자가 부가급여를 선호하는 이유
- 정부의 임금규제 강화 시 이를 회피하는 수단으로서, 임금인상 대신 부가급여 수준을 높인다.
- 전반적인 임금통제시기에 양질의 근로자 혹은 사용자가 선호하는 근로자를 채용할 수 있게 한다.(②)
- 근로자의 장기근속을 유도하며, 생산성을 향상시킬 수 있다.(③)
- 임금액의 증가를 부가급여로 대체하여 조세나 보험료의 부담이 감소된다.(①)

03
생산성 임금제를 따를 때 실질생산성 증가율이 5%이고 물가상승률이 2%라고 하면 명목임금의 인상분은?

21년 3회, 17년 1회 기출

① 3%
② 5%
③ 7%
④ 10%

만점 해설
생산성 임금제에서 임금결정 방식
생산성 임금제에서는 명목임금 증가율을 명목생산성 증가율과 연계하여 임금인상을 결정한다. 특히 명목생산성 증가율을 산정할 때 실질생산성 증가율에 가격 증가율(여기서는 물가상승률)을 반영하여야 하므로,

> 명목생산성 증가율
> = 실질생산성 증가율 + 가격 증가율(물가상승률)
> = 5% + 2% = 7%

이와 같이 생산성 임금제에 따라 명목생산성이 7% 증가하였으므로, 명목임금도 7% 인상되어야 한다.

04

생산성 임금제를 따를 때 물가상승률이 3%이고, 실질생산성 증가율이 5%라고 하면 명목임금은 얼마나 인상되어야 하는가? 11년 2회, 09년 3회 기출

① 2% ② 4%
③ 8% ④ 15%

만점 해설

생산성 임금제에서 임금결정 방식
생산성 임금제에서는 명목임금 증가율을 명목생산성 증가율과 연계하여 임금인상을 결정한다. 특히 명목생산성 증가율을 산정할 때 실질생산성 증가율에 가격 증가율(여기서는 물가상승률)을 반영하여야 하므로,

> 명목생산성 증가율
> = 실질생산성 증가율 + 가격 증가율(물가상승률)
> = 5% + 3% = 8%

이와 같이 생산성 임금제에 따라 명목생산성이 8% 증가하였으므로, 명목임금도 8% 인상되어야 한다.

05

생산성 임금제를 따를 때 물가상승률이 3%이고, 실질생산성 증가율이 7%라고 하면 명목임금은 얼마나 인상되어야 하는가? 16년 2회 기출

① 2% ② 4%
③ 10% ④ 15%

만점 해설

생산성 임금제에서 임금결정 방식
생산성 임금제에서는 명목임금 증가율을 명목생산성 증가율과 연계하여 임금인상을 결정한다. 특히 명목생산성 증가율을 산정할 때 실질생산성 증가율에 가격 증가율(여기서는 물가상승률)을 반영하여야 하므로,

> 명목생산성 증가율
> = 실질생산성 증가율 + 가격 증가율(물가상승률)
> = 7% + 3% = 10%

이와 같이 생산성 임금제에 따라 명목생산성이 10% 증가하였으므로, 명목임금도 10% 인상되어야 한다.

06

한국의 임금 패리티(Parity)지수는 100이고 일본의 임금 패리티지수를 80이라 가정할 때의 설명으로 옳은 것은? 17년 1회 기출

① 국민소득을 감안한 한국의 임금수준이 일본보다 높다.
② 한국의 생산성과 삶의 질이 일본보다 낮다.
③ 국민소득을 감안한 한국의 임금수준이 일본보다 낮다.
④ 한국의 생산성과 삶의 질이 일본보다 높다.

만점 해설

임금 패리티(Parity)지수
임금 패리티지수는 국민 총생산(GNP) 수준을 고려하여 한국을 100으로 하였을 때 각국의 임금수준이 한국의 임금수준에서 차지하는 비율을 표시한 것이다.

05절 임금격차

01

노동시장에서의 차별로 인해 발생하는 임금격차에 대한 설명으로 틀린 것은? 20년 1·2회 기출

① 직장 경력의 차이에 따른 인적자본 축적의 차이로는 임금격차를 설명할 수 없다.
② 경쟁적인 시장경제에서는 고용주에 의한 차별이 장기간 지속될 수 없다.
③ 소비자의 차별적인 선호가 있다면 차별적인 임금격차가 지속될 수 있다.
④ 정부가 차별적 임금을 지급하도록 강제하는 경우에는 경쟁시장에서도 임금격차가 지속될 수 있다.

만점 해설

① 교육수준의 차이, 근속연수의 차이, 직장 경력의 차이 등 인적자본 축적의 차이로 임금격차를 설명할 수 있다.

02

시장경제를 채택하고 있는 국가의 노동시장에서 직종별 임금격차가 존재하는 이유와 가장 거리가 먼 것은?   21년 1회, 17년 2회 기출

① 직종 간 정보의 흐름이 원활하기 때문이다.
② 직종에 따라 근로환경의 차이가 존재하기 때문이다.
③ 직종에 따라 노동조합 조직률의 차이가 존재하기 때문이다.
④ 노동자들의 특정 직종에 대한 회피와 선호가 다르기 때문이다.

만점 해설

직종별 임금격차가 존재하는 이유
- 근로환경의 차이(→ 보상적 임금격차)
- 노동조합 조직률의 차이(→ 비경쟁집단의 존재)
- 직종 간 정보흐름의 미흡(→ 과도적 임금격차)
- 노동자의 특정 직종 회피·선호 경향의 차이 등

03

다음 중 직종별 임금격차의 발생원인과 가장 거리가 먼 것은?   19년 1회 기출

① 비경쟁집단
② 보상적 임금격차
③ 과도적 임금격차
④ 직종 간 자유로운 노동이동

만점 해설

④ 직종 간 노동이동의 제한이 옳다. 직종 간 노동이동이 제한될 경우 상이한 직종의 근로자집단 간에는 비경쟁 관계가 형성되며, 그로 인해 직종 간 임금격차가 발생하게 된다.

04

한국 노동시장에서 인력난과 유휴인력이 공존하는 이유로 가장 적합한 것은?   21년 2회 기출

① 근로자의 학력격차의 확대
② 외국인고용허가제 도입
③ 기업규모별 임금격차의 확대
④ 미숙련노동력의 무제한적 공급

만점 해설

인력난과 유휴인력의 공존 문제
- 1차 노동시장에서는 시장균형임금보다 더 높은 임금을 지불하는 대기업들이 많은데, 그와 같은 대기업에 취업을 원하는 노동자의 수가 많아지면서 노동공급이 노동수요를 초과하여 대기실업이 발생하게 되고, 유휴인력이 양산되기에 이른다.
- 2차 노동시장에서는 다수의 노동자들이 1차 노동시장으로 이동하고자 하므로 노동공급 감소로 임금수준을 상승시켜야 하지만, 대체로 중소기업들로 이루어진 2차 노동시장에서는 가급적 저임금으로 많은 노동자들을 고용하여 생산성을 높이고자 하므로 결국 인력난을 경험하게 된다.

05

여성이 특정 직종에 집중되면서 여성노동시장의 경쟁이 격화됨으로써 여성의 임금수준이 저하되는 현상은?   17년 1회, 06년 1회 기출

① 위협효과
② 파급효과
③ 대체효과
④ 혼잡효과

만점 해설

혼잡효과 또는 쇄도효과(Crowding Effect)
보통 사용자들은 여성근로자가 남성근로자에 비해 결근율과 이직률이 높으며, 결혼 및 출산 등으로 인해 노동시장에의 출입이 빈번한 것으로 생각하는 경향이 있다. 이와 같이 여성에 대한 편견으로 인해 여성들은 임금이나 근로조건이 유리한 직종에 고용되는 비율이 매우 낮으며, 주로 여성근로자로 구성되는 일부 저임금 직종에 집중적으로 고용되는 양상을 보인다. 이러한 저임금 직종에의 집중화 현상은 여성근로자들 간의 경쟁을 심화시키는데, 그로 인해 여성의 전반적인 임금 수준이 저하된다.

06
성별 임금격차의 발생원인과 가장 거리가 먼 것은?

19년 3회 기출

① 여성이 저임금 직종에 몰려있어서
② 여성의 학력이 남성보다 낮기 때문에
③ 여성의 직장 내 승진 기회가 남성보다 적어서
④ 여성의 노조가입률이 높아서

만점 해설

성별 임금격차의 발생원인
- 노동생산성의 차이 : 학력·연령·경력 등의 차이
- 남녀 간 차별대우 : 전통적 의식 또는 사회적 편견에 따른 직종차별, 승진차별, 순수한 임금상의 차별 등

07
임금격차의 원인으로서 통계적 차별(Statistical Discrimination)이 일어나는 경우는?

21년 3회, 16년 3회, 14년 2회 기출

① 비숙련 외국인노동자에게 낮은 임금을 설정할 때
② 임금이 개별 노동자의 한계생산성에 근거하여 설정될 때
③ 사용자가 자신의 경험을 기준으로 근로자의 임금을 결정할 때
④ 사용자가 근로자의 생산성에 대해 불완전한 정보를 갖고 있어 평균적인 인식을 근거로 임금을 결정할 때

만점 해설

통계적 차별(Statistical Discrimination)
- 개인의 생산성에 대한 정보를 얻기 위해 그 개인이 속한 집단의 정보를 이용함으로써 나타나는 현상이다. 즉, 사용자가 근로자를 고용할 때 그가 속한 그룹에 대한 통계 정보를 활용할 경우 나타나는 부작용 현상이다.
- 사용자는 근로자의 개인차를 고려하지 않은 채 성별이나 인종, 지역의 특성을 가지고 개인을 판단함으로써 그에 따른 불완전한 정보와 근로자 개인에 대한 이해부족을 토대로 임금을 결정하게 된다. 이는 근로자 간의 임금격차를 유발하는 원인이 된다.

08
임금격차의 원인을 모두 고른 것은?

22년 2회 기출

ㄱ. 인적자본 투자의 차이로 인한 생산성 격차
ㄴ. 보상적 격차
ㄷ. 차 별

① ㄱ, ㄴ
② ㄱ, ㄷ
③ ㄴ, ㄷ
④ ㄱ, ㄴ, ㄷ

만점 해설

ㄱ. 정규교육, 현장훈련 등 근로자에 대한 인적자본의 투자 차이가 근로자 간의 생산적 기여에 차이를 가져오며, 그것이 곧 임금격차로 이어진다.
ㄴ. 노동조건의 차이, 소득안정성의 차이, 직업훈련비용의 차이 등 각종 직업상의 비금전적 불이익을 견딜 수 있도록 하기 위한 임금프리미엄이 임금격차로 이어진다.
ㄷ. 노동시장에서의 노동력에 대한 차별화(Discrimination)가 고용차별 내지 직종차별과 함께 임금차별 등으로 이어진다. 이와 같은 차별화는 성별, 학력, 그 밖의 여러 가지 근로자의 노동특성을 이용해 온 관행이 축적되어 나타난 결과이다.

09
다음 중 임금격차의 발생원인과 가장 거리가 먼 것은?

11년 1회, 09년 3회 기출

① 성차별
② 구직자의 수
③ 노동자의 자질
④ 인적자본 투자의 차이

만점 해설

① 동일한 직종에 종사하는 남성과 여성에 대해 생산성과 관계없이 상이한 임금이 지불됨으로써 임금격차가 발생된다.
③·④ 노동자의 자질, 인적자본 투자의 차이 등 보이지 않는 질적 차이가 생산성 격차를 유발함으로써 임금격차가 발생된다.

10
임금격차의 원인 중 경쟁적 요인이 아닌 것은?
18년 3회, 13년 2회 기출

① 인적자본량
② 보상적 임금격차
③ 노동조합의 효과
④ 기업의 합리적 선택으로서 효율성 임금정책

만점 해설

노동수요 특성별 임금격차의 원인 중 경쟁적 요인
- 인적자본량(①)
- 근로자의 생산성 격차(보이지 않는 질적 차이)
- 보상적 임금격차(②)
- 기업의 합리적 선택으로서 효율성 임금정책(효율임금정책)(④)
- 시장의 단기적 불균형(산업발달의 불균형)

11
노동수요 특성별 임금격차의 원인 중 경쟁적 요인이 아닌 것은?
11년 2회, 09년 1회 기출

① 인적자본량
② 보상적 임금격차
③ 비효율적 연공급제도의 영향
④ 기업의 합리적 선택으로서 효율성 임금정책

만점 해설

노동수요 특성별 임금격차의 원인 중 비경쟁적 요인(경쟁외적 요인)
- 시장지배력 및 독점지대의 배당
- 노동조합의 효과
- 비효율적 연공급제도(③)

12
임금이 하방경직적인 이유와 가장 거리가 먼 것은?
21년 1회, 12년 2회, 06년 3회 기출

① 장기 노동계약
② 물가의 지속적 상승
③ 강력한 노동조합의 존재
④ 노동자의 역선택 발생 가능성

만점 해설

임금이 하방경직적인 이유
- 화폐환상(Money Illusion)
- 장기 노동(근로)계약(①)
- 강력한 노동조합의 존재(③)
- 노동자의 역선택 발생 가능성(④)
- 최저임금제의 시행
- 대기업의 효율성 임금정책에 따른 고임금 지급

13
다음 중 시장균형임금보다 임금수준이 높게 유지되는 경우에 해당되지 않는 것은?
20년 4회, 18년 2회 기출

① 인력의 부족
② 노동조합의 존재
③ 최저임금제의 시행
④ 효율성 임금정책 도입

만점 해설

임금이 하방경직적인 이유
- 화폐환상(Money Illusion)
- 장기 노동(근로)계약
- 강력한 노동조합의 존재(②)
- 노동자의 역선택 발생 가능성
- 최저임금제의 시행(③)
- 대기업의 효율성 임금정책에 따른 고임금 지급(④)

정답 10 ③ 11 ③ 12 ② 13 ①

14
A산업의 평균임금이 B산업보다 높을 경우 그 이유와 가장 거리가 먼 것은?
20년 3회, 13년 3회 기출

① A산업의 노동조합이 B산업보다 약하다.
② A산업 근로자의 생산성이 B산업 근로자보다 높다.
③ A산업 근로자의 숙련도 수준이 B산업 근로자의 숙련도 수준보다 높다.
④ A산업은 최근 급속히 성장하고 있어 노동수요에 노동공급이 충분히 대응하지 못하고 있다.

만점 해설
① 한 사회의 산업 간 노동조합의 존재 유무 또는 노동조합의 힘의 크기에 따라 산업 간 임금격차가 발생한다. 노동조합이 광범위하게 조직되어 있는 산업이나 노동조합의 교섭력이 상대적으로 강한 산업의 경우 그렇지 못한 산업에 비해 높은 임금수준을 나타내 보인다.

15
다음 ( )에 알맞은 것은?
19년 2회, 11년 3회, 07년 3회 기출

> 아담 스미스(A. Smith)는 노동조건의 차이, 소득안정성의 차이, 직업훈련비용의 차이 등 각종 직업상의 비금전적 불이익을 견딜 수 있기에 필요한 정도의 임금프리미엄을 ( )(이)라고 하였다.

① 직종별 임금격차
② 균등화 임금격차
③ 생산성임금
④ 헤도닉임금

만점 해설
균등화 임금격차(Equalizing Wage Differentials)
직업의 임금 외적인 불리한 측면을 상쇄하여 근로자에게 돌아가는 순이익을 다른 직업과 동등하게 해 주어야 한다는 원리로서 '보상적 임금격차(Compensating Wage Differentials)'라고도 한다.

16
임금의 보상격차에 관한 설명으로 틀린 것은?
22년 1회 기출

① 근무조건이 열악한 곳으로 전출되면 임금이 상승한다.
② 성별격차도 일종의 보상격차이다.
③ 물가가 높은 곳에서 근무하면 임금이 상승한다.
④ 더 높은 비용이 소요되는 훈련을 요구하는 직종의 임금이 상대적으로 높다.

만점 해설
② 성별 임금격차는 주로 차별에서 비롯되는 임금격차로, 채용 시 직종차별(Occupational Segregation)과 순수한 임금상의 차별(Wage Discrimination)로 나타난다.

17
보상적 임금격차를 발생시키는 요인이 아닌 것은?
15년 3회, 10년 1회, 08년 3회, 06년 1회 기출

① 작업환경의 쾌적성 여부
② 성별 간의 소득 차이
③ 교육훈련 기회의 차이
④ 고용의 안정성 여부

만점 해설
보상적 임금격차의 발생원인(Smith)
- 고용의 안정성 여부(금전적 위험)(④)
- 작업의 쾌적함 정도(비금전적 차이)(①)
- 교육훈련 비용의 여부(교육훈련의 차이 혹은 교육훈련 기회의 차이)(③)
- 책임의 정도
- 성공 또는 실패의 가능성

18
보상적 임금격차의 발생 원인에 해당되지 않는 것은?
16년 1회 기출

① 비금전적 차이
② 직장탐색비용의 차이
③ 금전적 위험(불안정)
④ 교육훈련의 차이

만점 해설
② 교육훈련 비용의 여부(차이)가 옳다.

19
다음 중 보상임금격차의 예로 가장 적합한 것은?
18년 1회, 09년 3회, 08년 1회, 06년 3회 기출

① 사회적으로 명예로운 직업의 보수가 높다.
② 대기업의 임금이 중소기업의 임금보다 높다.
③ 정규직 근로자의 임금이 일용직 근로자의 임금보다 높다.
④ 상대적으로 열악한 작업환경과 위험한 업무를 수행하는 광부의 임금은 일반 공장 근로자의 임금보다 높다.

만점 해설
④ 3D 직종은 더럽고(Dirty), 위험하며(Dangerous), 까다로운(Difficult) 작업환경을 특징으로 하므로, 다른 직종에 비해 더 높은 임금(→ 보상적 임금)을 제시한다.

20
다음 중 헤도닉 임금이론의 가정으로 틀린 것은?
18년 2회, 13년 1회, 10년 2회 기출

① 직장의 다른 특성은 동일하며 산업재해의 위험도도 동일하다.
② 노동자는 효용을 극대화하며 노동자 간에는 산업안전에 관한 선호의 차이가 존재한다.
③ 기업은 좋은 노동조건을 위해 산업안전에 투자해야 한다.
④ 노동자는 정확한 직업정보를 갖고 있으며 직업 간에 자유롭게 이동할 수 있다.

만점 해설
① 직장의 다른 특성은 모두 동일하나 산업재해의 위험도만은 다르다.

21
효율임금(Efficiency Wage) 가설에 대한 설명으로 옳은 것은?
19년 2회, 08년 3회, 05년 3회 기출

① 기업이 생산의 효율성을 달성하기 위해 적정임금을 책정한다.
② 기업이 시장임금보다 높은 임금을 유지해 노동생산성 증가를 도모한다.
③ 기업이 노동생산성에 맞춰 임금을 책정한다.
④ 기업이 생산비 최소화 원리에 따라 임금을 책정한다.

만점 해설
효율임금이론(Efficiency Wage Theory)
노동자의 생산성을 높이기 위해 시장의 균형임금보다 더 높은 임금을 지불하는 것이 이윤극대화를 추구하는 기업에 더 이익이 된다는 이론이다.

22
효율임금가설에 대한 설명으로 틀린 것은?
20년 4회, 05년 1회 기출

① 효율임금은 생산의 임금탄력성이 1이 되는 점에서 결정된다.
② 효율임금은 전문직과 같이 노동자들의 생산성을 관측하기 어려운 경우 채택될 가능성이 높다.
③ 효율임금은 경쟁임금수준보다 높으므로 개별기업의 이윤극대화를 가져다주는 임금이라 할 수 없다.
④ 효율임금은 임금인상에 따른 한계생산이 임금의 평균생산과 일치하는 점에서 결정된다.

만점 해설
③ 효율임금가설은 노동자의 생산성을 높이기 위해 시장균형임금(경쟁임금)보다 더 높은 임금을 지불하는 것이 이윤극대화를 추구하는 기업에 더 이익이 된다고 주장한다.

23
노동시장에서 존재하는 임금격차에 대한 설명으로 틀린 것은? 07년 3회, 03년 3회 기출

① 노동생산성의 차이, 근로자의 공헌도 차이 등에 의해서 임금격차가 발생하며, 직종 간 노동이동이 자유롭지 못할수록 직종별 임금격차는 크게 발생할 것이다.
② 최근 들어 성별·직종별 임금격차는 점점 축소되는 경향을 보이고 있으며, 대학졸업자들이 양산됨에 따라 학력별 임금격차 역시 축소되는 경향을 보일 것이다.
③ 노동시장에서 노동공급이 노동수요를 초과하는 정도가 클수록 임금격차는 확대될 것이며, 반대일 경우에는 임금격차가 축소될 것이다.
④ 요즘과 같은 대졸자 취업난 시대에도 많은 기업들이 대졸자에게 고임금을 지급하는 이유는 임금격차를 설명하는 효율임금이론과 관련된 것으로서 기업의 이윤극대화 목표와는 무관하다.

만점 해설
④ 효율임금이론은 기업의 이윤극대화 목표와 연관된다.

24
효율임금정책이 높은 생산성을 가져오는 원인에 관한 설명으로 틀린 것은? 21년 3회, 17년 3회, 13년 1회 기출

① 고임금은 노동자의 직장상실비용을 증대시켜서 작업 중에 태만하지 않게 한다.
② 고임금 지불 기업은 그렇지 않은 기업에 비해 신규노동자의 훈련에 많은 비용을 지출한다.
③ 고임금은 노동자의 기업에 대한 충성심과 귀속감을 증대시킨다.
④ 고임금 지불 기업은 신규채용 시 지원노동자의 평균자질이 높아져 보다 양질의 노동자를 고용할 수 있다.

만점 해설
② 고임금은 노동자의 사직을 감소시켜 신규노동자의 채용 및 훈련비용을 감소시킨다.

25
효율임금이론에서 고임금이 고생산성을 가져오는 원인에 관한 설명으로 틀린 것은?
18년 3회, 12년 3회, 10년 3회, 08년 1회, 06년 3회 기출

① 고임금은 노동자의 직장상실비용을 증대시켜 노동자로 하여금 스스로 열심히 일하게 한다.
② 대규모 사업장에서는 통제상실을 사전에 방지하는 차원에서 고임금을 지불하여 노동자가 열심히 일하도록 유도할 수 있다.
③ 고임금은 노동자의 사직을 감소시켜 신규노동자의 채용 및 훈련비용을 감소시킨다.
④ 균형임금을 지불하여 경제 전반적으로 동일노동·동일임금이 달성되도록 한다.

만점 해설
④ 기업의 효율임금정책은 높은 임금의 지급을 통한 노동생산성 향상을 도모하기 위한 것이나, 기업 간 임금격차 및 이중노동시장 형성의 원인이 되기도 한다.

26
이윤극대화를 추구하는 기업이 이직률을 낮추기 위해 효율성 임금(Efficiency Wage)을 지불할 경우 발생할 수 있는 실업은?
19년 3회, 17년 2회, 13년 3회, 11년 2회 기출

① 마찰적 실업
② 구조적 실업
③ 경기적 실업
④ 지역적 실업

만점 해설
② 이윤극대화를 추구하는 기업이 이직률을 낮추기 위해 효율성 임금을 지불할 경우 지역 간 또는 산업 간 노동력 수급의 불균형현상에 의해 야기되는 구조적 실업이 발생할 수 있다.

06절 최저임금제도

01
최저임금제 실시에 따른 효과로 볼 수 있는 것은?
14년 2회 기출

① 고용 증가
② 노동력의 질적 하락
③ 노동조합의 임금삭감 수용
④ 기업 간 공정경쟁 확보 가능성

만점 해설
최저임금제도의 목적(기대효과)
- 소득분배의 개선(산업 간, 직업 간 임금격차 해소, 저임금 노동자의 생활보호)
- 노동력의 질적 향상
- 기업의 근대화 및 산업구조의 고도화 촉진
- 공정경쟁의 확보(④)
- 산업평화의 유지
- 경기 활성화에 기여(유효수요의 창출)
- 복지국가의 실현

02
최저임금제도의 기본목적과 가장 거리가 먼 것은?
11년 3회, 09년 3회 기출

① 소득분배의 개선
② 공정경쟁의 확보
③ 산업평화의 유지
④ 실업의 해소

만점 해설
④ 최저임금제는 일반적으로 고용 감소 및 실업 증가의 부정적인 효과를 가지는 것으로 알려져 있다.

03
최저임금제의 기대효과와 가장 거리가 먼 것은?
17년 2회, 14년 3회 기출

① 산업 간, 직업 간 임금격차 해소
② 경기 활성화에 기여
③ 산업구조의 고도화
④ 청소년 취업촉진

만점 해설
④ 최저임금제는 일반적으로 고용 감소 및 실업 증가의 부정적인 효과를 가지는 것으로 알려져 있다.

04
다음 중 최저임금제도의 기대효과가 아닌 것은?
21년 2회, 13년 2회 기출

① 소득분배 개선
② 기업 간 공정경쟁 유도
③ 고용 확대
④ 산업구조의 고도화

만점 해설
③ 최저임금제는 일반적으로 고용 감소 및 실업 증가의 부정적인 효과를 가지는 것으로 알려져 있다.

05
다음 중 최저임금제 도입의 직접적인 목적과 가장 거리가 먼 것은?
20년 3회, 18년 1회, 13년 1회 기출

① 고용 확대
② 구매력 증대
③ 생계비 보장
④ 경영합리화 유도

만점 해설
① 최저임금제는 일반적으로 고용 감소 및 실업 증가의 부정적인 효과를 가지는 것으로 알려져 있다.

정답 01 ④ 02 ④ 03 ④ 04 ③ 05 ①

06

최저임금제도의 기본취지 및 기대효과와 가장 거리가 먼 것은?   19년 1회, 09년 2회, 04년 1회 기출

① 저임금 노동자의 생활보호
② 산업평화의 유지
③ 유효수요의 억제
④ 산업 간·직업 간 임금격차의 축소

만점 해설
③ 유효수요의 창출이 옳다.

07

다음 중 최저임금제가 노동시장에 미치는 효과로 볼 수 없는 것은?   09년 1회, 07년 1회 기출

① 잉여인력의 발생
② 부가급여의 축소
③ 숙련직의 임금 하락
④ 노동수요량의 감소

만점 해설
최저임금제가 노동시장에 미치는 효과
- 노동공급량이 증가한다.
- 노동수요량이 감소한다.(④)
- 잉여인력, 즉 실업이 발생한다.(①)
- 숙련직의 임금 상승을 유발한다.(③)
- 부가급여의 축소를 유발한다.(②)

08

다음 중 최저임금제가 고용에 미치는 부정적 효과가 가장 큰 상황은?   22년 1회, 19년 2회 기출

① 노동수요곡선과 노동공급곡선이 모두 탄력적일 때
② 노동수요곡선과 노동공급곡선이 모두 비탄력적일 때
③ 노동수요곡선이 탄력적이고 노동공급곡선이 비탄력적일 때
④ 노동수요곡선이 비탄력적이고 노동공급곡선이 탄력적일 때

만점 해설
최저임금제의 부정적 효과

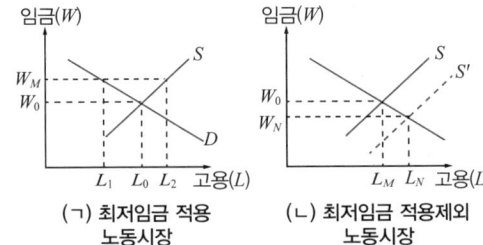

(ㄱ) 최저임금 적용 노동시장   (ㄴ) 최저임금 적용제외 노동시장

- (ㄱ)의 노동시장이 탄력적인 노동수요곡선을 보이는 미숙련노동시장이라고 가정할 때, 정부가 시장에서 결정된 시장임금(W_0)이 지나치게 낮다고 간주하여 최저임금을 적용한다면(W_M), 고용이 유지된 미숙련근로자들은 임금 상승의 혜택을 보는 반면, 일부 미숙련근로자들은 L_0-L_1만큼 일자리를 잃게 된다.
- 노동공급곡선이 탄력적일 때 (ㄱ)의 노동시장에서 축출된 L_0-L_1만큼의 근로자들은 최저임금 적용이 제외되는 보다 열악한 (ㄴ)의 노동시장으로 몰리게 되는데, 그로 인한 파급효과(Spillover Effect)로 임금이 하락(W_0-W_N)하게 된다. 결국 이들 근로자들은 종전의 시장임금보다 더 낮은 임금(W_N)을 받음으로써 노동시장 내에서 차별을 경험하게 된다.

09

최저임금제도와 근로장려세제(EITC ; Earned Income Tax Credit)에 관한 설명으로 틀린 것은?

17년 1회 기출

① EITC는 저소득근로계층을 수혜대상으로 한다.
② EITC는 이론적으로 저생산성 저임금근로자의 실업을 유발하지 않는다.
③ 최저임금제도하에서는 최저임금 이하를 받는 근로자에게 그 혜택이 주어진다.
④ EITC와 최저임금제 실시는 공통적으로 사중손실(Dead Weight Loss) 발생으로 총 경제후생(Economic Surplus)을 축소시킨다.

만점 해설

④ 정부의 인위적인 자원배분에의 개입은 긍정적인 효과와 부정적인 효과를 동시에 가지고 있으므로, 정부의 인위적인 개입에 따라 발생할 수 있는 경제적 비효율로서 사중손실(Dead Weight Loss)에 의한 총 경제후생의 확대 혹은 축소 여부를 일률적으로 단정하기는 어렵다.

10

다음 중 소득재분배 정책과 가장 거리가 먼 것은?

18년 3회, 10년 1회, 05년 1회 기출

① 최저임금제의 실시
② 누진세의 적용
③ 간접세의 강화
④ 고용보험의 실시

만점 해설

③ 직접세는 소득이나 재산이 많은 경우 높은 세율을 적용하고 반대로 저소득계층에 대해서는 낮은 세율을 적용하므로 누진세적 성격이 강하다. 반면, 간접세는 소득이나 재산 상태에 관계없이 재화의 구매자 모두에게 동일한 세율이 부과되므로 역진세적 성격이 강하다. 따라서 소득재분배 목적을 위해서는 직접세 비중이 높을수록 효과적이다.

CHAPTER 03 실업의 제개념

01절 실업에 관한 연구

01
케인즈(Keynes)의 실업이론에 관한 설명으로 틀린 것은?　　　21년 1회, 06년 1회 기출

① 노동의 공급은 실질임금의 함수이며, 노동에 대한 수요는 명목임금의 함수이다.
② 노동자들은 화폐환상을 갖고 있어 명목임금의 하락에 저항하므로 명목임금은 하방경직성을 갖는다.
③ 비자발적 실업의 원인을 유효수요의 부족으로 설명하였다.
④ 실업의 해소방안으로 재정투융자의 확대, 통화량의 증대 등을 주장하였다.

만점 해설
① 케인즈(Keynes)는 신고전학파의 실업이론을 비판하면서, 노동자들은 기업과 달리 실질임금이 아닌 명목임금(화폐임금)에 관심을 가진다고 주장하였다. 즉, 노동의 수요는 실질임금의 함수이지만, 노동의 공급은 명목임금의 함수인 것이다.

02
실업률을 낮추기 위한 대책과 가장 거리가 먼 것은?　　　20년 3회, 16년 1회, 12년 1회 기출

① 직업훈련 기회의 제공
② 재정지출의 축소
③ 금리 인하
④ 법인세 인하

만점 해설
② 케인즈(Keynes)는 국가의 적극적인 개입을 통해 재정지출을 증대하고 금융정책 및 사회재분배정책을 확대하여 경기를 활성화함으로써 실업률을 감소시킬 수 있다고 주장하였다.

03
다음 중 실업률을 낮추기 위한 대책과 가장 거리가 먼 것은?　　　11년 3회 기출

① 적절한 직업훈련 기회의 제공
② 최저임금수준의 상향 조정
③ 정책적 공공사업 실시
④ 구인·구직 정보의 적절한 제공

만점 해설
② 최저임금수준을 상향 조정할 경우 기업은 상대적으로 비싸진 노동서비스의 사용을 줄이고자 할 것이며, 그에 따라 고용이 감소하고 실업이 발생하게 된다.

04
실업률과 물가상승률 간 역의 상관관계를 나타내는 곡선은? 19년 1회, 14년 2회 기출

① 래퍼 곡선
② 필립스 곡선
③ 로렌즈 곡선
④ 테일러 곡선

만점 해설

필립스 곡선(Phillips Curve)
- 영국의 경제학자 필립스(Phillips)가 제시한 것으로, 인플레이션율(물가상승률)과 실업률 간에 역의 상관관계(상충관계)가 있음을 설명한다.
- 정부가 총수요를 증가시키는 경우, 경기부양을 통해 실업률을 단기적으로 줄일 수 있으나 그 결과 물가가 상승함으로써 인플레이션율은 증가하게 된다(→ 그래프상의 A).
- 정부가 총수요를 감소시키는 경우, 물가 안정을 통해 인플레이션율을 단기적으로 줄일 수 있으나 경기침체로 인해 실업률은 증가하게 된다(→ 그래프상의 B).

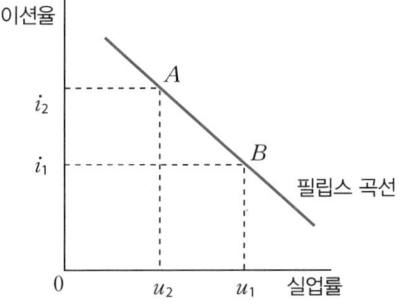

05
필립스(Phillips, A. W) 곡선의 의미는? 15년 1회 기출

① 실업률과 물가상승률 간의 상충관계
② 실업률과 성장률 간의 상충관계
③ 실업률과 인구증가율 간의 상호관계
④ 실업률과 사망률 간의 상호관계

만점 해설

① 필립스 곡선(Phillips Curve)은 인플레이션율(물가상승률)과 실업률 간에 역의 상관관계(상충관계)가 있음을 설명한다.

06
필립스 곡선은 어떤 변수 간의 관계를 설명하는 것인가? 20년 3회, 16년 1회, 09년 3회 기출

① 임금상승률과 노동참여율
② 경제성장률과 실업률
③ 환율과 실업률
④ 임금상승률과 실업률

만점 해설

④ 필립스 곡선(Phillips Curve)은 인플레이션율(물가상승률)과 실업률 간에 역의 상관관계(상충관계)가 있음을 설명한다. 특히 필립스(Phillips)는 임금상승률이 생산성 증가율과 물가상승률을 반영한다고 생각했는데, 따라서 생산성에 큰 변화가 없다면 임금상승률은 곧 물가상승률과 일치한다고 보았다.

07
실업-결원곡선(Beveridge Curve)에 관한 설명으로 틀린 것은? 19년 1회, 14년 2회, 11년 1회 기출

① 종축에는 결원 수, 횡축에는 실업자 수를 표시한다.
② 원점에서 멀어질수록 구조적 실업자 수가 증가함을 의미한다.
③ 마찰적 실업과 구조적 실업을 구분하는 것이 가능하다.
④ 현재의 실업자 수에서 현재의 결원 수를 뺀 것이 수요부족실업자 수이다.

만점 해설

③ 실업-결원곡선(Beveridge Curve)은 실업의 구조와 완전고용실업률에 대해 설명하는 것으로, 이를 통해 수요부족실업과 비수요부족실업(→ 마찰적 실업과 구조적 실업의 합에 해당)을 구분하는 것은 가능하나, 마찰적 실업과 구조적 실업을 세부적으로 구분하는 것은 사실상 어렵다.

08
베버리지 곡선(Beveridge Curve)이 원점에서 멀어질 때 발생하는 실업의 유형은? 14년 1회 기출

① 구조적 실업
② 마찰적 실업
③ 경기적 실업
④ 계절적 실업

만점 해설
베버리지 곡선에서 구조적 실업의 양상
베버리지 곡선은 원점에서 멀어질수록 구조적 실업자 수가 증가하고 있음을 나타내 주며, 이는 동일한 수준의 결원 수에 대해 더 많은 실업자 수가 대응함으로써 노동시장이 구조적으로 악화되어 있음을 보여준다.

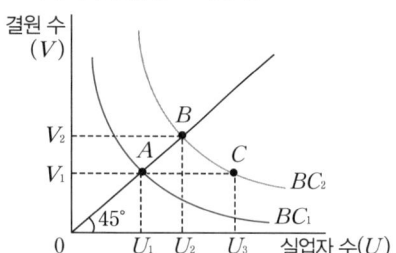

02절 실업의 종류

01
실업에 대한 설명으로 가장 적합한 것은? 15년 2회 기출

① 사이버 뱅킹, 폰 뱅킹과 같은 은행 업무의 변화로 인하여 은행원의 공급과잉이 발생하는 반면, 정보통신(IT)산업의 경우 노동공급 부족이 발생하고 있는 현상은 경기적 실업과 밀접한 관련이 있다.
② 자발적 실업은 노동시장의 정보 부족과 같은 노동시장의 불완전성에 의해 발생하는 것으로서 임금의 경직성과도 매우 밀접한 관련이 있다.
③ 사람들이 더 좋은 직장을 찾기 위하여 잠시 쉬고 있다거나 학교를 졸업하고 직장을 찾는 과정에서 발생하는 실업을 마찰적 실업이라고 하며, 이는 완전고용상태에서도 존재한다.
④ 일반적으로 정부 고용정책의 주된 대상이 되는 비자발적 실업으로는 경기적 실업, 계절적 실업, 구조적 실업, 마찰적 실업 등이 있다.

만점 해설
① 산업구조의 변화에 따른 직종 간·지역 간 노동력부존상태의 불균형은 구조적 실업과 연관된다.
② 임금의 경직성은 비자발적 실업과 연관된다.
④ 마찰적 실업은 자발적 실업에 해당한다.

02

마찰적 실업의 원인에 해당하는 것을 모두 고른 것은?
22년 1회 기출

> ㄱ. 노동자들이 자신에게 가장 잘 맞는 직장을 찾는 데 시간이 걸리기 때문이다.
> ㄴ. 기업이 생산성을 제고하기 위해 시장균형임금보다 높은 수준의 임금을 지불하는 경향이 있기 때문이다.
> ㄷ. 노동조합의 존재로 인해 조합원의 임금이 생산성보다 높게 설정되기 때문이다.

① ㄱ
② ㄴ
③ ㄱ, ㄴ
④ ㄴ, ㄷ

만점 해설

ㄱ. 구직과 구인에는 탐색(Search) 활동이 필요한데, 노동시장에서의 정보는 불완전하기 때문에 노동자들이 한 직장에서 다른 직장으로 옮기는 과정에서 마찰적 실업이 발생하게 된다.

03

노동자가 자신에게 가장 유리한 직장을 찾기 위해서 정보수집활동에 종사하고 있을 동안의 실업상태로 정보의 불완전성에 기인하는 실업은?
21년 3회 기출

① 계절적 실업
② 마찰적 실업
③ 경기적 실업
④ 구조적 실업

만점 해설

마찰적 실업(Frictional Unemployment)
실업과 미충원상태에 있는 공석이 공존하는 경우의 실업, 즉 노동시장의 정보가 불완전하여 구직자와 구인처가 적절히 대응되지 못하기 때문에 발생하는 실업이다.

04

정보의 유통장애와 가장 관련이 높은 실업은?
21년 2회, 17년 3회, 09년 2회 기출

① 마찰적 실업
② 경기적 실업
③ 구조적 실업
④ 잠재적 실업

만점 해설

② 경기적 실업은 경기침체로부터 오는 실업이다.
③ 구조적 실업은 기업이 요구하는 기술수준과 노동자가 공급하는 기술수준의 불합치에 의해 발생한다.
④ 잠재적 실업은 구직의 가능성이 높은 경우 노동시장에 참가하여 최소한 구직활동을 했을 사람이 그와 같은 전망이 없거나 낮다고 판단하여 비경제활동인구화됨으로써 발생한다.

05

다음 중 마찰적 실업에 관한 설명으로 옳은 것은?
20년 3회, 16년 3회, 13년 1회 기출

① 경기침체로부터 오는 실업이다.
② 구인자와 구직자 간의 정보의 불일치로 인해 발생한다.
③ 기업이 요구하는 기술수준과 노동자가 공급하는 기술수준의 불합치에 의해 발생한다.
④ 노동절약적 기술 도입으로 해고가 이루어짐으로써 발생한다.

만점 해설

① 경기적 실업, ③ 구조적 실업, ④ 기술적 실업

06

다음 중 사회적 비용이 상대적으로 가장 적게 유발되는 실업은?
22년 2회, 16년 3회, 13년 1회 기출

① 경기적 실업
② 계절적 실업
③ 마찰적 실업
④ 구조적 실업

만점 해설

③ 마찰적 실업은 거의 대부분 자연적인 실업으로서, 다른 실업의 유형에 비해 사회적 비용이 가장 적게 유발된다.

07

마찰적 실업을 해소하기 위한 가장 효과적인 정책은?
20년 1·2회, 17년 2회, 14년 3회, 09년 1회 기출

① 성과급제를 도입한다.
② 근로자 파견업을 활성화한다.
③ 협력적 노사관계를 구축한다.
④ 구인·구직 정보제공시스템의 효율성을 제고한다.

만점 해설

마찰적 실업을 해소하기 위한 정책
- 구인·구직에 대한 전국적인 전산망 연결
- 구인·구직 정보제공시스템의 효율성 제고(④)
- 직업안내 및 직업상담 등 직업알선기관의 활성화
- 고용실태 및 전망에 대한 자료제공
- 기업의 퇴직예고제
- 구직자 세일즈 등

08

마찰적 실업을 해소하기 위한 정책이 아닌 것은?
21년 1회, 17년 1회, 13년 2회 기출

① 구인 및 구직에 대한 전국적 전산망 연결
② 직업안내와 직업상담 등 직업알선기관에 의한 효과적인 알선
③ 고용실태 및 전망에 관한 자료제공
④ 노동자의 전직과 관련된 재훈련 실시

만점 해설

④ 구조적 실업을 해소하기 위한 정책에 해당한다.

09

정부가 노동시장에서 구인·구직 정보의 흐름을 원활하게 하면 직접적으로 줄어드는 실업의 유형은?
19년 3회, 15년 3회 기출

① 마찰적 실업
② 경기적 실업
③ 구조적 실업
④ 계절적 실업

만점 해설

① 마찰적 실업은 구인·구직에 대한 전국적인 전산망 연결, 구인·구직 정보제공시스템의 효율성 제고, 직업알선기관의 활성화 등 구인·구직 정보의 흐름을 원활히 함으로써 해소될 수 있다.

10

노동력의 10%가 매년 구직활동을 하고 구직에 평균 3개월이 소요되는 경우 연간 몇 %의 실업률이 나타나게 되는가?
20년 1·2회, 16년 1회 기출

① 2.5%
② 2.7%
③ 3.0%
④ 3.3%

만점 해설

직업탐색기간에 따른 마찰적 실업률
노동력의 10%가 매년 구직활동을 하고 구직에 평균 3개월이 소요된다고 가정할 때, 일 년 중 후반기의 마지막 3개월에 해당하는 시점부터 구직활동을 시작하는 사람의 경우 그 다음 해에 취업을 한 것으로 간주될 것이다. 그로 인해 연간 실업률은 마지막 3개월의 기간 동안 구직활동을 시작한 사람에 한해 통계가 이루어지며, 이를 일 년 평균으로 계산하면 다음과 같다.

연간실업률(%) = $\frac{3개월}{12개월} \times 10(\%) = 2.5(\%)$ ∴ 2.5%

11

전체 근로자의 20%가 매년 새로운 일자리를 찾고 있으며 직업탐색기간이 평균 3개월이라면 마찰적 실업률은?
19년 3회, 15년 3회, 13년 1회 기출

① 1%
② 5%
③ 6%
④ 10%

만점 해설

직업탐색기간에 따른 마찰적 실업률
전체 근로자의 20%가 매년 새로운 일자리를 찾고 있고 직업탐색에 평균 3개월이 소요된다고 가정할 때, 일 년 중 후반기의 마지막 3개월에 해당하는 시점부터 구직활동을 시작하는 사람의 경우 그 다음 해에 취업을 한 것으로 간주될 것이다. 그로 인해 연간 실업률은 마지막 3개월의 기간 동안 구직활동을 시작한 사람에 한해 통계가 이루어지며, 이를 일 년 평균으로 계산하면 다음과 같다.

연간실업률(%) = $\frac{3개월}{12개월} \times 20(\%) = 5(\%)$ ∴ 5%

12
다음 중 직업탐색이론과 가장 관련이 없는 것은?
09년 2회 기출

① 요구임금
② 기회비용
③ 구조적 실업
④ 불완전한 노동시장정보

만점 해설
③ 직업탐색이론은 마찰적 실업 혹은 탐색적 실업과 관련이 있다.

*참고 : 보통 마찰적 실업과 탐색적 실업을 동일한 것으로 간주하는 경향이 있으나, 이 둘은 엄밀한 의미에서 차이가 있습니다. 마찰적 실업은 일시적으로 직장을 옮기는 과정에서 발생하는 실업상태를, 탐색적 실업은 보다 나은 일자리를 탐색하는 과정에서 발생하는 실업상태를 의미합니다.

13
산업구조 변동 시 성장산업의 기업들이 요구하는 기술과 사양산업에 종사하던 노동자들이 제공하는 기술이 서로 맞지 않아서 사양산업에 종사하던 노동자들이 성장산업으로 즉시 이동할 수 없어 발생하는 실업은?
18년 3회, 13년 3회, 04년 3회 기출

① 마찰적 실업
② 구조적 실업
③ 경기적 실업
④ 직업탐색적 실업

만점 해설
구조적 실업(Structural Unemployment)
자동화나 새로운 산업의 등장 등 경제구조 자체의 변화로 인해 새로운 산업이 요구하는 기술이 부족하여 발생하거나, 지역 간 또는 산업 간 노동력 수급의 불균형현상으로 인해 발생하는 실업이다.

14
디지털 카메라의 등장으로 기존의 필름산업이 쇠퇴하여 필름산업 종사자들이 일자리를 잃을 때 발생하는 실업은?
18년 2회 기출

① 구조적 실업
② 계절적 실업
③ 경기적 실업
④ 마찰적 실업

만점 해설
① 성장산업에서는 노동에 대한 초과수요로 인해 노동력 부족현상이 나타나는 반면, 사양산업에서는 노동에 대한 초과공급으로 인해 노동력 과잉현상이 나타날 때 구조적 실업이 발생한다.

15
구인처에서 요구하는 기술을 갖춘 근로자가 없어서 발생하는 실업은?
22년 1회, 17년 2회, 12년 1회 기출

① 구조적 실업
② 잠재적 실업
③ 마찰적 실업
④ 자발적 실업

만점 해설
① 구조적 실업은 구인처 또는 미충원공석에서 요구하는 자격을 갖춘 근로자가 없거나 혹은 해당 지역 내에 없는 경우에 발생한다.

16
구조적 실업에 대한 설명으로 틀린 것은?
20년 1·2회, 13년 2회, 11년 1회 기출

① 노동시장에 대한 정보 부족에 기인한다.
② 구인처에서 요구하는 자격을 갖춘 근로자가 없는 경우에 발생한다.
③ 산업구조 변화에 노동력 공급이 적절히 대응하지 못해서 발생한다.
④ 적절한 직업훈련 기회를 제공하는 것이 구조적 실업을 완화하는 데 중요하다.

만점 해설
① 신규 또는 전직자가 노동시장에 진입하는 과정에서 직업정보의 부족으로 인해 일시적으로 발생하는 것은 마찰적 실업에 해당한다.

17
다음 현상을 설명하는 실업의 종류와 대책을 연결한 것으로 옳은 것은? 16년 2회 기출

> 성장산업에서는 노동에 대한 초과수요로 인하여 노동력의 부족현상이 야기되고 사양산업에서는 노동에 대한 초과공급으로 인하여 노동력의 과잉현상이 야기되고 있다.

① 마찰적 실업 - 구인, 구직 정보망 확충
② 경기적 실업 - 유효수요의 증대
③ 구조적 실업 - 인력정책
④ 기술적 실업 - 기술혁신

만점 해설
③ 구조적 실업은 경제구조 자체의 변화 또는 지역(산업) 간 노동력 수급의 불균형현상에 의해 발생하므로, 산업구조 변화예측에 따른 인력수급정책, 노동자의 전직과 관련된 재훈련, 지역이주금 보조 등을 통해 해소될 수 있다.

18
직업훈련의 강화에 따른 효과로 가장 거리가 먼 것은? 21년 1회, 07년 3회, 04년 1회 기출

① 인력부족 직종의 구인난을 완화시킬 수 있다.
② 재직근로자의 직무능력을 높일 수 있다.
③ 산업구조의 변화에 대응할 수 있다.
④ 마찰적인 실업을 줄일 수 있다.

만점 해설
④ 노동자의 전직과 관련된 직업훈련의 강화로 구조적 실업을 줄일 수 있다.

19
다음 중 구조적 실업에 대한 대책과 가장 거리가 먼 것은? 20년 4회, 16년 3회, 12년 2회, 10년 2회, 04년 1회 기출

① 경기활성화
② 직업전환교육
③ 이주에 대한 보조금
④ 산업구조 변화예측에 따른 인력수급정책

만점 해설
① 경기활성화를 비롯하여 총수요 증대(유효수요의 확대), 고용창출사업 확대 등은 경기적 실업에 대한 대책에 해당한다.

20
해고에 대한 사전 예고와 통보가 실업을 감소시킬 수 있는 실업의 유형을 모두 고른 것은? 18년 1회, 15년 2회, 11년 3회 기출

> ㄱ. 마찰적 실업
> ㄴ. 구조적 실업
> ㄷ. 경기적 실업

① ㄱ, ㄴ
② ㄱ, ㄷ
③ ㄴ, ㄷ
④ ㄱ, ㄴ, ㄷ

만점 해설
ㄱ. 해고에 대한 사전 예고와 통보가 구직자와 구인을 원하는 사용자 간에 보다 정확한 정보를 얻고자 하는 탐색의 과정으로 이어지면서 실업은 감소될 수 있다.
ㄴ. 해고에 대한 사전 예고와 통보가 구직자로 하여금 교육훈련프로그램이나 직업전환훈련프로그램 등에 참여하도록 하며, 인접지역은 물론 타 지역에 대한 일자리탐색을 할 수 있는 기회를 제공함으로써 실업은 감소될 수 있다.

21
다음 중 수요부족실업에 해당되는 것은?

21년 1회, 18년 3회, 14년 2회, 11년 2회 기출

① 마찰적 실업
② 구조적 실업
③ 계절적 실업
④ 경기적 실업

만점 해설

④ 경기적 실업은 불경기 시에 생산물시장에서의 총수요 감소가 노동시장에서 노동의 총수요 감소로 이어지면서 발생하는 수요부족실업에 해당한다.

22
다음 중 비수요부족실업이 아닌 것은? 17년 3회 기출

① 마찰적 실업
② 경기적 실업
③ 구조적 실업
④ 계절적 실업

만점 해설

①·③·④ 비수요부족실업에 해당한다.

23
실업을 수요부족실업과 비수요부족실업으로 구분할 때 비수요부족실업을 모두 고른 것은? 19년 2회 기출

```
ㄱ. 경기적 실업
ㄴ. 마찰적 실업
ㄷ. 구조적 실업
ㄹ. 계절적 실업
```

① ㄱ
② ㄴ, ㄷ
③ ㄱ, ㄴ, ㄹ
④ ㄴ, ㄷ, ㄹ

만점 해설

ㄱ. 경기적 실업은 수요부족실업에 해당한다.

24
실업에 관한 설명으로 틀린 것은? 21년 3회 기출

① 실업급여의 확대는 탐색적 실업을 증가시킬 수 있다.
② 경기변동 때문에 발생하는 실업은 경기적 실업이다.
③ 구직단념자는 비경제활동인구로 분류된다.
④ 비수요부족실업은 경기적 실업을 의미한다.

만점 해설

④ 경기적 실업은 수요부족실업에 해당한다.

25
경기적 실업에 대한 대책으로 가장 적합한 것은?

22년 1회, 18년 1회 기출

① 지역 간 이동 촉진
② 총수요의 증대
③ 퇴직자 취업알선
④ 구인·구직에 대한 전산망 확대

만점 해설

② 경기불황기에는 경제 전반에 걸쳐 총수요 부족현상이 나타나며, 그로 인해 기업은 생산량을 감축하고 근로자를 해고하게 된다. 이와 같이 총수요의 부족에 따른 수요부족실업의 단기적 현상을 '경기적 실업'이라고 한다. 케인즈(Keynes)는 국가의 적극적인 개입을 통해 재정지출을 증대하고 금융정책 및 사회재분배정책을 확대하여 경기를 활성화함으로써 실업률을 감소시킬 수 있다고 주장하였다.

정답 21 ④ 22 ② 23 ④ 24 ④ 25 ②

26

마르크스(K. Marx)에 의하면 기술진보로 인하여 상대적 과잉인구가 발생하게 되는데 이를 무슨 실업이라 하는가?
20년 4회, 17년 1회 기출

① 마찰적 실업
② 구조적 실업
③ 기술적 실업
④ 경기적 실업

만점 해설

기술적 실업(Technological Unemployment)
기술혁신과 노동절약적 신기술의 도입, 자본집약적 생산방법의 채용 등이 노동의 총수요 감소로 이어지면서 발생하는 실업이다. 이러한 실업은 노동인구의 일부를 상대적인 과잉상태에 이르게 하는데, 마르크스는 이들을 '산업예비군'이라고 불렀다.

27

다음 중 자본의 유기적 구성도의 고도화에 의하여 창출되는 K. Marx의 상대적 과잉인구에 해당되는 실업은?
09년 3회 기출

① 마찰적 실업
② 구조적 실업
③ 기술적 실업
④ 경제적 실업

만점 해설

자본의 유기적 구성도와 기술적 실업
- 마르크스(Marx)는 투자자본(K)을 생산과정에서 그 가치의 크기가 변하지 않는 불변자본(Constant Capital), 반대로 그 가치의 크기가 변하는 가변자본(Variable Capital)으로 나누었으며, 기계설비 및 원자재와 같은 생산수단을 불변자본으로, 인간의 노동을 가변자본으로 분류하였다.
- 자본의 유기적 구성도는 '불변자본(C)/{불변자본(C)+가변자본(V)}'으로 나타내는데, 만약 임금 상승으로 노동이 기계로 대체될 경우 'C'는 커지고 'V'는 작아지므로 자본의 유기적 구성도는 '1'을 향해 증가하게 된다.

28

잠재적 실업에 관한 설명으로 가장 거리가 먼 것은?
17년 3회, 06년 3회 기출

① 노동의 한계생산물이 거의 0에 가까운 실업을 말한다.
② 표면적으로 취업상태에 있지만 실질적으로 실업상태에 있는 농촌의 과잉인구 등이 해당된다.
③ 구직의 가능성이 높았더라면 노동시장에 참가하여 적어도 구직활동을 했을 사람이 그와 같은 전망이 없거나 낮다고 판단하여 비경제활동인구화되어 있는 경우를 말한다.
④ 불법체류 외국인 취업에 따른 실업이 해당된다.

만점 해설

잠재적 실업(Disguised Unemployment)*
표면적으로 취업상태에 있으나 실질적으로는 실업상태와 마찬가지인 경우이다. 노동의 한계생산력이 거의 '0'에 가까운 인력으로서, 통계청의 경제활동인구조사에서 실업으로 기록되지 않는 것이 보통이다.

> *참고 : 잠재적 실업은 "Disguised Unemployment", "Hidden Unemployment", "Latent Unemployment", "Potential Unemployment" 등을 포괄적으로 지칭합니다.

03절 실업의 계측 및 대책

01
경제활동인구조사에서 취업자로 분류되는 사람은?

20년 4회, 12년 1회 기출

① 명예퇴직을 하여 연금을 받고 있는 전직 공무원
② 하루 3시간씩 구직활동을 하고 있는 전직 은행원
③ 하루 1시간씩 학교 부근 식당에서 아르바이트를 하고 있는 대학생
④ 하루 2시간씩 남편의 상점에서 무급으로 일하는 기혼여성

만점 해설

취업자의 분류(출처 : 2024 경제활동인구조사 지침서)
- 조사대상기간에 수입을 목적으로 1시간 이상 일한 자(③)
- 동일가구 내 가구원이 운영하는 농장이나 사업체의 수입을 위하여 주당 18시간 이상 일한 무급가족종사자
- 직업 또는 사업체를 가지고 있으나 일시적인 병 또는 사고, 연가, 교육, 노사분규 등의 사유로 일하지 못한 일시휴직자

02
우리나라에서는 통계청에서 매달 실시하는 경제활동인구조사를 통해 고용통계를 작성하고 있다. 올해 봄에 막내를 초등학교에 입학시킨 주부 A씨는 조사대상이 되는 4주일의 기간 중 동네의 할인매장에서 단 이틀 동안 하루 두 시간씩 급여를 받고 근무한 후 그 일을 그만 둔 것으로 조사되었다. A씨는 다음 중 어디에 해당하는 것으로 분류되는가?

13년 3회 기출

① 취업자
② 실업자
③ 비경제활동인구
④ 위의 어느 것에도 해당되지 않음

만점 해설

① 조사대상기간에 수입을 목적으로 1시간 이상 일한 자는 취업자로 분류된다.

03
비경제활동인구에 포함되지 않는 사람은?

14년 3회, 09년 3회 기출

① 일기불순이나 노동재해 등의 이유로 인한 일시 휴직자
② 가사를 돌보는 가정주부
③ 초·중·고등학교에 재학 중인 학생
④ 심신장애자

만점 해설

① 직업 또는 사업체를 가지고 있으나 일시적인 병 또는 사고, 연가, 교육, 노사분규 등의 사유로 일하지 못한 일시휴직자는 취업자로 간주되어 경제활동인구에 포함된다.

*참고 : 만약 복귀가 불투명하여 장기(6개월 초과) 휴직을 하는 무급휴직자라면 실업자 또는 비경제활동인구로 분류합니다.

04
실업조사 등에 관한 설명으로 옳은 것은?

21년 3회 기출

① 경제가 완전고용 상태일 때 실업률은 0이다.
② 실업률은 실업자 수를 생산가능인구로 나눈 것이다.
③ 일기불순 등의 이유로 일하지 않고 있는 일시적 휴직자는 실업자로 본다.
④ 실업률 조사대상주간에 수입을 목적으로 1시간 이상 일한 경우 취업자로 분류된다.

만점 해설

① 완전고용 상태에서도 마찰적 실업과 같은 자발적 실업은 존재할 수 있다.
② 실업률은 실업자 수를 경제활동인구 수로 나눈 비율이다.
③ 직업 또는 사업체를 가지고 있으나 일시적인 병 또는 사고, 연가, 교육, 노사분규 등의 사유로 일하지 못한 일시휴직자는 원칙적으로 취업자로 본다.

05
노동시장과 실업에 관한 설명으로 틀린 것은?

20년 4회, 08년 3회 기출

① 최저임금제는 비숙련 노동자에게 해당된다.
② 해고자, 취업대기자, 구직포기자는 실업자에 포함된다.
③ 효율성임금은 노동자의 이직을 막기 위해 시장 균형임금보다 높다.
④ 최저임금, 노동조합 또는 직업탐색 등이 실업의 원인에 포함된다.

만점 해설
② 해고자, 취업대기자, 구직포기자(구직단념자)는 노동시장에 참가하여 취업을 하거나 적극적인 구직활동을 개시하지 않는 한 비경제활동인구로 분류된다.

*참고: 경제활동인구와 비경제활동인구의 구분을 위한 경제활동상태 판단기준은 각 국가마다 차이가 있습니다. 예를 들어, 일본에서는 취업대기자를 경제활동인구로서 실업자로 간주하지만, 우리나라에서는 미취업자로 간주하여 1개월 이내에 새로운 직장에 들어갈 것이 확실한 사람은 실업자로, 그렇지 않은 사람은 비경제활동인구로 분류하고 있습니다.

06
일부 사람들이 실업급여를 계속 받기 위해 채용될 가능성이 매우 낮은 곳에서만 일자리를 탐색하며 실업상태를 유지하고 있다. 다음 중 이러한 사람들이 실업자가 아니라 일할 의사가 없다는 이유로 비경제활동인구로 분류될 때 나타나는 현상으로 옳은 것은?

22년 2회 기출

① 실업률과 경제활동참가율 모두 높아진다.
② 실업률과 경제활동참가율 모두 낮아진다.
③ 실업률은 낮아지는 반면, 경제활동참가율은 높아진다.
④ 실업률은 높아지는 반면, 경제활동참가율은 낮아진다.

만점 해설
실업률과 경제활동참가율의 변화 양상
• 취업자가 비경제활동인구로 전환되면 취업자 수의 감소로 실업률은 높아지는 반면, 경제활동참가율은 낮아진다.
• 실업자가 비경제활동인구로 전환되면 실업자 수의 감소로 실업률과 경제활동참가율 모두 낮아진다.(②)
• 비경제활동인구가 취업자로 전환되면 취업자 수의 증가로 실업률은 낮아지는 반면, 경제활동참가율은 높아진다.
• 비경제활동인구가 실업자로 전환되면 실업자 수의 증가로 실업률과 경제활동참가율 모두 높아진다.

07
실업률을 하락시키는 변화로 옳은 것을 모두 고른 것은? (단, 취업자 수 및 실업자 수는 0보다 크다)

18년 2회 기출

> ㄱ. 취업자가 비경제활동인구로 전환
> ㄴ. 실업자가 비경제활동인구로 전환
> ㄷ. 비경제활동인구가 취업자로 전환
> ㄹ. 비경제활동인구가 실업자로 전환

① ㄱ, ㄴ   ② ㄱ, ㄹ
③ ㄴ, ㄷ   ④ ㄷ, ㄹ

만점 해설
ㄱ. 취업자가 비경제활동인구로 전환될 경우 취업자 수의 감소로 인해 실업률은 상승한다.
ㄹ. 비경제활동인구가 실업자로 전환될 경우 실업자 수의 증가로 인해 실업률은 상승한다.

08
다음 중 실망노동력인구(Discouraged Labor Force)는 어디에 해당하는가?

19년 3회, 15년 1회 기출

① 취업자   ② 실업자
③ 경제활동인구   ④ 비경제활동인구

만점 해설
④ 실망노동력인구는 구직활동이 무익하다고 판단하여 현재 구직활동을 하지 않는 사람들로서 구직단념자를 의미한다. 이와 같은 구직단념자는 통상 비경제활동인구로 분류된다.

09

경기침체로 실업자가 직장을 구하는 것이 더욱 어렵게 되어 구직활동을 단념함으로써 비경제활동인구가 늘어나고 경제활동인구가 감소하는 것은?

21년 2회, 14년 1회 기출

① 실망노동자효과
② 부가노동자효과
③ 대기실업효과
④ 추가실업효과

만점 해설

실망노동자효과(Discouraged Worker Effect)
경기침체 시 구인자의 수보다 구직자의 수가 많으므로 상당 수가 취업의 기회를 얻지 못하고 실망한 결과 경제활동가능 인력이 구직활동을 단념함으로써 비경제활동인구로 전락하는 것을 말한다. 이 경우 실업자의 수는 비경제활동인구화된 실망실업자를 포함하지 않으므로 실제로 과소평가되어 있다.

10

경기침체 시 일자리를 찾게 될 확률이 낮아져 구직을 포기하는 사람들이 늘어나 경제활동인구를 감소시키는 효과는?

18년 1회, 15년 3회 기출

① 실망노동자효과(Discouraged Worker Effect)
② 부가노동자효과(Added Worker Effect)
③ 대체효과(Substitution Effect)
④ 대기실업효과(Wait-unemployment Effect)

만점 해설

실망노동자효과(Discouraged Worker Effect)
경기침체 시 구인자의 수보다 구직자의 수가 많으므로 상당 수가 취업의 기회를 얻지 못하고 실망한 결과 경제활동가능 인력이 구직활동을 단념함으로써 비경제활동인구로 전락하는 것을 말한다. 이 경우 실업자의 수는 비경제활동인구화된 실망실업자를 포함하지 않으므로 실제로 과소평가되어 있다.

11

다음 중 경기침체 시 실업률이 높아질 때 경제활동인구가 감소되는 효과는?

18년 3회, 12년 3회 기출

① 대체효과(Substitution Effect)
② 부가노동자효과(Added Worker Effect)
③ 대기실업효과(Wait-unemployment Effect)
④ 실망노동자효과(Discouraged Worker Effect)

만점 해설

① 대체효과는 임금이 상승함에 따라 사용자들이 노동보다는 자본에 의존하는 기술을 채택함으로써 노동에 소요되는 비용을 줄이려는 현상, 또는 반대로 임금이 하락함에 따라 사용자들이 자본보다는 노동을 상대적으로 더 많이 투입하려는 현상이다.
② 부가노동자효과는 가구주가 불황으로 실직하게 되면서 가족구성원 중 주부나 학생과 같이 비경제활동인구로 되어 있던 2차적 노동력이 구직활동을 함으로써 경제활동인구화되는 현상이다.
③ 대기실업효과는 조직/비조직부문 간 임금격차가 클 경우 고임금을 지불하는 조직부문에 취업하기를 희망하여 비조직기업을 사직하고 조직기업으로 재취업하기 위해 기다리는 현상이다.

12

다음은 무엇에 관한 설명인가? 08년 3회, 06년 3회 기출

> 경기가 하강할 때에 주노동자가 실직하게 됨에 따라 가족 중 비경제활동인구로 머물던 이차적 노동력이 가계의 소득을 유지하기 위하여 노동시장에 참가하여 실업률을 높이게 된다.

① 잠재실업효과
② 실망노동자효과
③ 부가노동자효과
④ 노동공급의 기회비용효과

만점 해설

부가노동자효과(Added Worker Effect)
가구주가 불황으로 실직하게 되면서 가족구성원 중 주부나 학생과 같이 비경제활동인구로 되어 있던 2차적 노동력이 구직활동을 함으로써 경제활동인구화되는 것을 말한다. 이 경우 구직활동 중 경기가 좋지 않아 취업이 쉽지 않으므로 실직상태에 놓이게 되어 실업률이 증가한다. 따라서 그 시점의 실업자 수는 사실상의 고용기회의 수보다 과대평가되어 있을 수 있다.

13
불경기에 발생하는 부가노동자효과(Added Worker Effect)와 실망실업자효과(Discouraged Worker Effect)에 따라 실업률이 변화한다. 실업률에 미치는 효과의 방향성이 옳은 것은? (단, + : 상승효과, − : 감소효과)　　22년 2회, 19년 2회, 15년 1회 기출

① 부가노동자효과 : +, 실망실업자효과 : −
② 부가노동자효과 : −, 실망실업자효과 : −
③ 부가노동자효과 : +, 실망실업자효과 : +
④ 부가노동자효과 : −, 실망실업자효과 : +

만점 해설
부가노동자효과와 실망실업자효과(실망노동자효과)가 실업률에 미치는 영향
- 부가노동자효과 : 경제활동인구화된 2차적 노동력이 불경기로 인해 취업이 쉽지 않아 실직상태에 놓이게 되므로 실업률이 상승한다.
- 실망실업자효과(실망노동자효과) : 경제활동가능인력이 불경기로 인해 구직활동을 단념하여 비경제활동인구로 전락하게 되므로 실업률이 감소한다.

14
경기침체에도 불구하고 실업률이 크게 높아지지 않았다면, 그 이유로 가장 적합한 것은?
　　14년 2회, 11년 1회 기출

① 부가노동자효과가 실망노동자효과보다 컸기 때문이다.
② 실망노동자효과가 부가노동자효과보다 컸기 때문이다.
③ 실망노동자효과와 부가노동자효과의 크기가 비슷했기 때문이다.
④ 실망노동자효과가 없었기 때문이다.

만점 해설
② 실망노동자효과로 인해 실업자의 수가 실제보다 과소평가되어 있기 때문이다.

15
실업에 관한 설명으로 옳은 것은?　　22년 1회 기출

① 정부는 경기적 실업을 줄이기 위하여 기업의 설비투자를 억제시켜야 한다.
② 취업자가 존재하는 상황에서 구직포기자의 증가는 실업률을 감소시킨다.
③ 전업주부가 직장을 가지면 실업률과 경제활동참가율은 모두 낮아진다.
④ 실업급여의 확대는 탐색적 실업을 감소시킨다.

만점 해설
① 정부는 경기적 실업을 줄이기 위하여 기업의 설비투자를 촉진시켜야 한다.
③ 전업주부가 직장을 가지면 비경제활동인구에서 경제활동인구가 되므로 경제활동참가율은 높아지게 된다. 실업률은 분모인 경제활동인구가 느는 것이므로 낮아지게 된다.
④ 실업급여가 확대되면 상대적으로 노동자들이 일자리를 탐색하는 데 여유가 생기므로 탐색적 실업을 증가시킬 수 있다.

16
실업에 관한 설명으로 옳은 것은?　　22년 2회 기출

① 마찰적 실업은 자연실업률 측정에 포함되지 않는다.
② 더 좋은 직장을 구하기 위해 잠시 직장을 그만둔 경우는 경기적 실업에 해당한다.
③ 경기적 실업은 자연실업률 측정에 포함된다.
④ 현재의 실업률에서 실망실업자가 많아지면 실업률은 하락한다.

만점 해설
①·③ 자연실업률은 경기적 실업이 없을 때의 실업률, 즉 마찰적 실업 및 구조적 실업과 관련된 실업률이다.
② 사람들이 더 좋은 직장을 구하기 위해 잠시 쉬고 있다거나 학교를 졸업하고 직장을 찾는 과정에서 발생하는 실업을 '마찰적 실업'이라고 하는데, 이는 완전고용상태에서도 존재한다.

17
인력수요예측의 근거와 가장 거리가 먼 것은?
19년 2회, 13년 2회 기출

① 고용전망
② 성장률
③ 출생률
④ 취업계수

만점 해설

인력의 수요예측
인력수요예측의 거시적 접근은 국민경제 전체수준에서 일정 기간 생산의 성장률과 함께 그 생산량을 생산하는 데 투입되는 인력을 계산해 내는 방식이다. 예를 들어, 매해의 예상경제성장률이 주어지는 경우 매해의 예상생산량을 계산할 수 있으며, 생산량 한 단위를 생산하기 위해 투입되는 노동자의 수로서 노동계수(Labor Coefficient) 또는 생산활동에 투입된 취업자 수를 실질 국내총생산(GDP)으로 나눈 수치인 취업계수(Employment to GDP Ratio)를 통해 연차적인 인력수요량을 계산할 수 있게 된다.

18
인플레이션을 유발하지 않으면서 실업문제를 해결하기 위한 정책은?
05년 1회 기출

① 재정정책
② 금융정책
③ 인력정책
④ 소득정책

만점 해설

인력정책(Manpower Policy)
- 고용의 지역적 · 직업적 특수성을 고려하여 국민경제의 노동력을 효율적으로 활용하기 위한 정책이다.
- 주로 구조적 실업문제를 해결하기 위한 정책으로서, 인적자본의 질을 향상시켜 실업을 예방하는 방식이므로 물가와 무관하여 인플레이션을 유발하지 않는다.

19
1960년대 선진국에서 실업률과 물가상승률 간의 상충관계를 개선하고자 실시했던 정책은?
21년 2회, 16년 3회, 13년 2회 기출

① 재정정책
② 금융정책
③ 인력정책
④ 소득정책

만점 해설

소득정책(Incomes Policy)
- 물가나 임금의 과도한 상승을 억제하기 위해 정부가 동원할 수 있는 반강제적 또는 설득적인 모든 조치를 포함한다.
- 예를 들어, 미국에서는 《대통령의 경제보고서, Economic Report of The President》에서 임금인상률을 전국 평균 노동생산성상승률과 같은 수준으로 할 것을 권고한 이른바 '케네디 가이드포스트(Kennedy Guidepost)'를 제창하였다.

20
다음 중 노동정책이나 제도에 관한 설명으로 틀린 것은?
18년 3회, 14년 1회 기출

① 소득정책은 근로자들의 소득을 증진시키기 위한 정책이다.
② 직업훈련정책은 주로 구조적 실업 문제를 해결하기 위한 정책이다.
③ 최저임금제는 저임금근로자의 생활안정을 위한 것이다.
④ 알선은 노사자율적 해결을 강조하는 노동쟁의 조정제도이다.

만점 해설

① 소득정책은 물가나 임금의 과도한 상승을 억제하기 위해 정부가 동원할 수 있는 반강제적 또는 설득적인 모든 조치를 포함한다.

21
다음 중 사회정책이나 제도에 관한 설명으로 틀린 것은?
09년 2회 기출

① 인력정책(Manpower Policy)은 주로 구조적 실업 문제를 해결하기 위한 정책이다.
② 소득정책(Incomes Policy)은 근로자들의 소득을 증진시키기 위한 정책이다.
③ 우리나라의 고용평등법은 남녀고용평등을 주된 목적으로 하고 있다.
④ 알선은 노사자율적 해결을 강조하는 노동쟁의 조정제도이다.

만점 해설
② 소득정책은 물가나 임금의 과도한 상승을 억제하기 위해 정부가 동원할 수 있는 반강제적 또는 설득적인 모든 조치를 포함한다.

22
소득정책의 효과에 대한 설명으로 틀린 것은?
21년 3회, 17년 1회, 14년 1회 기출

① 성장산업의 위축을 초래할 수 있다.
② 행정적 관리비용을 절감할 수 있다.
③ 임금억제에 이용될 가능성이 크다.
④ 급격한 물가상승기에 일시적으로 사용하면 효과를 거둘 수 있다.

만점 해설
② 소득정책은 행정적 관리비용이 많이 소요된다. 이는 수많은 노동협약이나 부가급여 등에 관한 노사 간의 협약 등을 심사하는 데 있어서 많은 인력과 재원을 필요로 하기 때문이다.

23
실업대책에 관한 설명으로 틀린 것은?
20년 1·2회 기출

① 일반적으로 실업대책은 고용안정정책, 고용창출정책, 사회안전망 형성정책으로 구분된다.
② 직업훈련의 효율성 제고는 고용안정정책에 해당한다.
③ 고용창출정책은 실업률로부터 탈출을 촉진하는 정책이다.
④ 공공부문 유연성 확립은 사회안전망 형성정책에 해당한다.

만점 해설
④ 공공부문 유연성 확립은 고용창출정책에 해당한다.

24
실업정책을 크게 고용안정정책, 고용창출정책, 사회안전망정책으로 구분할 때 사회안전망정책에 해당하는 것은?
18년 2회, 13년 2회, 10년 3회 기출

① 실업급여
② 취업알선 등 고용서비스
③ 창업을 위한 인프라 구축
④ 직업훈련의 효율성 제고

만점 해설
②·④ 고용안정정책, ③ 고용창출정책

25
다음 중 적극적 노동시장정책(ALMP)에 해당하는 것은? 19년 3회, 08년 1회 기출

① 실업급여 지급
② 취업알선
③ 실업자 대부
④ 실직자녀 학자금 지원

만점 해설

OECD 분류법에 따른 노동시장 프로그램의 항목별 분류
- 적극적 노동시장정책(ALMP ; Active Labor Market Policy)
  - 취업알선 : 구직 · 구인 정보제공, 직업지도 및 상담, 취업통계 DB구축(②)
  - 직업훈련 : 성인실업자 대상 훈련, 취업 중인 성인대상 훈련
  - 청년대책 : 청년실업자 또는 청년 중 취약집단에 대한 대책, 청년 직업훈련
  - 고용보조금 : 민간부문의 고용에 대한 보조금, 창업 지원, 공공부문 및 비영리부문 일자리 창출
  - 장애인 대책 : 장애인 직업훈련, 장애인 대상 사업
- 소극적 노동시장정책(PLMP ; Passive Labor Market Policy)
  - 실업보조금 : 실업자에게 지급되는 보조금
  - 조기퇴직 대책 : 노동시장 악화 및 구조조정 등에 따른 조기퇴직 보조금

26
다음 중 적극적 노동시장정책(Active Labor Market Policy)이 아닌 것은? 13년 3회, 09년 3회, 05년 3회 기출

① 실업보험
② 직업계속 및 전환교육
③ 고용보조
④ 장애인 대책

만점 해설

① 실업급여, 실업부조, 그 밖에 공적부조의 지급을 핵심내용으로 하는 것은 소극적 노동시장정책에 해당한다.

27
다음 중 적극적 노동시장정책(Active Labor Market Policy)과 가장 거리가 먼 것은? 17년 2회 기출

① 실업보험
② 직업훈련
③ 고용지원
④ 장애인 고용촉진

만점 해설

① 실업급여, 실업부조, 그 밖에 공적부조의 지급을 핵심내용으로 하는 것은 소극적 노동시장정책에 해당한다.

28
실업급여의 효과에 대한 설명으로 가장 적합한 것은? 19년 2회, 16년 2회, 13년 1회 기출

① 노동시간을 늘리고 경제활동참가도 증대시킨다.
② 노동시간을 단축시키고 경제활동참가도 감소시킨다.
③ 노동시간의 증 · 감은 불분명하지만 경제활동참가는 증대시킨다.
④ 노동시간, 경제활동참가 모두 불분명하다.

만점 해설

③ 실업급여는 적극적인 구직활동을 전제로 하므로, 실업자들의 구직활동이 곧 경제활동참가를 증대시키는 것으로 볼 수 있다. 그러나 실업급여를 받는 실업자들이 향후 취업할 수도 있고 실업상태에 그대로 머물 수도 있으므로, 노동시간의 증 · 감은 불분명하다.

정답 25 ② 26 ① 27 ① 28 ③

보충학습 노사관계이론

※ '4과목 노동시장'은 2025년부터 적용되는 직업상담사 2급 출제기준에서 출제영역이 축소되었습니다. 이는 NCS에 충실한 방향으로 일부 출제영역의 교체가 이루어진 다른 과목들과 달리, 기존 출제영역의 세부항목을 거의 그대로 유지하면서도 하나의 장(CHAPTER)을 통째로 삭제한 양상을 보이고 있습니다. 특히 삭제된 영역은 '노사관계이론'에 관한 장으로, 관련 내용이 그동안 1차 필기시험은 물론 2차 실무시험에서 매우 중요하게 다루어졌던 만큼 매우 의외의 조치로 보입니다. 다만, 해당 내용이 공식적으로 출제기준에서 제외되었다고 하더라도, 간혹 시행처인 한국산업인력공단에서 기존 기출문제를 재출제하는 과정에서 더 이상 유효하지 않은 출제영역의 문항을 일부 포함하여 문제를 출제한 바 있으므로, 해당 내용 중 특히 중요한 부분을 '보충학습'으로 수록합니다.

◎ 노사관계의 이해

■ 노사관계의 3가지 주체와 노사관계를 규제하는 3가지 여건

노사관계의 3가지 주체	• 노동자(근로자) 및 노동조합 • 사용자 및 사용자단체 • 노사문제관련 정부기구
노사관계를 규제하는 3가지 여건	• 기술적 특성 • 시장 또는 예산제약 • 각 주체의 세력관계

§ 던롭(Dunlop)이 노사관계를 규제하는 여건 혹은 환경으로 지적한 사항이 아닌 것은?
  20년 3회, 18년 2회, 16년 1회, 11년 3회, 10년 1회 기출

① 시민의식
② 기술적 특성
③ 시장 또는 예산제약
④ 각 주체의 세력관계

■ 이원적 노사관계론의 구조
• 제1차 관계 : 경영 대 종업원관계
• 제2차 관계 : 경영 대 노동조합관계

§ 이원적 노사관계론의 구조를 바르게 나타낸 것은? 22년 1회, 18년 3회, 13년 3회, 08년 3회 기출

① 제1차 관계 : 경영 대 노동조합관계
   제2차 관계 : 경영 대 정부기관관계
② 제1차 관계 : 경영 대 노동조합관계
   제2차 관계 : 경영 대 종업원관계
③ 제1차 관계 : 경영 대 종업원관계
   제2차 관계 : 경영 대 노동조합관계
④ 제1차 관계 : 경영 대 종업원관계
   제2차 관계 : 정부기관 대 노동조합관계

■ 경영참가의 형태
• 단체교섭 : 노사의 자율결정을 강조함
• 노사협의회 : 협력적 노사관계를 전제로 함
• 근로자중역, 감사역제 : 가장 적극적인 경영참가 형태

§ 다음 중 가장 적극적인 근로자의 경영참가 형태는? 22년 2회, 18년 1회, 15년 2회, 12년 2회 기출

① 단체교섭에 의한 참가
② 단체행동에 의한 참가
③ 노사협의회에 의한 참가
④ 근로자중역, 감사역제에 의한 참가

- 종업원의 의사결정참여
- 노동자 자주관리 : 노동자 경영참여 방식 중 산업민주화 정도가 가장 높은 형태
- 생산자협동조합 : 종업원의 의사결정참여가 가장 적극적인 기업 형태

§ 다음 중 산업민주화 정도가 가장 높은 형태의 기업은?
  21년 1회, 18년 2회, 13년 3회, 10년 4회, 09년 3회 기출

① 노동자 자주관리 기업
② 노동자 경영참여 기업
③ 전문경영인 경영 기업
④ 중앙집권적 기업

■ 독일과 일본의 특징적인 근로자참가
- 독일 : '노사 간 공동결정'이라는 광범위한 합의관행이 존재함
- 일본 : '마이크로 코포라티즘'에 의한 개별 기업단위의 복지제도가 광범위하게 시행되고 있음

§ 노사 간에 공동결정(Co-determination)이라는 광범위한 합의관행이 존재하고 있는 국가는?
  21년 2회, 17년 3회, 13년 2회 기출

① 영 국
② 프랑스
③ 미 국
④ 독 일

◎ 노동조합

■ 노동조합의 기능
- 경제적 기능 : 임금 인상, 근로조건 개선
- 정치적(사회적) 기능 : 특정 정당과 연계, 정치적 영향력 발휘
- 공제적(복지적) 기능 : 각종 공제활동 및 복지활동

§ 노동조합의 기능에 대한 설명으로 틀린 것은?
  21년 1회, 15년 1회 기출

① 임금을 인상시키는 기능을 수행한다.
② 근로조건을 개선하는 기능을 한다.
③ 각종 공제활동 및 복지활동을 할 수 있다.
④ 특정 정당과 연계하여 정치적 영향력을 발휘할 수 없다.

■ 노동조합의 이중역할이론(Freeman & Medoff)
- 독점 : 노동력 공급 독점, 기업의 생산효율성 저해
- 집단적 (목)소리 : 의사소통의 원활화, 기업의 생산효율성 증진

§ 프리만(Freeman)과 메도프(Medoff)가 지적한 노동조합의 두 얼굴에 해당하는 것은?
  19년 3회, 17년 2회, 12년 3회 기출

① 결사와 교섭
② 자율과 규제
③ 독점과 집단적 목소리
④ 자치와 대등

■ 노동조합의 형태

직업별(직종별) 노동조합	• 산업혁명 초기 영국에서 가장 일찍 발달함 • 동일직업, 동일직종에 종사하는 근로자들에 의해 산업·기업의 구별 없이 개인가맹의 형태로 결성됨 • 저임금의 미숙련, 여성, 연소근로자는 가입이 어려움
산업별 노동조합	• 현재 서구를 비롯하여 전 세계적으로 채택되고 있음 • 직업이나 직종의 여하를 불문하고 동일산업에 종사하는 노동자들에 의해 조직됨 • 기업별 특수성을 고려하기 어려움
일반 노동조합	• 광범위한 노동자들의 최저생활에 필요한 조건들을 확보함 • 주로 완전 미숙련, 잡역 노동자들이 중심이 되어 조직됨 • 조직 특성상 내적 통일이나 단결이 어려움
기업별 노동조합	• 우리나라 노동조합의 주된 조직형태에 해당함 • 하나의 기업에 종사하는 근로자들에 의해 직종의 구별 없이 종단적으로 조직됨 • 노동시장의 지배력과 조직으로서의 역량이 미약함

§ 직업이나 직종의 여하를 불문하고 동일산업에 종사하는 노동자가 조직하는 노동조합의 형태는?

21년 3회, 19년 1회, 11년 1회, 09년 1회 기출

① 직업별 노동조합
② <u>산업별 노동조합</u>
③ 기업별 노동조합
④ 일반 노동조합

■ 노동조합의 운영

오픈 숍 (Open Shop)	• 노동조합 가입 여부가 고용조건에 아무런 영향을 미치지 않음 • 노동조합 조직의 확대에 가장 불리함
클로즈드 숍 (Closed Shop)	• 노동조합 가입이 고용조건의 전제가 됨 • 노동조합 측에 가장 유리함
유니온 숍 (Union Shop)	• 오픈 숍과 클로즈드 숍의 중간 형태임 • 신규인력 채용 후 일정 기간 내에 반드시 노동조합에 가입하도록 해야 함
에이전시 숍 (Agency Shop)	• 노동조합이 모든 종업원에게 조합회비를 징수함 • 비조합원들이 조합원들과 동일한 혜택을 향유하려는 심리를 줄일 수 있음
프레퍼렌셜 숍 (Preferential Shop)	• 노동조합원 우대사업장을 의미함 • 조합원과 비조합원을 차등적으로 대우함
메인티넌스 숍 (Maintenance Shop)	• '조합원 자격유지 숍'이라고도 함 • 노동조합의 가입 및 탈퇴가 자유로우나 일단 단체협약이 체결되는 경우 그 효력이 지속되는 기간 동안은 탈퇴할 수 없음

§ 조합원 자격이 있는 노동자만을 채용하고 일단 고용된 노동자라도 조합원 자격을 상실하면 종업원이 될 수 없는 숍 제도는?

22년 2회, 19년 2회, 07년 3회 기출

① 오픈 숍
② 유니온 숍
③ 에이전시 숍
④ <u>클로즈드 숍</u>

- 노동조합의 조직률(성장률)을 하락시키는 주요 요인
- 비정규직, 여성 근로자, 외국인 근로자의 비율 증가
- 제조업, 광공업, 건설업, 운수업 등에서 도소매업, 금융업, 보험업, 부동산업, 기타 서비스업 등으로의 산업구조상의 변화
- 근로자의 기호와 가치관의 변화(개인 중심적 경향으로의 변화)
- 국제경쟁의 격화에 따른 기업의 경영여건 악화 등

§ 다음 중 노동조합의 조직률을 하락시키는 요인과 가장 거리가 먼 것은?
20년 3회, 18년 1회, 14년 1회 기출

① 외국인 근로자 비율의 증가
② 국내 산업 보호를 위한 수입관세 인상
③ 서비스업으로의 산업구조 변화
④ 노동자의 기호와 가치관의 변화

■ 노동조합의 임금효과

파급효과 (이전효과 또는 해고효과)	노동조합이 조직됨으로써 노동조합 조직부문에서의 상대적 노동수요가 감소하고 그 결과 실업노동자들이 비조직부문으로 내몰려 비조직부문의 임금을 하락시키는 효과
위협효과	비조직부문의 기업주들이 노동조합이 결성될 것을 두려워하여 미리 임금을 올려주는 효과
대기실업효과	조직/비조직부문 간 임금격차가 클 경우 고임금을 지불하는 조직부문에 취업하기를 희망하여 비조직기업을 사직하고 조직기업으로 재취업하기 위해 기다리는 효과

§ 노동조합의 임금효과에 관한 설명으로 틀린 것은?
19년 3회, 16년 3회, 11년 3회 기출

① 노동조합 조직부문과 비조직부문 간의 임금격차는 불경기 시에 감소한다.
② 노동조합 조직부문에서 해고된 근로자들이 비조직부문에 몰려 비조직부문의 임금을 떨어뜨릴 수 있다.
③ 노동조합이 조직될 것을 우려하여 비조직부문 기업이 이전보다 임금을 더 많이 인상시킬 수 있다.
④ 노조조직부문에 입사하기 위해 비조직부문 근로자들이 사직하는 경우가 많아 비조직부문의 임금이 상승할 수 있다.

해설 ① 노동조합 조직부문과 비조직부문 간의 임금격차는 불경기 시에 오히려 증가하는 양상을 보인다. 이는 노동조합 조합원의 임금변화가 비노동조합 근로자들의 임금변화보다 상대적으로 경기여건에 덜 민감하기 때문이다.

◎ 단체교섭과 노동쟁의

■ 노사협의회의 주요 협의사항
- 생산성 향상과 성과 배분
- 근로자의 채용·배치 및 교육훈련
- 근로자의 고충처리
- 안전, 보건, 그 밖의 작업환경 개선과 근로자의 건강증진
- 근로자의 복지증진 등

§ 우리나라 기업의 노사협의회에서 다루고 있지 않은 사항은?
20년 3회, 14년 3회 기출

① 생산성 향상과 성과 배분
② 근로자의 채용·배치 및 교육훈련
③ 임금 및 근로조건의 교섭
④ 안전, 보건, 그 밖의 작업환경 개선과 근로자의 건강증진

■ 단체교섭의 주요 유형

기업별 교섭	기업 내 조합원을 협약의 적용대상, 즉 교섭단위로 하여 이루어지는 기업단위 노조와 사용자 간의 교섭방식
통일교섭	전국적 또는 지역적인 산업별·직업별 노동조합과 이에 대응하는 전국적 또는 지역적인 사용자단체와의 교섭방식
집단교섭	다수의 단위노조와 사용자가 집단으로 연합전선을 형성하여 교섭하는 방식
대각선교섭	기업별 조합의 상부조합(산업별 또는 지역별)과 개별사용자 간, 또는 사용자단체와 기업별 조합과의 사이에서 행해지는 교섭방식

§ 단체교섭 형태 중 만일 어떤 방직회사 대표가 연합단체인 섬유노련과 임금과 노동조건에 대해 교섭한다면 이러한 교섭형태는?

11년 2회, 08년 3회, 05년 1회 기출

① 집단교섭
② 통일교섭
③ <u>대각선교섭</u>
④ 기업별 교섭

■ 노사 교섭력의 원천

노동조합 교섭력의 원천	• 파업 및 태업 • 노동조합이 정치적인 영향력을 발휘할 수 있는 힘 • 소비자들에게 호소하는 불매운동 • 노동공급의 제한 등
사용자 교섭력의 원천	• 파업근로자 대신 다른 근로자로 대체할 수 있는 능력 • 파업 중 기업의 관리직, 사무직 등의 근로자로 하여금 통상업무에서 벗어나 생산활동을 계속하도록 할 수 있는 능력 • 기업의 재정능력 • 사용자가 직장폐쇄(Lockout)를 할 수 있는 권리 등

§ 단체교섭에서 사용자의 교섭력에 관한 설명으로 가장 거리가 먼 것은?

22년 2회, 18년 3회, 14년 3회, 11년 2회 기출

① 기업의 재정능력이 좋으면 사용자의 교섭력이 높아진다.
② 사용자 교섭력의 원천 중 하나는 직장폐쇄(Lockout)를 할 수 있는 권리이다.
③ <u>사용자는 쟁의행위기간 중 그 쟁의행위로 중단된 업무를 원칙적으로 도급 또는 하도급을 줄 수 있다.</u>
④ 비조합원이 조합원의 일을 대신할 수 있는 여지가 크다면, 그만큼 사용자의 교섭력이 높아진다.

해설 ③ 사용자는 쟁의행위기간 중 그 쟁의행위로 중단된 업무를 도급 또는 하도급 줄 수 없다(노동조합 및 노동관계조정법 제43조 제2항).

◎ 파업의 경제적 분석

■ 파업의 경제적 기능

- 노동자 측의 노동소득 순상실분은 파업 참여에 따른 임금소득의 상실분보다 적은 편임
- 사용자 측의 기업이윤 순감소분은 직접적인 생산중단에서 비롯되는 감소분보다 적은 편임
- 파업에 따른 사회적 비용은 제조업보다 서비스업에서 더 크게 나타남
- 파업기간이 길어지는 경우 파업의 경제적 손실은 증가함

> § 파업의 경제적 손실에 대한 설명으로 틀린 것은?
> 20년 4회, 18년 1회 기출
>
> ① 노동조합 측 노동소득의 순상실분은 해당 기업에서의 임금소득의 상실보다 훨씬 적을 수 있다.
> ② 사용자 이윤의 순감소분은 직접적인 생산중단에서 오는 것보다 항상 더 크다.
> ③ 파업에 따르는 사회적 비용은 제조업보다 서비스업에서 더 큰 것이 보통이다.
> ④ 파업에 따르는 생산량 감소는 타 산업의 생산량 증가로 보충하기도 한다.

■ 신고전학파가 주장하는 노동조합의 사회적 비용

- 비노조와의 임금격차와 고용저하에 따른 배분적 비효율
- 경직적 인사제도에 의한 기술적 비효율
- 파업으로 인한 생산중단에 따른 생산적 비효율

> § 신고전학파가 주장하는 노동조합의 사회적 비용의 증가 요인이 아닌 것은?
> 20년 1·2회, 17년 1회, 13년 1회 기출
>
> ① 비노조와의 임금격차와 고용저하에 따른 비효율 배분
> ② 경직적 인사제도에 의한 기술적 비효율
> ③ 파업으로 인한 생산중단에 따른 생산적 비효율
> ④ 작업방해에 의한 구조적 비효율

■ 힉스(Hicks)의 단체교섭이론

- 노동조합의 요구임금과 사용자 측의 제의임금을 파업기간의 함수로 설명함
- 노동조합저항곡선(UR)은 파업기간이 길수록 타결에 동의하게 될 임금이 낮아지므로 우하향함
- 사용자양보곡선(EC)은 파업기간이 길수록 손실비용 증가에 따라 타결에 동의하는 방향으로 전환하므로 우상향함
- 사용자양보곡선(EC)과 노동조합저항곡선(UR)이 만나는 지점이 곧 예상파업기간(S)에 해당함

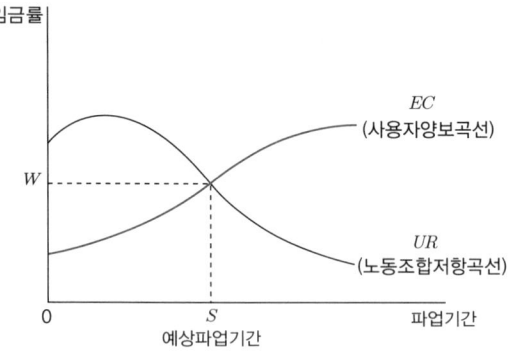

§ 파업을 설명하는 힉스(J. R. Hicks)의 단체교섭 모형에 관한 설명으로 틀린 것은?
20년 3회, 13년 2회, 06년 3회 기출

① 노사 양측의 대칭적 정보 때문에 파업이 일어나지 않고 적정수준에서 임금타결이 이루어진다.
② 노동조합의 요구임금과 사용자 측의 제의임금은 파업기간의 함수이다.
③ 사용자의 양보곡선(Concession Curve)은 우상향한다.
④ 노동조합의 저항곡선(Resistance Curve)은 우하향한다.

해설 ① 힉스(Hicks)는 노사 양측의 정보의 비대칭성으로 인해 파업이 발생한다고 주장하였다.

■ 그 밖의 단체교섭에 관한 주요 이론

카터-챔벌린 (Carter-Chamberlin)	노조의 요구를 거부할 때 발생하는 사용자의 비용이 노조의 요구를 수용할 때 발생하는 사용자의 비용보다 클 때 노조의 교섭력이 커진다고 주장함
매브리 (Mabry)	노조의 최종수락조건이 사용자의 최종수락조건보다 클 때 파업이 발생할 가능성이 상대적으로 높다고 주장함

§ 파업이론에 대한 설명이 옳은 것을 모두 고른 것은?
21년 3회, 19년 1회, 15년 2회, 12년 1회 기출

ㄱ. 힉스의 파업이론에 의하면, 사용자의 양보곡선과 노조의 저항곡선이 만나는 곳에서 파업기간이 결정된다.
ㄴ. 카터-챔벌린 모형에 따르면, 노조의 요구를 거부할 때 발생하는 사용자의 비용이 노조의 요구를 수락했을 때 발생하는 사용자의 비용보다 클 때 노조의 교섭력이 커진다.
ㄷ. 매브리 이론에 따르면, 노조의 최종수락조건이 사용자의 최종수락조건보다 작을 때 파업이 발생한다.

① ㄱ, ㄴ
② ㄴ, ㄷ
③ ㄱ, ㄷ
④ ㄱ, ㄴ, ㄷ

제5과목

고용노동관계법규(Ⅰ)

CHAPTER 01	노동법과 노동기본권
CHAPTER 02	근로기준법
CHAPTER 03	최저임금법
CHAPTER 04	직업안정법
CHAPTER 05	고용보험법
CHAPTER 06	국민 평생 직업능력 개발법(구 근로자직업능력 개발법)
CHAPTER 07	남녀고용평등과 일·가정 양립 지원에 관한 법률
CHAPTER 08	구직자 취업촉진 및 생활안정지원에 관한 법률
CHAPTER 09	채용절차의 공정화에 관한 법률
CHAPTER 10	개인정보 보호법

CHAPTER 01 노동법과 노동기본권

01절 노동법의 이해

01
노동법에 대한 설명과 가장 거리가 먼 것은?
14년 3회, 06년 1회 기출

① 근로자의 인간다운 생활보장
② 근대시민법 원리의 부정
③ 노사대등의 실현
④ 자본주의체제의 유지·발전

만점 해설
노동법의 특징
• 근로자의 인간다운 생활보장
• 근대시민법 원리의 수정(주의 : '부정'이 아닌 '수정'임)
• 종속근로관계의 규율
• 노사대등의 실현
• 자본주의체제의 유지·발전

02
근대시민법의 원리가 아닌 것은?
05년 1회 기출

① 노사자치주의
② 과실책임의 원칙
③ 소유권 절대의 원칙
④ 계약자유의 원칙

만점 해설
근대시민법의 원리
• 소유권 절대의 원칙
• 계약자유의 원칙
• 과실책임(자기책임)의 원칙

03
다음 중 노동법의 성격에 가장 적합한 원칙은?
19년 2회, 10년 4회 기출

① 계약자유의 원칙
② 자기책임의 원칙
③ 소유권 절대의 원칙
④ 당사자의 실질적 대등의 원칙

만점 해설
④ 근대시민법에서 사람은 모두 평등한 것으로 되어 있으나 실질적으로 불평등한 경우가 많으므로, 노동법에서는 이를 보완하기 위해 실질적 대등의 실현을 규정하고 있다.
①·②·③ 근대시민법의 원리에 해당한다.

04
헌법상 기본권과 개별적 근로관계와의 관계 중 가장 거리가 먼 것은?
06년 1회 기출

① 헌법 제10조 인간의 존엄성 및 행복추구권
② 헌법 제11조 제1항 법 앞의 평등
③ 헌법 제15조 직업선택의 자유
④ 헌법 제21조 제1항 결사의 자유

만점 해설
④ 헌법상 기본권과 집단적 노사관계와의 관계와 연관된다.

정답 01 ② 02 ① 03 ④ 04 ④

05
남녀고용평등과 일·가정 양립 지원에 관한 법률의 성격으로 옳지 않은 것은? 05년 3회 기출

① 남녀를 불문하고 고용에 있어서 평등한 기회 및 대우를 보장한다.
② 모성보호와 직장 내 성희롱을 방지하는 기능이 있다.
③ 근로기준법이 남녀고용평등법보다 먼저 적용된다.
④ 구직자와 사업주와의 관계도 규율한다.

만점 해설
③ 특별법 우선의 원칙에 따라 남녀고용평등법이 근로기준법보다 먼저 적용된다.

02절 노동기본권의 이해

01
헌법상 노동3권에 해당되지 않는 것은?
20년 1·2회, 17년 2회, 10년 3회, 07년 1회 기출

① 단체교섭권
② 평등권
③ 단결권
④ 단체행동권

만점 해설
노동기본권(근로기본권)
- 근로의 권리(근로권) : 모든 국민은 근로의 권리를 가진다(헌법 제32조 제1항).
- 노동3권(근로3권) : 근로자는 근로조건의 향상을 위하여 자주적인 단결권·단체교섭권 및 단체행동권을 가진다(헌법 제33조 제1항).

02
우리나라 헌법에 규정된 노동3권이 아닌 것은?
18년 2회, 15년 3회 기출

① 단체요구권
② 단체행동권
③ 단체교섭권
④ 단결권

만점 해설
노동3권(근로3권)
단결권, 단체교섭권, 단체행동권

03
헌법상 노동3권에 해당하지 않는 것은? 18년 1회 기출

① 단결권
② 단체교섭권
③ 단체행동권
④ 단체투쟁권

만점 해설
노동3권(근로3권)
단결권, 단체교섭권, 단체행동권

04
헌법상 근로자의 노동3권에 해당하지 않는 것은?
17년 3회, 14년 2회, 11년 2회, 09년 1회 기출

① 단결권
② 단체교섭권
③ 단체행동권
④ 이익균점권

만점 해설
노동3권(근로3권)
단결권, 단체교섭권, 단체행동권

05
근로3권에 관한 설명으로 옳은 것은?

19년 2회, 13년 3회, 11년 1회 기출

① 근로자는 자주적인 단결권, 단체교섭권, 단체행동권을 가진다.
② 공무원도 근로자이므로 근로3권을 당연히 갖는다.
③ 주요 방위산업체의 근로자는 국가안보를 위해 당연히 단체행동권이 인정되지 않는다.
④ 미취업근로자 개개인에게 주어지는 구체적 권리이다.

만점 해설

② 공무원인 근로자는 법률이 정하는 자에 한하여 단결권·단체교섭권 및 단체행동권을 가진다(헌법 제33조 제2항).
③ 법률이 정하는 주요 방위산업체에 종사하는 근로자의 단체행동권은 법률이 정하는 바에 의하여 이를 제한하거나 인정하지 아니할 수 있다(헌법 제33조 제3항).
④ 헌법상 근로3권의 주체는 개별 근로자 및 그들의 단결체에 해당하며, 그 구체적인 권리는 「노동조합 및 노동관계조정법」 등을 통해 실현된다.

06
헌법에 명시된 노동기본권으로만 짝지어진 것은?

19년 1회, 15년 2회 기출

① 근로권, 단결권, 단체교섭권, 단체행동권
② 근로권, 노사공동결정권, 단체교섭권, 단체행동권
③ 근로권, 단결권, 경영참가권, 단체행동권
④ 근로의 의무, 단결권, 단체교섭권, 이익균점권

만점 해설

노동기본권(근로기본권)
헌법 제32조 근로의 권리(근로권) + 헌법 제33조 노동3권(근로3권)

07
헌법상 노동3권과 관련이 있는 것은?

21년 3회, 15년 1회 기출

① 법률에 의해 최저임금제 보장
② 자주적인 단체교섭권의 보장
③ 연소근로자 특별한 보호
④ 국가유공자의 우선근로 기회 부여

만점 해설

② 헌법 제33조 노동3권(근로3권)에 관한 규정은 근로자의 근로조건 향상을 위한 자주적인 단결권·단체교섭권 및 단체행동권의 보장을 강조한다.
①·③·④ 헌법 제32조 근로의 권리(근로권)와 관련이 있다.

*참고 : 헌법 제32조 근로의 권리(근로권)와 헌법 제33조 노동3권(근로3권)을 명확히 구분해야 합니다. 이와 관련하여 2017년 1회 필기시험에서 근로의 권리에 관한 내용을 노동3권(근로3권)의 내용으로 잘못 제시하여 출제 오류로 인해 전항정답(정답없음)으로 처리된 바 있습니다.

08
다음 중 헌법상의 근로의 권리와 관련 없는 것은?

04년 3회 기출

① 법률로 최저임금의 보호
② 여성근로자의 부당한 차별금지
③ 연소근로자의 특별보호
④ 자주적인 단체교섭의 보장

만점 해설

④ 헌법상 노동3권(근로3권)과 관련이 있다.

09
헌법 제32조에 명시된 내용이 아닌 것은?

22년 1회 기출

① 연소자의 근로는 특별한 보호를 받는다.
② 근로조건의 기준은 인간의 존엄성을 보장하도록 법률로 정한다.
③ 여자의 근로는 특별한 보호를 받으며, 고용·임금 및 근로조건에 있어서 부당한 차별을 받지 아니한다.
④ 국가는 사회적·경제적 방법으로 근로자의 고용의 증진과 최저임금의 보장에 노력하여야 한다.

만점 해설
④ 모든 국민은 근로의 권리를 가진다. 국가는 사회적·경제적 방법으로 근로자의 고용의 증진과 적정임금의 보장(주의 : '최저임금의 보장'이 아님)에 노력하여야 하며, 법률이 정하는 바에 의하여 최저임금제를 시행하여야 한다(헌법 제32조 제1항).

10
다음 ( )에 알맞은 것은?

21년 1회, 14년 1회 기출

> 헌법상 국가는 ( )으로 근로자의 고용의 증진과 적정임금의 보장에 노력하여야 한다.

① 법률적 방법
② 사회적 방법
③ 경제적 방법
④ 사회적·경제적 방법

만점 해설
④ 모든 국민은 근로의 권리를 가진다. 국가는 사회적·경제적 방법으로 근로자의 고용의 증진과 적정임금의 보장에 노력하여야 하며, 법률이 정하는 바에 의하여 최저임금제를 시행하여야 한다(헌법 제32조 제1항).

11
헌법 제32조에 관한 설명으로 옳지 않은 것은?

20년 3회 기출

① 근로조건의 기준은 인간의 존엄성을 보장하도록 법률로 정한다.
② 국가는 법률이 정하는 바에 의하여 최저임금제를 시행하여야 한다.
③ 고령자의 근로는 특별한 보호를 받는다.
④ 여자의 근로는 특별한 보호를 받는다.

만점 해설
③ 연소자의 근로(주의 : '고령자의 근로'가 아님)는 특별한 보호를 받는다(헌법 제32조 제5항).

12
헌법상 근로의 특별한 보호 또는 우선적인 근로기회 보장의 대상자로서 명시되어 있지 않은 것은?

17년 1회, 12년 2회 기출

① 여 자
② 연소자
③ 실업자
④ 국가유공자

만점 해설
③ 헌법상 근로의 특별한 보호 또는 우선적인 근로기회 보장의 대상자로 명시되어 있는 자는 여자, 연소자, 국가유공자·상이군경 및 전몰군경의 유가족에 해당한다. 반면, 고령자, 실업자, 재해근로자, 장애인 등은 그 대상자로 명시되어 있지 않다.

13
헌법상 근로의 권리로서 명시되어 있지 않은 것은?

21년 2회, 12년 3회 기출

① 최저임금제 시행
② 여성근로자의 특별보호
③ 연소근로자의 특별보호
④ 장애인근로자의 특별보호

만점 해설
① 헌법 제32조 제1항, ② 헌법 제32조 제4항, ③ 헌법 제32조 제5항

14
헌법상 근로의 권리와 관련하여 명시되어 있지 않은 것은?
18년 3회, 13년 3회 기출

① 최저임금제 시행
② 국가유공자의 유가족에 대한 우선적 근로기회 부여
③ 여자·연소자의 근로에 대한 특별한 보호
④ 산업재해로부터 특별한 보호

만점 해설
① 헌법 제32조 제1항, ② 헌법 제32조 제6항, ③ 헌법 제32조 제4항 및 제5항

15
헌법상 근로기본권에 관한 설명으로 틀린 것은?
17년 3회, 14년 2회 기출

① 국가는 사회적·경제적 방법으로 근로자의 고용의 증진과 적정임금의 보장에 노력하여야 한다.
② 국가는 법률이 정하는 바에 의하여 최저임금제를 시행하여야 한다.
③ 국가유공자·상이군경 및 전몰군경의 유가족은 법률이 정하는 바에 의하여 우선적으로 근로의 기회를 부여받는다.
④ 여자의 근로는 고용·임금 및 근로조건에 있어서 부당한 차별을 받지 아니하며 특별한 보호를 받지 아니한다.

만점 해설
④ 여자의 근로는 특별한 보호를 받으며, 고용·임금 및 근로조건에 있어서 부당한 차별을 받지 아니한다(헌법 제32조 제4항).

16
노동기본권에 관한 설명으로 틀린 것은?
18년 1회 기출

① 모든 국민은 근로의 권리를 가진다.
② 공무원인 근로자는 법률이 정하는 자에 한하여 노동3권을 가진다.
③ 고용·임금 및 근로조건에 있어서 모든 근로자는 성별에 관계없이 평등하다.
④ 법률이 정하는 주요 방위산업체에 종사하는 근로자의 단체행동권은 법률이 정하는 바에 의하여 이를 제한하거나 인정하지 아니할 수 있다.

만점 해설
③ 여자의 근로는 특별한 보호를 받으며, 고용·임금 및 근로조건에 있어서 부당한 차별을 받지 아니한다(헌법 제32조 제4항).

17
노동기본권에 관한 설명으로 틀린 것은?
13년 2회 기출

① 노동기본권은 헌법에서 근로자에게 보장된 기본적 권리이다.
② 공무원인 근로자는 법률이 정하는 자에 한하여 노동3권을 가진다.
③ 우리나라 헌법상 모든 국민의 근로의 권리와 의무는 별개 개념이다.
④ 주요 방위산업체에 종사하는 근로자의 단체행동권은 법률이 정하는 바에 의하여 이를 제한하거나 인정하지 아니할 수 있다.

만점 해설
③ 헌법상 대부분의 기본권에 관한 규정들은 그에 상응하는 기본의무가 제시되지 않는다는 점에서 비대칭적 관계인 것으로 볼 수 있으나, 교육에 대한 권리와 의무를 규정한 헌법 제31조, 근로의 권리와 의무를 규정한 헌법 제32조는 그에 대한 예외로 볼 수 있다.

정답 14 ④ 15 ④ 16 ③ 17 ③

18
헌법상 노동기본권 등에 관한 설명으로 틀린 것은?
22년 2회 기출

① 국가는 근로자의 고용의 증진과 적정임금의 보장에 노력하여야 한다.
② 여자의 근로는 특별한 보호를 받으며 고용·임금 및 근로조건에 있어서 부당한 차별을 받지 아니한다.
③ 국가는 법률이 정하는 바에 의하여 최저임금제를 시행하여야 한다.
④ 공무원인 근로자는 자주적인 단결권·단체교섭권 및 단체행동권을 가진다.

만점 해설
④ 공무원인 근로자는 법률이 정하는 자에 한하여 단결권·단체교섭권 및 단체행동권을 가진다(헌법 제33조 제2항).

19
헌법상 근로3권과 그 제한에 관한 설명으로 틀린 것은?
18년 3회, 15년 2회 기출

① 근로조건의 향상과 무관한 근로3권의 행사는 제한될 수 있다.
② 공무원인 근로자는 법률이 정하는 자에 한하여 단결권·단체교섭권 및 단체행동권을 가진다.
③ 법률이 정하는 주요 방위산업체에 종사하는 근로자의 단체교섭권·단체행동권은 법률이 정하는 바에 의하여 제한될 수 있다.
④ 근로3권은 국가안전보장·질서유지 또는 공공복리를 위하여 필요한 경우에 한하여 법률로써 제한될 수 있다.

만점 해설
③ 법률이 정하는 주요 방위산업체에 종사하는 근로자의 단체행동권은 법률이 정하는 바에 의하여 이를 제한하거나 인정하지 아니할 수 있다(헌법 제33조 제3항).

20
노동기본권에 관하여 헌법에 명시된 내용으로 틀린 것은?
16년 3회, 13년 1회 기출

① 공무원인 근로자는 법률이 정하는 자에 한하여 단결권·단체교섭권 및 단체행동권을 가진다.
② 근로자는 근로조건의 향상을 위하여 자주적인 단결권·단체교섭권 및 단체행동권을 가진다.
③ 법률이 정하는 주요 방위산업에 종사하는 근로자의 단체행동권은 법률이 정하는 바에 의하여 이를 제한하거나 인정하지 아니할 수 있다.
④ 공익사업에 종사하는 근로자의 단체행동권은 법률이 정하는 바에 의하여 이를 제한하거나 인정하지 아니할 수 있다.

만점 해설
④ 구 헌법(헌법 제9호)의 경우 단체행동권의 제한대상을 '국가·지방자치단체·국공영기업체·방위산업체·공익사업체 또는 국민경제에 중대한 영향을 미치는 사업체에 종사하는 근로자'로 폭넓게 제시한 것과 달리, 현행 헌법(헌법 제10호)에서는 그 대상을 주요 방위산업체로 한정하여 명시하고 있다.

21
헌법상 근로의 권리 기능이 아닌 것은?
11년 3회, 08년 1회 기출

① 근로를 통하여 개성과 자주적 인간성을 제고하고 함양하게 한다.
② 근로의 상품화를 허용함으로써 자본주의경제의 이념적 기초를 제공한다.
③ 국민으로 하여금 근로를 통하여 생활의 기본적 수요를 스스로 충족하게 한다.
④ 근로기회의 제공을 통하여 생활무능력자에 대한 국가적 보호 의무를 증가시킨다.

만점 해설
④ 근로기회의 제공을 통하여 생활무능력자에 대한 국가적 보호 의무를 감소시킨다.

22
단결권에 관한 설명으로 틀린 것은?

16년 2회, 05년 1회 기출

① 단결권은 근로조건의 유지·개선과 근로자의 사회적·경제적·정치적 지위의 향상을 직접적인 목적으로 한다.
② 근로자 개인의 단결권과 노동조합의 단결권은 서로 불가분의 관계에 있으나 때로는 대립하는 경우도 있다.
③ 독일의 기본법은 단결권만 명시하고 있으나 여기에 단체교섭권과 단체행동권까지 포함되는 것으로 해석된다.
④ 단결권은 시민법하의 형식적 평등관계를 시정하고 실질적인 노사대등관계의 형성을 목적으로 한다.

만점 해설
① 헌법 제33조 제1항은 "근로자는 근로조건의 향상을 위하여 자주적인 단결권·단체교섭권 및 단체행동권을 가진다"고 규정하고 있다. 이는 근로자(또는 근로자단체)의 행위의 직접적인 목적이 근로조건의 향상 및 근로자의 경제적·사회적 지위 향상에 있음을 강조하는 것이며, 그와 직접적인 관련이 없는 정치적 지위의 향상을 위한 활동의 경우 근로3권의 보호영역에 포함시키지 않는 것을 의미한다.

23
헌법이 보장하는 근로3권의 설명으로 틀린 것은?

20년 4회, 06년 3회 기출

① 단결권은 근로조건의 향상을 도모하기 위하여 근로자와 그 단체에게 부여된 단결체 조직 및 활동, 가입, 존립보호 등을 위한 포괄적 개념이다.
② 단결권이 근로자 집단의 근로조건의 향상을 추구하는 주체라면, 단체교섭권은 그 목적 활동이고, 단체협약은 그 결실이라고 본다.
③ 단체교섭의 범위는 근로자들의 경제적·사회적 지위향상에 관한 것으로 단체교섭의 주체는 원칙적으로 근로자 개인이 된다.
④ 단체행동권의 보장은 개개 근로자와 노동조합의 민·형사상 책임을 면제시키는 것이므로 시민법에 대한 중대한 수정을 의미한다.

만점 해설
③ 단체교섭의 주체는 근로자 개인이 아닌 노동조합이다. 근로자 개인은 동시에 단결권의 보유 및 행사의 주체가 될 수 있으나, 단체교섭권 및 단체행동권에 대하여는 보유의 주체만이 될 수 있을 뿐 행사의 주체가 될 수는 없다.

24
헌법상 근로권의 내용에 대한 설명으로 틀린 것은?

17년 2회 기출변형

① 모든 국민은 근로의 권리와 함께 근로의 의무를 진다.
② 최저임금제는 법률에 의하여 시행된다.
③ 근로의 권리의 행사를 위한 입법으로는 직업안정법, 국민 평생 직업능력 개발법 등이 있다.
④ 법인도 근로권의 주체로서 보호받을 수 있다.

만점 해설
④ 근로의 권리는 소위 자연인의 권리이므로 법인은 근로의 권리의 주체가 될 수 없다.

25
다음 중 헌법상 보장된 쟁의행위로 볼 수 없는 것은?

19년 1회, 14년 1회 기출

① 파 업
② 태 업
③ 직장폐쇄
④ 보이콧

만점 해설
단체행동권
헌법 제33조 제1항은 "근로자는 근로조건의 향상을 위하여 자주적인 단결권·단체교섭권 및 단체행동권을 가진다"고 규정하고 있다. 파업, 태업, 보이콧(Boycott) 등 근로자의 쟁의행위는 헌법에서 보장된 단체행동권의 일환으로서, 그 권리행사에 대해 원칙적으로 어떠한 책임도 지지 않는다.

CHAPTER 02 근로기준법

01절 개요

01
근로기준법령상 용어의 정의로 틀린 것은?

22년 1회 기출

① "근로"란 정신노동과 육체노동을 말한다.
② "근로계약"이란 근로자가 사용자에게 근로를 제공하고 사용자는 이에 대하여 임금을 지급하는 것을 목적으로 체결된 계약을 말한다.
③ "단시간근로자"란 1일의 소정근로시간이 통상 근로자의 1일의 소정근로시간에 비하여 짧은 근로자를 말한다.
④ "사용자"란 사업주 또는 사업 경영 담당자, 그 밖에 근로자에 관한 사항에 대하여 사업주를 위하여 행위하는 자를 말한다.

만점 해설

③ "단시간근로자"란 1주 동안의 소정근로시간이 그 사업장에서 같은 종류의 업무에 종사하는 통상 근로자의 1주 동안의 소정근로시간에 비하여 짧은 근로자를 말한다(근로기준법 제2조 제1항 제9호).
① 동법 제2조 제1항 제3호
② 동법 제2조 제1항 제4호
④ 동법 제2조 제1항 제2호

02
근로기준법령상 정의규정에 관한 설명으로 옳게 명시되지 않은 것은?

20년 4회 기출

① 근로자라 함은 직업의 종류를 불문하고 임금·급료 기타 이에 준하는 수입에 의하여 생활하는 자를 말한다.
② 근로계약이란 근로자가 사용자에게 근로를 제공하고 사용자는 이에 대하여 임금을 지급하는 것을 목적으로 체결된 계약을 말한다.
③ 임금이란 사용자가 근로의 대가로 근로자에게 임금, 봉급, 그 밖에 어떠한 명칭으로든지 지급하는 일체의 금품을 말한다.
④ 사용자란 사업주 또는 사업 경영 담당자, 그 밖에 근로자에 관한 사항에 대하여 사업주를 위하여 행위하는 자를 말한다.

만점 해설

① "근로자"란 직업의 종류와 관계없이 임금을 목적으로 사업이나 사업장에 근로를 제공하는 사람을 말한다(근로기준법 제2조 제1항 제1호).
② 동법 제2조 제1항 제4호
③ 동법 제2조 제1항 제5호
④ 동법 제2조 제1항 제2호

03
근로기준법상 근로자의 정의로 옳은 것은?

17년 3회 기출

① 직업의 종류와 관계없이 임금을 목적으로 사업이나 사업장에 근로를 제공하는 자
② 직업의 종류와 관계없이 임금, 급료 기타 이에 준하는 수입에 의해 생활하는 자
③ 사업주에게 고용된 자와 취업할 의사를 가진 자
④ 사업주의 지휘감독 하에서 상시근로를 제공하고 그 대가로 임금형태의 금품을 지급받는 자

만점 해설

① "근로자"란 직업의 종류와 관계없이 임금을 목적으로 사업이나 사업장에 근로를 제공하는 사람을 말한다(근로기준법 제2조 제1항 제1호).
② "근로자"라 함은 직업의 종류를 불문하고 임금·급료 기타 이에 준하는 수입에 의하여 생활하는 자를 말한다(노동조합 및 노동관계조정법 제2조 제1호).
③ "근로자"란 사업주에게 고용된 사람과 취업할 의사를 가진 사람을 말한다(남녀고용평등과 일·가정 양립 지원에 관한 법률 제2조 제4호).
④ 근로자성의 판단기준에 해당한다.

04
근로기준법의 기본원리와 가장 거리가 먼 것은?

22년 1회, 18년 3회 기출

① 강제근로의 금지
② 근로자단결의 보장
③ 균등한 처우
④ 공민권 행사의 보장

만점 해설

근로기준법의 기본원리
- 최저 근로조건의 보장(법 제3조)
- 근로조건의 노사대등 결정(법 제4조)
- 근로조건의 준수(법 제5조)
- 균등한 처우(법 제6조)(③)
- 강제근로의 금지(법 제7조)(①)
- 폭행의 금지(법 제8조)
- 중간착취의 배제(법 제9조)
- 공민권 행사의 보장(법 제10조)(④)

05
근로기준법상 균등처우의 원칙에서 근로에 대한 차별이 금지되는 사유가 아닌 것은?

16년 1회 기출

① 나 이
② 신 앙
③ 사회적 신분
④ 국 적

만점 해설

균등한 처우(근로기준법 제6조)
사용자는 근로자에 대하여 남녀의 성(性)을 이유로 차별적 대우를 하지 못하고, 국적·신앙 또는 사회적 신분을 이유로 근로조건에 대한 차별적 처우를 하지 못한다.

06
근로기준법의 총칙 규정에 관한 설명으로 틀린 것은?

07년 3회 기출

① 누구든지 법률에 따르지 아니하고는 영리로 다른 사람의 취업에 개입하거나 중간인으로서 이익을 취득하지 못한다.
② 사용자는 국적·신앙 또는 사회적 신분을 이유로 근로조건에 대한 차별적 처우를 하지 못한다.
③ 사용자는 사고의 발생이나 그 밖의 어떠한 이유로도 근로자에게 폭행을 하지 못한다.
④ 사용자는 근로자가 근로시간 중에 공민권의 행사를 위하여 필요한 시간을 청구하면 거부할 수 있다.

만점 해설

④ 사용자는 근로자가 근로시간 중에 선거권, 그 밖의 공민권(公民權) 행사 또는 공(公)의 직무를 집행하기 위하여 필요한 시간을 청구하면 거부하지 못한다. 다만, 그 권리 행사나 공(公)의 직무를 수행하는 데에 지장이 없으면 청구한 시간을 변경할 수 있다(근로기준법 제10조).
① 동법 제9조
② 동법 제6조
③ 동법 제8조

07
근로기준법의 적용범위에 관한 설명으로 틀린 것은? 15년 3회 기출

① 상시 5명 이상의 근로자를 사용하는 모든 사업 또는 사업장에 적용한다.
② 상시 4명 이하의 근로자를 사용하는 사업 또는 사업장에 대하여는 주휴일, 월차휴가, 연차휴가, 생리휴가, 출산전후휴가 등을 적용하지 아니한다.
③ 동거하는 친족만을 사용하는 사업 또는 사업장에 대하여는 적용하지 아니한다.
④ 가사 사용인에 대하여는 적용하지 아니한다.

만점 해설
② 상시 4명 이하의 근로자를 사용하는 사업 또는 사업장에 대하여 연차 유급휴가(법 제60조), 생리휴가(법 제73조) 등은 적용하지 않지만, 주휴일(법 제55조 제1항), 출산전후휴가(법 제74조) 등은 적용한다(근로기준법 시행령 제7조 및 별표1 참조).
①·③·④ 근로기준법은 상시 5명 이상의 근로자를 사용하는 모든 사업 또는 사업장에 적용한다. 다만, 동거하는 친족만을 사용하는 사업 또는 사업장과 가사(家事) 사용인에 대하여는 적용하지 아니한다(동법 제11조 제1항).

08
근로기준법령상 상시 4명 이하의 근로자를 사용하는 사업 또는 사업장에 적용하는 법 규정을 모두 고른 것은? 19년 2회 기출

```
ㄱ. 근로기준법 제9조(중간착취의 배제)
ㄴ. 근로기준법 제18조(단시간근로자의 근로조건)
ㄷ. 근로기준법 제21조(전차금 상계의 금지)
ㄹ. 근로기준법 제60조(연차 유급휴가)
ㅁ. 근로기준법 제72조(갱내근로의 금지)
```

① ㄱ, ㄷ, ㄹ
② ㄴ, ㄹ
③ ㄷ, ㅁ
④ ㄱ, ㄴ, ㄷ, ㅁ

만점 해설
ㄹ. 연차 유급휴가에 관한 규정(법 제60조)은 상시 4명 이하의 근로자를 사용하는 사업 또는 사업장에 적용하지 않는다.

09
근로기준법상 상시 4명 이하의 근로자를 사용하는 사업 또는 사업장에 적용하는 규정으로만 짝지어진 것은? 18년 3회 기출

```
ㄱ. 주휴일
ㄴ. 연차 유급휴가
ㄷ. 해고의 예고
ㄹ. 부당해고 구제신청
```

① ㄱ, ㄷ
② ㄷ, ㄹ
③ ㄱ, ㄴ
④ ㄱ, ㄹ

만점 해설
ㄱ·ㄷ. 주휴일에 관한 규정(법 제55조 제1항), 해고의 예고에 관한 규정(법 제26조)은 상시 4명 이하의 근로자를 사용하는 사업 또는 사업장에 적용한다.
ㄴ·ㄹ. 연차 유급휴가에 관한 규정(법 제60조), 부당해고 등의 구제신청에 관한 규정(법 제28조)은 상시 4명 이하의 근로자를 사용하는 사업 또는 사업장에 적용하지 않는다.

10
근로기준법상 사용자가 근로계약 체결 시 명시해야 할 사항이 아닌 것은? 15년 3회, 07년 1회 기출

① 근로계약 위반 시 손해배상액
② 임금의 구성항목
③ 임금의 계산방법
④ 취업장소

만점 해설
사용자가 근로계약 체결 시 '명시'해야 할 사항(근로기준법 제17조 제1항 및 시행령 제8조 참조)
• 임금(구성항목·계산방법·지급방법)(②·③)
• 소정근로시간
• 휴일(주휴일)
• 연차 유급휴가
• 취업의 장소와 종사하여야 할 업무에 관한 사항(④)
• 취업규칙에서 정한 사항
• 기숙사 규칙에서 정한 사항(사업장의 부속 기숙사에 근로자를 기숙하게 하는 경우)

11
근로기준법상 사용자가 근로계약을 체결할 때 근로자에게 서면으로 명시하여야 하는 근로조건이 아닌 것은?
12년 2회 기출

① 소정근로시간
② 연차 유급휴가
③ 휴게장소
④ 임금의 지급방법

만점 해설
③ '휴게장소'가 아닌 '취업장소'가 옳다.

12
근로기준법령상 근로계약을 체결할 때 사용자가 근로자에게 반드시 서면으로 명시하여 교부해야 하는 사항이 아닌 것은?
18년 3회 기출

① 취업의 장소
② 소정근로시간
③ 연차 유급휴가
④ 임금의 구성항목·계산방법·지급방법

만점 해설
사용자가 근로계약 체결 시 '명시+교부'해야 할 사항(근로기준법 제17조 제2항 참조)
• 임금(구성항목·계산방법·지급방법)
• 소정근로시간
• 휴일(주휴일)
• 연차 유급휴가

*참고 : 사용자가 근로계약 체결 시 '명시'해야 할 사항과 '명시+교부'해야 할 사항에 차이가 있습니다. 이 두 가지 경우를 반드시 구분해야 합니다.

13
근로기준법령상 근로계약에 관한 설명으로 틀린 것은?
21년 2회 기출

① 근로기준법에서 정하는 기준에 미치지 못하는 근로조건을 정한 근로계약은 그 부분에 한정하여 무효로 한다.
② 사용자는 근로계약 불이행에 대한 위약금 또는 손해배상액을 예정하는 계약을 체결할 수 있다.
③ 사용자는 근로계약을 체결할 때에 근로자에게 임금, 소정근로시간, 휴일, 연차 유급휴가 등의 사항을 명시하여야 한다.
④ 명시된 근로조건이 사실과 다를 경우에 근로자는 근로조건 위반을 이유로 손해의 배상을 청구할 수 있으며 즉시 근로계약을 해제할 수 있다.

만점 해설
② 사용자는 근로계약 불이행에 대한 위약금 또는 손해배상액을 예정하는 계약을 체결하지 못한다(근로기준법 제20조).
① 동법 제15조 제1항
③ 동법 제17조 제1항 참조
④ 동법 제19조 제1항

14
근로기준법상 근로계약에 관한 설명으로 틀린 것은?   18년 2회, 11년 2회 기출

① 단시간근로자의 근로조건은 그 사업장의 같은 종류의 업무에 종사하는 통상 근로자의 근로시간을 기준으로 산정한 비율에 따라 결정되어야 한다.
② 사용자는 근로계약 불이행에 대한 위약금 또는 손해배상액을 예정하는 계약을 체결하여야 한다.
③ 사용자는 전차금(前借金)이나 그 밖에 근로할 것을 조건으로 하는 전대(前貸)채권과 임금을 상계하지 못한다.
④ 사용자는 근로계약에 덧붙여 강제 저축 또는 저축금의 관리를 규정하는 계약을 체결하지 못한다.

만점 해설
② 사용자는 근로계약 불이행에 대한 위약금 또는 손해배상액을 예정하는 계약을 체결하지 못한다(근로기준법 제20조).
① 동법 제18조 제1항
③ 동법 제21조
④ 동법 제22조 제1항

15
근로기준법상 근로계약에 관한 설명으로 틀린 것은?   18년 1회 기출

① 근로기준법에서 정하는 기준에 미치지 못하는 근로조건을 정한 근로계약은 그 부분에 한정하여 무효로 한다.
② 근로계약이 무효로 된 부분은 근로기준법에서 정한 기준에 따른다.
③ 사용자는 근로계약을 체결할 때에 근로자에게 임금, 소정근로시간, 휴일, 연차 유급휴가 등의 사항을 명시하여야 한다.
④ 명시된 근로조건이 사실과 다를 경우에 근로자는 근로조건 위반을 이유로 손해의 배상을 청구할 수 있으나 근로계약은 해제할 수 없다.

만점 해설
④ 명시된 근로조건이 사실과 다를 경우에 근로자는 근로조건 위반을 이유로 손해의 배상을 청구할 수 있으며 즉시 근로계약을 해제할 수 있다(근로기준법 제19조 제1항).
① 동법 제15조 제1항
② 동법 제15조 제2항
③ 동법 제17조 제1항 참조

16
근로기준법령상 근로계약에 관한 설명으로 틀린 것은?   20년 1·2회 기출

① 이 법에서 정하는 기준에 미치지 못하는 근로조건을 정한 근로계약은 그 부분에 한정하여 무효로 한다.
② 근로계약은 기간을 정하지 아니한 것과 일정한 사업의 완료에 필요한 기간을 정한 것 외에는 그 기간은 1년을 초과하지 못한다.
③ 단시간근로자의 근로조건은 그 사업장의 같은 종류의 업무에 종사하는 통상 근로자의 근로시간을 기준으로 산정한 비율에 따라 결정되어야 한다.
④ 사용자는 근로계약 불이행에 대한 위약금을 예정하는 계약을 체결한 경우 300만원 이하의 과태료에 처한다.

만점 해설
④ 사용자는 근로계약 불이행에 대한 위약금 또는 손해배상액을 예정하는 계약을 체결하지 못한다(근로기준법 제20조). 위약 예정의 금지 규정을 위반한 자는 500만원 이하의 벌금에 처한다(동법 제114조 제1호 참조).
① 동법 제15조 제1항
② 동법 제16조
③ 동법 제18조 제1항

*참고 : 지문 ②번 근로기준법 제16조(계약기간)에 관한 규정은 「기간제 및 단시간근로자 보호 등에 관한 법률」이 제정됨에 따라 2007년 7월 1일부로 더 이상 유효하지 않은 규정임에도 불구하고, 직업상담사 2급 시험에서 여전히 문제의 지문으로 제시되고 있습니다.

17
근로기준법상 해고의 법리에 대한 다음 설명으로 옳지 않은 것은? 05년 3회 기출

① 근로자의 취업기회와 고용안정을 도모하기 위하여 일반적으로 정당한 이유 없이는 해고를 금지하고 있다.
② 근로계약의 체결에 있어서 근로조건이 명시되지 않았다면 그 계약은 무효이다.
③ 사용자는 업무상 질병의 요양을 위한 휴업기간과 그 후 30일간은 근로자를 해고할 수 없다.
④ 경영 악화를 방지하기 위한 사업의 양도·인수·합병은 긴박한 경영상의 필요가 있는 것으로 본다.

만점 해설
② 근로조건이 명시되지 않았다고 하더라도 그 계약 자체는 무효로 되지 않는다. '근로조건의 명시'에 관한 규정은 효력규정이 아닌 단속규정에 불과하다.

18
근로기준법의 내용에 관한 설명으로 틀린 것은? 12년 1회 기출

① 임금채권은 3년간 행사하지 아니하면 시효로 소멸한다.
② 명시된 근로조건이 사실과 다를 경우에 근로자는 근로조건 위반을 이유로 손해의 배상 청구를 노동위원회에 신청할 수 있다.
③ 사용자는 전차금(前借金)이나 그 밖에 근로할 것을 조건으로 하는 전대(前貸)채권과 임금을 상계하지 못한다.
④ 사용자는 근로계약 불이행에 대한 위약금을 예정하는 계약을 체결한 경우 사용자는 근로자의 근로계약 불이행이 있으면 약정된 위약금을 청구할 수 있다.

만점 해설
④ 사용자는 근로계약 불이행에 대한 위약금 또는 손해배상액을 예정하는 계약을 체결하지 못한다(근로기준법 제20조).
① 동법 제49조
② 동법 제19조 제1항 및 제2항 참조
③ 동법 제21조

19
근로기준법상 경영상 이유에 의한 해고에 관한 설명으로 틀린 것은? 19년 3회 기출

① 경영 악화를 방지하기 위한 사업의 양도·인수·합병은 긴박한 경영상의 필요가 있는 것으로 본다.
② 사용자는 해고를 피하기 위한 노력을 다하여야 한다.
③ 사용자는 합리적이고 공정한 해고의 기준을 정하고 이에 따라 그 대상자를 선정하여야 한다.
④ 사용자는 해고를 피하기 위한 방법과 해고의 기준 등에 관하여 해고를 하려는 날의 60일 전까지 고용노동부장관의 승인을 받아야 한다.

만점 해설
④ 사용자는 해고를 피하기 위한 방법과 해고의 기준 등에 관하여 그 사업 또는 사업장에 근로자의 과반수로 조직된 노동조합이 있는 경우에는 그 노동조합(근로자의 과반수로 조직된 노동조합이 없는 경우에는 근로자의 과반수를 대표하는 자를 말한다)에 해고를 하려는 날의 50일 전까지 통보하고 성실하게 협의하여야 한다(근로기준법 제24조 제3항).
① 동법 제24조 제1항
②·③ 동법 제24조 제2항 참조

20
근로기준법상 경영상 이유에 의한 해고에 대한 설명으로 틀린 것은? 19년 1회, 15년 3회 기출

① 사용자가 경영상 이유에 의하여 근로자를 해고하려면 긴박한 경영상의 필요가 있어야 한다.
② 사용자는 해고를 피하기 위한 노력을 다하여야 하며, 합리적이고 공정한 해고의 기준을 정하고 이에 따라 그 대상자를 선정하여야 한다.
③ 사용자는 해고를 피하기 위한 방법과 해고의 기준 등에 관하여 그 사업 또는 사업장에 근로자의 과반수로 조직된 노동조합이 있는 경우에는 그 노동조합에 해고를 하려는 날의 50일 전까지 통보하고 성실하게 협의하여야 한다.
④ 사용자는 대통령령으로 정하는 일정한 규모 이상의 인원을 해고하려면 고용노동부장관의 승인을 얻어야 한다.

만점 해설
④ 사용자는 대통령령으로 정하는 일정한 규모 이상의 인원을 해고하려면 대통령령으로 정하는 바에 따라 고용노동부장관에게 신고하여야 한다(근로기준법 제24조 제4항).
① 동법 제24조 제1항
② 동법 제24조 제2항
③ 동법 제24조 제3항

21
근로기준법령상 고용노동부장관에게 경영상의 이유에 의한 해고 계획의 신고를 할 때 포함해야 하는 사항이 아닌 것은? 21년 1회, 17년 2회 기출

① 퇴직금
② 해고 사유
③ 해고 일정
④ 근로자대표와 협의한 내용

만점 해설
경영상의 이유에 의한 해고 계획의 신고 시 포함하여야 하는 사항(근로기준법 시행령 제10조 제2항 참조)
• 해고 사유
• 해고 예정 인원
• 근로자대표와 협의한 내용
• 해고 일정

22
근로기준법령상 경영상의 이유에 의한 해고에 관한 설명으로 옳은 것은? 21년 3회 기출

① 사용자는 근로자대표에게 해고를 하려는 날의 60일 전까지 해고의 기준을 통보하여야 한다.
② 경영 악화를 방지하기 위한 사업의 합병은 긴박한 경영상의 필요가 있는 것으로 볼 수 없다.
③ 사용자는 근로자를 해고하려면 해고사유와 해고시기를 서면으로 통지하여야 한다.
④ 사용자는 경영상 이유에 의하여 해고된 근로자에 대하여 재취업 등 필요한 조치를 우선적으로 취하여야 한다.

만점 해설
③ 근로기준법 제27조 제1항
① 사용자는 해고를 피하기 위한 방법과 해고의 기준 등에 관하여 그 사업 또는 사업장에 근로자의 과반수로 조직된 노동조합이 있는 경우에는 그 노동조합(근로자의 과반수로 조직된 노동조합이 없는 경우에는 근로자의 과반수를 대표하는 자를 말한다)에 해고를 하려는 날의 50일 전까지 통보하고 성실하게 협의하여야 한다(동법 제24조 제3항).
② 사용자가 경영상 이유에 의하여 근로자를 해고하려면 긴박한 경영상의 필요가 있어야 한다. 이 경우 경영 악화를 방지하기 위한 사업의 양도·인수·합병은 긴박한 경영상의 필요가 있는 것으로 본다(동법 제24조 제1항).
④ 정부는 경영상 이유에 의하여 해고된 근로자에 대하여 생계안정, 재취업, 직업훈련 등 필요한 조치를 우선적으로 취하여야 한다(동법 제25조 제2항).

23
근로기준법상 해고에 관한 설명으로 틀린 것은?

17년 1회 기출

① 사용자는 근로자에게 정당한 이유 없이 해고를 하지 못한다.
② 사용자는 근로자를 해고하려면 해고사유와 해고시기를 서면으로 통지하여야 한다.
③ 사용자는 근로자를 해고하려면 적어도 30일 전에 예고를 하여야 하고, 30일 전에 예고를 하지 아니하였을 때에는 30일분 이상의 통상임금을 지급하여야 함이 원칙이다.
④ 사용자가 근로자에게 부당해고를 하면 근로자는 노동위원회에 구제신청을 할 수 있고, 구제신청은 부당해고가 있었던 날로부터 6개월 이내에 하여야 한다.

만점 해설

④ 사용자가 근로자에게 부당해고 등을 하면 근로자는 노동위원회에 구제를 신청할 수 있다. 구제신청은 부당해고 등이 있었던 날부터 3개월 이내에 하여야 한다(근로기준법 제28조 제1항 및 제2항).
① 동법 제23조 제1항 참조
② 동법 제27조 제1항
③ 동법 제26조 참조

24
근로기준법상 부당해고 구제신청 불복절차에 관한 설명으로 옳은 것은?

16년 3회 기출

① 지방노동위원회의 구제명령이나 기각결정에 불복하는 사용자나 근로자는 구제명령서나 기각결정서를 통지받은 날부터 15일 이내에 중앙노동위원회에 재심을 신청할 수 있다.
② 중앙노동위원회에 재심 신청을 하면 지방노동위원회의 구제명령이나 기각결정은 효력이 정지된다.
③ 중앙노동위원회의 재심판정에 대하여 사용자나 근로자는 재심판정일로부터 15일 이내에 이에 불복하는 행정소송을 제기할 수 있다.
④ 행정소송을 제기하더라도 중앙노동위원회의 재심판정은 효력이 정지되지 아니한다.

만점 해설

②·④ 노동위원회의 구제명령, 기각결정 또는 재심판정은 중앙노동위원회에 대한 재심 신청이나 행정소송 제기에 의하여 그 효력이 정지되지 아니한다(근로기준법 제32조).
① 지방노동위원회의 구제명령이나 기각결정에 불복하는 사용자나 근로자는 구제명령서나 기각결정서를 통지받은 날부터 10일 이내에 중앙노동위원회에 재심을 신청할 수 있다(동법 제31조 제1항).
③ 중앙노동위원회의 재심판정에 대하여 사용자나 근로자는 재심판정서를 송달받은 날부터 15일 이내에 행정소송법의 규정에 따라 소(訴)를 제기할 수 있다(동법 제31조 제2항).

25
근로기준법령상 이행강제금에 관한 설명으로 옳은 것은?

22년 2회 기출

① 노동위원회는 구제명령을 받은 후 이행기한까지 구제명령을 이행하지 아니한 사용자에게 3천만원 이하의 이행강제금을 부과한다.
② 노동위원회는 이행강제금 납부의무자가 납부기한까지 이행강제금을 내지 아니하면 즉시 국세체납처분의 예에 따라 징수할 수 있다.
③ 노동위원회는 최초의 구제명령을 한 날을 기준으로 매년 4회의 범위에서 구제명령이 이행될 때까지 반복하여 이행강제금을 부과·징수할 수 있다.
④ 근로자는 구제명령을 받은 사용자가 이행기한까지 구제명령을 이행하지 아니하면 이행기한이 지난 때부터 30일 이내에 그 사실을 노동위원회에 알려줄 수 있다.

만점 해설

① 근로기준법 제33조 제1항
② 노동위원회는 이행강제금 납부의무자가 납부기한까지 이행강제금을 내지 아니하면 기간을 정하여 독촉을 하고 지정된 기간에 이행강제금을 내지 아니하면 국세 체납처분의 예에 따라 징수할 수 있다(동법 제33조 제7항).
③ 노동위원회는 최초의 구제명령을 한 날을 기준으로 매년 2회의 범위에서 구제명령이 이행될 때까지 반복하여 이행강제금을 부과·징수할 수 있다. 이 경우 이행강제금은 2년을 초과하여 부과·징수하지 못한다(동법 제33조 제5항).
④ 근로자는 구제명령을 받은 사용자가 이행기한까지 구제명령을 이행하지 아니하면 이행기한이 지난 때부터 15일 이내에 그 사실을 노동위원회에 알려줄 수 있다(동법 제33조 제8항).

26
근로기준법령상 이행강제금에 관한 설명으로 틀린 것은? 21년 2회 기출변형

① 노동위원회는 구제명령을 받은 후 이행기한까지 구제명령을 이행하지 아니한 사용자에게 3천만원 이하의 이행강제금을 부과한다.
② 노동위원회는 이행강제금을 부과하기 30일 전까지 이행강제금을 부과·징수한다는 뜻을 사용자에게 미리 문서로써 알려주어야 한다.
③ 근로자는 구제명령을 받은 사용자가 이행기한까지 구제명령을 이행하지 아니하면 이행기한이 지난 때부터 30일 이내에 그 사실을 노동위원회에 알려줄 수 있다.
④ 노동위원회는 이행강제금 납부의무자가 납부기한까지 이행강제금을 내지 아니하면 기간을 정하여 독촉을 하고 지정된 기간에 이행강제금을 내지 아니하면 국세 체납처분의 예에 따라 징수할 수 있다.

만점 해설
③ 근로자는 구제명령을 받은 사용자가 이행기한까지 구제명령을 이행하지 아니하면 이행기한이 지난 때부터 15일 이내에 그 사실을 노동위원회에 알려줄 수 있다(근로기준법 제33조 제8항).
① 동법 제33조 제1항
② 동법 제33조 제2항
④ 동법 제33조 제7항

*참고 : 2021년 5월 18일 법 개정에 따라 2021년 11월 19일부로 노동위원회의 구제명령을 이행하지 아니한 경우 사용자에게 부과되는 이행강제금의 한도가 기존 2천만원에서 3천만원으로 상향되었습니다.

27
근로기준법상 이행강제금에 관한 설명으로 틀린 것은? 13년 3회 기출

① 이행강제금은 노동위원회가 부과한다.
② 이행강제금을 부과하기 30일 전까지 사용자에게 문서로 미리 알려주어야 한다.
③ 이행강제금은 매년 2회의 범위에서 반복하여 부과·징수할 수 있다.
④ 구제명령을 받은 자가 구제명령을 이행하면 이미 부과·징수한 이행강제금은 반환한다.

만점 해설
④ 노동위원회는 구제명령을 받은 자가 구제명령을 이행하면 새로운 이행강제금을 부과하지 아니하되, 구제명령을 이행하기 전에 이미 부과된 이행강제금은 징수하여야 한다(근로기준법 제33조 제6항).
① 동법 제33조 제1항 참조
② 동법 제33조 제2항 참조
③ 동법 제33조 제5항 참조

28
다음 ( )에 알맞은 것은? 18년 2회, 10년 3회 기출

> 근로기준법상 사용자는 근로자가 사망 또는 퇴직한 경우에는 그 지급 사유가 발생한 때부터 ( ) 이내에 임금, 보상금, 그 밖의 모든 금품을 지급하여야 한다. 다만, 특별한 사정이 있을 경우에는 당사자 사이의 합의에 의하여 기일을 연장할 수 있다.

① 14일 ② 30일
③ 60일 ④ 90일

만점 해설
금품 청산(근로기준법 제36조)
사용자는 근로자가 사망 또는 퇴직한 경우에는 그 지급 사유가 발생한 때부터 14일 이내에 임금, 보상금, 그 밖의 모든 금품을 지급하여야 한다. 다만, 특별한 사정이 있을 경우에는 당사자 사이의 합의에 의하여 기일을 연장할 수 있다.

29
다음 중 근로기준법상 1순위로 변제되어야 하는 채권은? 20년 4회 기출

① 우선권이 없는 조세·공과금
② 최종 3개월분의 임금
③ 질권·저당권에 의해 담보된 채권
④ 최종 3개월분의 임금을 제외한 임금채권 전액

만점 해설

근로기준법상 임금채권과 다른 채권의 우선순위(근로기준법 제38조 참조)
- 최종 3개월분의 임금 및 재해보상금(최우선변제)(②)
- 질권·저당권 또는 담보권에 우선하는 조세·공과금
- 질권·저당권 또는 담보권에 따라 담보된 채권(③)
- 최종 3개월분의 임금을 제외한 임금 및 기타 근로관계로 인한 채권(④)
- 그 밖에 우선권이 없는 조세·공과금 및 다른 채권(①)

30
근로기준법상 사용증명서에 관한 설명으로 틀린 것은? 16년 3회, 13년 1회, 09년 3회 기출

① 사용증명서를 청구할 수 있는 자는 계속하여 30일 이상 근무한 근로자이다.
② 사용증명서를 청구할 수 있는 기한은 퇴직 후 3년 이내로 한다.
③ 사용자는 근로자가 퇴직한 후라도 사용증명서를 청구하면 사실대로 적은 증명서를 즉시 내주어야 한다.
④ 사용증명서의 법적 기재사항은 청구여부에 관계없이 기재해야 한다.

만점 해설

④ 사용증명서에는 근로자가 요구한 사항만을 적어야 한다(근로기준법 제39조 제2항).
①·② 동법 시행령 제19조 참조
③ 동법 제39조 제1항

31
근로기준법령상 근로자 명부의 기재사항에 해당하지 않는 것은? 20년 1·2회 기출

① 성 명
② 주 소
③ 이 력
④ 재 산

만점 해설

근로자 명부의 기재사항(근로기준법 시행령 제20조 참조)
- 성 명(①)
- 성 별
- 생년월일
- 주 소(②)
- 이 력(③)
- 종사하는 업무의 종류
- 고용 또는 고용갱신 연월일, 계약기간을 정한 경우에는 그 기간, 그 밖의 고용에 관한 사항
- 해고, 퇴직 또는 사망한 경우에는 그 연월일과 사유
- 그 밖에 필요한 사항

32
근로기준법령상 사용자가 3년간 보존하여야 하는 근로계약에 관한 중요한 서류로 명시되지 않은 것은? 22년 2회 기출

① 임금대장
② 휴가에 관한 서류
③ 고용·해고·퇴직에 관한 서류
④ 퇴직금 중간정산에 관한 증명서류

만점 해설

계약 서류의 보존(근로기준법 제42조 및 시행령 제22조 제1항 참조)
사용자는 근로자 명부와 근로계약에 관한 다음의 중요한 서류를 3년간 보존하여야 한다.
- 근로계약서
- 임금대장(①)
- 임금의 결정·지급방법과 임금계산의 기초에 관한 서류
- 고용·해고·퇴직에 관한 서류(③)
- 승급·감급에 관한 서류
- 휴가에 관한 서류(②)
- 탄력적 근로시간제, 선택적 근로시간제, 근로시간 연장, 대체휴일, 보상 휴가제, 근로시간 계산의 특례, 근로시간 및 휴게시간의 특례, 유급휴가의 대체에 관한 서면 합의 서류
- 연소자의 증명에 관한 서류

02절 주요 내용

01
근로기준법상 평균임금에 관한 설명으로 틀린 것은? 17년 1회 기출

① 평균임금은 이를 산정하여야 할 사유가 발생한 날 이전 3개월 동안에 그 근로자에게 지급된 임금의 총액을 그 기간의 총일수로 나눈 금액을 말한다.
② 일용근로자의 평균임금은 고용노동부장관이 사업이나 직업에 따라 정하는 금액으로 한다.
③ 평균임금이 그 근로자의 통상임금보다 적으면 그 통상임금액을 평균임금으로 한다.
④ 근로자에게 정기적이고 일률적으로 소정(所定)근로 또는 총 근로에 대하여 지급하기로 정한 시간급 금액, 일급 금액, 주급 금액, 월급 금액 또는 도급 금액을 말한다.

만점 해설
④ 평균임금이 아닌 통상임금의 내용에 해당한다(근로기준법 시행령 제6조 제1항 참조).
① 동법 제2조 제1항 제6호
② 동법 시행령 제3조
③ 동법 제2조 제2항

02
근로기준법상 임금에 대한 설명으로 틀린 것은? 19년 2회 기출

① 임금이란 사용자가 근로의 대가로 근로자에게 임금, 봉급, 그 밖에 어떠한 명칭으로든지 지급하는 모든 금품을 말한다.
② 평균임금이란 이를 산정하여야 할 사유가 발생한 날 이전 3개월 동안에 그 근로자에게 지급된 임금의 총액을 말한다.
③ 사용자는 도급이나 그 밖에 이에 준하는 제도로 사용하는 근로자에게 근로시간에 따라 일정액의 임금을 보장하여야 한다.
④ 근로기준법에 따른 임금채권은 3년간 행사하지 아니하면 시효로 소멸한다.

만점 해설
② "평균임금"이란 이를 산정하여야 할 사유가 발생한 날 이전 3개월 동안에 그 근로자에게 지급된 임금의 총액을 그 기간의 총일수로 나눈 금액을 말한다. 근로자가 취업한 후 3개월 미만인 경우도 이에 준한다(근로기준법 제2조 제1항 제6호).
① 동법 제2조 제1항 제5호
③ 동법 제47조
④ 동법 제49조

03
근로기준법상 평균임금과 통상임금에 대한 설명으로 틀린 것은? 13년 3회 기출

① 연장근로수당, 야간근로수당의 산정기초는 통상임금이다.
② 평균임금액이 통상임금보다 적으면 그 통상임금액을 평균임금으로 한다.
③ 일용근로자의 평균임금은 고용노동부장관이 사업이나 직업에 따라 정하는 금액으로 한다.
④ 평균임금은 이를 산정하여야 할 사유가 발생한 날 이전 3개월 동안에 그 근로자에게 지급된 임금의 총액을 월수로 나눈 금액을 말한다.

만점 해설
④ "평균임금"이란 이를 산정하여야 할 사유가 발생한 날 이전 3개월 동안에 그 근로자에게 지급된 임금의 총액을 그 기간의 총일수로 나눈 금액을 말한다. 근로자가 취업한 후 3개월 미만인 경우도 이에 준한다(근로기준법 제2조 제1항 제6호).
① 동법 제56조 제1항 및 제3항 참조
② 동법 제2조 제2항
③ 동법 시행령 제3조

04
근로기준법령상 평균임금의 계산에서 제외되는 기간이 아닌 것은? 19년 1회 기출

① 사용자의 귀책사유로 휴업한 기간
② 출산전후휴가 기간
③ 남성근로자가 신생아의 양육을 위하여 육아휴직한 기간
④ 병역의무 이행을 위하여 유급으로 휴직한 기간

만점 해설

평균임금의 계산에서 제외되는 기간(근로기준법 시행령 제2조 제1항 참조)
- 근로계약을 체결하고 수습 중에 있는 근로자가 수습을 시작한 날부터 3개월 이내의 기간
- 사용자의 귀책사유로 휴업한 기간(①)
- 출산전후휴가 및 유산·사산 휴가 기간(②)
- 업무상 부상 또는 질병으로 요양하기 위하여 휴업한 기간
- 「남녀고용평등과 일·가정 양립 지원에 관한 법률」에 따른 육아휴직 기간(③)
- 「노동조합 및 노동관계조정법」에 따른 쟁의행위기간
- 「병역법」, 「예비군법」 또는 「민방위기본법」에 따른 의무를 이행하기 위하여 휴직하거나 근로하지 못한 기간(단, 그 기간 중 임금을 지급받은 경우는 평균임금의 계산에 포함)(④)
- 업무 외 부상이나 질병, 그 밖의 사유로 사용자의 승인을 받아 휴업한 기간

05
근로기준법상 평균임금의 산정대상기간에서 제외되는 기간에 해당되지 않는 것은? 15년 2회 기출

① 2개월 이내의 수습기간
② 업무상 부상·질병으로 요양하기 위하여 휴업한 기간
③ 사용자의 귀책사유로 휴업한 기간
④ 병역의무의 이행을 위하여 임금을 받으면서 휴직한 기간

만점 해설

④ 병역의무를 이행하기 위하여 휴직한 기간은 원칙적으로 평균임금의 산정대상기간에서 제외되지만, 그 기간 중 임금을 지급받은 경우는 예외적으로 평균임금의 산정대상기간에 포함된다(근로기준법 시행령 제2조 제1항 제7호).

06
근로기준법상의 임금의 지급방법에 관한 원칙으로만 연결된 것은? 14년 3회 기출

① 통화불의 원칙, 직접불의 원칙, 정액불의 원칙, 일시불의 원칙
② 통화불의 원칙, 직접불의 원칙, 전액불의 원칙, 매월 1회 이상 정기불의 원칙
③ 통화불의 원칙, 정액불의 원칙, 전액불의 원칙, 일시불의 원칙
④ 직접불의 원칙, 정액불의 원칙, 전액불의 원칙, 매월 1회 이상 정기불의 원칙

만점 해설

임금 지급의 원칙(근로기준법 제43조 참조)

통화불·직접불·전액불	임금은 통화로 직접 근로자에게 그 전액을 지급하여야 한다.
매월 1회 이상 정기불	임금은 매월 1회 이상 일정한 날짜를 정하여 지급하여야 한다.

07
근로기준법상 임금 지급 원칙이 아닌 것은? 17년 2회, 10년 2회 기출

① 통화불의 원칙
② 정액불의 원칙
③ 직접불의 원칙
④ 정기불의 원칙

만점 해설

② '정액불의 원칙'이 아닌 '전액불의 원칙'이 옳다.

08
근로기준법상 임금지급에 관한 설명으로 틀린 것은?

12년 2회 기출

① 임금은 원칙적으로 직접 근로자에게 지급하여야 한다.
② 법령 또는 단체협약에 특별한 규정이 있는 경우에는 임금의 전부를 공제하거나 통화 이외의 것으로 지급할 수 있다.
③ 임금은 원칙적으로 그 전액을 지급하여야 한다.
④ 임금은 원칙적으로 매월 1회 이상 일정한 날짜를 정하여 지급하여야 한다.

만점 해설
② 임금은 통화로 직접 근로자에게 그 전액을 지급하여야 한다. 다만, 법령 또는 단체협약에 특별한 규정이 있는 경우에는 임금의 일부를 공제하거나 통화 이외의 것으로 지급할 수 있다(근로기준법 제43조 제1항).

09
근로기준법상 임금에 관한 설명으로 틀린 것은?

16년 2회, 11년 1회 기출변형

① 임금은 원칙적으로 통화(通貨)로 직접 근로자에게 그 전액을 지급하여야 한다.
② 사용자는 근로자가 출산, 질병, 재해 등 비상(非常)한 경우의 비용에 충당하기 위하여 임금 지급을 청구하면 지급기일 전이라도 향후 제공할 근로에 대한 임금을 지급하여야 한다.
③ 임금은 원칙적으로 매월 1회 이상 일정한 날짜를 정하여 지급하여야 한다.
④ 사업이 한 차례 이상의 도급에 따라 행하여지는 경우에 하수급인(下受給人)이 직상(直上) 수급인의 귀책사유로 근로자에게 임금을 지급하지 못한 경우에는 그 직상 수급인은 그 하수급인과 연대하여 책임을 진다.

만점 해설
② 사용자는 근로자가 출산, 질병, 재해, 그 밖에 대통령령으로 정하는 비상(非常)한 경우의 비용에 충당하기 위하여 임금 지급을 청구하면 지급기일 전이라도 이미 제공한 근로에 대한 임금을 지급하여야 한다(근로기준법 제45조).
① 동법 제43조 제1항
③ 동법 제43조 제2항
④ 동법 제44조 제1항

10
근로기준법상 임금 지급에 관한 설명으로 틀린 것은?

13년 2회 기출변형

① 법령 또는 단체협약에 특별한 규정이 있는 경우가 아니라면, 임금의 일부를 공제하거나 통화 이외의 것으로 지급할 수 없다.
② 임시로 지급하는 임금의 경우 매월 1회 이상 일정한 날짜를 정하여 지급하여야 하는 것은 아니다.
③ 사업이 한 차례 이상의 도급에 따라 행하여지는 경우에 하수급인이 직상 수급인의 귀책사유로 근로자에게 임금을 지급하지 못한 경우에는 그 하수급인은 책임을 면하고 그 직상 수급인이 단독으로 임금 지급의 책임을 진다.
④ 사용자는 근로자가 질병 비용에 충당하기 위하여 임금 지급을 청구하면 지급기일 전이라도 이미 제공한 근로에 대한 임금을 지급하여야 한다.

만점 해설
③ 사업이 한 차례 이상의 도급에 따라 행하여지는 경우에 하수급인이 직상 수급인의 귀책사유로 근로자에게 임금을 지급하지 못한 경우에는 그 직상 수급인은 그 하수급인과 연대하여 책임을 진다. 다만, 직상 수급인의 귀책사유가 그 상위 수급인의 귀책사유에 의하여 발생한 경우에는 그 상위 수급인도 연대하여 책임을 진다(근로기준법 제44조 제1항).
① 동법 제43조 제1항 참조
② 동법 제43조 제2항 단서
④ 동법 제45조 참조

11

근로기준법령상 근로자의 청구에 따라 사용자가 지급기일 전이라도 이미 제공한 근로에 대한 임금을 지급하여야 하는 비상(非常)한 경우에 해당하지 않는 것은? 　19년 3회 기출

① 근로자가 혼인한 경우
② 근로자의 수입으로 생계를 유지하는 자가 사망한 경우
③ 근로자나 그의 수입으로 생계를 유지하는 자가 출산하거나 질병에 걸린 경우
④ 근로자나 그의 수입으로 생계를 유지하는 자가 부득이한 사유로 3일 이상 귀향하게 되는 경우

만점 해설

지급기일 전의 임금 지급 사유에 해당하는 비상(非常)한 경우(근로기준법 시행령 제25조 참조)
- 근로자나 그의 수입으로 생계를 유지하는 자가 출산하거나 질병에 걸리거나 재해를 당한 경우
- 근로자나 그의 수입으로 생계를 유지하는 자가 혼인 또는 사망한 경우
- 근로자나 그의 수입으로 생계를 유지하는 자가 부득이한 사유로 1주 이상 귀향하게 되는 경우

12

근로기준법상 임금의 비상 시 지급사유가 아닌 것은? 　09년 2회 기출

① 장남의 대학입학
② 장녀의 결혼
③ 배우자의 교통사고
④ 남편의 사망

만점 해설

지급기일 전의 임금 지급 사유에 해당하는 비상(非常)한 경우(근로기준법 시행령 제25조 참조)
- 근로자나 그의 수입으로 생계를 유지하는 자가 출산하거나 질병에 걸리거나 재해를 당한 경우(③)
- 근로자나 그의 수입으로 생계를 유지하는 자가 혼인 또는 사망한 경우(② · ④)
- 근로자나 그의 수입으로 생계를 유지하는 자가 부득이한 사유로 1주 이상 귀향하게 되는 경우

13

근로기준법령상 임금에 관한 설명으로 틀린 것은? 　20년 4회 기출

① 사용자의 귀책사유로 휴업하는 경우에 사용자는 휴업기간 동안 그 근로자에게 평균임금의 100분의 80 이상의 수당을 지급하여야 한다.
② 단체협약에 특별한 규정이 있는 경우에는 임금의 일부를 공제할 수 있다.
③ 임금은 매월 1회 이상 일정한 날짜를 정하여 지급하는 것이 원칙이다.
④ 임금채권은 3년간 행사하지 아니하면 시효로 소멸한다.

만점 해설

① 사용자의 귀책사유로 휴업하는 경우에 사용자는 휴업기간 동안 그 근로자에게 평균임금의 100분의 70 이상의 휴업수당을 지급하여야 한다. 다만, 평균임금의 100분의 70에 해당하는 금액이 통상임금을 초과하는 경우에는 통상임금을 휴업수당으로 지급할 수 있다(근로기준법 제46조 제1항).
② 동법 제43조 제1항 단서
③ 동법 제43조 제2항
④ 동법 제49조

14
근로기준법령상 임금에 관한 설명으로 틀린 것은?

21년 3회 기출

① 고용노동부장관은 체불사업주의 명단을 공개할 경우 체불사업주에게 3개월 이상의 기간을 정하여 소명 기회를 주어야 한다.
② 단체협약에 특별한 규정이 있는 경우에는 임금의 일부를 공제하거나 통화 이외의 것으로 지급할 수 있다.
③ 사용자는 도급으로 사용하는 근로자에게 근로시간에 따라 일정액의 임금을 보장하여야 한다.
④ 사용자는 고용노동부장관의 승인을 받은 경우 통상임금의 100분의 70에 못 미치는 휴업수당을 지급할 수 있다.

만점 해설
④ 사용자는 노동위원회의 승인을 받은 경우 평균임금의 100분의 70에 못 미치는 휴업수당을 지급할 수 있다(근로기준법 제46조 제2항 참조).
① 동법 제43조의2 제2항
② 동법 제43조 제1항 단서
③ 동법 제47조

15
근로기준법상 평균임금에 의해 계산되는 것은?

17년 3회 기출

① 야간근로수당
② 연장근로수당
③ 휴업수당
④ 휴일근로수당

만점 해설
③ 사용자의 귀책사유로 휴업하는 경우에 사용자는 휴업기간 동안 그 근로자에게 평균임금의 100분의 70 이상의 휴업수당을 지급하여야 한다(근로기준법 제46조 제1항).
①·②·④ 사용자는 연장근로와 야간근로에 대하여는 통상임금의 100분의 50 이상을, 휴일근로에 대하여는 8시간 이내의 휴일근로의 경우 통상임금의 100분의 50 이상을, 8시간을 초과한 휴일근로의 경우 통상임금의 100분의 100 이상을 가산하여 근로자에게 지급하여야 한다(동법 제56조 참조).

16
근로기준법령상 임금채권의 소멸시효 기간은?

21년 1회, 15년 1회 기출

① 1년
② 2년
③ 3년
④ 5년

만점 해설
임금의 시효(근로기준법 제49조)
근로기준법에 따른 임금채권은 3년간 행사하지 아니하면 시효로 소멸한다.

17
다음 ( )에 알맞은 것은?

18년 1회 기출

근로기준법에 따른 임금채권은 ( )간 행사하지 아니하면 시효로 소멸한다.

① 6개월
② 1년
③ 2년
④ 3년

만점 해설
임금의 시효(근로기준법 제49조)
근로기준법에 따른 임금채권은 3년간 행사하지 아니하면 시효로 소멸한다.

18

근로기준법상 근로시간에 관한 설명으로 틀린 것은? 15년 1회, 08년 3회 기출

① 1주 간의 근로시간은 휴게시간을 제외하고 40시간을 초과할 수 없다.
② 1일의 근로시간은 휴게시간을 제외하고 8시간을 초과할 수 없다.
③ 선택적 근로시간제 대상 근로자의 범위는 15세 이상 18세 미만의 근로자이다.
④ 당사자 간에 합의하면 1주간에 12시간을 한도로 근로시간을 연장할 수 있다.

만점 해설

③ 15세 이상 18세 미만의 근로자는 선택적 근로시간제 대상 근로자의 범위에서 제외한다(근로기준법 제52조 제1항 제1호).
① 동법 제50조 제1항
② 동법 제50조 제2항
④ 동법 제53조 제1항

19

근로기준법상 근로시간과 휴게시간에 관한 설명으로 틀린 것은? 16년 2회, 10년 3회 기출

① 1주간의 근로시간은 휴게시간을 제외하고 40시간을 초과할 수 없다.
② 1일의 근로시간은 휴게시간을 제외하고 8시간을 초과할 수 없다.
③ 사용자는 근로시간이 4시간인 경우에는 30분 이상, 8시간인 경우에는 1시간 이상의 휴게시간을 근로시간 이후에 주어야 한다.
④ 휴게시간은 근로자가 자유롭게 이용할 수 있다.

만점 해설

③ 사용자는 근로시간이 4시간인 경우에는 30분 이상, 8시간인 경우에는 1시간 이상의 휴게시간을 근로시간 도중에 주어야 한다(근로기준법 제54조 제1항).
① 동법 제50조 제1항
② 동법 제50조 제2항
④ 동법 제54조 제2항

20

다음 ( )에 알맞은 것은? 19년 1회, 12년 3회 기출

> 근로기준법상 야간근로는 (ㄱ)부터 다음 날 (ㄴ) 사이의 근로를 말한다.

① ㄱ : 오후 8시, ㄴ : 오전 4시
② ㄱ : 오후 10시, ㄴ : 오전 6시
③ ㄱ : 오후 12시, ㄴ : 오전 6시
④ ㄱ : 오후 6시, ㄴ : 오전 4시

만점 해설

야간근로(근로기준법 제56조 제3항 참조)
근로기준법상 야간근로는 "오후 10시부터 다음 날 오전 6시 사이의 근로"를 말한다. 근로기준법에 따라 사용자는 야간근로에 대하여 통상임금의 100분의 50 이상을 가산하여 근로자에게 지급하여야 한다.

21

근로기준법령상 휴게·휴일에 관한 설명으로 틀린 것은? 20년 1·2회 기출

① 사용자는 근로시간이 8시간인 경우에는 1시간 이상의 휴게시간을 근로시간 도중에 주어야 한다.
② 사용자는 근로자에게 1주에 평균 1회 이상의 유급휴일을 보장하여야 한다.
③ 사용자는 연장근로에 대하여는 통상임금의 100분의 50 이상을 가산하여 근로자에게 지급하여야 한다.
④ 사용자는 8시간 이내의 휴일근로에 대하여는 통상임금의 100분의 100 이상을 가산하여 근로자에게 지급하여야 한다.

만점 해설

④ 사용자는 연장근로와 야간근로에 대하여는 통상임금의 100분의 50 이상을, 휴일근로에 대하여는 8시간 이내의 휴일근로의 경우 통상임금의 100분의 50 이상을, 8시간을 초과한 휴일근로의 경우 통상임금의 100분의 100 이상을 가산하여 근로자에게 지급하여야 한다(근로기준법 제56조 참조).
① 동법 제54조 제1항 참조
② 동법 제55조 제1항
③ 동법 제56조 제1항

정답 18 ③ 19 ③ 20 ② 21 ④

22
근로기준법령상 근로시간 및 휴게시간의 특례사업에 해당하지 않는 것은? 21년 3회 기출

① 수상운송업
② 항공운송업
③ 육상운송 및 파이프라인 운송업
④ 노선(路線) 여객자동차운송사업

만점 해설

근로시간 및 휴게시간의 특례(근로기준법 제59조 제1항)
「통계법」에 따라 통계청장이 고시하는 산업에 관한 표준의 중분류 또는 소분류 중 다음의 어느 하나에 해당하는 사업에 대하여 사용자가 근로자대표와 서면으로 합의한 경우에는 주 12시간을 초과하여 연장근로를 하게 하거나 휴게시간을 변경할 수 있다.
- 육상운송 및 파이프라인 운송업(단, 「여객자동차 운수사업법」에 따른 노선(路線) 여객자동차운송사업은 제외)
- 수상운송업
- 항공운송업
- 기타 운송관련 서비스업
- 보건업

23
근로기준법상의 근로시간, 휴게 및 휴일에 관한 규정이 모두 적용되지 않는 근로자는? 14년 1회 기출

① 백화점매장에서 아르바이트하는 학생
② 자동차 경정비센터에서 일을 배우고 있는 자
③ 기밀을 취급하는 업무에 종사하는 근로자
④ 자동차판매회사의 외근사원

만점 해설

근로시간, 휴게 및 휴일에 관한 규정의 적용 제외(근로기준법 제63조 및 시행령 제34조 참조)
근로시간, 휴게와 휴일에 관한 규정은 다음의 어느 하나에 해당하는 근로자에 대하여는 적용하지 아니한다.
- 토지의 경작·개간, 식물의 식재(植栽)·재배·채취 사업, 그 밖의 농림 사업
- 동물의 사육, 수산 동식물의 채취·포획·양식 사업, 그 밖의 축산, 양잠, 수산 사업
- 감시 또는 단속적으로 근로에 종사하는 사람으로서 사용자가 고용노동부장관의 승인을 받은 사람
- 사업의 종류에 관계없이 관리·감독 업무 또는 기밀을 취급하는 업무에 종사하는 근로자(③)

24
근로기준법령상 휴게시간이 반드시 부여되어야 하는 근로자는? 12년 3회 기출

① 사회복지사업에 종사하는 근로자
② 고용노동부장관의 승인을 받아 단속근로에 종사하는 근로자
③ 기밀업무를 취급하는 근로자
④ 양잠사업에 종사하는 근로자

만점 해설

②·③·④ 근로기준법령상 근로시간, 휴게와 휴일에 관한 규정이 적용되지 않는 근로자에 해당한다(근로기준법 제63조 및 시행령 제34조 참조).

25
근로기준법령상 취직인허증에 대한 설명으로 틀린 것은? 18년 2회 기출

① 취직인허증을 받으려는 자가 의무교육 대상자로서 재학 중인 경우에는 학교장이 고용노동부장관에게 신청하여야 한다.
② 고용노동부장관은 거짓이나 그 밖의 부정한 방법으로 취직인허증을 발급받은 사람에게는 그 인허를 취소하여야 한다.
③ 예술공연 참가를 위한 경우에는 13세 미만인 자도 취직인허증을 받을 수 있다.
④ 취직인허증은 본인의 신청에 따라 의무교육에 지장이 없는 경우에는 직종을 지정하여서만 발행할 수 있다.

만점 해설

① 취직인허증을 받으려는 자는 고용노동부령으로 정하는 바에 따라 고용노동부장관에게 신청하여야 한다. 신청은 학교장(의무교육 대상자와 재학 중인 자로 한정) 및 친권자 또는 후견인의 서명을 받아 사용자가 될 자와 연명(連名)으로 하여야 한다(근로기준법 시행령 제35조 제2항 및 제3항).
② 동법 제64조 제3항
③ 동법 시행령 제35조 제1항 단서
④ 동법 제64조 제2항

26
근로기준법상 미성년자의 근로계약에 관한 설명으로 틀린 것은? 22년 2회 기출

① 원칙적으로 15세 이상 18세 미만인 사람의 근로시간은 1일에 7시간, 1주에 35시간을 초과하지 못한다.
② 미성년자는 독자적으로 임금을 청구할 수 없다.
③ 고용노동부장관은 근로계약이 미성년자에게 불리하다고 인정하는 경우에는 이를 해지할 수 있다.
④ 친권자나 후견인은 미성년자의 근로계약을 대리할 수 없다.

만점 해설
② 미성년자는 독자적으로 임금을 청구할 수 있다(근로기준법 제68조).
① 동법 제69조
③ 동법 제67조 제2항 참조
④ 동법 제67조 제1항

27
근로기준법상 연소자보호에 관한 설명으로 틀린 것은? 09년 1회 기출

① 미성년자는 독자적으로 임금을 청구할 수 있다.
② 미성년자의 동의가 있으면 친권자 또는 후견인은 미성년자를 대리하여 근로계약을 체결할 수 있다.
③ 근로계약이 미성년자에게 불리하다고 인정되는 경우에는 친권자, 후견인 또는 고용노동부장관은 이를 해지할 수 있다.
④ 사용자는 18세 미만인 사람에 대하여는 그 연령을 증명하는 증명서와 친권자 또는 후견인의 동의서를 사업장에 갖추어 두어야 한다.

만점 해설
② 친권자나 후견인은 미성년자의 근로계약을 대리할 수 없다(근로기준법 제67조 제1항).
① 동법 제68조
③ 동법 제67조 제2항 참조
④ 동법 제66조

28
근로기준법령상 여성의 보호에 관한 설명으로 옳은 것은? 22년 1회 기출

① 사용자는 임신 중의 여성이 명시적으로 청구하는 경우 고용노동부장관의 인가를 받으면 휴일에 근로를 시킬 수 있다.
② 여성은 보건 · 의료, 보도 · 취재 등의 일시적 사유가 있더라도 갱내(坑內)에서 근로를 할 수 없다.
③ 사용자는 여성 근로자가 청구하면 월 3일의 유급생리휴가를 주어야 한다.
④ 사용자는 여성을 휴일에 근로시키려면 근로자대표의 서면 동의를 받아야 한다.

만점 해설
① 사용자는 임산부와 18세 미만자를 오후 10시부터 오전 6시까지의 시간 및 휴일에 근로시키지 못한다. 다만, 18세 미만자의 동의가 있는 경우, 산후 1년이 지나지 아니한 여성의 동의가 있는 경우, 임신 중의 여성이 명시적으로 청구하는 경우로서 고용노동부장관의 인가를 받으면 그러하지 아니하다(근로기준법 제70조 제2항).
② 사용자는 여성과 18세 미만인 사람을 갱내(坑內)에서 근로시키지 못한다. 다만, 보건 · 의료, 보도 · 취재 등 대통령령으로 정하는 업무를 수행하기 위하여 일시적으로 필요한 경우에는 그러하지 아니하다(동법 제72조).
③ 사용자는 여성 근로자가 청구하면 월 1일의 생리휴가를 주어야 한다(동법 제73조).
④ 사용자는 18세 이상의 여성을 오후 10시부터 오전 6시까지의 시간 및 휴일에 근로시키려면 그 근로자의 동의를 받아야 한다(동법 제70조 제1항).

29
근로기준법상 여성과 연소근로자에 대한 특별보호에 관한 설명으로 옳은 것은? 14년 1회 기출

① 13세 이상 15세 미만인 자라도 고용노동부장관이 발급한 취직인허증을 지닌 사람은 근로자로 사용할 수 있다.
② 사용자는 18세 이상의 여성에게 야간근로를 시키고자 하는 경우에는 고용노동부장관의 인가를 얻어야 한다.
③ 임신 중의 여성근로자에 대하여 출산전후휴가 부여일수는 60일이다.
④ 임신 중의 여성근로자가 사산한 경우에는 청구하여도 보호휴가를 부여하지 않아도 된다.

만점 해설

① 근로기준법 제64조 제1항 및 시행령 제35조 제1항 참조
② 사용자는 18세 이상의 여성을 오후 10시부터 오전 6시까지의 시간 및 휴일에 근로시키려면 그 근로자의 동의를 받아야 한다(동법 제70조 제1항).
③ 사용자는 임신 중의 여성에게 출산 전과 출산 후를 통하여 90일(한 번에 둘 이상 자녀를 임신한 경우에는 120일)의 출산전후휴가를 주어야 한다(동법 제74조 제1항).
④ 사용자는 임신 중인 여성이 유산 또는 사산한 경우로서 그 근로자가 청구하면 대통령령으로 정하는 바에 따라 유산·사산 휴가를 주어야 한다. 다만, 인공 임신중절 수술에 따른 유산의 경우는 원칙적으로 그러하지 아니하다(동법 제74조 제3항).

30
근로기준법상 임산부의 보호에 관한 설명으로 틀린 것은? 15년 1회 기출

① 사용자는 임신 중의 여성에게 출산 전과 출산 후를 통하여 90일의 출산전후휴가를 주어야 한다.
② 사용자는 임신 중인 여성 근로자가 유산의 경험 등의 사유로 휴가를 청구하는 경우 출산 전 어느 때라도 휴가를 나누어 사용할 수 있도록 하여야 한다.
③ 인공 임신중절 수술에 따른 유산의 경우 근로자가 청구하면 유산·사산 휴가를 주어야 한다.
④ 사용자는 임신 중의 여성 근로자에게 시간외근로를 하게 하여서는 아니 되며, 그 근로자의 요구가 있는 경우에는 쉬운 종류의 근로로 전환하여야 한다.

만점 해설

③ 사용자는 임신 중인 여성이 유산 또는 사산한 경우로서 그 근로자가 청구하면 대통령령으로 정하는 바에 따라 유산·사산 휴가를 주어야 한다. 다만, 인공 임신중절 수술에 따른 유산의 경우는 원칙적으로 그러하지 아니하다(근로기준법 제74조 제3항).
① 동법 제74조 제1항
② 동법 제74조 제2항
④ 동법 제74조 제5항

31
근로기준법상 임산부의 보호에 관한 설명으로 틀린 것은? 19년 3회 기출

① 사용자는 임신 중의 여성에게 출산 전과 출산 후를 통하여 90일(한 번에 둘 이상 자녀를 임신한 경우에는 120일)의 출산전후휴가를 주어야 한다.
② 휴가 기간의 배정은 출산 후에 30일(한 번에 둘 이상 자녀를 임신한 경우에는 45일) 이상이 되어야 한다.
③ 사용자는 임신 중의 여성 근로자에게 시간외근로를 하게 하여서는 아니 되며, 그 근로자의 요구가 있는 경우에는 쉬운 종류의 근로로 전환하여야 한다.
④ 사업주는 출산전후휴가 종료 후에는 휴가 전과 동일한 업무 또는 동등한 수준의 임금을 지급하는 직무에 복귀시켜야 한다.

만점 해설

임산부의 보호(근로기준법 제74조 제1항)
사용자는 임신 중의 여성에게 출산 전과 출산 후를 통하여 90일(한 번에 둘 이상 자녀를 임신한 경우에는 120일)의 출산전후휴가를 주어야 한다. 이 경우 휴가 기간의 배정은 출산 후에 45일(한 번에 둘 이상 자녀를 임신한 경우에는 60일) 이상이 되어야 한다.

*참고 : 2024년 10월 22일 법 개정에 따라 2025년 2월 23일부터 미숙아를 출산하여 신생아 집중치료실에 입원하는 경우에는 출산휴가 기간이 기존 90일에서 100일로 확대됩니다.

32
근로기준법상 임산부의 보호에 관한 다음 내용에서 ( ) 안에 들어갈 말을 순서대로 바르게 짝지은 것은?   15년 3회 기출

> 사용자는 임신 중의 여성에게 출산 전과 출산 후를 통하여 ( )의 출산전후휴가를 주어야 한다. 이 경우 휴가 기간의 배정은 출산 후에 ( ) 이상이 되어야 한다.

① 90일 – 120일
② 45일 – 90일
③ 90일 – 45일
④ 120일 – 90일

만점 해설
임산부의 보호(근로기준법 제74조 제1항)
사용자는 임신 중의 여성에게 출산 전과 출산 후를 통하여 90일(한 번에 둘 이상 자녀를 임신한 경우에는 120일)의 출산전후휴가를 주어야 한다. 이 경우 휴가 기간의 배정은 출산 후에 45일(한 번에 둘 이상 자녀를 임신한 경우에는 60일) 이상이 되어야 한다.

33
근로기준법상 재해보상에 관한 설명으로 옳은 것은?   16년 1회 기출변형

① 근로자가 업무상 사망한 경우에는 사용자는 근로자가 사망한 후 30일 이내에 그 유족에게 평균임금 1,000일분의 유족보상을 하여야 한다.
② 근로자가 업무상 사망한 경우에는 사용자는 근로자가 사망한 후 30일 이내에 평균임금 90일분의 장례비를 지급하여야 한다.
③ 보상을 받을 권리는 퇴직으로 인하여 변경되지 아니하고, 양도할 수 있다.
④ 보상을 받게 될 사람이 동일한 사유에 대하여 「민법」이나 그 밖의 법령에 따라 이 법의 재해보상에 상당한 금품을 받으면 그 가액(價額)의 한도에서 사용자는 보상의 책임을 면한다.

만점 해설
④ 근로기준법 제87조
① 근로자가 업무상 사망한 경우에는 사용자는 근로자가 사망한 후 지체 없이 그 유족에게 평균임금 1,000일분의 유족보상을 하여야 한다(동법 제82조 제1항).
② 근로자가 업무상 사망한 경우에는 사용자는 근로자가 사망한 후 지체 없이 평균임금 90일분의 장례비를 지급하여야 한다(동법 제83조).
③ 보상을 받을 권리는 퇴직으로 인하여 변경되지 아니하고, 양도나 압류하지 못한다(동법 제86조).

34
근로기준법상 재해보상에 관한 설명으로 틀린 것은?   11년 2회 기출변형

① 사용자는 요양 중에 있는 근로자에게 그 근로자의 요양 중 평균임금의 100분의 60의 휴업보상을 하여야 한다.
② 근로자가 업무상 사망한 경우에는 사용자는 근로자가 사망한 후 지체 없이 그 유족에게 평균임금 360일분의 유족보상을 하여야 한다.
③ 근로자가 업무상 사망한 경우에는 사용자는 근로자가 사망한 후 지체 없이 평균임금 90일분의 장례비를 지급하여야 한다.
④ 요양보상을 받는 근로자가 요양을 시작한 지 2년이 지나도 부상 또는 질병이 완치되지 아니하는 경우에는 사용자는 그 근로자에게 평균임금 1,340일분의 일시보상을 하여 그 후의 이 법에 따른 모든 보상책임을 면할 수 있다.

만점 해설
② 근로자가 업무상 사망한 경우에는 사용자는 근로자가 사망한 후 지체 없이 그 유족에게 평균임금 1,000일분의 유족보상을 하여야 한다(근로기준법 제82조 제1항).
① 동법 제79조 제1항
③ 동법 제83조
④ 동법 제84조

35

근로기준법령상 상시 10명 이상의 근로자를 사용하는 사용자가 취업규칙을 작성하여 고용노동부장관에게 신고해야 하는 사항이 아닌 것은?

20년 3회, 17년 3회, 14년 1회 기출

① 업무의 시작 시각
② 임금의 산정기간
③ 근로자의 식비 부담
④ 근로계약기간

만점 해설

취업규칙의 작성·신고(근로기준법 제93조)
상시 10명 이상의 근로자를 사용하는 사용자는 다음의 사항에 관한 취업규칙을 작성하여 고용노동부장관에게 신고하여야 한다. 이를 변경하는 경우에도 또한 같다.

- 업무의 시작과 종료 시각, 휴게시간, 휴일, 휴가 및 교대근로에 관한 사항(①)
- 임금의 결정·계산·지급 방법, 임금의 산정기간·지급시기 및 승급에 관한 사항(②)
- 가족수당의 계산·지급 방법에 관한 사항
- 퇴직에 관한 사항
- 「근로자퇴직급여보장법」에 따라 설정된 퇴직급여, 상여 및 최저임금에 관한 사항
- 근로자의 식비, 작업 용품 등의 부담에 관한 사항(③)
- 근로자를 위한 교육시설에 관한 사항
- 출산전후휴가·육아휴직 등 근로자의 모성 보호 및 일·가정 양립 지원에 관한 사항
- 안전과 보건에 관한 사항
- 근로자의 성별·연령 또는 신체적 조건 등의 특성에 따른 사업장 환경의 개선에 관한 사항
- 업무상과 업무 외의 재해부조에 관한 사항
- 직장 내 괴롭힘의 예방 및 발생 시 조치 등에 관한 사항
- 표창과 제재에 관한 사항
- 그 밖에 해당 사업 또는 사업장의 근로자 전체에 적용될 사항

36

근로기준법상 취업규칙에 관한 설명으로 틀린 것은?

17년 1회, 11년 3회 기출

① 상시 10명 이상의 근로자를 사용하는 사용자는 취업규칙을 작성하여 고용노동부장관에게 신고하여야 한다.
② 사용자는 취업규칙의 작성 또는 변경에 관하여 원칙적으로 해당 사업 또는 사업장에 근로자의 과반수로 조직된 노동조합이 있는 경우에는 그 노동조합, 근로자의 과반수로 조직된 노동조합이 없는 경우에는 근로자의 과반수의 동의를 받아야 한다.
③ 취업규칙에서 근로자에 대하여 감급(減給)의 제재를 정할 경우에 그 감액은 1회의 금액이 평균임금의 1일분의 2분의 1을, 총액이 1임금지급기의 임금 총액의 10분의 1을 초과하지 못한다.
④ 취업규칙은 법령이나 해당 사업 또는 사업장에 대하여 적용되는 단체협약과 어긋나서는 아니 되며, 고용노동부장관은 법령이나 단체협약에 어긋나는 취업규칙의 변경을 명할 수 있다.

만점 해설

② 사용자는 취업규칙의 작성 또는 변경에 관하여 해당 사업 또는 사업장에 근로자의 과반수로 조직된 노동조합이 있는 경우에는 그 노동조합, 근로자의 과반수로 조직된 노동조합이 없는 경우에는 근로자의 과반수의 의견을 들어야 한다. 다만, 취업규칙을 근로자에게 불리하게 변경하는 경우에는 그 동의를 받아야 한다(근로기준법 제94조 제1항).
① 동법 제93조 참조
③ 동법 제95조
④ 동법 제96조 제1항 및 제2항

37
근로기준법상 취업규칙에 관한 설명으로 틀린 것은?
17년 2회 기출

① 취업규칙에서 근로자에 대하여 감급(減給)의 제재를 정할 경우에 그 감액은 1회의 금액이 평균임금의 1일분의 3분의 1을, 총액이 1임금지급기의 임금 총액의 10분의 1을 초과하지 못한다.
② 취업규칙을 신고할 때에는 근로자의 과반수로 조직된 노동조합 또는 근로자의 과반수로 조직된 노동조합이 없는 경우에는 근로자 과반수의 의견을 적은 서면을 첨부하여야 한다.
③ 취업규칙을 불이익하게 변경하는 경우에는 근로자의 과반수로 조직된 노동조합 또는 근로자의 과반수로 조직된 노동조합이 없는 경우에는 근로자 과반수의 동의를 얻어야 한다.
④ 취업규칙에서 정한 기준에 미달하는 근로조건을 정한 근로계약은 그 부분에 관하여는 무효로 한다.

만점 해설
① 취업규칙에서 근로자에 대하여 감급(減給)의 제재를 정할 경우에 그 감액은 1회의 금액이 평균임금의 1일분의 2분의 1을, 총액이 1임금지급기의 임금 총액의 10분의 1을 초과하지 못한다(근로기준법 제95조).
② 동법 제94조 제2항
③ 동법 제94조 제1항 단서
④ 동법 제97조

38
근로기준법상 근로감독관에 관한 설명으로 틀린 것은?
19년 2회 기출

① 근로조건의 기준을 확보하기 위하여 고용노동부와 그 소속 기관에 근로감독관을 둔다.
② 근로감독관의 직무에 관한 범죄의 수사는 검사와 근로감독관이 전담하여 수행한다.
③ 근로감독관은 사업장, 기숙사, 그 밖의 부속 건물을 현장조사하고 장부와 서류의 제출을 요구할 수 있다.
④ 의사인 근로감독관이나 근로감독관의 위촉을 받은 의사는 취업을 금지하여야 할 질병에 걸릴 의심이 있는 근로자에 대하여 검진할 수 있다.

만점 해설
② 근로기준법이나 그 밖의 노동관계 법령에 따른 현장조사, 서류의 제출, 심문 등의 수사는 검사와 근로감독관이 전담하여 수행한다. 다만, 근로감독관의 직무에 관한 범죄의 수사는 그러하지 아니하다(근로기준법 제105조).
① 동법 제101조 제1항
③ 동법 제102조 제1항
④ 동법 제102조 제2항

39
근로기준법상 근로감독관에 관한 설명으로 틀린 것은? 13년 2회 기출

① 근로조건의 기준을 확보하기 위하여 고용노동부와 그 소속 기관에 근로감독관을 둔다.
② 근로감독관은 사업장, 기숙사, 그 밖의 부속 건물을 현장조사하고 장부와 서류의 제출을 요구할 수 있으며 사용자와 근로자에 대하여 심문(審問)할 수 있다.
③ 의사인 근로감독관이나 근로감독관의 위촉을 받은 의사는 취업을 금지하여야 할 질병에 걸릴 의심이 있는 근로자에 대하여 검진할 수 있다.
④ 근로감독관은 이 법이나 그 밖의 노동관계 법령 위반의 죄에 관하여 「사법경찰관리의 직무를 수행할 자와 그 직무범위에 관한 법률」에서 정하는 바에 따라 검사의 직무를 수행한다.

만점 해설
④ 근로감독관은 이 법이나 그 밖의 노동관계 법령 위반의 죄에 관하여 「사법경찰관리의 직무를 수행할 자와 그 직무범위에 관한 법률」에서 정하는 바에 따라 사법경찰관의 직무를 수행한다(근로기준법 제102조 제5항).
① 동법 제101조 제1항
② 동법 제102조 제1항
③ 동법 제102조 제2항

40
근로기준법에 명시된 휴일 또는 휴가로 볼 수 없는 것은? 14년 2회 기출변형

① 주휴일
② 출산전후휴가
③ 근로자의 날
④ 연차 유급휴가

만점 해설
③ 근로자의 날(5월 1일)은 「근로자의 날 제정에 관한 법률」에 따라 근로기준법에 의한 유급휴일로 한다. 다만, '근로자의 날'이 근로기준법 조항의 구체적인 규정으로 명시되어 있지는 않다.

CHAPTER 03 최저임금법

*참고 : 'CHAPTER 03 최저임금법'은 2025년 출제기준 변경에 따라 새롭게 포함된 영역입니다.

01절 개요

01
다음 중 최저임금법의 목적과 거리가 먼 것은?
적중 예상

① 근로자의 생활안정
② 노동력의 질적 향상
③ 임금의 최적수준 보장
④ 국민경제의 건전한 발전

만점 해설
최저임금법의 목적(법 제1조)
이 법은 근로자에 대하여 임금의 최저수준을 보장하여 근로자의 생활안정과 노동력의 질적 향상을 꾀함으로써 국민경제의 건전한 발전에 이바지하는 것을 목적으로 한다.

02
다음 중 최저임금법에 대한 설명으로 가장 옳은 것은?
적중 예상

① "임금"이란 「근로기준법」 제2조에 따른 임금을 말한다.
② "근로자"란 사업주에게 고용된 사람과 취업할 의사를 가진 사람을 말한다.
③ 「선원법」의 적용을 받는 선원에게는 적용하되, 선박의 소유자에게는 적용하지 아니한다.
④ 「기간제 및 단시간근로자 보호 등에 관한 법률」의 적용을 받는 단시간근로자에게는 적용하지 아니한다.

만점 해설
① · ② 이 법에서 "근로자", "사용자" 및 "임금"이란 「근로기준법」 제2조에 따른 근로자, 사용자 및 임금을 말한다(최저임금법 제2조).
③ 이 법은 「선원법」의 적용을 받는 선원과 선원을 사용하는 선박의 소유자에게는 적용하지 아니한다(동법 제3조 제2항).
④ 「기간제 및 단시간근로자 보호 등에 관한 법률」의 적용을 받는 단시간근로자는 원칙상 「최저임금법」의 적용 대상이다(동법 제3조 참조).

03
다음 중 최저임금법의 적용 대상에 해당하지 않는 사람은?
적중 예상

① 기간제근로자
② 가사 사용인
③ 수습 중인 근로자
④ 방위사업체 근로자

만점 해설
② 최저임금법은 동거하는 친족만을 사용하는 사업과 가사(家事) 사용인에게는 적용하지 아니한다(최저임금법 제3조 제1항 단서).

정답 01 ③ 02 ① 03 ②

04
다음 중 최저임금법상 최저임금의 결정기준으로 명시된 것이 아닌 것은? 적중 예상

① 노동생산성
② 소득분배율
③ 유사 근로자의 임금
④ 직무 수행에 요구되는 작업조건

만점 해설

최저임금의 결정기준(최저임금법 제4조 제1항)
최저임금은 근로자의 생계비, 유사 근로자의 임금, 노동생산성 및 소득분배율 등을 고려하여 정한다. 이 경우 사업의 종류별로 구분하여 정할 수 있다.

05
다음은 최저임금법령상 수습 중에 있는 근로자(단, 단순노무업무로 고용노동부장관이 정하여 고시한 직종에 종사하는 근로자는 제외)에 대한 최저임금액의 내용이다. 보기의 빈칸에 들어갈 내용을 순서대로 올바르게 나열한 것은? 적중 예상

> (ㄱ)년 이상의 기간을 정하여 근로계약을 체결하고 수습 중에 있는 근로자로서 수습을 시작한 날부터 (ㄴ)개월 이내인 사람에 대하여는 시간급 최저임금액에서 100분의 (ㄷ)을 뺀 금액을 그 근로자의 시간급 최저임금액으로 한다.

① ㄱ : 1, ㄴ : 3, ㄷ : 5
② ㄱ : 1, ㄴ : 3, ㄷ : 10
③ ㄱ : 2, ㄴ : 6, ㄷ : 10
④ ㄱ : 2, ㄴ : 6, ㄷ : 15

만점 해설

수습 중에 있는 근로자에 대한 최저임금액(최저임금법 제5조 제2항 및 시행령 제3조)
1년 이상의 기간을 정하여 근로계약을 체결하고 수습 중에 있는 근로자로서 수습을 시작한 날부터 3개월 이내인 사람에 대하여는 시간급 최저임금액에서 100분의 10을 뺀 금액을 그 근로자의 시간급 최저임금액으로 한다. 다만, 단순노무업무로 고용노동부장관이 정하여 고시한 직종에 종사하는 근로자는 제외한다.

06
다음 중 최저임금법령상 최저임금에 대한 설명으로 옳지 않은 것은? 적중 예상

① 사용자는 최저임금의 적용을 받는 근로자에게 최저임금액 이상의 임금을 지급하여야 한다.
② 사용자는 이 법에 따른 최저임금을 이유로 종전의 임금수준을 낮추어서는 아니 된다.
③ 도급으로 사업을 행하는 경우 도급인이 책임져야 할 사유로 수급인이 근로자에게 최저임금액에 미치지 못하는 임금을 지급한 경우 도급인은 해당 수급인과 연대하여 책임을 진다.
④ 사용자는 정신 또는 신체의 장애가 업무 수행에 직접적으로 현저한 지장을 주는 것이 명백하다고 인정되는 사람에 대하여는 고용노동부장관의 인가 없이도 최저임금의 적용을 제외할 수 있다.

만점 해설

④ 사용자는 정신 또는 신체의 장애가 업무 수행에 직접적으로 현저한 지장을 주는 것이 명백하다고 인정되는 사람으로서 고용노동부장관의 인가를 받은 사람에 대하여는 최저임금의 적용을 제외할 수 있다(최저임금법 제7조 및 시행령 제6조 참조).
① 동법 제6조 제1항
② 동법 제6조 제2항
③ 동법 제6조 제7항

07
다음 중 최저임금법규상 최저임금에 산입하는 임금은? 적중 예상

① 휴일 근로에 대한 가산임금
② 연차 유급휴가의 미사용수당
③ 유급으로 처리되는 휴일에 대한 임금
④ 매월 1회 이상 정기적으로 지급하는 상여금

만점 해설

최저임금에 산입하지 아니하는 임금(최저임금법 시행규칙 제2조 제1항 참조)
• 연장근로 또는 휴일근로에 대한 임금 및 연장·야간 또는 휴일 근로에 대한 가산임금
• 「근로기준법」에 따른 연차 유급휴가의 미사용수당
• 유급으로 처리되는 휴일에 대한 임금(단, 「근로기준법」에 따른 주휴일은 제외)
• 그 밖에 명칭에 관계없이 위에 준하는 것으로 인정되는 임금

08
다음 중 최저임금법령에 대한 설명으로 옳지 않은 것은? 적중 예상

① 최저임금액은 시간·일(日)·주(週) 또는 월(月)을 단위로 하여 정한다. 이 경우 일·주 또는 월을 단위로 하여 최저임금액을 정할 때에는 시간급(時間給)으로도 표시하여야 한다.
② 최저임금의 적용을 받는 근로자와 사용자 사이의 근로계약 중 최저임금액에 미치지 못하는 금액을 임금으로 정한 부분은 무효로 하며, 이 경우 무효로 된 부분은 이 법으로 정한 최저임금액과 동일한 임금을 지급하기로 한 것으로 본다.
③ 사용자가 최저임금에 산입되는 임금에 포함시키기 위하여 1개월을 초과하는 주기로 지급하는 임금을 총액의 변동 없이 매월 지급하는 것으로 취업규칙을 변경하려는 경우에는 근로자의 과반수의 동의를 받아야 한다.
④ 임금이 통상적으로 도급제나 그 밖에 이와 비슷한 형태로 정하여져 있는 경우로서 최저임금액을 정하는 것이 적당하지 아니하다고 인정되면 대통령령으로 정하는 바에 따라 최저임금액을 따로 정할 수 있다.

만점 해설

최저임금 산입을 위한 취업규칙 변경절차의 특례(최저임금법 제6조의2)
사용자가 최저임금에 산입되는 임금에 포함시키기 위하여 1개월을 초과하는 주기로 지급하는 임금을 총액의 변동 없이 매월 지급하는 것으로 취업규칙을 변경하려는 경우에는 해당 사업 또는 사업장에 근로자의 과반수로 조직된 노동조합이 있는 경우에는 그 노동조합, 근로자의 과반수로 조직된 노동조합이 없는 경우에는 근로자의 과반수의 의견을 들어야 한다.

02절 주요 내용

01
다음은 최저임금법의 내용이다. 보기의 빈칸에 들어갈 내용을 순서대로 올바르게 나열한 것은? 적중 예상

(ㄱ)은/는 매년 (ㄴ)까지 최저임금을 결정하여야 한다.

① ㄱ : 고용노동부장관, ㄴ : 8월 5일
② ㄱ : 기획재정부장관, ㄴ : 8월 5일
③ ㄱ : 보건복지부장관, ㄴ : 8월 10일
④ ㄱ : 최저임금위원회, ㄴ : 8월 10일

만점 해설

최저임금의 결정(최저임금법 제8조 제1항)
고용노동부장관은 매년 8월 5일까지 최저임금을 결정하여야 한다.

02
다음 중 최저임금법상 최저임금의 결정에 대한 설명으로 옳은 것은? 적중 예상

① 고용노동부장관은 최저임금위원회가 심의하여 의결한 최저임금안에 따라 최저임금을 결정하여야 한다.
② 최저임금위원회는 고용노동부장관으로부터 최저임금에 관한 심의 요청을 받은 경우 이를 심의하여 최저임금안을 의결하고 심의 요청을 받은 날부터 30일 이내에 고용노동부장관에게 제출하여야 한다.
③ 고용노동부장관은 최저임금위원회가 심의하여 제출한 최저임금안에 따라 최저임금을 결정하기가 어렵다고 인정되면 30일 이내에 그 이유를 밝혀 최저임금위원회에 20일 이상의 기간을 정하여 재심의를 요청할 수 있다.
④ 고용노동부장관은 최저임금위원회가 재심의에서 재적위원 과반수의 출석과 출석위원 과반수의 찬성으로 당초의 최저임금안을 재의결한 경우에는 그에 따라 최저임금을 결정하여야 한다.

만점 해설

① 최저임금법 제8조 제1항 참조
② 최저임금위원회는 고용노동부장관으로부터 최저임금에 관한 심의 요청을 받은 경우 이를 심의하여 최저임금안을 의결하고 심의 요청을 받은 날부터 90일 이내에 고용노동부장관에게 제출하여야 한다(동법 제8조 제2항).
③ 고용노동부장관은 최저임금위원회가 심의하여 제출한 최저임금안에 따라 최저임금을 결정하기가 어렵다고 인정되면 20일 이내에 그 이유를 밝혀 최저임금위원회에 10일 이상의 기간을 정하여 재심의를 요청할 수 있다(동법 제8조 제3항).
④ 고용노동부장관은 최저임금위원회가 재심의에서 재적위원 과반수의 출석과 출석위원 3분의 2 이상의 찬성으로 당초의 최저임금안을 재의결한 경우에는 그에 따라 최저임금을 결정하여야 한다(동법 제8조 제5항).

04

다음 중 최저임금법상 최저임금(안)의 고시와 효력 발생에 대한 설명으로 옳지 않은 것은? 적중 예상

① 고용노동부장관은 최저임금위원회로부터 최저임금안을 제출받은 때에는 대통령령으로 정하는 바에 따라 최저임금안을 고시하여야 한다.
② 고용노동부장관은 최저임금을 결정한 때에는 지체 없이 그 내용을 고시하여야 한다.
③ 고시된 최저임금은 원칙적으로 다음 연도 1월 1일부터 효력이 발생한다.
④ 고용노동부장관은 기업의 규모별로 임금교섭시기 등을 고려하여 필요하다고 인정하면 효력발생 시기를 따로 정할 수 있다.

만점 해설

③·④ 고시된 최저임금은 다음 연도 1월 1일부터 효력이 발생한다. 다만, 고용노동부장관은 사업의 종류별로 임금교섭시기 등을 고려하여 필요하다고 인정하면 효력발생 시기를 따로 정할 수 있다(최저임금법 제10조 제2항).
① 동법 제9조 제1항
② 동법 제10조 제1항

03

다음은 최저임금법의 내용이다. 보기의 빈칸에 들어갈 내용을 순서대로 올바르게 나열한 것은? 적중 예상

> 근로자를 대표하는 자나 사용자를 대표하는 자는 고시된 최저임금안에 대하여 이의가 있으면 고시된 날부터 (ㄱ)에 대통령령으로 정하는 바에 따라 (ㄴ)에(게) 이의를 제기할 수 있다.

① ㄱ : 7일 이내, ㄴ : 고용노동부장관
② ㄱ : 7일 이내, ㄴ : 최저임금위원회
③ ㄱ : 10일 이내, ㄴ : 고용노동부장관
④ ㄱ : 10일 이내, ㄴ : 최저임금위원회

만점 해설

최저임금안에 대한 이의 제기(최저임금법 제9조 제2항)
근로자를 대표하는 자나 사용자를 대표하는 자는 고시된 최저임금안에 대하여 이의가 있으면 고시된 날부터 <u>10일 이내</u>에 대통령령으로 정하는 바에 따라 <u>고용노동부장관</u>에게 이의를 제기할 수 있다.

05

다음 중 최저임금법령상 최저임금의 적용을 받는 사용자가 근로자에게 주지시켜야 할 최저임금의 내용에 해당하지 않는 것은? 적중 예상

① 적용을 받는 근로자의 최저임금액
② 해당 연도 시간급 최저임금액을 기준으로 산정된 월 환산액
③ 해당 사업에서 최저임금의 적용을 제외할 근로자의 범위
④ 최저임금에 산입하지 아니하는 임금

만점 해설

사용자가 근로자에게 주지시켜야 할 최저임금의 내용(최저임금법 시행령 제11조 참조)
• 적용을 받는 근로자의 최저임금액(①)
• 최저임금에 산입하지 아니하는 임금(④)
• 해당 사업에서 최저임금의 적용을 제외할 근로자의 범위(③)
• 최저임금의 효력발생 연월일

06

다음 중 최저임금법상 최저임금위원회에 대한 설명으로 옳은 것은? 적중 예상

① 최저임금위원회는 근로자위원 6명, 사용자위원 6명, 공익위원 6명으로 구성한다.
② 근로자위원·사용자위원 및 공익위원은 고용노동부장관이 위촉한다.
③ 최저임금위원회에 2명의 상임위원을 두며, 상임위원은 공익위원이 된다.
④ 위원의 임기는 3년으로 하되, 연임할 수 없다.

만점 해설

③ 최저임금법 제14조 제2항
① 최저임금위원회는 근로자위원 9명, 사용자위원 9명, 공익위원 9명으로 구성한다(동법 제14조 제1항).
② 근로자위원·사용자위원 및 공익위원은 고용노동부장관의 제청에 의하여 대통령이 위촉한다(동법 시행령 제12조 제1항).
④ 위원의 임기는 3년으로 하되, 연임할 수 있다(동법 제14조 제3항).

07

다음 중 최저임금법상 최저임금위원회의 구성 등에 대한 설명으로 옳지 않은 것은? 적중 예상

① 최저임금위원회는 근로자위원, 사용자위원, 공익위원 각 9명으로 구성한다.
② 최저임금위원회에 위원장 1명, 부위원장 2명을 둔다.
③ 위원의 임기는 3년으로 하되, 연임할 수 있다.
④ 위원은 임기가 끝났더라도 후임자가 임명되거나 위촉될 때까지 계속하여 직무를 수행한다.

만점 해설

② 최저임금위원회에 위원장과 부위원장 각 1명을 둔다(최저임금법 제15조 제1항).
① 동법 제14조 제1항
③ 동법 제14조 제3항
④ 동법 제14조 제5항

08

다음 중 최저임금법상 최저임금위원회에 대한 설명으로 옳은 것은? 적중 예상

① 최저임금위원회의 회의는 재적위원 3분의 1 이상이 소집을 요구하는 경우 위원장이 소집한다.
② 최저임금위원회의 회의는 이 법으로 따로 정하는 경우 외에는 재적위원 과반수의 출석과 출석위원 3분의 2 이상의 찬성으로 의결한다.
③ 최저임금위원회가 의결을 할 때에는 근로자위원과 사용자위원 각 3분의 2 이상의 출석이 있어야 한다.
④ 최저임금위원회가 사업의 종류별 또는 특정 사항별로 두는 전문위원회는 근로자위원, 사용자위원 및 공익위원 각 6명 이내의 같은 수로 구성한다.

만점 해설

① 최저임금법 제17조 제1항 참조
② 최저임금위원회의 회의는 이 법으로 따로 정하는 경우 외에는 재적위원 과반수의 출석과 출석위원 과반수의 찬성으로 의결한다(동법 제17조 제3항).
③ 최저임금위원회가 의결을 할 때에는 근로자위원과 사용자위원 각 3분의 1 이상의 출석이 있어야 한다(동법 제17조 제4항).
④ 최저임금위원회가 사업의 종류별 또는 특정 사항별로 두는 전문위원회는 근로자위원, 사용자위원 및 공익위원 각 5명 이내의 같은 수로 구성한다(동법 제19조 제1항 및 제3항).

09
다음 중 최저임금법령에 대한 설명으로 옳지 않은 것은? 적중 예상

① 고용노동부장관은 근로자의 생계비와 임금실태 등을 매년 조사하여야 한다.
② 고용노동부장관은 이 법의 시행에 필요한 범위에서 근로자나 사용자에게 임금에 관한 사항을 보고하게 할 수 있다.
③ 고용노동부장관은 근로감독관에게 대통령령으로 정하는 바에 따라 이 법의 시행에 관한 사무를 관장하도록 한다.
④ 고용노동부장관은 과태료의 부과·징수 등의 권한을 시장·군수·구청장에게 위임한다.

만점 해설
④ 고용노동부장관은 최저임금 적용 제외의 인가, 임금 관련 사항의 보고 요구, 과태료의 부과·징수 등의 권한을 지방고용노동관서의 장에게 위임한다(최저임금법 시행령 제21조의2).
① 동법 제23조
② 동법 제25조
③ 동법 제26조 제1항

10
다음 중 최저임금법상 사용자가 최저임금의 적용을 받는 근로자에게 최저임금액보다 적은 임금을 지급한 경우 벌칙규정으로 옳은 것은? 적중 예상

① 5년 이하의 징역 또는 3천만원 이하의 벌금
② 3년 이하의 징역 또는 2천만원 이하의 벌금
③ 1천만원 이하의 벌금
④ 500만원 이하의 벌금

만점 해설
벌칙(최저임금법 제28조 제1항)
최저임금 지급에 관한 규정을 위반하여 최저임금액보다 적은 임금을 지급하거나 최저임금을 이유로 종전의 임금을 낮춘 자는 3년 이하의 징역 또는 2천만원 이하의 벌금에 처한다. 이 경우 징역과 벌금은 병과(倂科)할 수 있다.

11
다음 중 최저임금법상 100만원 이하의 과태료 부과 행위에 해당하지 않는 것은? 적중 예상

① 임금에 관한 사항의 보고를 하지 아니하거나 거짓 보고를 한 자
② 근로자에게 해당 최저임금을 법령에서 정한 방법으로 널리 알리지 아니한 자
③ 최저임금 산입을 위한 취업규칙 변경절차를 위반하여 근로자의 과반수의 의견을 듣지 아니한 자
④ 근로감독관의 요구 또는 검사를 거부·방해 또는 기피하거나 질문에 대하여 거짓 진술을 한 자

만점 해설
③ 최저임금 산입을 위한 취업규칙 변경절차의 특례 규정을 위반하여 노동조합 등 근로자의 과반수의 의견을 듣지 아니한 자는 500만원 이하의 벌금에 처한다(최저임금법 제28조 제3항).

12
다음 중 2025년 적용 최저임금으로 옳은 것은? 적중 예상

① 9,860원
② 10,030원
③ 10,120원
④ 10,260원

만점 해설
최근 3년간 최저임금 현황

연 도	2023년	2024년	2025년
시 급	9,620원	9,860원	10,030원
인상률	5.0%	2.5%	1.7%

CHAPTER 04 직업안정법

01절 개요

01
직업안정법에서 사용하는 용어의 정의로 틀린 것은?
17년 2회, 13년 3회 기출

① "직업안정기관"이란 직업소개, 직업지도 등 직업안정업무를 수행하는 지방고용노동행정기관을 말한다.
② "직업소개"란 구인 또는 구직의 신청을 받아 구직자 또는 구인자(求人者)를 탐색하거나 구직자를 모집하여 구인자와 구직자 간에 고용계약이 성립되도록 알선하는 것을 말한다.
③ "직업지도"란 구인자 또는 구직자에 대한 고용정보의 제공, 직업소개, 직업지도 또는 직업능력개발 등 고용을 지원하는 서비스를 말한다.
④ "모집"이란 근로자를 고용하려는 자가 취업하려는 사람에게 피고용인이 되도록 권유하거나 다른 사람으로 하여금 권유하게 하는 것을 말한다.

만점 해설
③ "직업지도"란 취업하려는 사람이 그 능력과 소질에 알맞은 직업을 쉽게 선택할 수 있도록 하기 위한 직업적성검사, 직업정보의 제공, 직업상담, 실습, 권유 또는 조언, 그 밖에 직업에 관한 지도를 말한다(직업안정법 제2조의2 제3호).
① 동법 제2조의2 제1호
② 동법 제2조의2 제2호
④ 동법 제2조의2 제6호

02
직업안정법령상 용어 정의로 틀린 것은?
20년 4회, 17년 3회 기출

① "고용서비스"란 구인자 또는 구직자에 대한 고용정보의 제공, 직업소개, 직업지도 또는 직업능력개발 등 고용을 지원하는 서비스를 말한다.
② "직업안정기관"이란 직업소개, 직업지도 등 직업안정업무를 수행하는 지방고용노동행정기관을 말한다.
③ "모집"이란 근로자를 고용하려는 자가 취업하려는 사람에게 피고용인이 되도록 권유하거나 다른 사람으로 하여금 권유하게 하는 것을 말한다.
④ "근로자공급사업"이란 공급계약에 따라 근로자를 타인에게 사용하게 하는 사업을 말하는 것으로서, 파견근로자 보호 등에 관한 법률에 의한 근로자파견사업도 포함한다.

만점 해설
④ "근로자공급사업"이란 공급계약에 따라 근로자를 타인에게 사용하게 하는 사업을 말한다. 다만, 「파견근로자 보호 등에 관한 법률」에 따른 근로자파견사업은 제외한다(직업안정법 제2조의2 제7호).
① 동법 제2조의2 제9호
② 동법 제2조의2 제1호
③ 동법 제2조의2 제6호

03

직업안정법상 지방자치단체의 장이 필요에 따라 구인자 및 구직자에 대하여 할 수 있는 업무가 아닌 것은?
12년 3회 기출

① 국내 직업소개
② 직업지도
③ 직업정보제공
④ 국외 직업소개

만점 해설

지방자치단체의 국내 직업소개 업무 등(직업안정법 제4조의2 제1항)
지방자치단체의 장은 필요한 경우 구인자·구직자에 대한 국내 직업소개, 직업지도, 직업정보제공 업무를 할 수 있다.

04

직업안정법상 고용서비스 우수기관 인증에 관한 설명으로 옳은 것은?
17년 2회, 11년 1회 기출

① 고용노동부장관은 고용서비스 우수기관 인증업무를 한국고용정보원에 위탁할 수 있다.
② 고용노동부장관은 고용서비스 우수기관으로 인증을 받은 자가 정당한 사유 없이 6개월 이상 계속 사업 실적이 없는 경우 그 인증을 취소할 수 있다.
③ 고용서비스 우수기관 인증의 유효기간은 인증일부터 1년으로 한다.
④ 고용서비스 우수기관으로 인증을 받은 자가 인증의 유효기간이 지나기 전에 다시 인증을 받으려면 유효기간 만료 30일 전까지 고용노동부장관에게 신청하여야 한다.

만점 해설

① 고용노동부장관은 고용서비스 우수기관 인증업무를 한국고용정보원이나 그 밖에 고용서비스 우수기관 인증업무를 수행할 능력이 있다고 고용노동부장관이 정하여 고시하는 조직 및 인력 기준을 갖춘 법인 또는 단체에 위탁할 수 있다(직업안정법 제4조의5 제2항 및 시행령 제2조의5 참조).
② 고용노동부장관은 고용서비스 우수기관으로 인증을 받은 자가 정당한 사유 없이 1년 이상 계속 사업 실적이 없는 경우 그 인증을 취소할 수 있다(동법 제4조의5 제4항 제2호).
③ 고용서비스 우수기관 인증의 유효기간은 인증일부터 3년으로 한다(동법 제4조의5 제5항).
④ 고용서비스 우수기관으로 인증을 받은 자가 인증의 유효기간이 지나기 전에 다시 인증을 받으려면 유효기간 만료 60일 전까지 고용노동부장관에게 신청하여야 한다(직업안정법 제4조의5 제6항 및 시행령 제2조의6 참조).

05

직업안정법상 고용서비스 우수기관 인증에 관한 설명으로 틀린 것은?
10년 1회 기출

① 고용노동부장관은 고용서비스 우수기관 인증업무를 대통령령으로 정하는 전문기관에 위탁할 수 있다.
② 고용서비스 우수기관으로 인증을 받은 자가 정당한 사유 없이 6개월 이상 계속 사업 실적이 없는 경우에는 인증을 취소할 수 있다.
③ 고용서비스 우수기관 인증의 유효기간은 인증일부터 3년으로 한다.
④ 고용서비스 우수기관으로 인증을 받은 자가 인증의 유효기간이 지나기 전에 다시 인증을 받으려면 고용노동부장관에게 재인증을 신청하여야 한다.

만점 해설

고용서비스 우수기관 인증의 취소(직업안정법 제4조의5 제4항)
고용노동부장관은 고용서비스 우수기관으로 인증을 받은 자가 다음의 어느 하나에 해당하면 인증을 취소할 수 있다.
- 거짓이나 그 밖의 부정한 방법으로 인증을 받은 경우
- 정당한 사유 없이 1년 이상 계속 사업 실적이 없는 경우
- 고용서비스 우수기관의 인증기준을 충족하지 못하게 된 경우
- 고용서비스 우수기관으로 인증을 받은 자가 폐업한 경우

06
직업안정법상 직업안정기관에서 하는 업무가 아닌 것은?   17년 1회 기출

① 고용정보의 제공
② 직업소개
③ 직업지도
④ 근로자 파견

> **만점 해설**
>
> 직업안정기관의 장이 하는 직업소개 및 직업지도 등(직업안정법 제2장)
> - 통칙(제1절)
> - 직업소개(제2절)
> - 직업지도(제3절)
> - 고용정보의 제공(제4절)

07
직업안정법상 직업안정기관의 장이 구인신청의 수리(受理)를 거부할 수 있는 경우가 아닌 것은?   19년 2회, 10년 4회 기출

① 구인신청의 내용이 법령을 위반한 경우
② 구인자가 구인조건을 밝히기를 거부하는 경우
③ 구직자에게 제공할 선급금을 제공하지 않는 경우
④ 구인신청의 내용 중 임금·근로시간 그 밖의 근로조건이 통상적인 근로조건에 비하여 현저하게 부적당하다고 인정되는 경우

> **만점 해설**
>
> 구인의 신청(직업안정법 제8조)
> 직업안정기관의 장은 구인신청의 수리(受理)를 거부하여서는 아니 된다. 다만, 다음의 어느 하나에 해당하는 경우에는 그러하지 아니하다.
> - 구인신청의 내용이 법령을 위반한 경우
> - 구인신청의 내용 중 임금, 근로시간, 그 밖의 근로조건이 통상적인 근로조건에 비하여 현저하게 부적당하다고 인정되는 경우
> - 구인자가 구인조건을 밝히기를 거부하는 경우
> - 구인자가 구인신청 당시 「근로기준법」에 따라 명단이 공개 중인 체불사업주인 경우

08
직업안정법상 직업안정기관의 장이 구인신청의 수리(受理)를 거부할 수 없는 경우는?   18년 3회, 10년 2회, 03년 1회 기출

① 구인신청의 내용이 법령을 위반한 경우
② 구인신청을 구인자의 사업장소재지를 관할하는 직업안정기관에 하지 않은 경우
③ 구인신청의 내용 중 임금 등 근로조건이 통상적인 근로조건에 비하여 현저하게 부적당하다고 인정되는 경우
④ 구인자가 구인조건을 밝히기를 거부하는 경우

> **만점 해설**
>
> ② 직업안정기관의 장이 구인신청의 수리(受理)를 거부할 수 있는 예외사유에 해당하지 않는다(직업안정법 제8조 참조).

09
직업안정법상 구인·구직의 신청에 관한 설명으로 옳은 것은?   17년 1회, 14년 2회 기출

① 국외 취업희망자의 구직신청의 유효기간은 1년으로 한다.
② 직업안정기관의 장은 관할구역의 읍·면·동사무소에 구인신청서와 구직신청서를 갖추어 두어 구인자·구직자의 편의를 도모하여야 한다.
③ 직업안정기관의 장은 접수된 구인신청서 및 구직신청서를 3년간 관리·보관하여야 한다.
④ 수리된 구인신청의 유효기간은 3개월이다.

> **만점 해설**
>
> ② 직업안정법 시행규칙 제3조 제4항
> ① 국외 취업희망자의 구직신청의 유효기간은 6개월로 한다(동법 시행규칙 제3조 제2항).
> ③ 직업안정기관의 장은 접수된 구인신청서 및 구직신청서를 1년간 관리·보관하여야 한다(동법 시행규칙 제3조 제3항).
> ④ 수리된 구인신청의 유효기간은 15일 이상 2개월 이내에서 구인업체가 정한다(동법 시행규칙 제3조 제1항).

10
직업안정법상 직업소개의 원칙으로 틀린 것은?

12년 3회 기출

① 구직자 능력에 알맞은 직업의 소개
② 구인자의 구인조건에 적합한 구직자 소개
③ 구직자에게 임금수준이 높은 직업의 소개
④ 구직자 통근 가능한 지역 내 직업 소개

만점 해설

직업소개의 원칙(직업안정법 제11조)
- 직업안정기관의 장은 구직자에게는 그 능력에 알맞은 직업을 소개하고, 구인자에게는 구인조건에 적합한 구직자를 소개하도록 노력하여야 한다.
- 직업안정기관의 장은 가능하면 구직자가 통근할 수 있는 지역에서 직업을 소개하도록 노력하여야 한다.

11
직업안정법령상 직업안정기관의 장의 직업소개에 대한 설명으로 틀린 것은?

18년 2회, 05년 1회 기출

① 구직자에게는 그 능력에 알맞은 직업을 소개하도록 노력하여야 한다.
② 구인자에게는 구인조건에 적합한 구직자를 소개하도록 노력하여야 한다.
③ 가능하면 구직자가 통근할 수 있는 지역에서 직업을 소개하도록 노력하여야 한다.
④ 구인자와 구직자의 이익이 충돌할 경우에는 구직자의 이익을 우선할 수 있도록 노력하여야 한다.

만점 해설

④ 직업안정기관의 장이 직업소개업무를 행할 때에는 구인자 또는 구직자 어느 한쪽의 이익에 치우치지 아니하여야 한다(직업안정법 시행령 제7조 제1호).

12
다음 중 직업안정법령상 직업소개의 절차로 옳은 것은?

07년 3회 기출

> ㄱ. 구인·구직에 필요한 기초적인 사항의 확인
> ㄴ. 구인·구직의 상담
> ㄷ. 구인·구직 신청의 수리
> ㄹ. 취업 또는 채용 여부의 확인
> ㅁ. 직업 또는 구직자의 알선

① ㄱ → ㄴ → ㄷ → ㅁ → ㄹ
② ㄱ → ㄷ → ㄴ → ㅁ → ㄹ
③ ㄱ → ㄹ → ㄴ → ㄷ → ㅁ
④ ㄱ → ㄴ → ㄹ → ㄷ → ㅁ

만점 해설

직업소개의 절차(직업안정법 시행령 제4조)
직업안정기관의 장은 다음의 절차에 따라 직업소개를 하여야 한다.
1. 구인·구직에 필요한 기초적인 사항의 확인(ㄱ)
2. 구인·구직 신청의 수리(ㄷ)
3. 구인·구직의 상담(ㄴ)
4. 직업 또는 구직자의 알선(ㅁ)
5. 취업 또는 채용 여부의 확인(ㄹ)

13
직업안정법상 직업안정기관의 장이 직업지도를 하여야 하는 대상으로서 구체적으로 명시되어 있지 않은 자는? 12년 1회 기출

① 새로 취업하려는 사람
② 국민기초생활보장법상의 수급자
③ 신체에 장애가 있는 사람
④ 정신에 장애가 있는 사람

만점 해설

직업지도(직업안정법 제14조 제1항)
직업안정기관의 장은 다음의 어느 하나에 해당하는 사람에게 직업지도를 하여야 한다.
• 새로 취업하려는 사람
• 신체 또는 정신에 장애가 있는 사람
• 그 밖에 취업을 위하여 특별한 지도가 필요한 사람

14
직업안정기관이 행하는 직업지도의 내용으로 틀린 것은? 06년 1회 기출

① 새로 취업하려는 사람, 장애인에 대하여는 직업지도를 해야 한다.
② 장애인에 대한 직업지도는 특별한 지식과 기능을 가진 자가 담당해야 한다.
③ 직업지도를 받은 자가 취업한 후에는 직업지도를 할 수 없다.
④ 직업적성검사, 직업선호도검사를 실시할 수 있다.

만점 해설

③ 직업안정기관의 장은 직업지도를 받아 취업한 사람이 그 직업에 쉽게 적응할 수 있도록 하기 위하여 필요하다고 인정하는 경우에는 취업 후에도 직업지도를 실시할 수 있다(직업안정법 시행령 제9조 제3항).
① 동법 제14조 제1항 참조
② 직업안정기관의 장이 장애인에 대하여 직업지도를 하는 경우에는 소속직원 중에서 이에 대한 특별한 지식과 기능을 가진 자로 하여금 담당하게 하여야 한다(동법 시행령 제9조 제1항).
④ 직업안정기관의 장은 효과적인 직업지도를 위하여 필요하다고 인정하는 경우에는 구직자에 대한 직업적성검사·흥미검사·직업선호도검사 기타 필요한 검사를 실시할 수 있다(동법 시행령 제9조 제4항).

15
직업안정법령상 직업안정기관의 장이 수집·제공하여야 할 고용정보의 내용이 아닌 것은? 16년 1회, 10년 4회 기출

① 직업에 관한 정보
② 경제 및 산업동향
③ 직업안정기관의 명칭 및 소재지
④ 직업능력개발훈련에 관한 정보

만점 해설

직업안정기관의 장이 수집·제공하여야 할 고용정보의 내용(직업안정법 시행령 제12조 참조)
• 경제 및 산업동향(②)
• 노동시장, 고용·실업동향
• 임금, 근로시간 등 근로조건
• 직업에 관한 정보(①)
• 채용·승진 등 고용관리에 관한 정보
• 직업능력개발훈련에 관한 정보(④)
• 고용관련 각종지원 및 보조제도
• 구인·구직에 관한 정보

02절 주요 내용

01

직업안정법에 관한 설명으로 틀린 것은? 22년 1회 기출

① 국외 무료직업소개사업을 하려는 자는 고용노동부장관의 허가를 받아야 한다.
② 국외 유료직업소개사업을 하려는 자는 고용노동부장관에게 등록하여야 한다.
③ 구인자가 직업안정기관에서 구직자를 소개받은 때에는 그 채용여부를 직업안정기관의 장에게 통보하여야 한다.
④ 누구든지 국외에 취업할 근로자를 모집한 경우에는 고용노동부장관에게 신고하여야 한다.

만점 해설

① 무료직업소개사업은 소개대상이 되는 근로자가 취업하려는 장소를 기준으로 하여 국내 무료직업소개사업과 국외 무료직업소개사업으로 구분하되, 국내 무료직업소개사업을 하려는 자는 주된 사업소의 소재지를 관할하는 특별자치도지사·시장·군수 및 구청장에게 신고하여야 하고, 국외 무료직업소개사업을 하려는 자는 고용노동부장관에게 신고하여야 한다(직업안정법 제18조 제1항).
② 동법 제19조 제1항 참조
③ 동법 시행령 제8조
④ 동법 제30조 제1항

> *참고 : 현행법은 국내 유·무료직업소개사업에 대한 등록·신고 및 지도·단속 업무를 시·군·구 등 지자체에서 수행하도록 규정하고 있으나, 국외 유·무료직업소개사업에 대해서는 고용노동부장관이 이를 수행하도록 규정하고 있습니다. 이에 국외 유·무료직업소개사업 관련 업무를 지자체로 이양하여, 직업소개사업자 등록·신고 및 지도·단속 등 처리 주체를 일원화할 필요성이 제기되고 있습니다. 최근 이와 관련하여 고용노동부에서 법 개정을 추진하고 있으므로, 향후 개정 추이를 지켜볼 필요가 있겠습니다.

02

직업안정법령상 직업소개사업에 관한 설명으로 틀린 것은? 20년 1·2회 기출

① 국내 무료직업소개사업을 하려는 자는 주된 사업소의 소재지를 관할하는 특별자치도지사·시장·군수 및 구청장에게 신고하여야 한다.
② 국외 무료직업소개사업을 하려는 자는 고용노동부장관에게 신고하여야 한다.
③ 국내 유료직업소개사업을 하려는 자는 주된 사업소의 소재지를 관할하는 특별자치도지사·시장·군수 및 구청장에게 등록하여야 한다.
④ 국외 유료직업소개사업을 하려는 자는 고용노동부장관에게 신고하여야 한다.

만점 해설

③·④ 유료직업소개사업은 소개대상이 되는 근로자가 취업하려는 장소를 기준으로 하여 국내 유료직업소개사업과 국외 유료직업소개사업으로 구분하되, 국내 유료직업소개사업을 하려는 자는 주된 사업소의 소재지를 관할하는 특별자치도지사·시장·군수 및 구청장에게 등록하여야 하고, 국외 유료직업소개사업을 하려는 자는 고용노동부장관에게 등록하여야 한다(직업안정법 제19조 제1항).
①·② 동법 제18조 제1항 참조

03

직업안정법령상 신고를 하지 아니하고 할 수 있는 무료직업소개사업이 아닌 것은? 22년 2회, 16년 3회 기출

① 한국산업인력공단이 하는 직업소개
② 한국장애인고용공단이 장애인을 대상으로 하는 직업소개
③ 국민체육진흥공단이 체육인을 대상으로 하는 직업소개
④ 근로복지공단이 업무상 재해를 입은 근로자를 대상으로 하는 직업소개

만점 해설

신고를 하지 아니하고 할 수 있는 무료직업소개사업(직업안정법 제18조 제4항 참조)
- 「한국산업인력공단법」에 따른 한국산업인력공단이 하는 직업소개
- 「장애인고용촉진 및 직업재활법」에 따른 한국장애인고용공단이 장애인을 대상으로 하는 직업소개
- 교육 관계법에 따른 각급 학교의 장, 「국민 평생 직업능력 개발법」에 따른 공공직업훈련시설의 장이 재학생·졸업생 또는 훈련생·수료생을 대상으로 하는 직업소개
- 「산업재해보상보험법」에 따른 근로복지공단이 업무상 재해를 입은 근로자를 대상으로 하는 직업소개

04
직업안정법상 신고를 하지 아니하고 무료직업소개사업을 할 수 있는 단체가 아닌 것은? 15년 1회 기출

① 대한상공회의소
② 한국산업인력공단
③ 한국장애인고용공단
④ 교육 관계법에 따른 각급 학교의 장

만점 해설

① 대한상공회의소는 직업안정법상 신고를 하지 아니하고 무료직업소개사업을 할 수 있는 기관 혹은 단체에 해당하지 않는다(직업안정법 제18조 제4항 참조).

05
직업안정법상 유료직업소개사업에 관한 설명으로 옳은 것은? 18년 3회, 12년 2회 기출

① 등록된 유료직업소개사업자는 구직자에게 제공하기 위해 구인자로부터 선급금을 받을 수 있다.
② 등록을 하고 유료직업소개사업을 하려는 자는 원칙적으로 둘 이상의 사업소를 두어야 한다.
③ 국외 유료직업소개사업을 하려는 자는 고용노동부장관에게 등록하여야 한다.
④ 유료직업소개사업은 근로자의 주소지를 기준으로 국내 유료직업소개사업과 국외 유료직업소개사업으로 구분한다.

만점 해설

① 등록을 하고 유료직업소개사업을 하는 자 및 그 종사자는 구직자에게 제공하기 위하여 구인자로부터 선급금을 받아서는 아니 된다(직업안정법 제21조의2).
② 등록을 하고 유료직업소개사업을 하려는 자는 원칙적으로 둘 이상의 사업소를 둘 수 없다(동법 제19조 제2항 참조).
④ 유료직업소개사업은 소개대상이 되는 근로자가 취업하려는 장소를 기준으로 하여 국내 유료직업소개사업과 국외 유료직업소개사업으로 구분한다(동법 제19조 제1항 참조).

06
직업안정법상 유료직업소개사업에 관한 설명으로 틀린 것은? 18년 1회, 13년 3회 기출

① 국외 유료직업소개사업을 하려는 자는 고용노동부장관에게 등록하여야 한다.
② 유료직업소개사업을 하는 자는 고용노동부장관이 결정·고시한 요금 외의 금품을 받아서는 아니 되나 고용노동부령으로 정하는 고급·전문인력을 소개하는 경우에는 당사자 사이에 정한 요금을 구인자로부터 받을 수 있다.
③ 유료직업소개사업을 하는 자는 구직자에게 제공하기 위하여 구인자로부터 선급금을 받아 구직의 편의를 도모할 수 있다.
④ 유료직업소개사업을 하는 자는 구직자의 연령을 확인하여야 하며, 18세 미만의 구직자를 소개하는 경우에는 친권자나 후견인의 취업동의서를 받아야 한다.

만점 해설

③ 등록을 하고 유료직업소개사업을 하는 자 및 그 종사자는 구직자에게 제공하기 위하여 구인자로부터 선급금을 받아서는 아니 된다(직업안정법 제21조의2).
① 동법 제19조 제1항 참조
② 동법 제19조 제3항
④ 동법 제21조의3 제1항 참조

07
직업안정법상 직업소개사업에 관한 설명으로 옳은 것은? 11년 1회 기출

① 무료직업소개사업은 사업장이 위치한 장소를 기준으로 하여 국내 무료직업소개사업과 국외 무료직업소개사업으로 구분한다.
② 국내 무료직업소개사업을 하려는 자는 주된 사업소의 소재지를 관할하는 특별자치도지사·시장·군수 및 구청장에게 등록하여야 한다.
③ 국외 유료직업소개사업을 하려는 자는 고용노동부장관에게 신고하여야 한다.
④ 유료직업소개사업을 하는 자는 고용노동부장관이 결정·고시한 요금 외의 금품을 받아서는 아니 되나, 고용노동부령으로 정하는 고급·전문인력을 소개하는 경우에는 당사자 사이에 정한 요금을 구인자로부터 받을 수 있다.

만점 해설

④ 직업안정법 제19조 제3항
① 무료직업소개사업은 소개대상이 되는 근로자가 취업하려는 장소를 기준으로 하여 국내 무료직업소개사업과 국외 무료직업소개사업으로 구분한다(동법 제18조 제1항 참조).
② 국내 무료직업소개사업을 하려는 자는 주된 사업소의 소재지를 관할하는 특별자치도지사·시장·군수 및 구청장에게 신고하여야 한다(동법 제18조 제1항 참조).
③ 국외 유료직업소개사업을 하려는 자는 고용노동부장관에게 등록하여야 한다(동법 제19조 제1항 참조).

08
직업안정법령상 유료직업소개사업의 등록을 할 수 있는 자에 해당되지 않는 것은? 21년 1회 기출

① 지방공무원으로 2년 이상 근무한 경력이 있는 자
② 조합원이 100인 이상인 단위노동조합에서 노동조합업무전담자로 2년 이상 근무한 경력이 있는 자
③ 상시사용근로자 300인 이상인 사업장에서 노무관리업무전담자로 1년 이상 근무한 경력이 있는 자
④ 「공인노무사법」에 의한 공인노무사 자격을 가진 자

만점 해설

유료직업소개사업의 등록을 할 수 있는 자(직업안정법 시행령 제21조 제1항 참조)
- 「국가기술자격법」에 의한 직업상담사 1급 또는 2급의 국가기술자격이 있는 자
- 직업소개사업의 사업소, 「국민 평생 직업능력 개발법」에 의한 직업능력개발훈련시설, 「초·중등교육법」 및 「고등교육법」에 의한 학교, 「청소년기본법」에 의한 청소년단체에서 직업상담·직업지도·직업훈련 기타 직업소개와 관련이 있는 상담업무에 2년 이상 종사한 경력이 있는 자
- 「공인노무사법」에 의한 공인노무사 자격을 가진 자(④)
- 조합원이 100인 이상인 단위노동조합, 산업별 연합단체인 노동조합 또는 총연합단체인 노동조합에서 노동조합업무전담자로 2년 이상 근무한 경력이 있는 자(②)
- 상시사용근로자 300인 이상인 사업 또는 사업장에서 노무관리업무전담자로 2년 이상 근무한 경력이 있는 자(③)
- 국가공무원 또는 지방공무원으로서 2년 이상 근무한 경력이 있는 자(①)
- 「초·중등교육법」에 의한 교원자격증을 가지고 있는 자로서 교사근무경력이 2년 이상인 자
- 「사회복지사업법」에 따른 사회복지사 자격증을 가진 사람

09
직업안정법령상 유료직업소개사업의 등록을 할 수 없는 자는?
09년 1회 기출

① 조합원이 100인 이상인 단위노동조합에서 노동조합업무전담자로 1년의 근무경력이 있는 자
② 국가기술자격법에 의한 직업상담사 2급의 국가기술자격이 있는 자
③ 국가공무원 또는 지방공무원으로서 5년 근무경력이 있는 자
④ 초·중등교육법에 의한 교원자격증을 가지고 있는 자로서 3년의 교사근무경력이 있는 자

만점 해설
① 조합원이 100인 이상인 단위노동조합, 산업별 연합단체인 노동조합 또는 총연합단체인 노동조합에서 노동조합업무전담자로 2년 이상 근무한 경력이 있어야 유료직업소개사업의 등록을 할 수 있다(직업안정법 시행령 제21조 제1항 제4호).

10
직업안정법령의 내용에 대한 설명으로 틀린 것은?
17년 3회, 08년 3회 기출

① 고용노동부장관이 유료직업소개사업의 요금을 결정하고자 하는 경우에는 고용정책기본법에 따른 고용정책심의회의 심의를 거쳐야 한다.
② 근로자공급사업 허가의 유효기간은 3년으로 한다.
③ 국내 무료직업소개사업을 하고자 하는 자가 둘 이상의 시·군·구에 사업소를 두고자 하는 때에는 주된 사업소의 소재지를 관할하는 직업안정기관에 등록하여야 한다.
④ 신문·잡지 기타 간행물에 구인을 가장하여 물품판매, 수강생모집, 직업소개, 부업알선, 자금모집 등을 행하는 광고는 거짓 구인광고의 범위에 해당한다.

만점 해설
③ 특별자치도·시·군·구 중 둘 이상에 무료직업소개사업소를 두는 경우 국내 무료직업소개사업의 신고가 있는 때에는 그 주된 사업소의 소재지를 관할하는 시장·군수·구청장은 주된 사업소 외의 사업소의 소재지를 관할하는 특별자치도지사·시장·군수·구청장에게 신고를 받은 날부터 10일 이내에 그 신고사실을 통보하여야 하며, 각 사업소의 소재지를 관할하는 특별자치도지사·시장·군수·구청장은 해당 사업의 지도·감독 등에 관하여 서로 협조를 요청할 수 있다(직업안정법 시행령 제18조 제2항).
① 동법 제19조 제4항
② 동법 제33조 제2항 참조
④ 동법 시행령 제34조 참조

11
직업안정법령상 직업정보제공사업자의 준수사항으로 틀린 것은?
21년 3회 기출

① 구인자의 업체명이 표시되어 있지 아니한 구인광고를 게재하지 아니할 것
② 직업정보제공매체의 구인·구직의 광고에는 구인·구직자의 주소 또는 전화번호를 기재하지 아니할 것
③ 구직자의 이력서 발송을 대행하거나 구직자에게 취업추천서를 발부하지 아니할 것
④ 직업정보제공사업의 광고문에 "취업추천"·"취업지원" 등의 표현을 사용하지 아니할 것

만점 해설
② 직업정보제공매체의 구인·구직의 광고에는 구인·구직자의 주소 또는 전화번호를 기재하고, 직업정보제공사업자의 주소 또는 전화번호는 기재하지 아니할 것(직업안정법 시행령 제28조 제2호)

12
직업안정법령상 직업정보제공사업자의 준수사항에 해당하지 않는 것은?
19년 2회, 12년 1회 기출

① 구직자의 이력서 발송을 대행하지 아니할 것
② 직업정보제공사업의 광고문에 "취업지원" 등의 표현을 사용하지 아니할 것
③ 구인자의 신원이 확실하지 아니한 구인광고를 게재하지 아니할 것
④ 직업정보제공매체의 구인·구직의 광고에는 구인·구직자의 주소 또는 전화번호를 기재하지 아니할 것

만점 해설
④ 직업정보제공매체의 구인·구직의 광고에는 구인·구직자의 주소 또는 전화번호를 기재하고, 직업정보제공사업자의 주소 또는 전화번호는 기재하지 아니할 것(직업안정법 시행령 제28조 제2호)

13
직업안정법령에 관한 설명으로 틀린 것은?
18년 1회, 06년 3회 기출

① 국내 근로자공급사업의 허가를 받을 수 있는 자는 노동조합 및 노동관계조정법에 의한 노동조합이다.
② 직업정보제공사업자는 구직자의 이력서 발송을 대행하거나 구직자에게 취업추천서를 발부하는 사업을 할 수 있다.
③ 근로자공급사업 허가의 유효기간은 3년이다.
④ 직업안정기관에 구인신청을 하는 경우에는 원칙적으로 구인자의 사업장소재지를 관할하는 직업안정기관에 하여야 한다.

만점 해설
② 직업정보제공사업자는 구직자의 이력서 발송을 대행하거나 구직자에게 취업추천서를 발부하는 사업을 할 수 없다(직업안정법 시행령 제28조 제4호).
① 동법 제33조 제3항 참조
③ 동법 제33조 제2항
④ 동법 시행령 제5조 제1항

14
직업안정법령상 직업소개사업을 겸업할 수 있는 자는?
22년 2회 기출

① 식품접객업 중 유흥주점영업자
② 숙박업자
③ 경비용역업자
④ 결혼중개업자

만점 해설
겸업 금지(직업안정법 제26조 및 시행령 제29조 참조)
직업소개사업자(법인의 임원도 포함) 또는 그 종사자는 다음의 어느 하나에 해당하는 사업을 경영할 수 없다.
• 「결혼중개업의 관리에 관한 법률」에 따른 결혼중개업(④)
• 「공중위생관리법」에 따른 숙박업(②)
• 「식품위생법 시행령」에 따른 식품접객업 중 휴게음식점영업으로서 주로 다류(茶類)를 조리·판매하는 영업(영업자 또는 종업원이 영업장을 벗어나 다류를 배달·판매하면서 소요 시간에 따라 대가를 받는 형태로 운영하는 경우로 한정)
• 「식품위생법 시행령」에 따른 식품접객업 중 단란주점영업
• 「식품위생법 시행령」에 따른 식품접객업 중 유흥주점영업(①)

15
직업안정법상 직업소개사업을 겸업할 수 있는 자는?
19년 3회 기출

① 「공중위생관리법」에 따른 이용업 사업을 경영하는 자
② 「결혼중개업의 관리에 관한 법률」에 따른 결혼중개업 사업을 경영하는 자
③ 「식품위생법 시행령」에 따른 단란주점영업 사업을 경영하는 자
④ 「식품위생법 시행령」에 따른 유흥주점영업 사업을 경영하는 자

만점 해설
②·③·④ 직업안정법령상 직업소개사업과 겸업이 금지되는 사업에 해당한다(직업안정법 제26조 및 시행령 제29조 참조).

16
직업안정법상 직업소개사업을 겸업할 수 있는 것은?
21년 3회 기출

① 「결혼중개업의 관리에 관한 법률」상 결혼중개업
② 「공중위생관리법」상 숙박업
③ 「식품위생법」상 식품접객업 중 유흥주점영업
④ 「식품위생법」상 식품접객업 중 일반음식점영업

만점 해설
①·②·③ 직업안정법령상 직업소개사업과 겸업이 금지되는 사업에 해당한다(직업안정법 제26조 및 시행령 제29조 참조).

17
직업안정법령상 근로자의 모집에 관한 설명으로 틀린 것은?
21년 2회 기출

① 누구든지 국외에 취업할 근로자를 모집한 경우에는 고용노동부장관에게 신고하여야 한다.
② 고용노동부장관은 건전한 모집질서를 확립하기 위하여 필요하다고 인정하는 경우에는 근로자 모집방법 등의 개선을 권고할 수 있다.
③ 고용노동부장관은 근로자의 모집을 원활하게 하기 위하여 필요하다고 인정할 때에는 국외취업을 희망하는 근로자를 미리 등록하게 할 수 있다.
④ 근로자를 모집하려는 자가 응모자로부터 그 모집과 관련하여 금품을 받은 경우 7년 이하의 징역 또는 7천만원 이하의 벌금에 처한다.

만점 해설
④ 금품 등의 수령 금지 규정을 위반하여 금품이나 그 밖의 이익을 취한 자는 5년 이하의 징역 또는 5천만원 이하의 벌금에 처한다(직업안정법 제47조 제5호).
① 동법 제30조 제1항
② 동법 제31조 제1항
③ 동법 시행령 제31조 제3항

18
직업안정법에 관한 설명으로 틀린 것은?
20년 3회 기출

① 누구든지 어떠한 명목으로든 구인자로부터 그 모집과 관련하여 금품을 받거나 그 밖의 이익을 취하여서는 아니 된다.
② 누구든지 국외에 취업할 근로자를 모집한 경우에는 고용노동부장관에게 신고하여야 한다.
③ 누구든지 고용노동부장관의 허가를 받지 아니하고는 근로자공급사업을 하지 못한다.
④ 누구든지 성별, 연령 등을 이유로 직업소개를 할 때 차별대우를 받지 아니한다.

만점 해설
① 근로자를 모집하려는 자와 그 모집업무에 종사하는 자는 어떠한 명목으로든 응모자로부터 그 모집과 관련하여 금품을 받거나 그 밖의 이익을 취하여서는 아니 된다. 다만, 유료직업소개사업을 하는 자가 구인자의 의뢰를 받아 구인자가 제시한 조건에 맞는 자를 모집하여 직업소개한 경우에는 그러하지 아니하다(직업안정법 제32조).
② 동법 제30조 제1항
③ 동법 제33조 제1항
④ 동법 제2조 참조

19
직업안정법상 고용노동부장관의 허가를 받아야 하는 것은?
14년 3회, 04년 3회 기출

① 국외 취업자 모집
② 직업정보제공사업
③ 근로자공급사업
④ 유료직업소개사업

만점 해설
직업안정기관의 장 외의 자가 행하는 직업안정사업의 규제 방식
- 국내 무료직업소개사업 : 특별자치도지사·시장·군수 및 구청장에게 신고
- 국외 무료직업소개사업 : 고용노동부장관에게 신고
- 국내 유료직업소개사업 : 특별자치도지사·시장·군수 및 구청장에게 등록
- 국외 유료직업소개사업 : 고용노동부장관에게 등록
- 직업정보제공사업 : 고용노동부장관에게 신고
- 국외 취업자 모집 : 고용노동부장관에게 신고
- 근로자공급사업 : <u>고용노동부장관의 허가</u>

20

직업안정법령상 근로자공급사업에 관한 설명으로 틀린 것은? 21년 2회 기출

① 근로자공급사업 연장허가의 유효기간은 연장 전 허가의 유효기간이 끝나는 날부터 5년으로 한다.
② 누구든지 고용노동부장관의 허가를 받지 아니하고는 근로자공급사업을 하지 못한다.
③ 연예인을 대상으로 하는 국외 근로자공급사업의 허가를 받을 수 있는 자는 민법상 비영리법인으로 한다.
④ 국내 근로자공급사업 허가를 받을 수 있는 자는 「노동조합 및 노동관계조정법」에 따른 노동조합이다.

만점 해설

① 근로자공급사업 허가의 유효기간은 3년으로 하되, 유효기간이 끝난 후 계속하여 근로자공급사업을 하려는 자는 고용노동부령으로 정하는 바에 따라 연장허가를 받아야 한다. 이 경우 연장허가의 유효기간은 연장 전 허가의 유효기간이 끝나는 날부터 3년으로 한다(직업안정법 제33조 제2항).
② 동법 제33조 제1항
③ 동법 제33조 제3항 제2호 단서
④ 동법 제33조 제3항 제1호

21

직업안정법령상 근로자공급사업에 관한 설명으로 틀린 것은? 21년 1회 기출

① 누구든지 고용노동부장관의 허가를 받지 아니하고는 근로자공급사업을 하지 못한다.
② 국내 근로자공급사업은 「노동조합 및 노동관계조정법」에 따른 노동조합만이 허가를 받을 수 있다.
③ 국외 근로자공급사업을 하려는 자는 1천만원 이상의 자본금만 갖추면 된다.
④ 근로자공급사업 허가의 유효기간은 3년으로 한다.

만점 해설

국외 근로자공급사업(직업안정법 제33조 제3항 및 시행령 제33조 제3항 참조)

- 국외 근로자공급사업의 허가를 받을 수 있는 자는 국내에서 제조업·건설업·용역업, 그 밖의 서비스업을 하고 있는 자로 한다. 다만, 연예인을 대상으로 하는 국외 근로자공급사업의 허가를 받을 수 있는 자는 「민법」에 따른 비영리법인으로 한다.
- 국외 근로자공급사업을 하려는 자는 다음의 자산 및 시설을 모두 갖추어야 한다.

  - 1억원 이상의 자본금(비영리법인의 경우 재무상태표의 자본총계)
  - 국내에 소재하고, 2명 이상이 상담할 수 있는 독립된 공간을 갖춘 사무실

22

직업안정법령상 근로자공급사업의 허가를 받을 수 있는 자는? <small>22년 1회 기출</small>

① 파산선고를 받고 복권되지 아니한 자
② 미성년자, 피성년후견인 및 피한정후견인
③ 이 법을 위반한 자로서, 벌금형이 확정된 후 2년이 지나지 아니한 자
④ 근로자공급사업의 허가가 취소된 후 7년이 지난 자

만점 해설

④ 근로자공급사업의 허가가 취소된 후 5년이 지난 자는 근로자공급사업의 허가를 받을 수 있다(직업안정법 제38조 제6호).

23

직업안정법상 국외 공급 근로자의 보호 및 국외 근로자공급사업의 관리에 관한 설명으로 틀린 것은? <small>13년 2회, 10년 3회 기출</small>

① 공급 국가로부터 취업자격을 취득한 근로자만을 공급할 것
② 국외의 임금수준 등을 고려하여 공급 근로자에게 적정 임금을 보장할 것
③ 공급 근로자의 출국일자, 국외 취업기간, 현 근무처 및 귀국일자 등을 기록한 명부를 작성·관리할 것
④ 임금은 매월 1회 이상 일정한 기일을 정하여 통화로 직접 해당 근로자에게 그 전액을 지급할 것

만점 해설

① 공급대상 국가(주의 : '공급 국가'가 아님)로부터 취업자격을 취득한 근로자만을 공급할 것(직업안정법 시행규칙 제41조 제1항 제1호).

24

직업안정법령상 허위구인광고 및 손해배상책임의 보장에 대한 설명으로 틀린 것은? <small>07년 3회 기출변형</small>

① 구인을 가장하여 물품판매·수강생모집·직업소개·부업알선·자금모금 등을 행하는 광고는 거짓 구인광고에 해당한다.
② 국내 유료직업소개사업자의 경우에는 손해배상책임의 보장을 위해서 사업소별로 1억원을 금융기관에 예치하거나 보증보험에 가입하여야 한다.
③ 유료직업소개사업자가 예치금을 금융기관에 예치하는 경우에는 등록기관의 장과 공동명의로 하여야 한다.
④ 거짓 구인광고를 하거나 거짓 구인조건을 제시한 자는 5년 이하의 징역 또는 5천만원 이하의 벌금에 처한다.

만점 해설

② 국내 유료직업소개사업자는 사업소별로 1천만원, 국외 유료직업소개사업자는 1억원, 국외 근로자공급사업자는 2억원을 금융기관에 예치하거나 보증보험에 가입하여야 한다. 다만, 국외 연수생만을 소개하는 국외 유료직업소개사업자의 경우에는 5천만원을 금융기관에 예치하거나 보증보험에 가입하여야 한다(직업안정법 시행령 제34조의2 제1항).
① 동법 시행령 제34조 제1호
③ 동법 시행령 제34조의2 제3항 참조
④ 동법 제47조 제6호

정답 22 ④ 23 ① 24 ②

25

직업안정법령상 일용근로자 이외의 직업소개를 하는 유료직업소개사업자의 장부 및 서류의 비치 기간으로 옳은 것은? 20년 4회 기출

① 종사자명부 : 3년
② 구인신청서 : 2년
③ 구직신청서 : 1년
④ 금전출납부 및 금전출납 명세서 : 1년

만점 해설

유료직업소개사업자의 장부 및 서류의 비치 기간(직업안정법 시행규칙 제26조 참조)
- 종사자명부 : 2년
- 구인신청서 및 구직신청서 : 2년
- 구인접수대장 : 2년
- 구직접수 및 직업소개대장 : 2년
- 소개요금약정서 : 2년
- 일용근로자 회원명부 : 2년
- 금전출납부 및 금전출납 명세서 : 2년

26

직업안정법규상 고용노동부장관 또는 특별자치도지사·시장·군수·구청장이 직업소개사업을 하는 자 및 그 종사자에 대하여 실시하는 교육훈련의 교육내용이 아닌 것은? 11년 3회 기출

① 노동경제학 이론
② 직업상담 이론 및 기법
③ 고용안정전산망 운용
④ 직업소개사업의 사회적 책임

만점 해설

직업소개사업자 및 그 종사자에 대한 교육훈련의 내용(직업안정법 시행규칙 제44조의2 및 별표3 참조)

교육과목	교육내용
직업소개 제도	• 직업안정법 해설 • 불법 직업소개행위 및 거짓 구인광고 유형과 처벌규정
직업상담 실무	• 직업상담이론 • 직업상담기법
직업정보 관리	• 직업정보의 수집·제공 • 고용안정전산망 운용
직업윤리 의식	• 직업소개사업의 사회적 책임 • 직업소개사업자의 윤리강령 및 자정노력

CHAPTER 05 고용보험법

*참고 : 「고용보험법」은 최근 저출산·고령화에 대한 정부의 적극적인 대응에 따라 법령 개정이 수시로 이루어지고 있으므로, 법제처 국가법령정보센터 등에서 새롭게 개정된 내용이 있는지 수시로 확인하는 노력이 필요합니다.

01절 개요

01
고용보험법령상 용어의 정의로 옳은 것은?

22년 2회 기출

① "피보험자"란 근로기준법상 근로자와 사업주를 말한다.
② "실업"이란 근로의 의사와 능력이 있음에도 불구하고 취업하지 못한 상태에 있는 것을 말한다.
③ "보수"란 사용자로부터 받는 일체의 금품을 말한다.
④ "일용근로자"란 3개월 미만 동안 고용된 자를 말한다.

만점 해설
② 고용보험법 제2조 제3호
① "피보험자"란 「고용보험 및 산업재해보상보험의 보험료징수 등에 관한 법률」에 따라 보험에 가입되거나 가입된 것으로 보는 근로자, 예술인, 노무제공자 또는 자영업자인 피보험자를 말한다(동법 제2조 제1호).
③ "보수"란 「소득세법」에 따른 근로소득에서 대통령령으로 정하는 금품을 뺀 금액을 말한다. 다만, 휴직이나 그 밖에 이와 비슷한 상태에 있는 기간 중에 사업주 외의 자로부터 지급받는 금품 중 고용노동부장관이 정하여 고시하는 금품은 보수로 본다(동법 제2조 제5호).
④ "일용근로자"란 1개월 미만 동안 고용되는 사람을 말한다(동법 제2조 제6호).

02
고용보험법령상 용어 정의에 관한 설명으로 틀린 것은?

20년 1·2회 기출

① "이직"이란 피보험자와 사업주 사이의 고용관계가 끝나게 되는 것을 말한다.
② "실업"이란 근로의 의사와 능력이 있음에도 불구하고 취업하지 못한 상태에 있는 것을 말한다.
③ "실업의 인정"이란 직업안정기관의 장이 수급자격자가 실업한 상태에서 적극적으로 직업을 구하기 위하여 노력하고 있다고 인정하는 것을 말한다.
④ "일용근로자"란 1일 단위로 근로계약을 체결하여 고용되는 자를 말한다.

만점 해설
④ "일용근로자"란 1개월 미만 동안 고용되는 사람을 말한다(고용보험법 제2조 제6호).
① 동법 제2조 제2호
② 동법 제2조 제3호
③ 동법 제2조 제4호

03
고용보험법상 고용보험에 해당하지 않는 것은?

15년 1회 기출

① 재활사업
② 직업능력개발사업
③ 실업급여
④ 고용안정사업

만점 해설
고용보험사업(고용보험법 제4조 제1항)
고용보험은 이 법의 목적을 이루기 위하여 고용보험사업으로 고용안정·직업능력개발사업, 실업급여, 육아휴직 급여 및 출산전후휴가 급여 등을 실시한다.

04
고용보험법의 적용 제외 대상이 아닌 자는? (단, 기타 사항은 고려하지 않음) 20년 4회 기출변형

① 해당 사업에서 3개월 이상 계속하여 근로를 제공하는 근로자
② 「지방공무원법」에 따른 공무원
③ 「사립학교교직원연금법」의 적용을 받는 사람
④ 「별정우체국법」에 따른 별정우체국 직원

만점 해설
고용보험법의 적용 제외 대상(고용보험법 제10조 및 시행령 제3조 참조)
- 해당 사업에서 1개월간 소정근로시간이 60시간 미만이거나 1주간의 소정근로시간이 15시간 미만인 근로자(단, 해당 사업에서 3개월 이상 계속하여 근로를 제공하는 근로자와 일용근로자는 적용 대상에 포함)
- 「국가공무원법」과 「지방공무원법」에 따른 공무원(단, 대통령령으로 정하는 바에 따라 별정직공무원 및 임기제공무원의 경우 본인의 의사에 따라 실업급여에 한정하여 가입 가능)
- 「사립학교교직원연금법」의 적용을 받는 사람
- 「별정우체국법」에 따른 별정우체국 직원
- 농업·임업 및 어업 중 법인이 아닌 자가 상시 4명 이하의 근로자를 사용하는 사업에 종사하는 근로자(단, 본인의 의사에 따라 고용보험에 가입을 신청하는 사람은 가입 가능)

05
고용보험법 적용 제외 근로자에 해당하는 자는? 18년 1회 기출

① 60세에 새로 고용된 근로자
② 1개월 미만 동안 고용되는 일용근로자
③ 사립학교교직원연금법의 적용을 받는 자
④ 1일 6시간씩 주3일 근무하는 자

만점 해설
③ 「사립학교교직원연금법」의 적용을 받는 사람은 고용보험법의 적용 제외 근로자에 해당한다(고용보험법 제10조 제1항 제4호).

06
고용보험법령상 고용안정·직업능력개발사업에 관한 규정이 적용되는 근로자에 해당하는 것은? 12년 2회 기출

① 1월간의 소정근로시간이 60시간 미만인 자
② 지방공무원법에 의한 공무원
③ 65세 이상인 근로자
④ 별정우체국 직원

만점 해설
③ 65세 이후에 고용되거나 자영업을 개시한 사람에게는 실업급여와 육아휴직 급여 등을 적용하지 아니하되, 고용안정·직업능력개발사업은 적용한다. 다만, 65세 전부터 피보험자격을 유지하던 사람이 65세 이후에 계속하여 고용된 경우는 고용보험 적용 대상이다(고용보험법 제10조 제2항 참조).

07
고용보험법령상 피보험자격의 상실일에 해당하지 않는 것은? 20년 3회 기출변형

① 근로자인 피보험자가 적용 제외 근로자에 해당하게 된 경우에는 그 적용 제외 대상자가 된 날
② 근로자인 피보험자가 이직한 경우에는 이직한 날의 다음 날
③ 근로자인 피보험자가 사망한 경우에는 사망한 날의 다음 날
④ 보험관계가 소멸한 경우에는 그 보험관계가 소멸한 날의 다음 날

만점 해설
피보험자격의 상실일(고용보험법 제14조 참조)
- 근로자인 피보험자가 적용 제외 근로자에 해당하게 된 경우 : 그 적용 제외 대상자가 된 날
- 고용산재보험료징수법에 따라 보험관계가 소멸한 경우 : 그 보험관계가 소멸한 날(④)
- 근로자인 피보험자가 이직한 경우 : 이직한 날의 다음 날
- 근로자인 피보험자가 사망한 경우 : 사망한 날의 다음 날
- 자영업자인 피보험자의 경우 : 그 보험관계가 소멸한 날

*참고 : '고용산재보험료징수법' 또는 '보험료징수법'은 「고용보험 및 산업재해보상보험의 보험료징수 등에 관한 법률」의 약칭입니다.

08
고용보험법상 피보험자격의 취득일과 상실일에 관한 설명으로 틀린 것은? 16년 3회, 14년 1회 기출변형

① 근로자인 피보험자가 사망한 경우에는 사망한 날의 다음 날에 피보험자격을 상실한다.
② 적용 제외 근로자였던 사람이 고용보험법의 적용을 받게 된 경우 그 사업에 고용된 날에 피보험자격을 취득한 것으로 본다.
③ 고용산재보험료징수법에 따른 보험관계 성립일 전에 고용된 근로자의 경우 그 보험관계가 성립한 날 피보험자격을 취득한 것으로 본다.
④ 근로자인 피보험자가 적용 제외 근로자에 해당하게 된 경우 그 적용 제외 대상자가 된 날 피보험자격을 상실한다.

만점 해설

피보험자격의 취득일(고용보험법 제13조 참조)
- 근로자인 피보험자가 고용보험법이 적용되는 사업에 고용된 경우 : 그 고용된 날
- 적용 제외 근로자였던 사람이 고용보험법의 적용을 받게 된 경우 : 그 적용을 받게 된 날(②)
- 고용산재보험료징수법에 따른 보험관계 성립일 전에 고용된 근로자의 경우 : 그 보험관계가 성립한 날
- 자영업자인 피보험자의 경우 : 그 보험관계가 성립한 날

09
고용보험법상 피보험자격의 취득일 및 상실일에 관한 설명으로 옳은 것은? 19년 1회 기출변형

① 근로자인 피보험자는 고용보험법이 적용되는 사업에 고용된 날의 다음 날에 피보험자격을 취득한다.
② 적용 제외 근로자였던 사람이 고용보험법의 적용을 받게 된 경우에는 그 적용을 받게 된 날의 다음 날에 피보험자격을 취득한 것으로 본다.
③ 근로자인 피보험자가 사망한 경우에는 사망한 날의 다음 날에 피보험자격을 상실한다.
④ 보험관계가 소멸한 경우에는 그 보험관계가 소멸한 날의 다음 날에 피보험자격을 상실한다.

만점 해설

③ 고용보험법 제14조 제1항 제4호
① 근로자인 피보험자는 고용보험법이 적용되는 사업에 고용된 날에 피보험자격을 취득한다(동법 제13조 제1항).
② 적용 제외 근로자였던 사람이 고용보험법의 적용을 받게 된 경우에는 그 적용을 받게 된 날에 피보험자격을 취득한 것으로 본다(동법 제13조 제1항 단서 제1호).
④ 보험관계가 소멸한 경우에는 그 보험관계가 소멸한 날에 피보험자격을 상실한다(동법 제14조 제1항 제2호).

10
고용보험법령상 피보험자격의 신고에 관한 설명으로 틀린 것은? 21년 3회 기출

① 사업주가 피보험자격에 관한 사항을 신고하지 아니하면 근로자가 신고할 수 있다.
② 사업주는 그 사업에 고용된 근로자의 피보험자격의 취득 및 상실 등에 관한 사항을 고용노동부장관에게 신고하여야 한다.
③ 자영업자인 피보험자는 피보험자격의 취득 및 상실에 관한 신고를 하지 아니한다.
④ 피보험자격의 취득 및 상실 등에 관한 신고는 그 사유가 발생한 날로부터 14일 이내에 하여야 한다.

만점 해설

④ 사업주나 하수급인은 피보험자격에 관한 신고 등에 관한 규정에 따라 고용노동부장관에게 그 사업에 고용된 근로자의 피보험자격 취득 및 상실에 관한 사항을 신고하려는 경우에는 그 사유가 발생한 날이 속하는 달의 다음 달 15일까지(근로자가 그 기일 이전에 신고할 것을 요구하는 경우에는 지체 없이) 신고해야 한다(고용보험법 시행령 제7조 제1항).
① 동법 제15조 제3항
② 동법 제15조 제1항
③ 동법 제15조 제7항

11
고용보험법상 피보험자격에 관한 설명으로 틀린 것은?
16년 2회 기출변형

① 「고용보험 및 산업재해보상보험의 보험료징수 등에 관한 법률」의 규정에 따른 보험관계 성립일 전에 고용된 근로자의 경우에는 그 보험관계가 성립한 날의 다음 날에 그 피보험자격을 취득한다.
② 근로자인 피보험자가 이직한 경우에는 이직한 날의 다음 날에 그 피보험자격을 상실한다.
③ 근로자가 보험관계가 성립되어 있는 둘 이상의 사업에 동시에 고용되어 있는 경우에는 대통령령으로 정하는 바에 따라 그중 한 사업의 피보험자격을 취득한다.
④ 피보험자 또는 피보험자였던 사람은 언제든지 고용노동부장관에게 피보험자격의 취득 또는 상실에 관한 확인을 청구할 수 있다.

만점 해설
① 「고용보험 및 산업재해보상보험의 보험료징수 등에 관한 법률」의 규정에 따른 보험관계 성립일 전에 고용된 근로자의 경우에는 그 보험관계가 성립한 날에 피보험자격을 취득한 것으로 본다(고용보험법 제13조 제1항 단서 제2호).
② 동법 제14조 제1항 제3호
③ 동법 제18조 제1항
④ 동법 제17조 제1항

12
고용보험법령상 둘 이상의 사업에 일용근로자가 아닌 자로 동시에 고용되어 있는 경우 피보험자격을 취득하는 순서로 옳은 것은? 10년 2회, 09년 1회 기출변형

> ㄱ. 고용산재보험료징수법에 따른 월평균보수가 많은 사업
> ㄴ. 근로자가 선택한 사업
> ㄷ. 월 소정근로시간이 많은 사업

① ㄱ → ㄴ → ㄷ
② ㄱ → ㄷ → ㄴ
③ ㄴ → ㄷ → ㄱ
④ ㄷ → ㄱ → ㄴ

만점 해설
피보험자격의 취득기준(고용보험법 시행령 제11조의2 제1항)
보험관계가 성립되어 있는 둘 이상의 사업에 동시에 고용되어 있는 근로자는 원칙적으로 다음의 순서에 따라 피보험자격을 취득한다.
1. 고용산재보험료징수법에 따른 월평균보수가 많은 사업
2. 월 소정근로시간이 많은 사업
3. 근로자가 선택한 사업

13
고용보험법상 고용안정·직업능력개발사업에 관한 내용이 아닌 것은?
15년 1회 기출

① 지역 고용의 촉진
② 공과금의 면제
③ 고용안정 및 취업 촉진
④ 고용촉진 시설에 대한 지원

만점 해설
고용보험법상 고용안정·직업능력개발사업의 내용(고용보험법 제3장 및 시행령 제3장 참조)
- 고용창출의 지원
- 고용조정의 지원(고용유지지원금 포함)
- 지역 고용의 촉진(지역고용촉진 지원금 포함)(①)
- 고령자 등 고용촉진의 지원(고령자 고용연장 지원금 및 임금피크제 지원금 포함)
- 건설근로자 등의 고용안정 지원
- 고용안정 및 취업 촉진(③)
- 고용촉진 시설에 대한 지원(④)
- 사업주에 대한 직업능력개발 훈련의 지원(사업주훈련지원 및 일학습병행제도 포함)
- 피보험자 등에 대한 직업능력개발 지원
- 직업능력개발 훈련 시설에 대한 지원
- 직업능력개발의 촉진
- 건설근로자 등의 직업능력개발 지원
- 고용정보의 제공 및 고용 지원 기반의 구축
- 지방자치단체 등에 대한 지원 등

14
고용보험법령상 고용안정·직업능력개발사업의 내용에 해당하지 않는 것은? 21년 2회 기출

① 조기재취업 수당 지원
② 고용창출의 지원
③ 지역 고용의 촉진
④ 임금피크제 지원금의 지급

만점 해설
① '조기재취업 수당 지원'은 실업급여 사업의 내용에 포함된다(고용보험법 제64조 참조).

15
고용보험법령상 고용안정·직업능력개발사업의 내용이 아닌 것은? 16년 3회 기출

① 광역 구직활동비의 지급
② 임금피크제 지원금의 지급
③ 고용유지지원금의 지급
④ 고용창출의 지원

만점 해설
① '광역 구직활동비의 지급'은 실업급여 사업의 내용에 포함된다(고용보험법 제66조 참조).

02절 주요 내용

01
고용보험법상 실업급여에 해당하지 않는 것은?
19년 2회, 08년 1회, 06년 1회 기출

① 구직급여　② 조기(早期)재취업 수당
③ 정리해고 수당　④ 이주비

만점 해설
실업급여의 종류(고용보험법 제37조 참조)

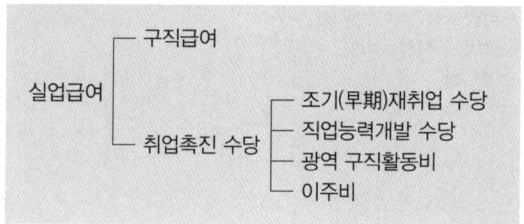

02
고용보험법상 실업급여에 포함되지 않는 것은?
09년 1회 기출

① 생계비　② 구직급여
③ 광역 구직활동비　④ 조기재취업 수당

만점 해설
②·③·④ 고용보험법상 실업급여의 종류에 포함된다(고용보험법 제37조 참조).

03
고용보험법령상 취업촉진 수당의 종류가 아닌 것은? 21년 1회, 16년 2회, 11년 3회, 08년 3회, 04년 3회 기출

① 특별연장급여　② 조기재취업 수당
③ 광역 구직활동비　④ 이주비

만점 해설
취업촉진 수당의 종류(고용보험법 제37조 제2항 참조)
• 조기재취업 수당
• 직업능력개발 수당
• 광역 구직활동비
• 이주비

04
고용보험법령상 취업촉진 수당에 해당하지 않는 것은? 18년 1회 기출

① 조기재취업 수당
② 직업능력개발 수당
③ 광역 구직활동비
④ 구직급여

만점 해설

취업촉진 수당의 종류(고용보험법 제37조 제2항 참조)
- 조기재취업 수당
- 직업능력개발 수당
- 광역 구직활동비
- 이주비

05
고용보험법상 실업급여에 관한 설명으로 틀린 것은? 12년 2회 기출

① 구직급여는 실업급여와 취업촉진 수당으로 구분한다.
② 실업급여를 받을 권리는 양도 또는 압류하거나 담보로 제공할 수 없다.
③ 실업급여로서 지급된 금품에 대하여는 국가나 지방자치단체의 공과금을 부과하지 아니한다.
④ 조기재취업 수당, 직업능력개발 수당, 광역 구직활동비, 이주비는 취업촉진 수당의 종류이다.

만점 해설

① 실업급여는 구직급여와 취업촉진 수당으로 구분한다(고용보험법 제37조 제1항).
② 동법 제38조 제1항
③ 동법 제38조의2
④ 동법 제37조 제2항 참조

06
고용보험법령상 실업급여에 관한 설명으로 틀린 것은? 22년 2회 기출

① 실업급여로서 지급된 금품에 대하여는 국가나 지방자치단체의 공과금을 부과하지 아니한다.
② 실업급여를 받을 권리는 양도하거나 담보로 제공할 수 없다.
③ 실업급여수급계좌의 해당 금융기관은 이 법에 따른 실업급여만이 실업급여수급계좌에 입금되도록 관리하여야 한다.
④ 구직급여에는 조기재취업 수당, 직업능력개발 수당, 광역 구직활동비, 이주비가 있다.

만점 해설

④ 취업촉진 수당에는 조기재취업 수당, 직업능력개발 수당, 광역 구직활동비, 이주비가 있다(고용보험법 제37조 제2항 참조).
① 동법 제38조의2
② 동법 제38조 제1항 참조
③ 동법 제37조의2 제2항

07
고용보험법상 구직급여의 수급요건에 해당하지 않는 것은? 21년 3회 기출

① 이직일 이전 18개월간 피보험 단위기간이 합산하여 180일 이상일 것
② 근로의 의사와 능력이 있음에도 불구하고 취업하지 못한 상태에 있을 것
③ 전직 또는 자영업을 하기 위하여 이직한 경우
④ 재취업을 위한 노력을 적극적으로 할 것

만점 해설

구직급여의 수급요건(고용보험법 제40조 제1항)
구직급여는 이직한 근로자인 피보험자가 다음의 요건을 모두 갖춘 경우에 지급한다.
- 법령에 따른 기준기간(원칙상 이직일 이전 18개월) 동안의 피보험 단위기간이 합산하여 180일 이상일 것(①)
- 근로의 의사와 능력이 있음에도 불구하고 취업(영리를 목적으로 사업을 영위하는 경우를 포함)하지 못한 상태에 있을 것(②)
- 이직사유가 수급자격의 제한 사유에 해당하지 아니할 것
- 재취업을 위한 노력을 적극적으로 할 것(④)
- 수급자격 인정신청일이 속한 달의 직전 달 초일부터 수급자격 인정신청일까지의 근로일수의 합이 같은 기간 동안의 총 일수의 3분의 1 미만이거나, 건설일용근로자로서 수급자격 인정신청 이전 14일간 연속하여 근로내역이 없을 것(단, 최종 이직 당시 일용근로자였던 사람만 해당)
- 최종 이직 당시의 기준기간 동안의 피보험 단위기간 중 다른 사업에서 수급자격의 제한 사유에 해당하는 사유로 이직한 사실이 있는 경우에는 그 피보험 단위기간 중 90일 이상을 일용근로자로 근로하였을 것(단, 최종 이직 당시 일용근로자였던 사람만 해당)

08
고용보험법령상 구직급여의 수급자격이 인정되기 위해서는 이직일 이전 18개월의 기준기간 중에 피보험 단위기간이 합산하여 며칠 이상 되어야 하는가? 　21년 2회 기출

① 60일
② 90일
③ 120일
④ 180일

만점 해설

④ 법령에 따른 기준기간(원칙상 이직일 이전 18개월) 동안의 피보험 단위기간이 합산하여 180일 이상일 것(고용보험법 제40조 제1항 제1호)

09
고용보험법상 이직한 피보험자의 구직급여 수급요건으로 틀린 것은? 　17년 1회, 11년 2회, 10년 1회 기출변형

① 이직일 이전 18개월간 피보험 단위기간이 통산하여 150일 이상일 것
② 근로의 의사와 능력이 있음에도 불구하고 취업하지 못한 상태에 있을 것
③ 재취업을 위한 노력을 적극적으로 할 것
④ 일용근로자는 수급자격 인정신청일이 속한 달의 직전 달 초일부터 수급자격 인정신청일까지의 근로일수의 합이 같은 기간 동안의 총 일수의 3분의 1 미만일 것

만점 해설

① 법령에 따른 기준기간(원칙상 이직일 이전 18개월) 동안의 피보험 단위기간이 합산하여 180일 이상일 것(고용보험법 제40조 제1항 제1호)

10
고용보험법령상 구직급여의 수급요건으로 틀린 것은? (단, 기타 사항은 고려하지 않음) 　20년 1·2회 기출

① 근로의 의사와 능력이 있음에도 불구하고 취업하지 못한 상태에 있을 것
② 이직사유가 수급자격의 제한 사유에 해당하지 아니할 것
③ 재취업을 위한 노력을 적극적으로 할 것
④ 건설일용근로자로서 수급자격 인정신청일 이전 7일간 연속하여 근로내역이 없을 것

만점 해설

④ 건설일용근로자로서 수급자격 인정신청일 이전 14일간 연속하여 근로내역이 없을 것(고용보험법 제40조 제1항 제5호 나목)

11
고용보험법상 실업의 신고 및 인정에 대한 설명으로 옳은 것은? 15년 3회 기출

① 구직급여를 지급받으려는 사람은 이직 후 14일 이내에 직업안정기관에 출석하여 실업을 신고하여야 한다.
② 구직급여는 실업의 인정을 받은 날로부터 지급한다.
③ 구직급여는 이 법에 따로 규정이 있는 경우 외에는 그 구직급여의 수급자격과 관련된 이직일의 다음 날부터 계산하기 시작하여 10개월 내에 소정급여일수를 한도로 하여 지급한다.
④ 구직급여는 수급자격자가 실업한 상태에 있는 날 중에서 직업안정기관의 장으로부터 실업의 인정을 받은 날에 대하여 지급한다.

만점 해설

④ 고용보험법 제44조 제1항
① 구직급여를 지급받으려는 사람은 이직 후 지체 없이 직업안정기관에 출석하여 실업을 신고하여야 한다(동법 제42조 제1항).
② 실업의 신고일부터 계산하기 시작하여 7일간은 대기기간으로 보아 구직급여를 지급하지 아니한다. 다만, 최종 이직 당시 건설일용근로자였던 사람에 대해서는 실업의 신고일부터 계산하여 구직급여를 지급한다(동법 제49조 제1항).
③ 구직급여는 이 법에 따로 규정이 있는 경우 외에는 그 구직급여의 수급자격과 관련된 이직일의 다음 날부터 계산하기 시작하여 12개월 내에 소정급여일수를 한도로 하여 지급한다(동법 제48조 제1항).

12
다음 ( )에 알맞은 것은? 14년 1회, 08년 1회 기출

> 고용보험법상 구직급여를 지급받고자 하는 자는 이직 후 ( ) 직업안정기관에 출석하여 실업을 신고하여야 한다.

① 14일 이내에
② 7일 이내에
③ 3일 이내에
④ 지체 없이

만점 해설

실업의 신고(고용보험법 제42조 제1항)
구직급여를 지급받으려는 사람은 이직 후 지체 없이 직업안정기관에 출석하여 실업을 신고하여야 한다.

13
고용보험법상 구직급여의 산정 기초가 되는 임금일액의 산정방법으로 틀린 것은? 19년 3회, 08년 3회 기출

① 수급자격의 인정과 관련된 마지막 이직 당시 산정된 평균임금을 기초일액으로 한다.
② 마지막 사업에서 이직 당시 일용근로자였던 사람의 경우에는 산정된 금액이 근로기준법에 따른 그 근로자의 통상임금보다 적을 경우에는 그 통상임금액을 기초일액으로 한다.
③ 기초일액을 산정하는 것이 곤란한 경우와 보험료를 고용산재보험료징수법에 따른 기준보수를 기준으로 낸 경우에는 기준보수를 기초일액으로 한다.
④ 산정된 기초일액이 그 수급자격자의 이직 전 1일 소정근로시간에 이직일 당시 적용되던 최저임금법에 따른 시간 단위에 해당하는 최저임금액을 곱한 금액보다 낮은 경우에는 최저기초일액을 기초일액으로 한다.

만점 해설

② 구직급여의 산정 기초가 되는 임금일액(이하 "기초일액"이라 한다)이 근로기준법에 따른 그 근로자의 통상임금보다 적을 경우에는 그 통상임금액을 기초일액으로 한다. 다만, 마지막 사업에서 이직 당시 일용근로자였던 사람의 경우에는 그러하지 아니하다(고용보험법 제45조 제2항).
① 동법 제45조 제1항 참조
③ 동법 제45조 제3항
④ 동법 제45조 제4항

14
고용보험법상 피보험기간이 5년 이상 10년 미만이고, 이직일 현재 연령이 30세 미만인 경우의 구직급여 소정급여일수는? (단, 장애인이 아님)

19년 2회 기출변형

① 150일
② 180일
③ 210일
④ 240일

만점 해설

구직급여의 소정급여일수(고용보험법 제50조 제1항 및 별표1 참조)

구 분		피보험기간				
		1년 미만	1년 이상 3년 미만	3년 이상 5년 미만	5년 이상 10년 미만	10년 이상
이직일 현재 연령	50세 미만	120일	150일	180일	210일	240일
	50세 이상	120일	180일	210일	240일	270일

* 단, 「장애인고용촉진 및 직업재활법」에 따른 장애인은 50세 이상인 것으로 보아 위 표를 적용한다.

*참고 : 이 문제는 출제 당시 ①번이 정답이었으나, 법 개정에 따라 현행 기준으로 ③번이 정답입니다.

15
고용보험법령상 다음 사례에서 구직급여의 소정급여일수는?

22년 2회 기출

> 장애인 근로자 A씨(40세)가 4년간 근무하던 회사를 퇴사하여 직업안정기관으로부터 구직급여 수급자격을 인정받았다.

① 120일
② 150일
③ 180일
④ 210일

만점 해설

구직급여의 소정급여일수(고용보험법 제50조 제1항 및 별표1 참조)

구 분		피보험기간				
		1년 미만	1년 이상 3년 미만	3년 이상 5년 미만	5년 이상 10년 미만	10년 이상
이직일 현재 연령	50세 미만	120일	150일	180일	210일	240일
	50세 이상	120일	180일	210일	240일	270일

* 단, 「장애인고용촉진 및 직업재활법」에 따른 장애인은 50세 이상인 것으로 보아 위 표를 적용한다.

16
고용보험법상 구직급여의 수급 수준에 직접적인 영향을 미치지 않는 요소는?

15년 2회 기출

① 가입자(신청인)의 가입기간
② 가입자(신청인)의 연령
③ 가입자(신청인)의 평균임금
④ 가입자(신청인)의 가족 수

만점 해설

① · ② · ③ 구직급여는 가입자(신청인)의 퇴직 당시 연령과 고용보험 가입기간에 따라 소정급여일수 범위 내에서 퇴직 전 평균임금의 일정 비율에 해당하는 금액을 지급한다.

17
다음 중 실업급여를 받을 수 없는 경우는?

14년 3회 기출

① 다른 직장으로 옮기기 위하여 퇴직하는 경우
② 도산, 폐업 등 회사의 경영사정에 의해 그만둔 경우
③ 신기술 도입으로 도저히 새 업무에 적응할 수 없어 그만둔 경우
④ 배우자와의 동거를 위하여 주소를 이전함으로써 통근이 곤란하게 되어 이직하는 경우

만점 해설

① 자기 사정으로 전직하거나 자영업을 하기 위하여 이직한 경우 수급자격이 없는 것으로 본다(고용보험법 제58조 제2호 참조).
② 사업장의 도산·폐업이 확실하거나 대량의 감원이 예정되어 있는 경우는 근로자의 수급자격이 제한되지 아니하는 정당한 이직 사유에 해당한다(동법 시행규칙 제101조 제2항 및 별표2 참조).
③ 신기술의 도입, 기술혁신 등에 따른 작업형태의 변경으로 사업주로부터 퇴직을 권고받거나, 인원 감축이 불가피하여 고용조정계획에 따라 실시하는 퇴직 희망자의 모집으로 이직하는 경우는 근로자의 수급자격이 제한되지 아니하는 정당한 이직 사유에 해당한다.
④ 사업장의 이전, 지역을 달리하는 사업장으로의 전근, 배우자나 부양하여야 할 친족과의 동거를 위한 거소 이전으로 통근이 곤란하게 된 경우는 근로자의 수급자격이 제한되지 아니하는 정당한 이직 사유에 해당한다.

18
고용보험법상 자영업자인 피보험자에게 지급될 수 있는 급여를 모두 고른 것은?

18년 2회 기출

ㄱ. 이주비
ㄴ. 훈련연장급여
ㄷ. 조기재취업 수당
ㄹ. 직업능력개발 수당

① ㄱ, ㄹ
② ㄴ, ㄷ
③ ㄴ, ㄷ, ㄹ
④ ㄱ, ㄴ, ㄷ, ㄹ

만점 해설

자영업자인 피보험자의 실업급여의 종류(고용보험법 제69조의2 참조)
자영업자인 피보험자의 실업급여의 종류는 제37조(실업급여의 종류)에 따른다. 다만, 법령에 따른 훈련연장급여, 개별연장급여, 특별연장급여 등의 연장급여와 조기재취업 수당은 제외한다.

19
고용보험법상 자영업자인 피보험자의 실업급여의 종류로 틀린 것은?

13년 3회 기출

① 조기재취업 수당
② 직업능력개발 수당
③ 광역 구직활동비
④ 구직급여

만점 해설

① '조기재취업 수당'은 고용보험법상 자영업자인 피보험자의 실업급여의 종류에 포함되지 않는다(고용보험법 제69조의2 참조).

20
고용보험법상 자영업자인 피보험자의 실업급여에 관한 내용이다. ( )에 알맞은 것은? 13년 2회 기출

> 구직급여는 폐업한 자영업자인 피보험자가 폐업일 이전 (A)간 자영업자인 피보험자로서 갖춘 피보험 단위기간이 합산하여 (B) 이상이 되어야 지급한다.

① A : 12개월, B : 180일
② A : 18개월, B : 180일
③ A : 18개월, B : 1년
④ A : 24개월, B : 1년

만점 해설

자영업자인 피보험자의 구직급여의 수급 요건(고용보험법 제69조의3)
구직급여는 폐업한 자영업자인 피보험자가 다음의 요건을 모두 갖춘 경우에 지급한다.
- 폐업일 이전 24개월간 자영업자인 피보험자로서 갖춘 피보험 단위기간이 합산하여 1년 이상일 것
- 근로의 의사와 능력이 있음에도 불구하고 취업을 하지 못한 상태에 있을 것
- 폐업사유가 수급자격의 제한 사유에 해당하지 아니할 것
- 재취업을 위한 노력을 적극적으로 할 것

21
고용보험법령상 ( ) 안에 들어갈 숫자의 연결이 옳은 것은? 22년 1회 기출

> 육아휴직 급여는 육아휴직 시작일을 기준으로 한 월 통상임금의 100분의 (ㄱ)에 해당하는 금액을 월별 지급액으로 한다. 다만, 해당 금액이 (ㄴ)만원을 넘는 경우에는 (ㄴ)만원으로 하고, 해당 금액이 (ㄷ)만원 보다 적은 경우에는 (ㄷ)만원으로 한다.

① ㄱ : 80, ㄴ : 150, ㄷ : 70
② ㄱ : 80, ㄴ : 120, ㄷ : 50
③ ㄱ : 50, ㄴ : 150, ㄷ : 50
④ ㄱ : 50, ㄴ : 120, ㄷ : 70

만점 해설

육아휴직 급여의 월별 지급액(고용보험법 시행령 제95조 제1항)
육아휴직 급여는 육아휴직 시작일을 기준으로 한 월 통상임금의 100분의 80에 해당하는 금액을 월별 지급액으로 한다. 다만, 해당 금액이 150만원을 넘는 경우에는 150만원으로 하고, 해당 금액이 70만원보다 적은 경우에는 70만원으로 한다.

* 참고 : 육아휴직 급여 등 모성보호 지원제도는 특히 정부의 저출산 대응 정책에 따라 수시로 변경되는 경향이 있으므로, 관련 부처의 홈페이지를 참조하시기 바랍니다.

22
고용보험법상 ( )에 알맞은 것은? 21년 3회, 14년 2회 기출

> 육아휴직 급여를 지급받으려는 사람은 육아휴직을 시작한 날 이후 1개월부터 육아휴직이 끝난 날 이후 ( )개월 이내에 신청하여야 한다.

① 1　　② 3
③ 6　　④ 12

만점 해설

육아휴직 급여의 신청기간(고용보험법 제70조 제2항)
육아휴직 급여를 지급받으려는 사람은 육아휴직을 시작한 날 이후 1개월부터 육아휴직이 끝난 날 이후 12개월 이내에 신청하여야 한다.

23
고용보험법령상 육아휴직 급여 신청기간의 연장 사유에 해당하지 않는 것은?　　18년 3회 기출

① 천재지변
② 형제의 질병
③ 배우자의 직계존속의 부상
④ 범죄혐의로 인한 구속

만점 해설

육아휴직 급여 신청기간의 연장 사유(고용보험법 시행령 제94조)
- 천재지변(①)
- 본인이나 배우자의 질병·부상
- 본인이나 배우자의 직계존속 및 직계비속의 질병·부상(③)
- 「병역법」에 따른 의무복무
- 범죄혐의로 인한 구속이나 형의 집행(④)

24
고용보험법령상 (　　)에 들어갈 숫자로 옳은 것은?　　20년 3회 기출

> 배우자의 질병으로 육아휴직 급여를 신청할 수 없었던 사람은 그 사유가 끝난 후 (　　)일 이내에 신청하여야 한다.

① 10
② 30
③ 60
④ 90

만점 해설

육아휴직 급여 신청기간의 연장(고용보험법 제70조 제2항 단서)
육아휴직 급여 신청기간에 천재지변 등 대통령령으로 정하는 사유로 육아휴직 급여를 신청할 수 없었던 사람은 그 사유가 끝난 후 30일 이내에 신청하여야 한다.

25
고용보험법상 육아휴직 급여에 관한 설명으로 옳은 것은?　　13년 1회 기출변형

① 피보험자가 「남녀고용평등과 일·가정 양립 지원에 관한 법률」에 따른 육아휴직을 10일 이상 부여받은 경우에 육아휴직 급여를 지급한다.
② 같은 자녀에 대하여 피보험자인 배우자가 30일 이상의 육아휴직을 실시하지 아니하고 있어야만 지급한다.
③ 피보험자가 육아휴직을 시작한 날 이전에 피보험 단위기간이 합산하여 90일 이상인 경우에 육아휴직 급여를 지급한다.
④ 피보험자가 육아휴직 기간 중에 그 사업에서 이직한 경우에는 그 이직하였을 때부터 육아휴직 급여를 지급하지 아니한다.

만점 해설

④ 고용보험법 제73조 제1항

육아휴직 급여의 지급(고용보험법 제70조 제1항)
고용노동부장관은 「남녀고용평등과 일·가정 양립 지원에 관한 법률」에 따른 육아휴직을 30일(「근로기준법」에 따른 출산전후휴가기간과 중복되는 기간은 제외) 이상 부여받은 피보험자 중 육아휴직을 시작한 날 이전에 피보험 단위기간이 합산하여 180일 이상인 피보험자에게 육아휴직 급여를 지급한다.

> *참고 : 2019년 8월 27일 법 개정에 따라 같은 자녀에 대하여 배우자가 30일 이상의 육아휴직 또는 육아기 근로시간 단축을 실시하지 아니하고 있을 것을 육아휴직 급여 및 육아기 근로시간 단축 급여 지급 요건으로 정하고 있던 규정이 삭제되었습니다.

26
고용보험법령상 고용보험기금의 용도에 해당하지 않는 것은?   22년 1회 기출

① 일시 차입금의 상환금과 이자
② 실업급여의 지급
③ 보험료의 반환
④ 국민건강 보험료의 지원

만점 해설
고용보험기금의 용도(고용보험법 제80조 제1항 참조)
- 고용안정·직업능력개발사업에 필요한 경비
- 실업급여의 지급(②)
- 국민연금 보험료의 지원
- 육아휴직 급여 및 출산전후휴가 급여 등의 지급
- 보험료의 반환(③)
- 일시 차입금의 상환금과 이자(①)
- 이 법과 고용산재보험료징수법에 따른 업무를 대행하거나 위탁받은 자에 대한 출연금
- 그 밖에 이 법의 시행을 위하여 필요한 경비로서 대통령령으로 정하는 경비와 고용안정·직업능력개발사업 및 실업급여 사업의 수행에 딸린 경비

27
고용보험법상 고용보험기금의 용도로 틀린 것은?   17년 2회, 13년 2회 기출

① 퇴직급여의 지급
② 일시 차입금의 상환금과 이자
③ 고용안정·직업능력개발사업에 필요한 경비
④ 육아휴직 급여 및 출산전후휴가 급여의 지급

만점 해설
① '퇴직급여의 지급'이 아닌 '실업급여의 지급'이 옳다.

28
고용보험법령상 심사 및 재심사청구에 관한 설명으로 옳지 않은 것은?   21년 1회 기출

① 실업급여에 관한 처분에 이의가 있는 자는 고용보험심사관에게 심사를 청구할 수 있다.
② 심사 및 재심사의 청구는 시효중단에 관하여 재판상의 청구로 본다.
③ 재심사청구인은 법정대리인 외에 자신의 형제자매를 대리인으로 선임할 수 없다.
④ 고용보험심사관은 원칙적으로 심사청구를 받으면 30일 이내에 그 심사청구에 대한 결정을 하여야 한다.

만점 해설
대리인의 선임(고용보험법 제88조 참조)
심사청구인 또는 재심사청구인은 다음의 어느 하나에 해당하는 자를 대리인으로 선임할 수 있다.
- 법정대리인
- 청구인의 배우자, 직계존속·비속 또는 형제자매
- 청구인인 법인의 임원 또는 직원
- 변호사나 공인노무사
- 고용보험심사위원회의 허가를 받은 자

29
고용보험법상 고용보험심사위원회의 재심사 청구에서 재심사청구인의 대리인이 될 수 없는 자는?   20년 4회 기출

① 청구인인 법인의 직원
② 청구인의 배우자
③ 청구인이 가입한 노동조합의 위원장
④ 변호사

만점 해설
①·②·④ 심사청구인 또는 재심사청구인이 법정대리인 외에 대리인으로 선임할 수 있는 자에 해당한다(고용보험법 제88조 참조).

정답 26 ④ 27 ① 28 ③ 29 ③

30

고용보험법상 심사의 청구에 관한 설명으로 틀린 것은?
<small>18년 2회 기출변형</small>

① 심사의 청구는 시효중단에 관하여 재판상의 청구로 본다.
② 육아휴직 급여와 출산전후휴가 급여 등에 관한 처분에 대한 심사의 청구는 직업안정기관의 장을 거쳐 고용보험심사관에게 하여야 한다.
③ 결정은 심사청구인 및 직업안정기관의 장 또는 근로복지공단에 결정서의 정본을 보낸 날부터 효력이 발생한다.
④ 고용보험심사관은 심사청구인의 신청에 의하여 원처분 등의 집행을 정지시킬 수 있다.

만점 해설

④ 심사의 청구는 원처분 등의 집행을 정지시키지 아니한다. 다만, 고용보험심사관은 원처분 등의 집행에 의하여 발생하는 중대한 위해를 피하기 위하여 긴급한 필요가 있다고 인정하면 직권으로 그 집행을 정지시킬 수 있다(고용보험법 제93조 제1항).
① 동법 제87조 제3항
② 동법 제90조 제1항 참조
③ 동법 제98조 제1항

> *참고 : 2019년 1월 15일 법 개정에 따라 피보험자격의 취득·상실 확인에 대한 심사의 청구는 '근로복지공단'을, 실업급여 및 육아휴직 급여와 출산전후휴가 급여 등에 관한 처분에 대한 심사의 청구는 '직업안정기관의 장'을 거쳐 고용보험심사관에게 하도록 하고 있습니다.

31

고용보험법상 심사 및 재심사의 청구에 관한 설명으로 틀린 것은?
<small>16년 1회, 11년 3회 기출</small>

① 피보험자격의 취득·상실에 대한 확인 등에 이의가 있는 자는 고용보험심사관에게 심사를 청구할 수 있고, 그 결정에 이의가 있는 자는 고용보험심사위원회에 재심사를 청구할 수 있다.
② 심사청구인은 법정대리인 외에 변호사나 공인노무사를 대리인으로 선임할 수 있다.
③ 고용보험심사관은 심사의 청구에 대한 심리(審理)를 마쳤을 때에는 원처분 등의 전부 또는 일부를 취소하거나 심사청구의 전부 또는 일부를 기각한다.
④ 결정의 효력은 심사청구인 및 직업안정기관의 장이 결정서의 정본을 받은 날부터 발생하며 결정은 원처분 등을 행한 직업안정기관의 장을 기속(羈束)한다.

만점 해설

④ 결정은 심사청구인 및 직업안정기관의 장 또는 근로복지공단에 결정서의 정본을 보낸 날부터 효력이 발생한다. 결정은 원처분 등을 행한 직업안정기관의 장 또는 근로복지공단을 기속(羈束)한다(고용보험법 제98조 제1항 및 제2항).
① 동법 제87조 제1항
② 동법 제88조 참조
③ 동법 제96조

32

고용보험법상 취업촉진 수당을 지급받을 권리는 몇 년간 행사하지 아니하면 시효로 소멸하는가?
<small>19년 3회 기출</small>

① 1년
② 2년
③ 3년
④ 5년

만점 해설

③ 취업촉진 수당을 지급받거나 반환받을 권리는 3년간 행사하지 아니하면 시효로 소멸한다(고용보험법 제107조 제1항 제2호).

CHAPTER 06 국민 평생 직업능력 개발법 (구 근로자직업능력 개발법)

*참고 : 「근로자직업능력 개발법」이 법 개정에 따라 2022년 2월 18일부로 「국민 평생 직업능력 개발법」으로 제명이 변경되었습니다. 본문의 기출문제들은 변경된 제명을 따르며, 기존 기출문제들을 현행 기준에 부합하도록 수정하는 과정에서 실제 기출문제와 다소 차이가 있을 수 있습니다. 참고로 2022년 1회 필기시험까지 「근로자직업능력 개발법」이 출제되었으나, 2022년 2회 필기시험부터 개정된 「국민 평생 직업능력 개발법」이 출제되고 있습니다.

01절 개요

01
국민 평생 직업능력 개발법의 목적이 아닌 것은?
16년 3회 기출변형

① 노동시장의 효율성 제고와 연구인력 양성
② 국민의 평생에 걸친 직업능력개발 촉진 · 지원
③ 국민의 고용창출, 고용촉진, 고용안정 및 사회 · 경제적 지위 향상
④ 기업의 생산성 향상 도모

만점 해설
국민 평생 직업능력 개발법의 목적(법 제1조)
이 법은 모든 국민의 평생에 걸친 직업능력개발을 촉진 · 지원하고 산업현장에서 필요한 인력을 양성하며 산학협력 등에 관한 사업을 수행함으로써 국민의 고용창출, 고용촉진, 고용안정 및 사회 · 경제적 지위 향상과 기업의 생산성 향상을 도모하고 능력중심사회의 구현 및 사회 · 경제의 발전에 이바지함을 목적으로 한다.

02
국민 평생 직업능력 개발법상 용어의 정의에 관한 설명으로 틀린 것은?
18년 1회, 15년 1회 기출변형

① "직업능력개발훈련"이란 모든 국민에게 평생에 걸쳐 직업에 필요한 직무수행능력을 습득 · 향상시키기 위하여 실시하는 훈련을 말한다.
② "근로자"란 직업의 종류와 관계없이 임금을 목적으로 사업이나 사업장에 근로를 제공하는 자를 말한다.
③ "직업능력개발사업"이란 직업능력개발훈련, 직업 · 진로 상담 및 경력개발 지원, 직업능력개발훈련 과정 · 매체의 개발 및 직업능력개발에 관한 조사 · 연구 등을 하는 사업을 말한다.
④ "지정직업훈련시설"이란 직업능력개발훈련을 위하여 설립 · 설치된 직업전문학교 · 실용전문학교 등의 시설로서 고용노동부장관이 지정한 시설을 말한다.

만점 해설
② "근로자"란 사업주에게 고용된 사람과 취업할 의사가 있는 사람을 말한다(국민 평생 직업능력 개발법 제2조 제4호).
① 동법 제2조 제1호
③ 동법 제2조 제2호
④ 동법 제2조 제3호 나목

03

국민 평생 직업능력 개발법상 '근로자'에 해당되는 사람은? 17년 3회 기출

① 학 생
② 전업주부
③ 실업급여수급자
④ 군 인

만점 해설

③ 국민 평생 직업능력 개발법상 '근로자'란 "사업주에게 고용된 사람과 취업할 의사가 있는 사람"을 말하므로, 근로의 의사와 능력이 있음에도 불구하고 취업하지 못한 상태에 있는 실업급여수급자도 근로자에 해당한다고 볼 수 있다.

04

국민 평생 직업능력 개발법령상 직업능력개발훈련에 관한 설명으로 옳은 것은? 21년 2회, 18년 1회 기출변형

① 직업능력개발훈련은 18세 미만인 자에게는 실시할 수 없다.
② 직업능력개발훈련의 대상이 되는 근로자에는 취업할 의사가 있는 사람뿐만 아니라 사업주에게 고용된 사람도 포함된다.
③ 직업능력개발훈련 시설의 장은 직업능력개발훈련과 관련된 기술 등에 관한 표준을 정할 수 있다.
④ 산업재해보상보험법을 적용받는 사람도 재해 위로금을 받을 수 있다.

만점 해설

① 직업능력개발훈련의 대상 연령에 대한 규정은 있으나 제한 연령에 대한 규정은 없다. 참고로 직업능력개발훈련은 원칙적으로 15세 이상인 사람에게 실시한다(국민 평생 직업능력 개발법 시행령 제4조 참조).
③ 고용노동부장관은 직업능력개발훈련의 상호호환·인정·교류가 가능하도록 직업능력개발훈련과 관련된 기술·자원·운영 등에 관한 표준을 정할 수 있다(동법 제8조 제1항).
④ 직업능력개발훈련을 실시하는 자는 해당 훈련시설에서 직업능력개발훈련을 받는 국민(「산업재해보상보험법」을 적용받는 사람은 제외)이 직업능력개발훈련 중에 그 직업능력개발훈련으로 인하여 재해를 입은 경우에는 재해위로금을 지급하여야 한다(동법 제11조 제1항).

05

국민 평생 직업능력 개발법령상 직업능력개발훈련시설을 설치할 수 있는 공공단체의 범위에 해당하지 않는 것은? 18년 3회, 14년 2회 기출

① 한국산업인력공단
② 한국장애인고용공단
③ 대한상공회의소
④ 근로복지공단

만점 해설

직업능력개발훈련시설을 설치할 수 있는 공공단체의 범위(국민 평생 직업능력 개발법 시행령 제2조 참조)
• 「한국산업인력공단법」에 따른 한국산업인력공단(한국산업인력공단이 출연하여 설립한 학교법인을 포함)
• 「장애인고용촉진 및 직업재활법」에 따른 한국장애인고용공단
• 「산업재해보상보험법」에 따른 근로복지공단

06

국민 평생 직업능력 개발법령에 관한 설명으로 틀린 것은? 22년 1회 기출

① 「제대군인지원에 관한 법률」에 따른 제대군인 및 전역예정자의 직업능력개발훈련은 중요시되어야 한다.
② 「산업재해보상보험법」에 따른 근로복지공단은 직업능력개발훈련시설을 설치할 수 없다.
③ 이 법에서 "근로자"란 사업주에게 고용된 사람과 취업할 의사가 있는 사람을 말한다.
④ 직업능력개발훈련은 훈련의 목적에 따라 양성훈련, 향상훈련, 전직훈련으로 구분한다.

만점 해설

② 「산업재해보상보험법」에 따른 근로복지공단은 직업능력개발훈련시설을 설치할 수 있는 공공단체에 해당한다(국민 평생 직업능력 개발법 시행령 제2조 제3호).
① 동법 제3조 제4항 참조
③ 동법 제2조 제4호
④ 동법 시행령 제3조 제1항 참조

07

국민 평생 직업능력 개발법상 직업능력개발훈련의 기본원칙에 대한 설명으로 틀린 것은?

19년 3회 기출변형

① 직업능력개발훈련은 국민 개개인의 희망·적성·능력에 맞게 실시되어야 한다.
② 직업능력개발훈련은 국민의 생애에 걸쳐 체계적으로 실시되어야 한다.
③ 직업능력개발훈련은 모든 국민에게 균등한 기회가 보장되도록 노력하여야 한다.
④ 직업능력개발훈련은 학교교육과 관계없이 산업현장과 긴밀하게 연계될 수 있도록 하여야 한다.

만점 해설

④ 직업능력개발훈련은 교육 관계 법에 따른 학교교육 및 산업현장과 긴밀하게 연계될 수 있도록 하여야 한다(국민 평생 직업능력 개발법 제3조 제5항).
①·② 동법 제3조 제1항
③ 동법 제3조 제3항 참조

08

국민 평생 직업능력 개발법상 직업능력개발훈련의 기본원칙으로 가장 적합하지 않은 것은?

10년 2회, 09년 1회 기출

① 직업능력개발훈련은 국민 개개인의 희망·적성·능력에 맞게 국민의 생애에 걸쳐 체계적으로 실시되어야 한다.
② 직업능력개발훈련은 사회적 공공성의 원리에 따라 국가 주도로 진행되어야 한다.
③ 직업능력개발훈련은 모든 국민에게 균등한 기회가 보장되도록 노력하여야 한다.
④ 직업능력개발훈련은 교육 관계 법에 따른 학교교육 및 산업현장과 긴밀하게 연계될 수 있도록 하여야 한다.

만점 해설

② 직업능력개발훈련은 민간의 자율과 창의성이 존중되도록 하여야 하며, 노사의 참여와 협력을 바탕으로 실시되어야 한다(국민 평생 직업능력 개발법 제3조 제2항).
① 동법 제3조 제1항
③ 동법 제3조 제3항 참조
④ 동법 제3조 제5항

09

국민 평생 직업능력 개발법상 직업능력개발훈련의 기본원칙에 대한 설명으로 틀린 것은?

19년 1회 기출변형

① 직업능력개발훈련은 정부 주도로 노사의 참여와 협력을 바탕으로 실시되어야 한다.
② 직업능력개발훈련은 국민 개개인의 희망·적성·능력에 맞게 국민의 생애에 걸쳐 체계적으로 실시되어야 한다.
③ 직업능력개발훈련은 성별, 연령, 신체적 조건, 고용형태, 신앙 또는 사회적 신분 등에 따라 차별하여 실시되어서는 아니 된다.
④ 직업능력개발훈련은 국민의 직무능력과 고용가능성을 높일 수 있도록 지역·산업현장의 수요가 반영되어야 한다.

만점 해설

① 직업능력개발훈련은 민간의 자율과 창의성이 존중되도록 하여야 하며, 노사의 참여와 협력을 바탕으로 실시되어야 한다(국민 평생 직업능력 개발법 제3조 제2항).
② 동법 제3조 제1항
③ 동법 제3조 제3항 참조
④ 동법 제3조 제6항

10

국민 평생 직업능력 개발법상 직업능력개발훈련의 기본원칙으로 명시되지 않은 것은? 21년 1회 기출변형

① 직업능력개발훈련은 국민 개개인의 희망·적성·능력에 맞게 국민의 생애에 걸쳐 체계적으로 실시되어야 한다.
② 직업능력개발훈련은 민간의 자율과 창의성이 존중되도록 하여야 하며, 노사의 참여와 협력을 바탕으로 실시되어야 한다.
③ 제조업의 생산직에 종사하는 근로자의 직업능력개발훈련은 중요시되어야 한다.
④ 직업능력개발훈련은 국민의 직무능력과 고용가능성을 높일 수 있도록 지역·산업현장의 수요가 반영되어야 한다.

만점 해설

③ '제조업의 생산직에 종사하는 근로자'는 국민 평생 직업능력 개발법상 직업능력개발훈련의 기본원칙에서 직업능력개발훈련이 중요시되어야 할 대상에 포함되지 않는다(국민 평생 직업능력 개발법 제3조 제4항 참조).

*참고 : 2016년 1월 27일 법 개정에 따라 '제조업의 생산직에 종사하는 근로자'가 직업능력개발훈련의 중요 대상에서 제외되었습니다.

만점 해설

직업능력개발훈련이 중요시되어야 할 대상(국민 평생 직업능력 개발법 제3조 제4항 참조)
- 고령자·장애인(ㄱ)
- 「국민기초생활보장법」에 따른 수급권자(ㄴ)
- 「국가유공자 등 예우 및 지원에 관한 법률」에 따른 국가유공자와 그 유족 또는 가족
- 「보훈보상대상자 지원에 관한 법률」에 따른 보훈보상대상자와 그 유족 또는 가족
- 「5·18민주유공자예우 및 단체설립에 관한 법률」에 따른 5·18민주유공자와 그 유족 또는 가족
- 「제대군인지원에 관한 법률」에 따른 제대군인 및 전역예정자
- 여성근로자(ㄷ)
- 「중소기업기본법」에 따른 중소기업의 근로자
- 일용근로자, 단시간근로자, 기간을 정하여 근로계약을 체결한 근로자, 일시적 사업에 고용된 근로자(ㄹ·ㅁ)
- 「파견근로자 보호 등에 관한 법률」에 따른 파견근로자
- 「학교 밖 청소년 지원에 관한 법률」에 따른 학교 밖 청소년

*참고 : 2023년 1월 3일 법 개정에 따라 직업능력개발훈련이 중요시되어야 할 대상으로 '학교 밖 청소년'이 포함되었습니다.

11

국민 평생 직업능력 개발법령상 직업능력개발훈련이 중요시되어야 하는 자를 모두 고른 것은? 18년 1회 기출

```
ㄱ. 고령자
ㄴ. 국민기초생활보장법에 따른 수급권자
ㄷ. 여성근로자
ㄹ. 일용근로자
ㅁ. 단시간근로자
```

① ㄱ, ㄴ, ㅁ
② ㄷ, ㄹ, ㅁ
③ ㄱ, ㄴ, ㄷ, ㄹ
④ ㄱ, ㄴ, ㄷ, ㄹ, ㅁ

12

국민 평생 직업능력 개발법상 직업능력개발훈련이 중요시되어야 할 대상으로 명시되지 않은 것은? 21년 3회 기출

① 「국민기초생활보장법」에 따른 수급권자
② 「국가유공자 등 예우 및 지원에 관한 법률」에 따른 국가유공자
③ 「제대군인지원에 관한 법률」에 따른 제대군인
④ 「한부모가족지원법」에 따른 지원대상자

만점 해설

④ '「한부모가족지원법」에 따른 지원대상자'는 국민 평생 직업능력 개발법상 직업능력개발훈련이 중요시되어야 할 대상에 포함되지 않는다(국민 평생 직업능력 개발법 제3조 제4항 참조).

13

국민 평생 직업능력 개발법에 명시된 직업능력개발훈련이 중요시되어야 하는 사람에 해당하지 않는 것은?
19년 2회 기출

① 일용근로자
② 여성근로자
③ 제조업의 생산직에 종사하는 근로자
④ 중소기업기본법에 따른 중소기업의 근로자

만점 해설

③ '제조업의 생산직에 종사하는 근로자'는 국민 평생 직업능력 개발법상 직업능력개발훈련이 중요시되어야 할 대상에 포함되지 않는다(국민 평생 직업능력 개발법 제3조 제4항 참조).

14

국민 평생 직업능력 개발법상 국가, 국민, 사업주 등의 책무에 관한 설명으로 틀린 것은?
17년 2회 기출변형

① 지방자치단체는 국민의 생애에 걸친 직업능력개발을 위하여 사업주·사업주단체가 하는 직업능력개발사업을 촉진·지원하기 위하여 필요한 시책을 마련하여야 한다.
② 사업주는 직업능력개발훈련에 관한 상담, 선발기준 마련 등을 함으로써 근로자가 자신의 적성과 능력에 맞는 직업능력개발훈련을 받을 수 있도록 하여야 한다.
③ 사업주단체는 직업능력개발훈련이 산업현장의 수요에 맞추어 이루어지도록 지역별·산업부문별 직업능력개발훈련 수요조사 등 필요한 노력을 하여야 한다.
④ 국민은 자신의 적성과 능력에 따른 평생 직업능력개발을 위하여 노력하여야 하고, 국가·지방자치단체 또는 사업주 등이 하는 직업능력개발사업에 협조하여야 한다.

만점 해설

② 직업능력개발훈련을 실시하는 자는 직업능력개발훈련에 관한 상담·취업지도, 선발기준 마련 등을 함으로써 국민이 자신의 적성과 능력에 맞는 직업능력개발훈련을 받을 수 있도록 노력하여야 한다(국민 평생 직업능력 개발법 제4조 제5항).
① 동법 제4조 제1항 참조
③ 동법 제4조 제4항 참조
④ 동법 제4조 제3항

15

국민 평생 직업능력 개발법령상 훈련의 목적에 따라 구분한 직업능력개발훈련에 해당하지 않는 것은?
21년 1회, 10년 1회, 08년 3회 기출

① 집체훈련
② 양성훈련
③ 향상훈련
④ 전직훈련

만점 해설

직업능력개발훈련의 구분(국민 평생 직업능력 개발법 시행령 제3조 참조)
• 훈련의 목적에 따른 구분 : 양성훈련, 향상훈련, 전직훈련
• 훈련의 실시방법에 따른 구분 : 집체훈련, 현장훈련, 원격훈련, 혼합훈련

16

국민 평생 직업능력 개발법령상 직업능력개발훈련의 목적에 따라 구분되어지는 훈련이 아닌 것은?
16년 1회, 13년 1회 기출

① 혼합훈련
② 향상훈련
③ 전직훈련
④ 양성훈련

만점 해설

직업능력개발훈련의 구분(국민 평생 직업능력 개발법 시행령 제3조 참조)
• 훈련의 목적에 따른 구분 : 양성훈련, 향상훈련, 전직훈련
• 훈련의 실시방법에 따른 구분 : 집체훈련, 현장훈련, 원격훈련, 혼합훈련

17
국민 평생 직업능력 개발법령상 실시방법에 따라 구분한 직업능력개발훈련에 해당하지 않는 것은?

21년 2회, 15년 3회, 04년 3회 기출

① 집체훈련
② 향상훈련
③ 현장훈련
④ 원격훈련

만점 해설

직업능력개발훈련의 구분(국민 평생 직업능력 개발법 시행령 제3조 참조)
- 훈련의 목적에 따른 구분 : 양성훈련, 향상훈련, 전직훈련
- 훈련의 실시방법에 따른 구분 : 집체훈련, 현장훈련, 원격훈련, 혼합훈련

18
국민 평생 직업능력 개발법령상 직업에 필요한 기초적 직무수행능력을 가지고 있는 사람에게 더 높은 직무수행능력을 습득시키거나 기술발전에 맞추어 지식·기능을 보충하게 하기 위하여 실시하는 직업능력개발훈련은?

18년 2회, 13년 3회 기출

① 양성훈련
② 향상훈련
③ 전직훈련
④ 집체훈련

만점 해설

① '양성훈련'은 직업에 필요한 기초적 직무수행능력을 습득시키기 위하여 실시하는 직업능력개발훈련이다(국민 평생 직업능력 개발법 시행령 제3조 제1항 제1호).
③ '전직훈련'은 종전의 직업과 유사하거나 새로운 직업에 필요한 직무수행능력을 습득시키기 위하여 실시하는 직업능력개발훈련이다(동법 시행령 제3조 제1항 제3호).
④ '집체훈련'은 직업능력개발훈련을 실시하기 위하여 설치한 훈련전용시설이나 그 밖에 훈련을 실시하기에 적합한 시설(산업체의 생산시설 및 근무장소는 제외)에서 실시하는 방법이다(동법 시행령 제3조 제2항 제1호).

19
국민 평생 직업능력 개발법령상 다음은 어떤 훈련방법에 관한 설명인가?

20년 3회 기출

> 직업능력개발훈련을 실시하기 위하여 설치한 훈련전용시설이나 그 밖에 훈련을 실시하기에 적합한 시설(산업체의 생산시설 및 근무장소는 제외한다)에서 실시하는 방법

① 현장훈련
② 집체훈련
③ 원격훈련
④ 혼합훈련

만점 해설

① '현장훈련'은 산업체의 생산시설 또는 근무장소에서 실시하는 방법이다(국민 평생 직업능력 개발법 시행령 제3조 제2항 제2호).
③ '원격훈련'은 먼 곳에 있는 사람에게 정보통신매체 등을 이용하여 실시하는 방법이다(동법 시행령 제3조 제2항 제3호).
④ '혼합훈련'은 집체훈련, 현장훈련, 원격훈련 중 2가지 이상 병행하여 실시하는 방법이다(동법 시행령 제3조 제2항 제4호).

20

국민 평생 직업능력 개발법령상 직업능력개발훈련의 구분 및 실시방법에 관한 설명으로 옳은 것은?

19년 3회, 11년 3회 기출변형

① 직업능력개발훈련은 훈련의 목적에 따라 현장훈련과 원격훈련으로 구분한다.
② 양성훈련은 직업에 필요한 기초적 직무수행능력을 습득시키기 위하여 실시하는 직업능력개발훈련이다.
③ 혼합훈련은 전직훈련과 향상훈련을 병행하여 직업능력개발훈련을 실시하는 방법이다.
④ 집체훈련은 산업체의 생산시설 및 근무장소에서 직업능력개발훈련을 실시하는 방법이다.

만점 해설
① 직업능력개발훈련은 훈련의 목적에 따라 양성훈련, 향상훈련, 전직훈련으로 구분한다(국민 평생 직업능력 개발법 시행령 제3조 제1항 참조).
③ '혼합훈련'은 집체훈련, 현장훈련, 원격훈련 중 2가지 이상 병행하여 실시하는 방법이다(동법 시행령 제3조 제2항 제4호).
④ 산업체의 생산시설 또는 근무장소에서 직업능력개발훈련을 실시하는 방법은 '현장훈련'에 해당한다(동법 시행령 제3조 제2항 제2호).

21

국민 평생 직업능력 개발법령상 원칙적으로 직업능력개발훈련의 대상 연령은?

22년 1회 기출

① 13세 이상
② 15세 이상
③ 18세 이상
④ 20세 이상

만점 해설
직업능력개발훈련의 대상 연령 등(국민 평생 직업능력 개발법 시행령 제4조)
직업능력개발훈련은 15세 이상인 사람에게 실시하되, 직업능력개발훈련시설의 장은 훈련의 직종 및 내용에 따라 15세 이상으로서 훈련대상자의 연령 범위를 따로 정하거나 필요한 학력, 경력 또는 자격을 정할 수 있다.

22

국민 평생 직업능력 개발법상 훈련계약에 관한 설명으로 틀린 것은?

19년 1회, 13년 1회, 10년 4회, 09년 2회 기출

① 사업주와 직업능력개발훈련을 받으려는 근로자는 직업능력개발훈련에 따른 권리·의무 등에 관하여 훈련계약을 체결하여야 한다.
② 기준근로시간 외의 훈련시간에 대하여는 생산시설을 이용하거나 근무장소에서 하는 직업능력개발훈련의 경우를 제외하고는 연장근로와 야간근로에 해당하는 임금을 지급하지 아니할 수 있다.
③ 훈련계약을 체결할 때에는 해당 직업능력개발훈련을 받는 사람이 직업능력개발훈련을 이수한 후에 사업주가 지정하는 업무에 일정 기간 종사하도록 할 수 있다. 이 경우 그 기간은 5년 이내로 하되, 직업능력개발훈련기간의 3배를 초과할 수 없다.
④ 훈련계약을 체결하지 아니한 경우에 고용근로자가 받은 직업능력개발훈련에 대하여는 그 근로자가 근로를 제공한 것으로 본다.

만점 해설
① 사업주와 직업능력개발훈련을 받으려는 근로자는 직업능력개발훈련에 따른 권리·의무 등에 관하여 훈련계약을 체결할 수 있다(국민 평생 직업능력 개발법 제9조 제1항).
② 동법 제9조 제5항
③ 동법 제9조 제2항
④ 동법 제9조 제3항

＊참조 : "～할 수 있다"(임의조항), "～하여야 한다"(강제조항), "～노력하여야 한다"(노력조항)를 구분할 수 있어야 합니다.

23

국민 평생 직업능력 개발법상 훈련계약과 권리·의무에 관한 내용으로 틀린 것은? 17년 3회, 15년 2회 기출

① 사업주와 직업능력개발훈련을 받으려는 근로자는 직업능력개발훈련에 따른 권리·의무 등에 관하여 훈련계약을 체결할 수 있다.
② 사업주는 훈련계약을 체결할 때에는 해당 직업능력개발훈련을 받는 사람이 직업능력개발훈련을 이수한 후에 사업주가 지정하는 업무에 일정 기간 종사하도록 할 수 있다.
③ 훈련계약을 체결하지 아니한 경우에 고용근로자가 받은 직업능력개발훈련에 대하여는 그 근로자가 근로를 제공하지 아니한 것으로 본다.
④ 기준근로시간 외의 훈련시간에 대하여는 생산시설을 이용하거나 근무장소에서 하는 직업능력개발훈련의 경우를 제외하고는 연장근로와 야간근로에 해당하는 임금을 지급하지 아니할 수 있다.

만점 해설

③ 훈련계약을 체결하지 아니한 경우에 고용근로자가 받은 직업능력개발훈련에 대하여는 그 근로자가 근로를 제공한 것으로 본다(국민 평생 직업능력 개발법 제9조 제3항).
① 동법 제9조 제1항
② 동법 제9조 제2항
④ 동법 제9조 제5항

24

국민 평생 직업능력 개발법상 훈련계약에 관한 설명으로 틀린 것은? 17년 2회, 13년 2회 기출

① 훈련계약을 체결할 때에는 해당 직업능력개발훈련을 받는 사람이 직업능력개발훈련을 이수한 후에 사업주가 지정하는 업무에 일정 기간 종사하도록 할 수 있다. 이 경우 그 기간은 5년 이내로 하되, 직업능력개발훈련기간의 3배를 초과할 수 없다.
② 훈련계약을 체결하지 아니한 경우에 고용근로자가 받은 직업능력개발훈련에 대하여는 그 근로자가 근로를 제공한 것으로 본다.
③ 기준근로시간 외의 훈련시간에 대하여는 생산시설을 이용하거나 근무장소에서 하는 직업능력개발훈련의 경우를 제외하고는 연장근로와 야간근로에 해당하는 임금을 지급하여야 한다.
④ 훈련계약을 체결하지 아니한 사업주는 직업능력개발훈련을 기준근로시간 내에 실시하되, 해당 근로자와 합의한 경우에는 기준근로시간 외의 시간에 직업능력개발훈련을 실시할 수 있다.

만점 해설

③ 기준근로시간 외의 훈련시간에 대하여는 생산시설을 이용하거나 근무장소에서 하는 직업능력개발훈련의 경우를 제외하고는 연장근로와 야간근로에 해당하는 임금을 지급하지 아니할 수 있다(국민 평생 직업능력 개발법 제9조 제5항).
① 동법 제9조 제2항
② 동법 제9조 제3항
④ 동법 제9조 제4항

25
다음 (   )에 알맞은 것은?

20년 4회, 16년 3회, 10년 3회 기출

> 국민 평생 직업능력 개발법상 사업주는 훈련계약을 체결할 때에는 해당 직업능력개발훈련을 받는 사람이 직업능력개발훈련을 이수한 후에 사업주가 지정하는 업무에 일정 기간 종사하도록 할 수 있다. 이 경우 그 기간은 (ㄱ)년 이내로 하되, 직업능력개발훈련기간의 (ㄴ)배를 초과할 수 없다.

① ㄱ : 3, ㄴ : 2
② ㄱ : 3, ㄴ : 3
③ ㄱ : 5, ㄴ : 2
④ ㄱ : 5, ㄴ : 3

만점 해설

훈련계약과 권리·의무(국민 평생 직업능력 개발법 제9조 제2항)
사업주는 훈련계약을 체결할 때에는 해당 직업능력개발훈련을 받는 사람이 직업능력개발훈련을 이수한 후에 사업주가 지정하는 업무에 일정 기간 종사하도록 할 수 있다. 이 경우 그 기간은 <u>5년</u> 이내로 하되, 직업능력개발훈련기간의 <u>3배</u>를 초과할 수 없다.

26
국민 평생 직업능력 개발법상 재해 위로금에 관한 설명으로 틀린 것은?

19년 3회, 09년 2회 기출변형

① 직업능력개발훈련을 받는 국민이 직업능력개발훈련 중에 그 직업능력개발훈련으로 인하여 재해를 입은 경우에는 재해 위로금을 지급하여야 한다.
② 위탁에 의한 직업능력개발훈련을 받는 국민에 대하여는 그 위탁자가 재해 위로금을 부담한다.
③ 위탁받은 자의 훈련시설의 결함이나 그 밖에 위탁받은 자에게 책임이 있는 사유로 인하여 재해가 발생한 경우에는 위탁받은 자가 재해 위로금을 지급하여야 한다.
④ 재해 위로금의 산정기준이 되는 평균임금은 산업재해보상보험법에 따라 고용노동부장관이 매년 정하여 고시하는 최고 보상기준 금액을 상한으로 하고 최저 보상기준 금액은 적용하지 아니한다.

만점 해설

④ 재해 위로금의 산정기준이 되는 평균임금은 산업재해보상보험법에 따라 고용노동부장관이 매년 정하여 고시하는 최고 보상기준 금액 및 최저 보상기준 금액을 각각 그 상한 및 하한으로 한다(국민 평생 직업능력 개발법 시행령 제5조 참조).
①·②·③ 동법 제11조 제1항 참조

27
국민 평생 직업능력 개발법상의 재해 위로금을 받을 수 없는 자는?

15년 1회 기출변형

① 수탁자의 귀책사유로 인하여 훈련생이 직업능력개발훈련 중 재해를 입은 경우
② 수탁자의 훈련시설의 하자에 의하여 훈련생이 직업능력개발훈련 중 재해를 입은 경우
③ 산업재해보상보험법의 적용을 받는 훈련생이 훈련 중에 그 훈련으로 인하여 재해를 입은 경우
④ 위탁에 의한 직업능력개발훈련을 받는 근로자가 위탁에 의한 훈련으로 인하여 재해를 입은 경우

만점 해설

③ 산업재해보상보험법의 적용을 받는 사람은 원칙적으로 국민 평생 직업능력 개발법상의 재해 위로금 지급 대상에서 제외된다(국민 평생 직업능력 개발법 제11조 제1항 참조)

> *참고 : 「산업재해보상보험법」은 현장 실습을 하고 있는 학생 및 직업 훈련생(현장실습생)에 대한 특례규정(제123조)을 두고 있습니다. 그에 따라 산업재해보상보험법의 적용을 받는 현장실습생도 근로자로 간주되어 산업재해보상보험령에 따른 보험급여를 받게 됩니다. 다만, 이 경우 「국민 평생 직업능력 개발법」에 따른 재해 위로금은 원칙적으로 적용되지 않습니다.

정답 25 ④ 26 ④ 27 ③

28
국민 평생 직업능력 개발법상 재해 위로금에 관한 설명으로 틀린 것은?   14년 1회 기출

① 직업능력개발훈련으로 인하여 재해를 입은 사람 중 산업재해보상보험법을 적용받는 사람은 재해 위로금을 지급하지 아니한다.
② 위탁에 의하여 실시하는 직업능력개발훈련의 훈련생에 대하여는 그 위탁자가 재해 위로금을 부담한다.
③ 수탁자의 귀책사유로 인하여 재해가 발생한 경우 위탁자는 수탁자에게 구상권을 행사할 수 있다.
④ 재해 위로금의 지급기준은 대통령령으로 정한다.

만점 해설

③ 국민 평생 직업능력 개발법상 재해 위로금에 관한 규정에서는 "위탁받은 자의 훈련시설의 결함이나 그 밖에 위탁받은 자에게 책임이 있는 사유로 인하여 재해가 발생한 경우에는 위탁받은 자가 재해 위로금을 지급하여야 한다"고 규정하고 있다(국민 평생 직업능력 개발법 제11조 제1항 참조). 이와 같이 '위탁받은 자', 즉 '수탁자(受託者)'의 귀책사유로 인하여 재해가 발생한 경우 수탁자가 재해 위로금을 지급하도록 규정하고 있으므로, 위탁자가 수탁자에게 구상권을 행사할 이유는 없다.

02절 주요 내용

01
국민 평생 직업능력 개발법상 직업능력개발계좌에 대한 설명으로 틀린 것은?   15년 2회 기출변형

① 고용노동부장관은 직업능력개발계좌를 발급받은 사람이 계좌적합훈련과정을 수강하는 경우에 200만원 한도에서 훈련비용을 지원할 수 있다.
② 고용노동부장관은 직업능력개발계좌의 발급을 신청한 사람이 직업능력개발훈련이 필요하다고 판단되는 경우에는 직업능력개발훈련 비용과 직업능력개발에 관한 이력을 전산으로 종합관리하는 직업능력개발계좌를 발급할 수 있다.
③ 직업능력개발계좌의 발급 절차 등에 관하여 필요한 사항은 고용노동부장관이 정하여 고시한다.
④ 고용노동부장관은 계좌적합훈련과정을 수강하는 사람에게 계좌적합훈련과정의 운영 현황, 훈련성과 등에 관한 정보를 직업능력개발정보망 또는 상담 등을 통하여 제공해야 한다.

만점 해설

① 고용노동부장관은 직업능력개발계좌를 발급받은 사람이 계좌적합훈련과정을 수강하는 경우에 직업능력개발계좌가 개설된 사람 1명당 5년을 기준으로 300만원 한도에서 그 훈련비용의 전부 또는 일부를 지원할 수 있다(국민 평생 직업능력 개발법 시행령 제16조 제4항 및 시행규칙 제6조의2 참조).
② 동법 시행령 제16조 제1항
③ 동법 시행령 제16조 제6항
④ 동법 시행령 제16조 제2항

*참고 : 2019년 12월 27일 시행규칙 개정에 따라 직업능력개발 훈련비용의 지원 기간 및 한도가 기존 '1년에 한하여 200만원'에서 '5년을 기준으로 300만원'으로 상향하였습니다.

02
국민 평생 직업능력 개발법령상 직업능력개발계좌 제도에 관한 설명으로 틀린 것은? 10년 1회 기출변형

① 직업능력개발계좌란 직업능력개발훈련 비용과 직업능력개발에 관한 이력을 전산으로 종합관리하는 계좌를 말한다.
② 고용노동부장관은 직업능력개발훈련이 필요하다고 판단되는 사람에게 본인의 신청을 받아 직업능력개발계좌를 발급할 수 있다.
③ 고용노동부장관은 직업능력개발계좌를 발급받은 사람이 계좌적합훈련과정을 수강하는 경우에 그 훈련비용의 전부를 지원해야 한다.
④ 직업능력개발계좌의 발급 절차 등에 관하여 필요한 사항은 고용노동부장관이 정하여 고시한다.

만점 해설
③ 고용노동부장관은 직업능력개발계좌를 발급받은 사람이 계좌적합훈련과정을 수강하는 경우에 고용노동부령으로 정하는 한도에서 그 훈련비용의 전부 또는 일부를 지원할 수 있다. 이 경우 고용노동부장관은 훈련직종, 훈련대상자의 특성 등을 고려하여 훈련비용의 지원수준을 달리 정할 수 있다(국민 평생 직업능력 개발법 시행령 제16조 제4항).
①·② 동법 시행령 제16조 제1항 참조
④ 동법 시행령 제16조 제6항

03
국민 평생 직업능력 개발법령상 고용노동부장관이 직업능력개발사업을 하는 사업주에게 지원할 수 있는 비용이 아닌 것은?
21년 3회, 19년 2회, 16년 2회, 12년 3회 기출

① 근로자를 대상으로 하는 자격검정사업 비용
② 직업능력개발훈련을 위해 필요한 시설의 설치 사업 비용
③ 근로자의 경력개발관리를 위하여 실시하는 사업 비용
④ 고용노동부장관의 인정을 받은 직업능력개발훈련과정의 수강 비용

만점 해설
④ 고용노동부장관이 자율적인 직업능력개발을 하는 근로자에게 지원할 수 있는 비용에 해당한다(국민 평생 직업능력 개발법 제17조 제1항 제1호).
①·②·③ 사업주 및 사업주단체 등에 대한 직업능력개발 지원의 내용에 해당한다(동법 제20조 제1항 및 시행령 제19조 제1항 참조).

04
국민 평생 직업능력 개발법상 고용노동부장관이 비용을 지원하거나 융자할 수 있는 산업부문별 직업능력개발사업이 아닌 것은? 11년 1회 기출변형

① 산업부문별 인력수급 및 직업능력개발훈련 수요에 대한 조사·분석
② 자격 및 직업능력개발훈련 기준의 개발·보급
③ 직업능력개발훈련을 실시하는 기관 및 그 훈련과정 등에 대한 인증사업
④ 직업능력개발훈련 과정 및 매체 등의 개발·보완·보급사업

만점 해설
산업부문별 직업능력개발사업 지원의 내용(국민 평생 직업능력 개발법 제22조 제1항 참조)
- 산업부문별 인력수급 및 직업능력개발훈련 수요에 대한 조사·분석
- 자격 및 직업능력개발훈련 기준의 개발·보급
- 직업능력개발훈련 과정 및 매체 등의 개발·보완·보급사업
- 그 밖에 위의 사업에 준하는 직업능력개발사업으로서 대통령령으로 정하는 사업

05
국민 평생 직업능력 개발법상 지정직업훈련시설을 지정받으려는 자의 결격사유에 해당하지 않는 것은?
09년 3회, 07년 3회 기출변형

① 피성년후견인
② 파산선고를 받고 복권되지 아니한 사람
③ 동법 규정에 따라 지정직업훈련시설의 지정이 취소된 날부터 1년이 지나지 아니한 자
④ 평생교육법 규정에 따라 평생교육시설의 설치인 가취소를 처분받고 2년이 지나지 아니한 자

만점 해설
④ "평생교육법 규정에 따라 평생교육시설의 설치인가취소를 처분받고 1년이 지나지 아니한 자"가 옳다(국민 평생 직업능력 개발법 제29조 제7호).

06
국민 평생 직업능력 개발법령상 고용노동부장관이 반드시 지정직업훈련시설의 지정을 취소해야 하는 경우에 해당하는 것은?
22년 2회 기출

① 시정명령에 따르지 아니한 경우
② 변경지정을 받지 아니하고 지정 내용을 변경하는 등 부정한 방법으로 지정직업훈련시설을 운영한 경우
③ 훈련생을 모집할 때 거짓 광고를 한 경우
④ 거짓으로 지정을 받은 경우

만점 해설
④ 고용노동부장관은 지정직업훈련시설이 거짓이나 그 밖의 부정한 방법으로 지정을 받은 경우에는 그 지정을 취소하여야 한다(국민 평생 직업능력 개발법 제31조 제1항 제2호).
①·②·③ 고용노동부장관이 지정직업훈련시설에 대해 그 시정을 명하거나 그 지정의 취소 또는 1년 이내의 기간을 정하여 직업능력개발훈련의 정지를 명할 수 있는 사유에 해당한다(동법 제31조 제1항 참조).

07
국민 평생 직업능력 개발법상 직업능력개발훈련교사에 관한 설명으로 틀린 것은?
11년 2회, 10년 1회, 08년 3회 기출

① 직업능력개발훈련교사의 자격증이 있는 사람만이 직업능력개발훈련을 위하여 훈련생을 가르칠 수 있다.
② 금고 이상의 형의 집행유예를 선고받고 그 유예기간 중에 있는 사람은 직업능력개발훈련교사가 될 수 없다.
③ 직업능력개발훈련교사의 자격증을 빌려 준 경우에는 그 자격을 취소할 수 있다.
④ 지방자치단체도 직업능력개발훈련교사의 양성을 위한 훈련과정을 설치·운영할 수 있다.

만점 해설
① 직업능력개발훈련교사의 자격증이 있는 사람은 물론 해당 분야에 전문지식이 있는 사람 등으로서 대통령령으로 정하는 사람 또한 직업능력개발훈련을 위하여 훈련생을 가르칠 수 있다(국민 평생 직업능력 개발법 제33조 제1항 및 시행령 제27조 참조).
② 동법 제34조 제3호
③ 동법 제35조 제1항 제4호
④ 동법 제36조 제1항 참조

08
국민 평생 직업능력 개발법령상 직업능력개발훈련교사 2급의 자격기준으로 틀린 것은?

16년 3회, 10년 2회 기출변형

① 직업능력개발훈련교사 3급의 자격을 취득한 후 고용노동부장관이 정하여 고시하는 직종에서 3년 이상의 교육훈련 경력이 있는 사람으로서 향상 훈련을 받은 사람
② 고용노동부장관이 정하여 고시하는 직종에 관한 학사 이상의 학위를 취득한 후 해당 직종에서 요구하는 중등학교 정교사 1급 또는 2급의 자격을 취득한 사람
③ 고용노동부장관이 정하여 고시하는 직종에서 요구하는 기술사 또는 기능장 자격을 취득하고 고용노동부령으로 정하는 훈련을 받은 사람
④ 「고등교육법」에 따른 교수·부교수·조교수로 재직 중 고용노동부장관이 정하여 고시하는 직종에서 2년 이상의 교육훈련 경력이 있는 사람

만점 해설
② 직업능력개발훈련교사 3급의 자격기준에 해당한다(국민 평생 직업능력 개발법 시행령 제28조 제2항 및 별표2 참조).

09
국민 평생 직업능력 개발법상 직업능력개발훈련교사가 될 수 있는 사람은?

16년 1회 기출

① 피성년후견인
② 피한정후견인
③ 금고 이상의 형의 집행유예를 선고받고 그 유예기간 중에 있는 사람
④ 금고 이상의 실형을 선고받고 그 집행이 끝난 날부터 2년이 지난 사람

만점 해설
직업능력개발훈련교사의 결격사유(국민 평생 직업능력 개발법 제34조 참조)
• 피성년후견인·피한정후견인(①·②)
• 금고 이상의 실형을 선고받고 그 집행이 끝나거나(집행이 끝난 것으로 보는 경우를 포함) 집행이 면제된 날부터 2년이 지나지 아니한 사람
• 금고 이상의 형의 집행유예를 선고받고 그 유예기간 중에 있는 사람(③)
• 법원의 판결에 따라 자격이 상실되거나 정지된 사람
• 성폭력범죄로 100만원 이상의 벌금형을 선고받고 그 형이 확정된 후 2년이 지나지 아니한 사람
• 직업능력개발훈련교사의 자격이 취소된 후 3년이 지나지 아니한 사람

10
국민 평생 직업능력 개발법상 직업능력개발훈련교사의 결격사유로 틀린 것은?

17년 1회, 12년 2회, 10년 4회 기출

① 피성년후견인·피한정후견인
② 금고 이상의 형의 집행유예를 선고받고 그 유예기간 중에 있는 사람
③ 금고 이상의 실형을 선고받고 그 집행이 끝나거나(집행이 끝난 것으로 보는 경우를 포함한다) 집행이 면제된 날부터 3년이 지나지 아니한 사람
④ 법원의 판결에 따라 자격이 상실되거나 정지된 사람

만점 해설
③ "금고 이상의 실형을 선고받고 그 집행이 끝나거나(집행이 끝난 것으로 보는 경우를 포함) 집행이 면제된 날부터 2년이 지나지 아니한 사람"이 옳다(국민 평생 직업능력 개발법 제34조 제2호).

11

국민 평생 직업능력 개발법령상 직업능력개발훈련교사의 양성을 위한 훈련과정 구분에 해당하지 않는 것은?
19년 1회, 14년 1회 기출

① 양성훈련과정
② 향상훈련과정
③ 전직훈련과정
④ 교직훈련과정

만점 해설

직업능력개발훈련교사의 양성을 위한 훈련과정(국민 평생 직업능력 개발법 시행규칙 제18조 제1항)
직업능력개발훈련교사의 양성을 위한 훈련과정은 양성훈련과정, 향상훈련과정 및 교직훈련과정으로 구분한다.

12

국민 평생 직업능력 개발법상 기능대학에 관한 설명으로 옳은 것은?
18년 3회, 14년 2회 기출

① 사립학교법에 따른 학교법인은 기능대학을 설립·경영할 수 없다.
② 지방자치단체가 기능대학을 설립·경영하려면 해당 지방자치단체의 장은 교육부장관과 협의를 한 후 고용노동부장관의 인가를 받아야 한다.
③ 국가가 기능대학을 설립·경영하려면 관계 중앙행정기관의 장은 교육부장관 및 고용노동부장관과 각각 협의하여야 한다.
④ 기능대학은 그 특성을 고려하여 다른 명칭을 사용할 수 없다.

만점 해설

② · ③ 국가가 기능대학을 설립·경영하려면 관계 중앙행정기관의 장은 교육부장관 및 고용노동부장관과 각각 협의하여야 하며, 지방자치단체가 기능대학을 설립·경영하려면 해당 지방자치단체의 장은 고용노동부장관과 협의를 한 후 교육부장관의 인가를 받아야 한다(국민 평생 직업능력 개발법 제39조 제2항).
① 국가, 지방자치단체 또는 「사립학교법」에 따른 학교법인은 산업현장에서 필요한 인력을 양성하고 근로자의 직업능력개발을 지원하기 위하여 기능대학을 설립·경영할 수 있다(동법 제39조 제1항).
④ 교육부장관의 인가를 받은 기능대학은 직업능력개발훈련시설로 보며, 기능대학은 그 특성을 고려하여 다른 명칭을 사용할 수 있다(동법 제39조 제5항).

CHAPTER 07 남녀고용평등과 일·가정 양립 지원에 관한 법률

*참고 : 「남녀고용평등과 일·가정 양립 지원에 관한 법률」은 최근 저출산·고령화에 대한 정부의 적극적인 대응에 따라 법령 개정이 수시로 이루어지고 있으므로, 법제처 국가법령정보센터 등에서 새롭게 개정된 내용이 있는지 수시로 확인하는 노력이 필요합니다.

01절 개 요

01
남녀고용평등과 일·가정 양립 지원에 관한 법률의 목적으로 명시되어 있지 않은 것은?

19년 1회, 12년 1회 기출

① 여성 고용 촉진
② 가사노동 가치의 존중
③ 모성 보호 촉진
④ 고용에서 남녀의 평등한 기회와 대우 보장

만점 해설

남녀고용평등과 일·가정 양립 지원에 관한 법률의 목적(법 제1조)
이 법은 「대한민국헌법」의 평등이념에 따라 고용에서 남녀의 평등한 기회와 대우를 보장하고 모성 보호와 여성 고용을 촉진하여 남녀고용평등을 실현함과 아울러 근로자의 일과 가정의 양립을 지원함으로써 모든 국민의 삶의 질 향상에 이바지하는 것을 목적으로 한다.

02
남녀고용평등과 일·가정 양립 지원에 관한 법률의 목적으로 법률이 직접 명시하고 있지 않은 것은?

14년 1회 기출

① 헌법의 평등이념
② 근로여성의 보호
③ 모성 보호
④ 모든 국민의 삶의 질 향상

만점 해설

남녀고용평등과 일·가정 양립 지원에 관한 법률의 목적(법 제1조)
이 법은 「대한민국헌법」의 평등이념에 따라 고용에서 남녀의 평등한 기회와 대우를 보장하고 모성 보호와 여성 고용을 촉진하여 남녀고용평등을 실현함과 아울러 근로자의 일과 가정의 양립을 지원함으로써 모든 국민의 삶의 질 향상에 이바지하는 것을 목적으로 한다.

정답 01 ② 02 ②

03

남녀고용평등과 일·가정 양립 지원에 관한 법률상 차별에 관한 설명으로 틀린 것은?

18년 3회, 15년 2회 기출

① 사업주가 근로자에게 성별, 혼인, 가족 안에서의 지위, 임신 또는 출산 등의 사유로 합리적인 이유 없이 채용 또는 근로의 조건을 다르게 하거나 그 밖의 불리한 조치를 하는 경우를 차별이라고 한다.
② 사업주가 채용조건이나 근로조건은 동일하게 적용하더라도 그 조건을 충족할 수 있는 남성 또는 여성이 다른 한 성에 비하여 현저히 적고 그에 따라 특정 성에게 불리한 결과를 초래하며 그 조건이 정당한 것임을 증명할 수 없는 경우는 차별에 포함된다.
③ 직무의 성격에 비추어 특정 성이 불가피하게 요구되는 경우라도 특정 성에게 불리한 결과를 초래할 경우 차별에 해당된다.
④ 여성 근로자의 임신·출산·수유 등 모성보호를 위한 조치를 하는 경우는 차별에 해당되지 않는다.

만점 해설

③ 직무의 성격에 비추어 특정 성이 불가피하게 요구되는 경우, 여성 근로자의 임신·출산·수유 등 모성보호를 위한 조치를 하는 경우, 그 밖에 이 법 또는 다른 법률에 따라 적극적 고용개선조치를 하는 경우는 차별에 해당되지 않는다(남녀고용평등과 일·가정 양립 지원에 관한 법률 제2조 제1호 참조).

04

남녀고용평등과 일·가정 양립 지원에 관한 법률상 차별에 해당하지 않는 것은? 12년 3회, 09년 2회 기출변형

① 사업주가 근로자에게 성별, 혼인, 가족 안에서의 지위, 임신 또는 출산 등의 사유로 합리적인 이유 없이 채용 또는 근로의 조건을 다르게 하거나 그 밖의 불리한 조치를 하는 경우
② 사업주가 채용조건이나 근로조건은 동일하게 적용하더라도 그 조건을 충족할 수 있는 남성 또는 여성이 다른 한 성에 비하여 현저히 적고 그에 따라 특정 성에게 불리한 결과를 초래하며 그 조건이 정당한 것임을 증명할 수 없는 경우
③ 사업주가 근로자를 모집·채용할 때 그 직무의 수행에 필요하지 아니한 용모·키·체중 등의 신체적 조건, 미혼 조건, 그 밖에 고용노동부령으로 정하는 조건을 제시하거나 요구하는 경우
④ 현존하는 남녀 간의 고용차별을 없애거나 고용평등을 촉진하기 위하여 잠정적으로 특정 성을 우대하는 조치를 취하는 경우

만점 해설

④ '적극적 고용개선조치'를 의미하는 것으로, 이는 차별에 해당하지 않는다(남녀고용평등과 일·가정 양립 지원에 관한 법률 제2조 제3호).

05

남녀고용평등과 일·가정 양립 지원에 관한 법률상 차별에 해당하는 것은? 17년 2회, 10년 1회 기출

① 직무의 성격에 비추어 특정 성이 불가피하게 요구되어 채용조건을 다르게 하는 경우
② 여성 근로자의 임신·출산·수유 등 모성보호를 위한 조치를 하는 경우
③ 동일한 업무를 담당하는 남녀 간의 정년연령을 달리 정하는 경우
④ 이 법 또는 다른 법률에 따라 적극적 고용개선조치를 하는 경우

만점 해설

①·②·④ 직무의 성격에 비추어 특정 성이 불가피하게 요구되는 경우, 여성 근로자의 임신·출산·수유 등 모성보호를 위한 조치를 하는 경우, 그 밖에 이 법 또는 다른 법률에 따라 적극적 고용개선조치를 하는 경우는 차별에 해당하지 않는다(남녀고용평등과 일·가정 양립 지원에 관한 법률 제2조 제1호 참조).

06

남녀고용평등과 일·가정 양립 지원에 관한 법률상 차별에 해당하는 것은? 16년 1회, 12년 2회 기출

① 여성 근로자에 한하여 육아휴직을 허용하는 조치
② 현존하는 차별을 해소하기 위하여 사업주가 잠정적으로 남성 근로자를 우대하는 조치
③ 현존하는 차별을 해소하기 위하여 사업주가 잠정적으로 여성 근로자를 우대하는 조치
④ 여성 근로자의 모성보호를 위한 조치

만점 해설

① 육아휴직의 신청권자는 임신 중인 여성 근로자, 만 8세 이하 또는 초등학교 2학년 이하의 자녀를 양육하는 남성 및 여성 근로자이다(남녀고용평등과 일·가정 양립 지원에 관한 법률 제19조 제1항 참조). 따라서 정당한 사유 없이 특정 성에게만 육아휴직을 허용하는 것은 차별에 해당한다.

07

남녀고용평등과 일·가정 양립 지원에 관한 법률에서 사용하는 용어에 관한 설명으로 틀린 것은? 16년 3회 기출

① 사업주가 근로자에게 혼인 등의 사유로 합리적 이유 없이 근로조건을 달리하는 경우는 차별에 해당한다.
② 사업주가 직장 내의 지위를 이용하여 업무와 관련하여 다른 근로자에게 성적 언동 등으로 혐오감을 느끼게 하는 것은 직장 내 성희롱에 해당된다.
③ 적극적 고용개선조치란 현존하는 남녀 간의 고용차별을 없애거나 고용평등을 촉진하기 위하여 잠정적으로 특정 성을 우대하는 조치이다.
④ 근로자란 사업주에게 고용된 사람을 말하며, 취업할 의사를 가진 사람은 근로자에 해당하지 않는다.

만점 해설

④ "근로자"란 사업주에게 고용된 사람과 취업할 의사를 가진 사람을 말한다(남녀고용평등과 일·가정 양립 지원에 관한 법률 제2조 제4호).

08

남녀고용평등과 일·가정 양립 지원에 관한 법령상 적용 범위에 관한 설명으로 틀린 것은? 21년 1회 기출

① 근로자를 사용하는 모든 사업 또는 사업장에 적용하는 것이 원칙이다.
② 동거하는 친족만으로 이루어지는 사업장에 대하여는 법의 전부를 적용하지 아니한다.
③ 가사사용인에 대하여는 법의 전부를 적용하지 아니한다.
④ 선원법이 적용되는 사업 또는 사업장에는 모든 규정이 적용되지 아니한다.

만점 해설

적용 범위(남녀고용평등과 일·가정 양립 지원에 관한 법률 제3조 제1항 및 시행령 제2조 참조)
- 이 법은 근로자를 사용하는 모든 사업 또는 사업장에 적용한다. 다만, 대통령령으로 정하는 사업에 대하여는 이 법의 전부 또는 일부를 적용하지 아니할 수 있다.
- 법령에 따라 동거하는 친족만으로 이루어지는 사업 또는 사업장과 가사사용인에 대하여는 법의 전부를 적용하지 아니한다.

정답 05 ③ 06 ① 07 ④ 08 ④

09

남녀고용평등과 일·가정 양립 지원에 관한 법률상 근로자, 사업주, 국가, 지방자치단체의 책무에 관한 설명으로 틀린 것은?   13년 2회 기출

① 근로자는 해당 사업장의 남녀고용평등의 실현에 방해가 되는 관행과 제도를 개선하여 남녀근로자가 동등한 여건에서 자신의 능력을 발휘할 수 있는 근로환경을 조성하기 위하여 노력하여야 한다.
② 사업주는 일·가정의 양립을 방해하는 사업장 내의 관행과 제도를 개선하고 일·가정의 양립을 지원할 수 있는 근무환경을 조성하기 위하여 노력하여야 한다.
③ 국가와 지방자치단체는 남녀고용평등과 일·가정 양립 지원에 관한 법률의 목적을 실현하기 위하여 국민의 관심과 이해를 증진시키고 여성의 직업능력 개발 및 고용 촉진을 지원하여야 한다.
④ 국가와 지방자치단체는 일·가정의 양립을 위한 근로자와 사업주의 노력을 지원하여야 하며 일·가정의 양립 지원에 필요한 재원을 조성하고 여건을 마련하기 위하여 노력하여야 한다.

만점 해설

① 사업주는 해당 사업장의 남녀고용평등의 실현에 방해가 되는 관행과 제도를 개선하여 남녀근로자가 동등한 여건에서 자신의 능력을 발휘할 수 있는 근로환경을 조성하기 위하여 노력하여야 한다(남녀고용평등과 일·가정 양립 지원에 관한 법률 제5조 제2항).
② 동법 제5조 제3항
③ 동법 제4조 제1항
④ 동법 제4조 제2항

10

남녀고용평등과 일·가정 양립 지원에 관한 법률상 남녀고용평등 실현과 일·가정의 양립에 관한 기본계획에 포함되어야 할 사항을 모두 고른 것은?   20년 3회 기출

> ㄱ. 여성취업의 촉진에 관한 사항
> ㄴ. 여성의 직업능력 개발에 관한 사항
> ㄷ. 여성 근로자의 모성 보호에 관한 사항
> ㄹ. 직전 기본계획에 대한 평가

① ㄱ, ㄴ
② ㄷ, ㄹ
③ ㄱ, ㄴ, ㄷ
④ ㄱ, ㄴ, ㄷ, ㄹ

만점 해설

남녀고용평등 실현과 일·가정의 양립에 관한 기본계획에 포함되어야 할 사항(남녀고용평등과 일·가정 양립 지원에 관한 법률 제6조의2 제2항)
- 여성취업의 촉진에 관한 사항(ㄱ)
- 남녀의 평등한 기회보장 및 대우에 관한 사항
- 동일 가치 노동에 대한 동일 임금 지급의 정착에 관한 사항
- 여성의 직업능력 개발에 관한 사항(ㄴ)
- 여성 근로자의 모성 보호에 관한 사항(ㄷ)
- 일·가정의 양립 지원에 관한 사항
- 여성 근로자를 위한 복지시설의 설치 및 운영에 관한 사항
- 직전 기본계획에 대한 평가(ㄹ)
- 그 밖에 남녀고용평등의 실현과 일·가정의 양립 지원을 위하여 고용노동부장관이 필요하다고 인정하는 사항

11

남녀고용평등과 일·가정 양립 지원에 관한 법령상 고용에 있어서 남녀의 평등한 기회와 대우를 보장하여야 할 사항으로 명시되지 않은 것은?

22년 2회, 19년 3회 기출

① 모집과 채용
② 임 금
③ 근로시간
④ 교육·배치 및 승진

만점 해설

고용에서 남녀의 평등한 기회보장 및 대우(남녀고용평등과 일·가정 양립 지원에 관한 법률 제2장 제1절 관련)
- 모집과 채용(법 제7조)(①)
- 임금(법 제8조)(②)
- 임금 외의 금품 등(법 제9조)
- 교육·배치 및 승진(법 제10조)(④)
- 정년·퇴직 및 해고(법 제11조)

12

남녀고용평등과 일·가정 양립 지원에 관한 법률상 남녀의 평등한 기회보장 및 대우에 관한 설명으로 옳은 것은?

17년 3회, 13년 1회 기출변형

① 사업주는 근로자를 모집·채용할 때 그 직무의 수행에 필요한 경우라 하더라도 용모·키·체중 등의 신체적 조건을 제시하거나 요구하여서는 아니 된다.
② 사업주는 동일한 사업 내의 동일 가치 노동에 대하여는 동일한 임금을 지급하여야 하며, 동일 가치 노동의 기준은 직무 수행에서 요구되는 기술, 노력, 책임 및 작업 조건 등으로 한다.
③ 사업주가 임금차별을 목적으로 설립하였더라도 별개의 사업은 동일한 사업으로 볼 수 없다.
④ 사업주는 근로자의 해고에서 남녀를 차별하여서는 아니 되나 정년·퇴직의 경우 차별이 있더라도 남녀차별로 보지 아니한다.

만점 해설

② 사업주는 동일한 사업 내의 동일 가치 노동에 대하여는 동일한 임금을 지급하여야 한다. 동일 가치 노동의 기준은 직무 수행에서 요구되는 기술, 노력, 책임 및 작업 조건 등으로 하고, 사업주가 그 기준을 정할 때에는 노사협의회의 근로자를 대표하는 위원의 의견을 들어야 한다(남녀고용평등과 일·가정 양립 지원에 관한 법률 제8조 제1항 및 제2항).
① 사업주는 근로자를 모집·채용할 때 그 직무의 수행에 필요하지 아니한 용모·키·체중 등의 신체적 조건, 미혼 조건, 그 밖에 고용노동부령으로 정하는 조건을 제시하거나 요구하여서는 아니 된다(동법 제7조 제2항).
③ 사업주가 임금차별을 목적으로 설립한 별개의 사업은 동일한 사업으로 본다(동법 제8조 제3항).
④ 사업주는 근로자의 정년·퇴직 및 해고에서 남녀를 차별하여서는 아니 된다(동법 제11조 제1항).

13

남녀고용평등과 일·가정 양립 지원에 관한 법률상 임금에 관한 설명으로 옳은 것은?

18년 1회, 09년 2회 기출

① 사업주는 다른 사업 내의 동일 가치 노동에 대하여는 동일한 임금을 지급하여야 한다.
② 임금차별을 목적으로 사업주에 의하여 설립된 별개의 사업은 별개의 사업으로 본다.
③ 동일 가치 노동의 기준은 직무 수행에서 요구되는 성, 기술, 노력 등으로 한다.
④ 사업주가 동일 가치 노동의 기준을 정할 때에는 노사협의회의 근로자를 대표하는 위원의 의견을 들어야 한다.

만점 해설

③·④ 동일 가치 노동의 기준은 직무 수행에서 요구되는 기술, 노력, 책임 및 작업 조건 등으로 하고, 사업주가 그 기준을 정할 때에는 노사협의회의 근로자를 대표하는 위원의 의견을 들어야 한다(남녀고용평등과 일·가정 양립 지원에 관한 법률 제8조 제2항).
① 사업주는 동일한 사업 내의 동일 가치 노동에 대하여는 동일한 임금을 지급하여야 한다(동법 제8조 제1항).
② 사업주가 임금차별을 목적으로 설립한 별개의 사업은 동일한 사업으로 본다(동법 제8조 제3항).

정답 11 ③ 12 ② 13 ④

14
남녀고용평등과 일·가정 양립 지원에 관한 법률에 명시되어 있는 내용이 아닌 것은?
22년 2회, 18년 1회 기출

① 직장 내 성희롱의 금지
② 배우자 출산휴가
③ 육아휴직
④ 생리휴가

만점 해설
④ 생리휴가를 규정하고 있는 것은 「근로기준법」이다. 근로기준법 제73조에는 "사용자는 여성 근로자가 청구하면 월 1일의 생리휴가를 주어야 한다"고 명시되어 있다.

15
남녀고용평등과 일·가정 양립 지원에 관한 법상 규정된 내용이 아닌 것은?
15년 2회 기출

① 동일 가치 노동에 대한 동일 임금 지급의 보장
② 여성의 무급 생리휴가
③ 직장 내 성희롱 금지 및 예방교육
④ 여성의 직업능력 개발 및 고용 촉진

만점 해설
② 여성의 무급 생리휴가를 규정하고 있는 것은 「근로기준법」이다.

16
남녀고용평등과 일·가정 양립 지원에 관한 법률이 규정하고 있는 내용이 아닌 것은?
18년 2회, 13년 3회 기출

① 육아휴직 급여
② 출산전후휴가에 대한 지원
③ 배우자 출산휴가
④ 직장어린이집 설치 및 지원

만점 해설
① 육아휴직에 관한 규정은 「남녀고용평등과 일·가정 양립 지원에 관한 법률」 제19조에, 육아휴직 급여에 관한 규정은 「고용보험법」 제70조에 명시되어 있다.

17
남녀고용평등과 일·가정 양립 지원에 관한 법률에 관한 설명으로 틀린 것은?
20년 1·2회 기출

① 고용노동부장관은 남녀고용평등 실현과 일·가정의 양립에 관한 기본계획을 5년마다 수립하여야 한다.
② 사업주는 동일한 사업 내의 동일 가치 노동에 대하여는 동일한 임금을 지급하여야 한다.
③ 사업주가 임금차별을 목적으로 설립한 별개의 사업은 동일한 사업으로 본다.
④ 사업주는 직장 내 성희롱 예방을 위한 교육을 분기별 1회 이상하여야 한다.

만점 해설
④ 사업주는 직장 내 성희롱 예방을 위한 교육을 연 1회 이상하여야 한다(남녀고용평등과 일·가정 양립 지원에 관한 법률 시행령 제3조 제1항).
① 동법 제6조의2 제1항
② 동법 제8조 제1항
③ 동법 제8조 제3항

18
남녀고용평등과 일·가정 양립 지원에 관한 법률상 직장 내 성희롱의 금지 및 예방에 대한 설명으로 틀린 것은? 　　　　　　　　　　　19년 2회 기출

① 사업주는 직장 내 성희롱 예방을 위한 교육을 분기별 1회 이상하여야 한다.
② 사업주는 성희롱 예방 교육의 내용을 근로자가 자유롭게 열람할 수 있는 장소에 항상 게시하거나 갖추어 두어 근로자에게 널리 알려야 한다.
③ 누구든지 직장 내 성희롱 발생 사실을 알게 된 경우 그 사실을 해당 사업주에게 신고할 수 있다.
④ 사업주는 직장 내 성희롱 발생 사실이 확인된 때에는 피해근로자가 요청하면 근무장소의 변경, 배치전환, 유급휴가 명령 등 적절한 조치를 하여야 한다.

만점 해설
① 사업주는 직장 내 성희롱 예방을 위한 교육을 연 1회 이상하여야 한다(남녀고용평등과 일·가정 양립 지원에 관한 법률 시행령 제3조 제1항).
② 동법 제13조 제3항
③ 동법 제14조 제1항
④ 동법 제14조 제4항

19
남녀고용평등과 일·가정 양립 지원에 관한 법령상 직장 내 성희롱의 금지 및 예방에 관한 설명으로 틀린 것은? 　　　　　　　　　　　21년 2회 기출

① 사업주, 상급자 또는 근로자는 직장 내 성희롱을 하여서는 아니 된다.
② 사업주는 성희롱 예방 교육을 고용노동부장관이 지정하는 기관에 위탁하여 실시할 수 있다.
③ 누구든지 직장 내 성희롱 발생 사실을 알게 된 경우 그 사실을 해당 사업주에게 신고할 수 있다.
④ 사업주는 직장 내 성희롱 예방 교육을 연 2회 이상하여야 한다.

만점 해설
④ 사업주는 직장 내 성희롱 예방을 위한 교육을 연 1회 이상하여야 한다(남녀고용평등과 일·가정 양립 지원에 관한 법률 시행령 제3조 제1항).
① 동법 제12조
② 동법 제13조의2 제1항
③ 동법 제14조 제1항

20
남녀고용평등과 일·가정 양립 지원에 관한 법률상 직장 내 성희롱에 관한 설명으로 틀린 것은? 　　　　　　　　　　　20년 4회 기출

① 사업주, 상급자 또는 근로자는 직장 내 성희롱을 하여서는 아니 된다.
② 사업주는 직장 내 성희롱 예방 교육을 매년 실시하여야 한다.
③ 고용노동부장관은 성희롱 예방 교육기관이 1년 동안 교육 실적이 없는 경우 그 지정을 취소할 수 있다.
④ 사업주는 직장 내 성희롱 발생 사실을 알게 된 경우에는 지체 없이 그 사실 확인을 위한 조사를 하여야 한다.

만점 해설
③ 고용노동부장관은 성희롱 예방 교육기관이 2년 동안 직장 내 성희롱 예방 교육 실적이 없는 경우 그 지정을 취소할 수 있다(남녀고용평등과 일·가정 양립 지원에 관한 법률 제13조의2 제5항 제3호).
① 동법 제12조
② 동법 제13조 제1항 참조
④ 동법 제14조 제2항

21

남녀고용평등과 일·가정 양립 지원에 관한 법령상 직장 내 성희롱 예방 교육에 대한 설명으로 틀린 것은?
19년 1회 기출

① 사업주는 연 1회 이상 직장 내 성희롱 예방을 위한 교육을 하여야 한다.
② 성희롱 예방 교육은 관련 법령, 직장 내 성희롱 발생 시의 처리 절차와 조치 기준, 피해 근로자의 고충상담 및 구제 절차 등이 포함되어야 한다.
③ 사업주 및 근로자 모두가 남성 또는 여성 중 어느 한 성으로 구성된 사업장은 성희롱 예방 교육을 하지 않아도 상관없다.
④ 단순히 교육자료 등을 배포·게시하거나 게시판에 공지하는 데 그치는 등 근로자에게 교육 내용이 제대로 전달되었는지 확인하기 곤란한 경우에는 예방 교육을 한 것으로 보지 아니한다.

만점 해설

③ 상시 10명 미만의 근로자를 고용하는 사업이나 사업주 및 근로자 모두가 남성 또는 여성 중 어느 한 성(性)으로 구성된 사업의 사업주는 교육자료 또는 홍보물을 게시하거나 배포하는 방법으로 직장 내 성희롱 예방 교육을 할 수 있다(남녀고용평등과 일·가정 양립 지원에 관한 법률 시행령 제3조 제4항 참조).
① 동법 시행령 제3조 제1항
② 동법 시행령 제3조 제2항 참조
④ 동법 시행령 제3조 제3항 단서

22

남녀고용평등과 일·가정 양립 지원에 관한 법률상 직장 내 성희롱에 관한 설명으로 틀린 것은?
16년 2회, 11년 3회, 10년 3회 기출변형

① 사업주는 직장 내 성희롱 예방을 위한 교육을 연 1회 이상 하여야 한다.
② 직장 내 성희롱 예방 교육은 사업의 규모나 특성 등을 고려하여 직원연수·조회·회의, 인터넷 등 정보통신망을 이용한 사이버 교육 등을 통하여 실시할 수 있다.
③ 상시 10명 미만의 근로자를 고용하는 사업의 사업주는 홍보물을 게시하거나 배포하는 방법으로 직장 내 성희롱 예방 교육을 할 수 있다.
④ 사업주는 고객 등 업무와 밀접한 관련이 있는 사람이 업무수행 과정에서 성적인 언동 등을 통하여 근로자에게 성적 굴욕감 또는 혐오감 등을 느끼게 하여 해당 근로자가 그로 인한 고충 해소를 요청할 경우 배치전환 등 가능한 조치를 취하도록 노력하여야 한다.

만점 해설

④ 사업주는 고객 등 업무와 밀접한 관련이 있는 사람이 업무수행 과정에서 성적인 언동 등을 통하여 근로자에게 성적 굴욕감 또는 혐오감 등을 느끼게 하여 해당 근로자가 그로 인한 고충 해소를 요청할 경우 근무 장소 변경, 배치전환, 유급휴가의 명령 등 적절한 조치를 하여야 한다(남녀고용평등과 일·가정 양립 지원에 관한 법률 제14조의2 제1항).
① 동법 시행령 제3조 제1항
② 동법 시행령 제3조 제3항
③ 동법 시행령 제3조 제4항 참조

02절 주요 내용

01
남녀고용평등과 일·가정 양립 지원에 관한 법률상 상시 500명 이상의 근로자를 고용하는 사업의 사업주에게 부과하는 적극적 고용개선조치에 대한 설명으로 틀린 것은?
15년 3회 기출

① 고용 기준에 미달하는 사업주에 대하여 고용노동부장관이 적극적 고용개선조치 시행계획을 수립하여 제출할 것을 요구할 수 있다.
② 적극적 고용개선조치 시행계획을 제출한 자는 그 이행실적을 고용노동부장관에게 제출하여야 한다.
③ 국가와 지방자치단체는 적극적 고용개선조치 우수기업에 행정적·재정적 지원을 하여야 한다.
④ 고용노동부장관은 적극적 고용개선조치 이행실적이 부진한 사업주에게 시행계획의 이행을 촉구할 수 있다.

만점 해설
③ 국가와 지방자치단체는 적극적 고용개선조치 우수기업에 행정적·재정적 지원을 할 수 있다(남녀고용평등과 일·가정 양립 지원에 관한 법률 제17조의4 제4항).
① 동법 제17조의3 제1항 참조
② 동법 제17조의4 제1항
④ 동법 제17조의4 제5항

02
남녀고용평등과 일·가정 양립 지원에 관한 법률상 고용정책심의회의 심의를 거쳐야 하는 적극적 고용개선조치에 관한 사항이 아닌 것은?
17년 3회, 12년 2회, 08년 3회 기출변형

① 여성 근로자 고충처리에 관한 사항
② 여성 근로자 고용기준에 관한 사항
③ 적극적 고용개선조치 시행계획의 심사에 관한 사항
④ 적극적 고용개선조치 이행실적의 평가에 관한 사항

만점 해설
고용정책심의회의 심의를 거쳐야 하는 적극적 고용개선조치에 관한 사항(남녀고용평등과 일·가정 양립 지원에 관한 법률 제17조의8 참조)
• 여성 근로자 고용기준에 관한 사항(②)
• 적극적 고용개선조치 시행계획의 심사에 관한 사항(③)
• 적극적 고용개선조치 이행실적의 평가에 관한 사항(④)
• 적극적 고용개선조치 우수기업의 표창 및 지원에 관한 사항
• 적극적 고용개선조치 미이행 사업주 명단 공표 여부에 관한 사항
• 그 밖에 적극적 고용개선조치에 관하여 고용정책심의회의 위원장이 회의에 부치는 사항

정답 01 ③ 02 ①

03

남녀고용평등과 일·가정 양립 지원에 관한 법령상 모성 보호에 관한 설명으로 틀린 것은? 22년 1회 기출

① 국가는 출산전후휴가를 사용한 근로자에게 그 휴가기간에 대하여 평균임금에 상당하는 금액을 지급할 수 있다.
② 근로자가 사용한 배우자 출산휴가는 유급으로 한다.
③ 배우자 출산휴가는 근로자의 배우자가 출산한 날부터 90일이 지나면 청구할 수 없다.
④ 원칙적으로 사업주는 근로자가 난임치료휴가를 청구하는 경우에 연간 3일 이내의 휴가를 주어야 한다.

만점 해설

① 국가는 이 법에 따른 배우자 출산휴가, 「근로기준법」에 따른 출산전후휴가 또는 유산·사산 휴가를 사용한 근로자 중 일정한 요건에 해당하는 사람에게 그 휴가기간에 대하여 통상임금에 상당하는 금액을 지급할 수 있다(남녀고용평등과 일·가정 양립 지원에 관한 법률 제18조 제1항).
② 동법 제18조의2 제1항 참조
③ 동법 제18조의2 제3항
④ 동법 제18조의3 제1항 참조

> ★참고 : 2024년 10월 22일 법 개정에 따라 2025년 2월 23일부터는 배우자 출산휴가 일수가 기존 '10일'에서 '20일'로, 분할사용 횟수도 기존 '1회'에서 '3회'로, 청구기간도 근로자의 배우자가 출산한 날부터 기존 '90일까지'에서 '120일까지'로 확대되며, 사용 절차도 기존 '청구' 방식에서 '고지' 방식으로 변경됩니다. 또한 난임치료휴가 기간이 기존 '연간 3일 이내(최초 1일 유급)'에서 '연간 6일 이내(최초 2일 유급)'로 확대됩니다. 직업상담사 2급 CBT 필기시험 일정이 수험생에 따라 유동적이고, 시행처인 한국산업인력공단에서 시험 시행일에 맞춰 개정 반영된 문제를 출제할지 명확히 알 수 없으므로, 필요시 법령 개정 전후 내용을 함께 학습하시기 바랍니다.

04

남녀고용평등과 일·가정 양립 지원에 관한 법률상 출산전후휴가에 대한 지원에 관한 설명으로 틀린 것은? 18년 3회, 16년 1회, 11년 2회 기출변형

① 국가는 출산전후휴가를 사용한 근로자 중 일정한 요건에 해당하는 사람에게 그 휴가기간에 대하여 평균임금에 상당하는 출산전후휴가 급여를 지급하여야 한다.
② 출산전후휴가 급여를 지급하기 위하여 필요한 비용은 국가재정이나 「사회보장기본법」에 따른 사회보험에서 분담할 수 있다.
③ 근로자가 출산전후휴가 급여를 받으려는 경우 사업주는 관계 서류의 작성·확인 등 모든 절차에 적극 협력하여야 한다.
④ 출산전후휴가 급여의 지급요건, 지급기간 및 절차 등에 관하여 필요한 사항은 따로 법률로 정한다.

만점 해설

① 국가는 이 법에 따른 배우자 출산휴가, 「근로기준법」에 따른 출산전후휴가 또는 유산·사산 휴가를 사용한 근로자 중 일정한 요건에 해당하는 사람에게 그 휴가기간에 대하여 통상임금에 상당하는 금액을 지급할 수 있다(남녀고용평등과 일·가정 양립 지원에 관한 법률 제18조 제1항).
② 동법 제18조 제3항
③ 동법 제18조 제4항
④ 동법 제18조 제5항

05

남녀고용평등과 일·가정 양립 지원에 관한 법령상 다음 (   ) 안에 각각 알맞은 것은? 22년 2회 기출

제18조의2(배우자 출산휴가)
① 사업주는 근로자가 배우자의 출산을 이유로 휴가(이하 "배우자 출산휴가"라 한다)를 청구하는 경우에 (ㄱ)일의 휴가를 주어야 한다.
(이하 생략)
③ 배우자 출산휴가는 근로자의 배우자가 출산한 날부터 (ㄴ)일이 지나면 청구할 수 없다.

① ㄱ : 5, ㄴ : 30
② ㄱ : 5, ㄴ : 90
③ ㄱ : 10, ㄴ : 30
④ ㄱ : 10, ㄴ : 90

만점 해설

배우자 출산휴가(남녀고용평등과 일·가정 양립 지원에 관한 법률 제18조의2 제1항 및 제3항)
- 사업주는 근로자가 배우자의 출산을 이유로 휴가(이하 "배우자 출산휴가"라 한다)를 청구하는 경우에 10일의 휴가를 주어야 한다. 이 경우 사용한 휴가기간은 유급으로 한다.
- 배우자 출산휴가는 근로자의 배우자가 출산한 날부터 90일이 지나면 청구할 수 없다.

*참고 : 2025년 2월 23일부터 적용되는 배우자 출산휴가 관련 규정은 다음과 같습니다.
- 제1항 : 사업주는 근로자가 배우자의 출산을 이유로 휴가(이하 "배우자 출산휴가"라 한다)를 고지하는 경우에 20일의 휴가를 주어야 한다. 이 경우 사용한 휴가기간은 유급으로 한다.
- 제3항 : 배우자 출산휴가는 근로자의 배우자가 출산한 날부터 120일이 지나면 사용할 수 없다.

06

남녀고용평등과 일·가정 양립에 관한 법령상 상시 300명 미만의 근로자를 사용하는 사업 또는 사업장에서의 배우자 출산휴가에 관한 설명으로 틀린 것은? 20년 4회 기출

① 사업주는 근로자가 배우자 출산휴가를 청구하는 경우에 10일의 휴가를 주어야 한다.
② 사용한 배우자 출산휴가기간은 무급으로 한다.
③ 배우자 출산휴가는 근로자의 배우자가 출산한 날부터 90일이 지나면 청구할 수 없다.
④ 배우자 출산휴가는 1회에 한정하여 나누어 사용할 수 있다.

만점 해설

①·② 사업주는 근로자가 배우자 출산휴가를 청구하는 경우에 10일의 휴가를 주어야 한다. 이 경우 사용한 휴가기간은 유급으로 한다(남녀고용평등과 일·가정 양립 지원에 관한 법률 제18조의2 제1항).
③ 동법 제18조의2 제3항
④ 동법 제18조의2 제4항

*참고 : 문제상의 "남녀고용평등과 일·가정 양립에 관한 법령"은 "남녀고용평등과 일·가정 양립 지원에 관한 법령"의 오타인 것으로 보입니다. 법 개정에 따라 2025년 2월 23일부터는 〈배우자 출산휴가 기간 10일 → 20일 / 90일 이내 청구 → 120일 이내 고지 / 1회 분할사용 → 3회 분할사용〉으로 변경됩니다.

정답 05 ④ 06 ②

07
남녀고용평등과 일·가정 양립 지원에 관한 법령상 배우자 출산휴가에 관한 설명으로 틀린 것은?

21년 1회 기출

① 사업주는 근로자가 배우자 출산휴가를 청구하는 경우에 10일의 휴가를 주어야 한다.
② 사용한 배우자 출산휴가기간은 유급으로 한다.
③ 배우자 출산휴가는 근로자의 배우자가 출산한 날부터 30일이 지나면 청구할 수 없다.
④ 배우자 출산휴가는 1회에 한정하여 나누어 사용할 수 있다.

만점 해설
③ 배우자 출산휴가는 근로자의 배우자가 출산한 날부터 90일이 지나면 청구할 수 없다(남녀고용평등과 일·가정 양립 지원에 관한 법률 제18조의2 제3항).
①·② 동법 제18조의2 제1항 참조
④ 동법 제18조의2 제4항

> *참고 : 법 개정에 따라 2025년 2월 23일부터는 〈배우자 출산휴가 기간 10일 → 20일 / 90일 이내 청구 → 120일 이내 고지 / 1회 분할사용 → 3회 분할사용〉으로 변경됩니다.

08
남녀고용평등과 일·가정 양립 지원에 관한 법률상 육아휴직에 관한 설명으로 옳은 것은?

19년 2회 기출

① 사업주는 근로자가 만 6세 이하의 초등학교 취학 전 자녀(입양한 자녀는 제외한다)를 양육하기 위하여 휴직을 신청하는 경우에 이를 허용하여야 한다.
② 사업주는 육아휴직을 이유로 해고나 그 밖의 불리한 처우를 하여서는 아니 되며, 육아휴직 기간에는 그 근로자를 해고하지 못하지만 사업을 계속할 수 없는 경우에는 그러하지 아니하다.
③ 사업주는 근로자가 육아휴직을 마친 후에는 휴직 전과 같은 업무 또는 같은 수준의 임금을 지급하는 직무에 복귀할 수 있도록 노력하여야 한다.
④ 육아휴직의 기간은 1년 이상으로 하며, 육아휴직 기간은 근속기간에 포함하지 아니한다.

만점 해설
② 남녀고용평등과 일·가정 양립 지원에 관한 법률 제19조 제3항
① 사업주는 임신 중인 여성 근로자가 모성을 보호하거나 근로자가 만 8세 이하 또는 초등학교 2학년 이하의 자녀(입양한 자녀를 포함한다)를 양육하기 위하여 육아휴직을 신청하는 경우에 이를 허용하여야 한다(동법 제19조 제1항).
③ 사업주는 육아휴직을 마친 후에는 휴직 전과 같은 업무 또는 같은 수준의 임금을 지급하는 직무에 복귀시켜야 한다(동법 제19조 제4항).
④ 육아휴직의 기간은 1년 이내로 하며, 육아휴직 기간은 근속기간에 포함한다(동법 제19조 제2항 및 제4항 참조).

09
남녀고용평등과 일·가정 양립 지원에 관한 법령상 육아휴직 기간에 대한 설명으로 틀린 것은?

20년 3회 기출

① 육아휴직의 기간은 2년 이내로 한다.
② 사업주는 육아휴직 기간에는 근로자를 해고하지 못한다.
③ 육아휴직 기간은 근속기간에 포함한다.
④ 기간제근로자의 육아휴직 기간은 「기간제 및 단시간근로자 보호 등에 관한 법률」에 따른 사용기간에 산입하지 아니한다.

만점 해설
① 육아휴직의 기간은 1년 이내로 한다(남녀고용평등과 일·가정 양립 지원에 관한 법률 제19조 제2항).
② 동법 제19조 제3항 참조
③ 동법 제19조 제4항 참조
④ 동법 제19조 제5항 참조

> *참고 : 2024년 10월 22일 법 개정에 따라 2025년 2월 23일부터는 부모 맞돌봄 확산, 즉 남성의 육아참여 확대를 위해 같은 자녀를 대상으로 근로자인 부모가 모두 육아휴직을 각각 3개월 이상 사용한 경우와 한부모 근로자 또는 장애아동을 둔 부모의 경우 육아휴직을 6개월 이내에서 추가로 사용할 수 있도록 확대됩니다.

10

남녀고용평등과 일·가정 양립 지원에 관한 법령상 육아휴직에 관한 설명으로 틀린 것은? 21년 1회 기출

① 육아휴직의 기간은 1년 이내로 한다.
② 육아휴직 기간은 근속기간에 포함한다.
③ 기간제근로자의 육아휴직 기간은 사용기간에 포함된다.
④ 육아휴직 기간에는 그 근로자를 해고하지 못한다.

만점 해설
③ 기간제근로자 또는 파견근로자의 육아휴직 기간은 「기간제 및 단시간근로자 보호 등에 관한 법률」에 따른 사용기간 또는 「파견근로자 보호 등에 관한 법률」에 따른 근로자파견기간에서 제외한다(남녀고용평등과 일·가정 양립 지원에 관한 법률 제19조 제5항).
① 동법 제19조 제2항
② 동법 제19조 제4항 참조
④ 동법 제19조 제3항 참조

11

남녀고용평등과 일·가정 양립 지원에 관한 법률상 육아휴직에 관한 설명으로 틀린 것은?
16년 2회, 12년 2회 기출변형

① 육아휴직의 기간은 1년 이내로 한다.
② 파견근로자의 육아휴직 기간은 「파견근로자 보호 등에 관한 법률」 제6조에 따른 근로자파견기간에 산입한다.
③ 사업을 계속할 수 없는 경우를 제외하고 육아휴직 기간에는 육아휴직을 이유로 그 근로자를 해고하지 못한다.
④ 육아휴직 기간은 근속기간에 포함된다.

만점 해설
② 기간제근로자 또는 파견근로자의 육아휴직 기간은 「기간제 및 단시간근로자 보호 등에 관한 법률」에 따른 사용기간 또는 「파견근로자 보호 등에 관한 법률」에 따른 근로자파견기간에서 제외한다(남녀고용평등과 일·가정 양립 지원에 관한 법률 제19조 제5항).
① 동법 제19조 제2항
③ 동법 제19조 제3항 참조
④ 동법 제19조 제4항 참조

12

남녀고용평등과 일·가정 양립 지원에 관한 법령상 육아휴직에 관한 설명으로 틀린 것은?
17년 3회, 10년 4회 기출변형

① 사업주는 육아휴직을 시작하려는 날의 전날까지 해당 사업에서 계속 근로한 기간이 6개월 미만인 근로자에게는 육아휴직을 허용하지 않을 수 있다.
② 사업주는 육아휴직을 신청한 근로자에게 해당 자녀의 출생 등을 증명할 수 있는 서류의 제출을 요구할 수 없다.
③ 근로자는 휴직종료예정일을 연기하려는 경우에는 한 번만 연기할 수 있다.
④ 육아휴직을 신청한 근로자는 휴직개시예정일의 7일 전까지 사유를 밝혀 그 신청을 철회할 수 있다.

만점 해설
② 사업주는 육아휴직을 신청한 근로자에게 임신 중인 사실을 증명할 수 있는 서류나 해당 자녀의 출생 등을 증명할 수 있는 서류의 제출을 요구할 수 있다(남녀고용평등과 일·가정 양립 지원에 관한 법률 시행령 제11조 제4항).
① 동법 제19조 제1항 단서 및 시행령 제10조 참조
③ 동법 시행령 제12조 제2항
④ 동법 시행령 제13조 제1항

정답 10 ③ 11 ② 12 ②

13
남녀고용평등 및 일·가정 양립 지원에 관한 법령상 육아기 근로시간 단축에 관한 설명이다. (　　)에 들어갈 내용으로 옳은 것은? 21년 2회, 19년 2회 기출

> 사업주가 근로자에게 육아기 근로시간 단축을 허용하는 경우 단축 후 근로시간은 주당 (ㄱ)시간 이상이어야 하고 (ㄴ)시간을 넘어서는 아니 된다.

① ㄱ : 10, ㄴ : 15
② ㄱ : 10, ㄴ : 20
③ ㄱ : 15, ㄴ : 30
④ ㄱ : 15, ㄴ : 35

만점 해설

육아기 근로시간 단축의 허용범위(남녀고용평등과 일·가정 양립 지원에 관한 법률 제19조의2 제3항)
사업주가 근로자에게 육아기 근로시간 단축을 허용하는 경우 단축 후 근로시간은 주당 15시간 이상이어야 하고 35시간을 넘어서는 아니 된다.

14
남녀고용평등과 일·가정 양립 지원에 관한 법령상 육아기 근로시간 단축에 관한 설명으로 틀린 것은? 22년 1회 기출

① 사업주는 육아기 근로시간 단축을 하고 있는 근로자의 명시적 청구가 있으면 단축된 근로시간 외에 주 15시간 이내에서 연장근로를 시킬 수 있다.
② 원칙적으로 사업주는 근로자가 초등학교 2학년 이하의 자녀를 양육하기 위하여 근로시간의 단축을 신청하는 경우에 이를 허용하여야 한다.
③ 사업주가 근로자에게 육아기 근로시간 단축을 허용하는 경우 단축 후 근로시간은 주당 15시간 이상이어야 하고 35시간을 넘어서는 아니 된다.
④ 육아기 근로시간 단축을 한 근로자에 대하여 평균임금을 산정하는 경우에는 그 근로자의 육아기 근로시간 단축 기간을 평균임금 산정기간에서 제외한다.

만점 해설

① 사업주는 육아기 근로시간 단축을 하고 있는 근로자에게 단축된 근로시간 외에 연장근로를 요구할 수 없다. 다만, 그 근로자가 명시적으로 청구하는 경우에는 사업주는 주 12시간 이내에서 연장근로를 시킬 수 있다(남녀고용평등과 일·가정 양립 지원에 관한 법률 제19조의3 제3항).
② 동법 제19조의2 제1항 참조
③ 동법 제19조의2 제3항
④ 동법 제19조의3 제4항

*참고 : 2024년 10월 22일 법 개정에 따라 2025년 2월 23일부터는 육아기 근로시간 단축 신청 가능 자녀의 연령 및 학년이 기존 '만 8세 이하 또는 초등학교 2학년 이하'에서 '만 12세 이하 또는 초등학교 6학년 이하'로 확대됩니다. 또한 육아기 근로시간 단축 기간은 원칙적으로 1년 이내이지만, 육아휴직 기간 중 사용하지 아니한 기간이 있는 경우에는 그 기간의 두 배를 육아기 근로시간 단축 기간에 가산하도록 함으로써 최대 3년까지 기간 연장이 가능하도록 확대됩니다.

15
남녀고용평등과 일·가정 양립 지원에 관한 법률에 대한 설명으로 틀린 것은? 21년 3회 기출

① 근로자란 사업주에게 고용된 자와 취업할 의사를 가진 자를 말한다.
② 사업주가 임금차별을 목적으로 설립한 별개의 사업은 동일한 사업으로 본다.
③ 사업주는 육아기 근로시간 단축을 하고 있는 근로자의 명시적 청구가 있으면 단축된 근로시간 외에 주 12시간 이내에서 연장근로를 시킬 수 있다.
④ 사업주는 사업을 계속할 수 없는 경우에도 육아휴직 중인 근로자를 육아휴직 기간에 해고하지 못한다.

만점 해설

④ 사업주는 육아휴직을 이유로 해고나 그 밖의 불리한 처우를 하여서는 아니 되며, 육아휴직 기간에는 그 근로자를 해고하지 못한다. 다만, 사업을 계속할 수 없는 경우에는 그러하지 아니하다(남녀고용평등과 일·가정 양립 지원에 관한 법률 제19조 제3항).
① 동법 제2조 제4호
② 동법 제8조 제3항
③ 동법 제19조의3 제3항 참조

16

남녀고용평등과 일·가정 양립 지원에 관한 법령상 ( ) 안에 들어갈 숫자의 연결이 옳은 것은?

21년 3회 기출

> 제19조의4(육아휴직과 육아기 근로시간 단축의 사용형태)
> ① 근로자는 육아휴직을 (ㄱ)회에 한정하여 나누어 사용할 수 있다.
> ② 근로자는 육아기 근로시간 단축을 나누어 사용할 수 있다. 이 경우 나누어 사용하는 (ㄴ)회의 기간은 (ㄷ)개월 이상이 되어야 한다.

① ㄱ: 1, ㄴ: 2, ㄷ: 2
② ㄱ: 2, ㄴ: 1, ㄷ: 2
③ ㄱ: 1, ㄴ: 2, ㄷ: 3
④ ㄱ: 2, ㄴ: 1, ㄷ: 3

만점 해설

육아휴직과 육아기 근로시간 단축의 사용형태(남녀고용평등과 일·가정 양립 지원에 관한 법률 제19조의4 제1항 및 제2항)

- 근로자는 육아휴직을 2회에 한정하여 나누어 사용할 수 있다. 이 경우 임신 중인 여성 근로자가 모성보호를 위하여 육아휴직을 사용한 횟수는 육아휴직을 나누어 사용한 횟수에 포함하지 아니한다.
- 근로자는 육아기 근로시간 단축을 나누어 사용할 수 있다. 이 경우 나누어 사용하는 1회의 기간은 3개월(근로계약기간의 만료로 3개월 이상 근로시간 단축을 사용할 수 없는 기간제근로자에 대해서는 남은 근로계약기간을 말한다) 이상이 되어야 한다.

> *참고 : 2025년 2월 23일부터 적용되는 육아휴직과 육아기 근로시간 단축의 사용형태 관련 규정은 다음과 같습니다.
>
> - 제1항 : 근로자는 육아휴직을 3회에 한정하여 나누어 사용할 수 있다. 이 경우 임신 중인 여성 근로자가 모성보호를 위하여 육아휴직을 사용한 횟수는 육아휴직을 나누어 사용한 횟수에 포함하지 아니한다.
> - 제2항 : 근로자는 육아기 근로시간 단축을 나누어 사용할 수 있다. 이 경우 나누어 사용하는 1회의 기간은 1개월(근로계약기간의 만료로 1개월 이상 근로시간 단축을 사용할 수 없는 기간제근로자에 대해서는 남은 근로계약기간을 말한다) 이상이 되어야 한다.

17

남녀고용평등과 일·가정 양립 지원에 관한 법률상 육아휴직과 육아기 근로시간 단축의 사용형태로 틀린 것은?

17년 1회, 11년 3회 기출

① 육아휴직을 11개월 동안 1회 사용
② 육아기 근로시간 단축을 5개월씩 2회 사용
③ 육아휴직을 6개월 동안 1회 사용하고 육아기 근로시간 단축을 3개월 동안 1회 사용
④ 육아휴직을 3개월 동안 1회 사용하고 육아기 근로시간 단축을 1개월씩 2회 사용

만점 해설

④ 육아기 근로시간 단축을 나누어 사용할 경우, 나누어 사용하는 1회의 기간은 원칙적으로 3개월 이상이 되어야 한다(남녀고용평등과 일·가정 양립 지원에 관한 법률 제19조의4 제2항 참조).

> *참고 : 2024년 10월 22일 법 개정에 따라 2025년 2월 23일부터는 한 자녀에 대해 부모가 각각 1년씩 육아기 근로시간 단축을 사용할 수 있으며, 만약 육아휴직을 사용하지 않는 경우 미사용 기간의 두 배를 가산하여 육아기 근로시간 단축 기간이 최대 3년까지로 확대됩니다. 또한 육아휴직의 분할사용 횟수가 기존 '2회'에서 '3회'로, 육아기 근로시간 단축의 분할사용 최소 기간이 기존 '3개월 이상'에서 '1개월 이상'으로 확대됩니다.

18

남녀고용평등과 일·가정 양립 지원에 관한 법령상 근로자의 가족 돌봄 등을 위한 지원에 관한 설명으로 틀린 것은?   22년 1회 기출

① 사업주는 대체인력 채용이 불가능한 경우 근로자가 신청한 가족돌봄휴직을 허용하지 않을 수 있다.
② 원칙적으로 가족돌봄휴가 기간은 연간 최장 10일로 하며, 일단위로 사용할 수 있다.
③ 가족돌봄휴직 기간은 연간 최장 90일로 하며, 이를 나누어 사용할 수 있다.
④ 가족돌봄휴직 및 가족돌봄휴가 기간은 근속기간에서 제외한다.

만점 해설

④ 가족돌봄휴직 및 가족돌봄휴가 기간은 근속기간에 포함한다. 다만, 「근로기준법」에 따른 평균임금 산정기간에서는 제외한다(남녀고용평등과 일·가정 양립 지원에 관한 법률 제22조의2 제7항).
① 동법 제22조의2 제1항 단서
② 동법 제22조의2 제4항 제2호 참조
③ 동법 제22조의2 제4항 제1호 참조

19

남녀고용평등과 일·가정 양립 지원에 관한 법률상 명예고용평등감독관에 관한 설명으로 틀린 것은?   16년 3회, 13년 3회, 11년 1회, 09년 3회 기출

① 고용노동부장관은 사업장의 남녀고용평등 이행을 촉진하기 위하여 외부 전문가 중 노사가 추천하는 사람을 명예고용평등감독관으로 위촉할 수 있다.
② 명예고용평등감독관의 업무에는 해당 사업장의 차별 및 직장 내 성희롱 발생 시 피해 근로자에 대한 상담·조언이 포함된다.
③ 명예고용평등감독관은 해당 사업장의 고용평등 이행상태 자율점검 및 지도 시 참여한다.
④ 명예고용평등감독관은 남녀고용평등 제도에 대한 홍보·계몽 활동을 한다.

만점 해설

① 고용노동부장관은 사업장의 남녀고용평등 이행을 촉진하기 위하여 그 사업장 소속 근로자 중 노사가 추천하는 사람을 명예고용평등감독관으로 위촉할 수 있다(남녀고용평등과 일·가정 양립 지원에 관한 법률 제24조 제1항).
② 동법 제24조 제2항 제1호
③ 동법 제24조 제2항 제2호
④ 동법 제24조 제2항 제4호

20

남녀고용평등과 일·가정 양립 지원에 관한 법령상 명예고용평등감독관(명예감독관)에 관한 설명으로 틀린 것은? 　17년 2회, 12년 3회, 10년 4회 기출

① 명예감독관의 임기는 3년으로 하되, 연임할 수 있다.
② 고용노동부장관은 명예감독관의 위촉 및 해촉 권한을 지방고용노동관서의 장에게 위임한다.
③ 남녀고용평등 제도에 대한 홍보·계몽 업무를 수행하는 경우에는 상근을 원칙으로 한다.
④ 고용노동부장관은 명예감독관으로 활동하기에 부적합한 사유가 있어 해당 사업의 노사 대표가 공동으로 해촉을 요청한 경우에 그 명예감독관을 해촉할 수 있다.

만점 해설

③ 명예고용평등감독관(명예감독관)이 법률의 규정에 따른 업무를 수행하는 경우에는 비상근, 무보수로 함을 원칙으로 한다(남녀고용평등과 일·가정 양립 지원에 관한 법률 시행규칙 제16조 제5항).
① 동법 시행규칙 제16조 제2항
② 동법 시행령 제21조 제1항 제7호
④ 동법 시행규칙 제16조 제6항 제4호

21

남녀고용평등과 일·가정 양립에 관한 법률상의 분쟁해결에서 입증책임은 누가 부담하는가?　16년 2회 기출

① 근로자
② 노동조합
③ 사업주
④ 고용평등위원회

만점 해설

입증책임(남녀고용평등과 일·가정 양립 지원에 관한 법률 제30조)
이 법과 관련한 분쟁해결에서 입증책임은 사업주가 부담한다.

*참고 : 문제상의 "남녀고용평등과 일·가정 양립에 관한 법률"은 "남녀고용평등과 일·가정 양립 지원에 관한 법률"의 오타인 것으로 보입니다.

22

남녀고용평등과 일·가정 양립 지원에 관한 법률상 3년간 전자문서로 작성·보존할 수 있는 서류가 아닌 것은? 　13년 2회, 10년 3회 기출

① 직장 내 성희롱 예방 교육을 하였음을 확인할 수 있는 서류
② 성희롱 행위자에 대한 징계 등 조치에 관한 서류
③ 육아휴직의 신청 및 허용에 관한 서류
④ 적극적 고용개선조치 시행계획 및 그 이행실적에 관한 서류

만점 해설

보존서류의 종류(남녀고용평등과 일·가정 양립 지원에 관한 법률 시행령 제19조)
- 모집과 채용, 임금, 임금 외의 금품 등, 교육·배치 및 승진, 정년·퇴직 및 해고에 관한 서류
- 직장 내 성희롱 예방 교육을 하였음을 확인할 수 있는 서류(①)
- 직장 내 성희롱 행위자에 대한 징계 등 조치에 관한 서류(②)
- 배우자 출산휴가의 청구 및 허용에 관한 서류
- 육아휴직의 신청 및 허용에 관한 서류(③)
- 육아기 근로시간 단축의 신청 및 허용에 관한 서류, 허용하지 아니한 경우 그 사유의 통보 및 협의 서류, 육아기 근로시간 단축 중의 근로조건에 관한 서류

23

남녀고용평등과 일·가정 양립 지원에 관한 법률상 사업주가 동일한 사업 내의 동일 가치의 노동에 대하여 동일한 임금을 지급하지 아니한 경우 벌칙규정은? 　20년 1·2회 기출

① 5년 이하의 징역 또는 3천만원 이하의 벌금
② 3년 이하의 징역 또는 3천만원 이하의 벌금
③ 1천만원 이하의 벌금
④ 500만원 이하의 벌금

만점 해설

② 사업주가 동일한 사업 내의 동일 가치의 노동에 대하여 동일한 임금을 지급하지 아니한 경우에는 3년 이하의 징역 또는 3천만원 이하의 벌금에 처한다(남녀고용평등과 일·가정 양립 지원에 관한 법률 제37조 제2항 제1호).

24
남녀고용평등과 일·가정 양립 지원에 관한 법령상 1천만원 이하의 과태료 부과행위에 해당하는 것은?
21년 3회 기출

① 난임치료휴가를 주지 아니한 경우
② 성희롱 예방 교육을 하지 아니한 경우
③ 직장 내 성희롱 발생 사실 조사 과정에서 알게 된 비밀을 다른 사람에게 누설한 경우
④ 사업주가 직장 내 성희롱을 한 경우

만점 해설

④ 사업주가 직장 내 성희롱의 금지에 관한 규정을 위반하여 직장 내 성희롱을 한 경우에는 1천만원 이하의 과태료를 부과한다(남녀고용평등과 일·가정 양립 지원에 관한 법률 제39조 제2항).
① 사업주가 난임치료휴가에 관한 규정을 위반하여 난임치료휴가를 주지 아니한 경우에는 500만원 이하의 과태료를 부과한다(동법 제39조 제3항 제3의2호).
② 사업주가 직장 내 성희롱 예방 교육 등에 관한 규정을 위반하여 성희롱 예방 교육을 하지 아니한 경우에는 500만원 이하의 과태료를 부과한다(동법 제39조 제3항 제1의2호).
③ 사업주가 직장 내 성희롱 발생 시 조치에 관한 규정을 위반하여 직장 내 성희롱 발생 사실 조사 과정에서 알게 된 비밀을 다른 사람에게 누설한 경우에는 500만원 이하의 과태료를 부과한다(동법 제39조 제3항 제1의7호).

25
남녀고용평등과 일·가정 양립 지원에 관한 법령상 과태료를 부과하는 위반행위는?
21년 2회 기출

① 근로자의 교육·배치 및 승진에서 남녀를 차별한 경우
② 성희롱 예방 교육을 하지 아니한 경우
③ 동일한 사업 내의 동일 가치의 노동에 대하여 동일한 임금을 지급하지 아니한 경우
④ 육아기 근로시간 단축을 이유로 해당 근로자에 대하여 해고나 그 밖의 불리한 처우를 한 경우

만점 해설

② 사업주가 직장 내 성희롱 예방 교육 등에 관한 규정을 위반하여 성희롱 예방 교육을 하지 아니한 경우에는 500만원 이하의 과태료를 부과한다(남녀고용평등과 일·가정 양립 지원에 관한 법률 제39조 제3항 제1의2호).
① 사업주가 교육·배치 및 승진에 관한 규정을 위반하여 근로자의 교육·배치 및 승진에서 남녀를 차별한 경우에는 500만원 이하의 벌금에 처한다(동법 제37조 제4항 제3호).
③ 사업주가 임금에 관한 규정을 위반하여 동일한 사업 내의 동일 가치의 노동에 대하여 동일한 임금을 지급하지 아니한 경우에는 3년 이하의 징역 또는 3천만원 이하의 벌금에 처한다(동법 제37조 제2항 제1호).
④ 사업주가 육아기 근로시간 단축에 관한 규정을 위반하여 육아기 근로시간 단축을 이유로 해당 근로자에 대하여 해고나 그 밖의 불리한 처우를 한 경우에는 3년 이하의 징역 또는 3천만원 이하의 벌금에 처한다(동법 제37조 제2항 제4호).

CHAPTER 08 구직자 취업촉진 및 생활안정지원에 관한 법률

*참고: 'CHAPTER 08 구직자 취업촉진 및 생활안정지원에 관한 법률'은 2025년 출제기준 변경에 따라 새롭게 포함된 영역입니다.

01절 개요

01
다음 중 구직자 취업촉진 및 생활안정지원에 관한 법률에 대한 설명으로 가장 옳은 것은? 적중 예상

① 생활이 어려운 사람의 최저생활을 보장하고 자활을 돕는 것을 목적으로 한다.
② 통합적인 취업지원서비스 제공 및 생계 지원에 관한 내용을 담고 있다.
③ 구직의사는 있으나 근로능력이 없는 국민을 지원 대상으로 한다.
④ "취업지원"은 수급자에게 취업지원서비스 및 실업수당을 지급하는 것을 말한다.

만점 해설
②·③ 이 법은 근로능력과 구직의사가 있음에도 불구하고 취업에 어려움을 겪고 있는 국민에게 통합적인 취업지원서비스를 제공하고 생계를 지원함으로써 이들의 구직활동 및 생활안정에 이바지함을 목적으로 한다(구직자 취업촉진 및 생활안정지원에 관한 법률 제1조).
① 「국민기초생활보장법」의 목적에 해당한다.
④ "취업지원"이란 수급자의 취업활동에 도움이 될 수 있는 취업지원서비스 및 구직촉진수당을 지급하는 것을 말한다(동법 제2조 제1호).

02
다음 중 구직자 취업촉진 및 생활안정지원에 관한 법률에 대한 설명으로 옳지 않은 것은? 적중 예상

① 국가와 지방자치단체는 수급자격자가 적성과 능력에 맞는 분야에 취업할 수 있도록 지원한다.
② 국가와 지방자치단체는 사업주·사업주단체 및 근로자단체 등이 하는 직업능력개발사업을 촉진·지원하기 위하여 필요한 시책을 마련하여야 한다.
③ 수급자격자는 국가와 지방자치단체로부터 취업 및 생활안정을 위한 지원을 받을 수 있다.
④ 수급자격자는 취업활동계획 등에 따른 구직활동을 성실히 이행하여야 한다.

만점 해설
② 국민 평생 직업능력 개발법상 국가와 지방자치단체의 책무에 해당한다(국민 평생 직업능력 개발법 제4조 제1항 참조).
① 구직자 취업촉진 및 생활안정지원에 관한 법률 제3조
③·④ 동법 제4조

03

다음 중 구직자 취업촉진 및 생활안정지원에 관한 법률상 보기의 빈칸에 들어갈 내용으로 옳은 것은?

적중 예상

> 고용노동부장관은 관계 중앙행정기관의 장과 협의하여 구직자의 취업을 지원하기 위한 구직자 취업지원 기본계획을 (　) 수립하고 시행하여야 한다.

① 5년마다　　　② 4년마다
③ 3년마다　　　④ 매 년

만점 해설

구직자 취업지원 기본계획의 수립·시행(구직자 취업촉진 및 생활안정지원에 관한 법률 제5조 제1항)
고용노동부장관은 관계 중앙행정기관의 장과 협의하여 구직자의 취업을 지원하기 위한 구직자 취업지원 기본계획을 5년마다 수립하고 시행하여야 한다.

04

다음 중 구직자 취업촉진 및 생활안정지원에 관한 법률상 구직자 취업지원 기본계획에 포함되어야 하는 사항을 올바르게 모두 고른 것은?

적중 예상

> ㄱ. 구직자 취업지원 체계의 구축 및 운영
> ㄴ. 구직자 취업지원을 위한 기금운용 계획의 수립
> ㄷ. 구직자 취업지원의 성과분석 및 개선방안
> ㄹ. 구직자 취업지원에 관한 사업계획 및 추진방법

① ㄱ, ㄷ　　　② ㄴ, ㄹ
③ ㄱ, ㄷ, ㄹ　　　④ ㄱ, ㄴ, ㄷ, ㄹ

만점 해설

구직자 취업지원 기본계획에 포함되어야 하는 사항(구직자 취업촉진 및 생활안정지원에 관한 법률 제5조 제2항 참조)
- 구직자 취업지원의 기본목표 및 추진방향
- 구직자 취업지원에 관한 사업계획 및 추진방법(ㄹ)
- 구직자 취업지원 체계의 구축 및 운영(ㄱ)
- 구직자 취업지원의 성과분석 및 개선방안(ㄷ)
- 구직자 취업지원을 위한 재원조달
- 그 밖에 구직자 취업지원을 위하여 필요한 사항

05

다음 중 구직자 취업촉진 및 생활안정지원에 관한 법률상 취업지원서비스의 수급 요건으로 옳은 것을 모두 고른 것은? (단, 고용노동부장관이 취업취약계층에 대해 별도로 정하여 고시한 수급 요건은 고려하지 않음)

적중 예상

> ㄱ. 근로능력과 구직의사가 있음에도 취업하지 못한 상태일 것
> ㄴ. 취업지원을 신청할 당시 18세 이상 65세 이하일 것
> ㄷ. 원칙상 가구단위의 월평균 총소득이 기준 중위소득의 100분의 100 이하일 것
> ㄹ. 15세 이상 34세 이하인 사람은 가구단위의 월평균 총소득이 기준 중위소득의 100분의 120 이하일 것

① ㄱ
② ㄱ, ㄴ
③ ㄱ, ㄷ, ㄹ
④ ㄱ, ㄴ, ㄷ, ㄹ

만점 해설

취업지원서비스의 수급 요건(구직자 취업촉진 및 생활안정지원에 관한 법률 제6조 제1항 참조)
- 근로능력과 구직의사가 있음에도 취업하지 못한 상태일 것(ㄱ)
- 취업지원을 신청할 당시 15세 이상 64세 이하일 것
- 가구단위의 월평균 총소득이 기준 중위소득의 100분의 100 이하일 것[단, 15세 이상 34세 이하(병역의무를 이행한 경우 법령에 따른 복무기간 중 3년의 범위에서 실제 복무한 병역의무 이행기간을 가산)인 사람은 가구단위의 월평균 총소득이 기준 중위소득의 100분의 120 이하일 것](ㄷ·ㄹ)

06

구직자 취업촉진 및 생활안정지원에 관한 법률에서는 고용노동부장관이 취업지원서비스의 수급 요건에 관한 규정에도 불구하고 취업지원서비스가 특별히 필요한 취업취약계층에 대하여 고용정책심의회의 심의를 거쳐 그 수급 요건을 별도로 정하여 고시할 수 있도록 하고 있다. 다음 중 고용노동부 고시에 따른 취업취약계층의 취업지원서비스 수급 요건으로서 수급 가능 연령 기준을 올바르게 제시한 것은?

적중 예상

① 취업지원을 신청할 당시 15세 이상 69세 이하인 사람
② 취업지원을 신청할 당시 15세 이상 70세 이하인 사람
③ 취업지원을 신청할 당시 13세 이상 69세 이하인 사람
④ 취업지원을 신청할 당시 13세 이상 70세 이하인 사람

만점 해설

취업취약계층의 취업지원서비스 수급 요건(국민취업지원제도 운영규정 제2조 참조)
고용노동부장관은 구직자 취업촉진 및 생활안정지원에 관한 법률의 규정에도 불구하고, 취업지원을 신청할 당시 15세 이상 69세 이하인 사람 가운데 고시에서 정하는 사람에게 취업지원서비스 수급자격을 인정할 수 있다.

*참고 : 법률에서는 취업지원서비스 수급 가능 연령 기준을 취업지원 신청 당시 "15세 이상 64세 이하"로 규정하고 있으나 별도의 고시를 통해 "15세 이상 69세 이하"로 규정함으로써 65~69세 또한 수급 자격을 인정하고 있습니다.

07

다음 중 구직자 취업촉진 및 생활안정지원에 관한 법령상 구직촉진수당의 수급 요건으로 옳지 않은 것은?

적중 예상

① 취업지원서비스의 수급 요건을 갖출 것
② 가구단위의 월평균 총소득이 기준 중위소득의 100분의 60 이내의 범위에서 최저생계비 및 구직활동에 드는 비용 등을 고려하여 대통령령으로 정하는 수준 이하일 것
③ 가구원이 소유하고 있는 토지·건물·자동차 등 재산의 합계액이 6억원 이내의 범위에서 대통령령으로 정하는 금액 이하일 것
④ 취업지원 신청일 이전 1년 이내의 범위에서 대통령령으로 정하는 기간 이상 취업한 사실이 없을 것

만점 해설

④ 취업지원 신청일 이전 2년 이내의 범위에서 대통령령으로 정하는 기간 이상 취업한 사실이 있을 것(구직자 취업촉진 및 생활안정지원에 관한 법률 제7조 제1항 제4호)

08

다음 중 구직자 취업촉진 및 생활안정지원에 관한 법령상 보기의 빈칸에 들어갈 내용으로 옳은 것은?

적중 예상

> 고용노동부장관은 「고용보험법」에 따른 구직급여를 받고 있거나 구직급여를 마지막으로 받은 날의 다음 날부터 (   )이 지나지 아니한 사람에게는 구직촉진수당 수급자격을 인정하지 아니할 수 있다.

① 30일
② 90일
③ 6개월
④ 12개월

만점 해설

③ 고용노동부장관은 「고용보험법」에 따른 구직급여를 받고 있거나 구직급여를 마지막으로 받은 날의 다음 날부터 6개월이 지나지 아니한 사람에게는 구직촉진수당 수급자격을 인정하지 아니할 수 있다(구직자 취업촉진 및 생활안정지원에 관한 법률 제7조 제3항 제3호).

02절 주요 내용

01
다음 중 구직자 취업촉진 및 생활안정지원에 관한 법률상 취업지원의 신청 및 수급자격자의 결정·통지에 대한 설명으로 옳지 않은 것은? 　　적중 예상

① 취업지원서비스 수급자격을 인정받으려는 사람은 고용노동부장관에게 취업지원 신청서를 제출하여야 한다.
② 구직촉진수당 수급자격을 인정받으려는 사람은 취업지원 신청서를 제출한 날로부터 7일 이내에 구직촉진수당 수급자격의 인정을 신청하여야 한다.
③ 고용노동부장관은 취업지원 신청서를 제출받은 날부터 1개월 이내에 수급자격 인정 여부를 결정하여 취업지원 신청인에게 서면으로 통지하여야 한다.
④ 고용노동부장관은 확인·조사에 시일이 걸리는 등 특별한 사유가 있는 경우에는 통지기한을 7일의 범위에서 연장할 수 있다.

만점 해설
② 구직촉진수당 수급자격을 인정받으려는 사람은 취업지원 신청서를 제출할 때 구직촉진수당 수급자격의 인정을 함께 신청하여야 한다(구직자 취업촉진 및 생활안정지원에 관한 법률 제8조 제2항).
① 동법 제8조 제1항
③·④ 동법 제10조 제1항 참조

02
다음 중 구직자 취업촉진 및 생활안정지원에 관한 법규상 취업지원의 유예에 대한 설명으로 옳지 않은 것은? 　　적중 예상

① 수급자격자는 취업지원서비스에 참여하기 어려운 경우에는 수급자격의 인정 통지를 받은 날부터 1년 이내의 범위에서 취업지원의 유예를 신청할 수 있다.
② 감염병 확산으로 인해「재난 및 안전관리 기본법」에 따른 경계 이상의 위기경보가 발령된 경우도 취업지원의 유예를 신청할 수 있는 사유에 해당한다.
③ 고용노동부장관은 수급자격자가 취업지원의 유예를 신청한 경우에는 취업지원의 유예 여부를 결정하고 그 결과를 수급자격자에게 서면으로 통지하여야 한다.
④ 수급자격자는 취업지원의 유예 사유가 해소된 경우에는 그 유예 사유가 해소된 날의 다음 날부터 30일 이내에 취업지원서비스에 다시 참여하여야 한다.

만점 해설
① 수급자격자 또는 수급자는 법령에 따른 사유로 취업지원서비스에 참여하기 어려운 경우에는 수급자격의 인정 통지를 받은 날부터 2년 이내의 범위에서 해당 사유가 해소되는 데 필요한 기간 동안 취업지원의 유예를 신청할 수 있다(구직자 취업촉진 및 생활안정지원에 관한 법률 제11조 제1항 참조).
② 동법 시행규칙 제6조 제2항 제2호
③ 동법 제11조 제2항 참조
④ 동법 제11조 제4항 참조

03

다음 중 구직자 취업촉진 및 생활안정지원에 관한 법률상 수급자격자 또는 수급자가 취업지원의 유예를 신청할 수 있는 사유에 해당하는 것은? 적중 예상

① 본인의 형제자매가 부상을 당한 경우
② 배우자가 출산 후 120일이 지나지 아니한 경우
③ 배우자의 직계존속이 질병에 걸린 경우
④ 6개월 이상 국외에 머무는 경우

만점 해설

취업지원의 유예 신청 사유(구직자 취업촉진 및 생활안정지원에 관한 법률 제11조 제1항 및 시행규칙 제6조 제2항 참조)
- 본인이 임신하거나 출산 후 90일이 지나지 아니한 경우
- 본인 또는 배우자가 질병에 걸렸거나 부상을 당한 경우
- 본인 또는 배우자의 직계존비속이 질병에 걸렸거나 부상을 당한 경우(③)
- 「병역법」에 따른 의무복무를 하는 경우
- 6개월 미만 동안 국외에 머무는 경우
- 천재지변 또는 이에 준하는 재난이 발생한 경우
- 감염병 확산으로 인해 「재난 및 안전관리 기본법」에 따른 경계 이상의 위기경보가 발령된 경우
- 천재지변 등에 준하는 경우로서 고용노동부장관이 취업지원의 유예가 필요하다고 인정하는 경우

04

다음 중 구직자 취업촉진 및 생활안정지원에 관한 법률상 취업지원서비스와 가장 거리가 먼 것은? 적중 예상

① 수급자격자와 협의하여 개인별 취업활동계획을 수립한다.
② 수급자격을 인정받은 사람의 생활안정을 위해 구직촉진수당을 지급한다.
③ 수급자가 구직활동에 필요한 기술을 익힐 수 있도록 취업지원 프로그램을 제공한다.
④ 수급자에게 일자리 소개 및 이력서 작성·면접 기법 등 구직활동지원 프로그램을 제공한다.

만점 해설

구직자 취업촉진 및 생활안정지원에 관한 법률상 취업지원서비스의 주요 내용
- 취업활동계획(법 제12조)
- 취업지원 프로그램(법 제13조)
- 구직활동지원 프로그램(법 제14조)

05

다음 중 구직자 취업촉진 및 생활안정지원에 관한 법률상 취업지원서비스기간과 관련하여 보기의 빈칸에 들어갈 내용을 순서대로 올바르게 나열한 것은? 적중 예상

- 수급자가 취업지원서비스를 받을 수 있는 기간은 수급자격의 인정 통지를 받은 날부터 (ㄱ)이 되는 날까지로 한다.
- 고용노동부장관은 취업지원서비스기간이 종료된 후에도 수급자가 취업지원 프로그램에 계속 참여할 필요가 있다고 인정되면 (ㄴ) 이내의 범위에서 그 기간을 연장할 수 있다.

① ㄱ : 1년, ㄴ : 3개월
② ㄱ : 1년, ㄴ : 6개월
③ ㄱ : 2년, ㄴ : 3개월
④ ㄱ : 2년, ㄴ : 6개월

만점 해설

취업지원서비스기간(구직자 취업촉진 및 생활안정지원에 관한 법률 제15조 제1항 및 제2항)
- 수급자가 취업지원서비스를 받을 수 있는 기간은 수급자격의 인정 통지를 받은 날부터 1년이 되는 날까지로 한다.
- 고용노동부장관은 취업지원서비스기간이 종료된 후에도 수급자가 취업지원 프로그램에 계속 참여할 필요가 있다고 인정되면 6개월 이내의 범위에서 그 기간을 연장할 수 있다.

06

다음 중 구직자 취업촉진 및 생활안정지원에 관한 법규상 취업지원 프로그램의 구체적인 내용에 포함되지 않는 것은? 적중 예상

① 「고등교육법」에 따른 대학, 산업대학, 전문대학의 교육과정
② 「산업현장 일학습병행 지원에 관한 법률」에 따른 일학습병행
③ 「장애인고용촉진 및 직업재활법」에 따른 직업적응훈련
④ 고용노동부장관이 정하는 심리안정·집단상담 프로그램

만점 해설

취업지원 프로그램의 구체적인 내용(구직자 취업촉진 및 생활안정지원에 관한 법률 시행규칙 제8조 참조)
- 「국민 평생 직업능력 개발법」에 따라 실시되는 직업능력개발훈련 또는 기능대학의 교육·훈련과정과 사업
- 「산업현장 일학습병행 지원에 관한 법률」에 따른 일학습병행(②)
- 「장애인고용촉진 및 직업재활법」에 따른 직업지도, 직업적응훈련 또는 직업능력개발훈련(③)
- 취업취약계층에 한시적으로 일자리를 제공하는 사업으로서 고용노동부장관이 정하여 고시하는 사업 중 일경험 습득 및 경력형성을 목적으로 하는 프로그램
- 고용노동부장관이 정하는 심리안정·집단상담 프로그램(④)
- 고용노동부장관이 정하는 정신건강 증진·양육 지원, 결혼이민자 사회통합, 금융지원 등 복지 및 금융 지원 프로그램
- 그 밖에 고용노동부장관이 정하는 직업훈련, 창업지원 또는 해외취업지원을 위한 프로그램

07

다음 중 구직자 취업촉진 및 생활안정지원에 관한 법률에 대한 설명으로 옳지 않은 것은? 적중 예상

① 고용노동부장관은 취업활동계획을 수립하기 위하여 수급자격자에게 직업안정기관 방문, 진로상담 및 직업심리검사 등의 참여, 상담에 필요한 자료 제공 등의 의무를 부과할 수 있다.
② 고용노동부장관은 수급자격자가 상담에 필요한 자료 제공 등의 의무를 정당한 사유 없이 이행하지 아니하는 경우에는 수급자격의 인정을 철회할 수 있다.
③ 고용노동부장관은 구직촉진수당의 수급 요건에 해당하지 아니하는 수급자격자가 취업지원서비스에 참여하는 경우 취업활동비용의 지원을 중단한다.
④ 고용노동부장관은 수급자가 신속히 취업하고 이를 유지할 수 있도록 고용노동부령으로 정하는 기간 중에 취업한 경우 취업성공수당을 지급할 수 있다.

만점 해설

③ 고용노동부장관은 구직촉진수당의 수급 요건에 해당하지 아니하는 수급자격자가 취업지원서비스에 참여하는 경우 고용노동부령으로 정하는 바에 따라 취업활동비용의 일부를 예산의 범위에서 지원할 수 있다(구직자 취업촉진 및 생활안정지원에 관한 법률 제16조).
① 동법 제12조 제2항
② 동법 제12조 제4항
④ 동법 제17조 제1항

08

다음 중 구직자 취업촉진 및 생활안정지원에 관한 법률상 구직촉진수당에 대한 설명으로 옳지 않은 것은? 적중 예상

① 고용노동부장관은 구직촉진수당 수급자격자가 취업지원·구직활동지원 프로그램을 이행하는 경우에는 구직촉진수당을 지급한다.
② 고용노동부장관은 고용정책심의회의 심의를 거쳐 구직촉진수당의 지급액을 결정한다.
③ 구직촉진수당은 취업지원 신청인이 수급자격의 인정 통지를 받은 날부터 6개월이 되는 날까지 취업지원·구직활동지원 프로그램을 이행한 것에 대하여 지급한다.
④ 구직촉진수당의 지급액은 수급자격자가 이행한 취업지원·구직활동지원 프로그램 단위로 정한다.

만점 해설
④ 구직촉진수당의 지급액은 월(月) 단위로 정한다(구직자 취업촉진 및 생활안정지원에 관한 법률 제19조 제2항).
① 동법 제18조 제1항 참조
② 동법 제19조 제1항
③ 동법 제20조 제1항

09

다음 중 구직자 취업촉진 및 생활안정지원에 관한 법령상 구직촉진수당에 대한 설명으로 옳은 것은? 적중 예상

① 구직촉진수당은 금전 또는 현물로 지급한다.
② 구직촉진수당의 지급주기는 1개월로 한다.
③ 고용노동부장관은 수급자가 정당한 사유 없이 수립된 취업활동계획을 따르지 아니하는 경우에는 구직촉진수당의 지급을 중단하여야 있다.
④ 구직촉진수당의 지급을 중단한 횟수가 2회가 되는 경우에는 마지막 회차의 지급을 중단한 날을 기준으로 수급자의 나머지 구직촉진수당의 수급권은 소멸한다.

만점 해설
② 구직자 취업촉진 및 생활안정지원에 관한 법률 제20조 제4항
① 구직촉진수당은 금전으로 지급한다(동법 제18조 제2항).
③ 고용노동부장관은 수급자가 정당한 사유 없이 수립된 취업활동계획을 따르지 아니하는 경우에는 구직촉진수당의 지급을 중단할 수 있다(동법 제26조 제1항).
④ 구직촉진수당의 지급을 중단한 횟수가 3회가 되는 경우에는 마지막 회차의 지급을 중단한 날을 기준으로 수급자의 나머지 구직촉진수당의 수급권은 소멸한다(동법 제26조 제3항 및 시행령 제11조 제4항).

10

다음 중 구직자 취업촉진 및 생활안정지원에 관한 법률상 수급권의 보호 및 행사 등에 대한 설명으로 옳지 않은 것은? 적중 예상

① 구직촉진수당 등을 지급받을 권리는 양도 또는 압류하거나 담보로 제공할 수 없다.
② 고용노동부장관은 수급자의 신청이 있는 경우에는 구직촉진수당 등을 수급자 명의의 수당수급계좌로 입금하여야 한다.
③ 구직촉진수당 등을 지급받거나 반환받을 권리는 3년간 행사하지 아니하면 시효로 소멸한다.
④ 소멸시효는 수급자의 청구로 중단되지 아니한다.

만점 해설
④ 소멸시효는 수급자 또는 고용노동부장관의 청구로 중단된다(구직자 취업촉진 및 생활안정지원에 관한 법률 제24조 제2항).
① 동법 제23조 제1항
② 동법 제22조 제1항
③ 동법 제24조 제1항

11

다음 중 구직자 취업촉진 및 생활안정지원에 관한 법률상 부정한 방법으로 구직촉진수당 등을 지급받은 경우의 처분에 대한 설명으로 옳지 않은 것은?

적중 예상

① 고용노동부장관은 수급자가 거짓이나 그 밖의 부정한 방법으로 구직촉진수당 등을 지급받은 경우 그 구직촉진수당 등을 받은 날 이후의 구직촉진수당 등을 지급하지 아니한다.
② 부정행위에 따른 구직촉진수당 등의 지급결정 취소를 받은 수급자는 그 결정이 있은 날부터 5년 이내의 범위에서 대통령령으로 정하는 기간에 취업지원을 신청할 수 없다.
③ 고용노동부장관은 거짓이나 그 밖의 부정한 방법으로 구직촉진수당 등을 지급받은 수급자에게 반환을 명하는 경우에 지급받은 구직촉진수당에 해당하는 액수 이상의 금액을 추가로 징수할 수 있다.
④ 고용노동부장관은 수급자 또는 수급자였던 사람에게 잘못 지급된 구직촉진수당 등이 있으면 그 지급금의 반환을 명할 수 있다.

만점 해설

③ 고용노동부장관은 거짓이나 그 밖의 부정한 방법으로 구직촉진수당 등을 지급받은 수급자에게 반환을 명하는 경우에 고용노동부령으로 정하는 바에 따라 거짓이나 그 밖의 부정한 방법으로 지급받은 구직촉진수당에 해당하는 액수 이하의 금액을 추가로 징수할 수 있다(구직자 취업촉진 및 생활안정지원에 관한 법률 제28조 제2항).

① 동법 제27조 제1항
② 동법 제27조 제2항
④ 동법 제28조 제4항

12

다음 중 구직자 취업촉진 및 생활안정지원에 관한 법률상 취업지원의 종료 시점으로 옳은 것은?

적중 예상

① 취업지원서비스기간 중 취업한 경우 : 취업한 날의 다음 날
② 취업지원서비스기간이 만료된 경우 : 해당 기간이 만료된 날의 다음 날
③ 구직촉진수당의 지급기간이 최종 회차인 경우 : 최종 회차 지급기간의 마지막 날
④ 생계급여 수급자로 선정된 경우 : 생계급여 수급자로 선정된 날의 다음 날

만점 해설

① 취업지원서비스기간 중 취업 또는 창업한 경우 : 고용노동부령으로 정하는 기준 이상의 일자리에 취업한 날 또는 영리 목적으로 사업을 하기 시작한 날(구직자 취업촉진 및 생활안정지원에 관한 법률 제29조 제1항 제2호)
③ 구직촉진수당의 지급기간이 최종 회차인 경우 : 최종 회차 지급기간의 마지막 날의 다음 날(동법 제29조 제1항 제7호)
④ 생계급여 수급자로 선정된 경우 : 생계급여 수급자로 선정된 날(동법 제29조 제1항 제4호)

13

다음 중 구직자 취업촉진 및 생활안정지원에 관한 법령상 부정행위에 따라 구직촉진수당 등의 지급결정 취소를 받은 경우 원칙상 몇 년이 지나야 취업지원을 신청할 수 있는가?

적중 예상

① 1년
② 2년
③ 3년
④ 5년

만점 해설

부정행위에 따른 취업지원 신청의 제한기간(구직자 취업촉진 및 생활안정지원에 관한 법률 제27조 제2항 및 시행령 제12조)
부정행위에 따른 구직촉진수당 등의 지급결정 취소를 받은 수급자는 그 결정이 있은 날부터 5년 이내의 범위에서 대통령령으로 정하는 기간(→ 5년)에 취업지원을 신청할 수 없다.

14

다음 중 구직자 취업촉진 및 생활안정지원에 관한 법령상 취업지원의 종료에 따라 취업지원을 하지 아니하게 된 경우 원칙상 몇 년이 지나야 취업지원 재참여를 신청할 수 있는가? 적중 예상

① 1년
② 2년
③ 3년
④ 5년

만점 해설

취업지원 재참여(구직자 취업촉진 및 생활안정지원에 관한 법률 제29조 제3항 및 시행령 제13조 제1항)
취업지원의 종료에 따라 취업지원을 하지 아니하게 된 경우에는 원칙상 그 날부터 3년 이내의 범위에서 대통령령으로 정하는 기간(→ 3년)이 지나야 취업지원 신청을 할 수 있다.

15

다음 중 구직자 취업촉진 및 생활안정지원에 관한 법률상 거짓이나 그 밖의 부정한 방법으로 구직촉진수당 등을 받은 경우 벌칙규정으로 옳은 것은? 적중 예상

① 1년 이하의 징역 또는 1천만원 이하의 벌금
② 2년 이하의 징역 또는 2천만원 이하의 벌금
③ 3년 이하의 징역 또는 2천만원 이하의 벌금
④ 3년 이하의 징역 또는 3천만원 이하의 벌금

만점 해설

벌칙(구직자 취업촉진 및 생활안정지원에 관한 법률 제38조 제2항)
거짓이나 그 밖의 부정한 방법으로 구직촉진수당 등을 받거나 다른 사람으로 하여금 받게 한 사람은 1년 이하의 징역 또는 1천만원 이하의 벌금에 처한다.

CHAPTER 09 채용절차의 공정화에 관한 법률

01절 개요

01
채용절차의 공정화에 관한 법률에 관한 설명으로 틀린 것은?   21년 1회 기출

① "기초심사자료"란 구직자의 응시원서, 이력서 및 자기소개서를 말한다.
② 고용노동부장관은 기초심사자료의 표준양식을 정하여 구인자에게 그 사용을 권장할 수 있다.
③ 구직자는 구인자에게 제출하는 채용서류를 거짓으로 작성하여서는 아니 된다.
④ 이 법은 지방자치단체가 공무원을 채용하는 경우에도 적용한다.

만점 해설
④ 이 법은 상시 30명 이상의 근로자를 사용하는 사업 또는 사업장의 채용절차에 적용한다. 다만, 국가 및 지방자치단체가 공무원을 채용하는 경우에는 적용하지 아니한다(채용절차의 공정화에 관한 법률 제3조).
① 동법 제2조 제3호
② 동법 제5조
③ 동법 제6조

02
채용절차의 공정화에 관한 법령에 대한 설명으로 틀린 것은?   20년 1·2회 기출

① 기초심사자료란 구직자의 응시원서, 이력서 및 자기소개서를 말한다.
② 이 법은 국가 및 지방자치단체가 공무원을 채용하는 경우에도 적용한다.
③ 직종의 특수성으로 인하여 불가피한 사정이 있는 경우 고용노동부장관의 승인을 받아 구직자에게 채용심사비용의 일부를 부담하게 할 수 있다.
④ 구인자는 구직자 본인의 재산 정보를 기초심사자료에 기재하도록 요구하여서는 아니 된다.

만점 해설
② 이 법은 상시 30명 이상의 근로자를 사용하는 사업 또는 사업장의 채용절차에 적용한다. 다만, 국가 및 지방자치단체가 공무원을 채용하는 경우에는 적용하지 아니한다(채용절차의 공정화에 관한 법률 제3조).
① 동법 제2조 제3호
③ 동법 제9조 단서
④ 동법 제4조의3 참조

03
다음 중 채용절차의 공정화에 관한 법률에 대한 설명으로 가장 옳은 것은?   적중 예상

① "채용서류"란 구직자의 응시원서, 이력서 및 자기소개서를 말한다.
② "기초심사자료"란 학위증명서, 경력증명서, 자격증명서 등을 말한다.
③ "심층심사자료"란 구직자의 실력을 알아볼 수 있는 모든 물건 및 자료를 말한다.
④ 이 법은 채용절차에서의 최대한의 공정성을 확보하기 위한 사항을 정하고 있다.

만점 해설

③ "심층심사자료"란 작품집, 연구실적물 등 구직자의 실력을 알아볼 수 있는 모든 물건 및 자료를 말한다(채용절차의 공정화에 관한 법률 제2조 제5호).
① "채용서류"란 기초심사자료, 입증자료, 심층심사자료를 말한다(동법 제2조 제6호).
② "기초심사자료"란 구직자의 응시원서, 이력서 및 자기소개서를 말한다(동법 제2조 제3호).
④ 이 법은 채용과정에서 구직자가 제출하는 채용서류의 반환 등 채용절차에서의 최소한의 공정성(주의 : "최대한의 공정성"이 아님)을 확보하기 위한 사항을 정함으로써 구직자의 부담을 줄이고 권익을 보호하는 것을 목적으로 한다(동법 제1조).

만점 해설

출신지역 등 개인정보 요구 금지(채용절차의 공정화에 관한 법률 제4조의3)
구인자는 구직자에 대하여 그 직무의 수행에 필요하지 아니한 다음의 정보를 기초심사자료에 기재하도록 요구하거나 입증자료로 수집하여서는 아니 된다.
- 구직자 본인의 용모 · 키 · 체중 등의 신체적 조건
- 구직자 본인의 출신지역 · 혼인여부 · 재산
- 구직자 본인의 직계 존비속 및 형제자매의 학력 · 직업 · 재산

04
다음 중 채용절차의 공정화에 관한 법률상 적용범위로 옳은 것은? *적중 예상*

① 근로자를 사용하는 모든 사업 또는 사업장
② 상시 10명 이상의 근로자를 사용하는 사업 또는 사업장
③ 상시 30명 이상의 근로자를 사용하는 사업 또는 사업장
④ 공무원을 채용하는 국가 및 지방자치단체

만점 해설

적용범위(채용절차의 공정화에 관한 법률 제3조)
이 법은 상시 30명 이상의 근로자를 사용하는 사업 또는 사업장의 채용절차에 적용한다. 다만, 국가 및 지방자치단체가 공무원을 채용하는 경우에는 적용하지 아니한다.

05
다음 중 채용절차의 공정화에 관한 법률상 구인자가 구직자에 대하여 기초심사자료에 기재하도록 요구할 수 있는 정보에 해당하는 것은? *적중 예상*

① 구직자 본인의 학력
② 구직자 본인의 혼인여부
③ 구직자 본인의 용모 · 키 · 체중
④ 구직자 본인의 출신지역

02절 주요 내용

01
채용절차의 공정화에 관한 법률에 관한 설명으로 틀린 것은? *21년 3회 기출*

① 고용노동부장관은 입증자료의 표준양식을 정하여 구인자에게 그 사용을 권장할 수 있다.
② 원칙적으로 상시 30명 이상의 근로자를 사용하는 사업장의 채용절차에 적용한다.
③ 채용서류란 기초심사자료, 입증자료, 심층심사자료를 말한다.
④ 심층심사자료란 작품집, 연구실적물 등 구직자의 실력을 알아볼 수 있는 모든 물건 및 자료를 말한다.

만점 해설

① 고용노동부장관은 기초심사자료의 표준양식을 정하여 구인자에게 그 사용을 권장할 수 있다(채용절차의 공정화에 관한 법률 제5조).
② 동법 제3조 참조
③ 동법 제2조 제6호
④ 동법 제2조 제5호

02

다음 중 채용절차의 공정화에 관한 법령상 채용서류 반환 청구기간의 범위로 옳은 것은? 적중 예상

① 구직자의 채용심사 시작일 이후 30일부터 90일까지
② 구직자의 채용심사 시작일 이후 90일부터 180일까지
③ 구직자의 채용 여부가 확정된 날 이후 7일부터 90일까지
④ 구직자의 채용 여부가 확정된 날 이후 14일부터 180일까지

만점 해설

채용서류의 반환 청구기간(채용절차의 공정화에 관한 법률 시행령 제4조)
채용서류의 반환 청구기간은 <u>구직자의 채용 여부가 확정된 날 이후 14일부터 180일까지</u>의 기간의 범위에서 구인자가 정한 기간으로 한다.

03

다음 중 채용절차의 공정화에 관한 법률에 대한 설명으로 옳은 것은? 적중 예상

① 구인자는 채용대상자를 확정한 경우에는 지체 없이 구직자에게 채용 여부를 알려야 한다.
② 구직자로부터 채용서류의 반환 청구를 받은 구인자는 구직자가 반환 청구를 한 날부터 7일 이내에 구직자에게 해당 채용서류를 발송하거나 전달하여야 한다.
③ 구인자는 반환의 청구기간이 지난 경우에는 해당 채용서류를 1년간 보관하여야 한다.
④ 채용서류의 반환에 소요되는 비용은 원칙적으로 구직자가 부담한다.

만점 해설

① 채용절차의 공정화에 관한 법률 제10조
② 구직자로부터 채용서류의 반환 청구를 받은 구인자는 구직자가 반환 청구를 한 날부터 14일 이내에 구직자에게 해당 채용서류를 발송하거나 전달하여야 한다(동법 시행령 제2조 제1항).
③ 구인자는 반환의 청구기간이 지난 경우 및 채용서류를 반환하지 아니한 경우에는 「개인정보보호법」에 따라 채용서류를 파기하여야 한다(동법 제11조 제4항).
④ 채용서류의 반환에 소요되는 비용은 원칙적으로 구인자가 부담한다(동법 제11조 제5항).

04

채용절차의 공정화에 관한 법령상 500만원 이하의 과태료 부과행위에 해당하는 것은? 22년 1회 기출

① 채용서류 보관의무를 이행하지 아니한 구인자
② 구직자에 대한 고지의무를 이행하지 아니한 구인자
③ 시정명령을 이행하지 아니한 구인자
④ 지식재산권을 자신에게 귀속하도록 강요한 구인자

만점 해설

①·②·③ 300만원 이하의 과태료 부과행위에 해당한다(채용절차의 공정화에 관한 법률 제17조 제3항 참조).

05

채용절차의 공정화에 관한 법령상 500만원 이하의 과태료 부과사항에 해당하지 않는 것은? 20년 4회 기출

① 채용광고의 내용 또는 근로조건을 변경한 구인자
② 지식재산권을 자신에게 귀속하도록 강요한 구인자
③ 채용서류 보관의무를 이행하지 아니한 구인자
④ 그 직무의 수행에 필요하지 아니한 개인정보를 기초심사자료에 기재하도록 요구하거나 입증자료로 수집한 구인자

만점 해설

③ 300만원 이하의 과태료 부과사항에 해당한다(채용절차의 공정화에 관한 법률 제17조 제3항 제1호).

CHAPTER 10 개인정보 보호법

01절 개요

01
개인정보 보호법령에 관한 설명으로 틀린 것은?
21년 2회 기출

① "정보주체"란 처리되는 정보에 의하여 알아볼 수 있는 사람으로서 그 정보의 주체가 되는 사람을 말한다.
② 개인정보처리자는 개인정보의 처리 목적에 필요한 범위에서 개인정보의 정확성, 완전성 및 최신성이 보장되도록 하여야 한다.
③ 개인정보 보호에 관한 사무를 독립적으로 수행하기 위하여 국무총리 소속으로 개인정보 보호위원회를 둔다.
④ 위원의 임기는 2년으로 하되, 연임할 수 없다.

만점 해설
④ 개인정보 보호위원회 위원의 임기는 3년으로 하되, 한 차례만 연임할 수 있다(개인정보 보호법 제7조의4 제1항).
① 동법 제2조 제3호
② 동법 제3조 제3항
③ 동법 제7조 제1항

02
다음 중 개인정보 보호법상 '개인정보'에 해당하는 것을 올바르게 모두 고른 것은?
적중 예상

> ㄱ. 살아 있는 개인에 관한 정보로서 성명, 주민등록번호 및 영상 등을 통하여 개인을 알아볼 수 있는 정보
> ㄴ. 해당 정보만으로는 특정 개인을 알아볼 수 없더라도 다른 정보와 쉽게 결합하여 알아볼 수 있는 정보
> ㄷ. 성명 등을 가명처리함으로써 원래의 상태로 복원하기 위한 추가 정보의 사용·결합 없이는 특정 개인을 알아볼 수 없는 가명정보
> ㄹ. 법인 또는 단체의 이름, 소재지 주소, 대표 연락처(이메일 주소 또는 전화번호), 부서별 연락처 등의 정보

① ㄱ, ㄴ
② ㄷ, ㄹ
③ ㄱ, ㄴ, ㄷ
④ ㄱ, ㄴ, ㄷ, ㄹ

만점 해설
ㄹ. 개인정보의 주체는 자연인이어야 하며, 법인 또는 단체에 관한 정보는 개인정보에 해당하지 않는다. 다만, 법인 또는 단체에 관한 정보이면서 동시에 개인에 관한 정보인 대표자, 임원진, 업무 담당자 등의 성명, 주민등록번호, 개인 연락처 등 개인을 식별할 수 있는 정보가 포함되어 있는 경우 개인정보로 취급될 수 있다.

03

다음 중 개인정보 보호법상 개인정보 보호 원칙으로 옳지 않은 것은?
적중 예상

① 개인정보처리자는 그 목적에 필요한 범위에서 최소한의 개인정보만을 적법하고 정당하게 수집하여야 한다.
② 개인정보처리자는 개인정보 처리방침 등 개인정보의 처리에 관한 사항을 공개하여서는 아니 된다.
③ 개인정보처리자는 개인정보의 처리 목적에 필요한 범위에서 개인정보의 정확성, 완전성 및 최신성이 보장되도록 하여야 한다.
④ 개인정보처리자는 개인정보를 익명으로 처리하여도 개인정보 수집목적을 달성할 수 있는 경우 익명에 의하여 처리될 수 있도록 하여야 한다.

만점 해설

② 개인정보처리자는 개인정보 처리방침 등 개인정보의 처리에 관한 사항을 공개하여야 하며, 열람청구권 등 정보주체의 권리를 보장하여야 한다(개인정보 보호법 제3조 제5항).
① 동법 제3조 제1항
③ 동법 제3조 제3항
④ 동법 제3조 제7항

04

개인정보 보호법령상 개인정보 보호위원회(이하 "보호위원회"라 한다)에 관한 설명으로 틀린 것은?
22년 2회 기출

① 대통령 소속으로 보호위원회를 둔다.
② 보호위원회는 상임위원 2명을 포함한 9명의 위원으로 구성한다.
③ 보호위원회의 회의는 재적위원 과반수의 출석으로 개의하고, 출석위원 과반수의 찬성으로 의결한다.
④ 「정당법」에 따른 당원은 보호위원회 위원이 될 수 없다.

만점 해설

① 개인정보 보호에 관한 사무를 독립적으로 수행하기 위하여 국무총리 소속으로 개인정보 보호위원회를 둔다(개인정보 보호법 제7조 제1항).
② 동법 제7조의2 제1항
③ 동법 제7조의10 제3항
④ 동법 제7조의7 제1항 참조

05

개인정보 보호법령상 개인정보 보호위원회(이하 "보호위원회"라 한다)에 관한 설명으로 틀린 것은?
20년 3회 기출변형

① 보호위원회는 위원장 1명, 부위원장 1명을 포함한 9명의 위원으로 구성한다.
② 위원장과 위원의 임기는 2년으로 하되, 1차에 한하여 연임할 수 있다.
③ 보호위원회의 회의는 위원장이 필요하다고 인정하거나 재적위원 4분의 1 이상의 요구가 있는 경우에 위원장이 소집한다.
④ 보호위원회는 재적위원 과반수의 출석과 출석위원 과반수의 찬성으로 의결한다.

만점 해설

② 개인정보 보호위원회 위원의 임기는 3년으로 하되, 한 차례만 연임할 수 있다(개인정보 보호법 제7조의4 제1항).
① 동법 제7조의2 제1항
③ 동법 제7조의10 제1항
④ 동법 제7조의10 제3항

*참고 : 이 문제는 출제 당시 개정 전 법령의 내용을 문제의 지문으로 제시하였다가 출제오류로 인해 확정답안이 변경된 바 있습니다.

06
다음 중 개인정보 보호법상 보기의 빈칸에 들어갈 내용을 순서대로 올바르게 나열한 것은? 적중 예상

> (ㄱ)는 개인정보의 보호와 정보주체의 권익 보장을 위하여 (ㄴ)마다 개인정보 보호 기본계획을 관계 중앙행정기관의 장과 협의하여 수립한다.

① ㄱ : 국무총리, ㄴ : 3년
② ㄱ : 국무총리, ㄴ : 5년
③ ㄱ : 개인정보 보호위원회, ㄴ : 3년
④ ㄱ : 개인정보 보호위원회, ㄴ : 5년

만점 해설
개인정보 보호 기본계획의 수립(개인정보 보호법 제9조 제1항)
개인정보 보호위원회는 개인정보의 보호와 정보주체의 권익 보장을 위하여 3년마다 개인정보 보호 기본계획을 관계 중앙행정기관의 장과 협의하여 수립한다.

02절 주요 내용

01
다음 중 개인정보 보호법에 따라 개인정보처리자가 개인정보를 수집하여 그 수집 목적의 범위에서 이용할 수 있는 경우에 해당하지 않는 것은? 적중 예상

① 공공기관이 법령 등에서 정하는 소관 업무의 수행을 위하여 불가피한 경우
② 공중위생 등 공공의 안전과 안녕을 위하여 긴급히 필요한 경우
③ 명백히 정보주체 또는 제3자의 급박한 생명, 신체, 재산의 이익을 위하여 필요하다고 인정되는 경우
④ 개인정보처리자의 정당한 이익을 달성하기 위하여 필요한 경우로서 명백하게 제3자의 권리보다 우선하는 경우

만점 해설
④ 개인정보처리자의 정당한 이익을 달성하기 위하여 필요한 경우로서 명백하게 정보주체의 권리보다 우선하는 경우(개인정보 보호법 제15조 제1항 제6호)
① 동법 제15조 제1항 제3호
② 동법 제15조 제1항 제7호
③ 동법 제15조 제1항 제5호

02
다음 중 개인정보 보호법에 따라 개인정보처리자가 정보주체의 동의를 받아 개인정보를 수집·이용할 때 정보주체에게 반드시 알려야 하는 사항에 포함되지 않는 것은? 적중 예상

① 개인정보의 수집·이용 목적
② 수집하려는 개인정보의 항목
③ 개인정보의 파기 사유
④ 개인정보의 보유 및 이용 기간

만점 해설
개인정보의 수집·이용(개인정보 보호법 제15조 제2항)
개인정보처리자는 개인정보의 수집·이용에 대해 정보주체의 동의를 받을 때에는 다음의 사항을 정보주체에게 알려야 한다.
- 개인정보의 수집·이용 목적
- 수집하려는 개인정보의 항목
- 개인정보의 보유 및 이용 기간
- 동의를 거부할 권리가 있다는 사실 및 동의 거부에 따른 불이익이 있는 경우에는 그 불이익의 내용

03

다음 중 개인정보 보호법상 개인정보의 처리에 대한 설명으로 옳은 것은? 　　적중 예상

① 개인정보처리자는 정보주체가 필요한 최소한의 정보 외의 개인정보 수집에 동의하지 아니하는 경우 정보주체에게 재화 또는 서비스의 제공을 하지 아니한다.
② 개인정보처리자가 정보주체의 동의를 받아 그 목적에 필요한 최소한의 개인정보를 수집하는 경우 최소한의 개인정보 수집이라는 입증책임은 정보주체가 부담한다.
③ 개인정보처리자는 정보주체의 동의를 받은 경우에는 정보주체의 개인정보를 제3자에게 제공할 수 있다.
④ 개인정보처리자가 개인정보를 파기할 때에는 복구 또는 재생될 수 있도록 조치하여야 한다.

만점 해설

③ 개인정보 보호법 제17조 제1항 참조
① 개인정보처리자는 정보주체가 필요한 최소한의 정보 외의 개인정보 수집에 동의하지 아니한다는 이유로 정보주체에게 재화 또는 서비스의 제공을 거부하여서는 아니 된다(동법 제16조 제3항).
② 개인정보처리자가 정보주체의 동의를 받아 그 목적에 필요한 최소한의 개인정보를 수집하는 경우 최소한의 개인정보 수집이라는 입증책임은 개인정보처리자가 부담한다(동법 제16조 제1항 참조).
④ 개인정보처리자가 개인정보를 파기할 때에는 복구 또는 재생되지 아니하도록 조치하여야 한다(동법 제21조 제2항).

04

다음 중 개인정보 보호법령상 개인정보의 파기에 대한 설명으로 옳지 않은 것은? 　　적중 예상

① 개인정보처리자는 개인정보의 처리 목적 달성 등 그 개인정보가 불필요하게 되었을 때에는 그로부터 7일 이내에 그 개인정보를 파기하여야 한다.
② 개인정보처리자가 개인정보를 파기할 때에는 복구 또는 재생되지 아니하도록 조치하여야 한다.
③ 개인정보처리자가 개인정보를 파기하지 아니하고 보존하여야 하는 경우에는 해당 개인정보 또는 개인정보파일을 다른 개인정보와 분리하여서 저장·관리하여야 한다.
④ 개인정보처리자는 인쇄물 등 기록매체 형태의 개인정보를 파기할 때에는 파쇄 또는 소각의 방법으로 해야 한다.

만점 해설

① 개인정보처리자는 보유기간의 경과, 개인정보의 처리 목적 달성, 가명정보의 처리 기간 경과 등 그 개인정보가 불필요하게 되었을 때에는 원칙적으로 지체 없이 그 개인정보를 파기하여야 한다(개인정보 보호법 제21조 제1항).
② 동법 제21조 제2항
③ 동법 제21조 제3항
④ 동법 시행령 제16조 제1항 참조

05

다음 중 개인정보 보호법령상 민감정보의 범위에 포함되지 않는 것은? 　　적중 예상

① 개인의 신체적, 생리적, 행동적 특징에 관한 정보로서 특정 개인을 알아볼 목적으로 일정한 기술적 수단을 통해 생성한 정보
② 인종이나 민족에 관한 정보
③ 「형의 실효 등에 관한 법률」에 따른 범죄경력자료에 해당하는 정보
④ 「주민등록법」에 따른 주민등록번호

만점 해설

④ 「주민등록법」에 따른 주민등록번호는 민감정보가 아닌 고유식별정보의 범위에 포함된다(개인정보 보호법 시행령 제19조 제1호).

06

다음 중 개인정보 보호법령상 고유식별정보에 대한 설명으로 옳지 않은 것은?   적중 예상

① 개인정보처리자가 이 법에 따라 고유식별정보를 처리하는 경우에는 그 고유식별정보가 분실·도난·유출·위조·변조 또는 훼손되지 아니하도록 암호화 등 안전성 확보에 필요한 조치를 하여야 한다.
② 개인정보 보호위원회는 5만명 이상의 정보주체에 관하여 고유식별정보를 처리하는 공공기관이 안전성 확보에 필요한 조치를 하였는지에 관하여 정기적으로 조사하여야 한다.
③ 개인정보처리자는 정보주체에게 개인정보의 처리에 대한 동의를 받은 경우라 하더라도 주민등록번호는 이 법에서 정한 예외적인 경우에 해당하지 않는 한 처리할 수 없다.
④ 「여권법」에 따른 여권번호, 「도로교통법」에 따른 운전면허의 면허번호는 고유식별정보이다.

만점 해설

② 개인정보 보호위원회는 1만명 이상의 정보주체에 관하여 고유식별정보를 처리하는 공공기관이 안전성 확보에 필요한 조치를 하였는지에 관하여 대통령령으로 정하는 바에 따라 정기적으로 조사하여야 한다(개인정보 보호법 제24조 제4항 및 시행령 제21조 제2항 참조).
① 동법 제24조 제3항
③ 동법 제24조의2 제1항 참조
④ 동법 시행령 제19조 참조

07

다음 중 개인정보 보호법에 대한 설명으로 옳은 것은?   적중 예상

① 개인정보 보호위원회가 개인정보처리자의 개인정보 처리 및 보호와 관련한 일련의 조치에 대해 부여하는 개인정보 보호 인증의 유효기간은 3년으로 한다.
② 개인정보 보호책임자는 개인정보의 처리에 관한 업무를 총괄해서 책임질 개인정보처리자를 지정하여야 한다.
③ 개인정보처리자는 개인정보의 유출 등이 있음을 알게 되었을 때에는 대통령령으로 정하는 바에 따라 지체 없이 한국지능정보사회진흥원에 신고하여야 한다.
④ 개인정보처리자는 3천명 이상의 정보주체에 관한 개인정보가 유출되었음을 알게 되었을 때에는 72시간 이내에 개인정보 보호위원회에 신고하여야 한다.

만점 해설

① 개인정보 보호법 제32조의2 제1항 및 제2항
② 개인정보처리자는 개인정보의 처리에 관한 업무를 총괄해서 책임질 개인정보 보호책임자를 지정하여야 한다(동법 제31조 제1항).
③ 개인정보처리자는 개인정보의 유출 등이 있음을 알게 되었을 때에는 개인정보의 유형, 유출 등의 경로 및 규모 등을 고려하여 대통령령으로 정하는 바에 따라 지체 없이 개인정보 보호위원회 또는 대통령령으로 정하는 전문기관(→ 한국인터넷진흥원)에 신고하여야 한다(동법 제34조 제3항 참조).
④ 개인정보처리자는 1천명 이상의 정보주체에 관한 개인정보가 유출 등이 되었음을 알게 되었을 때에는 72시간 이내에 개인정보 유출 등의 신고 사항을 서면 등의 방법으로 개인정보 보호위원회 또는 한국인터넷진흥원에 신고해야 한다(동법 시행령 제40조 제1항 참조).

08

다음 중 개인정보 보호법상 개인정보 분쟁조정위원회(이하 "분쟁조정위원회"라 한다)에 대한 설명으로 옳은 것은? 적중 예상

① 분쟁조정위원회는 위원장 1명, 상임위원 1명을 포함한 15명 이내의 위원으로 구성한다.
② 분쟁조정위원회의 위원장은 개인정보 보호위원회 소속 공무원 중에서 국무총리가 위촉한다.
③ 분쟁조정위원회의 위원장과 위촉위원의 임기는 3년으로 하되, 연임할 수 없다.
④ 분쟁조정위원회는 분쟁조정 업무를 효율적으로 수행하기 위하여 조정사건의 분야별로 5명 이내의 위원으로 구성되는 조정부를 둘 수 있다.

만점 해설

④ 개인정보 보호법 제40조 제6항
① 분쟁조정위원회는 위원장 1명을 포함한 30명 이내의 위원으로 구성하며, 위원은 당연직위원과 위촉위원으로 구성한다(동법 제40조 제2항).
② 분쟁조정위원회의 위원장은 위원 중에서 공무원이 아닌 사람으로 개인정보 보호위원회 위원장이 위촉한다(동법 제40조 제4항).
③ 분쟁조정위원회의 위원장과 위촉위원의 임기는 2년으로 하되, 1차에 한하여 연임할 수 있다(동법 제40조 제5항).

09

다음 중 개인정보 보호법상 개인정보 분쟁조정위원회(이하 "분쟁조정위원회"라 한다)에 대한 설명으로 옳지 않은 것은? 적중 예상

① 분쟁조정위원회는 분쟁조정 신청을 받은 날부터 60일 이내에 이를 심사하여 조정안을 작성하여야 한다.
② 분쟁조정위원회는 조정안을 작성하면 지체 없이 각 당사자에게 제시하여야 한다.
③ 조정안을 제시받은 당사자가 제시받은 날부터 15일 이내에 수락 여부를 알리지 아니하면 조정을 거부한 것으로 본다.
④ 분쟁조정위원회의 운영 및 분쟁조정 절차에 관하여 이 법에서 규정하지 아니한 사항에 대하여는 「민사조정법」을 준용한다.

만점 해설

③ 조정안을 제시받은 당사자가 제시받은 날부터 15일 이내에 수락 여부를 알리지 아니하면 조정을 수락한 것으로 본다(개인정보 보호법 제47조 제3항).
① 동법 제44조 제1항
② 동법 제47조 제2항
④ 동법 제50조 제2항

10

다음 중 개인정보 보호법상 1천만원 이하의 과태료 부과행위에 해당하지 않는 것은? 적중 예상

① 개인정보 보호책임자의 지정 등에 관한 규정을 위반하여 개인정보 보호책임자를 지정하지 아니한 자
② 개인정보의 파기 규정을 위반하여 개인정보의 파기 등 필요한 조치를 하지 아니한 자
③ 개인정보의 파기 규정을 위반하여 파기하지 아니하고 보존하여야 하는 개인정보를 다른 개인정보와 분리하여 저장·관리하지 아니한 자
④ 개인정보 처리방침의 수립 및 공개 규정을 위반하여 개인정보 처리방침을 정하지 아니하거나 이를 공개하지 아니한 자

만점 해설

② 3천만원 이하의 과태료 부과행위에 해당한다(개인정보 보호법 제75조 제2항 제4호).
① 동법 제75조 제4항 제9호
③ 동법 제75조 제4항 제2호
④ 동법 제75조 제4항 제8호

좋은 책을 만드는 길, 독자님과 함께 하겠습니다.

직업상담사 2급 1차 필기 기출문제 CBT 문제은행

개정1판1쇄 발행	2025년 02월 10일 (인쇄 2024년 12월 24일)
초 판 발 행	2024년 02월 20일 (인쇄 2023년 12월 15일)
발 행 인	박영일
책 임 편 집	이해욱
저 자	직업상담연구소 · 이용석
편 집 진 행	노윤재 · 한주승
표지디자인	조혜령
편집디자인	김예슬 · 채현주
발 행 처	(주)시대고시기획
출 판 등 록	제10-1521호
주 소	서울시 마포구 큰우물로 75 [도화동 538 성지 B/D] 9F
전 화	1600-3600
팩 스	02-701-8823
홈 페 이 지	www.sdedu.co.kr
I S B N	979-11-383-8398-1 (13320)
정 가	30,000원

※ 이 책은 저작권법의 보호를 받는 저작물이므로 동영상 제작 및 무단전재와 배포를 금합니다.
※ 잘못된 책은 구입하신 서점에서 바꾸어 드립니다.

25년간 60만 부 판매(직업상담사 도서 전체)

직업상담사 2급
단계별 합격 로드맵

P.S. 전략적으로 단계별 교재를 선택하기 위한 팁!

동영상 강의 교재

1차 필기·2차 실기 동시대비기본서   기출문제 정복으로 실력다지기   꼼꼼하게 실전마무리   한권으로 끝내기와 함께하면 효율성 up

1단계   **2단계**   **3단계**   **4단계**

한권으로 끝내기

시험에 출제되는 핵심이론부터 최근 기출문제, 필기부터 실기까지 한권에 담았습니다.

1차 필기 기출문제 CBT 문제은행

전문가의 알찬 해설로 한마디로 개념정리부터 공부 방향까지 한 번에 잡을 수 있으며 '빨·간·키'를 통해 출제경향을 파악할 수 있습니다.

1차 필기 최종모의고사

최신 내용이 반영된 최종모의고사 10회분을 통해 합격에 가까이 다가갈 수 있습니다.

핵심기출 문제은행

기출문제를 심층분석해 만든 합격비밀! 출제유형에 맞춰 반복출제되는 문제만 모아 '70점으로 합격하기 프로젝트'가 시작됩니다.

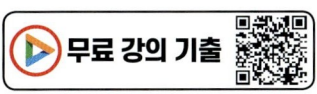

도서 및 동영상 강의 안내
1600-3600
www.sdedu.co.kr

| 직업상담실무 기본이론 탄탄 | 수험생들이 가장 어려워 하는 2차 실무. 기출문제로 정복 | 완벽하게 실전 마무리 |

5단계 | 6단계 | 과락잡기

2차 실기 직업상담실무 이론서

기출문제를 분석하여 수록한
꼭 알아야 할 핵심이론과 기출복원문제로
효율적인 학습을 할 수 있습니다.

2차 실기 직업상담실무 기출문제해설

전문가의 연구와 노하우가 담긴 모범답안과
구체적인 해설로 합격을 보장합니다.

과락을 피하는 법 2차 실기

25개년의 기출복원문제를
완벽해부했습니다.

※ 본 도서의 세부구성 및 이미지는 변동될 수 있습니다.

나는 이렇게 합격했다

자격명: 위험물산업기사
구분: 합격수기
작성자: 배*상

나는 할 수 있다
69년생 50중반 직장인 입니다. 요즘 자격증을 2개정도는 가지고 입사하는 젊은친구들에게 일을 시키고 지시하는 역할이지만 정작 제자신에게 부족한점이 많다는 것을 느꼈기 때문에 자격증을 따야겠다고 결심했습니다. 처음 시작할때는 과연되겠냐? 하는 의문과 걱정이 한가득이었지만 시대에듀 인강을 우연히 접하게 되었고 잘 차려진 밥상과 같은 커리큘럼은 뒤늦게 시작한 늦깎이 수험생이었던 저를 **합격의 길**로 인도해주었습니다. 직장생활을 하면서 취득했기에 더 욱 기뻤습니다.

합격은 시대에듀

감사합니다! ♥

당신의 합격 스토리를 들려주세요.
추첨을 통해 선물을 드립니다.

QR코드 스캔하고 ▷▷▶
이벤트 참여해 푸짐한 경품받자!

베스트 리뷰	상/하반기 추천 리뷰	인터뷰 참여
갤럭시탭/ 버즈 2	상품권/ 스벅커피	백화점 상품권